„Ernst ist das Leben, heiter die Kunst."

LODZER ARBEITEN ZUR LITERATUR-
UND KULTURWISSENSCHAFT

Herausgegeben von
Joanna Jabłkowska, Kalina Kupczyńska
und Artur Pełka

BAND 1

Joanna Firaza

„Ernst ist das Leben, heiter die Kunst."

Das Humor-Konzept im Dramenwerk Frank Wedekinds

Bibliografische Information der Deutschen Nationalbibliothek
Die Deutsche Nationalbibliothek verzeichnet diese Publikation
in der Deutschen Nationalbibliografie; detaillierte bibliografische
Daten sind im Internet über http://dnb.d-nb.de abrufbar.

Die Publikation wurde gefördert
von der Universität Łódź

Gedruckt auf alterungsbeständigem,
säurefreiem Papier.

ISSN 2195-3406
ISBN 978-3-631-64421-8 (Print)
E-ISBN 978-3-653-03019-8 (E-Book)
DOI 10.3726/978-3-653-03019-8

© Peter Lang GmbH
Internationaler Verlag der Wissenschaften
Frankfurt am Main 2013
Alle Rechte vorbehalten.
Peter Lang Edition ist ein Imprint der Peter Lang GmbH

Peter Lang – Frankfurt am Main · Bern · Bruxelles · New York ·
Oxford · Warszawa · Wien

www.peterlang.de

Danksagung

Dieses Buch widme ich meiner Familie: meinem Asyl.

Ich danke Lothar Schneider für den Ariadne-Faden bei der Arbeit an dem Thema.

Dankend verbeuge ich mich vor meinen Freunden und vor allen Verwandten im Geist, zu Hause und in Deutschland, denen ich mein Rückgrat verdanke und die über die Jahre mein Halt waren.

Im Andenken an Maria Joachim, Wally Hübner und Arnold Leidenheimer.

Inhaltsverzeichnis

I. Einleitung 11
1. Der Humorist Wedekind 16
   1.1. Wedekind als Bohémien.. 16
   1.2. Der Humor in der Dramenrezeption....................................... 23
   1.3. Der Dramatiker über seinen Humor 28
2. Frank Wedekinds philosophische Inspirationen........................... 39
3. Zur methodologischen Herangehensweise. Arbeitsthesen............. 44
   3.1. Zur Komplexität des Humorbegriffs 44
   3.2. „…heiter [ist] die Kunst" 46
   3.3. Körperzentriertheit des Humor-Konzepts 50
4. Zum Aufbau der Arbeit 56

II. Humor *versus* Ernst 61
1. Zum Humorbegriff: Übersicht über die Forschungstendenzen.................... 61
   1.1. Allgemeines zur Begriffsbestimmung.................................... 61
   1.2. Zum Begriff des Lächerlichen.. 62
   1.3. Übersicht über wichtigere Humor-Theorien 69
      1.3.1. Zur Geschichte des Begriffs Humor............................. 69
      1.3.2. Epik als Paradigma des ästhetischen Humors 81
      1.3.3. Soziologische Perspektive 84
      1.3.4. Eng und weit gefasster Humorbegriff 88
      1.3.5. Körpernahe Konzepte 92
      1.3.6. Ansätze zur Universalisierung: reduktionistische Modelle........ 94
2. …*versus* Ernstdiskurs.. 102
3. Humor in Wedekinds Essay *Der Witz und seine Sippe*................ 113

III. Wedekinds Symposion: *Das Gastmahl bei Sokrates* 121
1. Zur Figur des historischen Sokrates 123
   1.1. Die Legende ‚Sokrates' 123
   1.2. Sokrates nach Wedekind 127

1.2.1. Herakles am Scheideweg.. 128
1.2.2. Mann-Frau-Verkleidungskomödie 131
2. Das Image Xanthippes... 134
2.1. Zum Status der Frau im Altertum 134
2.2. Xanthippe-Figur in der Überlieferung.................................. 135
2.3. Wedekinds Xanthippe 137

IV. **Körper-Kodierung: Wedekinds Ästhetik des Performativen** 143
1. Die Kunst des Clownesken.. 143
1.1. Zur Geschichte der Clownfigur... 148
2. Wedekinds Zirkus-Essays 151
2.1. Programm der Elastizität in den *Zirkusgedanken* 151
2.2. Aufwertung des Körpers um 1900 im Tanz: *Im Zirkus* 162

V. **Gegen den 'Geist der Schwere':** *Der Kammersänger* 167
1. Körper-Metapher in *Zensur* und *Marquis von Keith*................... 167
2. Dimensionen der Schwere und Leichtigkeit in *Kammersänger*.............. 174
2.1. (Fehl)Rezeption und Wedekinds Abwehr............................. 174
2.2. Wedekinds Wagner-Erfahrung.. 177
2.3. Gerardo gegen „blinde Leidenschaften"............................... 181
2.3.1. Die Wagnerianerinen.. 182
2.3.2. Der gescheiterte Künstler 191

VI. **Graphischer Stil der** *Oaha*-**Komödie**.. 203
1. Humor im Deutschland des 19. Jahrhunderts............................... 203
2. Wedekinds *Oaha:* Biographischer Hintergrund........................... 205
3. *Oaha* zwischen Intention und Rezeption..................................... 206
4. Zur Figurenkonstellation 209
4.1. Vier Temperamente... 209
4.2. Bouterweck contra Sterner 216
4.3. Zum Problem des Satirischen in der Komödie..................... 224
4.4. Humor der *Oaha*-Komödie 226
5. Der Witz in *Oaha* 228
5.1. Der Witz in Wedekinds Essay *Der Witz und seine Sippe* 228
5.2. Geschichte des Witz-Begriffs im Überblick 229
5.3. Probe aufs Exempel: Der Witz und der Witzbold in *Oaha*............... 233

VII. Die Humor-Chiffre: *Der Stein der Weisen* 243

1. Lachen und Humor im Mittelalter 244

    1.1. Monastisches Milieu 245

    1.2. Der Karneval 248

    1.3. Der Hofnarr 249

    1.4. Mittelalterliche Literatur: zwischen Ernst und Scherz 251

2. Humor als *lapis philosophorum* 252

    2.1. Der ‚Ketzer' Basilius 254

    2.2. Zum Status der Alchemie und der Alchemisten im Mittelalter 256

    2.3. Basil als Alchemist 257

    2.4. Der Narr Guendolin 262

VIII. Ein ‚Mysterium' a'la Frank Wedekind: *Franziska* (1911) 273

1. *Franziska* als Spiel 274

2. Figuren-Darstellung 279

    2.1. Franziska-Figur: lachend und leichtfüßig 279

    2.2. Zur Gestalt des Veit-Kunz 289

3. Musen-Künste 292

    3.1. Das Mysterium 292

    3.2. Der Gesang 295

    3.3. Zwischen Musik und Plastik: Der Tanz 297

    3.4. Kunst als Spiegel der Lebensfreude: eine Hommage an
        die Nacktheit 298

4. Das Erbe Heines in *Franziska* 302

    4.1. Zu Heines Tanzpoem *Der Doktor Faust* 302

    4.2. Wedekinds Heine 307

    4.3. *Franziska* als Polemik mit dem Sakrum 318

IX. Schlusswort: Wedekinds neuer Humor? 327

1. Antibeispiel: Wedekinds Humorlosigkeit 333

2. Falstaff-Chiffre 338

Bibliographie 345

I. Einleitung

Im Dezember 2002 führten die Studenten der Staatshochschule für Theater in Krakau unter der Regie des angesehenen polnischen Schauspielers und Pädagogen Krzysztof Globisz Wedekinds *Kammersänger* als Diplominszenierung auf.[1] Im Faltblatt zur Inszenierung heißt es: „[Wedekind] bevölkerte seine Stücke mit dämonischen Frauenfiguren, Künstlern, Bankiers und Kriminellen, wie unser Witkacy, indem er ihnen eine seltsame, antirealistische Sprache in den Mund legte und sie Dialoge voll Kürzungen, Spannungen und unerwarteter Zusammenhänge sprechen ließ."[2] Eben diese Qualitäten des Textes – sein Antipsychologismus und Antirealismus – sollten im Vordergrund der Inszenierung stehen, für sie wurde mit den Mitteln der Verfremdung und des bewusst eingesetzten Spiels ein angemessener, überzeugender Ausdruck gesucht. Diese Inszenierung, in die auch Wedekinds Lieder aus dem Kabarett *Die Elf Scharfrichter* eingebaut wurden, und der Vergleich mit dem kongenialen polnischen Modernisten Stanislaw Ignacy Witkiewicz, der sich in der Tat nicht nur von französischen Mustern wie Jarrys *König Ubu*, sondern auch von Wedekinds Dramenkonvention und seiner Kabaretttätigkeit hat inspirieren lassen,[3] bewogen die Autorin der vorliegenden Arbeit, sich auf weniger bekannte Dramen Frank Wedekinds zu besinnen. Dabei soll der Blick auf die ihm wichtige Kategorie des Humors gerichtet werden: diese Ausrichtung gründet auf der Annahme, dass der Humor für das Werk des Dramatikers eine der grundsätzlichen Kategorien darstellt, eine, die in ihren Grundkonstanten im Bezug auf diesen Autor, sieht man von vereinzelten Thesen ab, noch nicht erforscht wurde. Um dies zu veranschaulichen, bietet sich ein kurzer Exkurs zu den Schwerpunkten der neueren Wedekind-Forschung.

1   Frank Wedekind: Maestro. Państwowa Wyższa Szkoła Teatralna im. L. Solskiego: Kraków 2002.

2   Frank Wedekind: Maestro. Faltblatt zur Inszenierung.

3   Mit Blick auf die dämonische Lulu aus *Erdgeist* (1895) und *Die Büchse der Pandora* (1901) verweist Puzyna insbesondere auf Wedekinds antibürgerlichen Gestus, groteske Überzeichung und das Publikum desorientierende Spiel mit Konventionen. Konstanty Puzyna: Einleitung (1961). In: Stanisław Ignacy Witkiewicz: Dramaty. 2. erweiterte und korrigierte Ausgabe. Państwowy Instytut Wydawniczy: Warszawa 1972, Bd. 1, S. 5–46, hier S. 11f.

Siebzig Jahre überlebte der Autor im kollektiven Bewusstsein der Nachge-
borenen nur als Legende. Lange in der Forschung übersehen, erfährt er besonders in den letzten zwanzig Jahren eine Renaissance. Seit dem umfassenden Forschungsbericht Hartmut Vinçons zu Wedekinds Person und Werk von 1987[4] gehen die wichtigsten Impulse von der Editions- und Forschungsstelle Frank Wedekind Darmstadt und der Frank Wedekind Gesellschaft Darmstadt aus. Das
ambitionierteste unter den Projekten, die eine Neusichtung der Texte ermöglicht,
stellt die großangelegte Werkedition: die Kritische Studienausgabe in 8 Bänden
und 15 Teilbänden,[5] die zum Teil bisher unveröffentlichte und/oder nicht kommentierte Texte enthält. Neue Anregungen verdanken sich zudem der Reihe
Frank Wedekind-Jahrbuch *Pharus*, der die Diskussion über Wedekind neu bele-
ben und als Forum für Theaterleute, Literaturwissenschaftler und Wedekind-
Interessierte aller Fachrichtungen fungieren will.[6]

Die Bemühungen der Wedekind-Foschung der letzten zwanzig Jahre kon-
zentrieren sich auf die Kontextualisierung des Wedekindschen Dramenwerks im
Rahmen der neueren Moderne-Forschung: im Fokus stehen die Fragen der komplexen interdisziplinären Beziehungen, vor allem zur Philosophie,[7] Psychologie,[8] Geschichte[9] und Kulturwissenschaft.[10] Der Fokus hat sich vom Zentrum –

4   Hartmut Vinçon: Frank Wedekind. Metzler: Stuttgart 1987.

5   Elke Austermühl, Rolf Kieser, Hartmut Vinçon (Hg.): Frank Wedekind. Kritische
    Studienausgabe. In in 8 Bänden und 15 Teilbänden (STA). Häusser Media Verlag:
    Darmstadt 1994–2011.

6   Elke Austermühl, Alfred Kessler, Hartmut Vinçon (Hg.): Pharus I. Frank Wedekind.
    Texte, Interviews, Studien. Verlag der Georg Büchner Buchhandlung: Darmstadt 1989–
    1996.

7   In diesem Horizont liegt die umfassende Arbeit über die Bezüge von Wedekinds
    Dramenwerk zur Philosophie Nietzsches: Stefan Riedlinger: Aneignungen – Frank
    Wedekinds Nietzsche-Rezeption. Diss. Augsburg 2004. Tectum: Marburg 2005; sowie
    http://opus.bibliothek.uni-augsburg.de/volltexte/2005/97/pdf/Aneignungen.pdf.

8   Wedekind beschäftigte sich intensiv mit Freuds Schriften 1910/1911. In seiner
    Bibliothek befand sich u.a. *Der Witz und seine Beziehung zum Unbewussten*. Artur
    Kutscher: Frank Wedekind. Sein Leben und seine Werke. In drei Bänden. Georg Müller:
    München 1922 (Bd. 1), 1927 (Bd. 2), 1931 (Bd. 3), Bd. 3, S. 248. Vgl. auch STA 7/II,
    2009, S. 1041f.; Rolf Kieser: Benjamin Franklin Wedekind. Biographie einer Jugend.
    Arche: Zürich 1990, S. 268–281. Rolf Kieser: The Opening of Pandora's Box. Frank
    Wedekinds Nietzsche, Freud and Others. In: Rolf Kieser, Reinhold Grimm (Hg.): Frank
    Wedekind. Yearbook (1991). Peter Lang: Bern u.a. 1992, S. 1–15.

9   Uwe Schneider: Krieg, Kultur, Kunst und Kitsch. Positionen Frank Wedekinds zum
    Ersten Weltkrieg. In: Uwe Schneider, Andreas Schumann, Walter Müller-Seidl (Hg.):
    Krieg der Geister. Erster Weltkrieg und literarische Moderne. Königshausen
    & Neumann: Würzburg 2000, S. 75–108.

mit den bekanntesten, kanonischen Dramen – Richtung Peripherie verschoben. Dies resultierte mit einer (Neu)Auswertung des frühen Schaffens Wedekinds: seiner Lyrik im Hinblick auf die Bedeutung Heinrich Heines,[11] der frühen Essays, und nicht zuletzt der paraliterarischen Tätigkeit des angehenden Dramatikers als Mitarbeiter der Firma Maggi.[12] Vor diesem Hintergrund bleibt dem Band Sigrid Dreiseitels und Hartmut Vinçons *Kontinuität – Diskontinuität* (2001)[13] vorläufig die größte Rolle vorbehalten. Er relativiert die bisher geltende, von starken Zäsuren ausgehende Periodisierung des Wedekindschen Dramenwerks, was vielleicht das stigmatisierte Spätwerk nachhaltig entlastet und einer unvoreingenommenen Analyse öffnet. Er vertritt die These von einer kontinuierlichen Werkproduktion und zwar sowohl im Hinblick auf die ästhetischen Vorstellungen, als auch auf die thematische Perspektivierung. Werden die Inhalte des Wedekindschen Oeuvres gesichtet, so ist die Kontinuitätenthese um eine „Akzentverschiebung" und „Neuorientierung" ab etwa 1908 zu korrigieren.[14] Bedenkt man, dass die formalen Aspekte des Wedekindschen Dramenwerks zuletzt verstärkt in den 60er und 70er Jahren im Rahmen des Groteske-Diskurses verhandelt wurden, stellt sich die Frage nach der Entwicklung seiner Ästhetik umso interessanter dar. Die letzten Dezenien weisen eine Renaissance des Inte-

---

10 Vgl. Jens Dreisbach: Disziplin und Moderne. Zu einer kulturellen Konstellation in der deutschsprachigen Literatur von Keller bis Kafka. Literatur Verlag: Berlin 2009, S. 309–364.

11 Sigrid Dreiseitel: „Ich mache natürlich lebhaft Propaganda für ihn." Zur Bedeutung Heinrich Heines für das Frühwerk und die literaturpolitischen Positionen Frank Wedekinds. Königshausen & Neumann: Würzburg 2000.

12 Vgl. Texte in: Kieser, Grimm (Hg.): Frank Wedekind. Yearbook (1991); sowie: Rolf Kieser: Werbestrategien im Werk Frank Wedekinds. In: Heinz Ludwig Arnold, Ruth Florack (Hg.): Frank Wedekind. Text & Kritik 131/132 (1996), S. 15–31; Frank Möbus: Opus Maggi. Ebd., S. 32–39; Anke Finger, Gabi Kathöfer: A Reputation Reassessed: Unraveling Wedekind's Early Writings. In: Colloquia Germanica 36 (2003), S. 27–44, insbes. S. 33–37; vgl. auch ein kurzes Kapitel in: Urs Meyer: Poetik der Werbung. Erich Schmidt Verlag: Berlin 2010, S. 266–270.

13 Sigrid Dreiseitel, Hartmut Vinçon (Hg.): Kontinuität – Diskontinuität. Diskurse zu Frank Wedekind (1903–1918). Königshausen & Neumann: Würzburg 2001.

14 Während für die früheren Texte die Frage nach den ideologischen Beweggründen des menschlichen Handelns, nach den „metaphysischen, normativen und weltanschaulichen Handlungsregulatoren" zentral gewesen sei, gehe es nach 1908 um die Frage nach den Gesetzmäßigkeiten der menschlichen Interaktion – hauptsächlich um die Struktur Dominanz – Unterwerfung (dies vor dem Hintergrund des Interesses Wedekinds für die Psychoanalyse), oder um die Mechanismen der Zensur. Elke Austermühl: Kontinuität oder Diskontinuität im Werk Frank Wedekinds. In: Dreiseitel, Vinçon (Hg.): Kontinuität – Diskontinuität, S. 23–32, hier S. 28f.

resses für die Ästhetik der Dramen Wedekinds auf.[15] Zu den kontinuierlich entwickelten Eigenheiten seines dramatischem Verfahrens gehören u.a. offene
Formen, antiillusionistischer Charakter, Heterogenität von Material (Stoffe, Motive, Themen, Figuren, Handlungen) und Stilformen (Mischung von Gattungen,
darunter von Elementen der niederen und hohen Künste – Persiflage, Parodie,
Satire, Groteske, Allegorie, Arabeske, Pastiche), Chiffrierung und Verfremdung
des Materials, Zitier- und Anspieltechnik, „episodische Arbeitsweise" des Autors.[16] Der unlängst verstorbene Dieter Kafitz schlug eine die Autorin sehr an-
sprechende Neusichtung und Neulektüre Wedekinds im Hinblick auf die formalen Stilelemente, indem er auf die Visualisierungstendenz in seinen Dramen
aufmerksam machte.[17]

Eine im Sinne der Kontinuitäten nicht versiegende Inspirationsquelle bleibt
die *Lulu*-Doppeltragödie. An die Stelle der kanonischen gender-Orientierung ist
nun aber ein anderes Profil getreten: epochenspezifische Körperdiskurse. In diesem Rahmen werden auch andere Texte quasi entdeckt und verhandelt, wie z.B.
das Prosa-Fragment *Mine-Haha*.[18] Auf der Landkarte der neuesten Wedekind-

---

15 Vgl. u.a. Elke Austermühl: Wedekinds dramatisches Verfahren. Ein
    Rekonstruktionsversuch. Nachwort. In: STA 4, 1994, S. 715–737; Rolf Kieser: Über den
    Umgang mit Stoffen und Stilen in Frank Wedekinds frühen Dramen. Nachwort. In: STA
    2, 2000, S. 1265–1289.

16 Sigried Dreiseitel, Hartmut Vinçon: Vorwort. In: Dreiseitel, Vinçon (Hg.): Kontinuität –
    Diskontinuität, S. 9–21, vgl. insbes. S. 13, S. 19 und S. 20f. Vgl. zudem Austermühl:
    Kontinuität oder Diskontinuität, S. 24, sowie dies.: Wedekinds dramatisches Verfahren.

17 Dieter Kafitz: Die Kunstzitate in Frank Wedekinds *Frühlings Erwachen*: Zu Hänschen
    Rilow-Szene. In: Dreiseitel, Vinçon (Hg.): Kontinuität – Diskontinuität, S. 263–282. Vgl.
    zudem Dieter Kafitz: Moderne Tendenzen in den Dramen Frank Wedekinds. In:
    Benedikt Descourvières, Peter W. Marx, Ralf Rättig (Hg.): Mein Drama findet nicht
    mehr statt. Deutschsprachige Theater-Texte im 20. Jahrhundert. Peter Lang: Frankfurt
    a. M. 2006, S. 21–40. An dieser Stelle ist auch ein anderer interdisziplinärer Beitrag im
    Sinne des Dialogs der Künste zu erwähnen, dem die Autorin dieser Arbeit Anregung zu
    verdanken hat: Editha S. Neumann: Musik in Frank Wedekinds Bühnenwerken. In: The
    German Quarterly 44, No. 1 (1972), S. 35–47. http://www.jstor.org/stable/404224.
    (Zugriff: 11.10.2011).

18 Hartmut Riemenschneider: Bewegungs- und Körperkultur als Erziehungsutopie. Frank
    Wedekinds Beitrag ‚wider Willen' zum Frauenideal des Nationalsozialismus. In:
    Aussiger Beiträge 1 (2007), S. 149–160. Speziell zu *Lulu* vgl. u.a. Ariane Martin: Pierrot
    als Femme fatale? Zu den Fassungen und Deutungen von Frank Wedekinds *Lulu*-
    Dramenkomplex in kulturwissenschaftlicher Perspektive. In: Musil-Forum 27
    (2001/2002), S. 119–136; Daniela Schmeiser: Frank Wedekinds Lulu-Dramen: Die Frau
    im Text, Der Text der Frau. In: Roland S. Kamzelak (Hg.): Historische Gedächtnisse
    sind Palimpseste. Hermeneutik – Historismus – New Historicism – Cultural Studies.
    mentis: Paderborn 2001, S. 177–193; Naomi Ritter: The Portrait of Lulu as Pierrot. In:

Forschung ist zudem ein neuer biographischer Beitrag zu verzeichnen: *Frank Wedekind: Eine Männertragödie* von 2010. Der Autor ist Frank Wedekinds Enkel und Sohn von dessen Tochter Pamela.[19]

Frank Wedekind gilt als eine Orientierungsfigur der frühen Moderne:[20] in Opposition zum Naturalismus und dem idealistischen Symbolismus steht er im Vorfeld des Expressionismus, ohne aber mit ihm identisch zu sein.[21] Stets bleibt er im Dialog mit der eigenen Epoche – an der Reibungsfläche zwischen dem eigenen künstlerischen Anspruch und den Bedingungen seiner Zeit. In diesem Rahmen soll auch sein Humor-Konzept untersucht werden.

Dem vorliegenden Text ist als eine Art Motto der Satz vorangestellt: „Ernst ist das Leben, heiter die Kunst." So hat Th(omas) Th(eodor) Heine eine seiner Zeichnungen von 1898 unterschrieben, wobei er auf eine Formulierung Friedrich Schillers rekurriert, die das Prolog zu *Wallenstein* beendet: „Ernst ist das Leben, heiter ist die Kunst".[22] Die Zeichnung stellt seinen Autor an einem Zeichnungstisch dar, die rote Buldogge zeichnend, die zum Wahrzeichen des satirischen Blattes *Simplizissimus* werden soll.[23] Der Künstler ist von sechs preußischen Soldaten umstellt, um seine Handgelenke und Beine liegen Ketten, hinter seinem Rücken, ihm über die Schulter blickend – ein Beamter, wohl ein Zensor. Die Überschrift über dem Bild – „Wie ich meine nächste Zeichnung machen werde" – verweist ironisch auf die Festnahme Th. Th. Heines am 2. November 1898, nachdem er der Majestätsbeleidigung bezichtigt und in Untersuchungshaft genommen wurde. Die Lage des Künstlers im Wilhelminischen Staat, die hier thematisiert ist, gilt für den Autor der Zeichnung nicht weniger als für Frank Wedekind, dessen Leben und Werk stets im Schatten der Zensurbehörden und -maßnahmen verlief. Fünfzehn Jahre musste er auf den Erfolg seiner Stücke warten: Der künstlerische Durchbruch gelang ihm erst 1906 und wurde

---

Kieser, Grimm (Hg.): Frank Wedekind. Yearbook (1991), S. 127–140; Kieser: The Opening of Pandora's Box.

19 Anatol Regnier: Frank Wedekind. Eine Männertragödie. btb: München 2010.

20 Rolf Kieser: Autobiographik und schriftstellerische Identität. In: York-Gothart Mix (Hg.): Hansers Sozialgeschichte der deutschen Literatur vom 16. Jahrhundert bis zur Gegenwart. Bd. 7. Naturalismus – Fin de Siècle 1890–1918. Carl Hanser: München, Wien 2000, S. 381–393, hier S. 391, vgl. auch Austermühl: Wedekinds dramatisches Verfahren.

21 Wedekind sei weder Antinaturalist noch Antiexpressionist gewesen. Hans Jochen Irmer: Wedekind war nicht modern. Nachwort. In: STA 8, 2003, S. 1129–1150, hier S. 1135.

22 Friedrich Schiller: Wallenstein (Prolog, 138). Reclam: Stuttgart 1988, S. 6.

23 Thomas Theodor Heines rote Buldogge, die sich von der Kette losgerissen hat, erscheint erstmals in der 5. Nummer der Zeitschrift (die erste Nummer erschien am 04.04.1896). Vgl. Frank Wedekind: Ich habe meine Tante geschlachtet. Lautenlieder und *Simplizissimus*-Gedichte. Langen Müller: München, Wien 1967, S. 267.

durch Max Reinhardts Inszenierung von *Frühlings Erwachen* angestoßen.[24] Die aus der Permanenz dieser Lage erwachsene Desillusionierung und Bitterkeit Wedekinds ist aber in demselben Maße seinem Werk abzunehmen wie eine bestimmte Art Humor.

1. Der Humorist Wedekind

1.1. Wedekind als Bohémien

Dass Wedekinds Name zu den meist angeführten in der Autobiographik der Epoche gehört, verdankt sich dem Gesamtbild seiner Persönlichkeit und seines Schaffens. Er galt als „ersehntes Leitbild eines radikal ‚modernen‘, das heißt, allen Konventionen des Literatur- und Kunstbetriebs konträren Lebensstils",[25] was sich nicht zuletzt in einer gewissen Exzentrizität seines Auftretens manifestierte. Man betonte die „penetrante äußere Eleganz des Fremdlings", Wedekind trug etwa „zur gelbkarierten Pepitahose einen grauen Gehrock mit einem glänzenden Zylinder und hatte die Hände in gelben Glacéhandschuhen stecken."[26] Heinrich Mann, der Wedekind 1902 persönlich kennen lernt und seitdem mit ihm befreundet ist, erinnert sich in seinem autobiographischen Werk *Ein Zeitalter wird besichtigt* an die ‚Legende Wedekind‘, an die vielen Anekdoten, die damals unverbürgt umliefen. Er bezeichnet ihn als einen „wurzellosen Halbamerikaner",[27] der „gescheit, gänzlich illusionslos [und] witzig sei".[28] Das Moment

---

24 Erste Uraufführung seines Stücks (*Erdgeist*) erfolgte 1898 am Ibsen-Theater Carl Heines.

25 Kieser: Autobiographik, S. 391f.

26 Max Halbe: Die Jahrhundertwende. Geschichte meines Lebens. 1853–1914. Kafemann: Danzig 1935, S. 306, zit. nach Kieser: Autobiographik, S. 392. Eine andere Variante seiner Tages-Kleidung: sie sei „völlig schwarz [gewesen]. Der Anzug mit weitausgeschnittener Weste war gleichsam von fadenscheiniger Konfirmandeneleganz. Um den niedrigen Stehkragen schlang sich ein zum lotterigen Querschleifchen geschlungener schmaler Schlips, wie ihn [...] kein andrer Mensch mehr trug." Auch das Pyjama und die Wohnung wichen von der bürgerlichen Norm ab: Zwar hatte Wedekind eine bürgerlich aufgeräumte Wohnung, sein Schlafzimmer war aber „ganz in weiß gehalten, sogar das dort abgestellte Fahrrad, wodurch sein feuerrotes Nachthemd besonders gut zur Geltung kam. Sein Arbeitszimmer war vollgepappt mit Aufnahmen aller weiblichen Varieté- und Zirkussterne der Zeit." Korfiz Holm: Farbiger Abglanz. München 1947, S. 45 und S. 79, zit. nach Helmut Kreuzer: Die Bohème. Beiträge zu ihrer Beschreibung. Metzler Studienausgabe: Stuttgart 1968, S. 161 und S. 163.

27 Gold-Rush-Jahre der Eltern in Kalifornien, Auftritte der Mutter als Kabarett-Sängerin in San Francisco, Flucht vor dem Sezessionskrieg nach Hannover, Flucht „der überzeugten Republikanerfamilie" vor den Preußen in die Schweiz – dies macht die von der

des Komischen an der Person Wedekind erkennt auch Bertolt Brecht, der dem Begräbnis des Dramatikers am 12. März 1918 beiwohnte und in einem Brief in Form eines Vierzeilers davon Kunde gibt:

> „Sie standen ratlos in Zylinderhüten
> Wie um ein Geieraas. Verstörte Raben.
> Und ob sie (Tränen schwitzend) sich bemühten:
> Sie konnten diesen Gaukler nicht begraben."[29]

Bertolt Brecht war bekanntlich ein großer Verehrer Wedekinds, der gerne seine Lieder zur Gitarre sang. In einer kurzen Hommage ist folgende Bemerkung zu finden:

> „Nie hat mich ein Sänger so begeistert und erschüttert. Es war die enorme Lebendigkeit dieses Menschen, die Energie, die ihn befähigte, von Gelächter und Hohn überschüttet, sein ehernes Hoheslied auf die Menschlichkeit zu schaffen, die ihm auch diesen persönlichen Zauber verlieh. [...] Er gehörte mit Tolstoi und Strindberg zu den großen Erziehern des neuen Europa. Sein größtes Werk war seine Persönlichkeit".[30]

Bei allem Pathos, das hier unüberhörbar ist, fällt das Moment des großen Charisma Wedekinds und die Einsicht in die Relevanz seines Werks als Funktion seiner frappierenden Persönlichkeit auf. In der Tat drückte sich diese in verschiedenen Genres aus. Die Forschung ordnet Wedekinds frühe Lyrik der leichteren Muse zu.[31] Ähnlichen Charakter haben auch Reklame-Texte, die der junge Dichter für die Maggi-Kampagne (Ende 1886 – Mitte 1887) verfasste.[32] Einen

---

bürgerlichen Norm abweichenden Komponenten der Familienkonstellation Wedekinds aus. Kieser: Über den Umgang, S. 1267.

28 Heinrich Mann: Ein Zeitalter wird besichtigt. Neuer Verlag: Stockholm 1946, S. 224. Man sprach vom „Phänomen Wedekind", von seiner „befremdenden Dämonie", aber auch vom „schüchternen Wedekind". Kieser: Autobiographik, S. 391f.

29 Bertolt Brecht an Caspar Neher, zit. nach Grit Dommes: Von Künstlern und Lebenskünstlern. Frank Wedekinds *Kammersänger* und die *Keith*-Dramen. Historisch-kritische Arbeiten zur deutschen Literatur. Peter Lang: Frankfurt a. M. 1998, S. 115.

30 Bertolt Brecht: Frank Wedekind. In: Jan Knopf, Werner Mittenzwei, Werner Hecht, Klaus-Detlef Müller (Hg.): Bertolt Brecht. Werke. Berliner und Frankfurter Ausgabe (BFA). Aufbau Verlag, Suhrkamp: Berlin, Weimar, Frankfurt a. M. 1988–2000, Bd. 21 (Schriften 1914–1933), S. 35f.

31 Vgl. Versuch einer Bilanz zur neuesten Ausgabe der Gedichte: [o. A.]: Am Ende war ich doch ein Poet. Nachwort. In: STA 1/II, 2007, S. 2275–2302. In den Gedichten aus der Schulzeit (Lenzburger Bezirks- und Aarauer Kantonschule) zeigt er sich zunächst als Unterhalter und Provokateur und entwickelt sich dann, vor allem in den Simplizissimus-Gedichten (1896–1902), zum politischen Autor. Ebd., S. 2292–2295.

32 Sie korrespondieren mit dem kabarettistisch-satirischen Ton der späteren Lyrik, insbesondere dem der Balladen. Meyer: Poetik der Werbung, S. 269.

Hintergrund für seine langjährige Tätigkeit als Satiriker und Kabarettist macht die Nähe zur Bohème aus, insbesondere zur sogenannten „Schwabinger-Bohème", einem Milieu, das für die Atmosphäre Münchens um die Jahrhundertwende prägend war und einen besonderen Charakter hatte:

> „Die Bohème dieser Epoche, unterscheidet sich, vor allem in München, von älteren und späteren deutschen Gruppen z.b. durch den Glanz ihrer Feste, einen gesteigerten Kult der freien Liebe, des Theaters und Varietés, des Tanzes und des Spiels [...]."[33]

Wedekind verkehrte gern in den Lokalen Münchens und Berlins, wo er in inoffiziellen Auftritten seine leichten, witzigen Liedertexte zur Laute vortrug. In den Texten der Zeugen dieses Milieus, zu denen u.a. Franziska zu Reventlow, Oscar A. H. Schmitz,[34] Ernst von Wollzogen und Erich Mühsam gehörten und die ihre Erfahrungen literarisierten bzw. in Form von Erinnerungen niederschrieben, taucht Wedekind entweder direkt oder als erkennbarer Prototyp auf.[35]

Dass Wedekind seine Antibürgerlichkeit nach außen hin unterstützte, trug erheblich dazu bei, dass er das Image eines Bohémiens genoss. Entscheidend für die Definition des Bohémiens ist, wie Helmut Kreuzer ausführt, „ein bestimmter, intentionell unbürgerlicher Stil seines Lebens", eine „abweichende" Lebens-

---

33 Kreuzer: Die Bohème, S. 54. Erich Mühsam berichtet in seinen *Unpolitischen Erinnerungen* über die Stammgäste der Schwabinger Lokale: „Dort traf sich vagabundierendes Künstlertum und an keine Zeremonien gebundene Fröhlichkeit aller Art Außenseiter." Erich Mühsam: Unpolitische Erinnerungen. Verlag Volk und Welt: Berlin 1961 [2. Aufl.], S. 148.

34 Oscar Adolf Hermann Schmitz auch O. A. H. Schmitz (1873–1931) bzw. O.A.H./OAH Schmitz (Vorname als ein Wort ohne Vokaleinsatz ausgesprochen): deutscher Autor, Philosoph, Astrologe. Vgl. die neuentdeckten Tagebücher des Schriftstellers: Wolfgang Martynkiewicz (Hg.): Durch das Land der Dämonen. Oscar A. H. Schmitz: Tagebücher. In drei Bänden. Bd. 1 (1896–1906): Aufbau Verlag: Berlin 2006; Bd. 2 (1907–1912) und Bd. 3 (1912–1918): Aufbau Verlag: Berlin 2007, hier Bd. 3. Vgl. hierzu Kapitel VI.5.3. Probe aufs Exempel: Der Witz und der Witzbold in *Oaha* in der vorliegenden Arbeit.

35 Vgl. Reventlows Tagebücher, ihren frühen Bohéme-Roman *Ellen Olestjerne* (1903), sowie die späteren Romane: *Herrn Dames Aufzeichnungen* (1913) und *Der Geldkomplex* (1916). Vgl. zudem Wollzogens *Das dritte Geschlecht* (1899). Der „Edelanarchist" Erich Mühsam war mit der Berliner Bohème verbunden: er „trug sich wohl am auffallendsten schäbig und verwildert unter allen Berliner Zigeunern." Kreuzer: Die Bohème, S. 154. Aus seinen Berichten geht hervor, dass Wedekind u.a. in den Bohemelokalen der Türkenstraße in Münchner Schwabing – der „Dichtelei" und dem *Simplizissimus* sowie im Weinlokal neben dem Hofbräuhaus *Torggelstube*, „dem geistigen Mittelpunkt Münchens" verkehrte. Im letzteren habe er an dem Tisch Platz gehabt, „wo die Klampfe auf dem Gesims hing". Mühsam: Unpolitische Erinnerungen, S. 183f., S. 201 und S. 204.

form und das Milieu der marginalen Künstler und Autoren.[36] Dass die Themen seiner Dramen und der tabubrecherische Gestus die Wahrnehmung des Dramatikers in dieser Hinsicht beeinflussten, muss nicht erst wiederholt werden. Für die Bohème des 19. Jahrhunderts gilt generell, dass sie sich ästhetisch, politisch und moralisch von geltenden Urteilen emanzipiert und in Opposition zu ökonomischen Voraussetzungen der bürgerlichen Epoche wie Geld- und Marktwirtschaft als eine Folge der Ablehnung der bourgeoisen Werte der Gesellschaft steht.[37] Doch Wedekinds Verhältnis zur Bohème seiner Zeit ist von Ambivalenz gekennzeichnet: Der Bohèmien stellt für ihn keine reine Alternative zur Philisterwelt dar.[38] Mit dieser kritischen Wertung steht Wedekind unter den Zeitgenossen nicht allein da, mehr noch: er selbst unterliegt ihr. So meint der Marxist Leo Trotzkij, der 1904 ein halbes Jahr in München lebte und sich in einer Schrift von 1908 zu Frank Wedekind äußerte, dass hinter dem „ruhelosen Ästhetizismus neue Formen bourgeoisen Philistertums" zu erkennen seien.[39] Wedekinds rebellisches Image korrespondierte zwar einerseits mit Trotzkis Überzeugung von dem revolutionären Potenzial der Kunst, verwies aber andererseits auf die Grenzen der „Revolution" in der Literatur und die Abhängigkeit letzterer von den gesellschaftlichen Strukturen.[40] Aufgrund dieser kritischen Haltung ist die Zu-

---

36 Geistesgeschichtliche Voraussetzungen der Bohème: Rousseauismus mit seiner Zivilisationskritik und seinem Naturbegriff, ferner die Bejahung des Individualismus, des Liberalismus, einer Autonomie der Kulturbereiche durch die Gesellschaft. Dieser Lebensstil ist ein Erbe der vorbürgerlichen Epoche, verstanden als das Zeitalter des Absolutismus. Als bürgerliches Zeitalter bezeichnet Kreuzer die Epoche von 1789 (Französische Revolution) bis 1917 (amerikanischer Kriegseintritt und Oktoberrevolution) und gibt gleichzeitig zu, dass die Grenze fließend ist. Kreuzer: Die Bohème, S. 42ff.

37 Zugleich ist sie aber ihr Produkt, ein „ihr zugehöriges antagonistisches Komplement". Ebd., S. 45.

38 In der Figur des Marquis von Keith porträtiert er einen Typus, der zwar „in bürgerlicher Atmosphäre nicht atmen kann", zugleich aber ein illusorisches Bild der Realität hat und darin entlarvt wird. Julius Hart: Marquis von Keith. In: Der [rote] Tag (Berlin). Nr. 453 von 13.10.1901. Zit. nach Wedekind: STA 4, S. 56 und S. 520f. Wedekind konstruiere eine partielle Bohème-Figur, eine bohèmehafte Version des Bürgers. Ebd., S. 105f.

39 Leo Trotzkij: Frank Wedekind (1908). In: Ders.: Literatur und Revolution (1923). Gerhardt Verlag: Berlin 1968, S. 366–386, hier S. 378, vgl. auch S. 319. Vgl. zudem Franz Norbert Mennemeier: Literatur der Jahrhundertwende. Europäisch-deutsche Literaturtendenzen 1870–1910. Weidler Buchverlag: Berlin 2001, S. 385–393.

40 Vgl. Leo Trotzkij: Kunst und Revolution. Leserbrief an den New Yorker Partisan Review – Juli 1939. http://www.mlwerke.de/tr/1938/380617a.htm (Zugriff: 23.02.2013).

ordnung Wedekinds zur Bohème nicht eindeutig.[41] Dabei ist mitzubedenken, dass die Bohème-Forschung die kultur- und sozialgeschichtliche Frage ins Zentrum rückt und die ästhetisch-literarischen Bezüge weitgehend ausblendet.[42] Daher schlägt Johannes Pankau einen differenzierteren Bohème-Begriff vor, der erst dann ergiebig und für Wedekind adäquat wird, wenn er im breiten Kontext des Krisenbewusstseins der Moderne und der Überwindungsversuche gesehen wird, „die sich in den ästhetischen Konzepten der Avantgarde einerseits und der Lebens- bzw. Sozialreform andererseits manifestieren, also als Element gesellschaftlich-kultureller wie ästhetischer Modernisierung."[43] Pankau bedient sich daher der Bezeichnung „avantgardistische Bohème", die ihre Dynamik aus dem Modernisierungspostulat bezieht, das von der Bohème allein nicht eingelöst bzw. das gar nicht erst gestellt wird. Im Werk Wedekinds ist folglich von bestimmten Affinitäten zu einer avantgardistischen Bohème-Kultur auszugehen, die sich durch Heterogenität der Gehalte auszeichnet und damit an der Entgrenzung des Literatur- und Kulturbegriffs beteiligt ist.[44] Die Wahrnehmung Wedekinds bei den Bohèmiens korrespondiert signifikanterweise mit seiner Abgrenzung von dem engen Bohème-Begriff: Franz Blei desavouierte Wedekinds Modernitätsanspruch. Erich Mühsam dagegen wusste zwar die Integration der Unterhaltungskultur (Kabarett, Varieté, Lieder) zu würdigen, gleichzeitig aber benutzte er Wedekind als Projektionsfigur für seine ideologischen Überzeugungen

---

41 Johannes G. Pankau: Über die Planbarkeit des Schönen. Wedekinds Werk im Kontext von Bohème, Ästhetizismus und Lebensreform am Beispiel von *Hidalla.* In: Dreiseitel, Vinçon (Hg.): Kontinuität – Diskontinuität, S. 97–118, hier S. 97.

42 Ebd., S. 99f. Auch Kreuzers zitierte Studie über die Bohème ist literatursoziologisch profiliert.

43 „Die Avantgarde als traditionskritisch und antiillusionistisch ausgerichtete Bewegung seit dem mittleren und späten 19. Jahrhundert tritt eine Verbindung zur historischen Bohème insofern sie gegen den Funktionsverlust von Kunst und Künstler in der fortgeschrittenen bürgerlichen Gesellschaft revoltiert und bewusst etablierte Normen und Wahrnehmungsweisen attackiert." Pankau: Über die Planbarkeit, S. 100f. mit Verweis auf Georg Bollenbeck: Die Avantgarde als Bohème. Ein Diskussionsvorschlag. In: Jens Malte Fischer u.a. (Hg.): Erkundungen. Beiträge zu einem erweiterten Literaturbegriff. Helmut Kreuzer zum 60. Geburtstag. Vandenhoeck & Ruprecht: Göttingen 1987, S. 10–35.

44 Andere Kategorien: bohèmehafte Rollenbilder, die Wedekind für sein dramatisches Personal schöpft und diese kreativ umgestaltet; Subversivität der Reflexion, die sich in formaler Darbietung niederschlägt (Konstruktions- und Montageelemente) und nicht zuletzt Wedekinds episodische Arbeitsweise (Aufzeichnungssystem). Pankau: Über die Planbarkeit, S. 106f.

und ignorierte seine kritisch-distanzierte Haltung gegenüber den Bohème-Projekten, wie sie sich in *Marquis* oder *Hidalla* manifestiert.[45]

Einen Teil der Bohème-Existenz Wedekinds und ein Stück seiner festen Zugehörigkeit zum Intellektuellenmilieu der Epoche macht die Mitwirkung in dem Berliner Kabarett *Simplizissimus*[46] und dem 1901 gegründeten ersten Münchner Kabarett *Die Elf Scharfrichter* aus.[47] In Anlehnung an die Pariser Vorbilder verfolgte das Kabarett um die Jahrhundertwende das Ziel einer anspruchsvollen theatralischen Unterhaltung als ein Gesamtkunstwerk, das von der Herkunft her dem Drama und der Publizistik gleichermaßen verpflichtet war. Wedekind waren die Auftritte – der „Cultus des Überbrettl" – die reichste Einkommensquelle und ein zwar „wohlthuender", nicht aber unproblematischer Nebenberuf.[48] Zum einen war ihm die Anerkennung als Dramatiker von existenzieller Bedeutung und er konnte auf sein Image als Kabarettist nicht ohne eine gewisse Verachtung schauen.[49] Die Angst, als Autor und Darsteller nicht ernst genommen zu werden,

---

45 Ebd., insbes. S. 108ff. Vgl. auch Friedrich Rothe: Frank Wedekinds Dramen. Jugendstil und Lebensphilosophie. Diss. Metzler: Stuttgart 1968, S. 76ff.

46 Das Kabarett verdankt seinen Namen der gleichnamigen Zeitschrift. Mitwirkung von Max Dauthendey, Franz Blei, Erich Mühsam, Ludwig Scharf, Joachim Ringelnatz u.a. Wedekind trat zudem im Wiener Kabarett *Fledermaus* auf. *Simplizissimus* und *Fledermaus* lagen in vorexpressionistischer Zeit und verfolgten das Ziel, eine Art Bohème-Kultur in sezessionistischer Ausstattung vorzuführen. In seinen Anfängen war das Kabarett stark literarisch orientiert.

47 Mitwirkung u.a. von Leo Greiner, Hanns von Gumppenberg, Otto Falckenberg, Heinrich Lautensack. Das Ensemble der *Elf Scharfrichter* wurde aufgrund von finanziellen Schwierigkeiten 1904 aufgelöst. Vgl. Rainer Otto, Walter Rösler: Kabarettgeschichte. Taschenbuch der Künste. Henschelverlag: Berlin 1981, S. 41–52. Vgl. zudem Gertrud Maria Rösch: Satirische Publizistik, Cabaret und Überbrettl zur Zeit der Jahrhundertwende. In: Hansers Sozialgeschichte, Bd. 7, S. 272–286, insbes. S. 282–286. Zum Wedekind als Satiriker vgl. ferner Elisabeth Boa: The Sexual Circus. Wedekind's Theater of Subversion. Diss. Basil Blackwell: Oxford 1987.

48 Wedekind an Martin Zickel: er werde „den Cultus des Überbrettls gerne und vielleicht immer als wohlthuenden Nebenberuf pflegen und hegen", solange die sich wiederholdenden Aufführungsverbote verhinderten, dass seine Dramen sich durchsetzten. Brief von 06.08.1901. In: Fritz Strich (Hg.): Frank Wedekind: Gesammelte Briefe in zwei Bänden (GB). Müller: München 1924, Bd. 2, S. 77. Vgl. Paul Böckmann: Die komödiantischen Grotesken Frank Wedekinds. In: Hans Steffen (Hg.): Das deutsche Lustspiel II. Vandenhoeck & Ruprecht: Göttingen 1969, S. 79–102, S. 82; sowie Mary M. Paddock: So ist das Leben. Frank Wedekind's Scharfrichter Diary. In: Monatshefte für deutschsprachige Literatur und Kultur. University of Wisconsin Press 91 (1999), S. 342–358.

49 1901 erlebt Wedekind ein Fiasko in Berlin und Wien mit seinem Stück *Marquis von Keith*. Paddock verweist auf Wedekinds Briefe, Bd. 2, S. 76f. und S. 87f. Paddock: So ist

hatte er als „Fluch der Lächerlichkeit" literarisch verarbeitet.[50] Außerdem waren seine Auftritte von einem Risiko behaftet.[51] Nicht desto trotz gab Wedekind das Balladensingen nie wirklich auf, es blieb ein Bestandteil seines Image als Theaterdarsteller.

Den Wedekindschen Ruf als Satiriker begründet vor allem seine Mitarbeit bei satirischen Zeitschriften, den sogenannten Witzblättern.[52] Allen voran steht der 1896 gegründete, bereits erwähnte *Simplizissimus* als die bedeutendste satirische Zeitschrift des kaiserlichen Deutschland, die ihre Berühmtheit als Medium politischer Satire vor allem den Beiträgen Wedekinds zu verdanken hat:[53] „Wer glaubt, Karl Valentin sei das Skurillste, Treffendste, Genuinste, was München

---

das Leben, S. 344 und S. 346. Im Anhang zum Brief an Georg Brandes von 10.01.1909: „In eine defensive Stellung bin ich dadurch gekommen, dass sämtliche früheren Jahre hindurch meinen dramatischen Arbeiten verschlossen waren. Darauf begann ich mit meinen Arbeiten selbst Reklame für meine Arbeiten zu machen. Ich hielt das für meine Pflicht, da ich Jahre hindurch gezwungen war, im Tingeltangel aufzutreten." Klaus Bohnen (Hg.): Frank Wedekind und Georg Brandes. Unveröffentlichte Briefe. In: Euphorion 72 (1978), S. 106–119, hier S. 113.

50 Erinnerungen an Frank Wedekind. Aus dem Nachlass von Hans Richard Weinhöppel. Zit. nach Paddock: So ist das Leben, S. 346. Paddock interpretiert *König Nicolo* in diesem Sinne als autobiographischen Text: wie Wedekind wird Nicolo gefangen gehalten, bittet das Publikum, ihn ernst zu nehmen, usw. Sie beruft sich auf Maclean: „the reduction of the tragic performer with a serious massage to the level of a popular comic [...] reflect the fear that the cabaret would interfere with his serious work and make him appear ridiculous..." Vgl. Hector Maclean: The King and the Fool in Wedekind's König Nicolo. In: Seminar 5 (1969), S. 21–35, hier S. 22; Paddock: So ist das Leben, S. 349.

51 Aufgrund der Majestätsbeleidigung, die er sich für die Verse auf die Palästinareise Wilhelms II. 1898 einbrachte, hatte er bereits einen halbjährigen Gefängnisaufenthalt in der Festung Königstein hinter sich. Kutscher: Frank Wedekind, Bd. 2, S. 24.

52 Bedeutend waren neben Alberts Langens *Simplizissimus* auch Münchner *Jugend* oder *Ulk. Illustriertes Wochenblatt für Humor und Satire*, eine Gratisbeilage des *Berliner Tageblatts*. Ihre enorme Wirkung verdankten sie vor allem dem Verzicht auf eine Profilierung durch ein literarisch-ästhetisches Programm und dem marktstrategischen Kalkül, der Anpassung an die Leserbedürfnisse. Günter Butzer, Manuela Günter: Literaturzeitschriften der Jahrhundertwende. In: Hansers Sozialgeschichte, Bd. 7, S. 116–136, S. 127f. Vgl. auch Rösch: Satirische Publizistik, S. 272–280.

53 Die erste *Simplizissimus*-Nummer druckte Wedekinds Erzählung *Die Fürstin Russalka* (1896) ab. Wedekinds Gedichte in den ersten Nummern hatten programmatischen Charakter. Günter Seehaus: Frank Wedekind. Mit Selbstzeugnissen und Bilddokumenten. Rowohlt: Reinbek b. Hamburg 1974, S. 83. In der Zeitschrift wurden u.a. Texte aus Karl Julius Webers *Demokritos oder die Papiere eines lachenden Philosophen*, aus alten Bänden der *Fliegenden Blätter*, sowie etwa Anekdoten von Roda Roda abgedruckt.

zu bieten hat, durchblättere den *Simplizissimus* nach Beiträgen von Hieronymus, so Wedekinds Pseudonym."[54] Die Zeitschrift wählte Satire zu ihrem obersten und ausschließlichen Kriterium, welche über die Gegenstände, die Perspektive und die Textsorten entschied. Dies brachte ihr den Ruf eines extrem kritischen und liberalen Blattes.[55]

1.2. Der Humor in der Dramenrezeption

Das Image Wedekinds als Unterhaltungskünstler, Satiriker, Kabarettist oder Bohèmien erweist sich als sehr unzureichend, will man den humoristischen Aspekt seiner Dramen erfassen. Unter den zeitgenössischen Kritikern fällt dabei Alfred Kerrs Anerkennung für Wedekinds Rang und seine Relevanz für die Entwicklung der Theaters[56] und die Einsicht in die Rolle des Humors auf, dessen Art er literaturgeschichtlich zu verorten versucht: Wedekind gilt ihm als „Ironiker und Humorist in romantischer Nachfolge".[57] In Reaktion auf die *Kammersänger*-Aufführung 1899 formuliert er die Hypothese, dass der Dramatiker einen neuen Humor bringe, der „lebenskennerisch, seltsam und tief" sei und nicht von Jean Paul stamme.[58] Mit dem Humor vermengt sich der tiefe Ernst: Wedekind

---

54 Rainer Metzger: München. Die große Zeit um 1900. Kunst, Leben und Kultur 1890–1920. Christian Brandstätter: Wien 2008, S. 182.

55 Als besondere Vorlieben galten die Verehrung Bismarcks sowie die Kritik am Regime Wilhelm II. und am Klerikalismus. Karl Kraus erinnert sich: „[...] Frank Wedekind hat mir einmal gesagt, der *Simplizissimus* habe es bloß deshalb auf die Klerikalen so scharf, weil er die Institution der Pfarrersköchinnen für unmoralisch halte [...]". Karl Kraus: Der Bulldogg. In: Ders.: Literatur und Lüge (1929). Köser Verlag: München 1958, S. 35–37, hier S. 35 [zuerst in: Die Fackel, 15.07.1907]. Der Tenor der Zeitschrift wurde vielfach kritisiert bis angefeindet. Dies insbesondere im Zusammenhang mit der deutsch-französischen Ausgabe der Zeitschrift, einer Sondernummer *Friede mit Frankreich*. Die Zeitschrift habe Landesverrat begangen, so der Verleger und Zensor Maximilian Harden: was innerhalb des Landes noch geduldet wurde, sollte nicht nach außen vordringen. Karl Kraus: Der Patriot. In: Ders.: Literatur und Lüge, S. 86–98, hier S. 91.

56 Rolf Kieser: Das Spätwerk Frank Wedekinds im Spannungsfeld der Fehde Karl Kraus – Alfred Kerr. In: Dreiseitel, Vinçon (Hg.): Kontinuität – Diskontinuität, S. 199–216, hier S. 202.

57 Alfred Kerr, zit. nach Hans Jochen Irmer: Der Theaterdichter Frank Wedekind. Werk und Wirkung. Diss. Henschel: Berlin 1979, S. 29. Vgl. auch Rolf Kieser: Das Spätwerk Frank Wedekinds im Spannungsfeld der Fehde Karl Kraus –Alfred Kerr. In: Dreiseitel, Vinçon (Hg.): Kontinuität – Diskontinuität, S. 199–216, insbes. S. 203.

58 Alfred Kerr: Frank Wedekind: Der Kammersänger. In: Die Nation 17 (1899/1900, von 23.12.1899). Zit. nach Kieser: Das Spätwerk, S. 202f. Vgl. auch http://www.wedekind.h-da.de/buehne.htm (Zugriff: 10.04.2009); Fragmente auch in: STA 4, S. 383f.

sei einer, „der mit korrektestem Ernst die fürchterlichsten Dinge sagt, an denen man stirbt, – und der ruhig bleibt, während man stirbt."[59] Nach der Aufführung des Schwanks *Fritz Schwiegerling* sieht sich Kerr in seiner Überzeugung bestätigt, dass Wedekind von der romantischen Tradition zerrt. Die einzige Inkonsequenz bezieht sich auf Jean Paul, der nun auch bei Wedekinds Schaffen Pate stehen soll: „Wedekind scheint ein Nachfahr der romantischen Ironie; vornehmlich Arnims; auch Jean Pauls. Schreibt Wedekind ein Stück, so läßt er seine Puppen nicht bloß spielen; er spielt mit seinen Puppen."[60] Wenige Jahre später – im Januar 1902 – erweitert Kerr das Bild, indem er die Verbindungslinien zu Heine zieht und Wedekind innerhalb der europäischen Tradition verortet:

> „Wo der späteste Heine aufhört, etwa beim Land *Citronia,* da fängt Wedekinds Gebiet an. [...] Baudelaire ist der Stammvater dieser Teufelspoeten; Verlaine ihr Hauptmann. Aber die Pose des ersten, die Weichheit des anderen: von beiden trennt sich die hundeschnäuzige, unnennbare Komik Wedekinds. Er ahmt ihnen kaum nach: er hat seine Schändlichkeiten alle selbst empfunden. In der lyrischen Form setzt er den sterbenden Heine fort."[61]

In Kurt Martens Literaturgeschichte von 1928 ist Frank Wedekind im Kapitel „Humoristen und Satiriker" nicht mitberücksichtigt.[62] Dafür aber würdigt ihn der Autor im Kapitel „Expressionisten und verwandte Dichter des radikalen Fortschritts" für „Reife, skurrilen Witz, strotzende Phantasie, Verständnis für alle menschlichen Regungen."[63] In der neueren Forschung betont Hans Mayer die „seriöse Grundhaltung" von Wedekinds Humor:

> „Frank Wedekinds Sprache ist durchaus nicht ironisch gebrochen, wie man beim raschen Hinblick glauben möchte, sondern ernsthaft hochdramatisch oder bewusst konzipiert, als humoristischer Umschlag von der hochdramatischen in die banale Diktion. [...] Wedekinds Humor beruht jedoch stets, wie bei allen wirklichen Humoristen auf einer Sprache, deren seriöse Grundhaltung alle sprachliche Witzelei ausschließt, um desto treffender die *Lebenskomik* zwischen den Menschen auf der Bühne zu offenbaren."[64]

---

59 Kerr: Frank Wedekind: Der Kammersänger. Zit. nach Kieser: Das Spätwerk, S. 204.
60 Alfred Kerr: Wedekind. In: Die Nation 19 (1901/1902, von 02.01.1902), S. 42, zit. nach STA 2, S. 1052.
61 Kerr: Wedekind, zit. nach Kieser: Das Spätwerk, S. 204.
62 Kurt Martens: Die deutsche Literatur unserer Zeit. Gebrüder Paetel: Berlin, Leipzig 1928, S. 350–371. Besondere Aufmerksamkeit verleiht Martens hier drei Autoren und Mitarbeitern des *Simplizissimus*: Ernst von Wolzogen, Otto Julius Bierbaum und Ludwig Thoma.
63 Ebd., S. 381–391, hier S. 382.
64 Hans Meyer: Um Wedekind besser zu verstehen. In: Frank Wedekind: *Musik* und Materialien zum Stück. Rowohlt: Reinbek b. Hamburg 1987, S. 186–193, hier S. 189f. Stärker als Martens hebt Meyer Wedekinds Menschenkenntnis hervor und bezeichnet ihn

Arthur Kutscher stellt in seiner stark rezipierten und bis heute beachteten Wedekind-Biographie[65] die These von der Identität des Wedekindschen Humors mit seiner Weltanschauung:

> „Wer in des Lebens Tiefen blickt, der erkennt schließlich Humor in aller Tragik, allerdings auch Tragik in allem Humor. Das ist es, was den leidgeschüttelten, echten Dramatiker lohnt, hier ist die Einung seiner sich immer wieder beunruhigenden, zerspaltenden, mit ihren Gegensätzen ringenden Seele: das läßt er auch uns fühlen als das Ende des Kampfes, in den er uns verstrickt: Humor! Humor ist Weltanschauung, sieghafte Weltanschauung. Humor liegt über Wedekinds Dramatik, nur seine Färbung ist verschieden. Wedekind wußte, wie sehr die Dichtung seiner Zeit unter Humorlosigkeit litt. Er machte wiederholt auf die unfreundliche, düstere Muse des Naturalismus aufmerksam."[66]

Die frühe, zeitgenössische Kritik, die auch die meisten Hinweise auf den Humor im Werk Wedekinds enthält, fasst Hartmut Vinçon folgendermaßen zusammen: „Die Auslegung des Wedekindschen Humors als ‚modern', ‚exzentrisch', ‚komisch', ‚grotesk' und ‚philosophisch' [...] reichte bis zur Gegenbehauptung ‚philiströser Humorlosigkeit' [...]."[67] Dem Humor Wedekinds soll Subversion[68] wie Konformität zugrunde liegen.[69] Die Gegenwartsforschung identifiziert den Humor eher als ein Element von Wedekinds Stil.[70] Die angeführten Bestimmun-

---

als „klugen Psychologen". Ebd. Ähnlich Erich Mühsam: „Frank Wedekind was indeed a psychological thinker". Mühsam: Unpolitische Erinnerungen, S. 203; vgl. auch Kieser: The Opening of Pandora's Box, S. 7.

65 Die Autobiographie Kutschers liegt in zwei Fassungen vor: die zuvor zitierte vollständige Ausgabe in drei Bänden und eine gekürzte Fassung in einem Band: Artur Kutscher: Wedekinds Leben und Werk. Zum 100. Geburtstag des Dichters. List: München 1964.

66 Kutscher: Frank Wedekind, Bd. 3, S. 267. Vgl. auch die Neubearbeitung der dreibändigen Ausgabe von Karl Ude von 1964: hier kommt das Zitat in einer leicht geänderten Form vor: „[...] ist verschieden. Kerr nennt ihn den ersten unter den ‚humorhaften' Dichtern Deutschlands. Wedekind wusste [...] litt." Kutscher: Wedekinds Leben und Werk, S. 352f. Artur Kutscher war wie Wedekind auch ein Stammgast der Münchner Torggelstube.

67 Vinçon: Frank Wedekind, S. 108.

68 Wedekinds innerstes Bedürfnis sei es, „mit grinsendem Humor das Weltspießertum zu verspotten." Siegfried Jacobsohn, zit. nach Irmer: Der Theaterdichter, S. 38.

69 Egon Friedell charakterisierte in der Festrede anlässlich einer Wedekind-Feier die „Humorproduktion" des Dichters als dem „Geist des Schalks" entsprungen und „dem Philister Mut machend". Kraus kritisch über den „ausgewachsenen Humoristen" Friedell als Festredner: Karl Kraus: Dichterfeier. In: Ders.: Literatur und Lüge, S. 314–317.

70 Vgl. Jan Jopling Seiler: Wedekind and Dürrenmatt. A Comparative Study. Diss. Wisconsin 1973; Böckmann: Die komödiantischen Grotesken, S. 79–102; John Hibberd: Imaginary Numbers and Humor: On Wedekind's *Frühlings Erwachen*. In: Modern

gen des Humorbegriffs bei Wedekind machen deutlich, dass sich unter dem rhetorischen Gewand ein recht vielfacettiertes, zuweilen vages Phänomen[71] verbirgt. Trotz der allgemein anerkannten Relevanz der Kategorie des Humors im
Werk Wedekinds wurde bisher aber keine Studie ausschließlich diesem Thema
gewidmet. In der Forschung nach 1945 machen diesbezüglich zwei Arbeiten auf
sich aufmerksam: Hans-Jochen Irmer (1970) definiert „humoristische Kunst"
Wedekinds als die der Distanz, Verfremdung, Gegenüberstellung.[72] Damit soll
gesagt sein, dass das Thema Humor durchaus leitmotivartig in vielen For-
schungsbeiträgen zu Wedekinds Werk vorkommt, dass es aber jeweils lediglich
angerissen wird, auch wenn es sich oft um richtungsweisende Einsichten handelt. Die Literaturrecherche zu dieser Arbeit ergab eine einzige Monografie, die
Wedekinds Humor in den Mittelpunkt stellt und einen anspruchsvollen Versuch
einer Auseinandersetzung mit diesem Thema darstellt: Alfons Högers *Frank
Wedekind. Der Konstruktivismus als schöpferische Methode* (1979). Der Autor
entwickelt in einer langen Erörterung das Konzept eines A-Priori-Modells bei
Wedekind: Wedekinds Kunstauffassung sei der Schopenhauerschen Position
verpflichtet; seine Kunst verfolge in erster Linie die anthropologische Aufgabe,
über die Vermittlung von Erkenntnis auf den Menschen einzuwirken. Zugleich
aber soll an die Stelle des resignativen Moments die „Lust am Dasein als die
wesentliche Komponente der dionysischen Kunst" treten.[73] Von dieser erkennt-
niskritischen Orientierung des Wedekindschen Theaters schließt Höger auf eine
für ihn charakteristische künstlerische Methode – den Konstruktivismus, dem
seine metaphysisch fundierte Weltanschauung zugrunde liege.[74] Im Rahmen dieser Methode bedient sich Wedekind der Technik des Witzes bzw. des Humors,
letzteres wird von Höger stärker gewichtet, wobei beide Elemente in den Dienst
der „Zerstörung von Illusionen über das wahre Wesen des Daseins" gesetzt werden.[75] Den Humor will Höger im Sinne des Essays *Der Witz und seine Sippe*

Language Review 74 (1979), S. 633–647. Kieser spricht gar von „humoriger Derbheit":
Kieser: Über den Umgang, S. 1269.

71 Kutscher: Frank Wedekind, Bd. 3, S. 267.

72 Irmer: Der Theaterdichter, S. 88. So bereits bei Seehaus: „distanzierter Humor" als
    „objektivierendes Stilmittel", das durch die Zeitgenossen allerdings nicht als solches
    erkannt bzw. anerkannt, sondern als „äußerliche Stileigenheit von zweifelhafter Seriosität
    in Kauf genommen" wurde. Günter Seehaus: Frank Wedekind und das Theater.
    Ramagen-Rolandseck: Rommerskirchen 1973 [1964], S. 125.

73 Alfons Höger: Frank Wedekind: Der Konstruktivismus als schöpferische Methode.
    Cornelsen: Berlin 1979, S. 51.

74 Ebd., S. 70ff.

75 „Die künstlerische Methode, die Wedekind bei der allegorischen Darstellung der
    Wirklichkeit verwendet, ist die die des Witzes und des Humors, d.h. gegensätzliche
    Bereiche werden einander gegenübergestellt und das gemeinsame Element hervorgehoben.

verstanden wissen und er begründet dies mit einem Buch, das Wedekind als Inspiration habe dienen können: Hieronymus Lorms *Natur und Geist*, einem Geschenk von der Tante Olga Plümacher zu Weihnachten 1884. In einem Kapitel behauptet Lorm, der Humor beteilige sich an der Desillusionierung im Namen der Natur gegen ihre Unterdrückung durch den Geist.[76]

Was an dem strukturalistisch anmutenden Konzept Högers nur schwer akzeptiert werden kann, ist in erster Linie das Apriorische, das Höger Wedekind als Dramatiker unterstellt und damit die Texte ideologisch auflädt und didaktisiert. Hartmut Vinçon kritisiert daher auch Högers Konzept als „eine folgenschwere Vorentscheidung, die unterstellt, dass der Autor erst zum Philosophen werden musste, bevor er Dichter sein konnte."[77] Wedekinds Begriff der Balance und Elastizität bedeute zudem mehr als das Gleichgewicht zwischen den Gegensätzen, da dieser Begriff den Sturz, auch den Sturz der Metaphysik, einkalkuliere. Ihre Stelle nehme die Kunst als Ersatz ein.[78] In Fragen der Kunstauffassung suggeriert Vinçon also eher Wedekinds Verwandtschaft zu Nietzsche. Dem ist, im Kontext der vorliegenden Arbeit hinzuzufügen, dass bei Högers Prämisse auch die grundsätzliche Dissonanz zwischen der deklarierten Humor-Definition im *Witz*-Essay und dem Gebrauch des Begriffs in Dokumenten sowie seiner Umsetzung in den Texten gar nicht erst wahrgenommen werden kann. Mit anderen Worten: was Wedekind auch durchaus als Humor bezeichnet, ordnet Höger dem „Witz der Darstellung"[79] zu. Höger entgeht zudem der Modus des *Witz*-Essays, mit dem sich Wedekind vor terminologischer Genauigkeit und Festlegbarkeit verwahrt.[80] Im Folgenden wird, durchaus in Anlehnung an Höger, davon ausgegangen, dass das Phänomen Humor ein Element der Poetik des Autors Wedekind, gleichsam eine Funktion seines Denkens und seiner Erfahrungen ausmacht, dass es aber weniger als eine apriorisch gesetzte Methode zu verstehen ist, als vielmehr ein Prinzip, eine Kategorie vom kulturkritischen Potenzial.

Dadurch ergibt sich Erkenntnis und Illusionen werden zerstört." Ebd., S. 76, vgl. auch S. 81.

76 Ebd., S. 79f.

77 Vinçon: Frank Wedekind, S. 137.

78 Ebd., S. 137 und S. 149.

79 In *Lulu* sieht Höger „eines der besten Beispiele für die Anwendung des Witz- und Humorprinzips bei Wedekind, das nun auch stilistisch angewandt wird, insofern das Pathos des Inhalts mit dem Witz der Darstellung konfrontiert wird." Höger: Frank Wedekind, S. 90.

80 Vgl. Frank Wedekind: Der Witz und seine Sippe. In: Frank Wedekind: Werke in zwei Bänden. dtv: München 1996 [1990], Bd. 1, S. 336–351, hier S. 351; Jörg Schönert: Die (sogenannten) theoretisch-programmatischen Schriften Frank Wedekinds und ihre Relevanz für das Verständnis des ‚poetischen Werks'. In: Dreiseitel, Vinçon (Hg.): Kontinuität – Diskontinuität, S. 251–262, hier S. 255f.

Die These vom Humor als Prinzip ist mit Martin Seels Auffassung zu unterstützen: Humor gilt ihm als

> „Stil- und Stimmungslage, die sich nicht – oder nicht allein – in plötzlichen Zuspitzungen oder Reaktionen manifestiert. [...] Er kulminiert nicht im Lachen, sondern in einem Wechsel von Lachen. [...] Seine Verkehrung der emotionalen, intellektuellen und sozialen Ordnungen hat Methode; in diesem Sinn ist er ein Prinzip – sei es des Schreibens, sei es des Denkens, sei es des Lebens."[81]

1.3. Der Dramatiker über seinen Humor

Recht viele vereinzelte, über ein breites Zeitspektrum erstreckte Aussagen Wedekinds sprechen der Dimension des Humors eine relevante Stelle in seinem Werk zu. Zur 10. Probe der Berliner Aufführung der „Kindertragödie" *Frühlings Erwachen* (1906) zugelassen fand Wedekind „eine leibhaftige wirkliche Tragödie mit den höchsten dramatischen Tönen" vor, „in der der Humor gänzlich fehlte."[82] Diesem ihn wohl schmerzenden Missverständnis – dem Verkennen des Humors – vorzubeugen, „that [er] dann [s]ein möglichstes, um den Humor zur Geltung zu bringen, [...] das Intellektuelle, das Spielerische zu heben und das Leidenschaftliche zu dämpfen [...]." Dieses Vorgehen resultierte aus folgender Einsicht:

> „Ich glaube, dass das Stück um so ergreifender wirkt, je harmloser, je sonniger, je lachender es gespielt wird. [...] Ich bin [...] ganz sicher, Dich auf der Seite des Lustigen, Witzigen gegenüber dem Humorlosen zu wissen. Aber dann wären sicher Leute gekommen, die Dir vorgeworfen hätten, du hättest mich mißverstanden."[83]

Die Aussage ist insofern universell gültig, als sie auf der rhetorischen Ebene ein Konnotationsfeld um den Humorbegriff aufbaut: über die Leichtigkeit der Darbietung (harmlos, sonnig, lachend, lustig, witzig) wird auf tiefe Ergriffenheit und intellektuelle Erkenntnis gezielt. Im Brief an Georg Brandes (1842–1927) von 6. April 1908 schreibt Wedekind in demselben Geist:

---

81 Martin Seel: Drei Formen des Humors. In: DVjs 76, H. 2 (2002), S. 300–305, hier S. 301.

82 Frank Wedekind im Brief an seinen Schauspiellehrer, den Regisseur Fritz Basil, Berlin, 03.01.1907. In: Wedekind: GB, Bd. 2, S. 170. Uraufführung von *Frühlings Erwachen* bei Max Reinhardt, Berliner Kammerspiele 1906. Vgl. Böckmann: Die komödiantischen Grotesken, S. 84, Anm. 22 und 23.

83 Frank Wedekind an Fritz Basil. In: Wedekind: GB, Bd. 2, S. 170f.

"Ich glaube dieses [Ihr] Missfallen [an *Frühlings Erwachen*] lag daran, dass Sie es bei der ersten Lektüre zu ernst auffassten und den Humor übersahen, den ich mit vollem Bewusstsein in jede Scene hineinzulegen suchte."[84]

In beiden Aussagen nennt Wedekind das Gegenstück zum Humor: Humorlosigkeit bzw. Ernst. Der Ton des Bedauerns und der Bitterkeit über die falsche Rezeption bleibt auch noch nach Jahren deutlich spürbar. In den nachträglichen, 1911/1912 entstandenen Kommentaren zum eigenen dramatischen Werk unter dem Titel *Was ich mir dabei dachte*[85] geht er abermals auf den „unparteilichen Humor" ein, den er „in sämtlichen Szenen des Stückes, eine einzige ausgenommen, mit vollem Bewusstsein zu Wort kommen ließ." „Nimmt mich wunder", schreibt Wedekind rückblickend,

„ob ich es noch erleben werde, dass man das Buch endlich für das nimmt, als was ich es vor zwanzig Jahren geschrieben habe, für ein sonniges Abbild des Lebens, in dem ich jeder einzelnen Szene an unbekümmertem Humor alles abzugewinnen suchte, was irgendwie daraus zu schöpfen war."[86]

Den Mangel an Verständnis möchte Wedekind den Kritikern aber „gar nicht so schwer anrechnen. [...] Was können sie für die grauenvolle Humorlosigkeit, die unsere naturalistische Schulfexerei als Erbe hinterlassen."[87] Oskar Panizza empfiehlt Wedekind mit Blick auf *Frühlings Erwachen* auch London statt Paris, wohl aus der Überzeugung heraus, dass dort sein „Großer Humor" einen besseren Nährboden erhalten kann:

„Wenn Sie Gelegenheit haben, London zu besuchen, versäumen Sie es nicht, Sie lernen dort mehr als in Paris. Für den Großen Humor und die blutige Satire in Ihrer Kindertragödie hat England, Literat[ur] wie Land, stärkere, solidere Anhaltspunkte als das nur witzelnde, kitzelnde Paris."[88]

Es ist in der Tat erstaunlich, wie oft das Wort Humor in Wedekinds Aussagen bemüht wird, so dass es einen Signalwert erhält. Über die frühe Komödie *Die*

---

84 Bohnen (Hg.): Frank Wedekind und Georg Brandes, S. 111. Vgl. auch Hibberd: Imaginary Numbers.
85 Frank Wedekind: Was ich mir dabei dachte. In: Frank Wedekind: Werke in drei Bänden. Aufbau Verlag: Berlin, Weimar 1969, Bd. 3, S. 335–374.
86 Frank Wedekind: Vorrede zu *Oaha* ([1909], unveröffentlicht zu Lebzeiten Wedekinds). In: Ders.: Was ich mir dabei dachte, S. 355–367, hier S. 364.
87 Ebd.
88 Oskar Panizza an Frank Wedekind, eine Postkarte aus Wedekinds Nachlass im Monacensia-Literaturarchiv in München, nach der Entzifferung in der Form zuerst zitiert von: Ruth Florack: Kaufhaus Babylon. Frank Wedekind in Paris. In: Gerhard R. Kaiser, Erika Tunner (Hg.): Paris? Paris! Bilder der französischen Metropole in der nicht fiktionalen Prosa zwischen Hermann Bahr und Joseph Roth. Winter: Heidelberg 2002, S. 75–96, hier S. 92.

junge Welt (*Kinder und Narren*) (1889/1890) sagt der Autor, er gehe „nur auf reinmenschlichen Humor aus, auf eine Art spielenden Humors, wie er in den Lustspielen des 16. Jahrhunderts waltet und wie ich ihn in der modernen Literatur, wenigstens auf moderne Stoffe verwandt, nicht vorfinde."[89] Im Entwurf eines offenen Briefes von 1909 lesen wir: „Meine Komödie *Die junge Welt* [...] ist nicht ganz humorlos und könnte bei guter Darstellung der männlichen Hauptrolle als harmlose, versöhnliche Satyre wirken."[90] Im Text äußert sich eine Figur explizit zum Humor, indem sie dessen Mangel beklagt:

> Oskar zu Ricarda: „Lächeln Sie getrost! – (*Ernst*) Der Humor, sehen Sie, ist schließlich das einzige, was uns über uns selbst hinweghilft. Leider besitzen wir beide, Sie und ich, nur sehr wenig Humor!"[91]

Auf dasselbe Motiv greift Wedekind im Brief vom 16. Januar 1904 an Konrad Dreher über seinen *Schnellmaler* zurück: „Vielleicht erscheint es ihnen zu kindlich; ich habe den innerlichen Seelen-Humor darin zu entwickeln gesucht, als dessen größten Meister ich Sie kenne, der aber von der Menge nicht immer am höchsten geschätzt wird."[92] Stets scheint er einen ihm unerträglichen Zustand mit dem Antidotum ‚Humor' zu parieren: „Während der Arbeit [an *Musik. Sittengemälde in vier Bildern* (1906)]", so der Autor, „bildete ich mir etwas darauf ein, in keiner Szene, sei sie noch so ernst, den Humor zu verlieren."[93] Im Aufsatz *Über Erotik* von 1905, wo sich der Autor für eine aufrichtige und ernste Erörterung sexueller Fragen in der Öffentlichkeit ausspricht, geht er ebenfalls auf den Humor ein: „Und nun lernen wir erst einmal selber unter uns diese Fragen ernst, sachlich leidenschaftslos zu betrachten. Der Humor braucht dabei absolut nicht betteln zu gehen. Im Gegenteil."[94]

　　Die zitierten Äußerungen sind ein Zeugnis für den hohen Stellenwert des Humors in Wedekinds Schaffen und für eine aus der Sicht des Autors verfehlte Rezeption vieler seiner Texte – insbesondere im Hinblick auf diesen Aspekt – dies war eine für ihn schmerzhaft erlebte Tatsache, die ihn zu Rechtfertigungsversuchen und zur Selbstzensur bewegte.[95] Die Missverständnisse können aus

---

89　Frank Wedekind an den Verleger Maximilian Harden, zit. nach Kieser: Über den Umgang, S. 1273.

90　Entwurf eines offenen Briefes an die Akademische Bühne in Berlin, München, 28.01.1909. In: Wedekind: GB, Bd. 2, S. 216.

91　Frank Wedekind: Die junge Welt. In: STA 2, S. 183–257, 1. Aufzug, 4. Auftritt, S. 214.

92　Wedekind: GB, Bd. 2, S. 115f.

93　Wedekind: *Musik* und Materialien, S. 16.

94　Frank Wedekind: Über Erotik. In: Ders.: Werke in zwei Bänden, Bd. 1, S. 197–206, hier S. 200.

95　„Das vom Autor herbeigeführte Gelächter hat ebenso oft Befremden, Unverständnis, ja Anstoß erregt wie die sogenannte Gewagtheit seiner Themata [...] Wedekinds

der ambivalenten, tragisch-komischen Grundierung seiner Texte resultieren, eine Eigenheit, auf die er einmal selbst verwies:

> „Als Tragikomödien habe ich meine sämtlichen Sachen gedacht, so wie mir auch
> Richard III. [...] als Tragikomödie erscheint. Ich habe diese Bezeichnung natürlich
> bei keiner meiner Arbeiten gewählt, weil ich das für den Gipfel der Humorlosigkeit
> halten würde."[96]

In diesem Geist äußert sich auch Tilly Wedekind: „Dieses Phänomen des wirklichen Lebens, daß tragische Vorgänge manchmal ins Groteske umschlagen, faszinierte Frank."[97] Kadidja Wedekind macht auf das Umgekehrte aufmerksam: auf Wedekinds Entlarvung der Komik in seiner tragischen Dimension.[98] Aber auch in der Forschung wird das Tragikomische oft als der Schlüssel zu Wedekinds Texten interpretiert. Aus der Dialektik des Tragikomischen soll sich auch Wedekinds Humor ergeben. Arthur Kutscher, der eine Verwandtschaft des Wedekindschen Humors mit der Tragik konstatiert, einen „Jubel", der aus dem Pessimismus erwachse, eine Dennoch- und Trotzdem-Haltung, erklärt es folgendermaßen:

> „Eigentlich schrieb er nur Tragikomödien; das liegt aber nicht bloß an seiner Weltanschauung, sondern ebenso sehr an seiner ungenügenden geistigen Abschlußkraft,
> an seiner unbestimmten inneren Stellungnahme, an seinem Dämon Zweifel.[99]

Themenwahl ist kaum mehr von offizieller Zensur bedroht; doch obwaltet vielfach, und zwar sogar auch manchmal unter seinen erklärten Verehrern, eine private Zensur gegenüber dem Element der Komik in seinen Werken." Kadidja Wedekind: Mutmaßungen über *Musik*. In: Austermühl u.a. (Hg.): Pharus I, S. 15–18, hier S. 18. Wedekinds Tochter meint hier vor allem die Spielweise und allgemein die Rezeption von *Frühlings Erwachen* und später *Musik*. In beiden Fällen wurde der Stoff viel zu ernst genommen/gespielt, als es der Intention Wedekinds entsprochen hätte. Bereits am Stück *Junge Welt* sind konträre Auffassungen über Wedekinds Humor zu studieren: von der Anerkennung der grotesken Komik, des „ruhigen, oft weltmännischen Scherzens", eines „Wald[es] von Wirkungen [...], Humoren, Parodien, Illusionsstörungen" bis zur Infantilität „widerwärtiger Narrenspossen." STA 2, S. 729. Vgl. auch einen Brief Wedekinds vom Ende 1908 oder Anfang 1909. In: Wedekind: GB, Bd. 2, S. 213.

96 Bohnen (Hg.): Frank Wedekind und Georg Brandes, Brief an Brandes von 06.04.1908, S. 111. Vgl. Vinçon: Frank Wedekind, S. 149. Erwähnenswert ist zudem, dass einige von Wedekinds Texten im Untertitel gattungsindifferente Bezeichnungen haben wie „ein Schauspiel", „eine Geisterbeschwörung".

97 Tilly Wedekind. In: Wedekind: *Musik* und Materialien, S. 176–177, hier S. 176.

98 „Während zu seiner Zeit und noch lange nachher akzeptabel und schließlich banal schien, das Tragische als komisch zu entlarven, ist es Wedekind – und nicht nur in diesem Sittengemälde [*Musik*] – um das Umgekehrte zu tun: er entlarvt die Komik als tragisch." Kadidja Wedekind: Mutmaßungen, S. 15.

99 Kutscher: Wedekinds Leben und Werk, S. 352f.

Oskar Panizza sprach in diesem Sinne von der „Konstruktion des Komischen aus dem Geist des Tragischen."[100] In der späteren Forschung ist besonders Paul Böckmanns Aufsatz zu beachten, in dem der Autor auf das Anachronistische traditioneller Genres im Bezug auf Wedekinds Dramen aufmerksam macht: nicht das Erhabene, nicht die klassische Charakter- oder Situationskomik entspreche den in der Widersprüchlichkeit des Daseins verfangenen Figuren, sondern nur die „Mischform der Tragikomödie". Wedekinds Texte bezeichnet er denn auch als „komödiantische Grotesken mit tragikomischer Wirkung".[101] Paul Böckmanns Herangehensweise über das Groteske schreibt sich in eine allgemeine Tendenz in der Forschung der 60er und 70er Jahre ein: Wichtige theoretische Arbeiten zum Grotesken, die in dieser Zeit entstehen, führen Wedekind als Beispielautor an.[102] In der Wedekind-Forschung ist das auch kein neuer,[103] vor al-

---

100 Diese und der dichterische Humor resultieren, so Panizza, aus der Diskrepanz zwischen Wedekinds ‚Marionetten' und den realen Menschen. Oskar Panizza: Frank Wedekind. *Der Erdgeist.* In: Die Gesellschaft 12 (1896), S. 693–695, zit. nach Vinçon: Frank Wedekind, S. 106.

101 „Es entsteht eine „Widersprüchlichkeit der Wirkung, sofern der Ernst des Charakters in die Ohnmacht der Groteske umschlägt und alle Heiterkeit nur noch in der Mischform der Tragikomödie begegnet." Böckmann: Die komödiantischen Grotesken, S. 79–102, hier S. 79 und S. 84. In diesem Sinne diskutiert Karl Guthke die tragikomischen Elemente in Wedekinds Dramenwerk. Vgl. Karl S. Guthke: Geschichte und Poetik der deutschen Tragikomödie. Vandenhoeck & Ruprecht: Göttingen 1961, insbes. S. 330–338. Wedekinds *Hidalla* gilt hier als Beispiel der Bauform des Tragikomischen. Persönlichere Ausdrucksform des Tragikomischen – in *König Nicolo* und *Karl Hetmann, der Zwergriese.* Vgl. auch Karl S. Guthke: Die moderne Tragikomödie. Theorie und Gestalt. Vandenhoeck & Ruprecht: Göttingen 1968.

102 Wolfgang Kayser sieht in Wedekinds Dramatik ein Paradebeispiel für seine Definition des Grotesken, die auf der Metapher der Marionette basiert: die karikaturistische Verzerrung bestimme das Äußere der Gestalten: ihre Bewegungen, Gedanken und ihre Sprache, weswegen sich menschliche Wesen bei Wedekind in starre, mechanisch bewegte Marionetten verwandeln. Wolfgang Kayser: Das Groteske. Seine Gestaltung in Malerei und Dichtung. Gerhard Stalling: Oldenburg 1961 [1957], S. 141. „Das Mechanische verfremdet sich, indem es Leben gewinnt; das Menschliche, wenn es sein Leben verliert. Dauerhafte Motive sind die zu Puppen, Automaten, Marionetten erstarrten Leiber und die zu Larven und Masken erstarrten Gesichter." Ebd. S. 197f. Vgl. auch Arnold Heidsieck: Das Groteske und das Absurde im modernen Drama. Sprache und Literatur. Kohlhammer: Stuttgart, Berlin, Köln, Mainz 1969, insbes. S. 121.

103 Die ersten Dissertationen entstehen bereits 1929: Mally Untermann: Das Groteske bei Wedekind, Thomas Mann, Heinrich Mann, M. und Wilhelm Busch. Diss. Königsberg 1929; Ernst Schweizer: Das Groteske und das Drama Wedekinds. Diss. Kassel 1929 (bzw. Tübingen 1932). Vgl. zudem Seiler: „(T)he grotesque seems to be confined almost

lem aber kein ganz unproblematischer, weil aporetischer Ansatz.[104] Nach Hartmut Vinçon übersteigt Wedekinds Dramatik die überkommene Begrifflichkeit des Tragischen, Komischen sowie des Tragikomischen, es sei denn diese Begriffe beziehen sich auf das „Leben", auf die menschliche Erfahrung.[105] Vinçon leitet die Vorstellung des Grotesken in Wedekinds Dramaturgie von seinem Witz-Essay ab:

> „Zu den Momenten des Grotesken, der Übertreibung, der Karikatur gehören hier körperlich und geistig Heterogenes, die Grimasse, die Fratze, geistige Widersprüche, der Kontrast zwischen Realem und Idealem, die Diskrepanz zwischen Leben und Bewusstsein, Maskerade und Verstellung, die Paarung von körperlichen und geisti-

---

entirely to the dramatik works of Wedekind." Seiler: Wedekind and Dürrenmatt, S. 260 (Kapitel III: Structural parallels: the Grotesque).

104 Dass der Begriff des Grotesken keinen Schritt über die Aporien und ihre Beschreibung hinaus erlaubt, erkläre sich daraus, dass die Groteske an sich idealistisch angelegt sei: Distortion, Defiguration, Deformation seien „Ausdruck von Orientierungslosigkeit, Folge des Verlustes jener in der Heilsgarantie gegründeten Ordnung." Seiler: Wedekind and Dürrenmatt, S. 289 mit Blick auf Otto F. Best: Das Groteske in der Dichtung. Wiss. Buchgesellschaft: Darmstadt 1980. Auch Dimitri Tschizewskij sieht in der Groteske einerseits einen positiven Zug, eine Bejahung des Lebens in seinen komisch-leichten Aspekten, aber auch Verzweiflung „im Angesicht der grotesken, irrationalen und rätselhaften Welt." Dimitri Tschizewskij: Satire oder Groteske. In: Wolfgang Preisendanz, Rainer Warning (Hg.): Das Komische. Poetik und Hermeneutik. Bd. VII. Fink: München 1976, S. 269–278, hier S. 278.

105 Hartmut Vinçon: Körperliche Kunst. Frank Wedekind: *Fritz Schwigerling (Der Liebestrank)*. In: Winfried Freund (Hg.): Deutsche Komödien. Fink: München 1988, S. 167–182, hier S. 167f. Vgl. aber bereits Joachim Kalcher, der die Adäquatheit der Komödie, Tragödie sowie der Tragikomödie als poetologische Entsprechung des ambivalenten Lebensprinzips grundsätzlich in Frage stellt: „Die groteskkomische Darstellung von Lebensprinzipien verweist auf einen zugrundeliegenden Begriff des Lebens als des Werdens, das Entstehen und Vergehen und neuerliches Entstehen in einem ewigen Kreislauf. Anziehung und Abstoßung durch das Leben, das gleichermaßen freuden- wie schmerzvoll, lust- wie qualbringend ist, läßt sich weder in der Komödie noch in der Tragödie, die beide auf der Folie einer gesicherten Weltanschauung, eines verbürgten Sinnes, sich entfalten, noch in der Tragikomödie als deren Versöhnung zur Anschauung zu bringen. Die Komödie verharmlost die Grauenhaftigkeit des Lebens, wie die Tragödie dessen Lächerlichkeit verdeckt." Joachim Kalcher: Frank Wedekind: *Tod und Teufel*. In: Ders.: Perspektiven des Lebens in der Dramatik um 1900. Böhlau: Köln 1980, S. 292–421, hier S. 409. Jones löst die Aporie, indem er von ‚tragedy of theme' und ‚comedy of form' spricht (dies im Bezug auf die Pantomimen *Der Mückenprinz* und *Die Kaiserin von Neufundland*). Robert A. Jones: Frank Wedekind: Circus Fan. In: MfdU 61 (1969), S. 139–156, hier S. 154.

gen Extremen. Wedekind bringt seine Auffassung des Grotesken in einem Satz zum Ausdruck: ‚Der Mund möchte lachen, das Auge weinen.'"[106]

In diesem Sinne charakterisiert Böckmann Wedekinds Humor, situiert ihn aber nicht im Bewusstsein der Figuren, sondern sieht sie als den szenischen Situationen zugehörig. Der „szenische Humor" entstehe „durch die ihnen eigenen Kontraste […], durch Macht und Ohnmacht der Vitalität oder der vorgespiegelten Ordnung"[107], als „Widerstreit von Lachen und Weinen".[108] Er stehe zudem „mit der Elastizität der Manege" in Verbindung: Die „Elastizität" des Dramenstils realisiert sich nach Böckmann im Effekt, „über den sich ebenso weinen wie lachen lässt."[109] Friedrich Rothe spricht denn auch von Stilbrüchen in Wedekinds Dramatik, „welche sich unvermeidlich bieten, will man die einzelnen Werke […] auf bestimmte Stile verpflichten".[110] Doch er erklärt dieses Phänomen nicht individualpsychologisch, wie der oben zitierte Arthur Kutscher mit der These von Wedekinds „Dämon Zweifel", sondern sieht es im Kontext epochaler Wider-

---

106 Vinçon: Körperliche Kunst, S. 174. Der Charakter des Schwanks wird mit *Vögeln* des Aristophanes, mit Shakespeares Komödien und Grabbes *Scherz, Satire, Ironie und tiefere Bedeutung* verglichen. Erläuterungen zu *Fritz Schwiegerling*: STA 2, S. 1046.

107 Böckmann: Die komödiantischen Grotesken, S. 84. In diesem Sinne bedient sich auch Mechtild Plesser des Begriffs: der szenische Humor lasse sich im kontrastiven szenischen Aufbau und in der kontrastiven Szenenfolge wiederentdecken. Mechtild Plesser: Der Dramatiker als Regisseur. Dargestellt am Beispiel von Wedekind, Sternheim und Kaiser. Diss. Köln 1971, S. 103.

108 So heißt das frühe Drama *Schnellmaler* (1886) eine „große tragikomische Originalcharakterposse". *Frühlings Erwachen* bietet „bittere Komik", das Stück ende „im Sinne nicht eines erhabenen, sondern eines skeptischen Humors". Andere Stücke vereinigen tragische und komische Elemente „im Sinne eines grotesken Spiels, das sowohl in die Nachbarschaft der Posse oder des Schwanks wie der Tragödienstimmung führen kann." In *Lulu* vereint sich der „Schauer des Grotesken mit dem Komik des Absurden", in *Marquis von Keith* verbinde sich das Lachen mit dem Erschrecken. Böckmann: Die komödiantischen Grotesken, S. 84f., S. 86, S. 91 und S. 94.

109 Ebd., S. 91. „Durch die Vorführung einer komödiantischen Spielwelt, die das gewohnte Ordnungsgefüge der Wirklichkeit missachtet, entsteht hier die existenzielle Betroffenheit. Im Misslingen der Pläne vollzieht sich zwar eine Auflösung des Scheins, aber zugleich auch eine Auflösung der von diesem Schein beherrschten Gesellschaft. Das Groteske siegt über das Tragische wie das Komische, sofern Schein und Sein sich unlösbar ineinander verschränken." Als dramatische Vorführung dieser These dient Böckmann das Spiel im Spiel aus *König Nicolo*: der dem Gelächter des Pöbels preisgegebene und um seine Würde gebrachte König / Hofnarr soll ein Beispiel für die literarische Bewältigung der existenziellen Lage des Menschen abgeben. Ebd., S. 99. Vgl. neuere bilanzierende Artikel: Kieser: Über den Umgang; Hartmut Vinçon: Masken. Nachwort. In: STA 3, 1996, S. 1491–1508, S. 1495.

110 Rothe: Frank Wedekinds Dramen, S. 1.

sprüche: in diesem Sinne fasst er Wedekinds Dramatik folgendermaßen auf: Sie bewege sich im Spannungsfeld zwischen Affirmation des Lebens – mit der einhergehenden Aufhebung der Gegensätze von Subjekt und Objekt, Natur und Geschichte – und Kampf ums Dasein im Zeichen der Verzweiflung, wo „Natur und Geschichte von der einzigen physisch-metaphysischen Kategorie der Kausalität bestimmt" gesehen werden, vor der nur der Tod eine Zuflucht bietet.[111] Diese Polarität meint Rothe durch Georg Simmels Abhandlung über Schopenhauer und Nietzsche bestätigt, die für die Lebensphilosophie der Jahrhundertwende wegweisend sind.[112] Auf die Relevanz Georg Simmels weist Angela Sendlinger hin, die in Anlehnung an Wolfdietrich Rasch[113] den Lebensbegriff um 1900 weiter zu spezifizieren sucht. Der Begriff ‚Leben' gilt als der Schlüsselbegriff der Moderne, so Rasch, „vielleicht noch ausschließlicher als der Begriff der Vernunft für die Aufklärungszeit oder der Begriff der Natur für das spätere 18. Jahrhundert."[114] Er meint weniger das Leben als solches als „das gesteigerte Bewusstsein des Lebens",[115] eine Art Lebensmystik, die angesichts des Verlusts von existenziellen Sicherungen, nun die Funktion der Metaphysik übernimmt.[116] Sendlingers grundlegende These beruht auf der Beobachtung, dass der Begriff des Lebens dialektisch angelegt ist und sich im Spannungsfeld zwischen Lebensbejahung und Décadence bewegt. Dabei ist der Aspekt der Décadence selbst ambivalent, da er neben der Hinwendung zum Verfall auch die Sehnsucht nach dem Leben in sich schließt.[117] Die inhaltliche Bestimmung des Lebensbegriffs erfolgt wesentlich über die Lebensphilosophie, ein Begriff, der bereits im 18. Jahrhundert bei Herder, Goethe und Jacobi in die Geistesgeschichte Eingang findet, aber erst um die Jahrhundertwende in den Mittelpunkt des Denkens rückt. Aus dem 18. Jahrhundert leitet sich aber der wesentliche Zug der Lebensphilosophie ab: sie versteht sich als geistige Gegenbewegung zum Rationalen und übt somit eine Kulturkritik. Die davon gespeisten Gegensatzpaare lauten: „das Dynamische gegen das Statische, das Lebendige gegen das Tote, das Organische gegen das Mechanische, das Konkrete gegen das Abstrakte und die Intui-

---

111 Ebd., vgl. S. 1–5, hier S. 2.
112 Georg Simmel: Schopenhauer und Nietzsche. Ein Vortragszyklus. München, Leipzig (1907) 1923, zit. nach Rothe: Frank Wedekinds Dramen, S. 2.
113 Wolfdietrich Rasch: Aspekte der deutschen Literatur um 1900. In: Wolfdietrich Rasch (Hg.): Zur deutschen Literatur seit der Jahrhundertwende. Gesammelte Aufsätze. Metzler: Stuttgart 1975 [1967], S. 1–48.
114 Ebd., S. 17.
115 Ebd., S. 28.
116 Ebd., S. 18.
117 Angela Sendlinger: Lebenspathos und Décadence um 1900. Peter Lang: Frankfurt a. M. 1994, S. 4f.

tion, Anschauung, Erfahrung gegen die Abstraktion und den ‚bloßen Verstand'".[118] Seit den Anfängen ist die heraklitische Vorstellung vom Leben als Werden und Bewegung (*panta rhei*), als Schöpferkraft, die stets neues Leben aus sich gebiert, in die Lebensphilosophie eingeschrieben. Eine dekadente Note erhält die Lebensphilosophie vor allem durch Arthur Schopenhauer und Nietzsche, der dem Décadence-Begriff allerdings eine neue – dialektische – Sinngebung verleiht. Nietzsches Lebensbejahung, die er dem Schopenhauerschen Pessimismus entgegenstellt, umfasst selbst die Décadence. Denn das Fließende, die Wandelbarkeit des Lebens setzt Werden und Vergehen voraus: beides nimmt Nietzsche hin, indem er davon ausgeht, dass die Zerstörung der Lebenssteigerung dienen, lebensförderlich sein kann. In diesem Fall habe man mit der ‚dionysischen' Décadence zu tun.[119] Der dialektische Lebensbegriff Nietzsches mit dem seinerseits dialektischen Décadence-Begriff ist für die Jahrhundertwende eine zentrale Orientierungskategorie. Nietzsche ist der Lebensphilosoph Henri Bergson (1859–1941) mit seinem wichtigsten Philosophem *élan vital* – der treibenden Kraft, dem Lebensdrang an die Seite zu stellen.[120] Der sogenannte Bergsonismus wurde 1889 mit dem Buch *Zeit und Freiheit* (dt. 1911) begründet. Es ist bezeichnenderweise das Jahr von Nietzsches Zusammenbruch und gleichsam der Endpunkt seiner „glücklosen Lebensphilosophie".[121] Der Bergsonismus wirkte befreiend: er wurde „wie die Erretung des Menschen vor der Fesselung und dem Zugriff der technisch-wissenschaftlichen Rationalisierung des Lebens" aufgenommen – als eine Art Asyl vor dem Szientismus.[122]

Die Konsequenzen der Lebensphilosophie für Wedekind scheinen weitreichend zu sein: einen Ansatz dazu bietet Wolfdietrich Rasch, dem das Lebenspathos als bestimmender Faktor der Sujets und Genres gilt.[123] Er beobachtet es auch bei Wedekind und zwar in der Exzentrizität seiner Stücke: in schockierenden Situationen und grotesken Strukturen, dem Ausdruck des „Protests gegen die Unterdrückung und Verdächtigung der Sexualität durch die konventionelle Moral".[124] Im Sinne dieser gewissen formalen Ausgefallenheit avanciert der

---

118 Ebd., S. 27.
119 Ebd., S. 46.
120 Ebd., insbes. S. 71ff. Vgl.: Barbara Skarga: Czas i trwanie. Studia o Bergsonie. PWN: Warszawa 1982; Leszek Kolakowski: Henri Bergson. Ein Dichterphilosoph. Piper: München, Zürich 1985; Leszek Kolakowski: Bergson. Znak: Krakow 2008 (zuvor bereits PWN: Warszawa 1997).
121 Gilles Deleuze: Bergson zur Einführung. Junius: Hamburg 2000 [1989], S. 11.
122 Ebd., S. 13. Bergson galt denn auch als der Irrationalist, Emile Durkheim als sein rationalistischer Antipode. Ebd., S. 10.
123 Rasch: Aspekte, S. 18.
124 Ebd., S. 31.

Tanz bei Wedekind, wie bei anderen Dramenautoren um 1900, zum Symbol des Lebens.[125] Er gehört damit zur Konstellation des affirmativ verstandenen Humorbegriffs, wobei der Ernst, die dekadente Komponente, ganz im Sinne der angesprochenen Dialektik, als dessen komplementäre Größe stets mitgedacht werden muss.[126]

Nicht ganz unproblematisch ist die naheliegende Frage, wie sich der Wedekindsche Humor im Einzelnen realisiert, oder genauer: wie er sich als eine Ausdrucksform der Lebensapologie zum Komischen und zur Komödie verhält.[127] Seinen Aussagen zufolge bedeutet ihm die Bezeichnung „Komödie" eine eher unerwünschte Reduktion: So schreibt er etwa in einem Briefentwurf an die Direktion des Deutschen Theaters Berlin:

> „Als Sie vor einigen Monaten die Annahme meines Sittengemäldes *Musik* öffentlich ankündigten, bezeichneten Sie in der betreffenden Notiz das Stück als Komödie. Ich bat damals ausdrücklich darum, diese Bezeichnung nicht anzuwenden, da sie im Leser eine mir nicht willkommene Vorstellung von meiner Arbeit erwecken würde. [...] Ich möchte Sie nun noch einmal dringend ersuchen, weder auf die eine noch auf die andere der beiden erwähnten Arbeiten [*Die Büchse der Pandora*] die Bezeichnung Komödie anzuwenden. [...] ich [halte] es für unvorteilhaft, die Komik, die in der Arbeit enthalten ist, als ihren hauptsächlichen Charakterzug hinzustellen."[128]

---

125 Wolfdietrich Rasch: Tanz als Lebenssymbol im Drama um 1900. In: Ders. (Hg.): Zur deutschen Literatur, S. 59–78.

126 „Solange [...] die Aufführungen meiner ernstesten Arbeiten noch polizeilich verboten sind, kann ich nicht eingestehen, dass ich mich durch eigene Rechtfertigung meiner Bestrebungen erniedrige." Briefentwurf an Georg Brandes vom Ende 1908 oder Anfang 1909. Berlin. In: Wedekind: GB, Bd. 2, S. 214. Ähnlich im Briefentwurf an den Goethebund in Dresden, Frühling 1909, wo von „unüberwindlichen Hindernissen" die Rede ist, „die sich dem Bekanntwerden meiner ernsten Arbeiten [gemeint sind an dieser Stelle vor allem *Die Büchse der Pandora* und *Totentanz*] entgegenthürmen". Ebd., S. 219.

127 Rainer Warnings kanonisches Instrumentarium der Komödie basiert auf der klassischen aristotelischen Bestimmung im Bezug auf den Katalog der *ridicula* und die Funktion der Komödie, Vergnügen zu bereiten, ohne sie auf die rein didaktische Rolle zu reduzieren. Er definiert die Komödie in Anlehnung an Joachim Ritters *Über das Lachen* als Asyl der Unvernunft: die elementarste Intention der Komödie sei „die Apologie alles normativ Ausgegrenzten, angefangen von der harmlosen Normverfehlung bis hin zum Spiel mit Tabuiertem." Rainer Warning: Elemente einer Pragmasemiotik der Komödie. In: Preisendanz, Warning (Hg.): Das Komische, S. 279–333, hier S. 326. In einem späteren Text vertritt Warning die These, dass es gar keine Poetik der Komödie / Tragödie gebe, sondern nur „historisch einander ablösende Poetiken einer Gattung". Rainer Warning: Theorie der Komödie. Eine Skizze. In: Ralf Simon (Hg.): Theorie der Komödie – Poetik der Komödie. Aisthesis: Bielefeld 2001, S. 31–46, hier S. 31.

128 Briefentwurf von 17.06.1907. In: Wedekind: GB, Bd. 2, S. 179f.

Wedekinds Abwehr gegen die Anwendung des Begriffs ‚Komödie' auf die genannten Stücke muss wohl als eine Abwehr gegen die Trivialisierung aufgefasst
werden, die nach seiner Auffassung mit dieser Bezeichnung einhergeht. Diese
negative Einstellung zu dem Genre betrifft aber weniger die Poetik als theater-
kritische Praxis der Zeitgenossen, gegen die Wedekind empfindlich reagiert.
Nicht desto trotz enthält seine Reaktion einen wichtigen Hinweis auf die Enge
der Genregrenzen und das Bedürfnis, diese zu sprengen, was im Laufe des 20.
Jahrhunders ja auch geschieht.

Auf diese auffällige Unadäquatheit des klassischen Genres und der dichterischen Intentionalität reagiert die Forschung mit der Dehnung von Genregrenzen:
Rainer Warning geht von der Interferenz der Komödie und des Komischen aus:
Die Komödie als literarische Gattung steht unter den Bedingungen des gattungsindifferenten Komischen, aber auch das Komische untersteht den Bedingungen
der Gattung.[129] Nach Helmuth Arntzen sind beide Genres – Komödie wie Tragödie – komplexer, als dass man sie jeweils auf das Komische oder Tragische
allein reduzieren könnte:

> „Die Hinweise auf die Funktionalität der Komik im Lustspiel und auf das Komplexe
> komischer Phänomene deuten an, dass es gleichermaßen kurzschlüssig ist, das Erns-
> te im weitesten Sinne von der Komödie auszuschließen, wie das, was sich vielleicht
> nur dem Bewusstsein eines Interpreten nicht als Komik erschließt, als Tragik auszu-
> geben."[130]

Der Begriff ‚Tragikomödie' löst nicht das Problem, da eine Synthese aus Tragödie und Komödie, so Helmut Arntzen, eine Auflösung beider bedeutet. Er will
daher die Komödie als „Chiffre einer dichterischen Intention"[131] und als Funktion des Gesellschaftlichen begreifen[132] und schlägt den Begriff der auf *Comédie
sérieuse* Diderots zurückgehenden „ernsten Komödie" vor.[133] Was dafür spricht,

---

129 Dabei wird das Komische als ästhetische Größe und das Lächerliche als das
    undiszipliniert Lebensweltliche definiert. Warning: Elemente, S. 279.
130 Helmut Arntzen: Die ernste Komödie. Das deutsche Lustspiel von Lessing bis Kleist.
    Nymphenburger Verlagshandlung: München 1968, S. 11f. Vgl. auch Ulrich Profitlich:
    Komödien – Konzepte ohne das Element Komik. In: Simon (Hg.): Theorie der Komödie,
    S. 13–30: Zwar ist der Komödien-Begriff weitgehend von der Lach- und Komik-
    Diskussion dominiert, aber Komödie kann auch ohne Komik auskommen.
131 Auf diese Weise kann er die Komödien von Aristophanes, Shakespeare und Molière,
    aber auch die problematische deutsche Komödie seit Lessing über Grabbe, Büchner und
    Kleist erfassen und nachweisen, dass sie weniger einem Schema folgen als vielmehr eine
    Intention realisieren. Arntzen: Die ernste Komödie, S. 12.
132 Komödie sei „die künstlerische Reflexion einer veränderten und sich weiter
    verändernden gesellschaftlichen Situation." Ebd., S. 246.
133 „Die ernste Komödie ist die Folge einer als Ganzes ernsthaft, nämlich offenkundig
    problematisch werdenden Gesellschaft. Aber das Ernst ist weit davon entfernt, das

ist vor allem die Analogie in der Auffassung von der gegenseitigen Bedingtheit zwischen Individuum und Gesellschaft d.h. letztlich in der Ablehnung eines illusorisch homogenen Weltbildes:

> „Die ernste Komödie ist die Folge einer als Ganzes ernsthaft, nämlich offenkundig problematisch werdenden Gesellschaft. Aber das Ernste ist weit davon entfernt, das Tragische zu sein. Es ist im Gegenteil die Auswirkung der Totalität von Narrheit und Lächerlichkeit, also gerade dessen, was die Komik in der Komödie ermöglichte. Komik ist dort zu finden, wo es um Partielles geht, wo das Lächerliche sich noch (nach Gottscheds Vorstellung) in der Darstellung des ungefährlichen ‚Lasters‘ begrenzt. Wenn aber die Gesellschaft als ganze lächerlich wird, ist das ‚Laster‘ nicht mehr ungefährlich, wird das Lächerliche ernsthaft."[134]

Das vernünftige Ganze dominiert in der ernsten Komödie aus dem Hintergrund über den dargestellten Stoff, dass es den einzelnen komischen Szenen nur wenig Raum lässt. Der Ernst der Komödie ist allerdings im Sinne der Aufklärung durch Erkenntnis aufhebbar. Arntzens Korrektur des Komödien- und Tragödienbegriffs spielt im Horizont der Überlegungen zu Wedekinds Humor eine nicht unerhebliche Rolle. Besonders im Hinblick auf die Komödie ist im Sinne Wedekinds eine Lockerung bzw. Erweiterung der Genregrenzen, besonders im Hinblick auf die dem Stoff inhärente ernste Botschaft, eine Notwendigkeit. Dies gilt nicht weniger für die Kategorie des Tragischen, die in Wedekinds eigener Rhetorik durch den Ernst im Sinne gesellschaftlicher Relevanz ersetzt wurde. Ein kurzer Blick auf das philosophische Koordinatensystem Wedekinds soll nun den Hintergrund für die Dialektik von Humor und Ernst näher beleuchten.

2. Frank Wedekinds philosophische Inspirationen

Nur kurz erliegt Wedekind dem Pessimismus. Diese Tendenz, die in den Jahren 1881–1884 am intensivsten gewesen sein soll und sich in seinen „Weltschmerzliedern"[135] manifestierte, führte Ingrid Krauss auf den prägenden Einfluss Scho-

---

Tragische zu sein. Es ist im Gegenteil die Auswirkung der Totalität von Narrheit und Lächerlichkeit. [...] Komik ist dort zu finden, wo es um Partielles geht. [...] Wenn aber die Gesellschaft als ganze lächerlich wird, ist das Laster nicht mehr ungefährlich, wird das Lächerliche ernsthaft. [...] Es bleibt aber der Ernst der Komödie, ein durch Erkenntnis aufhebbarer Ernst." Ebd., S. 247f.

134 Ebd., S. 438.

135 Zu den „Weltschmerzliedern" gehören u.a. *An wen?, Die Rache, Auf der Brücke, Weltschmerz, Winter* und *Ende*. [o. A.]: Am Ende war ich doch ein Poet, S. 2282.

penhauers, Wagners, sowie Heines und Büchners zurück.[136] Der um 1800 herausgebildete philosophische und poetische Topos war bekanntlich für die Dichter der Romanik wie Byron, Lenau oder Jean Paul charakteristisch. Wedekind
rezipiert die in den 80er Jahren des 19. Jahrhunderts Mode gewordene pessimis-
tische Weltsicht durch die Vermittlung seiner „philosophischen Tante" Olga
Plümacher. Mit ihren Vorgängern teile Wedekind die Wirklichkeitsnähe, er
kämpfe „den gleichen Kampf der Entscheidung zwischen Weltvernichtung und
Weltbejahung", er „ringt gleich Heine im Kampf gegen den eigenen Weltschmerz um Heiligung des Lebens durch Versöhnung von Geist und Materie
[...]."[137] Anders als die obigen rette sich Wedekind aber nicht in den „Erlö-
sungsgedanken der Askese oder Ironie"; das Lachen sei ihm nicht ein Mittel der
Betäubung. Ganz im Gegenteil: Seine Figuren nähmen sich „bitter ernst", seien
Träger vom „tiefsten Ernst der Lebenswahrheit".[138] Das Moment des Komischen
sei also bei Wedekind im Kern tragisch. Von einer schnellen Überwindung der
sentimentalen Pose zeugt allerdings das Gedicht *An die Weltschmerzler* (1882–
1883), das bereits Wedekinds spätere Signatur verrät: Voller Spott wendet sich
hier der junge Dichter an die „erbärmlichen Knechte der Zeit", die dem Weltschmerz unter Jammer und Qual frönen und sich über das Leben erhaben wäh-
nen: „Ein jedes Flüßchen hat Wassers genug, / Euch sämmtliche zu ersäufen."[139]
Die neu gewonnene, distanzierte Position Wedekinds beschreibt Rolf Kieser wie
folgt:

> „Unter pathetischer Berufung auf das ‚ewig Wahre' zeichnet er [Wedekind] sich nun
> als freien Geist und überlegenen Weltverächter, der in den Nichtigkeiten der Welt
> nur dem eigenen Ich verpflichtet ist und nur hier – im eigenen Selbst und im Le-
> bensgenuß – sein Ideal findet."[140]

Mit *Franziska* (1911) vollziehe sich, so Ingrid Krauss, eine Überwindung der
Erbschaft des philosophischen Pessimismus und eine Umwertung zum Lebens-

---

136 Vgl. Ingrid Krauss: Frank Wedekind und der Pessimismus. In: Dies.: Studien über
    Schopenhauer und den Pessimismus in der deutschen Literatur des 19. Jahrhunderts. Paul
    Haupt: Bern 1931 (Reprint 1970), S. 144–191, hier insbes. S. 144–147.

137 Ebd., S. 147.

138 Ebd., S. 150f.

139 Frank Wedekind: An die Weltschmerzler. In: STA 1/I, S. 64f; Kommentar, STA 1/I, S.
    928–931. Vgl. auch den ironischen Zweizeiler unter demselben Titel: „Der Glaube floh
    und der Weltschmerz blüht / der Pessimismus ward Mode". Frank Wedekind: An die
    Weltschmerzler. In: Wedekind: Werke in drei Bänden, Bd. 2, S. 656. Parodie des
    Weltschmerz-Tons auch in Wedekinds *Schnellmaler*. STA 2, S. 605. Vgl. hierzu Höger:
    Frank Wedekind, S. 31ff.

140 Beispiele: *Meinem lieben Oskar, Liebe Cousine*. [o. A.]: Am Ende war ich doch ein Poet,
    S. 2282.

willen durch die „selbstlose Liebe zum Leben".[141] Kutscher und Riedlinger zufolge unterlag Wedekinds früher Pessimismus aber stets einer Art Korrektur: dies manifestierte sich in „eine[r] starken Auflehnung gegen seine Einseitigkeit, eine[r] [...] frivole[n] Schwankung zum Lebensgenuß".[142] Damit ist die in der Forschung nicht unproblematische Frage der Periodisierung von Wedekinds Dramenwerk angesprochen. Julius Bab, Siegfried Jacobson und Herbert Ihering sind Autoren einer Konstruktion, nach der die Phase des blühenden Frühwerks im Schaffen Wedekinds von der des dürren Spätwerks abgelöst wurde.[143] Eine solche Abqualifizierung des Wedekindschen Spätwerks[144] hat auch Konsequenzen für die Rezeption seines Humors: Im sogenannten Spätwerk soll sich der Begriff des Humors zunehmend verlieren: „Die für das Frühwerk Wedekinds so charakteristische sachliche Distanziertheit – eben sein Humor – und ihre Formung in rein dramatischer Spannung", weiche im Spätwerk dem Argument, dem Verzicht auf ästhetische Originalität.[145] Eine Revidierung der Rezeptionsgeschichte Wedekinds nahmen sich die Autoren des Bandes *Kontinuität – Diskontinuität. Diskurse zu Frank Wedekind (1903–1918)* von 2001 vor mit dem Ziel, den „schrittweisen literarischen Verdrängungsprozess" aufzuhalten.[146]

---

141 Daher heiße auch das Stück im Untertitel *Ein modernes Mysterium*: aus dem Mysterium erwachse „die Heiligung der Schöpfung, ihres tiefsten Lebensgesetzes, des ewigen Gesetzes vom ‚Stirb und Werde'." Aus diesem Geist heraus schafft Wedekind auch Simson und Herakles, seine „weltbejahenden Gestalten", „heldische Sklaven der Welt". Krauss: Frank Wedekind und der Pessimismu, S. 183.

142 Kutscher: Frank Wedekind, Bd. 1, S. 50.

143 1906 unterschied Jacobson noch „Periode der Meisterschaft" (*Erdgeist, Marquis*); „Periode der angstvollen Selbstbemitleidung" (*Nicolo, Karl Hetmann*), „Periode der beginnenden Rückkehr" (*Musik, Oaha*). Vgl. Hans-Jochen Irmer: *Oaha / Till Eulenspiegel. Das Problem des Gegenwartsdramas*. In: Dreiseitel, Vinçon (Hg.): Kontinuität –Diskontinuität, S. 217–228, hier S. 221. Rothe konstatiert im Spätwerk (ab 1905) den Verlust an ästhetischer Qualität, „Verflüchtigung der dramatischen Dichte", „dürre und abstrakte Sprache", „zur monumentaler Phrase verformte Stoffe". Der späte Wedekind sei durch Fatalismus gefährdet. Rothe: Frank Wedekinds Dramen, S. 143 und S. 118. Eine differenziertere Herangehensweise an die Periodisierung bei: Riedlinger: Aneignungen (Nietzsches Philosophie der Elastizität, Trieblehre/Physis als Orientierungsachse). Zur Periodisierung des Frühwerks (1880er Jahre) vgl. auch Finger, Kathöfer: A Reputation Reassessed; Alfons Höger: *Hetärismus und bürgerliche Gesellschaft im Frühwerk Frank Wedekinds*. Diss. Fink: Kopenhagen 1981, insbes. S. 157 (Kriterium des Natur-Begriffs, die behandelte Periode: 1890–1895/1896).

144 Hartmut Vinçon kritisiert die aus solcher Periodisierung der Werke Wedekinds resultierende Vernachlässigung der Spätwerke. Vinçon: Frank Wedekind, S. 129–131.

145 Seehaus: Frank Wedekind. Mit Selbstzeugnissen, S. 126f.

146 Dreiseitel, Vinçon: Vorwort, S. 11. Vgl. auch Austermühl: Kontinuität oder Diskontinuität.

Unter den Philosophen, denen Wedekinds Interesse galt, ist neben dem erwähnten Schopenhauer Eduard Hartmann (1842–1906) zu nennen, dessen
Schriften Wedekind durch die Vermittlung seiner Tante Olga Plümacher recht
früh kennen lernte.[147] Hartmanns Lebensphilosophie basiert auf Schopenhauer,
Leibniz, Schelling und Hegel und strebt eine Art Synthese dieser Ansätze an.
Zentral für Hartmann ist der Bereich des Instinkts, die Ausschaltung des Bewusstseins bei der Hervorbringung von Kunst, wodurch sich diese vom Handwerk unterscheidet. Bezeichnenderweise hat Hartmanns Hauptwerk *Philosophie
des Unbewussten* (1869) Nietzsches Denken beeinflusst.[148] Friedrich Nietzsche
ist unter den Philosophen wohl der einflussreichste, dem Wedekinds Interesse
galt. Bereits Anfang der 90er Jahre soll er einem jungen Pariser Philosophen bei
der Nietzsche-Übersetzung geholfen haben[149] und auf diesem Wege zu bestimmten Einsichten gekommen sein.[150] Da Wedekind zum Bekanntenkreis von Lou
Andreas-Salomé, der Freundin Nietzsches gehörte, durfte er auf diesem Wege
zu Nietzsche-Lektüre gekommen sein.[151] Die erste Notiz über eine Nietzsche-
Lektüre findet sich in Wedekinds Tagebüchern und ist für den 2. Juni 1892 datiert.[152] Aber schon dem juvenilen Wedekind war die Popularität und Relevanz
des Philosophen bewusst, was er für sich zu nutzen verstand: ab den 70er Jahren
hat er sich in seiner journalistischen Arbeit oft auf Nietzsche berufen, um den

---

147 Vgl. Vinçon: Frank Wedekind, S. 30f., S. 61 und S. 138.
148 Das Moment der „instinktiven Vermittlung", die bei Hartmann durch Gebärdensprache
     geschieht, wird bei Nietzsche auf den Ton ausgedehnt. Eine besondere Rolle spielt dabei
     Hartmanns Reflexion über die Frage nach der Umwandlung der Gefühle in Worte und
     Ausdrücke, die Nietzsches Auffassung von der Beziehung zwischen Philosophie und
     Musik, bzw. Begriff und Gefühl geprägt haben. Aldo Venturelli: Der musiktreibende
     Sokrates. Friedrich Nietzsche. Musik und Philosophie in der Entstehungsgeschichte der
     Geburt der Tragödie. In: Volker Gerhard, Renate Reschke (Hg.): Friedrich Nietzsche:
     Zwischen Musik, Philosophie und Ressentiment. Akademie Verlag: Berlin 2006, S. 25–
     37, hier S. 30f. Nietzsche polemisierte aber zugleich mit Hartmann, den er für naiv hielt.
     Er verhöhnte ihn als „Heerbann satirischer Bosheiten". Nietzsche: Nachgelassene
     Schriften. In: KSA 1, S. 319. Vgl. zudem Aldo Venturelli: Kunst, Wissenschaft und
     Geschichte bei Nietzsche. De Gruyter: Berlin, New York 2003, S. 18ff.
149 Herbert Günther: Paris als Erlebnis. Frank Wedekind und Paris. In: Antares 5,
     H. 1 (1953), S. 3–8, hier S. 4.
150 Spätestens zwischen Herbst 1890 und Ostern 1891sollte Wedekind Nietzsche gelesen
     haben. Richard Frank Krummel: Nietzsche und der deutsche Geist. Monographien und
     Texte zur Nietzsche-Forschung. In zwei Bänden. Walter de Gruyter: Berlin, New York
     1998, Bd. 1 (1867–1900), S. 201.
151 Kieser: The Opening of Pandora's Box, S. 5f.
152 Nach Stefan Riedlinger hatte Wedekind bereits in der Züricher Zeit (1887/1888) Kontakt
     mit Nietzsches Texten, vor allem mit *Zarathustra*. Riedlinger: Aneignungen, S. 69. Vgl.
     Dreiseitel: Ich mache natürlich lebhaft Propaganda, S. 156f.

Nimbus des Philosophen als Schutz und Anerkennung für eigene Gedanken zu finden: „[...] Sobald mir beim Schreiben nun ein eigener Gedanke aufstieß, schreib ich zur Einführung die Worte: ‚Bekanntlich sagt Nietzsche' [...]."[153]

Im Rahmen der zeitgenössischen Nietzsche-Rezeption blieb Wedekinds Anteil daran, trotz offensichtlicher Berührungspunkte, jedoch lange unterbelichtet.[154] Artur Kutscher formuliert stichwortartig, was erst der Gegenstand einer seriösen Auseinandersetzung werden sollte:

> „Der Zusammenhang mit Nietzsche ist augenscheinlich, tut aber der Wahrheit und Originalität Wedekinds keinen Abbruch. Auch bei Nietzsche die Abneigung gegen Masse, gegen Demokratismus und Sozialismus. Auch dort die Umwertung der bürgerlichen Moral, Kampf gegen falsche Ideale, Schwächen des Gefühls wie das christliche Mitleid, Schwächen des Geistes wie den Spiritualismus. Auch dort Bejahung des Seins, Optimismus, Wille zu einem Leben in Schönheit, Preis des schöpferischen Eros, der Bewegung, des Rhythmus, des Tanzes, der Rasse; Betonung des Rechtes auf sich selbst, des Macht- und Gewaltmenschen der Herrenmoral."[155]

Noch 1954 stellt Friedrich Gundolf einen nur oberflächlichen Einfluss fest, der nicht tiefer greift, als es für die allgemeine Tendenz bei den Zeitgenossen typisch war.[156] Das Urteil vom geringen Einfluss Nietzsches wird sich aber bald ins Gegenteil verkehren, so dass Anke Finger und Gabi Kathöfer fünfzig Jahre später den inzwischen viel beschworenen Einfluss des Philosophen auf Wedekinds Werk bestreiten: die Autorinnen sehen hier einen Fall von vorausgesetzter Beeinflussung und nicht den Effekt einer akribisch dokumentierten Forschungsarbeit.[157] Es lässt sich aber zugleich eine Reihe von Artikeln finden, die die These vom vermeintlich geringen Einfluss auf eine wissenschaftlich fundierte Weise berichtigen.[158] Es ist bereits kanonisch, dass Wedekinds Gegenmoral in all ihren

---

153 Frank Wedekind. In: Neues Wiener Tagblatt, Nr. 122 von 05.05.1912, S. 15, zit. nach Krummel: Nietzsche und der deutsche Geist, S. 202.
154 Vinçon: Frank Wedekind, S. 136. Vgl. hier auch Literaturverweise.
155 Kutscher: Wedekinds Leben und Werk, S. 349.
156 Friedrich Gundolf: Frank Wedekind. Albert Langen, Georg Müller: München 1954, S. 22f.
157 Finger, Kathöfer: A Reputation Reassessed, S. 32f.
158 Vgl. Hibberd: Imaginary Numbers; Ritter: The Portrait of Lulu as Pierrot; Kieser: The Opening of Pandora's Box; Richard Arthur Firda: Wedekind, Nietzsche and the Dionysian Experience. In: Modern Language Notes 87 (1972), S. 720–731; Vinçon: Frank Wedekind, S. 217 (mit bibliografischen Hinweisen). Wenn auch John McCarthy generell vor 1900 eine eher bescheidene Einwirkung Nietzsches auf Wedekind feststellt, so meint er dennoch, in *Frühlings Erwachen* (1891), *Erdgeist* (1895) und *Der Marquis von Keith* (1900) habe Wedekind einzelne Aspekte von Nietzsches Kunstlehre „übernommen" und vergrößert", allerdings mit mehr [als Stefan George] „Sinn und Instinkt für Alles", mit „mehr Verständnis" für Nietzsches Satz aus *Jenseits von Gut und*

Ausdrucksformen auf das Konzept Nietzsches und seines *Zarathustra* zurückgeführt wird.[159] Die erste groß angelegte Arbeit zum Thema stellt erst Stefan Ried-
lingers 2004 herausgegebene Studie *Aneignungen – Frank Wedekinds Nietzsche-
Rezeption* dar.

Den weltanschaulichen Hintergrund für den Versuch, Wedekinds Humor zu
verorten, liefert die Lebensphilosophie, der Wedekind, vor allem durch das Erbe
Nietzsches verpflichtet bleibt. Bei der Einflussnahme der Programmatik des
‚Lebens' ist, unter Rückgriff auf Siegrid Dreiseitel, auch an Heinrich Heine zu
denken.[160] Vor dem Hintergrund der Nietzsche- und Heine-Rezeption gilt es zu
überprüfen, inwiefern Nietzsches und Heines Humor für Wedekind eine Relevanz behaupten können bzw. wie die philosophischen Implikationen im Einzelnen mit dem Humorbegriff bei Wedekind zusammenhängen.

3. Zur methodologischen Herangehensweise. Arbeitsthesen

3.1. Zur Komplexität des Humorbegriffs

Aus den bisherigen Erörterungen geht bereits hervor, dass sich hinter Wedekinds eigenem Begriffsgebrauch und dem jeglicher Kritiker womöglich jeweils
ein anderer Humorbegriff verbirgt[161] und dass Wedekinds literarischer Humor
pauschal betrachtet letztlich als Funktion unterschiedlicher poetologischer und
ideologischer Implikationen aufzufassen ist. Dies erklärt auch die lange Tradition und die vielen Bedeutungsveränderungen, denen der Begriff seit der Antike
unterlag. Aufgrund der Vielfacettiertheit des Begriffs und im Hinblick auf enge
terminologische Verflechtungen mit verwandten Begriffen des Komischen und
des Lächerlichen wird in der vorliegenden Arbeit von Versuchen Abstand genommen, eine Definition des Humors bieten zu wollen. Mit Walter Benjamins
Konstellations-Begriff wird nicht die begrifflich-identifizierende, zu einem Ende

---

Böse „wir selbst sind eine Art Chaos." John A. McCarthy: Die Nietzsche-Rezeption in
der Literatur 1890–1918. In: Hansers Sozialgeschichte, Bd. 7, S. 192–206, hier S. 200
und S. 202.

159 Horst Albert Glaser: Arthur Schnitzler und Frank Wedekind. Der doppelköpfige Sexus.
In: Horst Albert Glaser (Hg.): Wollüstige Phantasie. Sexualästhetik der Literatur. Carl
Hanser: München 1974, S. 148–184, hier S. 167ff.

160 Dreiseitel: Ich mache natürlich lebhaft Propaganda, S. 117.

161 Vgl. den Fall Heinrich Heines und der Rezeption seines Humors. Wolfgang Preisendanz:
Die umgebuchte Schreibart – Heines literarischer Humor im Spannungsfeld von
Begriffs-, Form- und Rezeptionsgeschichte. In: Ders.: Wege des Realismus. Zur Poetik
und Erzählkunst im 19. Jahrhundert. Fink: München 1977, S. [47–67], insbes. S. [59].

kommende Fixierung, sondern die jeweils vorläufige und fragmentarische Annäherung an das ästhetische Phänomen angestrebt.[162] Es ist ein Lektüre-Gebot,
das aus der Einsicht „in die Notwendigkeit lesender Entscheidung" resultiert,
„derzufolge ein Text als die unlösbare Konstellation unvereinbarer Lektüren
aufzufassen" sei, woraus sich „konstellative Zusammenhänge" ergeben, die sich
über jede Endgültigkeit von Begriff und Anschauung hinwegsetzen.[163] Vom Gegenstand – dem zu analysierenden Stück – ausgehend, wird versucht, ein Spektrum der Mittel zu erfassen, die sich unter den Begriff ‚humoristische Ästhetik'
subsumieren lassen.[164] Letzteres ist also als ein dynamisches Konstrukt aufzufassen, das unter Einbeziehung relevanter Statements zu modernen Auffassungen des Komischen und mit Blick auf die formalen Lösungen in den analysierten Texten umrissen werden soll. Dabei ist vorwegnehmend anzumerken, dass
die humoristische Ästhetik das Komische bzw. Lächerliche und also den
Lacheffekt nicht ausschließt, es aber auch nicht voraussetzt.[165] Es soll zugleich

---

162 In Anlehnung an Benjamin wird der Text als eine unlösbare Konstellation unvereinbarer
Lektüren, als konstellativer Zusammenhang verstanden. Benjamin setzt die Methode in
seinem Trauerspielbuch ein (*Ursprung des deutschen Trauerspiels*) sowie im Moskauer
Tagebuch um. Vgl. auch Benjamins Praxis des Zitats, der literarischen Montage: etwa im
Passagen-Werk. Dazu Th. W. Adorno: „Erkenntnis des Gegenstands in seiner
Konstellation ist die des Prozesses, den er in sich aufspeichert. Als Konstellation
umkreist der theoretische Gedanke den Begriff, den er öffnen möchte, hoffend, daß er
aufspringe etwa wie die Schlösser wohlverwahrter Kassenschränke: nicht nur durch
einen Einzelschlüssel oder eine Einzelnummer sondern eine Nummernkombination."
Theodor W. Adorno: Negative Dialektik. Jargon der Eigentlichkeit: Zweiter Teil:
Negative Dialektik. Begriff und Kategorien. In: Gesammelte Schriften in 20 Bänden.
Suhrkamp: Frankfurt a. M. 1992, Bd. 6, S. 165f.
163 Burkhardt Lindner (Hg.): Benjamin-Handbuch. Leben – Werk – Wirkung. Metzler:
Stuttgart, Weimar 2006, S. 211. Zum Beispiel die Konstellation, in die eine Epoche „mit
einer ganz bestimmten früheren getreten ist." Walter Benjamin: Über den Begriff der
Geschichte. In: Ders: Gesammelte Schriften in sieben Bänden (14 Teilbänden).
Suhrkamp: Frankfurt a. M. 1991, Bd. I/2, S. 704, Anhang A; Moskau und Neapel jeweils
als „Schauplatz neuer unvorhergesehener Konstellationen": In: Ders.: Moskauer-
Tagebuch. In: Ders: Gesammelte Schriften, Bd. IV/1, S. 309.
164 Dies mit Blick auf den grundlegend ästhetischen Charakter des Erkennens. Wolfgang
Welsch: Das Ästhetische – eine Schlüsselkategorie unserer Zeit? In: Ders.: Die Aktualität
des Ästhetischen. Fink: München 1993, insbes. S. 39–47.
165 Dies gilt aber auch umgekehrt: So wie der Humor vom Lachen unabhängig sein kann, so
kann umgekehrt das Lachen „vollkommen humorlos sein". Thomas Auchter: „Das
Gelächter ist der Hoffnung letzte Waffe". (Harvey Cox) Psychoanalytische und
anthropologische Aspekte von Lachen, Humor Komischem und Witz. In: Wolfram
Mauser, Joachim Pfeiffer (Hg.): Lachen. Freiburger Literaturpsychologische Gespräche.

ein Beitrag zur (Re)Konstruktion der Traditionslinie geleistet werden, in die der Wedekindsche Humorbegriff eingebettet ist.

3.2. „…heiter [ist] die Kunst"

Wedekind scheint der Tendenz zur Universalisierung des Begriffs Humor seit der zweiten Hälfte des 19. Jahrhunderts zu folgen und an dessen Subversivität zu partizipieren. Er gehört zu den Autoren, die am meisten von den Zensurmaßnahmen der Wilhelminischen Ära betroffen waren. Seine formalen wie ideologischen Präferenzen vertragen sich nicht mit dem, was offiziell als geltend erachtet wird. Anatol Regnier, Wedekinds Enkel und Autor einer unlängst erschienenen Biografie *Frank Wedekind. Eine Männertragödie* versucht dessen Mut zur Individualität zu erfassen und geht dabei auf die oben angesprochene Divergenz von Stoffen und Formen ein:

> „Wedekind gehört keiner Schule an und schreibt ohne stilistische Richtung. Sozialpolitische Probleme interessieren ihn nur bedingt, innere Vorgänge umso mehr. Seine lyrische Begabung und sein Hang zur Ironie rücken ihn in die Nähe Heinrich Heines, die scheinbare Leichtigkeit seiner Produktion täuscht über die Ernsthaftigkeit seines Wesens hinweg."[166]

Wedekinds formales Idiom verlässt das Modell des seriösen *imitatio* und tendiert zur Verfremdung,[167] Episierung[168] und Groteske,[169] bis hin zu bewusst eingesetzten Kitsch-Elementen.[170] Mit seiner Zitattechnik überbrückt er gattungstypologische Grenzen und erreicht eine Ästhetik, die sich an der „Polyvalenz jeder ästhetischen Erscheinung" orientiert.[171] Sein schriftstellerisches Prinzip ist es, wie oben angemerkt, „mit allerlei Humoren"[172] zu arbeiten, d.h. mit Witz, Satire,

---

Jahrbuch für Literatur und Psychoanalyse. Bd. 25. Königshausen & Neumann: Würzburg 2006, S. 29–55, hier S. 32.

166 Regnier: Frank Wedekind, S. 83.

167 Reinhold Grimm: Komik und Verfremdung. In: Reinhold Grimm, Klaus L. Berghahn (Hg.): Wesen und Formen des Komischen im Drama. Wissenschaftliche Buchgesellschaft: Darmstadt 1975, S. 253–271.

168 Marianne Kesting: Entdeckung und Destruktion. Zur Strukturwandlung der Künste. Fink: München 1970, S. 189–203.

169 Es sei „satirical form of the grotesque, [which] is largely predominant in Wedekind's work." Seiler: Wedekind and Dürrenmatt, S. 272.

170 Wedekind benutze die sämtlichen Kitsch-Konventionen der deutschen Epigonenliteratur: er sei ein Erbe Shakespeares und Nietzsches. Gundolf: Frank Wedekind, vgl. insbes. S. 16–27.

171 Kieser: Nachwort, S. 128.

172 J. Schwarz, 1897, zit. nach Vinçon: Frank Wedekind, S. 106.

Ironie, Groteske, Parodie, Pastiche, Karikatur und Persiflage – mit Mitteln, die einer kritischen Erfassung von Wirklichkeit dienen und die eine Intention, einen Sprechakt oder eine Haltung darstellen.[173] In Anlehnung an Rolf Kieser wird in der vorliegenden Arbeit Wedekinds Rückgriff auf die Tradition und der spielerische Umgang mit ihr als Manifestation seines Humors verstanden.

> „Der Griff in den Fundus der großen deutschen Dichtertradition [darunter Heine, J. F.] [...] erfolgt [...] aus spielerischen Gründen, und das heißt bei Wedekind von Anfang an: aus dem Blickwinkel einer theatralischen Intention. [...] Alle großen Dramatiker weisen dieses schon beim jungen Wedekind erkennbare Kalkül, diesen über allem Gemüthaften stehenden zerebralen Humor auf."[174]

Wedekinds Texten liegt die Haltung des Humors[175] als eine über das Komische hinausgehende Qualität zugrunde, die als Effekt einer dichterischen Strategie zu verstehen ist und sich in erster Linie gegen die persönlich erlebte Enge der Zeit richtet. Es ist nur symptomatisch, dass Alexander Friedrich Roda, genannt Roda Roda, Schauspieler, Autor von *Irrfahrten eines Humoristen* und Wedekinds Freund ihm seinen Band *Welthumor* widmete. In Antwort auf Rodas Dank schrieb Wedekind am 25. August 1910 Folgendes:

> „Ich freue mich, bei Ihrem Werke [*Welthumor*] Pate stehen zu dürfen, denn ich glaube, daß Sie in unserer grauenvoll humorlosen Zeit mit Ihrem Buch eine der notwendigsten Kulturaufgaben erfüllen helfen. Hoffentlich werden Sie dafür nicht mit der erbitterten Gehässigkeit belohnt, mit der sich unser steifleinenes Literatentum an jedem zu rächen pflegt, der sich noch den Stolz der Selbstverständlichkeit gewahrt hat, der noch den Mut hat, einfach natürlich und anspruchslos aufzutreten. Sicherlich danken Ihnen alle, die das Lachen nicht zu fürchten haben."[176]

Die Formulierung über die „humorlose Zeit" benutzte Wedekind kurz zuvor 1909 in einem Briefentwurf an den Goethebund in Dresden:

> „Die grauenvolle Humorlosigkeit unserer Zeit schaltet die Vorstellung völlig aus, dass sich jemand, der sein Leben der Bewältigung ernster ethischer und künstlerischer Aufgaben widmet, nebenbei mit dem Vortrag von Schwänken abgibt."[177]

---

173 Vgl. Walter Hinck: Einleitung. Die Komödie zwischen Satire und Utopie. In: Reinhold Grimm, Walter Hinck (Hg.): Zwischen Satire und Utopie. Zur Komiktheorie und zur Geschichte der europäischen Komödie. Suhrkamp: Frankfurt a. M. 1982, S. 7–19, hier S. 16.

174 Kieser: Benjamin Franklin, S. 112f.

175 Humor als Haltung, als dauerhafte Eigenschaft: Auchter: Das Gelächter, S. 42.

176 Vgl. Frank Wedekind: Überliefertes und Miterlebtes. In: National-Zeitung [Basel] von 06.03.1938, Sonntags-Beilage: 1–2 (= Anekdoten).

177 Dies und die Tatsache, dass die Aufführungen seiner Stücke stets auf Hindernisse stießen, ist auch der Grund, weshalb Wedekind zu dem Zeitpunkt einen Auftritt als

Diese Phrase, die auch in Wedekinds Stück *Oaha. Till Eulenspiegel* auftaucht, geht auf die Formulierung Falstaffs vom „humorlosen Zeitalter" in Shakespeares Komödie *Die lustigen Weiber von Windsor* sowie in der zweiteiligen Historie *König Heinrich IV.* zurück.[178] Diese Zeitdiagnose ist eine Funktion von Wedekinds persönlichen Erfahrungen mit einem als repressiv erlebten Literatur- und Kulturbetrieb. Der Enge der Zeit begegnet der Dramatiker, so könnte man seine Aussagen zusammenfassen, mit einem Humor, der als notwendiges Korrektiv in einer „humorlosen" Epoche fungiert. In der Tat liefen die wichtigsten geistigen Strömungen des 19. Jahrhunderts, so Johann Huizinga, dem spielerischen Element des gesellschaftlichen Lebens entgegen:

> „Wenn je ein Jahrhundert sich selbst und das ganze Dasein ernst genommen hat, ist es das neunzehnte gewesen. Ein allgemeines Ernstwerden der Kultur scheint sich als eine typische Erscheinung des neunzehnten Jahrhunderts kaum ableugnen zu lassen. Diese Kultur wird in viel geringerem Maße als die der vorangehenden Perioden ‚gespielt'."[179]

Huizinga exemplifiziert seine Behauptung mit dem Schwinden des Phantasieelements in der männlichen Kleidung. Die zunehmende Vereinheitlichung und Stabilisierung setzte der spielerischen Grazie der früheren Epochen ein Ende. Mit dem Zylinder setze sich der vornehme Herr „das Symbol und die Krone seines Lebensernstes aufs Haupt."[180] Selbst die phantasievollere Frauen-Mode erfährt am Ende des Jahrhunderts eine Tendenz zur Vereinfachung. Auch Wedekind greift zu der Mode-Metapher, um seiner Epoche eine, übrigens sehr an Nietzsche angelehnte Diagnose auszustellen:

> „Was das lebendige Leben anbelangt, so befinden wir uns, wie gesagt, in der Epoche der bis unters Kinn hinauf krampfhaft zugeknöpften Taillen, der trostlosen Fracks und röhrenförmigen Beinkleider, alles ungemein geistreiche Erfindungen zur absoluten Nivellierung der höheren Gesellschaftsklassen, Errungenschaften, die an Humanität, an christlichem Wohlwollen gegenüber stiefmütterlich Bedachten nichts zu wünschen übriglassen, die aber schwerlich geeignet sind, der Veredlung der Rasse im Sinne der modernen Entwicklungstheorien merklich zu fördern."[181]

Liedersänger verweigerte. Briefentwurf an den Goethebund in Dresden, Frühling 1909. In: Wedekind: GB, Bd. 2, S. 219.

178 Vgl. Kommentar, STA 8, S. 541, vgl. auch S. 519–525. Wedekinds Sonett *Falstaff* (1897). In: Wedekind: Werke in drei Bänden, Bd. 2, S. 693, auch in STA 1/II, Erläuterungen, S. 1531f. Vgl. Kapitel IX. 2. Falstaff-Chiffre.

179 Johan Huizinga: Homo Ludens. Vom Ursprung der Kultur im Spiel [orig. Amsterdam 1939]. Reinbek: Rowohlt 1987, S. 208–210, hier S. 208f.

180 Ebd., S. 209.

181 Frank Wedekind: Im Zirkus. In: Ders.: Werke in zwei Bänden, Bd. 1, S. 370–377, hier S. 373. Weiter im Text mit dem Titel und der Seitenzahl in Klammern zitiert. Vgl. zudem Jones: Frank Wedekind: Circus Fan, S. 148.

Wenn Wedekind in der Frage der Mode „Natürlichkeit" im Gegensatz zur Strenge postuliert, so spricht er auch der Leichtigkeit und dem Spiel das Wort. Die Mode-Metapher betont den Kontrast mit dem Lebendigen[182] und ist eine Form, dem beengenden Zeitgeist Ausdruck zu verleihen. Seine Dramen gehören in erster Linie der Sphäre des Spiels an,[183] aus dem sich Komödie wie Tragödie ableitet – sie sind als Funktion des Spiels im Sinne Johan Huizingas zu verstehen. Den Terminus ‚Spiel' definiert Huizinga nicht als eine Kulturerscheinung unter anderen, sondern als „eine grundlegende Substanz und formative Kraft der Kultur."[184] Dieser hohe Status des Spiels erklärt es auch, dass dem Autor die komplementären Gegensätze auch nicht gleichwertig sind:

> „Der Bedeutungsinhalt von *Ernst* ist mit der Negation von Spiel bestimmt und erschöpft. *Ernst* ist Nichtspiel und nichts anderes. […] Der Begriff *Spiel* ist höherer Ordnung als der des *Ernstes*. Denn *Ernst* sucht *Spiel* auszuschließen, *Spiel* jedoch kann sehr wohl den *Ernst* in sich einschließen."[185]

Das Moment des Spiels in Wedekinds Werk wird vielfach betont: dieses Motiv lässt sich in seinen eigenen Aussagen verfolgen, es taucht sowohl in der zeitgenössischen Kritik, als auch in der Gegenwartsforschung auf. Es sei an die zitierte Beobachtung Alfred Kerrs erinnert: „Schreibt Wedekind ein Stück, so läßt er seine Puppen nicht bloß spielen; er spielt mit seinen Puppen."[186] Ein synthetischer Blick auf Wedekinds Werk kommt ohne die Spiel-Kategorie kaum aus: denn es handelt sich bei seinen Dramen um eine konstruierte, eine der Idee des „Bilder-Spiels" entspringende Spielwirklichkeit mit keinen realen, sondern mit Spielorten, mit verschiedenen Formen des Spiels wie Tanz oder Dressurakt: alles „Verkörperlichungen im Spiel", „Darstellung des Ideellen im Gegenständlichen" zum Zweck einer kritischen Spiegelung der empirischen Realität.[187]

---

182 Dreiseitel: Ich mache natürlich lebhaft Propaganda, S. 170.

183 Haida macht zuerst darauf aufmerksam, dass Wedekinds Texte Spiel-Charakter haben – mit dem Anspruch allerdings, Modelle der wirklichen Welt zu liefern. Peter Haida: Frank Wedekind. In: Ders.: Komödie um 1900. Wandlungen des Gattungsschemas von Hauptmann bis Sternheim. Fink: München 1973, S. 92–107, hier S. 107.

184 Andreas Flitner: Nachwort (1994). In: Homo Ludens, S. 232–238, hier S. 232. Huizinga abstrahiert von der psychologischen Thematik, die erst in der Folgezeit an Bedeutung gewann, besonders im Hinblick auf den Bereich des Kinderspiels. Vgl. ebd., S. 236.

185 Huizinga: Homo Ludens, S. 55f.

186 Alfred Kerr: Wedekind. Die Nation 19 (1901/1902), S. 42, zit. nach STA 2, S. 1052.

187 Dem „Form-Spiel [ist] die Idee eines Bilder-Spiels übergeordnet, das aus dem Arrangement und aus der Attraktion dramatischer Bilder entsteht." Elke Austermühl, Hartmut Vinçon: Frank Wedekinds Dramen. In: Hans Joachim Piechotta, Ralf Rainer Wuthenow, Sabine Rothemann (Hg.): Die literarische Moderne in Europa. In drei Bänden. Westdeutscher Verlag: Opladen 1994, Bd. 2: Formationen der literarischen Avantgarde, S. 304–321, hier S. 319.

3.3. Körperzentriertheit des Humor-Konzepts

Der subversive, gegen die Ernsthaftigkeit der Epoche gerichtete Gestus der Wedekindschen Dramatik manifestiert sich inhaltlich vordergründig in der libertär behandelten Frage der Sexualmoral und der Geschlechterrollen. „Wedekind will größere, dauerndere, mit der Existenz überhaupt gegebene Themen. Aber er findet sie nicht wie Hebbel in der Metaphysik, sondern in der Physis, im Eros."[188] Bereits in seiner frühen Schaffensphase – in der Lyrik – ist eine Strategie zu erkennen, die für seine Essays und Dramen später auch bezeichnend sein sollte: die „Konfrontation literarisch geläufiger Wirklichkeitsansichten mit profanalltäglicher Wahrnehmung bzw. der abrupten Wendung des Blickes aus der geistig-ideellen auf die materiell-körperliche Perspektive" mit dem Effekt einer Desillusionierung bzw. Demystifizierung.[189] Inhaltlich wie formal rückt der Körper in den Fokus und markiert einen Paradigmenwechsel: Mit der Aufwertung des Körpers und der Sinnlichkeit, die mit der Vernunftkritik der späten Moderne einhergeht,[190] wird das Paradigma des abendländischen Denkens – der Gegensatz von Sinnlichkeit und Vernunft – in Frage gestellt. Aus dem neu gewonnenen Glauben an die Möglichkeit, mit Hilfe der Sinne zu authentischen Wahrnehmungen zu gelangen, erwächst eine Tendenz, die sich auf viele Lebensbereiche erstreckt (Lebensreformbewegung, Freie-Körper-Kultur, Freier und Ausdruckstanz u.a.). Philosophische Grundlagen liefert allen voran Friedrich Nietzsche (*Die Geburt der Tragödie aus dem Geist der Musik*, 1872); auch Sigmund Freud schreibt sich in den vorherrschenden Modus der Kulturkritik ein, die dem Körper bzw. der Sinnlichkeit Grenzen setzt und diese kontrollieren will.[191] In der Spätphase der Moderne wurden Körper und Sinnlichkeit zu „Opponenten einer ‚herrschaftskonform' genannten Rationalität" erhoben und galten als „die letzten Statthalter humaner Authentizität."[192] Frank Wedekind teilt zu-

188 Kutscher: Wedekinds Leben und Werk, S. 352.

189 Seiner Lyrik geht es darum „emotionale Codes in Frage zu stellen, sentimentale Empfindungsmuster zu durchkreuzen, und idealisierenden Formen der Weltwahrnehmung nüchtern präsentierte Wirklichkeitsansichten entgegenzusetzen." [o. A.]: Am Ende war ich doch ein Poet, S. 2298.

190 Es ist „der epistemologische Primärcode zur ‚Ordnung der Dinge'". Waltraud Naumann-Beyer: Sinnlichkeit. In: Karlheinz Barck u.a. (Hg.): Ästhetische Grundbegriffe. Historisches Wörterbuch in sieben Bänden. Bd. 5. Metzler: Stuttgart, Weimar 2003, S. 534–577, hier S. 541.

191 Dies durch willkommenen Triebverzicht, durch Libidoverschiebungen, Sublimierung, u.a. (*Das Unbehagen an der Kultur*, 1930). Naumann-Beyer: Sinnlichkeit, S. 549f.

192 Erst die 70er Jahre des 20. Jahrhunderts bringen eine entscheidende Wende: im Zuge der Entdeckung der kulturellen Kodierung des Körpers und des sozialen Geprägtseins der

nächst diesen kulturkritischen Impuls, indem er den Körper als Ort des Authentischen kodiert. Diese Einstellung weicht mit der Zeit aber einer wachsenden Skepsis, so dass der Körper zum Zeichen dieser immanenten Ambivalenz wird. Wedekinds Besinnung auf den Körper reicht also von der Faszination für seine Beweglichkeit, die sich im Rhythmus und Tanz ausdrückt, über die Fragen der Sexualität und Erotik,[193] die eine Perspektive auf den Lebensgenuss und Weltfreude eröffnen, bis hin zur Ernüchterung und Skepsis im Blick auf alle Formen von Erstarrung, Mechanisierung und Repression, denen der Körper unterliegt. Darin ist Wedekind repräsentativ für die Moderne, die Beispiele einer negativen Dialektik zwischen dionysischem Ausbruch und Repression der Instinkte, zwischen körperlicher Befreiung und Ausnützung und Vermarktung des Körpers liefert.[194]

Wedekinds „Körperphilosophie"[195] ist im Rahmen seiner Dramen- und Theaterästhetik zu lesen, die sich ideologisch wie formal von der mimetischen Kunst, speziell vom Naturalismus absetzt, dessen „Einseitigkeit", „Sterilität", dessen „düstere Muse" und „Spießbürger-Schreckensherrschaft" der Dramatiker vehement ablehnt.[196] Dieter Kafitz folgend ist von zweierlei Orientierung der Wedekindschen Körperphilosophie auszugehen: einmal wird der aufgewertete Körper funktionalisiert – im Sinne einer Kritik an der bürgerlichen, den Körper ausschließenden Gesellschaft. Ferner aber ist die Fokussierung auf diesen außerverbalen Bereich als Wedekinds Antwort auf die Krise des diskursiven Mediums Sprache zu verstehen.[197] Im Einsatz von tableauartigen Körperbildern und in der übergeordneten Rolle des Bewegungsspiels gegenüber den Dialogen erkennt Kafitz bei Wedekind die „Dominanz des Visuellen gegenüber dem Dialogischen" – eine Art „Visualisierung der Gattung [Drama]", die den Dramatiker als an der Retheatralisierungstendenz Beteiligten ausweist, der den Körper als

---

Sinne wird die emanzipatorische Kraft des Körpers und sein kulturkritisches Potenzial bezweifelt werden. Ebd., S. 534ff.
193 Vgl. hierzu etwa Höger: Hetärismus, sowie den feministisch orientierten Ansatz von u.a. Ruth Florack: Wedekinds Lulu. Zerrbild der Sinnlichkeit. Niemeyer: Tübingen 1995.
194 Vgl. Robert Walsers *Ovation* (1914), Franz Kafkas *Auf der Galerie* (1917); Oskar Schlemmers Maschinenmenschen, Siegfried Kracauers *Das Ornament der Masse* (1927). Vgl. Elisabeth Boa: Die unheimliche Heimat oder die verwandelte Welt: Wedekind und die Moderne. In: Dreiseitel, Vinçon (Hg.): Kontinuität –Diskontinuität, S. 119–147, hier S. 142.
195 Kafitz: Moderne Tendenzen, S. 22f.
196 Die Urteile entstammen den Briefen Wedekinds. Zit. nach Kafitz: Moderne Tendenzen, S. 21. Vgl. zudem Elke Austermühl: Vivisektionen. Nachwort. In: STA 7/II, S. 1561–1574, S. 1563.
197 Kafitz: Moderne Tendenzen, S. 23f.

alternatives Medium gegenüber der diskursiven Sprache entdeckt.[198] Wedekind steht damit repräsentativ für den kulturellen Wandel, den Erika Fischer-Lichte als einen „Wandel der triadischen Relation" von einander bedingenden Größen – Wahrnehmung, Körper und Sprache begreift, die für das Theater der historischen Avantgarden ab etwa 1900 konstitutiv sei.[199]

An Zirkus und Variéte geschult entdeckt Wedekind den Körper in seinem performativen Potenzial und setzt es in seinem Werk um, die Dominanz des Verbalen auf dem Theater in Frage stellend.[200] Ein zeitgenössischer Kritiker nennt ihn auch einen Künstler der Profanwerte und des Variétestils[201] und verbindet so den ideologischen Aspekt – das Rütteln an christlichen Dispositiven – mit dem formalen. Beides markiert einen unsentimentalen Abschied von der idealistischen Ästhetik. Formal realisiert sich das Statement häufig durch die Zirkusästhetik:[202] die Zirkus-Chiffre ist bei Wedekind eine metaphorische Umsetzung der (geistigen) Bewegung – der Vitalität und Elastizität, die in Opposition zu Formen der Starre (Idealismus, Orthodoxie) steht. Damit tritt er Nietzsches Erbe an, indem er seine Kunsttheorie dramatisch umsetzt: Mit Nietzsches Entdeckung des Dionysischen in der griechischen Tragödie (*Geburt der Tragödie aus dem Geist der Musik*) vollzieht sich die Abkehr von der idealistischen Ästhetik. Die Kunst erfüllt nach Nietzsche eine stimulierende, vitalisierende Funktion, ist eine Art Analogon zum Lebenstrieb: mit dieser Auffassung über-

---

198 Ebd., S. 37f., hier S. 39. Vgl. auch Kesting: Entdeckung und Destruktion, S. 202. Die These von der Visualisierungstendenz in Wedekinds Dramen – und damit auch eine neue Perspektivierung seiner Texte veranschaulicht Kafitz am Beispiel von *Monstretragödie* (Bühnen- und Körperbild), sowie von *Frühlings Erwachen*. Bereits in einem früheren Aufsatz macht Kafitz auf die Notwendigkeit aufmerksam, Wedekinds Verständnis der bildenden Künste im Hinblick auf sein Werk zu untersuchen. Kafitz: Die Kunstzitate, S. 269.
199 Erika Fischer-Lichte: Einleitung. Wahrnehmung – Körper – Sprache. Kultureller Wandel und Theateravantgarde. In: Dies. (Hg.): TheaterAvantgarde. Francke: Tübingen, Basel 1995, S. 1–14, hier S. 6.
200 Die besondere Beachtung des Körpers als theatralische Größe ist Bernhard Greiner zu verdanken: ein Ansatz, der dazu verhelfen soll, über die bisherige Dominanz des Textes über das Theater hinauszugehen. Bernhard Greiner: Die Komödie. Eine theatralische Sendung: Grundlagen und Interpretationen. Francke: Tübingen 1992, insbes. S. 3f.
201 Arthur Moeller-Bruck: Variétestil. Wedekind als Künstler des Profanen. In: Ders.: Die moderne Literatur in Gruppen- und Einzeldarstellungen. Bd. IX. Schuster & Loeffer: Berlin, Leipzig 1902, S. 33–38.
202 Vgl. hierzu Boa: The Sexual Circus; Ursula Marianne Knobloch: Die Spekulation als Drahtseilakt. Vitalität und Kommerz im Werk Frank Wedekinds. Diss. Würzburg 1993; Jones: Frank Wedekind: Circus Fan. Vgl. auch Peter Uwe Hohendahl: Das Bild der bürgerlichen Welt im expressionistischen Drama. Winter: Heidelberg 1967.

holte der Philosoph die aristotelische Lehre von der kathartischen, rein entlastenden Wirkung der Tragödie. Vorwegnehmend ist festzuhalten, dass die Wertlehre des Vitalismus eines Nietzsche, aber auch Henri Bergsons oder Wilhelm Reichs eine ästhetische Ausdrucksform nicht nur im Bereich der Sexualität, sondern auch in Wedekinds Humor-Konzept findet. Das Performative der Stücke Wedekinds hat also, um eine der Grundthesen dieser Arbeit zu wiederholen, einen entscheidenden Anteil an Wedekinds humoristischer Ästhetik. Eine erste Prämisse, Physis und Humor kurzzuschließen, ist darin zu sehen, dass Bewegung als die Sprache der Komik gilt.[203]

> „[...] beim Komischen handelt es sich um ein performatives Phänomen, um Handlungen und Akte, die über einen Inszenierungs- und Aufführungscharakter verfügen und sich durch Prozessualität, Handlungsvollzug, Wiederholbarkeit und Wahrnehmung auszeichnen."[204]

Die Träger des Profanen sind bei Wedekind nicht selten Figuren mit clownesken Zügen,[205] was mit ihren performativen Qualitäten zusammenhängt.[206] Der komische Körper[207] markiert die für Wedekinds theatralisches Idiom charakteristischen Momente der Verfremdung.[208] Dieter Kafitz verweist auf komische Züge

---

203 Auchter: Das Gelächter, S. 38f.
204 Jenny Schrödl: Vom Scheitern der Komik. In: Hilde Haider-Pregler u.a. (Hg.): Komik. Ästhetik. Theorien. Strategien. Maske und Kothurn 51, H. 4 (2006), S. 30–40, hier S. 38.
205 Die Clown-Figuren treten in allen vier Pantomimen Wedekinds auf. In *Bethel* bekam die Clown-Rolle sogar ein echter Clown – Tom Belling (1834 – 1900), der im Münchner Zirkus Renz das Muster des dummen August geschaffen hat. *Das Gastmahl bei Sokrates* führt in der Titelfigur das Prototyp des Narren. Andere Clown-Typen: der tanzende Dominikaner (*Der Stein der Weisen*), der Friseur Pandolfo (*König Nicolo oder So ist das Leben*), der Lebenskünstler Marquis von Keith.
206 Zum Zusammenhang zwischen Clown und Performance-Künstler vgl. Annemarie Matzke: Clowns unter Beobachtung. Zur Komik des Performers. In: Komik. Ästhetik. Theorien, S. 365–374, insbes. S. 367ff. Clown und Performer seien Subjekte wie Objekte ihrer Inszenierung, ihre Komik sei eine Komik am Abgrund. Ebd. S. 374.
207 Vgl. Hans Rudolf Velten: Grotesker und komischer Körper. Für ein performatives Körperkonzept. In: Eva Erdmann (Hg.): Der komische Körper. Szenen – Figuren – Formen. Transcript: Bielefeld 2003, S. 145–153.
208 Vgl. Grimm: Komik und Verfremdung. Was Brecht später als V-Effekt-Technik bezeichnet und zu einer Theorie und Praxis des Epischen Theaters entwickelt, nannte Wedekind „experimentelle Lügen". Erhard Weidl: Nachwort. In: Wedekind: Werke in zwei Bänden, Bd. 2, S. 745–773, hier S. 752. Wedekind sei der erste moderne deutsche Dramatiker, der Aristotelismus und den Stanislawsky-Stil auf dem Theater ablehnte. Daraus resultiert Künstlichkeit als Prinzip des Spiels, das Hölzerne, Klotzige der Bewegungen, groteske Übertreibung der Sprechweise. Seiler: Wedekind und Dürrenmatt, S. 285f., in Anlehnung an Sol Gittlemann: Frank Wedekind. Twayne's World Authors Series, 55. New York, S. 140. Seiler stellt z.B. die Desintegration des Körpers von

der inszenierten Körperpräsenz, wobei er „dissonante Koppelung von ernster Thematik und komischer Gestaltung" erkennt.[209] Diese werde durch Überzeichnung sowie durch Asymmetrien zwischen Figurenspiel und Dialog hervorgerufen.[210] Dabei ist anzumerken, dass es sich auch um die Inszenierung des unfreiwillig komischen Körpers handeln kann. Er umfasst nämlich auch solche „Formen des Andersartigen, die […] nur das Bizarre und Seltsame allein betreffen können."[211] Insofern schließt das Wort ‚komisch' neben dem ‚Komisch-Lachhaften' ebenso den Zusammenhang des Komisch-Befremdlichen ein und verweist „auf die Aspekte des Verlachens der Fremdheit und des Prozesses der Entfremdung im Lachen".[212] In diesem Zusammenhang sind Momente des szenischen Gelächters festzuhalten, denen eine referenzielle, subversive Funktion zukommt:

> „Das Lachen ist eine Reaktion des Körpers, in der dieser sich gegen Vergeistigung, Rationalisierung und Abstraktion behauptet. [...] Im Lachen bringt er, der Körper (nicht das Ich), sich nachdrücklich zum Ausdruck. Er widerstrebt der Instrumentalisierung durch das Subjekt, der er im Alltag unterliegt."[213]

Ferner soll sich das Augenmerk auf all die Ausdrucksformen richten, die – jenseits des Clownesken – eine performative Funktion erfüllen können – Gesang, Tanz und bildende Kunst. In ihrer Heterogenität und Autonomie, ihren optischen und akustischen Qualitäten tragen sie erheblich zur Dehnung der Gattungsgrenzen des Dramas bei.[214] Eine wesentliche Qualität der Dramen Wedekinds liege, so Susanne Marschall, in ihrer „Existenz auf der Schwelle des Bruchs der Küns-

---

Moritz der Vitalität des Vermummten Herren entgegen (*Frühlings Erwachen*) oder weist auf das Konzept Fannys als „kaltherzige Karikatur einer Heroine" hin (*Musik*).

209 „Die Ostentation der Körper" in *Frühlings Erwachen*, performative Inszenierung der Weiblichkeit sowie Körper- und Bewegungsspiel in *Die Monstretragödie*. Kafitz: Moderne Tendenzen, S. 31. Vgl. auch Florack: Wedekinds Lulu, S. 140.

210 In der *Monstretragödie* relativiere das dominante Bewegungsspiel die begleitenden Dialogpartien: „das Rennen, Springen, Klettern und Purzelbaum-Schlagen veranschaulicht den Einbruch einer unberechenbaren Körperlichkeit in die durch Sprache disziplinierte bürgerliche Welt." Kafitz: Moderne Tendenzen, S. 36 und S. 39.

211 Eva Erdmann: Vorwort. In: Dies. (Hg.): Der komische Körper, S. 7–8, hier S. 8.

212 Ebd. Diesen Prozess inszeniert Wedekind z.B. in *König Nicolo* und weist dem Stück das Etikett der Humorlosigkeit zu. Vgl. Kapitel IX.1. Antibeispiel. Wedekinds Humorlosigkeit.

213 Dietmar Kamper, Christoph Wulf: Einleitung. In: Dies. (Hg.): Lachen – Gelächter – Lächeln. Reflexionen in drei Spiegeln. Syndikat: Frankfurt a. M. 1986, S. 7–14, hier S. 7.

214 Entgrenzung der Gattungen als weiteres Merkmal einer avantgardistischen Moderne. Sabina Becker, Helmuth Kiesel: Literarische Moderne. Begriff und Phänomen. In: Sabina Becker, Helmut Kiesel (Hg.): Literarische Moderne. Begriff und Phänomen. Fink: München 2006, S. 9–38, hier S. 26.

te mit der Ordnung der Tradition, die sich als ‚Ordnung des Sinns' darstellt."[215] Am deutlichsten ist es am Beispiel des Tanzes zu beobachten: der Tanz durchbricht die Diskursivität der dramatischen Sprache und überschreitet die Textgrenze.[216] Elke Austermühl bezeichnet Wedekinds Ästhetik mit dem „Prinzip der theatralischen Desillusion" und sieht darin einen poetologischen Paradigmenwechsel in der Entwicklung des Dramas im 20. Jahrhundert.[217] Die genannten Formen sorgen für eine (choreo)graphisch attraktive, dynamische Formgebung und fungieren als Träger der Leichtigkeit bzw. Heiterkeit.

Schon Wedekinds Jugendwerk aus den frühen achtziger Jahren zeugt von einem progressiven Literaturverständnis, das sich vom auratischen Kunstbegriff lossagt.[218] Theodor W. Adorno stellt schon früh den Zusammenhang zwischen Wedekinds Stilmitteln wie Montage oder Tableau und den zentralen Kategorien der Moderne, wodurch er ihn gegen „eine Stilisierung zum klassischen Autor" und „für die literarische Moderne" rettet.[219] Mögen Wedekinds Stoffe als zeitbedingt gelten, „die eigentlich großartige Leistung Wedekinds" sei es, „dass er die Form, die diese Stoffschichten zur Deutung bringt, aus ihnen selber herausgeholt hat: der Kitsch-Stoff wird in der Kitsch-Form beredt."[220] Insofern Wedekind „die Durchsichtigkeit der formverlassenen Stofflichkeit, des Kitsches, gewahr wurde", sieht Adorno in ihm eher den „Ahnherrn der Surrealisten als der Expressionisten".[221] Angesichts der Vielfalt der Moderne-Konzepte weist Wedekinds Werk die nächste Verwandtschaft mit einer avantgardistischen Moderne im Unterschied zur ästhetizistischen und klassischen Moderne auf.[222] Er zählt zu

---

215 Susanne Marschall: TextTanzTheater. Eine Untersuchung des dramatischen Motivs und theatralen Ereignisses ‚Tanz' am Beispiel von Frank Wedekinds *Büchse der Pandora* und Hugo von Hofmannsthals *Elektra.* Peter Lang: Frankfurt a. M. 1996, S. 104.

216 Susanne Marschall interpretiert den Tanz in Wedekinds *Lulu*-Dramen und in Hofmannsthals *Elektra,* indem sie den „TanzText in ein TanzEreignis" umwandelt.

217 Elke Austermühl: Frank Wedekind (1864–1918). In: Alo Allkemper, Norbert Otto Eke (Hg.): Deutsche Dramatiker des 20. Jahrhunderts. Erich Schmidt Verlag: Berlin 2002, S. 63–79, hier S. 74ff.

218 Im Jugendwerk äußert sich das – in Anlehnung an Heine – u.a. in Spott und Ironie. Dreiseitel: Ich mache natürlich lebhaft Propaganda, S. 59ff.; Höger: Frank Wedekind, S. 20f. Vgl. auch Becker, Kiesel: Literarische Moderne, S. 17f. und S. 27.

219 Dreiseitel: Ich mache natürlich lebhaft Propaganda, S. 20. Vgl. auch Theodor W. Adorno: Über den Nachlass Frank Wedekinds (1932). In: Wedekind: *Musik* und Materialien, S. 216–220. Vgl. auch Kieser, Grimm (Hg.): Frank Wedekind. Yearbook (1991).

220 Adorno: Über den Nachlass Frank Wedekinds, S. 219.

221 Ebd.

222 Beim Begriff der Moderne orientiere ich mich an Becker, Kiesel: Literarische Moderne, insbes. S. 10.

den wenigen deutschsprachigen Autoren, die den Anschluss an die internationale Avantgarde geleistet haben.[223] Ein ganz wichtiges Kriterium ist die Bindung an den Prozess der gesellschaftlichen Modernisierung[224] – die „gesellschaftliche Referenz", die in der Moderne an die Stelle der Autoreflexivität tritt[225] und die bei Wedekind vorliegt. Wedekinds Weigerung gegen die Vermarktungsprozesse, denen Kunst und Künstler unterliegen, gehört zu diesem Themenkreis, genauso wie der Sexual- und Geschlechterdiskurs. Im Hinblick auf den spielerischen Umgang mit der Tradition – das freie, souveräne Verfügen über den kulturellen Gesamttext – darunter seine Poetik des Performativen[226] – und die literarische Tradition[227] lässt sich Frank Wedekind gar als ein Vorläufer der Postmoderne denken.

4. Zum Aufbau der Arbeit

Bei der Auswahl des Textkorpus spielte außer dem primären und selbstverständlichen Kriterium der thematischen Angemessenheit auch der Versuch einer gleichwertigen Beachtung der Produktionen Wedekinds eine Rolle.[228] Die weniger populären Texte, die in der vorliegenden Arbeit analysiert werden – *Das Gastmahl bei Sokrates*, *Der Stein der Weisen*, *König Nicolo* – sind für den Themenkomplex Humor bzw. Humorlosigkeit umso relevanter.

Ale eine Art Fundierung für die Dramenanalysen können – trotz Kontroversen in der Forschung – zwei frühe Essays Wedekinds von 1887 aufgefasst werden: *Der Witz und seine Sippe* gewährt einen ersten Einblick in Wedekinds eigene Systematik der Formen des Komischen und die Stellung des Humorbegriffs. Diesem Text sind die sogenannten Zirkus-Essays an die Seite zu stellen. Vor allem der Aufsatz *Zirkusgedanken* scheint ein für Wedekinds Ästhetik vo-

---

223 Dreiseitel, Vinçon: Vorwort, S. 21. Die Autorinnen verweisen in diesem Zusammenhang auch auf das erste Wedekind-Kolloquium von 1995: Ariane Martin (Hg.): Frank Wedekind – Thomas Mann – Heinrich Mann: Briefwechsel mit Maximilian Harden. Pharus V. Häusser Media Verlag: Darmstadt 1996.
224 Ein anderes ist das der offenen Form. Becker, Kiesel: Literarische Moderne, S. 25.
225 Dies im krassen Gegensatz zur ästhetizistischen Moderne. Ebd., S. 14–17.
226 Susanne Marschall untersucht bestimmte „narrative Modelle des Tanzes im dramatischen Text, an deren Analyse sich die Frage nach dem Übergang von der literarischen Moderne, zu der [sie] Wedekind und Hofmannsthal zähl[t], zum Theater der Avantgarde anschließen lässt." Marschall: TextTanzTheater, S. 19.
227 Becker, Kiesel: Literarische Moderne, S. 19.
228 Sigrid Dreiseitel beklagt die Konzentration auf Wedekinds sogenannte „Hauptwerke" und demzufolge eine Abwertung bzw. ein Nichtbeachten anderer Produktionen. Dreiseitel: Ich mache natürlich lebhaft Propaganda, S. 12.

rausweisender Text zu sein, der auch in enger Verbindung mit dem Humorbegriff steht. Die Unverbindlichkeit des essayistischen Stils kann selbst für eine immanent humoristische Haltung einstehen.

Bei der Textanalyse wird chronologisch vorgegangen: Die frühe Schaffensphase repräsentiert das Stück *Das Gastmahl bei Sokrates* (1882), eine Parodie von Platons *Symposion* mit der karikierten Titelfigur. Ein Exkurs zum antiken Verständnis von Lachen mit der Ambivalenz von Ernst und Heiterkeit bietet einen ersten Fixpunkt für die Traditionslinie, die für Wedekinds Humorbegriff grundlegend zu sein scheint und die bei Nietzsche in seinem Konzept des ‚neuen Ernstes' gipfelt, der dem (alten) Ernst als Inbegriff des ‚Geistes der Schwere' entgegengesetzt wird. Der explizite antike Bezug soll in der vorliegenden Arbeit auch als Klammerstruktur dienen: den analytischen Teil der Arbeit soll das Stück *Franziska* (1911) schließen.

Mit dem *Kammersänger* (1900), einer Auseinandersetzung mit den idealistischen Dogmen, die sich u.a. im Richard Wagner-Kult realisierten, ist Wedekinds Nietzsche-Rezeption ein notwendiger ideengeschichtlicher Bezugsrahmen. Der Autor geht mit der zu verabschiedenden Epoche hart ins Gericht. Die Inszenierungspraxis weist hier allerdings eine enorme Dissonanz zu Wedekinds Intention auf: Im Unterschied zum gängigen Rezeptionsmuster, nach dem der doch so wesentliche Aspekt seiner Werke wie der Humor im öffentlichen Diskurs stets verkannt wurde, wird hier dem Text eine Art Humor unterstellt, der Wedekind fernliegt. Es scheint interessant zu sein, den umgekehrten Prozess als etwa bei *Oaha, Frühlings Erwachen* oder *Musik* zu beobachten – allesamt Texte, in denen der Humor eine überragende Rolle spielen sollte, der aber in der Rezeption gänzlich unterging. Wedekinds Abwehr gegen die Inszenierung seines *Kammersängers* als Hanswurstiade ist ein Indiz für die Trivialisierung des Stoffes, der offenbar im Sinne Wedekinds als ein Beispiel ernsten Humors aufzufassen ist.

Im weiteren Schritt folgt die Analyse des Stücks *Der Stein der Weisen* (1909) – eine satirische Variante des Faust-Stoffes und zentral im Hinblick auf den Humor-Komplex. Der Narr Guendolin tritt hier als „Personifizierung einer humoristisch-realistischen Weltanschauung" auf.[229] In diesem Kapitel bietet es sich, auf die Geschichte der Narren-Figur zu rekurrieren, wobei der Figuration des weisen Narren des Erasmus von Rotterdam besondere Beachtung geschenkt wird. Die Epoche des Mittelalters, die hier als Kostüm mit offensichtlichem Gegenwartsbezug dient, zeichnet eine weitgehende Tabuisierung des Lachens und Humors aus, was in der christlichen, dualistischen Weltsicht seine Begründung

---

229 Kutscher: Frank Wedekind, Bd. 3, S. 72. Vgl. auch Irmer: „Der Narr ist Humorist, der Humorist ist Realist, der den Idealisten unweigerlich zur Strecke bringt." Irmer: Der Theaterdichter, S. 204.

hat.[230] Das Sakrale wird bei Wedekind im Variétestil mit dem Profanen konterkariert und somit relativiert. Das zeitverwandte Stück *Oaha. Die Satire der Satire* (1911) stellt eine stilistische Fortsetzung und den Höhepunkt des Variétestils bzw. des „neuen Humors"[231] dar. Hier setzt Wedekind – nun aber explizit – seine Reflexion über den satirischen Humor vor dem Hintergrund der Entwicklung der Massenkultur, vertreten u.a. im Zeitschriftenwesen fort. Es werden Mittel einer satirischen Zeitschrift – auf der visuellen Ebene Formen der Deformation (Karikatur, Groteske) – sowie der Sprachwitz eingesetzt. Das Stück scheint formal die Sphäre der reinen Literarizität verlassen und sich auf das Gebiet der Unterhaltung begeben zu wollen. In beiden Texten steht der Spiel-Charakter im Vordergrund – mit Tanz, Gesang sowie mit Autozitaten. Sie partizipieren am poetologischen Diskurs und gestalten die humoristische Haltung mit. Mit dem letzten zu analysierenden Stück *Franziska. Ein modernes Mysterium* wird an den philosophischen Horizont Wedekinds, die vitalistische Lebensauffassung, angeknüpft (Nietzsche, Bergson), die ihn im Gegensatz zur melancholischen Moderne positioniert. Die heidnisch-antike im Gegensatz zur christlichen Auslegung des Mysteriums, darunter die Überblendung der Figur Franziskas mit Faust, Helena und Madonna, entspricht der weltanschaulichen Orientierung, die sich seit den frühesten Texten Wedekinds verfolgen lässt und die mit *Franziska* ihren letzten starken Akkord bekommt: die Aufwertung der heidnisch-antiken Tradition.[232] Unter den Bezugstexten – darunter *Faust II* Goethes – kommt dem Tanzpoem Heinrich Heines *Der Doktor Faust* die überragende Rolle zu: durch diese Vermittlung öffnet sich der Text dem Spielerisch-Parodistischen und assimiliert dabei den Aspekt der Frivolität, der in der volkstümlichen Faust-Sage noch vorhanden war und den Heine tradiert. In einem Exkurs wird Wedekinds Heine-Rezeption im Hinblick auf den Humor skizziert: Eine Traditionslinie, die einen Bogen zur Antike schlägt, über Erasmus von Rotterdam und Shakespeare

---

230 Jacques Le Goff: Einführung: Der Mensch des Mittelalters. In: Ders. (Hg.): Der Mensch des Mittelalters. Campus Verlag: Frankfurt a. M., New York, Paris 1989, S. 7–45, vgl. insbes. S. 7–17. Vgl. auch Hans-Hennig Kortüm: Menschen und Mentalitäten. Einführung in Vorstellungswelten des Mittelalters. Akademie Verlag: Berlin 1996.

231 Vgl. Arthur Moeller-Bruck: Der neue Humor. In: Ders.: Die moderne Literatur, S. 5–16, hier S. 7.

232 Vgl. Elke Austermühl: Frank Wedekinds *Franziska* – ein weiblicher Faust? http://www.fbsuk.h-da.de/fileadmin/dokumente/berichte-forschung/2004/Austermuehl_Franziska_und_Faust.pdf (Zugriff: 27.08.2007). Druckfassung in: Andreas Härter, Edith Anna Kunz, Heiner Weidmann (Hg.): Dazwischen. Zum transitorischen Denken in Literatur- und Kulturwissenschaft. Festschrift für Johannes Anderegg zum 65. Geburtstag. Vandenhoeck & Ruprecht: Göttingen 2003, S. 79–100.

in die Moderne mit Friedrich Nietzsche reicht und die für die humoristische Grundierung vieler Texte Wedekinds verantwortlich ist, soll damit um die Rezeption Heines ergänzt werden.

II. Humor *versus* Ernst

1. Zum Humorbegriff: Übersicht über die Forschungstendenzen

1.1. Allgemeines zur Begriffsbestimmung

Der Humor fungiert neben der Ironie als eine der wichtigsten ästhetischen Kategorien des 18. und 19. Jahrhunderts. Er ist ein relativ junger Begriff, der rein etymologisch auf das lateinische Wort *humor* (Feuchte, Flüssigkeit, Saft) zurückgeht: In der ursprünglichen Bedeutung tritt er in der antiken hippokratischen und mittelalterlichen, bis in die frühe Neuzeit gültige Humoralmedizin bzw. Humoralpathologie (Temperamentenlehre), die Krankheiten mit einem Ungleichgewicht zwischen den Körpersäften – den *humores* (Blut, Phlegma/Schleim, gelbe und schwarze Galle) erklärte.[233] Je nach Dominanz eines Körpersaftes wurden die menschlichen Charaktere unter vier psychosomatische Grunddispositionen – sanguinische, phlegmatische, cholerische und melancholische – subsumiert. Eine Dysfunktion der Säfte des Körpers, die sich in einer lebensgefährlichen Starre manifestierte, war nach dieser alten Heilmedizin u.a. mit Lachen bzw. Niesen zu behandeln, um die Starrheit aufzubrechen.[234] Was gegenwärtig unter Humor verstanden wird, kristallisierte sich aber erst im Laufe des 18. und 19. Jahrhunderts im Zusammenhang mit dem Prozess der Industrialisierung und aufgeklärter Disziplinierung – auch in der Medizin. Rainer Stollmann greift auf die simplifizierende humoralpathologische Metaphorik zurück, um den modernen Humor generell als ein Gegengewicht zur „trockenen Vernunft" zu definieren:

---

233 Vgl. Karl-Otto Schütz: Zur Geschichte des Wortes ‚Humor'. In: Muttersprache 70 (1960), S. 193–202, hier S. 193f.

234 Hierfür wurde zum Nieswurz gegriffen, einer Heilpflanze, die Niesreiz auslöst. Unter Umständen kann ein unwiderstehliches Lachen tödlich sein. Redensarten ‚sich totlachen / sich zu Tode lachen' mögen auf Cicero zurückgehen, auf den aus Griechenland übernommenen Begriff des sardonischen Lachens (*risus sardonius*). Dieses erklärte Pausanias mit der Wirkung eines auf der Insel Sardinien wachsenden Krautes, welches krampfartiges Lachen auslöst, um schließlich den Tod herbeizuführen. Harald Weinrich: Was heißt: ‚Lachen ist gesund?' In: Preisendanz, Warning (Hg.): Das Komische, S. 402–408, hier S. 407.

„*Humor* ist also das, was trotz der gesellschaftlichen Herrschaft der trockenen Vernunft an vorindustriellem Saft in den Menschen nicht ausgetrocknet werden kann. Im *Sense of Humor* kann dann aber alles an Natur und Geschichte stecken, das sich der Modernisierung entzieht."[235]

Den Sinnkern des Begriffs Humor in seiner heutigen Bedeutung in Deutschland bilden die Elemente, die Jean Paul festgelegt hat.[236] Im Mittelpunkt steht dabei das konziliante, kontemplative Moment seines Humorbegriffs, mit dem ein Lebensgefühl oder eine Lebensstimmung verbunden wird, bei der das Vertrauen ins Leben trotz der Einsicht in die grundsätzliche Widersprüchlichkeit zwischen der Welt und der Existenz erhalten bleibt. Ihm ist eine einschließende, akzeptierende bis mitfühlende Haltung eingeschrieben, die Aggressivität meidet und auf ausgeglichene Kommunikation aus ist.[237] Ein so gefasster Humor ist allerdings, wie es noch zu zeigen sein wird, für die Konstellierung des Wedekindschen Humorbegriffs zwar nicht irrelevant aber auch nicht adäquat. Es bietet sich daher zunächst über Interferenzen zwischen dem Lächerlichen, Komischen und dem Humor, eine breitere Perspektive zu öffnen.

1.2. Zum Begriff des Lächerlichen

Der ursprüngliche Indikator der Tendenz, Lächerliches und Humor gleichzusetzen, war die Übersetzung der antiken Begriffe des Lächerlichen – des griechischen *geloíon* und des lateinischen *ridiculum* als Humor.[238] Der Begriff des Lächerlichen ist der allgemeinste und etymologisch der älteste.[239] Die antiken

---

235 Rainer Stollmann: Das Lachen und seine Anlässe. In: Komik. Ästhetik. Theorien, S. 13–20, hier S. 18.

236 Karl-Otto Schütz: Witz und Humor. In: Wolfgang Schmidt-Hidding (Hg.): Humor und Witz. Europäische Schlüsselwörter. Bd. I. Max Hueber: München 1963, S. 161–240, hier S. 236f.

237 Vgl. tabellarische Übersicht „Acht Wörter der Komik" nach: Wolfgang Schmidt-Hidding: Wit and Humour. In: Ders. (Hg.): Humor und Witz, S. 37–160, hier S. 50f.; sowie Schmidt-Hiddings Einsatz für einen engen Humorbegriff: Kulturhistorischer Ausblick. In: Ders.: Humor und Witz, S. 283–292, insbes. S. 286.

238 Klaus Schwind: Komisch. In: Ästhetische Grundbegriffe, Bd. 3, 2001, S. 332–384, hier insbes. S. 332. Vgl. auch Anton Hügli: Lächerliche (das). In: HWPh, Bd. 5, 1980, S. 1–8, hier S. 6f.

239 Anton Hügli: Lachen, das Lächerliche. In: HWRh, Bd. 5, 2001, S. 1–17, S. 1. Vgl. zudem Gerd Ueding: Rhetorik des Lächerlichen. In: Lothar Fietz, Jörg O. Fichte, Hans-Werner Ludwig (Hg.): Semiotik, Rhetorik und Soziologie des Lachens: vergleichende Studien zum Funktionswandel des Lachens vom Mittelalter zur Gegenwart. Niemeyer: Tübingen 1996, S. 21–36.

Quellen sind zum großen Teil verloren gegangen. Von diesem Schicksal betroffen war bekanntlich das zweite Buch der *Poetik* von Aristoteles sowie die Werke seines Schülers Theophrast *Über die Komödie* und *Über das Lächerliche*. Die verlorenen Texte tauchen in Zitaten bei Cicero in seinem *De oratore* auf. Seit vorsokratischer Zeit wird das Lächerliche und seine Domäne – Unvernunft, Ausgefallenes, Abfallendes – als negative Kehrseite zum Ernst definiert. Aristoteles begreift das Lächerliche als Teil des Hässlichen, als Mangel und etwas Schimpfliches, das aber weder schmerzt noch ins Verderben bringt: „Das Lächerliche ist ein hässlicher Fehler, der aber anderen keine Schmerzen und kein Leid zufügt."[240] Für die Komödie gilt demnach der Grundsatz, den lächerlichen Charakter zu schonen – seine Fehlerhaftigkeit und Niedrigkeit ohne Schmerz und zerstörerische Folgen aufzuzeigen.[241] Der zentrale Gedanke der *Nikomachischen Ethik* von Aristoteles ist nämlich der Gedanke der Mäßigung. Daraus resultieren bestimmte Vorstellungen des *decorum*: Grenzen religiösen, moralischen und ästhetischen Charakters. Zugleich aber macht Aristoteles ein liberal auslegbares Zugeständnis gegenüber der Kunst, an das in der Renaissance angeknüpft wird: im Namen der „Entspannung von den Anspannungen zum höheren Menschen" dürfe sich der Künstler – aber nur er – über die Vorschriften des *decorum* hinwegsetzen:[242] eine Prämisse, die „anarchisch weitergedacht" Shakespeares Komödien ermöglichen wird.[243] Das Lachen ist für Aristoteles die Domäne des Gebildeten, des freien Geistes: der Philosoph schätzt das Lachen als eine Eigenschaft, die den Menschen von Tieren unterscheidet,[244] er meidet das Steife und kritisiert die Unfähigkeit zum Scherzen. Das letztere ist eine Form von Erholung, eine notwendige Pause inmitten der Arbeit.

In der Rhetorik liegt der Akzent auf der Nützlichkeit des Lachens als eines der stärksten rednerischen Mittel: der gekonnte Redner zeichnet sich dadurch aus, das er das Lachen zu erregen oder zu vermeiden weiß. Und so beruft sich Aristoteles auf die rhetorische Faustregel des Georgias, nach der man dem Ernst des Gegners mit Gelächter, seinem Gelächter aber mit Ernst begegnen solle. Er

---

240 Aristoteles: Poetik, 1449a, zit. nach Peter L. Berger: Erlösendes Lachen – Das Komische in der menschlichen Erfahrung. De Gruyter: Berlin, New York 1998, S. 23.

241 Aristophanes setzt sich allerdings über diesen Grundsatz hinweg. Vgl. Klaus Heinrich: ‚Theorie' des Lachens. In: Kamper, Wulf (Hg.): Lachen – Gelächter – Lächeln, S. 17–38, hier S. 22.

242 Lothar Fietz: Ergebnisprotokoll der Sektion ‚Renaissance bis 18. Jahrhundert'. In: Ders. u.a. (Hg.): Semiotik, Rhetorik und Soziologie des Lachens, S. 252–256, hier S. 254.

243 Shakespeares Komödien seien ohne „den anarchisch weitergedachten Aristoteles" nicht denkbar. Ebd., S. 255.

244 Mensch als das lachende Tier: Aristoteles: „De generation animalium". Vgl. Wilhelm Süss: Lachen, Komik und Witz in der Antike. Artemis: Zürich, Stuttgart 1969, S. 8.

wird diesen Hinweis weiterentwickeln, was zu einem ganzen Zweig innerhalb der griechisch-römischen Rhetorik führt.[245] Der Römer Cicero unterscheidet zwei höchste Funktionen der Rede: Pathos (*concitatio*), welches auf die Erregung der Gefühle beim Hörer aus ist, und seine Gegenkraft – Ethos (*comendatio*) – im Dienste der Besänftigung und Überzeugung der Hörer. Im zweiten Fall erweist sich das Lachen als äußerst nützlich.[246]

Während Aristoteles zwei Arten des Lächerlichen unterscheidet – Autoironie und Verhöhnung des anderen – ist der Begriff bei Cicero weiter ausdifferenziert: Spott, Vergleich mit noch Hässlicherem, Verstellung u.a. Cicero gebraucht sogar das Wort Humor – allerdings ist seine Perspektive, im Unterschied zu Aristoteles, die eines Anwalts und Redners: „Gewinnend und besonders nützlich sind [aber] oft Witz und Humor. Sie setzen allerdings, auch wenn sich alles andere systematisch lehren lässt, besondere Gaben der Natur voraus und brauchen kein System."[247] Cicero unterscheidet zwei Arten von Humor: „Die eine breitet sich gleichmäßig über die gesamte Rede aus, die andere ist pointiert und knapp; die erstere hieß bei den Alten Launigkeit, die letztere Wortwitz."[248] Durch die Verbreitung von Heiterkeit und guter Laune kann der Redner Sympathie gewinnen; mit dem Wortwitz wird der Gegner lächerlich gemacht. Aber auch Cicero teilt die Prinzipien der griechischen Rhetorik, in der letztlich die Ethik über das Lächerliche die Oberhand gewinnt: der Redner sollte sich des Mittels des Lächerlichen nur innerhalb von festgesetzten Grenzen zwischen *misericordia* und *odium* bedienen,[249] damit die Würde des Anderen nicht durch einen Scherz verletzt wird: „nec [...] semper, nec omnes, nec omni modo" („nicht immer, nicht jeden, nicht in jeder Form"), auch nicht aus verwerflichen oder eigennützigen Motiven (*iocus petulans*). Während Freunde, Höherstehende, Richter, Unglück-

---

245 Ähnlich: Plutarch in seinen *Quaestiones Convivales*. Vgl. Hügli: Lachen, das Lächerliche, S. 4f. Vgl. zudem Susanne Schroeder: ‚Lachen ist gesund?' – eine volkstümliche und medizinische Binsenwahrheit im Spiegel der Philosophie. Online-Publikation. Elektronische Ressource. Dateiformat: zip, Dateien im PDF-Format. Diss. Freie Universität. Berlin 2002. http://www.diss.fu-berlin.de/2002/95/index.html; http://deposit.ddb.de/cgi-bin/dokserv?idn=964802783, S. 27–29.

246 Cicero: De Oratore, 2, insbes. S. 236. Quelle: Ciceros drei Bücher vom Redner. Übersetzt und erklärt von Dr. Raphael Kühner. Stuttgart 1873 [2. Aufl.], S. 1–136. Hoffmann'sche Verlagsbuchhandlung. Zit. nach http://www.mediaculture-online.de/ fileadmin/bibliothek/cicero_de_oratore/cicero_de_oratore.html (Zugriff: 28.10.2012). Vgl. zudem Schroeder: ‚Lachen ist gesund?', S. 5.

247 Cicero: De Oratore, 2, S. 218. Vgl. hierzu Ueding: Rhetorik des Lächerlichen, S. 27.

248 Ebd.

249 Cicero: De Oratore, 2, S. 237–239. Vgl. zudem Hans Robert Jauß: Zum Problem der Grenzziehung zwischen dem Lächerlichen und dem Komischen. In: Preisendanz, Warning (Hg.): Das Komische, S. 361–372, S. 365.

liche und Verbrecher vom Lächerlich-Machen ausgenommen sind, so lässt Cicero bei Wahrung der obigen Prämissen die Witz-Angriffe gegen die Gegner zu, insbesondere, wenn diese stupid erscheinen.

In der Diskussion um den Begriff des Lächerlichen dominieren Aristoteles, Cicero und Quintilian. Michael Mader verweist in diesem Kontext auf den vernachlässigten Platon, der im ideenkritischen Dialog *Philebos. Über das Gute und wie es zu erreichen ist* nachträglich als Theoretiker des Lachens auftritt und erstmals das Lächerliche in substantivierter Form in der Funktion der „Erholung des Geistes" gebraucht.[250] Es sei auch Platon, der die modernen Ansätze vorwegnimmt, indem er das Aggressive im Lachen erkennt und folglich zwischen einem gutartigen und einem maliziösen Lachen unterscheidet.[251] Diese Lehre, später Superioritäts- bzw. Degradationstheorie genannt, bestimmte die Theorie des Lächerlichen bis in die Gegenwart hinein. In der Regel wird sie aber auf Thomas Hobbes (1588–1679) zurückgeführt.[252] Das Erkennen des aggressiven Lachens ist aber auch bei Platon keineswegs mit dem Akzeptieren gleichzusetzen: Das Lächerlichmachen gilt ihm ebenfalls als unakzeptabel.[253]

Diese Abhängigkeit zwischen dem Lächerlichen und der Moral wird weiter tradiert: Im englischen und französischen Sprachraum im späten 17. und 18. Jahrhundert wird Lächerliches als eine Abweichung von der Norm – einer jeweils bestehenden Ordnung – definiert, insofern diese auf einen intellektuellen Makel und nicht einen moralischen Defekt zurückzuführen ist. Auf diesen Ansatz rekurriert in der modernen Diskussion Henri Bergson, indem er den Grund für Lächerliches in der Inkongruenz des Verhaltens des Belachten und der momentanen Ordnung, der Erwartung der Gruppe ansieht. Diese Inkongruenz bzw. grundsätzliche Ungereimtheit zwischen hoher Erwartung und geringem Resultat macht das Grundmodell des Lächerlichen aus.

---

250 Platon sei „der erste uns greifbare Theoretiker, [der] die subjektive Seite des Lachens mit der objektiven Seite des Lächerlichen zusammengebracht, seine Erklärung berücksichtigt, sowohl Gegenstand als auch Wirkung, Anlaß und Rezeption." Michael Mader: Das Problem des Lachens und der Komödie bei Platon. Kohlhammer: Stuttgart, Berlin u.a. 1977, S. 24f., hier S. 27.

251 Es gibt folglich Lachen über Lächerliches, Lachen aus Heiterkeit, Lachen der Urbanität (Lächeln) sowie Lachen über anderes, wie Hohnlachen.

252 In *Leviathan* (1651) erklärt Hobbes die Lust am Lachen mit dem plötzlichen Gefühl der Überlegenheit über fremde Fehler: indem man *good nature* des Menschen diffamiert sieht.

253 Schroeder: ‚Lachen ist gesund?', S. 26. Zudem war Platon den exzessiven Gefühlsäußerungen, ob Lachen oder Weinen, abgeneigt und machte selbst für Götter keine Ausnahme. Entgegen den Reden Homers stünden exzessives Lachen bzw. Weinen besonders den Göttern nicht an.

In der poetologischen Diskussion um den Begriff des Lächerlichen geht es zusammengefasst um die Ausklammerung des Verwerflichen, Bös-Gemeinten: Das Grundthema in den meisten Theorien des Lächerlichen sei

> „die Domestizierung des unbotmäßigen, unanständigen, aggressiven Lachens [...] von Platons Zähmungsversuchen im *Staat*, über die christliche Verdammung des Lächerlichen bis hin zu Rousseaus Polemik gegen die Komödie und zur Empfindlichkeit totalitärer Diktaturen des 20. Jahrhunderts gegenüber der Waffe des Witzes.“[254]

Schleicht sich also einmal die urteilende Betrachtung des Lachens ein, kommt es zur Polarisierung des Phänomens: man unterscheidet zwischen Lachen und Verlachen,[255] und dem entsprechend – bezogen auf das Objekt des Lachens – zwischen dem wahren, harmlosen, erbaulichen Lächerlichen (*ridicule*) auf der einen, und dem ungereimten, schädlichen Lächerlichen (*risible*) auf der anderen Seite.

Das Lächerliche wird in der Forschung zudem auch gerne vom Komischen abgegrenzt bzw. das Komische gegenüber dem Lächerlichen höher gestellt – so z.b. in der französischen und deutschen Klassik. Dem Lächerlichen wird dabei der Bereich der ‚Lebenswelt‘ zugewiesen, im Unterschied zum Komischen, der Domäne der Kunst.[256] Das Lächerliche steht somit für rohes, aggressives, dem Anstand, der Moral und dem Geschmack widriges Lachen im Alltag. Erst durch Neutralisierung, Sublimierung, Verfeinerung erhält es einen ästhetischen, sprich positiven Wert.[257] Auch diese Tendenz zeugt von einer tiefen Scheu vor dem Potenzial des Lächerlichen: vor seiner Aggressivität und zwar seiner decouvrierenden, tabubrechenden Kraft wegen. Hans Robert Jauss problematisiert eine so

---

254 Hügli: Lachen, das Lächerliche, S. 2.

255 Es gilt hier also zwischen dem befreienden, anarchischen, von keiner Moral regierten Lachen und dem beipflichtenden Lachen (z. B.das solidarisierende und zu erwartende Lachen in der Satire oder im Kabarett) zu unterscheiden. Dieter Wellershof: Beipflichtendes und befreiendes Lachen. In: Preisendanz, Warning (Hg.): Das Komische, S. 425f.

256 Seit dem 17. Jahrhundert vermischt sich der Begriff des Lächerlichen mehr und mehr mit dem Komischen, um im Verlauf des 19. Jahrhunderts in die Sphäre des Begriffs ‚Humor‘ zu geraten. Nach der klassischen Unterscheidung wird das Lächerliche aber dem Leben zugeordnet, das Komische gilt als Gegenstand ästhetischer Einstellung. M. Winkler, R. W. Müller Farguell: Komik, das Komische. In: HWRh, Bd. 4, 1998, S. 1166–1176, hier S. 1167. Vgl. auch Kapitel „Das lebensweltliche und das fiktionale Komische“. In: Preisendanz, Warning (Hg.): Das Komische, S. 361–384, sowie Wolfgang Preisendanz: Komische (das), Lachen (das). In: HWPh, Bd. 4, 1976, S. 899–893.

257 Diese Vorstellung geht auf die Definition von E. Souriaus zurück. So z.B. bei Jerzy Ziomek: Rzeczy komiczne. Poznańskie Studia Polonistyczne: Poznań 2000, S. 14.

gezogene Grenze zwischen den Begriffen *comicum*, *vis comica* und *ridiculum*:
Wortgeschichtlich ist diese Unterscheidung zwar berechtigt (*comicus* – zur Komödie gehörig), aber bereits in der Spätantike lassen sich Beispiele für die
Rückübertragung finden (wie in Komödien üblich).[258] Stierle zeigt das Künstliche, Illusionäre der Unterscheidung, wenn er sagt: „[...] das Komische – oder ist
es das Lächerliche? – einer Clown-Nummer [ist] ein elementarer Fall von inkor-
porierender Präsentation des Komischen."[259]

Drei Elemente sind am komischen Prozess beteiligt: das lächerliche Objekt,
das Subjekt, in dem sich ein intellektueller und emotionaler Wahrnehmungspro-
zess vollzieht, sowie drittens der Effekt dieses Prozesses – die physiologische
Reaktion des Lachens, welches durch seinen sozialen Charakter den ganzen komischen Prozess in den sozialen Kontext stellt. Die Theorien des Komischen
dokumentieren diese unterschiedlich akzentuierten Momente der Forschungsge-
schichte.[260] Dem diachronischen Abriss der Theorien des Komischen ist aber
eine andere Ordnung vorauszuschicken: drei Typen oder Traditionslinien, jeweils im Hinblick auf die Funktion bzw. Struktur des Komischen: zum einen ist
es die bereits erwähnte Superioritäts- bzw. Überlegenheitstheorie (*Superiority-
Theories*), ferner die Befreiungs- bzw. Entlastungstheorie (*Relief-Theories*) und
die Inkongruenz- oder Kontrasttheorie (*Incongruity-Theories*). Die Superiori-
täts- oder auch Degradationstheorie begreift das Lachen als Ausdruck von Verachtung und Feindseligkeit. Die dominierende Komik ist die der Herabsetzung,
ein intellektuelles Phänomen, das von einem Überlegenheitsbewusstsein begleitet wird und seine Ausdrucksform im Verlachen oder dem ‚Lachen über' findet.
Nach den Wurzeln dieser Theorie ist, wie erwähnt, in der Antike (Platon und
Aristoteles) zu suchen, sie ist ferner mit Thomas Hobbes sowie mit vielen modernen Theoretikern wie Henri Bergson zu verknüpfen.[261] Eine Gegensatzform
stellt die Komik der Heraufsetzung dar – die Komik des Bejahens von Unter-
drücktem, Verdrängtem, Kreatürlichem, der Annerkennung des Lustprinzips
(‚Lachen mit'). Als beispielhaft hierfür gelten Ansätze von Baudelaire,

---

258 Jauß: Zum Problem der Grenzziehung, S. 364f. Vgl. auch Hügli: Lächerliche (das), S. 6f.

259 Karlheinz Stierle: Das Lachen als Antwort. In: Preisendanz, Warning (Hg.): Das
Komische, S. 373–376, hier S. 375. Vgl. auch Ders.: Komik der Lebenswelt und Komik
der Komödie. In: Preisendanz, Warning (Hg.): Das Komische, S. 372–373.

260 Die „Kariere" des Komischen sei ein „Weg von der transzendentalphilosophischen und
später psychologischen Ästhetik des Kunstkomischen zur Lebensphilosophie und
Anthropologie der conditio humana des Lachens". Odo Marquard: Exile der Heiterkeit.
In: Preisendanz, Warning (Hg.): Das Komische, S. 133–151, hier S. 148.

261 Wie in der Kontrasttheorie spielt hier das Moment der enttäuschten Erwartung mit
hinein. So bei Kant, Jean Paul Richter, Theodor Lipps, Johannes Volkelt.

Nietzsche, Bachtin. Die beiden Grundformen des Komischen durchdringen einander.[262]

Die sogenannte Entlastungstheorie erklärt das Lachen als Effekt der Befreiung von einer Spannung oder Einschränkung und wird von dem Konzept Sigmund Freuds dominiert.[263] Das dritte Schema macht die sogenannte Kontrast- bzw. Inkongruenztheorie aus: Sie wird auf Arthur Schopenhauer zurückgeführt, aber auch andere Namen wie Hazlitt, Frances Hutcheson oder Immanuel Kant werden in diesem Zusammenhang genannt. Im Licht der Kontrasttheorie wird das Komische als ein Oppositionsverhältnis, ein Widerspruch oder eine Gegensinnigkeit erklärt: es kann sich z.B. um den Kontrast von Einbildung und Realität, von falscher Erwartung und Effekt, von Norm und ihrer Verletzung, von Nichtigmachen des Geltenden und plötzliche Geltung des Nichtigen im Sinne des Hereinholens des Ausgegrenzten handeln.[264] Kants bekannte Definition des Komischen lautet, es sei „ein Affekt aus der plötzlichen Verwandlung einer gespannten Erwartung in Nichts".[265] In Schopenhauers Schrift *Die Welt als Wille und Vorstellung* von 1819, einem Text, der allerdings erst nach der zweiten Ausgabe 1844 Resonanz bekam, präsentiert der Philosoph eine radikal subjektivistische und intellektualisierte Theorie des Komischen: Es resultiert aus einer „plötzlichen Wahrnehmung einer Inkongruenz zwischen dem Begriff und dem durch denselben gedachten realen Gegenstand, also zwischen dem Abstrakten und dem Anschaulichen."[266] Anders formuliert handelt es sich um eine Diskrepanz von Besonderem und Allgemeinem, von Wesen und Erscheinung. Die ko-

---

262 „Das Komische [...], obschon es im Bereich der Kunst entsprang und ästhetische Einstellung voraussetzt, wo immer es sich realisiert, ist von Haus aus der etablierten Macht nicht botmäßig oder konservativ." Vgl. Jauß: Zum Problem der Grenzziehung, S. 370; Greiner: Die Komödie, S. 97–114.

263 Beispielhaft hierfür sind zudem Theorien von Shaftesbury, Herbert Spencer, John Dewey u.a.

264 Repräsentativ für diesen Ansatz sind auch Cicero, Pascal, Jean Paul Richter, Herbert Spencer, Theodor Lipps.

265 „Es muss in allem, was ein lebhaftes erschütterndes Lachen erregen soll, etwas Widersinniges sein (woran also der Verstand an sich kein Wohlgefallen finden kann). Das Lachen ist ein Affekt aus der plötzlichen Verwandlung einer gespannten Erwartung in nichts. Eben diese Verwandlung, die für den Verstand gewiss nicht erfreulich ist, erfreuet doch indirekt auf einen Augenblick sehr lebhaft." Immanuel Kant: Kritik der Urteilskraft (1790), § 54. In: Ders.: Werke in zwölf Bänden. Bd. 10. Suhrkamp: Frankfurt a. M. 1977, S. 273.

266 Arthur Schopenhauer: Die Welt als Wille und Vorstellung II, Kapitel 8 (Zur Theorie des Lächerlichen). In: Ders: Werke in zehn Bänden. Bd. 3. Diogenes: Zürich 1977, S. 109–122, hier S. 109.

mische Wahrnehmung ist nach Schopenhauer daher auch ein Denkfehler.[267] Im Umkehrschluss definiert er das Gegenteil des Komischen, den Ernst: er bestehe „im Bewusstsein der vollkommen Übereinstimmung und Kongruenz des Begriffs, oder Gedankens mit dem Anschaulichen, oder der Realität. Der Ernste ist überzeugt, dass er die Dinge denkt wie sie sind, und dass sie sind wie er sie denkt.“[268]

1.3. Übersicht über wichtigere Humor-Theorien

1.3.1. Zur Geschichte des Begriffs Humor

Die Vorgeschichte des Begriffs ist nur im Englischen zu verfolgen. Im Deutschen taucht er gegen Ende des 16. und 17. Jahrhunderts zunächst als Entlehnung aus dem Englischen *humour*[269] im Sinne von ‚Temperament‘, ‚Charakter‘ auf. Der Gebrauch im Deutschen geht auf den immer stärker werdenden englischen Einfluss, der bis ins 19. Jahrhundert hinein reicht.[270] Es bietet sich daher ein kurzer Blick auf den englischen Sonderweg in der Geschichte des Begriffs.

Im England des späteren 16. Jahrhunderts verliert der Begriff *humour* – nachweislich seit 1565 – seine medizinisch begründete neutrale Bedeutung als Stimmung, Laune, Gemützustand, indem er, vom Ungleichgewicht der Körpersäfte herkommend, in den 80er Jahren des 16. Jahrhunderts eine Erweiterung der anthropologischen Bedeutung erfährt und bis um 1700 nicht nur als Bezeichnung für normale Temperamente, sondern auch für das anomale, von den Normen und Konventionen abweichende, manierierte, exzentrische, unangepasste Verhalten überhaupt steht. Dies meint zu der Zeit Nonkonformismus, soziale Mobilität (Reiselust), aber auch Exzentrizität des Charakters, die sich in Klei-

---

267 „[D]er Sieg der anschauenden Erkenntnis über das Denken erfreut uns." Ebd., S. 117.

268 Ebd., S. 118.

269 Das englische Wort *humour* ist aber französischen Ursprungs und bezeichnete eine der vier Körpersäfte: Blut, Schleim, Galle und schwarze Galle. Es ist aber anzuzweifeln, ob auch die zeitgenössische englische Bedeutung von Frankreich herzuleiten ist. Jan Bremmer, Herman Roodenburg: Humor und Geschichte. Eine Einführung. In: Dies. (Hg): Kulturgeschichte des Humors von der Antike bis heute. Primus: Darmstadt 1999 [orig. eng. 1997], S. 9–17, hier S. 9.

270 Belege für die englische Prägung des Begriffs u.a. bei Gottsched, Lessing, Herder. Letzterer trennt das Wort ‚Laune‘ als Ausdruck von etwas Veränderlichem vom ‚Humour‘, das ein aufgeräumtes, freundlich-heiteres Wesen bezeichnet. Vgl. Schütz: Witz und Humor, S. 177f., S. 180–185 und S. 242.

dermode, in einem auffälligen Gebaren und Sprechen manifestiert.[271] Dementsprechend ist *humour* eher als eine negative Qualität: entsprechende Eigenschaften des Humoristen werden zum Objekt beißender Satire und des normativen
Gelächters der Gemeinschaft, was einen literarischen Niederschlag in der Komödie um 1590[272] oder in den Schwankbüchern, besonders aus dem 17. Jahrhundert findet, die eine aggressive und subversive Art von Humor präsentieren.[273] Der Klassiker dieser Auffassung ist Ben Jonson, der diesen rein physio-
logisch fundierten Begriff zum Gegenstand seiner Komödien macht und also auf
das antike Rezept des Zurechtlachens zurückgreift.[274] Obwohl der Zeitgenosse
Shakespeare ein tieferes Verständnis der Exzentrizität besitzt und auch in seinem *Hamlet* auf die notwendigen Folgen hinweist, setzt sich Jonsons Auffassung – sprich heiteres Lachen über Sonderbarkeiten, über Käuze – also aufgrund
einer Charakterschwäche, die allgemeiner Natur und nicht persönlich ist – durch
und gilt über das 17. Jahrhundert hinaus. Durch Ben Jonson gewann das Wort
auch die Wendung zum Komischen.[275]

In den nächsten Jahrzehnten erfährt der Humor in England im Zuge der
Liberalisierung um 1700 eine wesentliche Bedeutungswandlung hin zum positiven Wert, zum Synonym einer sympathischen Ausgefallenheit, die neben anderen Standpunkten und Einstellungen Respekt verdient:

> „dieses Gleichsetzen des *sense of humour* mit einem wahrhaft humanen Sinn für das
> eigentümlich aus dem Rahmen Fallende muss zusammengesehen werden mit der
> frühliberalistischen Ablehnung jeder Reglementierung und Repression, jeder Form
> von Dogmatismus und Konformismus."[276]

271　Aufgrund dieser Bedeutung (Humor als labiles Verhalten) wird Humor seit 1565 in
　　　England ein „Wort des Messens". Schmidt-Hidding: Wit and Humour, S. 94. Führende
　　　Vertreter im 17. Jahrhundert – John Dryden (1631–1700), William Congreve (1670–
　　　1729). Vgl. hierzu Schmidt-Hidding: Humor und Witz, S. 177–185.
272　Dieter Hörhammer: Humor. In: Ästhetische Grundbegriffe, Bd. 2, 2001, S. 66–85, vgl.
　　　insbes. S. 69f.; Erhard Schüttpelz: Humor. In: Gert Ueding u.a. (Hg.): Historisches
　　　Wörterbuch der Rhetorik (HWRh), Bd. 4. Niemeyer: Tübingen 1998, S. 86–98, insbes.
　　　S. 87f.
273　Derek Brewer: Schwankbücher in Prosa hauptsächlich aus dem 16.–18. Jahrhundert in
　　　England. In: Bremmer, Roodenburg (Hg): Kulturgeschichte des Humors, S. 88–108,
　　　insbes. S. 99. Brewer zitiert die bezeichnende Aussage aus Samuel Pepys' *Diary* von
　　　1662 über die englische „Art": „die absurde Natur der Engländer, die sich des Lachens
　　　und Spottens über alles, was seltsam aussieht, nicht enthalten können". Ebd., S. 95.
274　Schmidt-Hidding: Wit and Humour, S. 96. Dabei sind zwei Personen erforderlich: eine
　　　als Gegenstand des Komischen, ein unfreiwillig komisch wirkender Mensch, und der
　　　Betrachter als der „Anwalt der Norm". Schütz: Witz und Humor, S. 179.
275　Vgl. Schütz: Zur Geschichte des Wortes ‚Humor', S. 195f.
276　Preisendanz: Die umgebuchte Schreibart, S. [55].

Diese Bedeutungskomponente des Humors – das Unorthodoxe, Antidogmatische, Nichtuniformierte gehört wohl bis heute zur Alltagsbedeutung dieses Begriffs. Im Laufe des 18. Jahrhunderts wird aber unter dem Einfluss des sich wandelnden Publikumsgeschmacks und der an Bedeutung gewinnenden Mittelschicht diese liberale Einstellung zum Lachen immer mehr moralisch diktierten Restriktionen unterliegen. Mit dem anthropologischen Paradigmenwechsel – dem neuen Ideal des Menschenbildes – geht ein Wandel in der Bedeutung des Humorbegriffs einher. Die „liebenswürdige Heiterkeit" unterscheidet man nun von der ethisch unakzeptablen Belustigung. Vorherrschend ist die Tendenz, „den *humour* als unanständiges Verhalten, als Verstoß gegen das *decorum* (Schicklichkeit, das Angemessene, Passende) dem traditionellen *ridicule* (semantische Einheit von Spott und Lächerlichkeit) und dessen Dekorumsvorschriften unterzuordnen oder mit ihnen gleichzusetzen. Im Bereich des *ridicule* kommt es zudem zu einem Bruch: das Lachen des *ridicule* – das boshafte, überlegene Lachen der Satiren und Komödien wird mit einem anderen Lachen konfrontiert – dem der *benevolence*, des Wohlwollens, was radikale positivierende Uminterpretationen fördert. Der Humor, nun mit Herzensempfindung konnotiert, wird literarische Karriere machen. Eine derart zum Positiven gewandelte Rezeption erfahren zunächst Figuren aus der tradierten Komödie und Satire: Shakespeares John Falstaff als Typus des lustigen Kumpans oder Don Quixote von Cervantes. Später sollen auch die Figuren aus den Romanen von Laurence Sterne den Erwartungen des Publikums entsprechen.[277]

Trotz positiver Umdeutungsversuche bleibt die pejorative und satirische Verwendung in England des 18. Jahrhunderts erhalten. Dass sich letztlich die Unterordnung des Humors unter die Vorschriften des *ridicule* nicht durchsetzt, hängt damit zusammen, dass der Humor im Sinne von Nonkonformismus, Exzentrizität bereits literarische Karriere gemacht hat. Im Laufe des 18. Jahrhundert erfährt der Begriff also mehrere Umwertungen von der pejorativen, zur terminologisch unsicheren Stellung als Begriff der komischen Charakterdarstellung. Somit vollzieht sich der Übergang von der Komik einzelner Charaktere zum literarischen Humor. Im englischen Sprachraum ist das der Übergang zu

---

277 Hörhammer: Humor, S. 71f.; Schüttpelz: Humor, S. 91f. Diese Tendenz zur Milderung des Humors ist auch an der leicht sinkenden Popularität von Schwankbüchern abzulesen. Sie beginnt Ende des 17. Jahrhunderts, es ist „das Ende einer Ära, der Rückgang, wenn auch nicht das völlige Verschwinden der mittelalterlichen Weltsicht", die einhergeht mit einer Veränderung der Objekte des Humors. Im späten 18. Jahrhundert zeichnet sich eine Tendenz zur Ablehnung von Frivolitäten, darunter von öffentlicher Schamlosigkeit ab, was im Laufe des 19. Jahrhunderts den dunklen Humor hervorbringen wird, der zwar nicht komisch, dafür aber viel radikaler ist. Brewer: Schwankbücher, S. 106ff.

narrativen Strukturen, welche die Entstehung der Relation Erzähler – Figur und das selbstreflexive Moment des literarischen Humors bedingen.[278]

In Deutschland taucht das Wort Humor, wie erwähnt, als Entlehnung aus dem Englischen und zwar in der älteren Bedeutung als Laune auf.[279] Genauer gesagt verläuft die Rezeption des Begriffs bis zum Ende des 18. Jahrhunderts in einem Sprachdreieck zwischen dem englischen Lehnwort *humour*, dem französischen *humeur* und der deutschen Laune: „Resultat ist ein lateinisch geschriebenes, nach französisch *humeur* betontes, durch die Rezeption der englischen Semantik [als Laune] geprägtes deutsches Wort."[280] Bis ins 19. Jahrhundert hinein stand der Gebrauch im deutschen Sprachraum unter englischem Einfluss als Bezeichnung für eine unbewusste Narrheit, Sonderbarkeit, so z.B. bei Gottsched, Hagedorn, anfangs auch Lessing, um aber immer mehr zu einer aktiven Fähigkeit des Menschen oder Schriftstellers zu werden, durch Witz und Verstand eine heitere Grundstimmung zu erzeugen.[281]

Ab ca. 1800 bis zur ersten Hälfte des 19. Jahrhunderts erfährt der assimilierte englische Humorbegriff im deutschen Sprachraum allerdings, im Gegensatz zur Vorgeschichte, eine Bedeutungsverlagerung von der sozialen zu einer geschichtsphilosophischen, ästhetischen Funktion.[282] Die Epoche des deutschen Idealismus entwickelt Humor-Theorien, die auf metaphysischen Denkmodellen und der idealistischen Philosophie verpflichteten Kategorien basieren. An dieser Stelle ist anzumerken, dass es mittlerweile über hundert verschiedene Humortheorien gibt, von denen aber keine einen Anspruch auf universale Gültigkeit beanspruchen kann bzw. darf.[283] Abstrahierend von Ansätzen, die nur eine Kompilation der früheren darstellen, sind aber zahlreiche Humor-Theorien in ihrer partiellen Repräsentanz[284] zu beachten. Der Humor erscheint in der Forschung bis zu den neueren Ansätzen im Rahmen der breiteren Sicht auf das Komische und im engen Zusammenhang mit dem Lachen.

---

278 Hörhammer: Humor, S. 72.

279 Vgl. Bremmer, Roodenburg: Humor und Geschichte, S. 10.

280 Schüttpelz: Humor, S. 92.

281 So erstmals bei Justus Möser.

282 Der Humor als „Verhaltens-, Auffassungs- und Kommunikationsform" wird zum Repräsentanten der modernen, romantischen Dichtung, zum Medium der Reflexion „des Verhältnisses von Realem und Idealem", der „Vermittlung von Endlichem und Unendlichem", der „Aufhebung aller Begrenztheit und Positivität des Endlichen durch die unendliche Vielfalt subjektiver Brechung des Endlichen". Preisendanz: Die umgebuchte Schreibart, S. [56].

283 Leszek Kolakowski: Neue Mini-Traktate über Maxi-Themen. Reclam: Leipzig 2002, S. 28–34, hier S. 30.

284 Hörhammer: Humor, S. 83f.

Als erster fasste Jean Paul Richter die Eigentümlichkeit des Humors zusammen.[285] Er war auch der erste, der auf die erhebliche Differenz zwischen
dem privaten bzw. praktischen und dem ästhetischen Humor hingewiesen hat.[286]
Mit Theodor Gottlieb von Hippel (1741–1796), dem direkten Vorläufer Jean
Pauls, ereignet sich eine Verschiebung, die für den deutschen Idealismus charakteristisch sein wird, für den Wandel von der religiösen Innerlichkeit und Aufklärung hin zum ästhetischen Lebensausdruck: die Einsicht in die notwendige Ver-
strickung, in die gegebene Gebrochenheit der Diesseitswelt: „Einsicht, dass hier
kein endgültiger Boden des Daseins zu gewinnen sei."[287] So entstand ein ästhetischer Humor, dessen äußerst vergeistigter und verfeinerter Begriff.

Jean Pauls *Vorschule der Ästhetik* (1804), insbesondere § 26 bis 35, gehört
zum engsten Kanon der Humorforschung und bleibt, wie zu Anfang erwähnt, für
die moderne Bedeutung des Begriffs prägend. Jean Paul ist auch zu verdanken,
den Humor zur Darstellungsweise eines Dichters aufsteigen zu lassen. Er repräsentiert das romantische Verständnis des dichterischen Humors, der auf der Einsicht in die in der Antike noch vorhandene, inzwischen aber verloren gegangene
Identität von Poesie und Leben, auf dem Dualismus von innerer und äußerer
Wirklichkeit basiert. Jean Paul geht also von der fundamentalen, im Christentum
begründeten „Entzweiung" der menschlichen Natur in der nachantiken Kultur[288]
aus: dem Zwiespalt innerhalb des bürgerlichen Selbstbewusstseins zwischen
dem endlichen, d.h. empirischen, in der Wirklichkeit verankerten, und dem un-

---

285 Zu Jean Pauls Humor-Bestimmung vgl. Schütz: Witz und Humor, S. 198ff. Vor Jean
    Paul gehen wichtige Impulse von Justus Möser (1720–1879), Freiherr A. von Knigge
    (1752–1796), Johann August Eberhard (1738–1809) und Karl Heinrich Heydenreich
    (1764–1801) aus. Vgl. hierzu ebd., S. 190–198.

286 Es ist ein Argument gegen die Inanspruchnahme der Freudschen, auf das Private
    gerichteten Humordefinition für die literarischen Texte. Wolfgang Preisendanz: Zum
    Vorrang des Komischen bei der Darstellung von Geschichtserfahrung in deutschen
    Romanen unserer Zeit. In: Preisendanz, Warning (Hg.): Das Komische, S. 153–164, hier
    S. 157.

287 Otto Mann: Die kulturgeschichtlichen Grundlagen des Jean Paulschen Humors. In: DVjs
    8 (1930), S. 660–679, hier S. 667.

288 Seine Ästhetik wurzelt in der auf Hamann, Herder und Jacobi zurückgehenden
    christlichen Welt- und Subjektauffassung. „Jean Paul hat den Humor als säkurarisiertes
    Erbe des Christentums begriffen: aus dem Bewusstsein der Mitbetroffenheit des Ich von
    der Kluft zwischen unvordenklicher Unendlichkeit und aller endlichen Wirklichkeit
    entspringt der Humor als ‚jenes Lachen, worin noch ein Schmerz und eine Größe ist', als
    das ‚umgekehrte Erhabene', als prekäre Akzeptanz der mundanen Kontingenzen."
    Wolfgang Preisendanz: Komik als Komplement der Erfassung von Kontingenzen. In:
    Gerhart von Graevenitz, Odo Marquard (Hg.): Kontingenz. Poetik und Hermeneutik.
    Bd. XVII. Fink: München 1998, S. 383–401, hier S. 388.

endlichen Ich-Faktor – dem idealen Selbst, oder auch der Entzweiung von Geist und Körper, ist mit Lachen zu begegnen. Jean Paul begründet damit die polare Grundstruktur des Humors: im Humor erkennt er eine Beziehung zwischen Ich und Welt, Idee und Wirklichkeit, zwischen Substantiellem und Absolutem.[289] Jean Pauls Theorie des Humors ist eine Antwort auf die Überzeugung vom Leiden am Endlichen „als einem unaufhebbarem Grundzug des romantischen, nicht-antiken Geistes."[290] Der Humor verweist auf die ersehnte Transzendenz: er sei „das umgekehrte Erhabene", welches „nicht das Einzelne, sondern das Endliche durch den Kontrast mit der Idee" vernichte.[291] Aus der Perspektive des erhabenen Humors erscheint das Irdische als dürftig und „närrisch".[292] Jean Paul trennt streng Humor von der Satire ab – eine Differenzierung, die weiter tradiert wird und das gegenwärtige Verständnis des Humorbegriffs prägt: sie hängt mit dem „Grad der Harmlosigkeit des Lächerlichen" zusammen.[293] Nach Jean Paul ist der Humor nämlich die Welthaltung des verstehenden Hinnehmens, wobei die Unzulänglichkeit des Irdischen für den ernsten Unterton[294] des Humors, einen Zug von Traurigkeit und Melancholie sorgt.[295] Die „Romantische Komik" eines Jean Paul, so Luigi Pirandello in seinem Klassiker *Der Humor* von 1908, versteht sich als „philosophisches Gelächter, vermischt mit Leid", als ein „Lachen voller Toleranz und Sympathie". Sie definiert sich im Unterschied zur „klassischen Komik" einerseits und dem Lächerlichen der Antike andererseits, das als „grober Schwank, vulgäre Satire, Verspottung der Laster und Mängel ohne Mitgefühl und Mitleid" identifiziert wird.[296] Eine der wichtigsten Prämis-

---

289 Schütz: Zur Geschichte des Wortes ‚Humor', S. 201f.

290 Sein Humor „bezieht sich nicht auf einzelne lächerliche Erscheinungen, sondern auf die Unzulänglichkeit, Verkehrtheit, Hinfälligkeit des Irdischen überhaupt." Preisendanz: Die umgebuchte Schreibart, S. [57]. Vgl. Jean Paul: Vorschule der Ästhetik, § 32. Felix Meiner: Hamburg 1990, S. 127f., vgl. auch S. 61.

291 Humor als „die weltvernichtende Idee": Jean Paul: Vorschule der Ästhetik, § 32, S. 125. Vgl. auch Hörhammer: Humor, S. 73.

292 Jean Paul: Die Vorschule der Ästhetik, S. 124f., vgl. auch Preisendanz: Die umgebuchte Schreibart, S. [58].

293 András Horn: Das Komische im Spiegel der Literatur. Königshausen & Neumann: Würzburg 1988, S. 194f.

294 Ernst als Bedingung des Scherzes: vgl. Jean Paul: Vorschule der Ästhetik, § 29, S. 117f. „[E]rnste Nationen hatten den höhern und innigern Sinn für das Komische." Ebd., S. 118. Auf die enge Verwandtschaft von Humor und Ernst ist aber bereits vor Jean Paul mehrfach hingewiesen worden. Schütz nennt u.a. Sulzer, Eberhard, Herder, Novalis, Schiller und Schlegel. Schütz: Witz und Humor, S. 204.

295 Ebd., S. 202f.

296 Luigi Pirandello: Der Humor. Essay. Sachon: Mindelheim 1986 [orig. 1908], S. 29 und S. 35.

sen des Humorbegriffs gilt Jean Paul die „humoristische Totalität", die die Entzweiung transzendieren soll: das Persönliche erscheint immer vor dem Hintergrund des Allgemeinen: Der echte Humor sei „Welt-Humor, der nie das einzelne meint und tadelt."[297] Die Orientierung auf das Allgemeine bedeutet eine vom Abstand gezeichnete Versöhntheit – eben nicht nur mit sich, sondern vor allem mit der Welt. In der Humorologie wird sie auch als Weltbetrachtung (Rommel),[298] Weltauffassung (Lipps) oder Welteinstellung (Schmidt-Hidding) bezeichnet.[299] Zu den zentralen Merkmalen des Humors gehört ferner nach Jean Paul die Haltung der Bewusstheit.[300] Er betont das subjektive Moment des Lächerlichen: Der Humorist sieht sich selber als Gegenstand des komischen Konflikts und nimmt eine entsprechende Haltung an, die Jean Paul als „humoristische Subjektivität" bezeichnet.[301] In Anlehnung daran wird in der klassischen Humorologie zwischen dem objektiven, gegenstandsbezogenen und dem subjektiven Humor unterschieden.[302]

---

297 „Ferner erklärt sich durch die Totalität die humoristische Milde und Duldung gegen einzelne Torheiten, weil diese alsdann in der Masse weniger bedeuten und beschädigen und weil der Humorist seine eigne Verwandtschaft mit der Menschheit sich nicht leugnen kann [...]." Jean Paul: Vorschule der Ästhetik, § 32, S. 128.

298 Vgl. Rommel: „Humor ist eine Lebenshaltung", eine überlegene „Lebensanschauung". Otto Rommel: Komik und Lustspieltheorie. In: Grimm, Berghahn (Hg.): Wesen und Formen des Komischen, S. 1–38, hier S. 36. Otto Rommels Studie *Komik und Lustspieltheorie* (1943) weist antisemitische Züge auf, was ihren wissenschaftlichen Wert zwangsläufig schmälert. Theodor Barisch: Henri Bergson und das Problem des Komischen. In: Hans Werner Seiffert (Hg.): Beiträge zur deutschen und nordischen Literatur. Akademie Verlag: Berlin 1958, S. 377–391, hier S. 377.

299 Vgl. Horn: Das Komische, S. 201. Nach Höffding (dänischer, von Kierkegaard beeinflusster Philosoph, 1843–1931) behält der Humor das „Einheitsgefühl mit dem Weltstrom", sei eine „Lebensanschauung". Harald Höffding: Humor als Lebensgefühl. Der große Humor. Eine psychologische Studie. B. G. Teubner: Leipzig, Berlin 1918, S. 97.

300 Schütz: Witz und Humor, S. 208f.

301 In der „humoristischen Subjektivität" sei „das Ich des Humoristen" primär, es trete immerfort „parodistisch" hervor. Jean Paul: Vorschule der Ästhetik, § 34, S. 132–139, hier S. 135. Vgl.: Schütz: Witz und Humor, S. 205 und S. 209. Es sei die Vorliebe des Ich, die an sich selbst wahrgenommenen Abweichungen und Widersprüche zum Gegenstand eigener Späße zu machen. Schütz: Zur Geschichte des Wortes ‚Humor', S. 201. Zur Kritik des romantischen Subjektivismus und dessen Konsequenzen vgl. Rüdiger Safranski: Romantik. Eine deutsche Affäre. Fischer: Frankfurt a. M. 2009 [zuerst Carl Hanser: München, Wien 2007].

302 Nach Jean Paul wohne das Komische wie das Erhabene „nie im Objekte, sondern im Subjekte". Jean Paul: Vorschule der Ästhetik, § 28, S. 110. Vgl. hierzu Horn: Das Komische, S. 195 und S. 198.

Bei Friedrich Schlegel, der das Problem des dichterischen Humors angedeutet und Karl Wilhelm Ferdinand Solger (1780–1819), der es erörtert hat, wird er als historisch bedingte Einbildungskraft des Dichters, als angewandte Phantasie begriffen.[303] Wie Jean Paul geht Solger (*Erwin. Vier Gespräche über das Schöne und die Kunst*, 1815) von der Dialektik von Wirklichkeit und Idee aus, um allerdings auf die grundsätzliche Ambivalenz hinzuweisen, die im Humor angelegt ist.[304] Damit geht er kritisch über Jean Paul hinaus: die Gegensätze Endliches und Unendliches, Komisches und Tragisches trennt er nicht mehr von einander, sondern geht von der gegenseitigen Durchdringung von Polaritäten aus. Im Besonderen sieht er auch immer das Abbild der Idee und kann sich im Lachen darüber erfreuen.[305]

Auch wenn Wilhelm Hegel das Konzept Jean Pauls und dessen auf den verehrten Lawrence Sterne zurückgehende Verfahrensweise ablehnt (*Vorlesungen über die Ästhetik*, 1835–1838), indem er den Humorbegriff mehr auf das Objekt ausgerichtet sehen will, so doch verliert er nie sein Modell aus den Augen.[306] Im subjektiven Humor, wie ihn Jean Pauls Romane repräsentieren, werde „jede Selbständigkeit eines objektiven Inhalts und der in sich feste, durch die Sache gegebene Zusammenhang der Gestalt in sich vernichtet."[307] Mit Hegel wird in

---

303 Sie ermöglicht „die Vorstellung der äußeren Welt und ihrer Zusammenhänge in der Fülle der einzelnen Züge, in ihrer eigentümlichen Wahrheit und historischen Wirklichkeit nach den Gesetzen und im verklärenden Lichte der Poesie". Wolfgang Preisendanz: Humor als dichterische Einbildungskraft. Studien zur Erzählkunst des poetischen Realismus. Fink: München 1976 [1963], S. 27.

304 Dessen fluktuierende Natur ist es, die alles – das Endliche und die Idee selbst – in sich erfasst. Das Aufgehen der Idee in der Wirklichkeit ist der notwendige Preis für die Konkretisierung der schöpferischen Gabe. Wolfhart Henckmann (Hg.): Erwin Solger: Vier Gespräche über das Schöne und die Kunst (1815). Fink: München 1971, S. 387. Damit liefert Solger „eine immanente Theorie künstlerischer Phantasie". Vgl. Hörhammer: Humor, S. 75. Solger betrachtete als erster den Humor als Einheit des Komischen und Tragischen. Izaak Passi: Powaga śmieszności. PWN: Warszawa 1980, S. 219.

305 „Alles ist beim Humor in einem Flusse, und überall geht das Entgegengesetzte, wie in der Welt der gemeinen Erscheinung in einander über. [...]" Solger: Vorlesungen I, S. 248, zit. nach Schütz: Witz und Humor, S. 217 und S. 244.

306 Nach Hegel repräsentieren Jean Paul und Hoffmann den „subjektiven Humor" und sogleich einen „formgeschichtlich unvermeidlichen Gipfel und Endpunkt der romantischen Kunstform". Preisendanz: Humor als dichterische Einbildungskraft, S. 17.

307 Ebd., S. 140. Hegels Kritik richtet sich gegen die besondere Erscheinungsform des subjektiven Humors, der „in den Bannkreis der romantischen Ironie geraten, bei der schlechten, unversöhnten, substanzlosen Subjektivität verharren muss." Ebd., S. 118–142, hier S. 120.

seiner Diagnose und Prognose eines „objektiven Humors" ein Schritt auf den objektiven Gegenstand hin getan:

> „Sofern es dem objektiven Humor auf das Objekt ankommt, sofern sein Gestalten auf die Gegenständlichkeit der erfahrbar-vorhandenen Welt in ihrer Positivität bezogen bleibt, überwindet er die schlechte Subjektivität der Ironie, der alles Objektive selbstgemachter zernichtbarer Schein ist, überwindet er genauso den Exhibitionismus partikularer Individualität im subjektiven Humor."[308]

Das romantische Prinzip der Dichtung als subjektiver Reflex wird nach diesem Konzept nicht aufgegeben.[309] „Hegels Auffassungen [haben]", so Preisendanz, „hohen symptomatischen Wert und [sind] ein klarer Hinweis auf das sich wandelnde Verhältnis zur Wirklichkeit als Positivität."[310]

Die Reihe der wichtigsten Namen, die im Rahmen eines Systemdenkens das Phänomen Humor zu erfassen suchten, schließt Friedrich Theodor Vischer (1807–1887), der eine Art Synthese aus Hegel und Jean Paul erprobt. Er liefert eine modern anmutende Kritik der Konzeption von Jean Paul: die Fixierung des Humors auf feste Antipoden, die gleicherweise emotional überladen sind, verfehlt das Wesentliche am Humor – nämlich seine Dynamik. Jean Pauls Texte seien zu sehr Arbeiten eines Melancholikers:

> „Humoristische Wahrnehmung impliziert [...] die Gewissheit, dass Erhabenes in Reinform nirgends vorkommt, sowie völlige Akzeptanz dieses Wissens für die eigene Person und die Verfassung von Subjektivität überhaupt."[311]

Vischers Konzept, das sich als kritisch und emanzipatorisch begreift, übernimmt allerdings Jean Pauls Theorie im Ansatz, übersetzt also nur das Vorhandene ins

---

308 Ebd., S. 127. Nach Höffding sei allerdings das realistische Moment des (großen) Humors in der Romantik nicht zu seinem Recht gekommen. Der englische Humor sei erdengebundener. Höffding: Humor als Lebensgefühl, S. 191f.

309 Die Diskrepanz von äußerer Gestalt und innerer Bedeutung solle nach Hegel partiell durch die vermittelnde Phantasie des Dichters aufgehoben werden. Diese partielle Vermittlung kennzeichnet den objektiven Humor, daher spricht Preisendanz von „humoristischer Vermittlung". Preisendanz: Humor als dichterische Einbildungskraft, S. 139f.

310 Ebd., S. 18. Hegel postuliert „den Mut zur Entäußerung, zur Verflechtung mit der umstellenden Wirklichkeit". Für die Dichtung bedeutet dies, „dass der Geist die Entzweiung von Innerlichkeit und Welt zu überwinden hat, dass er die starre Positivität der ‚äußeren Satzung' auflöse, indem er die Erfahrung der Entfremdung an sich selbst macht und das Entgegenstehende als Ort der Vermittlung mit sich selbst begreift." Der Mut zur Entäußerung müsse „in Wechselwirkung bleiben mit der ‚Befriedigung an der subjektiven Darstellung', die alles Objektive verklärt." Ebd., S. 136.

311 Friedrich Theodor Vischer: Ästhetik oder Wissenschaft des Schönen (1846). Meyer & Jessen: München 1922–1923, Bd. 1, 1922, S. 506f. und S. 490f.

Negative, ohne an den Dogmen zu rütteln.[312] Damit soll gesagt sein, dass weder die kritische Aufnahme Jean Pauls von Solger und Hegel, noch der sogenannte freie Humor nach Friedrich Theodor Vischer das idealistische Paradigma ändert. Humor bleibt eine Form, über der Welt zu stehen und den ihr immanenten Widerspruch zu überwinden.[313] Die weiteren Ansätze zur Erforschung des Humors verlieren diesen ganzheitlichen Anspruch zugunsten eines engeren Blickwinkels und verlagern sich in Einzeldisziplinen, denen historisch Psychologie zunächst vorangeht.

Das wichtigste psychoanalytisch orientierte Humor-Konzept ist das von Sigmund Freud (1856–1939):[314] Die in *Der Witz und seine Beziehung zum Unbewußten* (1905) formulierte Theorie von Witz und Humor[315] basiert auf Theodor Lipps (1851–1914) Konzept der psychischen Energie und versteht den Humor primär als Quelle der Lustgewinnung.[316] In der ersten Ausgabe der Schrift widmet Freud dem Humor nur wenige Äußerungen, was ihn vielleicht dazu bewegt, nach Jahren (1928) sich erneut dem Thema zuzuwenden.[317] Er konzentriert sich dabei auf der intrapersonalen Szene.[318] Während sich der Lustge-

---

312 Hörhammer: Humor, S. 76f. Vischer unterscheidet drei Arten von Humor: einen „Natur-Humor", der mit „Laune" zu übersetzen ist, den „gebrochenen Humor", der aus den generellen Widersprüchen resultiert und dem entspricht, was bei Shakespeare, Sterne und Jean Paul zu finden ist, und den metaphysischen Humor: das vollkommen Komische, die überlegene Weltschau des idealen Philosophen. Friedrich Theodor Vischer: Über das Erhabene und Komische und andere Texte zur Ästhetik (1837). Suhrkamp: Frankfurt a. M. 1967, insbes. S. 158 und S. 160ff. Vgl. Schütz: Witz und Humor, S. 221f.

313 „In Jean Paul finden sich Elemente zu dieser höchsten Befreiung aus dem totalen Bewusstsein des Widerspruchs." Vischer: Über das Erhabene und Komische, S. 512.

314 Vgl. auch Höffding: Humor als Lebensgefühl. Zum Stand der Forschung vgl. zudem Mauser, Pfeiffer (Hg.): Lachen.

315 Sigmund Freud: Der Witz und seine Beziehung zum Unbewussten [1905]. In: Ders.: Studienausgabe in zehn Bänden. Bd. IV. Fischer: Frankfurt a. M. 1989, S. 3–269. Zum Humor: vgl. ebd., S. 212–219.

316 Theodor Lipps: Beiträge zur Ästhetik: Komik und Humor. Eine psychologisch-ästhetische Untersuchung. Leopold Voss: Hamburg, Leipzig 1898.

317 Sigmund Freud: Der Humor. In: Ders.: Studienausgabe in zehn Bänden, Bd. IV, S. 275–282. Diese kurze Abhandlung baut auf dem inzwischen entstandenen Strukturmodell des psychischen Apparates auf. Vgl. hierzu Annelies Blum: Humor und Witz. Eine psychologische Untersuchung. Diss. Zürich 1980, S. 27–29.

318 Vgl. hierz: Carl Pietzcker: Sigmund Freud. *Der Witz und seine Beziehung zum Unbewußten*. In: Mauser, Pfeiffer (Hg.): Lachen, S. 19–28, hier S. 26. Pietzcker bespricht den Freudschen Ansatz im Hinblick auf die Vielfalt der Zugänge: so u.a. den ökonomischen, topischen, dynamischen, genetischen, kommunikativen und sozialen Aspekt. Vgl. auch Ulrich Klingmann: Lachen und Lust: Zur Kritik an Freuds Lachtheorie. In: Helmut Koopmann, Manfred Misch (Hg.): Grenzgänge. Studien zur

winn beim Witz aus „ersparter Gedankenarbeit"[319] bzw. „erspartem Hemmungs-
aufwand" ergibt, resultiert er beim Humor aus „erspartem Gefühlsaufwand".[320]
Er sei auch die höchste Form der Lustgewinnung – die „höchststehende Ab-
wehrleistung" des Ich – auf Kosten der ersparten seelischen Energie, wie des
ersparten Mitleids, Ärgers, Schmerzes, der ersparten Rührung u.a.[321] Bei der ersparten Energie handelt es sich um eine momentane Verdrängungsersparung und
also ein Überlegenheitsgefühl, das sich einstellt: was am komischen Helden zum
Lachen bewegt, sei das Zuviel an körperlichem Aufwand (Bewegungen des
Clowns, des Kindes) und zu wenig an seelischem (Dummheit, Unwissen eines
Prüflings) im Vergleich zu uns.[322] Freud versteht den Humor zwar als Ausdruck
eines Abwehrmechanismus, doch es handelt sich nicht um primär narzistische,
sondern um eine reife Abwehr, die Domäne des Über-Ich: er wirkt befreiend
und erhebend, setzt Einsicht und Annahme der Welt voraus.[323] Indem Freud den
Humor als ein Schwellenphänomen, als ein Lächeln unter Tränen begreift, konstituiert er das mit, was gegenwärtig zum Kern des Begriffs gehört.

Die bald als einengend und nivellierend empfundene psychologische Ausrichtung beim Versuch, den Humor zu erfassen, weicht mit der Zeit anderen Ansätzen. Darunter ist die lebensphilosophische Variante von Joachim Ritter (*Über
das Lachen*, 1940) hervorzuheben, die eine Relativierung der Kontrasttheorie
bringt. Ritter erklärt den Grund für das Vergnügen am komischen Vorgang her-
meneutisch durch eine positivierende Verstehensleistung des Lachens.[324] Das
Komische ist „nie das Geordnet-Vollendete oder das für das Dasein je Maß ge-
bende Schöne und Gute", es ist immer auch „das dem Ernst und der allgemeinen

---

Literatur der Moderne. mentis: Paderborn 2002, S. 415–431. Dass das Phänomen der
Komik ein durchaus bewusster Vorgang ist, hatte bereits Francis Jeanson 1950
eingesehen. Vgl. Berger: Erlösendes Lachen, S. 38.

319 Sándor Ferenczi: Die Psychoanalyse des Witzes und des Komischen. In: Ders.: Zur
Erkenntnis des Unbewußten (1911). Fischer: Frankfurt 1989 [1978], S. 164–177,
S. 166f., zit. nach Auchter: Das Gelächter, S. 34.

320 Freud: Der Witz, S. 219.

321 Ebd., S. 215f.

322 Ebd., S. 181f.

323 Vgl. Freud: Der Humor, S. 281f. Auf den Zusammenhang von Humor und Reife verweist
u.a. auch der amerikanische Psychologe Heinz Kohut (1973): Humor als Leistung des
Ich, den Narzissmus umzuformen. Heinz Kohut: Formen und Umformungen des
Narzißmus. Die psychoanalytische Behandlung narzißtischer Persönlichkeitsstörungen.
In: Ders.: Die Zukunft der Psychoanalyse. Aufsätze zu allgemeinen Themen und zur
Psychologie des Selbst. Suhrkamp: Frankfurt a. M. 1975, S. 140–172, hier S. 163. Vgl.
zudem Auchter: Das Gelächter, S. 36.

324 Vg. Stierles Polemik mit dem semiotischen Modell Ritters: Stierle: Das Lachen als
Antwort.

Ordnung der Dinge und des Lebens schlechthin Entgegenstehende".[325] Ritters zentrale These lautet: man lache oder lächle über „die[se] geheime Zugehörigkeit des Nichtigen zum Dasein".[326] Das Komische zeige und bejahe das durch den Ernst Ausgegrenzte und/oder Unterdrückte mit dem Effekt der wechselseitigen Positivierung des Nichtigen und Relativierung des Geltenden. Ritter korrigiert mit seiner Einheitstheorie die zwei Jahrhunderte lang gültige und nur variierte Definition des komischen Kontrasts. Das Komische nach Ritter ist also nicht nur der Nichtigkeit und dem Entgegenstehenden gerecht, sondern auch vereinbar mit der Positivität des Lebensgefühls (Freude, Lust, Vergnügen), die im Lachen ihren Ausdruck findet.

Das Konzept lehnt sich an Freud an: Die soziale Kontrolle, die bestimmte Erscheinungen als abnormal einstuft und sie auszuschließen sucht, erzwingt einen Verdrängungsaufwand, der im Lachen ein Ventil findet. Der Humor wirkt dieser Ausschließung entgegen:

> „In der Welt des Humors [...] wird [...] das Lachen zu der Macht, die dieses Abseitige festhält, so wie sie es findet, als das Närrische und Lächerliche, um zugleich von ihm her die vorgegebene und angemaßte Ordnung der verständigen Welt in Frage zu stellen, durchsichtig zu machen und selbst der Lächerlichkeit preiszugeben."[327]

Gegenüber der einseitig intellektuellen Weisheit gewinnt bei Ritter die Lebensweisheit der Narren und Toren als Repräsentanten des „Nichtigen", wie in der ins Mittelalter zurückreichenden englischen und deutschen Tradition, wieder an Bedeutung. Kritisch gesehen knüpft Ritters Konzept wieder an die Tradition des deutschen Idealismus an: er legt seine Theorie dar „ohne die Andeutung eines Konflikts, ohne die Spur einer Auseinandersetzung".[328] Bezeichnenderweise rekrutieren sich seine bevorzugten Beispiele aus der romantischen Tradition: Wilhelm Busch, Theodor Vischer, Jean Paul.

Ritters Auffassung über die „Zugehörigkeit des Nichtigen zum Dasein" teilen auch Helmut Plessner und der bereits erwähnte Otto Rommel. An die Stelle der „für den Ernst gesetzten Lebensordnung" Ritters setzt Plessner in seiner anthropologisch orientierten Studie (*Lachen und Weinen*, 1941) eine Norm, die „durch die Erscheinung, die ihr gleichwohl offensichtlich gehorcht, verletzt wird."[329] Im

---

325 Joachim Ritter: Über das Lachen. In: Ders.: Subjektivität. 6 Aufsätze. Suhrkamp. Frankfurt a. M. 1974, S. 62–92, hier S. 63.

326 Ebd., S. 76.

327 Ebd., S. 91.

328 Heinrich: ‚Theorie' des Lachens, S. 29.

329 Helmut Plessner: Lachen und Weinen. Eine Untersuchung der Grenzen menschlichen Verhaltens. Francke: Bern, München 1961, S. 115. Räwel weist auf die problematische

Anschluss an Ritter, nach dem das Lachen die Eigenheit hat, das offiziell Ausgegrenzte zu umarmen und einzuschließen, definiert Odo Marquard das Komische folgendermaßen: „Komisch ist und zum Lachen reizt, was im offiziell Geltenden das Nichtige und im offiziell Nichtigen das Geltende sichtbar werden lässt."[330] Das Nichtige steht für das Ausgegrenzte und Unterdrückte. Je nach Zeit- und Rahmenbedingungen läßt der Bereich auf die je geltende Norm und den Grad der aus ihr ausgehenden Repressivität Rückschlüsse ziehen. Das Geltende setzt Maßstäbe auch in der Frage der Heiterkeit bzw. Ernsthaftigkeit und neigt dazu, die letztere auf Kosten der Heiterkeit vorzuziehen, die sich dann in Randbereiche flüchten muss. Sie findet Asyl u.a. in der Kunst: „Wo die Wirklichkeit offiziell zum nur noch Ernsten wird, emigriert ihre Heiterkeit in jenen Teil dieser Wirklichkeit, der kompensatorisch – sozusagen hilfsweise und statt dessen – ihre Heiterkeit bewahrt: in die Kunst."[331] Odo Marquard macht die Schillersche Formulierung von der Ernsthaftigkeit des Lebens und der Heiterkeit der Kunst zum Motto seines Aufsatzes und versteht die Kunst als ein Heiterkeitsexil angesichts des normativen Ernstes. Die Kunst genießt, wie andere „Exile der Heiterkeit" – Komik und Philosophie, einen „exteritorialen" Status gegenüber dem offiziellen Ernst. Letzterer artikuliert sich z.B. in der Form der Kunstkritik, „die Ernst machen will".[332] Marquard versteht allerdings den normativen Ernst und die Heiterkeit der Kunst nicht antagonistisch, sondern als ein Nebeneinander, das damit resultiert, dass das Nichtige beleuchtet und aufgewertet, während das Geltende in seinen Machtansprüchen relativiert wird.[333]

1.3.2. Epik als Paradigma des ästhetischen Humors

Wolfgang Preisendanz, der wohl prominenteste Forscher des literarischen Humors im deutschen Sprachraum, versteht den Humor als erzählerisches Mittel: seit Jean Paul ist das ein tradiertes Paradigma, auch wenn durch Verlust des me-

---

Zuordnung dieser Theorie (zwischen Philosophie und Humanbiologie) hin. Jörg Räwel: Humor als Kommunikationsmedium. UVK Verlagsgesellschaft: Konstanz 2005, S. 19. Eine Weiterführung der Theorie Plessners: Alfred Stern: Philosophie des Lachens und Weinens. R. Oldenbourg: Wien, München 1980. Die affektive Breite des Humors betont auch Luigi Pirandello. Mit seiner Betonung der Affekte (Nachsicht, Mitgefühl, Mitleid auf der einen, Zorn, Spott, Hohn auf der anderen Seite) steht das Konzept im Gegensatz zum Freudschen Humorbegriff.

330 Marquard: Exile der Heiterkeit, S. 141.

331 Ebd., S. 135.

332 Ebd., S. 140. Vgl. zudem Passi: Powaga śmieszności, insbes. S.138–149.

333 „Die Heiterkeit der Kunst besteht darin, dass sie – indem sie anderes ins Spiel bringt – den Ernst zum Moment herunterspielt." Marquard: Exile der Heiterkeit, S. 136.

taphysischen Bezugspunktes eine Zäsur zwischen Jean Paul und den neuesten Paradigmen des narrativen Humors zu setzten ist.[334] In der deutschen Humorforschung, so Preisendanz, ist zwar der Humor schon eine wichtige Signatur der deutschen Epik, besonders der zweiten Hälfte des 19. Jahrhunderts, aber,

> „verstanden wurde das Phänomen im besten Falle rein geistes- und nicht eigentlich dichtungsgeschichtlich. Man nahm den Humor als eine philosophische, psychologische oder weltanschauliche Vorbedingung der Dichtung, als partielle oder totale Grundlage eines vorgegebenen Welt- oder Menschenbildes, immer also als Substrat und nicht als Prinzip."[335]

Zum Anlass dieser Überlegung nimmt Preisendanz die Selbsteinschätzung Thomas Manns, der entgegen gängigem Urteil sich selbst eher als Humoristen als Ironiker verstand.[336] Der allgemein geltenden Tendenz in der deutschen Humorforschung setzt Preisendanz eine andere Auffassung von Humor entgegen: Für zentral bei der Beschäftigung mit dem Komischen hält er nämlich „die komische Wirkung eines Erzählgestus, einer Schreibart, eines *skaz*, eines Kompositionsverfahrens [...]".[337] Preisendanz geht vom Verarbeitungsprinzip aus und behandelt das Komische als dessen Implikat, Effekt oder Konsequenz im Gegensatz zur Immanenz der Komik: „Auf die Übermittlung komisierender Verarbeitung, humoristischer Brechung von Erfahrung scheint es mir wesentlich anzukommen."[338] In Anknüpfung an Ritter gilt ihm das Komische als eine Form

---

334 Preisendanz: Komik als Komplement, S. 395. Vgl. auch Preisendanz: Zum Vorrang, insbes. S. 160, sowie vor allem Ders.: Humor als dichterische Einbildungskraft. So auch Stierle: im Unterschied zum Komischen, einer „subjektlosen Kommunikation", verlangt Humor nach einem Subjekt und habe dialogischen Charakter im Sinne von Frage – Antwort: „Die entspannte Einstellung des Lesers narrativer Texte [Lachen als bewusste Antwort] scheint erst mit der Einstellung des Humors zu konvergieren." Stierle: Das Lachen als Antwort, S. 376.

335 Preisendanz: Humor als dichterische Einbildungskraft, S. 7f.

336 „Ich freue mich immer, wenn man in mir weniger einen Ironiker als einen Humoristen sieht, und ich glaube, dass es nicht zu schwer sein wird, in meinem Schreibwerk das humoristische Element nachzuweisen." Thomas Mann: Humor und Ironie. Beitrag zu einer Rundfunkdiskussion (1953). In: Ders.: Nachlese. Prosa 1951–1956, S. 166–169, zit. nach Preisendanz: Humor als dichterische Einbildungskraft, S. 7. Thomas Mann unterscheidet zwischen dem warmen Humor und der kalten, intellektuellen Ironie. Vgl. Ernst Behler: Ironie/Humor. In: Ulfert Ricklefs (Hg.): Fischer Lexikon Literatur, Bd. 2, Frankfurt a. M. 1996, S. 810–841, hier S. 831.

337 Preisendanz: Zum Vorrang, S. 158.

338 Das umgekehrte, von Preisendanz abgelehnte Verfahren wäre das einer Darstellungsform als Antwort auf eine Komik, im Bezug auf welche eine Übereinstimmung herrscht. Ebd., S. 158f. So auch schon 1961: Der epische Humor sei eine Erzählstruktur, in der sich die

der Auseinandersetzung mit der geltenden Norm: Für jede Art Komik, allen Witz, allen Humor gelte nach Preisendanz der Kontrast der Darstellung zu den unmittelbaren Auffassungsnormen und Erfahrungen des Publikums:

> „Mindestens gilt, dass der die Komik fundierende befremdliche, zynische, makabre, naive und jedenfalls exzentrische Humor selbst, als das vorherrschende Vermittlungsprinzip, jene ‚anstößige beunruhigende Gegensinnigkeit' aufweist".[339]

Im Vergleich aber zu Ritter oder Plessner ist hier allerdings eine gesteigerte Form der Gegensinnigkeit gemeint: ihr provokatorisches Potenzial, welches im offiziell Nichtigen (Marquard), im Ausgegrenzten und Verdrängten liegt. Preisendanz nennt es ein „Irritationsmoment" des Komischen, „Komisierung", oder auch „humoristische Brechung":

> „Der humoristische Erzählgestus […] lebt von der Irritation der herrschenden Normen, Bewertungen, Auffassungsstandards; von Anfang an impliziert der neuzeitliche Humorbegriff das Moment emotiver und/oder kognitiver Dissonanz, Exzentrizität."[340]

Der Autor verweist nicht zuletzt auf das Moment der Autoreflexivität der Komik: indem sie die Norm in Frage stellt, bringt sie ihre eigene „Fragwürdigkeit" – „die bedenkliche Motivation und zweifelhafte Legitimität des Komischfindens und Komischmachens" – also die Beschränktheit des ausgrenzenden Prinzips – ins Spiel: „[I]m Komischen [...] wird die Norm des Komischen selbst relativiert".[341] Eine solche Humor-Auffassung geht über die Definition Ritters hinaus.[342] Nach über zwei Dekaden – 1998 – ergänzt Preisendanz seinen Begriff des Komischen, indem er unter Verweis auf Jean Paul, die Komplementarität von Komik und der Kontingenzerfassung herausstellt:[343] Die Kontingenzerfahrung gehöre als ein Korrelat der Welterfahrung notwendig zum Humorbegriff dazu und lasse sich an der literarischen Darstellungsweise ablesen. Preisendanz

---

Polarität von autonomem Gegenstand und der Vermitteltheit manifestiert. Preisendanz: Humor als dichterische Einbildungskraft, S. 13f. und S. 138.

339 Preisendanz: Zum Vorrang, S. 159f.

340 Preisendanz: Komik als Komplement, S. 393. Vgl. auch Preisendanz: Zum Vorrang, insbes. S. 160.

341 Preisendanz: Zum Vorrang, S. 161.

342 „Ein Humor, der seine Legitimitätsfrage selbst ins Spiel bringt, der so wenig verdrängt, was alles man ausklammern, worauf man sich einlassen, worüber man sich hinwegsetzen muss, damit etwas komisch erscheine – ein solcher im Grund ironischer, das Gegensatzpotential im Leser mobilisierender Humor liegt wohl nicht mehr im Horizont der Ritterschen Position." Ebd. S. 162f. (vgl. insbes. Anm. 17).

343 „Dass im Rahmen einer solchen metaphysischen Fundierung des Humors alle Wirklichkeit im Zeichen der Kontingenz stehen kann, versteht sich." Preisendanz: Komik als Komplement, S. 388.

exemplifiziert seine These am narrativen Humor in Jean Pauls *Titan* und in Günter Grass' *Blechtrommel*, indem er die panoramische Perspektivierung des Weltgeschehens in den genannten Werken präsentiert. Der olympische, humoristische Blick schließt das Zufällige, Fragmentarische, Widersinnige bis Chaotische als ein Panorama simultaner, nicht aufeinander bezogener Begebenheiten ein.[344]

1.3.3. Soziologische Perspektive

Zu den tragfähigsten Texten zur Humorologie gehört die in der Lebensphilosophie gründende Theorie Henri Bergsons (1859–1941).[345] In seiner Studie *Das Lachen* (1900)[346] erklärt er die Kontrast-Lehre als unzureichend und setzt an ihre Stelle die Frage nach der sozialen Funktion des Lachens.[347] Bergson baut seine Theorie auf die Opposition Lebendiges – Mechanisches bzw. Unlebendiges.[348] Das Lachen dient dazu, das Mechanische – „eine gewisse Steifheit des Körpers, des Charakters und des Geistes" – zu eliminieren, „jede Starrheit in Geschmeidigkeit zu verwandeln, jeden Sonderling der Gesellschaft zurückzugewinnen, alle Ecken abzurunden";[349] um „die größtmögliche Elastizität und die höchst-

---

344 Ebd., insbes. S. 386 und S. 392.

345 Bergson verfasst die Grundlagen seiner Lebensphilosophie zum Zeitpunkt von Nietzsches Zusammenbruch und setzt damit gleichsam den Endpunkt seiner „glücklosen Lebensphilosophie". Deleuze: Bergson zur Einführung, S. 11. Zur Philosophie Bergsons vgl. Barbara Skarga: Czas i trwanie. Studia o Bergsonie. PWN: Warszawa 1982, zum Intuitionsbegriff insbes. S. 86–120; Leszek Kolakowski: Henri Bergson. Ein Dichterphilosoph. Piper: München, Zürich 1985.

346 Henri Bergson: Das Lachen. Ein Essay über die Bedeutung des Komischen. Arche: Zürich 1972 [zuerst 1914], [orig. frz. Le Rire, 1899]. Vgl. Franz Schuh: Henri Bergson. *Das Lachen*. In: Cornelia Niedemeier, Karl Wagner (Hg.): Literatur um 1900. Texte der Jahrhundertwende neu gelesen. Böhlen: Köln, Weimar, Wien 2001, S. 115–120; Barisch: Henri Bergson, S. 377.

347 Jörn Glasenapp verweist hier auf Michael Billig, der die Theorie Bergsons als „the first real social theory of laughter" bezeichnet. Jörn Glasenapp: Bergson – Bazin – Chaplin. Anmerkungen zur Körperkomik. In: Weimarer Beiträge 55, H. 3 (2009), S. 380–391, hier S. 384. Vgl. Michael Billig: Laughter and Ridicule: Towards a Social Critique of Humour. London 2005, S. 111.

348 Bergsons Ansatz lässt sich der Überlegenheits- sowie der Inkongruenztheorie zuordnen: Letzteres vor allem aufgrund des Widerspruchs zwischen dem Geist und Körper oder zwischen Leben und toter Materie (z.B. zwischen der Körperlichkeit einer Person und ihren gesellschaftlichen und moralischen Ansprüchen). Bergson fasst die Widersprüchlichkeit aber recht eng. Vgl. Berger: Erlösendes Lachen, S. 38f.

349 Bergson: Das Lachen, S. 97. Verwandte Aussagen auch auf S. 22, S. 50, S. 72ff. und S. 107.

mögliche Soziabilität zu erlangen."[350] Das Komische entdeckt Bergson in der repetitiven Struktur einer „mechanischen Starrheit". Die Wiederholung kollidiert nämlich mit der „Geschmeidigkeit und der Varianz des Lebens".[351] Bergson macht das an drei Typen anschaulich: dem Stolperer, dem Genarrten, der wie eine Maschine handelt, und dem Nachtwandler, dem heillos Zerstreuten, der einer vergangenen, illusorischen Situation nachläuft. Durch die Wiederholung von Situationen, in denen der Körper auf sich aufmerksam macht, wird die Körper-Präsenz verstärkt.[352] Bergsons Lachen fungiert als ein „Kontrollinstrument" bzw. „Sozialisationsvehikel" und dient „der sozialen Reibungslosigkeit". Bergsons Begriff des Komischen enthält durchaus aggressive Züge, wenn er darin eine Form von Bestrafung bzw. Rache für die „Frechheiten" gegenüber der Gesellschaft sieht.[353] Anders als etwa Helmut Plessner, der anthropologisch argumentierend Lachen und Weinen als extreme Grundaffektationen versteht, schließt Henri Bergson das Lachen aus dem Bereich der Affekte aus. Mehr noch: Als Vorbedingung für das Lachen gilt ihm eine momentane Unterdrückung von Affekten, die Suspendierung von Betroffenheit, eine affektfreie Sachlichkeit: „Anästhesie des Herzens" bzw. „seelische Kälte" sei „das wahre Ele-

---

350 Stern: Philosophie des Lachens, S. 35. In Auseinandersetzung mit Bergson betont der österreichische Philosoph Alfred Stern, vom axiologischen Standpunkt ausgehend, „die emotive Tonalität der Wirklichkeit, das heißt die *Werte*" als entscheidend beim Zustandekommen von Lachen und Weinen. Stern: Philosophie des Lachens, S. 34. Zur Kritik an Bergsons Lehre vgl. insbes. S. 37–40. Im Licht von Sterns Wertlehre ist das Lachen (über Mechanisches, etwa eine Person, die den Eindruck einer Sache macht) ein „negatives Werturteil über eine Wertdegradation". Die Degradation bezieht sich auf ein intellektuelles, moralisches oder ästhetisches Wert. Ebd., S. 44.

351 Wiederholung sei daher „der zeitliche Modus der Komik". Ingo Uhlig: Wiederholung: In: Erdmann (Hg.): Der komische Körper, S. 247–251, hier S. 250.

352 Der Körper erscheint als ein „Zuviel" – als Karikatur, Parodie oder Kitsch und wirkt dadurch komisch. Ebd., S. 251.

353 Auf die Frechheiten antwortet die Gesellschaft „mit einer noch größerer Frechheit. An einem solchen Lachen wäre demnach nichts Wohlwollendes. Es würde vielmehr Böses mit Bösem vergelten." Bergson: Das Lachen S. 128f. „Das Lachen ist eine bestimmte soziale Geste, die eine bestimmte Art des Abweichens vom Lauf des Lebens und der Ereignisse sichtbar macht und gleichzeitig verurteilt." Ebd., S. 63. Klaus Heinrich nennt Bergsons Lachtheorie „präfaschistisch" und verweist dabei auf Bergsons spätere Skepsis gegenüber seinem Konzept: die Lachgeste der Gesellschaft sehe nach einer Abwehrreaktion aus und habe etwas Beängstigendes. Heinrich: ‚Theorie' des Lachens, S. 27f. Auch Helmuth Plessner äußert sich kritisch zu Bergsons Theorie: durch sie bekomme die „billigste und schmutzigste Methode der Geselligkeit" den „kleinen Heiligenschein". Plessner geht allerdings, so Heinrich, auf die politischen Konsequenzen nicht ein. Ebd., S. 28. Vgl. Henri Bergson: Nachwort (1924). In: Ders.: Das Lachen, S. 133–137, hier S 137.

ment" des Komischen.[354] Das Lachen erscheint also bei Bergson primär als intellektuell und fügt sich in seine Philosophie des Lebens mit Vitalität, Flexibilität und Kreativität als Grundwerten.

Der Zentralgedanke der Mechanisierung von Lebensvorgängen als Verlust an Vitalität geht historisch auf die Renaissance und die dort zu verortende Umwertung der Körperlichkeit zurück.[355] Die Funktion, die Bergson dem Lachen zuweist, steht aber im Gegensatz zur Theorie Bachtins, die die anarchistische Funktion des Lachens hervorhebt.[356] Anton Zijdervelds Humor-Auffassung kehrt die Theorie Henri Bergsons um: nicht die Vitalität gilt ihm als Regel, die von der Mechanisierung gestört oder verhindert wird, sondern er sieht gerade in der Gewohneit, Routine und dem Rollenverhalten die das menschliche Leben prägenden Eigenschaften. Der Humor ist ein Störfaktor innerhalb dieser starren soziologischen Ordnung, sei es nur für das Moment des Lachens.[357] Mit Zijdervelds Perspektive ist der Übergang zu einer soziologischen Herangehensweise an den Humorbegriff geschaffen.

Während Bergson oder Ritter das Lachen aus philosophischer Sicht als ahistorisches Phänomen betrachten,[358] folgen kulturgeschichtliche Arbeiten einem anderen Ansatz und füllen mit ihrer Perspektivierung eine Forschungslücke unter gattungs- und theoriebezogenen Studien.[359] Das historisch reflektierte Lachen erweist sich nämlich als ein Spiegel großer zivilisatorischer Prozesse: es sei immer in Bezug zu setzten

> „zu den Gegenkräften der Disziplinierung oder Unterdrückung aus theologischen, moralischen, politischen oder gesellschafts-konventionellen Gründen, das heißt, in Bezug zu den Grenzen, die dem Lachen in spezifischen historischen Situationen gesetzt sind."[360]

---

354 Bergson: Das Lachen, S. 13.

355 Fietz: Ergebnisprotokoll, S. 253.

356 Glasenapp: Bergson – Bazin – Chaplin, S. 384; Renate Lachmann: Vorwort. In: Michail Bachtin: Rabelais und seine Welt: Volkskultur als Gegenkultur [orig. 1965]. Suhrkamp: Frankfurt a. M. 1987, S. 7–46, hier S. 9.

357 Anton C. Zijderveld: A Sociological Theory of Humor and Laughter. In: Fietz u.a. (Hg.): Semiotik, Rhetorik und Soziologie des Lachens, S. 36–45, hier S. 39. Vgl. Anton C. Zijderveld: Humor und Gesellschaft. Eine Soziologie des Humors und des Lachens. Styria: Graz, Wien, Köln 1976.

358 Eine ahistorische Betrachtung lasse außer Acht, was rein historisch verankert sei. Jörg O. Fichte: Ergebnisprotokoll der Sektion ‚Mittelalter'. In: Fietz u.a. (Hg.): Semiotik, Rhetorik und Soziologie des Lachens, S. 117–119, hier S. 117.

359 Lothar Fietz: Einleitung. In: Ders. (Hg.): Semiotik, Rhetorik und Soziologie des Lachens, S. 1–3, hier S. 1.

360 Ebd., S. 2. Lachen kann eine normkonforme (als Verlachen von Normabweichungen) oder aber eine normkritische Haltung signalisieren. Es markiert jeweils ein Moment der

Als Beispiel kann die Geschichte der Komödie dienen, die schon als solche eine „Eingrenzung des komischen Erlebens", eine „Ritualisierung in gesellschaftlich akzeptablen Formen" ist.[361] Ihre dionysischen Züge – ihr orgiastisches Moment wurden nach und nach abgeschwächt.[362] Während *commedia dell'arte* im 17. Jahrhundert als Neubelebung des Dionysischen im Theater gelten kann und zum „Reservoir der Rückgewinnung ursprünglicher Komik"[363] wurde, dient die Auseinandersetzung über die Moral der Komödie in Frankreich und Deutschland des 17. und 18. Jahrhunderts als negatives Beispiel. In Frankreich stand diese Auseinandersetzung im Zusammenhang mit den Komödien Molières, in Deutschland betraf sie die populären, aus den mittelalterlichen Narrenspielen hervorgegangenen Hanswurst-Stücke. Die Vertreibung des Lustigmachers von der deutschen Bühne im 18. Jahrhundert ist ein Paradebeispiel für die Tabuisierung des Sinnlichen:

> „Der Hanswurst konnte nicht geduldet werden, weil er im Reich der Sinne und des Körperlichen lebte. Gottsched wollte dagegen den tugendhaften Körper allein auf seine natürliche Funktionalität begrenzt wissen. [...] Für [ihn] standen Affekte und Lachen im Widerspruch zur Vernunft."[364]

Die Haltung Gottscheds steht stellvertretend für die anderer Aufklärer, darunter Lessing, die alle danach trachteten, das Lachen in enge Schranken einzuweisen.[365] So musste die Figur des Hanswurst im Laufe des Jahrhunderts ihre derben Züge verlieren, um auf Kosten der Schwächung, ins neue Theater integriert zu werden. Die großen Aufklärer – von Descartes über Kant und Hegel bis Bergson – haben über Jahrhunderte hinweg ein Denken verfolgt, nach dem das Lachen in einen körperlichen – sprich grotesken, barbarischen – und geistigen,

---

Freiheit oder aber es ist ein Effekt der Domestizierung, Disziplinierung, Instrumentalisierung. Zum „katastrophischen", gegen „Vermeidungsstrategien, Besänftigungsunternehmungen oder Instrumentalisierungen" gerichteten Aspekt des Lachens vgl: Heinrich: ‚Theorie' des Lachens, S. 18.

361 Bereits in Delphi, dem wichtigsten Heiligtum Apollos, wurden dionysische Riten in die Verehrung des Gottes der „sonnenhaften Vernunft" miteinbezogen. Berger: Erlösendes Lachen, S. 21. Vgl. Greiner: Die Komödie, S. 27.

362 Peter Berger bezeichnet die komische Erfahrung als orgiastisch in dem metaphorischen Sinne, „dass sie zusammenbringt, was Konvention und Moral streng getrennt sehen wollen. Sie gibt jegliche ernsthafte Anmaßung der Lächerlichkeit preis – auch die des Heiligen. Insofern ist die Komik aller öffentlichen Ordnung gefährlich." Berger: Erlösendes Lachen, S. 20.

363 Greiner: Die Komödie, S. 30.

364 Eckart Schörle: Die Verhöflichung des Lachens. Lachgesellschaft im 18. Jahrhundert. Aisthesis: Bielefeld 2007, insbes. S. 298–319, hier S. 300f.

365 „[Die Aufklärer] versuchten das Lachen durch klare Kategorien einzugrenzen und dessen Auswirkungen zu kanalisieren." Schörle: Die Verhöflichung des Lachens, S. 318.

der Vernunft untergeordneten Teil gespalten wurde.[366] Die Vernunftfixiertheit beraubte das Lachen seiner ursprünglichen Kraft. Die Ausschließungsversuche des Lachens erklären sich also aus dessen Potenzial, die vernunftbestimmte Ordnung in Frage zu stellen, ein bestimmtes Status quo zu hinterfragen, bzw. durch die Komplizenschaft der über etwas/jemanden Lachenden die sozialen und kulturellen Hierarchien zu festigen.[367]

1.3.4. Eng und weit gefasster Humorbegriff

Parallel zu idealistischen Konzepten, die auch noch im 20. Jahrhundert nicht gerade marginale Rolle spielen[368] entwickelt sich auch die alltägliche, von dem deutschen ästhetischen Humorbegriff nach 1800 stark divergierende Bedeutung von Humor, der die Nähe zur Vorgeschichte des Wortes bis 1800 aufweist und, um eine kritische Stimme aufzugreifen, „auf alles gemünzt wird, was mit dem Lachen in Beziehung steht."[369] Im 19. Jahrhundert setzt sich diese Tendenz zur Universalisierung des Begriffs zunehmend durch. Diesen Trend, den Humor als Sammelbezeichnung und Oberbegriff für unterschiedliche Phänomene zu gebrauchen, hat Arthur Schopenhauer im Jargon seiner Zeitgenossen erkannt und als Trivialisierung kritisiert: Begriffe Humor und Humorist seien nicht dazu da, „um jeden Spaß und jede Hanswurstiade damit zu betiteln [...] demgemäß heißt

---

366 Stollmann: Das Lachen und seine Anlässe, S. 18.

367 „Die Geschichte der Philosophie des Lachens ist zugleich eine Geschichte der Angst vor dem Lachen wie die der Identifikation mit seiner umstürzenden Potenz." Renate Jurzik: Die zweideutige Lust am Lachen. Eine Symptomanalyse. In: Kamper, Wulf (Hg.): Lachen – Gelächter – Lächeln, S. 39–51ff., hier S. 39.

368 So etwa bei George Bataille: „Im souveränen Lachen Batailles zeigt sich die Dezentrierung des Menschen und die Zerrissenheit des Seins. Nichts ist stabil und verlässlich; Standpunkte lösen sich auf und geraten ins Gleiten." Vgl. Kamper, Wulf: Vorwort, S. 10. Vgl. hier Rita Bischof: Lachen und Sein. Einige Lachtheorien im Lichte von Georges Bataille. In: Kamper, Wulf (Hg.): Lachen – Gelächter – Lächeln, S. 52–67.

369 Wolfgang Preisendanz: Humor. In: Joachim Ritter, Karlfried Gründer (Hg.): Historisches Wörterbuch der Philosophie (HWPh). Schwabe & Co AG: Basel, Stuttgart 1971ff., Bd. 3, 1974, Sp. 1232–1234, hier S. 1232. Diese allgemeine, quasi „wissenschaftlich ratifizierte" Tendenz zur Gleichsetzung von Humor und Lachen geht auf Arthur Koestlers Bisoziationstheorie des Lachens von 1964, zusammengefasst in Encyclopedia Britannica zurück. Humor ist danach eine Stimulation, Lachen – eine leibgebundene Expression bestimmter Impulse, eine angemessene, und sehr differenzierte Ausdrucksform und Erkennungszeichen für eine komische Situation. Hörhammer: Humor, S. 68.

heut zu Tage ein Humorist, was ehemals ein Hanswurst genannt wurde."[370] Nach Schopenhauer stellt Humor das Gegenteil von Ironie dar: die Ironie sei der sich hinter dem Ernst versteckende Scherz, der Humor dagegen – „der hinter dem Scherz versteckte Ernst": er kommt als Unterton des gegenwärtigen Humors zur Geltung, er „scheint durch".[371] Im Gegensatz zur Ironie fängt er mit lächelnder Miene an, endet aber mit ernster, denn er beruht auf einer subjektiven, aber eben ernsten Stimmung, die mit der Außenwelt in Konflikt gerät. Mit dem Wort Humor wollte Schopenhauer einen Spezialfall von Komik, eine „ganz eigenthümliche, sogar [...] dem Erhabenen verwandte Art des Lächerlichen" bezeichnet sehen.[372] Signifikanterweise kritisiert Solger den Ansatz Schopenhauers als intellektualistisch: er führe nicht zum Lachen, sondern zur „Anstrengung des Verstandes [...], um die Widersprüche zu untersuchen".[373]

Die ästhetische Prägung des Begriffs weicht nach 1945 immer mehr seiner alltäglichen Bedeutung, die auch für die internationale Humortheorie ausschlaggebend ist: In den neueren angelsächsischen Theorien ist der Humor

> „kein Höchstwert und Abschlussbegriff des Komischen mehr, sondern ihr allgemeinstes – und mehrdeutiges – Wort, das gegenüber seinen Konkurrenzbegriffen den Vorteil verspricht, alle Seiten der komischen Kommunikation abzudecken: die Produktion wie die Rezeption, die Kommunikation wie jede Disposition, die sie auslöst oder erwartet, die unabsichtliche wie die absichtliche Komik sind allesamt *humor* und werden so genannt."[374]

Der Erfolg des Humorbegriffs in der Philosophie und Wissenschaft des 19. und 20. Jahrhunderts geschieht zwar im Anschluss an eine literaturkritische Vorgeschichte, verdankt sich aber eben dieser Ausweitung der Semantik des Wortes: Er umfasst, wenn auch in Einzeldisziplinen segmentiert (Literaturwissenschaft, Psychologie, Soziologie, Anthropologie, Linguistik), alle Elemente, die in der Antike und ihrer Rhetorik für den Bereich des Komischen entwickelt wurden. Der Terminus versammelt „das breite Repertoire lustiger Verhaltensweisen" und wird als „jede wie auch immer geartete ‚Botschaft' definiert, die darauf abzielt,

---

370 Schopenhauer: Die Welt als Wille, S. 121f. Gegen Schopenhauers Kritik an der Entwertung des Humorbegriffs im Allgemeingebrauch wendet Karl-Otto Schütz ein, dass der hohe Abstraktheitsgrad des Wortes genauso wenig im Allgemeingebrauch übernommen wie von diesem entwertet werden könne: er bleibe der hohen sprachlichen Vorstellungswelt vorbehalten. Schütz: Witz und Humor, S. 239.

371 Schopenhauer: Die Welt als Wille, S. 119f.

372 Vgl. Hörhammer: Humor, S. 66.

373 Solger: Vorlesungen über Ästhetik (1829), S. 105, zit. nach Schütz: Witz und Humor, S. 216.

374 Schüttpelz: Humor, S. 95.

ein Lächeln oder ein Lachen hervorzurufen.“[375] Man kann die Humorforschung nach 1945 also verstärkt als Erben der Theorien des Lächerlichen und des Lachens ansehen. Dieser Humorbegriff orientiert sich an Kommunikationssituationen (Analyse der komischen Kommunikation und ihrer Rhetorik), es steht aber auch für unterschiedliche Affekte wie Feindseligkeit, Aggression, Verachtung, geistige und körperliche Defekte u.a.

Es bietet sich daher, von der Unterscheidung zwischen einer engeren und einer breiteren Definition des Humors auszugehen. Im ersten Fall handelt es sich um eine von der Epoche des Idealismus geprägte Kategorie, im zweiten Fall wird die Grenzziehung liberaler: hier fungiert der Humor als Oberbegriff für aller Art *ridicula* und erfasst als solcher eine breite affektive Palette, von Frivolität und Spiel bis hin zum aggressiven Spott.

Bereits 1959 kritisierte Georgina Baum, wenn auch von marxistischen Positionen aus, die apologetische Humor-Auffassung als unhistorisch und denunzierte sie als bürgerlich: Die in den bürgerlichen Theorien tradierte Versöhnungsfunktion des Humors sei eine schein-harmonische Lösung, welche den dem Komischen immanenten Konflikt verhülle oder gar negiere.[376] Ansätze einer ähnlichen Haltung sind aber bezeichnenderweise bereits früher, etwa bei Friedrich Georg Jünger (*Über das Komische*, 1936–1948) zu beobachten, der einen autonomen Ausbruch aus der domestizierenden Tendenz des bürgerlichen Humors hin zur Anerkennung des komischen Konflikts leistet. Er versteht das Komische in seiner Subversivität, seiner politischen Rolle als Asyl der Freiheit, gerichtet gegen allerhand Macht, die sich gerne mit der Erhabenheit paart und das Lächerliche nicht ertragen kann.[377] Jünger plädiert für einen „neuen Aristophanes“, der „humorlos und ungemütlich“ vorgehen möge, anstatt dass die komischen Konflikte durch das verharmlosende „Humorisieren“ heruntergespielt werden.[378]

Die Sozialwissenschaften bedienen sich, wie bereits angemerkt, eines weiten Humorbegriffs, der als Oberbegriff für die *ridicula* fungiert, d.h. jeweils Witz, Satire, Spott und Spaß bedeuten kann. Eine soziologische Analyse des Humors ist, wie der niederländische Soziologe Anton C. Zijderveld betont, eine situative

---

375 Hörhammer: Humor, S. 67f. Vgl. zudem Bremmer, Roodenburg: Humor und Geschichte.

376 Georgina Baum: Humor und Satire in der bürgerlichen Ästhetik. Zur Kritik ihres apologetischen Charakters. Rütten & Loenning: Berlin 1959, hier S. 112. Die Studie ist marxistisch orientiert: die Autorin bestreitet den Humor als rein ästhetische Größe zugunsten seiner politischen Funktion als Ausdruck einer bürgerlichen Ästhetik.

377 Friedrich Georg Jünger: Über das Komische. Vittorio Klostermann Verlag: Frankfurt a. M. 1948, S. 50ff., hier S. 79.

378 „[D]as beständige Humorisieren zerstört die Ansätze zu einer strengeren Behandlung des komischen Konfliktes.“ Ebd., S. 95.

Analyse, die sowohl den Humoristen mit seinen Motiven, Worten und Taten, als auch sein Publikum mit einschließt.[379] Wolfgang Schmidt-Hidding hält solch einen weit gefassten Humorbegriff allerdings für „wissenschaftlich unbrauchbar", da er an dem vorbeigeht, was sich in der englischen und deutschen Tradition herausgebildet hat: nämlich „ein Humorbegriff in Opposition zu Witz, Satire und bloßem Spaß. [...] Dieser präzise Humorbegriff hat eine ganz bestimmte Einstellung zu Leben und Welt zum Inhalt. Er ist eine wissenschaftliche Errungenschaft."[380] Nach Zijderveld ist aber eine derartige Differenzierung arbiträt und nicht sehr effektiv. Er verweist zudem auf enorme semantische Schwierigkeiten beim Versuch einer präzisen Definition in der jeweiligen Sprache. Den Humor definiert er als Oberbegriff („an umbrella term"), wobei er ihn als unabhängig vom Lachen, wenn auch diesem nahe stehend, auffasst.[381] Während der Witz nach Jean Paul das Gegenstück des Humors ist,[382] setzt Zijderveld weitgehend Humor und Witz gleich: „Witzemachen" sei „Humor-in-der-Praxis".[383] Im Unterschied zu Freud, Plessner, aber auch Bergson, die das Lachen instrumentell – als Reaktion und/oder Mittel begreifen, betont Zijderveld die Autonomie dieser Ausdrucksform.[384]

Die Kulturforschung, in der es nicht auf begriffsgeschichtliche Feinheiten, sondern auf die Differenzen zwischen den „Lachkulturen in ihrer Abhängigkeit von sozialen und ideologischen Rahmenbedingungen" ankommt, bedient sich ebenfalls des weit gefassten Humorbegriffs. Entgegen dem Vorhaben, eine allumfassende, kohärente Theorie des Humors – eine Ontologie des Humors zu schreiben, fassen die Autoren des Bandes *Kulturgeschichte des Humors* (1999)[385] das Phänomen Humor, genauso wie das Lachen, als ein Kulturphänomen und also als Schlüssel zu bestimmten Kulturen auf.[386] Insofern handelt es

---

379 Zijderveld: Humor und Gesellschaft, S. 46.

380 Schmidt-Hidding: Kulturhistorischer Ausblick, S. 286. Im selben Geist verurteilt Dieter Hörhammer die unspezifische, pauschale Verwendung des Humorbegriffs – im amerikanischen Diskurs, bei den Kulturhistorikern – und besteht auf der Notwendigkeit einer Präzisierung. Hörhammer: Humor, S. 67–69 und S. 83–85.

381 Es gebe Lachen ohne Humor genauso wie Humor ohne Lachen. Zijderveld: A Sociological Theory of Humor und Laughter, S. 37.

382 Vgl. Schütz: Witz und Humor, S. 209f.

383 Zijderveld: Humor und Gesellschaft, insbes. S. 21–50, hier S. 21.

384 Ebd., insbes. S. 52–58, hier S. 58.

385 Der Humor wird hier „im allgemeinsten und neutralsten Sinne" verstanden als „jede durch eine Handlung, durch Sprechen, durch Schreiben, durch Bilder oder durch Musik übertragene Botschaft, die darauf abzielt, ein Lächeln oder ein Lachen hervorzurufen." Bremmer, Roodenburg: Humor und Geschichte, S. 9.

386 Eine Ontologie des Humors zu versuchen, sei gar ein Fehler, der den Arbeiten von Freud, Bergson bis Mary Douglas anhafte. Ebd., S. 11. Vgl. auch Wolfgang Preisendanz:

sich um eine nicht transkulturelle, d.h. – in Analogie zum Komischen – soziale, auf das Subjekt und seine Auffassung bezogene, und durchaus historische, d.h. relative, von der komplexen Voraussetzungssituation des Betrachters oder Lesers abhängige Erscheinung.[387] Raum- und zeitgebunden seien z.b. der Status der Spaßmacher sowie der Sinn für Humor.[388] Diese Perspektive erlaubt es den Autoren, ihre Untersuchungen auf die Antike, das Mittelalter und die frühe Neuzeit auszudehnen. Veränderungen unterlag im Laufe der Zeit u.a. das Profil und die Beteiligten am herrschenden Humor-Diskurs: Philosophen und Rhetoriker in der Antike, Mönche und andere Theologen im Mittelalter, Psychologen und Soziologen im 19. Jahrhundert.

1.3.5. Körpernahe Konzepte

Jenseits der rationalistischen Theorien, die sich für die logische Struktur des komischen Reizes oder für psychologische Mechanismen der Reaktion darauf bzw. soziologische Funktionen des Komischen interessieren, befinden sich zweierlei Herangehensweisen, die anderen Paradigmen verpflichtet sind:[389] Zum einen sind es Konzepte, die das Lachen vom Komischen entkoppeln und es an den Schrecken binden,[390] dieser Faden wird nicht weiter verfolgt, zum anderen solche, die die Körperlichkeit des Lachens und dessen anarchisches Potenzial in den Vordergrund stellen. Mit dieser nicht diskursiven Perspektivierung vollzieht sich ein Paradigmenwechsel von der „herkömmlichen philosophischen Semantik des Komischen zu einer performativen Anthropologie des Lachens."[391] Sie stehen im Widerspruch zu den Disziplinierungs- und Domestizierungstendenzen gegenüber dem Lachen und Humor, die bis in die späte Neuzeit zu beobachten sind. Davon betroffen war nicht nur die in Form des Normenkodex praktizierte Sittlichkeit, sondern auch die frühneuzeitlichen Theatertexte. In Folge des Medienwechsels vom Theater zum Druck wurden sie einer besonderen Zensur un-

---

Humor. In: Harald Fricke (Hg.): Reallexikon der deutschen Literaturwissenschaft (RLW). De Gruyter: Berlin, New York 1997–2003, Bd. 2, 2000, S. 100–103, hier S. 100.

387 Vgl. Siegfried J. Schmidt: Komik im Beschreibungsmodell kommunikativer Handlungsspiele. In: Preisendanz, Warning (Hg.): Das Komische, S. 165–189, hier S. 168f.

388 Bremmer, Roodenburg: Humor und Geschichte, S. 15f.

389 Vgl. Manfred Pfister: Inszenierungen des Lachens im Theater der Frühen und Späten Neuzeit. In: Werner Röcke, Helga Neumann (Hg.): Komische Gegenwelten. Lachen und Literatur in Mittelalter und Früher Neuzeit. Schöningh: Paderborn 1999, S. 215–235.

390 So Fritz Mauthner: Beiträge zu einer Kritik der Sprache (1902), zit. nach Pfister: Inszenierungen, S. 231.

391 Ebd., S. 216.

terzogen, die darauf abzielte, sie zu entkörperlichen und das Lachen zu tilgen. Dieses Vorgehen erklärt sich historisch aus der bewussten Distanznahme zum plebejisch konnotierten Körper, der Befolgung der Gattungsreinheit – nach den klassizistischen Normen gehörte das Lachen nicht in die Tragödie – und dem Willen, den Schauspieler mit Hilfe der Schrift zu disziplinieren.[392] Die Reglamentierungsprozesse gegenüber dem Humor in der frühen Neuzeit sind in Europa länderübergreifend.[393] Sie können, so Peter Burke, als Teil einer „weiteren Verschiebung der Haltungen [...] verstanden werden, die dem entspräche, was Norbert Elias als Prozess der Zivilisation beschrieb: als eine europäische Tendenz zur Selbstbeherrschung.[394] Burke nimmt allerdings an der These von Elias eine Korrektur vor: statt von einem Anstieg der Zivilisation sei von Wandlungen in den Konventionen zu sprechen, die den Humor anders verorten:

> „Wie die Sexualität kann man auch das Lachen nicht völlig unterdrücken. Nicht von einem Niedergang der traditionellen Formen des Humors vom späten 16. Jahrhundert sollten wir sprechen; vielmehr sollten wir Bachtins präziseren Begriff der ‚Desintegration', anwenden und [..] von einer Reduktion der Domänen, Gelegenheiten und Orte des Komischen" [sprechen], von einer Anhebung der ‚Schwelle', oder von einer Zunahme der Überwachung an jenen Grenzen"[395]

Michail Bachtins bekannter These vom Lachen als dem Hauptmerkmal der volkstümlichen Kultur (*Rabelais und seine Welt. Volkskultur als Gegenkultur*, 1965) liegt ein streng dualistischer, polarer Begriff von der Welt zugrunde, die

---

392 Shakespeares Dramen fallen dieser Tendenz zum großen Teil zum Opfer. Nur zwanzig Figuren im Gesamtwerk Shakespeares haben ihr Lachen infolge der Vertextung nicht eingebüßt. Im Drama der Frühen Neuzeit waren Regieanweisungen noch nicht entwickelt, so dass der Autor das szenische Lachen nicht kodifizieren konnte. Als Gegensatz zu den Dramen Shakespeares gilt das inszenierte Lachen bei Beckett. Vgl. ebd., S. 220ff., hier S. 230f.

393 Beispiele: Niedergang des Hofnarren in England am Ende des 17. Jahrhunderts im Zusammenhang mit der Stärkung der Hierarchie und einer Überbetonung des Anstands; die Aussparung der potenziell subversiven, spaßhaften Elemente in der Sammlung der volkstümlichen Geschichten der Brüder Grimm; Veränderungen am System der Komik in Italien des 16. Jahrhunderts (vgl. Rezeption von *Decamerone* im 16. Jahrhundert): Die Einschränkungen gegenüber der bisherigen Großzügigkeit sind religiös und weltlich motiviert: (‚reinigende' Eingriffe der Inquisition im Zusammenhang mit der kirchlichen Zensur – *Index librorum prohibitorum* von 1559 und die sich wandelnden Haltungen gegenüber der Moral). Vgl. Bremmer, Roodenburg: Humor und Geschichte, S. 16f., sowie: Peter Burke: Grenzen des Komischen im frühneuzeitlichen Italien (um 1350–1750). In: Bremmer, Roodenburg (Hg.): Kulturgeschichte des Humors, S. 64–76, hier S. 71ff.

394 Burke: Grenzen des Komischen, S. 73.

395 Ebd., S. 76.

auseinander fällt in eine restriktive, ernste, eine Welt der offiziellen Kultur und
des Antilachens, und eine des ungebremsten Lachens, die der Autor eben mit der
volkstümlichen Tradition identifiziert und als einen Bereich der Freiheit versteht. Als universale antagonistische Metaphern für diese Sicht gelten ihm bekanntlich Karneval, das er mit den antiken Saturnalia und Bacchanalia in Verbindung setzt, und dessen Pendant – Fastenzeit.[396]

1.3.6. Ansätze zur Universalisierung: reduktionistische Modelle

Jenseits aller Historizität ist der Ansatz der „freien Komik" zu situieren, der im
Komischen eine unabhängige, primäre Struktur voraussetzt: Im Gegensatz zu
bekannten Theorien, welche die Komik entweder mit dem Überlegenheitsbewusstsein oder der Transzendenzerfahrung bzw. dem Oppositionsverhältnis erklären wollen, geht Dieter Henrich davon aus, dass „entweder alle Formen der
Komik auf eine reduzierbar sind, oder dass sie sich wenigstens in Beziehung auf
eine Grundform aufbauen": diese sieht er in der freien Komik realisiert, die in
jeder anderen Komik stets vorausgesetzt sei.[397] Nimmt man das Statement von
Jurij Striedter *Der Clown und die Hürde*[398] hinzu, wo der Autor mit zahlreichen
Komik-Theorien jonglierend, diese bestätigt und zugleich in Frage stellt, so ist
der Ansatz Henrichs ein willkommener im dichten Theoriegefüge der Komik-
forschung.

Mit der Struktur, die aller Komik zugrunde liegen soll, meint Henrich
„Übergänge zwischen Kontexten, in denen ein Kontext auf überraschende Weise
aufgehoben oder in Frage gestellt wird."[399] Diese These wird mit dem kindli-

---

396 Bachtins Ästhetik des Karnevals unterscheidet vier Karnevalskategorien: das Familiäre
   (Ablösung der Vertikale des Hierarchischen); die Exzentrik (Zur-Schau-Stellung des
   Verborgenen), karnevalistische Mesalliancen (Durchkreuzung von getrennten,
   entgegengesetzten Bereichen wie oben/unten, sakral/profan) und Profanierung
   (Umkehrung ins Obszöne). Lachmann: Vorwort, S. 31. Kritischer Ansatz: Aaron
   Gurjewitsch: Bachtin und seine Theorie des Karnevals. In: Bremmer, Roodenburg (Hg):
   Kulturgeschichte des Humors, S. 57–63. Gurjewitsch verwirft die Aufteilung in gelehrte,
   ernste Kultur und Volkskultur als die Kultur des Lachens. Nach Jacques le Goff ist auch
   die Vorstellung von einem bösartigen Einfluss der Kirche auf das Lachen unhaltbar. Vgl.
   Bremmer, Roodenburg: Humor und Geschichte, S. 14.
397 Dieter Henrich: Freie Komik. In: Preisendanz, Warning (Hg.): Das Komische, S. 385–
   389, hier S. 385.
398 Jurij Striedter: Der Clown und die Hürde. In: Preisendanz, Warning (Hg.): Das
   Komische, S. 389–397.
399 Der Übergang darf nicht in der Situation geschehen, sondern muss – wie im Fall von
   grotesken Erscheinungen – im Verhältnis von Erwartung und Erscheinung liegen.
   Henrich: Freie Komik, S. 385.

chen Sinn für Komik veranschaulicht: Kinder lachen bei schnellen, neuen und
ein wenig gefährlichen Bewegungen: „Sie lachen aber über die Verrückungen
von Vertrautem in Überraschendes und wieder zu Vertrautem zurück, solange
das Überraschende nicht auch bedrohlich ist." Dabei müsse eine Situation „in
voller Prägnanz" und schnell auf die andere folgen, damit ein Intensitätsgewinn
erreicht wird.[400] Für die beiden Kontexte gilt zudem, dass sie nicht ganz verschieden sind, „dass nicht einfach eine Sache an die Stelle der anderen tritt, sondern dass *dieselben* Sachen in anderem Zusammenhang erscheinen."[401] Sie dürfen also nicht fix sein, soll die Komik entstehen: der eine Kontext soll den anderen nicht aufheben. Auch an Wortspielen soll sich das Konzept der freien Komik
bewähren.[402] Die freie Komik, sei, so Henrich,

> „nicht sarkastisch oder polemisch, auch nicht im Ansatz, sondern dem ähnlich, was
> Kant ,freies Spiel' nannte, – nur eben nicht Spiel im Sinne von geregeltem Agōn
> oder selbstvergessener harmonischer Entfaltung ohne Zweck, sondern strukturiert
> durch den instantanen Umschlag, der das Lachen auslöst."[403]

Ein verwandtes modernes Konzept stellt das von Wolfgang Iser dar: Auf der
Basis von Henrich und Striedter, die das Moment der Dynamik des Komischen
und dessen Unfestlegbarkeit betonen, radikalisiert er den inkongruenztheoreti-
schen Ansatz: „Er begreift das Komische nicht nur in der plötzlichen Erscheinung von oppositionalen Verhältnissen, von Gegensätzen, Ausgegrenztem, Widersinnigem o.ä., sondern als ein Phänomen wechselseitiger Negation."[404] Gegen eine Auffassung des Komischen durch Oppositionsverhältnisse allein
spricht die nicht stabilisierte Beschaffenheit der Verhältnisse in der Komik sowie die immanente Referenz auf die jeweils andere Position – ein Bewusstsein,
das nicht der Grund für das Lachen sein kann.[405] Iser schlägt deshalb vor, von
den Positionen weg zu denken und sich eher auf den „Geschehenscharakter" des
Komischen einzulassen. So fasst er das Komische als ein Kipp-Phänomen auf:

---

400 Ebd., S. 385f.
401 Ebd., S. 387.
402 „Das Vergnügen an [Wortspielen] quillt direkt aus der Entfaltung einer konkurrierenden
    Sinnmöglichkeit, die plötzlich auftaucht und die, wenngleich nicht selbst entdeckt, doch
    im Moment unverhofft neu auftaucht und die so wie eine frische Entdeckung wirkt."
    Ebd., S. 386.
403 Ebd., S. 389.
404 Vgl. Schrödl: Vom Scheitern der Komik, S. 31. Es gibt nach diesem Verständnis keine
    Sieger-Position, da jede ihrerseits zum Kippen gebracht werden kann. Lachen ist dann
    nach Iser – mit Blick auf Plessners körperzentriertes Konzept des Lachens – eine
    „Krisenantwort des Körpers". Wolfgang Iser: Das Komische: Ein Kipp-Phänomen. In:
    Preisendanz, Warning (Hg.): Das Komische, S. 398–402, hier S. 399f.
405 Ebd.

Die Reaktion auf das Umkippen der Positionen sei ein „überfallartiges Betroffensein" und das daraus resultierende Lachen ein Ausdruck der Befreiung von der Ernsthaftigkeit. Kippt die zum Unernst erklärte Situation wiederum um, beginnt das Lachen zu erstarren.[406] Formen des Komischen wie Witz, Satire, Ironie und Humor dienen nach Iser, dies in Anlehnung an Plessner, einer Milderung der kognitiven und emotiven Überforderung.[407]

Resümierend ist festzuhalten, dass die Anwendung des Humorbegriffs aufgrund vieler Bedeutungsveränderungen seit der Antike, der Besonderheit dieser ästhetischen Kategorie in der deutschen Tradition des Idealismus sowie im Hinblick auf die Überschneidungen mit dem Begriff des Komischen und Lächerlichen, nicht ganz unproblematisch ist. Fritz Mautner hat die Definition des Humors gar für unmöglich gehalten, „weil es Humor in der substantivischen Welt nicht gibt, weder als ein reales Ding, noch als ein Gedankending, es gibt Humor nur in der adjektivischen Welt". Demnach unterscheidet er humoristische Denker, wie z. B.Shakespeare, und humoristische Gestalten, wie die Jean Pauls oder Don Quijote, „das Meisterstück einer humoristischen Gestalt".[408] Andererseit liegt im Bezug auf die humoristische Textkonstitution, so Wolfgang Preisendanz, kein Beschreibungsinstrumentarium von Seiten der Rhetorik oder Linguistik vor.[409] Unter der Prämisse, dass Humor ein Paradigma epischer Texte ist, entwickelt Preisendanz, wie oben ausgeführt, eine Herangehensweise, die allerdings nicht auf das Drama bezogen werden kann. Was, wenn ein Dramatiker wie Wedekind diesen Begriff wie selbstverständlich auf sein Werk bezieht?

Eine Zusammenfassung der Geschichte des Humorbegriffs mit wichtigeren Humortheorien bietet eine erste Fundierung für das Vorhaben, Wedekinds Humorbegriff in seinem Dramenwerk auf seine Grundkonstanten zu befragen. Wedekinds Schaffen fällt in die Epoche der von Schopenhauer gebrandmarkten Simplifizierung des Humorbegriffs. Umso interessanter stellt sich die Frage danach, was der Autor unter diesem Terminus versteht: denn seine abschätzige bis verachtende Haltung gegen die Reduktion des Humors in seinen Dramen auf reine Hanswurstiade scheint sich an Schopenhauers Kritik anzulehnen und gegen dessen Trivialisierung vorzugehen. Zugleich aber geht Wedekinds explizit in Briefen und Zeugnissen gebrauchter Humorbegriff weit über die enge Humordefinition hinaus, wie sie sich in der deutschen Tradition des Idealismus herausgebildet hat, so dass, ungeachtet aller Kritik, der Rückgriff auf die Ten-

---

406 Ebd., S. 402.
407 Ebd., S. 401.
408 Fritz Mautner: Humor. In: Ders.: Wörterbuch der Philosophie. Neue Beiträge zu einer Kritik der Sprache in drei Bänden. Bd. I/2. Böhlau: Wien, Köln, Weimar 1997 [1923/1924], S. 104–116, hier S. 111.
409 Preisendanz: Humor. In: RLW, S. 103.

denz zur Verallgemeinerung des Begriffs im 20. Jahrhundert notwendig ist, um den individuellen Standort des Dramatikers zu bestimmen. Die vielleicht populärste Definition des Humors, die bald zum geflügelten Wort avancierte und auf die fundamentale Ambivalenz des Begriffs hinweist, stammt wohl nicht zufällig von Wedekinds Zeitgenossen und Verleger Otto Julius Bierbaum: „Humor ist, wenn man trotzdem lacht."[410]

Wedekinds Humorbegriff scheint in erster Linie an die antike Tradition des Lächerlichen und die englische Bedeutung des Begriffs in der frühen Neuzeit als eine – ob positiv oder negativ bewertete – Exzentrizität oder Unorthodoxie anzuknüpfen. In England des 18. Jahrhunderts korrespondierte der Humor mit freiheitlicher Gesinnung: in Wedekinds Deutschland wird er intentional zum Träger der Auflehnung gegen die dem Individuum zu eng gesetzten bis repressiven Grenzen. Soziale und historische Realität gilt ihm als Ausgangspunkt, für die er einen angemessenen künstlerischen Ausdruck sucht. Der Leser wird mit verschieden modulierten *ridicula* konfrontiert, die sich unter eine Logik subsumieren lassen – sie folgen dem subversiven, gegen die Humorlosigkeit der Epoche gerichteten Impetus des Autors. Wedekind entwickelt also einen Anti-Diskurs, dem eine Tautologie zugrunde liegt. Diese kulturkritische Funktionalisierung rückt in seinen Deklarationen stets in den Vordergrund und legitimiert umso mehr den Rückgriff auf die soziologische bzw. kulturhistorische Perspektive.

Cicero wie Aristoteles definierten körperliche Defekte, Hässlichkeit bzw. Missgestalt, als lächerlich. Ein Paradebeispiel für diese aus heutiger Perspektive ethisch fragwürdige Haltung bietet der hinkende Hephaistos als Gegenstand des Gelächters. Von Hera in Parthenogenese alleine gezeugt, wurde er gleich nach der Geburt von seiner Mutter Hera vom Olymp in den Okeanos geschleudert, da er klein, lahm und hässlich war. Von Eurynome und Thetis gerettet führt er fortan eine Existenz als Künstler. Zum Objekt des Lachens wird er gleich im ersten Buch der *Ilias*, als er auf die zerstrittenen Zeus und Hera besänftigend einredet.[411] Eine ähnliche Reaktion löst er im achten Buch der *Odyssee* aus, als er von Ares und Aphrodite betrogen wird und das Paar in flagranti in einem selbst ge-

---

410 Richard Zoozmann, Zitatenschatz der Weltliteratur. Zit. nach Schütz: Witz und Humor, S. 238, vgl. auch Horn: Das Komische, S. 200. Den Ausspruch hat der Schriftsteller seinem 1909 erschienenen Reisetagebuch *Yankeedoodlefahrt* vorangestellt. Bierbaum gehörte zum Milieu der Münchner Moderne. Beide – Wedekind und Bierbaum – waren Mitarbeiter des *Simplizissimus*. Vgl. Regnier: Frank Wedekind, S. 163 und S. 307; Dirk Heißerer: Wo die Geister wandern. Literarische Spaziergänge durch Schwabing. Beck: München 2008, S. 27f. und S. 120.

411 „Unermeßliches Lachen erscholl bei den seligen Göttern, / wie sie Hephaistos schnaufend sich tummeln sahen im Saale." Homer: Illias. In der Übersetzung von Johann Heinrich Voß. Rheingauer Verlagsgesellschaft: Eltville 1980, 1. Gesang, S. 599.

schmiedeten Netz fängt.[412] Die anthropomorphisierten Götter Homers stehen jenseits der moralischen Wertung,[413] so dass auch Haphaistos nicht davon ausgenommen wird und jeweils als Objekt des Verlachens, als komische Person fungiert.[414] Insofern ist das Lachen der griechischen Götter ein Hohnlachen, ein herabsetzendes, degradierendes Lachen. Man darf aber den zweiten Aspekt nicht übersehen: Die Götter solidarisieren sich zugleich mit Hephaistos, der zwar in der Liebe unterliegt, aber mit seiner List und Kunst den Sieg davon trägt. Die Heiterkeit der Götter steht im Gegensatz zur Tragik der menschlichen Geschicke, die der durch seine Hässlichkeit und Versehrtheit benachteiligte und als Objekt des Lachens und des Betrugs leidende Haphaistos personifiziert. Im Lachen wird das Ernsthafte ins Spiel überführt: es hat eine Spannung lösende, und insofern nicht objektbezogene, universale Note. Der Humor der Götter erhebt sich über die singulären Konflikte, über die streitenden Parteien und ihre Argumente. Der tiefste Grund des Lachens, so Kerenyi in seiner Abhandlung „Vom Lachen der Götter", sei das Titanische, „das gerade im Krüppelhaften, im Dummen, im Sklavenhaften [...] sein notwendiges Komplement findet."[415]

Bei *gelos asbestos* – dem „unauslöschlichen Lachen der seligen Götter" (zu gr. *asbestos* – nicht zu löschen) handelt es sich also um einen alle einbeziehenden konvulsivischen und teilweise aggressiven Vorgang. Doch gerade diese respektlose Komponente verlor sich im Sinne der Versöhnungsidee der Romantik und des Deutschen Idealismus immer mehr, so dass der Humor schließlich zu einer Versöhnungs- bzw., wie Klaus Heinrich kritisch konstatiert, einer Verdrängungsfigur wurde. Heinrich nennt als Beispiel Schellings Einheit von Endlich und Unendlich, Jean Pauls ,humoristische Totalität', Hegels ,selige Ruhe' sowie die Heiterkeit des ,unauslöschlichen Göttergelächters' und Kierkegaards Konfinienlehre.[416] Unter den gegenwärtigen Lachtheorien gibt es zwar solche,

---

412 „Unter die Pforte traten die Götter, die Geber des Guten. / Unauslöschlich Gelächter erscholl bei den seligen Göttern, / Als sie die Künste sahn des klugen Erfinders Hephästos." Homer: Odyssee. In der Übersetzung von Johann Heinrich Voss. Rheingauer Verlagsgesellschaft: Eltville 1980, 8. Gesang, S. 313ff.

413 Paul Friedländer: Lachende Götter. In: Ders.: Studien zur antiken Literatur und Kunst. Walter de Gruyter & Co: Berlin 1969, S. 3–18, hier S. 4 mit Verweisen auf Schellings „Philosophie der Kunst" und Wilhelm von Humboldt [zuerst erschienen: Die Antike – Zeitschrift für Kunst und Kultur des klassischen Altertums, Bd. 10, Berlin, Leipzig 1934, S. 209–226].

414 Hephaistos als Lustigmacher: Vgl. ebd., S. 9f.

415 Karl Kerényi: Die antike Religion. Düsseldorf, Köln 1952, S. 161, zit. nach Schroeder: ,Lachen ist gesund?', S. 22. Vgl. auch Greiner: Die Komödie, S. 18–24, hier S. 19f.

416 Kierkegaard sah im Humor, gemäß seiner Religionsphilosophie, die letzte existenzielle Stufe   vor   dem   Glauben.   Auch   sein   Ansatz   schreibt   sich   in   die „Widersprüchlichkeitsschule" ein. Berger: Erlösendes Lachen, S. 36. Kierkegaard als

die sich mit dem katastrophischen Aspekt des Lachens auseinanderzusetzen scheinen, wie die von Bergson, Plessner, Freud oder Reik: aber ein kurzer Blick reicht, um auch hier Katastrophenangst bzw. Katastrophenreaktion statt Katastrophen-Erkenntnis und Katastrophen-Nutzung zu konstatieren. Die Lach-Theorien werden so selbst zum Symptom der Verdrängung, die ‚Lacharbeit‘ erfolgt nicht. Seine kritische Analyse der Lachtheorien schließt Heinrich mit einer Hommage an den Clown, vornehmlich Chaplin, eine „Widerstandsfigur", die „in den kleinen Katastrophen die großen präsent sein lässt."[417]

Auch der amerikanische Soziologe Peter L. Berger weist auf die kognitive Komponente des Komischen hin: was im Komischen erkannt werde, sei der Widerspruch zwischen Ordnung, nach der der Mensch stets sucht, und Unordnung, die er in der empirischen Welt vorfindet.[418] Insofern hat das Komische eine Ordnung gefährdende oder zumindest störende Funktion. Eine andere Auffassung vertritt Anton Zijderveld, der den Rebellionscharakter des Humors bestreitet.[419] Mit einer Reihe von Beispielen zeigt er, dass der Humor „ein äußerst raffiniertes Instrument zur Verstärkung und Aufrechterhaltung des Status quo und des damit verbundenen Machtapparates" sein kann.[420] Viele Ausdrucksformen des Humors und Lachens enthalten kein Aggressionspotenzial, sondern sind allein ein Zeugnis des Spiels und der Kreativität – ein Produkt des homo ludens.[421] Die Rebellions-These ersetzt Zijderveld durch zwei einander ergänzende Metaphern:[422] zum einen bietet es sich, auf die Kontrapunkt-Theorie des holländischen Soziologen Willem F. Wertheim zurückzugreifen. Unter einem Kontrapunkt versteht er eine Gegenstimme zu der „führenden Melodie einer Gesellschaft". Die Werte einer Gesellschaft stehen nach diesem Verständnis in latenter

---

Spätling des Idealismus: Vgl. auch Walter Benjamin: Kierkegaard. Das Ende des philosophischen Idealismus. In: Gesammelte Schriften, Bd. III, S. 380–383.

417 Heinrich: ‚Theorie‘ des Lachens, S. 21 und S. 30.

418 Berger bezieht sich hier vor allem auf Marie Collins Swabeys *Comic Laughter. A Philosophical Essay* von 1961. Berger: Erlösendes Lachen, S. 43.

419 Vgl. ebd., S. 94.

420 Zijderveld: Humor und Gesellschaft, S. 174.

421 Sogar Henri Bergson habe den Fehler begangen, „Feindlichkeit und Aggression in allen Formen des Lachens zu sehen." Ebd., S. 178. „Der *homo comicus*, welcher der Norm nach Unbeziehbares aufeinander bezieht oder provoziert wird, bestimmte Verhältnisse der Wirklichkeit in ihrer Disproportion und Unangemessenheit auch der Werte in überraschender Weise aufzudecken, handelt als *homo ludens* [ludo: lat. spielen, necken] – und zwar unter allen Aspekten, die das Spiel bietet. Unter anderem setzt er sich zu der Erscheinung durch den Akt des komisierenden Anschauens oder Aufdeckens in Proportion." Hans Fromm: Komik und Humor in der Dichtung des deutschen Mittelalters. In: DVjs 36, H. 3 (1962), S. 321–339, hier S. 323.

422 Vgl. Zijderveld: Humor und Gesellschaft, S. 178–181.

Opposition bzw. im verdeckten Konflikt zueinander. Die Kontrapunkt-Theorie sei um den integrierenden Aspekt zu ergänzen, den sie außer Acht lässt: dafür steht die Metapher des Spiegels: der Humorist – z.b. ein Narr – hält der Gesellschaft einen Spiegel vor, aber von dieser Spiegelung ist er selbst nicht ausgenommen und begegnet sich mit Ironie. Nach Zijdervelds Verständnis ist Humor keine politische Sprengkraft, er kann aber indirekt effektiv sein – als eine Form gewaltlosen Widerstands gegenüber jeder Form von Freiheitsbeschränkung. Er komme „*im* System der Gesellschaft vor, ohne *von* diesem System zu sein."[423] Diese Zurücknahme des Anarchischen am Humorbegriff scheint im Bezug auf Wedekinds dramatische Dichtung durchaus adäquat zu sein.

Wedekinds Humor-Konzept wird, wie schon erläutert, als körpernah begriffen: es liegt zwar nahe, auf die Theorie Michail Bachtins zurückzugreifen, aber es lassen sich wenige Korrespondenzen ausmachen: Vor allem liegt die Körpersemiotik, wie sie bei Wedekind in den Zirkus-Essays entwickelt und in den Dramen praktiziert wird, der Bachtinschen somatischen Semiotik fern. Hier scheint eher der universale Ansatz der freien Komik und die Idee des Spiels im Sinne Huizingas zu greifen. Anders als die Karneval-Ästhetik strebt der Humor bei Wedekind keine Transgression an, möchte keine momentane Illusion der Freiheit schaffen.[424] Das anarchische Potenzial, das sich in der Ausschweifung, in wilder, rauschhafter Ausgelassenheit Ausdruck verschafft, ist nicht im Sinne Wedekinds: die Momente der bacchantischen Ausschweifung, wie etwa im Stück *Franziska*, implizieren Einsicht: Die intellektuelle Komponente widersetzt sich stets dem, was er verachtungsvoll Hanswurstiade nennt.[425] Es wird also davon ausgegangen, dass Reflexion zum Humor notwendig dazugehört. Martin Seel sieht im Humor eine praktizierte Absage an alles einzig Wahre.[426] Diese relativierende Wirkung kann sich zu einer desintegrierenden, Norm- bzw. Ordnung störenden Funktion erstrecken.

Im Sinne des weit gefassten Humorbegriffs werden die vom Analyse-Gegenstand diktierten Formen des Komischen eingeschlossen, aber nur nach Bedarf terminologisch problematisiert bzw. bestimmt. Und so wird dem Witz im Zusammenhang mit Wedekinds Essay *Der Witz und seine Sippe* ein kleiner Exkurs im *Oaha*-Kapitel eingeräumt. Wird in dieser Arbeit der Ironiebegriff angewendet, dann geschieht das unter Rückgriff auf seine klassisch-rhetorische Be-

---

423 Ebd., S. 201f. Lachen sie im soziologischen Sinne die einzige angemessene Sprache des Humors. Vgl. Zijderveld: A Sociological Theory of Humor, S. 42.

424 Umberto Eco: The Frames of Comic ‚Freedom'. In: Thomas A. Sebeok (Hg.): Carnival! Mouton Publishers: Berlin, New York, Amsterdam 1984, S. 1–9.

425 Vgl. hierzu Kapitel IX.2. Falstaff-Chiffre.

426 Vgl. Seel: Drei Formen des Humors, S. 304.

deutung.[427] Bis ins 18. Jahrhundert hinein hielt sich eine aus der griechischen und römischen Antike hergeleitete Auffassung als eine „spöttische Redeweise, bei der das Gegenteil des Gemeinten zum Ausdruck gebracht wird."[428] In einer Traditionslinie ist diese Bedeutung bis in die Gegenwart konstant geblieben.[429] Eine Zäsur und einen weiter gefassten Begriff brachte Friedrich Schlegel, indem er die Ironie nicht auf einzelne Stellen beschränkte, sondern sie auf das ganze literarische Werk bezog und sie als „poetische Reflexion" verstand.[430] In Anlehnung an die romantische Auffassung der Ironie hat sich eine parallele Traditionslinie entwickelt, nach der die Ironie einen weiteren Radius als in der klassischen Tradition hat und als eine „poetische Grundhaltung" aufgefasst wird, „in der sich die Gebrochenheit des modernen Bewusstseins ausdrückte".[431] Durch Friedrich Schlegels Ironiebegriff wurde also eine Tendenz zum synonymischen Gebrauch der Begriffe Ironie und Humor begünstigt und befördert.[432] Jean Paul versuchte dagegen, beide Begriffe auseinanderzuhalten und tat dies, indem er dem Humor die Sphäre des Herzens, der Ironie die des Intellekts zuwies.[433] Auch nach Schopenhauer sind, wie oben zitiert, Ironie und Humor einander entgegengesetzt: Während er Ironie als „der hinter den Ernst versteckten Scherz" versteht, sei Humor „der hinter den Scherz versteckte Ernst".[434] Umgekehrt als die Ironie fange der Humor mit lächelnder Miene an und endige mit ernster. Das Paradebeispiel eines Humoristen sieht Schopenhauer in Heinrich Heine: „hinter allen seinen Scherzen und Possen merken wir einen tiefen Ernst, der sich schämt

---

427 Vgl. dazu: Ernst Behler: Ironie und literarische Moderne. Ferdinand Schöningh Verlag: Paderborn, München, Wien, Zürich 1997, S. 21–44.

428 Behler: Ironie/Humor, S. 815. Der Gegensatz des Gesagten und Gemeinten konstituiert sich auf der Ausdrucks- oder Inhaltsebene: es handelt sich dann jeweils um Wortironie bzw. Gedankenironie: im ersten Fall dienen die Qualitäten des Wortlauts, z.B. Intonation, als Ironiesignale, im zweiten der Gegensatz des Gemeinten. Wolf-Dieter Stempel: Ironie als Sprechhandlung. In: Preisendanz, Warning (Hg.): Das Komische, S. 205–235, hier S. 212. Vgl. auch Rainer Warning: Ironiesignale und ironische Solidarisierung. In: Preisendanz, Warning (Hg.): Das Komische, S. 416–423.

429 Wolfgang G. Müller: Ironie. In: RLW, Bd. 2, S. 185–189, hier S. 187.

430 Behler: Ironie/Humor, S. 827.

431 Müller: Ironie, S. 188.

432 Vgl. Behler: Ironie/Humor, S. 819 und S. 822–827. Zum synonymischen Gebrauch von Ironie und anderen Formen des Komischen vgl.: Behler: Ironie und literarische Moderne, insbes. S. 182–212.

433 Vgl. Behler: Ironie/Humor, S. 827f. „Das Abweichende fasst der Humorist nicht mit dem Verstande, sondern mit dem Herzen, der Liebe, ohne jedoch dabei den notwendigen Abstand zu den Dingen aufzugeben." Schütz: Zur Geschichte des Wortes ‚Humor‘, S. 202.

434 Schopenhauer: Die Welt als Wille, S. 119.

unverschleiert hervorzutreten.“[435] Während sich die Ironie durch eine gewisse Doppelbödigkeit oder Verstellung auszeichnet,[436] sind Parodie, besonders aber Satire offener und direkter in ihrer Angriffslust. Aggressivität ist, neben dem moralistischen Aspekt, geradezu das Konstituens der Satire.[437] Diese zielt, ähnlich wie die Ironie, auf Enthüllung und Herabsetzung des Objekts, mit dem Unterschied allerdings, dass sie eine didaktische Funktion erfüllt: sie will auch verbessern und korrigieren: aus der satirischen Darstellung könne sich das Neue, Andere abheben.[438] Das entscheidende Moment bei der Parodie ist die Imitation mit einer intentionalen Verzerrung des Objektsbildes, wobei diese nicht-affirmative Haltung eine komische Wirkung erzielt. Das Spektrum reicht vom harmlosen Humor (also Humor im engeren Sinne) bis zur scharfen Aggression. Das Moment der Komisierung betrifft die Behandlung des Stoffes, der Stoff an sich darf aber durchaus ernsten Charakter haben.[439] Die Riducula – ob Parodie, Karikatur oder Satire werden in erster Linie als Schreibarten und insofern gattungsunabhängig aufgefasst.[440] Bei der Analyse der Komikformen wird auf das triadische Modell Bergsons zurückgegriffen. Sprach-, Figuren- und Situations- bzw. Handlungskomik.[441]

2. ...*versus* Ernstdiskurs

Als ideengeschichtliches Pendant zum Humor fungiert der Ernstdiskurs, der in Deutschland seine Blütezeit in der Epoche des Idealismus erlebte. Die Hauptvertreter – Fichte, Hegel und Schelling – haben sich aber nicht eingehend mit dem Begriff befasst. In Auseinandersetzung mit Bohrer sieht Latzel[442] in Kierkegaard

---

435 In *Romanzero* (Heines letzter Gedichtband von 1851) trete der Autor als „wirklicher Humorist" auf. Ebd., S. 120.

436 Behler: Ironie und literarische Moderne, insbes. S. 21ff.

437 Helmut Arntzen: Satire. In: Ästhetische Grundbegriffe, Bd. 5, S. 345–364, hier S. 346f., Tarmo Kunnas: Nietzsches Lachen. Eine Studie über das Komische in Nietzsches Werken. Wissenschaft & Literatur: München 1982, S. 26f. und S. 75.

438 Arntzen: Satire, S. 348.

439 Den Aspekt der Komisierung, sowohl bei der Parodie wie der Satire, hebt Frank Wünsch hervor: Frank Wünsch: Die Parodie: Zu Definition und Typologie. Kovač: Hamburg 1999, insbes. S. 12ff. und S. 28. Vgl. auch Beate Müller: Komische Intertextualität. Die literarische Parodie. Wissenschaftlicher Verlag: Trier 1994, S. 175ff.

440 Vgl. Wünsch: Die Parodie, S. 21 und S. 25; Arntzen: Satire, S. 346.

441 Vgl. die Besprechung bei Müller: Komische Intertextualität, insbes. S. 184–200.

442 Nach Latzel neige Bohrer grundsätzlich zu Pauschalisierungen. Sigbert Latzel: Der ernste Mensch und das Ernste: eine sprachbezogene Analyse. Iudicium: München 2001, S. 46. Vgl. zudem Karl Heinz Bohrer (Hg.): Sprachen der Ironie – Sprachen des Ernstes.

den Philosophen, der als erster den Ernst als Thema behandelt habe; der Begriff ist ihm eine wichtige Kategorie seiner Metaphysik.[443] Fichte, der häufig den Begriff Ernst benutzt, hat zwar den sogenannten romantischen Ernst konstituiert, der jedoch nicht als das Gegenteil zur romantischen Ironie Friedrich Schlegels zu werten sei.[444] Nicht desto trotz sei Fichte einer der schärfsten Verfechter des Ernstes, den er dem nicht natürlichen Zustand entgegensetzt, wo das Leben in ein Spiel verwandelt wird: „wenn aber Erwachsene nichts mögen, als spielen, so geschieht es nicht um des Spieles willen, sondern weil sie über dem Spiele etwas anderes vergessen wollen."[445] Bohrer schreibt Fichte im Hinblick auf dessen *Reden an die deutsche Nation* den „deutschen Ernst" zu: der „aus Theologie und Nationalismus gespeiste deutsche Ernst" richte sich immer gegen Frankreich und dessen „kosmopolitische Tradition des Witzes."[446] Bei Hegel ist der Begriff des Ernstes auch sehr unpräzise: Hegel sieht „eine wesensmäßige Verbindung zwischen Ernst, Arbeit, Anstrengung, Verstand, Nützlichkeits- und Zweckmäßigkeitsdenken sowie Endlichkeit"; er spricht vom Ernst des Lebens und schreibt dem sich entwickelnden Weltgeist Ernst zu.[447]

Clara Ervedosa zufolge, die das Komische im Werk Thomas Bernhards analysiert, ist die These von der Dominanz des Ernstdiskurses in der Moderne nach wie vor gültig. Die konstatierte Vernachlässigung des Komischen in der Literaturwissenschaft des 20. Jahrhunderts erklärt sie mit der in der westlichen Kultur tradierten Opposition zwischen Lachen und Wissen.[448] Die alte Rivalität zwi-

---

Suhrkamp: Frankfurt a. M. 2000; Frank Müller: Aller Ernst ist zugleich nur Scherz. Ironieverlust in Literatur und Philosophie. In: Wespennest 119 (2000), Wien, S. 46–52.

443 Gemäß den Existenz-Stufen unterscheidet Kierkegaard auch Ernst-Stufen, den ästhetischen, ethischen, religiösen und christlichen Ernst, eine Skala, nach der die jeweils tiefer liegende Stufe den uneigentlichen Ernst gegenüber dem höher liegenden, dem eigentlichen Ernst ausmacht. Der Ernst ist somit ein Mittel, „zu sich selbst zu kommen und damit auch zum Ewigen, zu Gott." Sokrates ist danach ein Beispiel für den ethischen Ernst. Latzel: Der ernste Mensch, S. 26, S. 50.

444 Latzel ironisch: „Dieser ‚romantische Ernst' (eines Werkes) besteht offenbar darin, dass in einem derartigen Werk – so wie im ‚absoluten Ich', ‚Ich' und ‚Nicht-Ich' eines sind – hier ‚Ernst' und ‚Nicht-Ernst' als eine untrennbare Einheit erscheinen [...]." Ebd., S. 17.

445 Johann Gottlieb Fichte: Die Grundzüge des gegenwärtigen Zeitalters. In: Ders.: Sämtliche Werke. Bd. 7. Veit und Comp.: Berlin 1845/1846, S. 249. Ähnliche Aussagen im *Handelsstaat und Wesen*. Vgl. Latzel: Der ernste Mensch, S. 223.

446 Vgl. Latzel: Der ernste Mensch, S. 46.

447 Vgl. ebd., S. 20f.

448 Clara Ervedosa: Vor den Kopf stoßen. Das Komische als Schock im Werk Thomas Bernhards. Aisthesis Verlag: Bielefeld 2008, S. 62. Zum historischen Abriss der Forschung, vgl. insbes. S. 50–64. Ervedosa stützt sich vor allem auf Thomas Anz, der für

schen Komik und Vernunft wird in der Tat erst in Jean Pauls Humorbegriff und noch entschiedener bei Nietzsche relativiert. Aber auch die relativ modernen Komiktheorien wie die Joachim Ritters oder Odo Marquards stehen im Zeichen der Vernunftkritik.[449] Wedekinds Humor-Ästhetik, wie den Zeugnissen und Dokumenten zu entnehmen ist, schreibt sich in diese tradierte Polarität ein: sie kommt ohne die komplementäre Kategorie des Ernstes nicht aus, so dass der Ernst als dialektisches Gegenstück des Humors fungiert, den letzteren relativiert bzw. korrigiert. Ein so verstandenes Konzept gründet in der Aristotelischen Lehre von den Gegensätzen: das Konzept der Selbstfreundschaft von Aristoteles (*Nikomachischen Ethik*, Buch 8 und 9) beruht auf dem Versuch, die Differenzen und Divergenzen im Selbst harmonisch nebeneinander bestehen zu lassen und so eine integre Ganzheit zu bilden.[450] Diese Tradition reicht bis Nietzsche mit dessen Akzeptanz der Ambivalenzen und der daraus resultierenden Spannungen.[451]

Einigen Aussagen Goethes, Schillers, Hebbels, Stifters und Nietzsches zufolge, gehört der Ernst notwendig zur Kunst, auch zur komischen bzw. heiteren Kunst dazu. Er liegt auf Seiten des Künstlers, der „aus dem Ernstsein heraus, mit Ernst schafft" und geht auf den Rezipienten über, indem er „zum Ernstsein im Nachdenken" führt.[452] Diese Ambivalenz von Humor und Ernst oder Scherz und Ernst, wie sie bei Wedekind zu beobachten ist, geht auf das antike Lebensgefühl und die daraus resultierende Ästhetik zurück.[453] Dieser ambivalente Zustand ist bei den Hellenen sogar in einer Wortschöpfung erhalten geblieben: dem „Ernstlächerlichen" – *Spudogeloion* – als Grundlage satirischer Dichtung.[454] Tragödie und Komödie waren bei den Griechen zwar getrennt, beide dienten sie aber zu Ehren des Dionysos. Den Typus, der tragische und komische Züge in sich trägt, hat Homer in seiner *Odyssee* geschaffen. So z.B. wenn die Spannung aufgrund des Ehebruchs, den Hephaistos erfährt, sich in Heiterkeit löst.[455] Nach Platon

---

eine literaturwissenschaftliche Hedonistik plädiert. Vgl. Thomas Anz: Literatur und Lust. Glück und Unglück beim Lesen. Beck: München 1998.

449 Martin Seel: Über einige Beziehungen der Vernunft zum Humor. In: Akzente 33, H. 5 (1986), S. 420–432. Als Beispiel einer modernen humoristischen Epik analysiert Martin Seel Thomas Bernhards *Korrektur*.

450 Vgl. Wilhelm Schmid: Mit sich selbst befreundet sein: Von der Lebenskunst im Umgang mit sich selbst. In: Aufklärung und Kritik. Sonderheft 14 (2008), S. 209–219, hier S. 214f. http://www.gkpn.de/Schmid_Selbstfreundschaft.pdf (Zugriff: 20.07.2012).

451 Vgl. Behler: Ironie und literarische Moderne, S. 277.

452 Latzel distanziert sich allerdings von diesem Ergebnis. Latzel: Der ernste Mensch, S. 204.

453 Vgl. Ludwig Radermacher: Weinen und Lachen. Studien über antikes Lebensgefühl. Rudolf M. Rohrer: Wien 1947.

454 Ebd., S. 11.

455 Ebd., S. 18.

werde das Ernste aus dem Gegensatz des Spaßhaften am besten begriffen.[456] Die zweite Komponente – im Griechischen *Paidiá* – bedeutet zunächst „Ergötzung, Vergnügen, Scherz",[457] „es ist ein geselliges Beisammensein beim Weine, es sind die Scheinkämpfe, wie sie bei Festen aufgeführt werden, Agone aller Art, oder es ist der Humbug, der nun einmal bei magischen Handlungen dazugehört, um dem Ernste der Sache ein Mäntelchen umzuhängen. In besonderem Maße aber sind es Musik, Gesang und Reigentanz."[458] In diesem Sinne kann der Begriff Formen von Zeitvertreib bezeichnen, die, auch wenn sie nichts zweckmäßig Gutes hervorbringen, doch niemandem schaden. Die Grenze zum Ernsthaften wird fließender, wenn er das menschliche Leben als Spiel definiert, das es nicht verdient, ernstgenommen zu werden. Scherz und Ernst gehören zur Schöpfung dazu, das Dasein enthält beides – Freude und Leid, Komödie und Tragödie. Spiel und Ernst bilden so ein Gegensatzpaar, das eng miteinander verwandt ist.

Weder Platon noch Aristoteles haben eine Theorie des Ernstes entwickelt, bei beiden kommt aber der Begriff vor und zwar nach dem allgemein griechischen Verständnis – als Synonym des Guten, Edlen und Tüchtigen. Er taucht jeweils in der Konstellation mit dem Lächerlichen bzw. dem Spiel auf. Zwar nimmt Platon in seiner moralischen Strenge Abstand von aller Art extremen Formen von Freudebekundung, die dem anderen Leid antun können wie Schmährede oder Spott. Er will gar die komischen Dichter aus dem Staat verbannen.[459] Andererseits werden aber die ethischen Verbote und Einschränkungen gegenüber der Heiterkeit in seinen eigenen Texten nicht immer eingehalten. „[D]er echte Platon" vergisst das Spiel nicht: seinen größten Dialog *Phaidros* nennt er selbst „das Spiel der Laune".[460] Diese scheinbare Inkonsequenz erklärt sich aus Platons Begriff der Kunst, die nur Spiel und kein Ernst sein will.[461] Während Aristoteles den Begriff und die Geltung der *Paidiá* einschränkt,[462] rückt Xenophon wieder an Platon heran, ohne die grundsätzlich bei den Grie-

---

456 Platon: Leg. 816 D. Zit. nach Radermacher: Weinen und Lachen, S. 94. So auch in *Nomoi*: „das Ernste ist ohne das Lächerliche [...] [nicht] zu begreifen. Platon: Nomoi 816 e. Zit. nach Latzel: Der ernste Mensch, S. 14.

457 Radermacher: Weinen und Lachen, S. 88.

458 Platon, Leg. Zit. nach Radermacher: Weinen und Lachen, S. 90.

459 Auch Cicero (*Über den Staat*) lässt die Herrschenden nicht von der Bühne aus verspotten. Vgl. hierzu Passi: Powaga śmieszności, S. 142f.

460 Radermacher: Weinen und Lachen, S. 96.

461 Zwar ordnet er den Ernst der Tragödie zu, aber die tragischen Dichter versteht er nur als die ‚sogenannten' ernsten Dichter. Platon: Nomoi 817 a, 838 c, Politaia 602 b. Zit. nach Latzel: Der ernste Mensch, S. 14.

462 Radermacher: Weinen und Lachen, S. 98. Aristoteles führt die Komödie auf den Weg der Harmlosigkeit, den sie aber erst nach Aristoteles beschritten ist. Passi: Powaga śmieszności, S. 143.

chen geltenden ethischen Normen zu überschreiten. Der Scherz müsse nach
Kinderart sein, er darf nicht härmen. Alles Verletzende, Spott und Hohn, werden
verworfen. Der neue Gesichtspunkt bei Xenophon ist der, dass der Spaß nur
scheinbar ist und einen ernsten Hintergrund hat. Daher vielleicht auch das
Stichwort Xenophons: „im Ernst scherzen".[463] Sokrates – sowohl der Platonische als auch der Xenophontische – liebt die Mischung aus Heiterkeit und Ernst,
aber selbst er, das Prototyp des Ironikers, soll nie die Grenze der Kränkung
überschritten haben.[464] Sein Schicksal soll das beste Beispiel für die Verbindung
von Ernst und Humor liefern: selbst im Angesicht des Todes sei er sich treu geblieben und im Stande gewesen, das Urteil aus einer humoristischen Warte
wahrzunehmen.[465] Während Sokrates aber der Mäßigung in jeder Hinsicht huldigte, dehnte Aristophanes bewusst die eng bemessenen Grenzen. Aber ob Aristophanes oder der bissigste Spötter – der Kyniker Diogenes von Sinope – beanspruchen für sich den Begriff *Spudogeloion*: „Denn dass hinter dem Spott bitte-
rer Ernst steht, ist unverkennbar. Menschliche Torheit wird lächerlich gemacht,
damit die Menschen zur Einsicht gelangen und besser werden."[466] Hegel schrieb
über Aristophanes, dass allen seinen Späßen ein tiefer Ernst zugrunde liege.[467]

Seit der Antike begegnen wir zudem der Kategorie der Heiterkeit, die in
Opposition zum Ernst tritt: im Unterschied zur Lustigkeit ist sie aber mit dem
Ernst komplementär: „Der Heitere ist eher gelassen, in sich zentriert, ruhig,
nicht (schreiend) laut und darin durchaus dem Ernsten gleich."[468] Auch bei
Schopenhauer begegnet man, wie oben bereits zitiert, dem Gegensatz zwischen
dem trüben, eintönigen Ernst und der Heiterkeit: In *Die Welt als Wille und Vorstellung* definiert er den Ernst als „das Gegenteil des Lachens und des Scherzens": er bestehe „im Bewusstsein der vollkommenen Übereinstimmung und
Kongruenz des Begriffs, oder Gedankens, mit dem Anschaulichen, oder der Realität."[469]

463　Zit. nach Radermacher: Weinen und Lachen, S. 102.

464　Er bediente sich der Selbstpersiflage, einer Form der Selbstverkleinerung oder
　　　‚Verheimlichung': Cicero: Der orator II, cap. 67. Zit. nach Radermacher: Weinen und
　　　Lachen, S. 107.

465　Nach Platons *Apologie des Sokrates*. Vgl. Passi: Powaga śmieszności, S. 146.

466　Diogenes Laertius, zit. nach Radermacher: Weinen und Lachen, S. 113.

467　Georg Wilhelm Friedrich Hegel: Vorlesungen über die Geschichte der Philosophie. In:
　　　Ders.: Werke in zwanzig Bänden, Bd. 18. Suhrkamp: Frankfurt a. M. 1979, S. 482.

468　Latzel in Anlehnung an Philipp Lersch und dessen Unterscheidung zwischen Heiterkeit
　　　und Lustigkeit. Latzel: Der ernste Mensch, S. 198. Auf die Nähe der Heiterkeit zum
　　　Ernst verweist auch Wilhelm von Humboldt (*Briefe*, 1835), wenn er das Beglückende,
　　　Veredelnde der Heiterkeit, aber auch deren Verwandtschaft mit der Wehmut anspricht.
　　　Vgl. ebd., S. 198f.

469　Schopenhauer: Die Welt als Wille, S. 118.

Als Gegensatzbereich zum Komischen taucht der Ernst in der Theorie Joachim Ritters auf: Ritter identifiziert den Ernst mit der „allgemeinen Ordnung der Dinge und des Lebens",[470] die das Nichtige als nicht zum Dasein gehörig ausschließt. Mit dem Lachen wird das Nichtige quasi zur Ganzheit des Daseins zurückgeholt bzw. es wird damit provokant auf diese Verdrängung hingewiesen. Während bei Ritter also der Ernst als Synonym einer korrekturbedürftigen Ordnung und also als permanenter Zustand begriffen wird, ist es im Licht der bekannten Kantschen Theorie des Lachens lediglich ein Moment: wenn Kant von der „plötzlichen Verwandlung einer gespannten Erwartung in nichts" spricht, so steht die Erwartung für eine „vermutete Wichtigkeit", die plötzlich verschwindet. So folgt auf die Anspannung – das Ernstwerden – eine Abspannung im Lachen.[471] Das Ernstsein kann auch im Rahmen der Überlegenheitstheorie des Komischen als Opposition zum Überlegenheitserlebnis verstanden werden: dies wenn die Seite des Besiegten, des Schwächeren bedacht wird, der nicht Zuschauer ist, sondern an der Kräfte-Auseinandersetzung teilhat und eher eine Unterlegenheit befürchtet.[472]

Ganz wesentlich für das Verständnis des Ernstes bei Wedekind scheint Nietzsches Begriff zu sein: bereits in der *Geburt der Tragödie* begegnen wir der Bezeichnung „Ernst des Daseins", an dem sich die Aufgabe der Kunst zu messen habe, die nicht als ein „Schellengeklingel", sondern als die „eigentliche metaphysische Tätigkeit" des Menschen zu begreifen ist:

> „Vielleicht aber wird es für [...] [die Pseudo-Ernsthaften] [...] anstößig sein, ein ästhetisches Problem so ernst genommen zu sehen, falls sie nämlich in der Kunst nicht mehr als ein lustiges Nebenbei, [...] ein [...] wohl zu missendes Schellengeklingel zum ‚Ernst des Daseins‘ zu erkennen imstande sind [...] Diesen Ernsthaften diene zur Belehrung, dass ich von der Kunst als der höchsten Aufgabe und der eigentlich metaphysischen Tätigkeit dieses Lebens [...] überzeugt bin [...]."[473]

Der junge Philosoph sieht die Aufgabe der Kunst darin, das Leben zu bejahen und den Menschen vor einem allzu tragischen Erlebnis zu beschützen. Ihre Funktion sei Trost zu spenden und das „wahre Sein" widerzuspiegeln. Bereits in der *Geburt der Tragödie* also vertritt Nietzsche die Auffassung, dass der Ernst zur Kunst dazu gehört, aber schon hier zeichnet sich eine Differenzierung ab –

---

470 Ritter: Über das Lachen, S. 63.
471 Vgl. Kant: Kritik der Urteilskraft, § 54, S. 275.
472 Latzel: Der ernste Mensch, S. 194f.
473 Friedrich Nietzsche: Vorwort an Richard Wagner (1871). In: Ders.: Die Geburt der Tragödie. Reclam: Stuttgart 1993, S. 23f. In *Versuch einer Selbstkritik* (1886) wendet sich Nietzsche entschieden von seinem frühen metaphysischen Verständnis der Rolle der Kunst ab, womit auch der Bruch mit Wagner einhergeht. Vgl. Kapitel V.2.2. Wedekinds Wagner-Erfahrung.

zwischen dem Pseudo- und dem wahren Ernst. Der akzeptable Ernst zeugt von der „Reife des Mannes": diese heißt „den Ernst wiedergefunden zu haben, den man als Kind hatte, beim Spiel."[474] Wie Schopenhauer lehnt Nietzsche in mehreren Schriften den „dumpfen, düsteren Ernst", den „Erden-Ernst" ab, in dem er den ‚Geist der Schwere' erblickt, und setzt an dessen Stelle den „neuen, großen Ernst", der der Heiterkeit und der mit ihr verwandten „fröhlichen Wissenschaft" entspringen soll. Der Philosoph spricht sich eher für die „Schellenkappe" als für den „schweren und ernsthaften Menschen" aus.[475] Diese Differenzierung wird zum zentralen Motiv in *Zarathustra*: Im Bild des tanzenden Gottes realisiert Nietzsche seine Vision gegen den ‚Geist der Schwere' gerichteten Lebendigen:[476]

> „Ich würde nur an einen Gott glauben, der zu tanzen verstünde. Und als ich meinen Teufel sah, da find ich ihn ernst, gründlich tief, feierlich: es war der Geist der Schwere, – durch ihn fallen alle Dinge. / Nicht durch Zorn, sondern durch Lachen tödtet man. Auf, lasst uns den Geist der Schwere tödten! / Ich habe gehen gelernt [...] Ich habe fliegen gelernt [...] / Jetzt bin ich leicht, jetzt fliege ich, jetzt sehe ich mich unter mir, jetzt tanzt ein Gott durch mich."[477]

Nietzsche/Zarathustra spricht von einer Inkarnation des Dionysos, dessen Identität immer mit dem Moment des Tanzes kurzgeschlossen wird. Der Topos vom tanzenden Gott leitet sich vom indischen Gott Shiva und der Vorstellung von der Omnipotenz des Tanzes ab und wird zur Parodie einer verfallenden Kultur im Namen einer neuen bzw. einer erneuerten Kultur umfunktioniert. Zarathustra will mit Tanz und Lied Spott ausdrücken und Triumpf verkünden: „Ein Tanz und Spottlied auf den Geist der Schwere, [s]einen allerhöchsten großmächtigsten Teufel, von dem sie sagen, dass er ‚der Herr der Welt' sei."[478] Wer zu Zarathustra gehören will, heißt es an einer anderen Stellt, der müsse von „leichten Füs-

---

474 Friedrich Nietzsche: Jenseits von Gut und Böse, 94. In: Ders.: Kritische Studienausgabe in fünfzehn Bänden (KSA). De Gruyter: Berlin, New York 1980, Bd. 5, S. 629.

475 Ich beziehe mich hier auf Latzels Zusammenstellung von entsprechenden Zitaten aus *Die Geburt der Tragödie, Jenseits von Gut und Böse, Fröhliche Wissenschaft, Zarathustra, Zur Genealogie der Moral.* Latzel: Der ernste Mensch, insbes. S. 27.

476 „Im Bild des tanzenden Gottes ist das wiederkehrende Muster der Mythologien eingelassen, das Gleichnis vom Göttertanz als Lebenstanz. Was Zarathustra exemplarisch verlangt und vorführt ist nichts als getanztes Verlangen nach Leben." Renate Reschke: Die andere Perspektive. Ein Gott, der zu tanzen verstünde. Eine Skizze zur Ästhetik des Dionysischen in *Zarathustra*. In: Friedrich Nietzsche: Also sprach Zarathustra. Akademie Verlag: Berlin 2000, S. 257–284, hier S. 278, vgl. auch S. 261. Soll im Folgenden eine andere *Zarathustra*-Ausgabe herangezogen werden, so wird dies angemerkt.

477 Nietzsche: Also sprach Zarathustra, S. 49f.

478 Ebd., S. 139f. (Das Tanzlied).

sen" sein.[479] Es sei besser „plump [zu] tanzen als lahm [zu] gehen", verkündet
Zarathustra.[480] Die Vorstellung vom ‚Geist der Schwere' wird von Nietzsche
stark emotional aufgeladen: „[...] dass ich dem Geist der Schwere feind bin, das
ist Vogel-Art: und wahrlich, todfeind, erzfeind, urfeind!"[481] Den Zugang zum
Begriff eröffnet am ehesten die Passage, in der Nietzsche die „Schwere" mit der
„Mitgift" der „schweren Worte und Werthe – mit ‚gut' und ‚böse'" gleichsetzt,
die man von der frühesten Kindheit bekommt: „zu viel Fremdes, das der Mensch
sich aufladen lässt."[482] Die Bibel travestierend verweist er auf das belastende
Erbe einer christlichen Erziehung: „Und dazu lässt man die Kindlein zu sich
kommen, dass man ihnen beizeiten wehre, sich selbst zu lieben: also schafft es
der Geist der Schwere."[483]

In *Zarathustra* erfolgt der Übergang vom orgiastischen zum friedlichen, be-
sänftigenden, lichtgestaltigen Dionysos:[484] „Es ist, als ob Nietzsche sich selbst
und seinen alten, vorolympischen Dionysos überlistet, indem er ihm die Kontu-
ren befriedender Leichtigkeit und Heiterkeit einschreibt [...]."[485] Das Angebot
der Leichtigkeit erfasst im Gegenzug die Idee der Selbstliebe oder Selbstfreundschaft: „Wer aber leicht werden will und ein Vogel, der muss sich selber lieben:
– also lehre ich."[486] Dieses Angebot erscheint sogleich als eine Art Dekalog:

> „Wenn meine Tugend eines Tänzers Tugend ist [...] / Wenn meine Bosheit eine la-
> chende Bosheit ist, [...] / – im Lachen nämlich ist alles Böse bei einander, aber heilig
> und losgesprochen durch seine eigne Seligkeit: / Und wenn das mein A und O ist,
> dass alles Schwere leicht, aller Leib Tänzer, aller Geist Vogel werde: und wahrlich,
> Das ist mein A und O!"[487]

Den alten Ernst, der nach Nietzsches Auffassung „gefährlicher [sei] als irgend-
welche Leichtfertigkeit",[488] identifiziert Nietzsche weitgehend mit dem Ernstdiskurs der Idealisten Fichte, Schelling und Hegel, von dem er sich ironisch ab-

479 Ebd., S. 354. Vgl. Reschke: Die andere Perspektive, S. 263.
480 Nietzsche: Also sprach Zarathustra, S. 367, vgl. Reschke: Die andere Perspektive, S. 263.
481 Nietzsche: Also sprach Zarathustra, S. 241–245 (Vom Geist der Schwere), hier S. 241.
482 Ebd., S. 242f.
483 Ebd., S. 238.
484 Das entspricht der Differenzierung Bohrers: Der Chiffre des Dionysischen schreibt er eine
    Doppelvalenz zu: das Orgiastische und das Maßstabhafte (entsprechend Dionysos I und
    Dionysos II). Karl Heinz Bohrer: Die Stile des Dionysos. In: Ders.: Großer Stil. Form
    und Formlosigkeit in der Moderne. Carl Hanser: München 2007, S. 216–235, S. 226 mit
    Verweis auf Nietzsche, KSA 11, S. 681.
485 Reschke: Die andere Perspektive, S. 262.
486 Ebd., S. 242.
487 Ebd., S. 290.
488 Nietzsche: Jenseits von Gut und Böse, 225, S. 689.

setzt. In *Menschliches Allzumenschliches* spricht er vom „Zeitalter des Ernstes",[489] um in *Ecce homo* in diesem Geiste ablehnend von Deutschland und den Deutschen zu sprechen. Er dekonstruiert die vermeintliche Tiefe des deutschen Charakters, die Fichte zu erkennen glaubte, wobei er sich auf Jean Paul beruft, wenn dieser das deutsche Selbstverständnis abweist. „Jean Paul wusste, was er that, als er sich ergrimmt gegen Fichtes verlogene, aber patriotische Schmeicheleien und Übertreibungen erklärte."[490] Zur Kennzeichnung des deutschen Stils, der mit „allem Gravitätische[n], Schwerflüssige[n], Feierlich-Plumpe[n]" identifiziert wird, benutzt Nietzsche die Metapher der Feuchtigkeit – im Gegensatz zur Trockenheit als Bezeichnung für ein „lustiges Tempo", vergleichbar dem Auftritt des Buffo oder des Satyrs, wie in den Komödien von Aristophanes und Petronius. Mit der Feuchtigkeitsmetapher wird der gesamte deutsche Idealismus mit der ihm zugrunde liegenden Illusion und dem Willen „zur Wahrheit um jeden Preis" gemeint.[491] Der Opposition Trockenheit – Feuchtigkeit entsprechen Bizet und Wagner. Bizets Musik sei „heiter; aber nicht von einer französischen oder deutschen Heiterkeit. Ihre Heiterkeit ist afrikanisch; sie hat das Verhängnis über sich, ihr Glück ist kurz, plötzlich, ohne Pardon."[492] Sie erlöse vom „feuchten Norden, von allem Wasserdampf des Wagnerischen Ideals."[493]

Der wichtigste Text Nietzsches im Hinblick auf die Lehre vom „großen Ernst" ist *Die fröhliche Wissenschaft,* wo er mit der „Figur des freien Geistes" verknüpft wird:

---

489 Friedrich Nietzsche: Menschliches Allzumenschliches, I, 240. In: Ders.: Werke in drei Bänden. Hanser: München 1954, Bd. 1, S. 595.

490 Es lassen sich aber zugleich Aussagen finden, in denen gerade Jean Paul der Inbegriff dessen ist, was Nietzsche am Deutschtum und der Romantik ablehnt: er repräsentiert für Nietzsche mit seiner Stillehre „die Überbordung von Empfindsamkeit und Bilderrausch", eine Literatur, „die allein die Kontinuität des Tiefen / Deutschen / Romantischen bestätigt, indem sie sich in ihren Möglichkeiten verheddert und erschöpft". Vgl. Thomas Maier: Von deutschen Schlafwandlungen. Jean Paul via Nietzsche und zurück. In: Ders.: (Hg.): Das Lachen des Dionysos. Nietzsche und die literarische Moderne. Die Blaue Eule: Essen 2002, S. 61–84, hier S. 66. Bohrer verweist darauf, dass allein Jean Paul (*Vorschule der Ästhetik*, § 54) und Friedrich Schlegel (*Über die Unverständlichkeit*) auf die Notwendigkeit der „deutschen witzigen Kultur" bzw. des ironischen Stils aufmerksam machten. Karl Heinz Bohrer: Nietzsches Aufklärung als Theorie der Ironie. In: Ders.: Großer Stil, S. 236–261, hier S. 240f.

491 „Nein, dieser schlechte Geschmack, dieser Wille zur Wahrheit, [...] dieser Jünglingswahnsinn in der Liebe zur Wahrheit – ist uns verleidet." Friedrich Nietzsche: Nietzsche contra Wagner. In: KSA 6, S. 413–445, hier S. 438.

492 Friedrich Nietzsche: Der Fall Wagner. Ein Musikanten-Problem. In: KSA 6, S. 9–53, S. 15.

493 Nietzsche: Nietzsche contra Wagner, Epilog 2, S. 439.

„Schlimm genug, aber es ist unvermeidlich, dass wir seinen [des gegenwärtigen Menschen] würdigsten Zielen und Hoffnungen nur mit einem übel aufrecht erhaltenen Ernste zusehn und vielleicht nicht einmal mehr zusehn. Ein anderes Ideal läuft vor uns her [...]: das Ideal eines Geistes, der [...] mit allem spielt, was bisher heilig, gut, unberührbar, göttlich hieß [...]; das Ideal eines menschlich-übermenschlichen Wohlseins und Wohlwollens, das oft genug unmenschlich erscheinen wird, zum Beispiel, wenn es sich neben den ganzen bisherigen Erden-Ernst, neben alle Feierlichkeit in Gebärde, Wort, Klang, Blick, Moral und Aufgabe wie deren leibhafteste, unfreiwillige Parodie hinstellt – und mit dem trotzalledem, vielleicht der große Ernst erst anhebt, [...] die Tragödie beginnt [...]."[494]

Nietzsche steht kritisch den Deutschen gegenüber, die von der idealistischen Philosophie gespeist und zum Respekt vor absoluten Werten anerzogen, keinen Abstand zu sich haben und nicht lachen.

„Zum Erziehungswesen. – In Deutschland fehlt dem höheren Menschen ein großes Erziehungsmittel: das Gelächter höherer Menschen. Diese lachen nicht in Deutschland."[495]

Dabei signalisiert das Lachen gerade die Erkenntnis vom falschen, subjektiven Charakter unserer Überzeugungen: „Das nietzschesche Lachen entsteht vor allem dadurch, dass der Mensch die mangelnde Proportion zwischen der Feierlichkeit und dem Pathos der fanatischen, unbedingten Überzeugungen und dem illusionistischen Charakter aller menschlichen Wahrheiten versteht."[496] Das Lachen signalisiert intellektuelle Distanz und erfüllt die Funktion der Maske, unter der sich die Einsicht verbirgt.[497] Zarathustras Lachen ist Ausdruck der Freiheit des Geistes, der Einsicht in die Relativität aller Werte.[498] Sein Charakter ist also rein intellektuell, zuweilen selbstkritisch. In seiner relativierenden Funktion fungiert es als ein Korrektiv der Vernunft und Moral – im Namen einer neuen, von Zarathustra gepredigten Vernunft und Moral. Die sich im Lachen bekundende Skepsis darf nicht am Leben als solchem rütteln,[499] aber stets das Leben beglei-

---

494 Friedrich Nietzsche: Die fröhliche Wissenschaft, 382. In: Ders.: Werke in drei Bänden, Bd. 2, S. 258.

495 Ebd., 177, S. 144.

496 Diese Erkenntnis führt Nietzsche „zu einer systematischen Skepsis und einem extremen Relativismus." Kunnas: Nietzsches Lachen, S. 44 und S. 89. Die idealistische Illusion betrifft „die Annahme von theoretischer Letztbegründbarkeit, von teleologischer Struktur der Geschichte und einem Subjekt als Ursache". Bohrer: Nietzsches Aufklärung, S. 254.

497 Vgl. Kunnas: Nietzsches Lachen, S. 92.

498 Seine „wilde", „lachende wache Tags-Weisheit" spotte über alle „unendlichen Welten". Nietzsche: Also sprach Zarathustra, S. 135 und S. 235.

499 Im Gegensatz zu einer fatalistischer Lebensauffassung fordert Nietzsche eine „dionysische Weisheit": die Kraft, das Wissen um das Ungeheure des Lebens – die

ten als Erleichterung gegen die geistige Schwere. Nietzsches Diagnose vom überzogenen Ernst führt ihn zur In-Anspruchnahme eines neuen Ernstes: „Ich suche noch nach einem Deutschen, mit dem ich auf meine Weise ernst sein könnte – um wie viel mehr nach einem, mit dem ich heiter sein dürfte!"[500] Die ontologische Einsicht Nietzsches korrespondiert mit seiner Kunstauffassung: er verteidigt die Heiterkeit der Kunst, indem er aber ihren besonderen Ernst hervorhebt. In *Nietzsche contra Wagner* fordert der Philosoph und Künstler Nietzsche eine „andre Kunst – eine spöttische, leichte, flüchtige, göttlich unbehelligte, göttlich künstliche Kunst, welche wie eine reine Flamme in einem unbewölkten Himmel hineinlodert! [...] Wir [Künstler] verstehen uns hinterdrein besser auf das, was dazu zuerst noththut, die Heiterkeit, jede Heiterkeit [...]"[501]

Nietzsches Heiterkeitspostulat steht also im Dienste des „neuen Ernstes": in Opposition zur idealistischen Philosophie und Mentalität. Im *Versuch einer Selbstkritik* (1886) postuliert Nietzsche, in Anlehnung an seinen *Zarathustra*, „die Kunst des diesseitigen Trostes zu lernen", „alle metaphysische Trösterei zum Teufel" zu schicken: „Das Lachen sprach ich heilig: ihr höheren Menschen, lernt mir – lachen!"[502] In diesem Lachen äußert sich in erster Linie eine generelle Ablehnung einer Kunst des metaphysischen Trosts. Nietzsches Lachen ist aber alles andere als eindeutig, zumal es oft nur als ein kaum merkliches Lachen eines Skeptikers – als innerliches Schmunzeln oder ein geistiges Lächeln – zu Tage tritt, das lange kaum erkannt wurde und daher nur schwer erforschbar ist.[503] Vom subjektiven Idealismus ausgehend entwickelte sich Nietzsches Haltung gegenüber dem Komischen zum Standpunkt eines Psychologen, nach dem das Komische eine Therapie sei gegen die Zwangsjacke von Logik, Moral und Vernunft.[504] Das für Nietzsche charakteristische Lebensgefühl sei der „tragische Optimismus, der die Bejahung des Lebens will, zugleich aber das Leiden und das Absurde des Lebens nicht ausschließt."[505] Daher ist sein Lachen auch kein Ausdruck der reinen Lebensfreude, sondern „ein Verlachen der ganzen mensch-

---

„dionysische Wirklichkeit" – auszuhalten, ohne sich gegen das Leben zu richten oder sich mit Illusionen zu vertrösten. Vgl. Safranski: Romantik, S. 293.

500 Friedrich Nietzsche: Götzen-Dämmerung. Streifzüge eines Unzeitgemäßen. In: KSA 6, S. 55–162, hier S. 104. Vgl. auch Latzel: Der ernste Mensch, S. 31.

501 Nietzsche: Nietzsche contra Wagner, S. 438.

502 Friedrich Nietzsche: Versuch einer Selbstkritik. In: Ders.: Die Geburt der Tragödie, S. 5–16, hier S. 16.

503 Der Philosoph verwahrt sich vor dem groben, lauten Gelächter. Vgl. Kunnas: Nietzsches Lachen, S. 7 und S. 46.

504 Ebd., S. 42.

505 Ebd., S. 60.

lichen Komödie, [...] ein müdes Lächeln, der Resignation und einer nihilistischen Indifferenz benachbart."[506]

Wedekinds Idealismus-Begriff, wie er explizit im *Zirkus*-Essay zu Tage tritt und Auswirkungen auf seine Humor-Ästhetik aufweist, wie es zu belegen gilt, findet eine Fundierung in Nietzsches Kritik am philosophischen Idealismus und in seiner Abwehr gegen den ‚Geist der Schwere' zugunsten eines neuen Ernstes. Nietzsche macht dabei das letzte Glied einer Traditions-Linie aus, die sich von der antiken Auffassung des Ernstes herleitet. Es ist also bei Wedekind von einem dialektischen Humor-Konzept mit der ihr zugrunde liegenden Komplementarität zwischen dem Humor in all seinen Manifestationen, und eine (neuem) Ernst auszugehen.[507]

3. Humor in Wedekinds Essay *Der Witz und seine Sippe*

Der Witz und seine Sippe (1887)[508] gehört neben den *Zirkus*-Essays[509] zu den am meisten gelesenen und kommentierten Aufsätzen Wedekinds, denen oft eine metapoetische Funktion zugeschrieben wird. Jörg Schönert hat sich allerdings weitgehend davon distanziert, die Texte des damals sehr jungen Autors derart mit Bedeutung zu überfrachten, da der Autor zu diesem Zeitpunkt „eher zum Erkunden und Entdecken als zu programmatischen Festlegungen neigte."[510] So soll auch im Folgenden dem Aufsatz nicht diese Bürde zugemutet werden, auch wenn er im Hinblick auf den Humorbegriff nicht übergangen werden darf. Schon rein deklarativ kann bei dem Essay nicht von einer verlässlichen Systematik der Phänomene des Komischen ausgegangen werden. Wedekind verwahrt sich ausdrücklich davor, „ausschließende Definitionen" formulieren, „die individuellen Erscheinungsformen des Lebens" in „unantastbare Antithesen bannen" zu wollen. (Witz, 350) Nicht desto trotz bezeugt der Text unmissverständlich Wedekinds Interesse an der Kategorie des Komischen. Es stellt sich zudem die Frage, inwieweit der Text formal das umsetzt, was er auf der semantischen Ebene vermittelt.

---

506 Ebd., S. 101.
507 Gerade das unernste Verhältnis zu Ideen, Wahrheiten, Personen oder Bildern könne bereits, so Isaak Passi, eine Form sein, in der sich die Ernsthaftigkeit manifestiert, mit der sie behandelt werden. Passi: Powaga śmieszności, S. 139.
508 Erstdruck: Neue Zürcher Zeitung, Nr. 123 von 04.05.1887. Weiter im Text mit dem Kurztitel „Witz" und der Seitenzahl in Klammern zitiert.
509 Vgl. hierzu Kapitel IV.2. Wedekinds Zirkus-Essays.
510 Schönert: Die (sogenannten) theoretisch-programmatischen Schriften, S. 251.

Wedekind definiert den Humor zunächst in Opposition zum Witz: Während letzterer „zwei beliebige heterogene Dinge in unerwartete Beziehung setzt, stellt der Humor die Extreme der menschlichen Anschauungsweisen einander gegenüber." (Witz, 341) Beide Formen des Komischen werden also strukturell auf einen Kontrast zurückgeführt, wobei der Humor mit der Weltanschauung verknüpft wird. So wie der Humor eine Stütze im Leben biete, so könne er auch nur im Leben und durchs Leben errungen werden. (Witz, 342) Letztere Formulierung korrespondiert fast wörtlich mit Herbert Seidlers späterer Bestimmung des Humors, der zufolge er „erst nach vielen schweren Erlebnissen errungen sein" könne.[511] Damit schreibt sich Wedekinds Humor-Definition in die Tendenz innerhalb der psychologischen Forschung, die den Humor als ein Signum der Reife auffasst (Freud, Kohut).[512] Die psychologische Funktion des Humors als Lebensstütze ergänzt Wedekind um seine beruhigende Wirkung, im Gegensatz zum auf- und anregend wirkenden Witz. Die beruhigende Eigenschaft des Humors wird anthropologisch fundiert: „Leute, in denen der Humor vorwiegt, [werden] leicht korpulent." (Witz, 342) Wedekinds These von der Anlagebedingtheit des Humors findet ebenfalls eine Parallele in der zeitgenössischen Forschung: nach Ernst Kretschmer wird der Humor als Charaktereigenschaft einem bestimmten Körperbau, nämlich dem Pykniker zugeordnet: „Die ruhigen Humoristen ... sind die geborenen Erzähler, in deren Mund jede einfache Begebenheit etwas Behagliches, Naives, Drolliges annimmt. Sie sprechen breit, bequem und ohne künstlerische Pointe."[513] Spezifiziert Wedekind die vermeintliche Prädisposition zum Humor, so fällt das mysogyne Moment auf:

> „Bei Kindern findet [der Humor] sich nie, bei Frauen nur selten. [...] Frauen müssen schon sehr viel erlebt haben, um zum Humor zu gelangen. Im allgemeinen ist ihre Veranlagung zu pathetisch; auch besitzen sie, wenigstens in ihrer Blütezeit, nicht die nötige Abstraktionsfähigkeit." (Witz, 342)

Textimmanent gelesen stößt man auf keine Stelle, die als ein Gegengewicht gewertet werden könnte. Der Blick auf Wedekinds spätere Beschäftigung mit dem Frauenthema sowie das Wissen um seine provokatorische Manier, vor allem aber der Grundton des Essays, erlauben diese Stelle als ironisch aufzufassen.

Zentrale Aussagen über den Humor im Essay entnimmt der Autor bezeichnenderweise der idealistischen Rhetorik, was die selbstverständliche Frage nach der Provenienz seines Humors aufwirft: Die Verwandtschaft mit Jean Pauls

---

511 Herbert Seidler: Die Dichtung. Wesen, Form, Dasein. Kröner: Stuttgart 1965, S. 110.
512 Vgl. Anm. 323.
513 Ernst Kretschmer: Körperbau und Charakter. Untersuchungen zum Konstitutionsproblem und zur Lehre von den Temperamenten. Springe: Berlin 1955 (zuerst 1921), S. 221, zit. nach Schmidt-Hidding: Kulturhistorischer Ausblick, S. 287.

Humorbegriff, insbesondere mit dessen Postulat ‚humoristischer Totalität',
scheint sich im Anspruch des Humors auf das Allgemeine zu manifestieren:

> „Die Wirkung des Witzes erstreckt sich nie über den einzelnen Fall hinaus; dem
> Humor dagegen ist der einzelne Fall nur Mittel zum Zweck. Er greift ihn heraus, um
> an ihm Moral zu predigen, freilich stets die nämliche Moral, die alte salomonische
> Weisheit: Alles ist eitel." (Witz, 341)

Zugleich scheint die Wahl der idealistischen Rhetorik mit den Kategorien des
Erhabenen und Pathetischen, die mit dem Postulat der Objektivität und Realitätsnähe gepaart werden, an Hegel zu gemahnen:

> „[Der Humor] hält sich vollkommen auf prinzipiellem Gebiet. Er mißt das Ideale
> mit dem Maß des Realen, das Pathetische mit dem Maß des Nüchternen, das Außer-
> ordentliche mit dem des Alltäglichen und umgekehrt; und indem er so die Relativi-
> tät, die Nichtigkeit alles Irdischen ad oculos demonstriert, hebt er die Menschen über
> die Welt empor auf die erhabene Warte einer beschaulichen Objektivität." (Witz,
> 341)

Wie in den idealistischen Konzepten gewährt Wedekind dem Humor einen besonderen Status, der mit der später geprägten Bezeichnung des ‚großen Humors'
korrespondiert:

> „Humor ist – als der große Humor, wie man ihn getauft hat – ein Grundverhalten des
> Menschen, das die Disproportion nicht nur aufdecken, sondern besiegen will und da-
> für auch versöhnende Kräfte des Gemüts einsetzt. Die Form der Überwindung setzt
> mindestens zweierlei voraus: ein Abstandsbewusstsein zur Wirklichkeit, an die man
> doch hingegeben ist, und [...] eine Beurlaubung vom Ernst gegenüber dem Absolu-
> ten. Gott ist ohne Humor und zugleich voll absoluten Humors, und das heißt: voll
> letzten Ernstes; menschliches Humor-haben aber heißt: Freiheit in der Determinati-
> on besitzen."[514]

Die hohe Stellung des Humors in der Vertikale – als relativierend, objektivie-
rend, über dem Irdischen stehend, ergänzt Wedekind um eine horizontale Ordnung, in der Humor zwischen zwei Extremen – dem „homerischen Gelächter" und dem „Hohnlachen der Hölle" positioniert wird:

> „Wenn in der Versammlung der altgriechischen Götter ein [reiner] Witz gerissen
> wurde, so erhob sich das bekannte homerische Gelächter, bei dem der Olympos er-
> dröhnte und die goldenen, mit Wein belasteten Tische ins Wanken gerieten."
> (Witz, 348)

Dieses Gelächter als Effekt des reinen Witzes muss man sich nach Wedekind
folgendermaßen vorstellen:

---

514 Fromm: Komik und Humor, S. 323. Vgl. auch Höffding: Humor als Lebensgefühl,
insbes. S. 188f.

„Ein reiner Witz setzt die gesamten Gesichtszüge in Bewegung. Mund, Nase und Augen werden in die Breite gezogen, so daß letztere bei vielen Leuten ganz verschwinden. Dabei verfällt das Zwerchfell in heftige Zuckungen, die bei längerer Andauer Leibschmerzen zu erzeugen imstande sind. Infolgedessen füllen sich die Augen mit Tränen, während perlender Schweiß die Stirn bedeckt; und wenn der Anfall ausgetobt hat, so bemächtigt sich des Betroffenen eine derartige Erschöpfung, daß er kraft- und haltlos im nächsten Polsterstuhl zusammensinkt." (Witz, 348)

Anthropologisch weist das Lachen die Nähe zur atavistischen Geste des Drohens auf. Aus der Perspektive eines beobachtenden Nicht-Lachers kann eine Lachrunde zum fremdartigen, obszönen Exzess, die Lachenden zu abstoßenden, aggressiven Subjekten werden. Die von Wedekind beschriebene Körperreaktion weist eher auf die Aufhebung der Kontrolle über den Körper hin, wie das auch im Homerischen Gelächter der Fall ist.[515] Homerische Götter, Göttinnen und Helden lachen bei ganz verschiedenen Anlässen: aus Freude über den Sieg, als Ausdruck der Schadenfreude, in Todesnot.[516] So lacht Zeus beim Anblick des großen Götterkampfes.[517] Er tritt hier als Subjekt und Objekt des Lachens, indem er, wie andere Götter bei Homer, sich selbst nicht ernst nimmt. Paul Friedländer sieht in diesem Akt des Lachens „ein Drama für den höchsten Gott", wo sich Teilnahme und ergötzliches Anschauen miteinander verbinden. Die Perspektive Homers gleicht einer „Kraft, zugleich innerlichst teilzunehmen an menschlichem Tun und Leiden und doch anschauend und lachend darüber zu sein."[518] Diese zwei Momente kennzeichnen auch das oben erläuterte *gelos asbestos* – ein anhaltendes, überwältigendes Lachen der Götter unter sich.

Während das homerische Gelächter ursprünglich, wie erläutert, zwei Aspekte in sich vereint, das aggressive wie das konziliante Moment, ist es bei Wede-

---

515 In Homers Beschreibung einer Trinkrunde am Hof des Odysseus überhören die Lacher unter ihren „homerischen Lachsalven" alle Warnungen des Sehers und lachen sich buchstäblich „zu Tode". Homer: Odyssee, 20. Gesang, V, S. 345ff. Zur Mimik der Lachenden: ebd., 20. Gesang, V, S. 345–349.

516 Das sardonische Lachen, das Sterbende oder Vergiftete ausstoßen. Vgl. Hedwig Kenner: Weinen und Lachen in der griechischen Kunst. Rudolf M. Rohrer: Wien 1960, S. 70f.

517 „Gegeneinander tobten sie wild, rings krachte die Erde. / Schmetternd tönte der mächtige Himmel, und sitzend vernahm es Zeus auf dem hohen / Olympios; es lachte ihm das Herz vor Freude, / Weil er sah, wie die Götter zusammentrafen im Streite." Homer: Ilias, 21. Gesang, S. 387ff.

518 Friedländer: Lachende Götter, S. 7. Ähnlich Radermacher: Zahlreiche homerische Szenen stehen an der Schwelle vom Ernsthaften, zuweilen Erhabenen, zum Lächerlichen, bzw. beide Aspekte vereinen sich zu einem Typus aus komischen und tragischen Zügen. Radermacher: Weinen und Lachen, S. 17. Der Autor nennt diesen Typus, den er in der Epik Homers antrifft „die Leuchtkraft des Kontrastierenden", ein Mittel der Entlastung und Entspannung für den Hörer oder Leser. Vgl. hierzu ebd., S. 12–20.

kind, trotz seines attavistischen Charakters, eher eindimensional und wird in den
Dienst einer einfachen Polarisierung als Kontrastfigur zum ‚Hohnlachen der
Hölle' gestellt. Erst im letzteren wird emotionale Kühle oder – um mit Bergson
zu sprechen – die ‚Anästhesie des Herzens' und damit unbeschränkte Freiheit
bis Rücksichtslosigkeit erreicht.

> „Der strikte Gegensatz zum homerischen Gelächter ist das Hohnlachen der Hölle,
> der glänzendste Triumph der Frivolität. Die Bewegungen des Zwerchfells sind lang-
> samer und erfolgen stoßweise. Mund und Kehle sind weit geöffnet, die Lippen auf-
> geworfen, so daß die Zähne ihre volle Pracht entfalten. Die Augen bleiben ruhig und
> kalt." (Witz, 348)

Den Humor situiert Wedekind zwischen diesen zwei Polen: dem homerischen
Gelächter über reinen Witz und dem ‚Hohnlachen der Hölle':

> „Zwischen diesen Extremen, verschieden von beiden, steht der Ausdruck des Humors.
> Der Mund möchte lachen, das Auge weinen; da aber jedes das andere an der Ausfüh-
> rung seines Vorhabens hindert, so gelangen die Lippen nur zu einem leisen Lächeln,
> während sich die inneren Enden der Augenbrauen fast unmerklich in die Höhe ziehen.
> Dadurch entsteht ein Widerstreit von ergreifender Wirkung, der sich vorteilhafter als je-
> des der Extreme zur künstlerischen Darstellung eignet." (Witz, 348)[519]

Im Humor sollen sich also einander entgegengesetzte Reaktionen wie Weinen und
Lachen begegnen. Dieser Ambivalenz liegt allerdings eine physiologische Ge-
meinsamkeit zugrunde: Weinen und Lachen sind, so Helmut Plessner, parallele
Reaktionen oder leicht ineinander übergehende Grenzlagen des Verhaltens, in
denen sich der Leib desorganisiert. Das Komische lässt sich in diesem Sinne als
eine „Gegensinnigkeit" definieren, „die gleichwohl als Einheit sich vorstellt und
hingenommen werden will." An solcher Einheit erfahre der Mensch einerseits
subjektiv eine Grenze, andererseits bekommt er Einsicht in die objektive Ambivalenz der Sache."[520] Alles Verwerfliche hält Wedekind vom Humor fern und plat-
ziert es auf der Seite des Witzes, unter Umständen des schlechten Witzes, bzw.
der Frivolität, die entsteht, „wenn das Erhabene, das Heilige in bewußter Tendenz
mit dem Unwürdigen, dem Schimpflichen gemessen wird." (Witz, 345f.)

Im Licht des Essays stellt sich der Wedekindsche Humorbegriff als eine Art
Lebensphilosophie dar, deren Instrumente – Nüchternheit und Objektivität – in
der Realität angesiedelt sind. Trotz vermeintlicher körperlicher Prädispositionen
versteht ihn Wedekind letztlich weniger als angeborene Eigenschaft als mühsa-
men, nicht allen zugänglichen und Abstraktionsfähigkeit erfordernden Er-

---

519 Vgl. Andrea Bartl: Der Mund möchte lachen, das Auge weinen. Das Tragikomische im
    Werk Frank Wedekinds und des jungen Bertolt Brecht. In: Brecht Yearbook 31 (2006),
    S. 219–238.
520 Vgl. Plessner: Lachen und Weinen, S. 111.

werb.[521] Im Gegensatz zum Witz sei der Humor keine Angelegenheit des Verstandes, sondern eine des Herzens: „der Humor kommt vom Herzen und geht zu Herzen." (Witz, 341) Wedekind rezipiert also offenbar einige der Grundkonstanten der Humor-Definition, ohne sich aber festlegen zu wollen. So lassen sich Parallelen zu Jean Paul und Hegel ausmachen, aber nicht weniger zur stoizistischen Weltanschauung. Die dem Humor inhärente strukturelle Widersinnigkeit lässt an die Inkongruenz-Theorie denken, insbesondere vielleicht an Schopenhauers Verständnis des Humors als „hinter den Scherz versteckten Ernst."[522] Es lassen sich aber auch Affinitäten zur Entlastungstheorie ausmachen. Letzteres erschöpft sich nicht in der beruhigenden, Trost spendenden Funktion. Die psychologische Funktion scheint am Beispiel einer Zwischenform am deutlichsten zum Vorschein zu kommen: im Galgenhumor, einem „Zwittergeschöpf, hervorgegangen aus Frivolität und Humor":

> „Seinem Zweck nach zu urteilen, gehört er in das Gebiet des Humors, indem er dem Unglücklichen über die unangenehme Wirklichkeit hinwegzuhelfen sucht. Diesen Zweck erreicht er aber nicht dadurch, daß er einen höheren Standpunkt zu gewinnen bemüht ist, wiewohl ein höherer Standpunkt, als der Galgen, sehr wohl denkbar wäre, sondern indem er den Ernst der Situation durch erzwungene Heiterkeit zunichte macht. Hierin nähert er sich der Frivolität. [...] Es fehlt das Positive, der tröstliche Halt, den der lautere Humor zu bieten imstande ist. Es ist nichts als eine bewußte, krampfhafte Verneinung des wirklichen Sachverhaltes." (Witz, 347)

Wäre Sigmund Freuds bekannte Schrift *Der Witz und seine Beziehung zum Unbewußten* (1905) zur Zeit der Entstehung des Essays bereits geschrieben worden, könnte man von einer offensichtlichen Inspiration ausgehen. 1887 kann nicht davon die Rede sein. Wedekinds spätere Kenntnis der Schrift Freuds ist allerdings durchaus belegt.[523] In Wedekinds frühem Essay können also nur gewisse Parallelen festgestellt werden. Das obige Zitat liest sich wie ein Kommentar zu einem der Witze, die Freud in seinem Text anführt: so wenn der „Deliquent" am Montag zum Galgen geführt wird und sagt: „Na, diese Woche fängt gut an."[524] Freud erklärt die Anekdote folgendermaßen: der Gefangene „entwickelt selbst den Humor, der humoristische Vorgang vollendet sich an seiner Per-

---

521 Vgl. Finger, Kathöfer: A Reputation Reassessed, S. 37.
522 Schopenhauer: Die Welt als Wille, S. 119.
523 In seiner Privatbibliothek soll Wedekind *Witz und seine Beziehung zum Unbewussten* und *Traumdeutung* (1900) besessen haben. Kutscher: Frank Wedekind, Bd. 3, S. 248. Freud als Bezugspunkt für Wedekind: vgl: Vinçon: Frank Wedekind, S. 61 und S. 138; Kieser: Benjamin Franklin, S. 269–281, hier S. 274f.
524 Freud: Der Witz, S. 213. Die Anekdote taucht auch im späteren Text *Humor* von 1927: vgl. Ders.: Der Humor, S. 277.

son und trägt ihm offenbar eine gewisse Genugtuung ein."[525] Freud interpretiert den Humor intrapsychisch als Abwehrreaktion und triumphalen Sieg des narzistischen Selbst: ähnlich scheint Wedekind den Galgenhumor zu funktionalisieren, indem er sich über den Ernst der Realität erhebt. In dieser Erscheinungsform verliert der Humor, was ihn sonst konstituiert – das Positive, das Lautere, den Realitätsbezug, und nähert sich der Frivolität, die nicht genuin zum Humor gehört, sondern dem ‚Hohnlachen der Hölle' zugeordnet wird. Hier ist das Profane, das Aggressive verortet. Rolf Kieser verweist allerdings zurecht auf die Diskrepanz zwischen dem Text des reifen Wissenschaftlers Freud und der „kulturellen Plauderei" des jungen Wedekind. „Ihm [Wedekind] kommt es auf die Praxis, auf die *Bühnen*-Praxis seiner realpsychologischen Beobachtungen an."[526] Die Unverbindlichkeit des Stils hindert Hartmut Vinçon nicht daran, den *Witz*-Essay als eine „Anleitung zum Komödienschreiben" zu lesen:

> „Die Komödie lebt auf der menschlichen Ebene vom ‚niedrigen' Witz und vom ‚erhabenen' Humor. Über dieser Ebene schwebt der Himmel des sprichwörtlichen homerischen Gelächters der Götter, unter ihr liegt die Hölle des Hohngelächters."[527]

---

525 Ebd.
526 Kieser: Benjamin Franklin, S. 275 und S. 280. Kieser weist auf Wedekinds Reflexion über den modernen Menschen hin, der das Prinzip des Fatums durch das des Zufalls ersetzt hat. Ebd., S. 276.
527 Vinçon: Körperliche Kunst, S. 174.

III. Wedekinds Symposion: *Das Gastmahl bei Sokrates*

Das juvenile, im September 1882 in Aarau niedergeschriebene Stück Wedekinds *Das Gastmahl bei Sokrates. Ein Schauspiel für die gebildete Welt, aus dem Griechischen übersetzt*[528] war als schwankhafte Komödie gedacht. Es fehlen Dokumente, die eine Aufführung belegen bzw. widerlegen könnten.[529] Nicht desto trotz markiert dieses kleine Drama Wedekinds Interesse für klassische Kultur und initiiert eine Tendenz in seinem Werk, der er sich in der letzten Schaffensphase mit den Dramen *Herakles* und *Simson* wieder verstärkt zuwendet. Der antike Stoff eröffnet und schließt also Wedekinds Oeuvre: Das Altertum blieb ein für sein Werk wesentlicher und ergiebiger Fundus, worauf bereits die zeitgenössische Kritik aufmerksam macht, indem sie auf die Modernisierung antiker Mythen[530] oder „innerlich antike Behandlung des neuzeitlichen Stoffes"[531] hinweist. Die Kenntnis antiker Literatur und Philosophie wurde Wedekind im humanistischen Gymnasium in Aarau vermittelt. Ohne das Drama überschätzen zu wollen, gilt es festzuhalten, dass es hier ein Denkparadigma angelegt ist, das Wedekind in weiteren Texten entwickeln wird. Besonders im Hinblick auf seine humoristische Ästhetik ist dieses Drama nicht zu umgehen, auch wenn es am ehesten als ein gekonntes Spiel mit klassischen Formen und Inhalten zu beschreiben ist. Wie der Titel signalisiert, knüpft das Drama an die antike Tradition der Symposien an, die die Grundlage der damaligen Geselligkeit bildeten[532] und vielfach literarisiert wurden. Das Genre begründete bekanntlich Platon mit seinem *Gastmahl oder Sympósion. Über die Liebe und Sokrates, ein Ideendialog*; es folgten Xenophons *Sympósion*, Petronius' *Das Gastmahl des*

---

528 Frank Wedekind: Das Gastmahl bei Sokrates. Ein Schauspiel für die gebildete Welt, aus dem Griechischen übersetzt. In: STA 2, S. 9–31. Weiter im Text mit der Sigle „G" und der Seitenzahl in Klammern zitiert.

529 Wedekind: Das Gastmahl. Kommentar, STA 2, S. 531–543, hier S. 543.

530 Vgl. Otto Nieten: Frank Wedekind (eine Orientierung über sein Schaffen). Mitteilungen der Literarhistorischen Gesellschaft Bonn, 3. Jahrg., 1 (1908), S. 3–26.

531 Walter Rathenau. In: Joachim Friedenthal (Hg.): Das Wedekindbuch. Georg Müller Verlag: München, Leipzig 1914 [zuerst 1910], S. 234–236, hier S. 235.

532 Jacob Burckhardt: Griechische Kulturgeschichte. In drei Bänden. Bd. 3: Der griechische Mensch. Alfred Kröner: Stuttgart 1941, S. 97–100 und S. 154–158.

Trimalchion und Plutarchs *Das Gelage der Sieben Weisen.* Wedekinds Symposion ist historisch inkohärent, so dass lediglich von einer konzeptionellen Inspiration für einen genuin fiktiven Text gesprochen werden kann,[533] wobei allerdings die Texte von Sokrates-Schülern – Platon und Xenophon – in erster Linie
als Quellen dienen durften. Es könnte sich dann um das von den beiden doku-
mentierte festliche Symposion von 416 v. Chr. handeln. Gefeiert wurde zum Anlass des Tragödiensieges des Agathon (*agathón* – das Gute), Sokrates war dort
Ehrengast. Im Unterschied zu den lakonischen Spartanern waren die Griechen
ein Volk der Konversation. Zur Zeit des Pelopponesichen Krieges[534] erreichte
die Kunst des Gesprächs und die Kultur des Stils ein besonders hohes Niveau.

Bei Wedekind spielt die Handlung im Hause von Sokrates: zu Gast sind seine Schüler Platon und Xenophon, sowie Alcibiades, Alcestes und Sokrates' Gattin Xantippe. Bedenkt man, dass die Vorstellung vom Symposion als einem philosophischen Disput Platons Erfindung ist, so liegt Wedekind mit seiner Dichtung wohl der Wirklichkeit näher als der Idealist Plato. Denn tatsächlich handelte es sich bei Symposien um üppige Ess- und Trink-Gelage mit Musik, Tanz,[535]
Rezitation, sowie mit hohem Anteil an Erotik bis zu sexuellen Ausschweifun-
gen. Sogenannte Hetären, die Luxus-Dirnen durften zugegen sein.[536] Unter dem
edlen Gewand des Symposions verbirgt sich bei Wedekind ein dem Austausch
männlicher Phantasien förderliches Trinkfest. Im Mittelpunkt steht die Sokrates-
Figur, womit sich Wedekind in die Rezeption seiner Legende einschreibt, die bis
in die Moderne hinein nicht an Attraktivität verlor. Kritisches Interesse für Sokrates erreicht im 19. und 20. Jahrhundert sein Höchstniveau.[537] Sokrates ist auch
das wichtigste Medium, durch welches sich die Weltanschauung im Stück kundtut: seine Ethik wird aufgerufen und auf eine humorvolle, parodistische Weise
dekonstruiert.

---

533 Kommentar, STA 2, S. 534 und S. 542.
534 Der Peloponnesische Krieg (431 v. Chr. bis 404 v. Chr.) beendet das klassische Zeitalter
     Athens und der attischen Demokratie.
535 Im Tanz erblickte Platon eine vorzügliche Form der platonischen *Paidiá*. „*Paidiá* ist ein
     geselliges Beisammensein beim Weine, [...] eine echte Ergötzung und Erholung, die man
     suchen soll." Radermacher: Weinen und Lachen, S. 90f.
536 Vgl. Michael Weithmann: Xanthippe und Sokrates. Frauen und Männer im alten Athen.
     Wissenschaftliche Buchgesellschaft: Darmstadt 2010, insbes. S. 42.
537 An der Sokratesdebatte beteiligen sich u.a. Schlegel, Hegel, Kierkegaard
     („Doppelreflexion", „indirekte Mitteilung") und Nietzsche (Begriff der Maske). Vgl.
     Behler: Ironie und literarische Moderne, S. 11ff. Vgl. Erik Abma: Sokrates in der
     deutschen Literatur. Schotanus & Jens: Utrecht 1949, S. 36–51.

1. Zur Figur des historischen Sokrates

1.1. Die Legende ‚Sokrates'

Sokrates, einer der wichtigsten Gestalten der altgriechischen Philosophie lebte voraussichtlich zwischen 469 v. Chr. bis zu seiner Hinrichtung 399 v. Chr. Da er selber seinen Überlegungen keine schriftliche Form gegeben hat, stützt sich das heutige Wissen über ihn hauptsächlich auf die Schriften Platons und Xenophons, die zwar zur selben Zeit aber voneinander unabhängig entstanden sind. Platon (427–347) hatte Sokrates acht Jahre lang bis zu seinem Tod gehört. Xenophon (um 430 – nach 355), wie Platon 40 Jahre jünger als Sokrates, kannte diesen auch persönlich: er schloss sich seinem Lehrer bereits nach 410 v. Chr. an, gehörte aber nie zum engsten Kreis um Sokrates.

Als verlässlichste Quelle über Sokrates gelten heute die sogenannten Frühdialoge Platons, darunter insbesondere sein *Gastmahl*. Sie sind zwar an historischer Gestalt orientiert, aber als literarische Fiktion zu verstehen. Da Sokrates als Hauptredner fungiert, ist die Grenze zwischen den eigenen Überzeugungen des Autors und der Philosophie des Sokrates kaum auszumachen.[538] Es wird angenommen, dass erst die sogenannten Spätdialoge eher die eigenen Ideen und Gedanken Platons enthalten. *Das Gastmahl* ist aller Wahrscheinlichkeit nach zwischen 384 und 372 v. Chr. entstanden, d.h. mindestens 15 Jahre nach Sokrates' Tod und behandelt die Phase kurz vor dessen Tod, um das Jahr 400 v. Chr. Der Text zeugt von einer großen Achtung des Philosophen gegenüber seinem Lehrer. Dieser und andere Texte Platons[539] vermitteln ein zwar verklärtes, aber ein einheitliches Bild des Philosophen und virtuosen Redners, „die Versinnbildlichung von Esprit, Ironie, Mitmenschlichkeit, Bürgersinn und Gesprächsführung hin zum höchsten Niveau".[540]

Neben Platon ist es, wie gesagt, Xenophon, dem Informationen über das Leben und die Lehre des Sokrates zu verdanken sind. Xenophon als Historiker hinterließ aber im Vergleich zu Platon informativere, umfassendere, vor allem aber nüchterne Berichte. Ca. 380 v. Chr. verfasste er seine *Memorabilien* – Erinnerungen an Sokrates. Aber auch seine Texte galten genauso wenig wie die Schriften Platons als historische Quellen, sondern genießen den Status von literarischen Erzeugnissen, die erheblich zur Legendenbildung beitrugen. Da alles Wissen über Sokrates aus zweiter bzw. dritter Hand kommt und er also als histori-

---

538　Weithmann: Xanthippe und Sokrates, S. 37.

539　Sokrates im Leben: *Symposion, Phaidros*, und vor dem Sterben: *Apologie, Kriton, Phaidon*. Vgl. Karl Jaspers: Die maßgebenden Menschen. Sokrates, Buddha, Konfuzius, Jesus. R. Piper & Co: München 1971 [1964], S. 81–103, hier S. 92ff.

540　Weithmann: Xanthippe und Sokrates, S. 160.

sche Figur nur sehr begrenzt zu rekonstruieren ist, scheint es angemessener, eher vom Typ als von der Person ‚Sokrates' zu sprechen.[541]

Die in den Frühdialogen Platons angewandte Methode ist die des *Elenkhos*, der Widerlegung der Ansicht des anderen Gesprächspartners. Zwei Partner unterhalten sich über einen Gegenstand, wobei eine Begriffsdefinition des Sprechers A (Proponent) den Ausgangspunkt ausmacht. Auf der Grundlage dieser Definition stellt der Sprecher B (Opponent) Fragen an A. Die Rollen sind dabei auf charakteristische Weise verteilt: Der Definitionsgeber A antwortet meist auf Fragen seines Opponenten, dieser jedoch (in platonischen Dialogen in aller Regel Sokrates) stellt darauf hin weitere Fragen. Auf diesem Weg – durch Fragen und nicht ex cathedra – sollte der Opponent zur Einsicht und zur richtigen Erkenntnis gelangen. So leistete der Fragende eine Art „geistige Geburtshilfe", die sogenannte zweite Geburt des inwendigen Gottes.[542] In moderner Sprache könnte man die sokratische (Lehr)Tätigkeit als Bekämpfung von Denkklischees bezeichnen: Das Gespräch endete oft in einer Aporie, der Erkenntnisgewinn durch die dialektische Methode bestand dann also darin, dass nicht haltbare Definitionen als unzulänglich entlarvt wurden. Der Schlüssel zur Lehre des historischen Sokrates liegt im Wort ‚Philosophie' begründet, in der Liebe zur Weisheit. Sein Vertrauen setzt er nicht, wie die Sophisten, in die Gesellschaft als Instanz der Rechtsprechung, sondern in die menschliche Vernunft – als Fundament der richtigen Erkenntnis und dem gemäß des rechten Handelns. Zur Weisheit gehört nach Sokrates untrennbar Misstrauen gegenüber der eigenen Erkenntnis. Nach eigenem Bekennen ist Sokrates daher ein notorischer ‚Nicht-Wisser'. Zu den verschiedenen Formen des Nichtwissens im sokratischen Verständnis gehört der Unverstand, „Torheit" genannt, „wenn einer zu wissen glaubt, was er nicht weiß".[543] Bei allem Respekt gegenüber seinen Gesprächspartnern überragte Sokrates' Persönlichkeit über sie und prägte die Atmosphäre des ganzen Gesprächs. Sokrates zeigte Ironie, wenn nicht auch eine gewisse Selbstgenügsamkeit an der Demontage fremder Denkgebäude. Nachforschen, mahnen, aufklären – so begriff er seine Lebensaufgabe.[544] Die Pose des Nichtwissens, mit der Sokrates andere hinters Licht führte, um sie zu verspotten, bringt ihm den Status des Ironikers: „Die ironische Geisteshaltung erscheint hier in jener verfeinerten, humanen und zugleich humorvollen Selbstdemütigung, die diesen Philo-

---

541 Vgl. Gernot Böhme: Der Typ Sokrates. Suhrkamp: Frankfurt a. M. 1988, insbes. S. 31.

542 Methode der Mäeutik bzw. Maieutik oder auch Hebammenkunst. Vgl. Agnes Klein, Reinhold Klein: Sokrates als Narr und seine Nachfolger bis heute. (Sokratische Hefte 30, 1986). Sokratische Gesellschaft e.V. Mannheim, S. 16f.; Weithmann: Xanthippe und Sokrates, S. 67. Vgl. auch Dies.: Sokrates und Johannes. (Sokratische Hefte 15, 1978).

543 Klein, Klein: Sokrates als Narr, S. 16. Vgl. auch Dies.: Das Nichtwissen des Sokrates und der Goldene Esel von Apuleius. (Sokratische Hefte 24, 1983).

544 Jaspers: Die maßgebenden Menschen, insbes. S. 83ff.

sophen zum Urbild des Lehrers macht."[545] Der Begriff der Sokratischen Ironie bezieht sich aber auch auf das Äußere des Philosophen: er ist nämlich der erste Philosoph, dessen Körperlichkeit überliefert wurde: „Er war häßlich, die Augen quollen vor. Stülpnase, dicke Lippen, dicker Bauch, gedrungener Körperbau."[546] Sein Äußeres ließ ihn, laut Alkibiades in Platons *Symposion*, den Satyrn und Silenen ähnlich erscheinen. Satyrn, die hässlichen, lüsternen Waldgeister im Gefolge des Dionysos, Freunde des sinnlichen Genusses, waren halb Menschen, halb Tiere – mit aufgeworfener Nase, zugespitzten Ohren, struppigem Haar. Silene (lat. Silenus, Selenus) hießen die älteren Satyrn. Äußerlich nicht weniger animalisch und hässlich, eine Mischung aus Mensch und Pferd, mit Glatzen und Bärten; im Inneren trugen sie aber Götterbilder. Diese Ambivalenz ist, worin Sokrates ihnen gleichen soll: nur äußerlich sei er ein Narr, inwendig aber verbergen sich „zu begründeten Erkenntnissen gewordene Vorstellungen."[547] Der Kontrast zwischen der silenenhaften Erscheinung – im Dienste der Verstellung – und seinem Wesen machen ihn zum Prototyp des Ironikers, zum Eiron. Die Legende besagt, dass Sokrates nach der Uraufführung der *Wolken* von Aristophanes in Athen aufgestanden ist und allen sein hässliches „Silensgesicht" zeigte.[548] In dieser Geste manifestiert sich Sokrates als Meister der Selbstpersiflage.

Für manche Forscher ist Sokrates aber ein Humorist und zwar im Sinne des großen Humors: Seine Ironie, selbst wenn sie über die Selbstverkleinerung hinausging, enthielt nämlich nichts, was andere hätte kränken können. Dies erklärt sich aus der „Teilnahme des Herzens, des Gemütes", ohne die der Humor nicht denkbar sei.[549] Damit bewegt sich Sokrates durchaus im Rahmen des Kodifizier-

---

545 Behler: Ironie und literarische Moderne, S. 22, vgl. S. 21–44.

546 Jaspers: Die maßgebenden Menschen, S. 81. Unter den Besonderheiten des Sokrates spielt Platon, Xenophon und Aristophanes auch auf dessen Ungepflogenheit, eine Manier, welche von Kynikern zur Verwahrlosung weiterentwickelt wird. Strepsiades zum Sohn Pheidipides: „Halt ein, / Kein böses Wort auf diese wackren Weisen, / Von denen keiner, rein aus Sparsamkeit, / Sich je rasiert, frisiert, das Haar geschnitten, / Noch je im Bad gewaschen hat!" Aristophanes: Die Wolken. Reclam: Stuttgart 2006, V. 833–839, S. 54f. Vgl. Otto Seel: Anmerkungen zu Aristophanes' *Wolken*. In: Ebd., S. 95–122, Anm. zu 838 mit Verweis auf die *Vögel* von Aristophanes, S. 114.

547 Vgl. Klein, Klein: Sokrates als Narr, S. 5. Vgl. auch Erasmus von Rotterdam: Lob der Torheit – Encomium Moriae. Reclam: Stuttgart 1983 (Erstausgabe 1907), S. 33.

548 Er ließ „sein Original gegen seine Copey, die auf der Schaubühne vorgestellet wurde, sehen." Fénelon, zit. nach Hans Blumenberg: Der Sturz des Protophilosophen. Zur Komik der reinen Theorie – anhand einer Rezeptionsgeschichte der Thales-Anekdote. In: Preisendanz, Warning (Hg.): Das Komische, S. 11–64, hier S. 12.

549 Radermacher: Weinen und Lachen, S. 106–108. Ähnlich Höffding, der Ironie als eine Form des Humors versteht: bei Sokrates steht Ironie lediglich im Dienst des Ernstes – der Wahrheit. Höffding: Humor als Lebensgefühl, S. 170–175, hier S. 171f.

ten: Denn die antike Normierung macht den gemäßigten Humor zur Domäne der Elite: Xenophon berichtet noch vom Spaßmacher Philippos, der den Symposien als Unterhaltungskünstler beiwohnte.[550] Aber Spaßmacher und Mimen wurden systematisch ausgegrenzt, so dass in der Spätantike der *scurra* (lat. Possenreißer, Lustigmacher, Narr) bereits als Schwätzer verachtet wird, wenngleich er noch durch seinen Status als Lebemann gebilligt wurde.[551] Im Mittelalter soll sich auch das ändern: er wird zu den Unterprivilegierten gerechnet: zu Schauspiel- und Jongleurtruppen. Eine Ausnahme soll der Hofnarr darstellen, wenngleich auch er in seiner Stellung fixiert war. Die moderne Variante des professionellen Spaßmachers sind Clowns, Komiker und Satiriker. An dieser Stelle setzt Wedekind an, indem er Sokrates den Riss des unfreiwillig Komischen verleiht.

In Opposition zu eher apologetischen Darstellungen von Sokrates' Schülern Platon und Xenophon steht die aristophanische Komödie *Die Wolken*, die auch als die wichtigste außerplatonische Quelle über Sokrates gilt. Aristophanes horchte aufmerksam die Erwartungen des Pöbels aus, das das Publikum seiner Komödien ausmachte und tat ihm Genüge, wobei er nicht vor Verleumdungen zurückschreckte. So auch in den *Wolken:* Das Stück erzählt vom tief verschuldeten Bauern Strepsiades, der sich zu Sokrates in die Lehre begibt. Er besucht ihn in seinem Häuschen, der „Denkerwerkstatt weiser Seelen" und verlangt die Unterweisung in der „Unrechtsrede" bzw. der „Nichts-bezahl-Rede".[552] Das Stück ist eine bissige, ironische Parodie des Sokratismus. Die Überzeugungskunst des begabten Rhetors und Wortjongleurs Sokrates – hier dargestellt als extremer Sophist – erscheint bei Aristophanes als Mittel der Manipulation und beliebiger Relativierung. Bereits zum Zeitpunkt der Uraufführung – 423 v. Chr. in Athen am Fest der Dionysien – wurde Sokrates wegen Atheismus und vermeintlicher Verblendung der Jugend scharf kritisiert. Die von Aristophanes aufgestellten Thesen werden zu den wichtigsten Anklagepunkten im Prozess gegen Sokrates.[553]

---

550 Radermacher: Weinen und Lachen S. 103.

551 Der Unterhaltung dienten in der Spätantike komische Elemente in Prosa und Poesie, musikalische und akrobatische Darbietungen, Auftritte von Mimen, Clowns, von komischen und tragischen Akteuren. Die meisten Formen der Unterhaltung hatten aber vornehmlich Volkscharakter und damit auch derbe Züge.

552 Aristophanes: Die Wolken, S. 10 und S. 18.

553 Jaspers: Die maßgebenden Menschen, S. 89. Otto Seel, der Übersetzer und Autor des Nachworts und der Anmerkungen zum Stück betont an vielen Stellen, dass Aristophanes weder Sokrates- noch Sophisten-Gegner war. Seel: Anmerkungen, insbes. Anm. zu V. 370, S. 107f., zu V. 478, S. 109 und zu V. 701, S. 114. Vgl. auch Süss: Lachen, Komik, S. 15.

1.2. Sokrates nach Wedekind

Im Eingangsmonolog klagt Xantippe über ihr Leben an der Seite von Sokrates:

> „Hab ich da 'nen Philosophen,
> Der ein finsteres Leben führt,
> Bei der Katze hinterm Ofen,
> Weiß der Himmel, was, studirt. (G, 11)

Das Unverständnis gegenüber der kontemplativen Lebensweise des Gatten kulminiert in der Erinnerung an ihren Hochzeitstag, als Sokrates plötzlich verschwand: „Als ich endlich ihn gefunden, / Hatte er vier und zwanzig Stunden / Auf demselben Stein gesessen." (G, 12) Wedekind nimmt hier Bezug auf die Gepflogenheit des Philosophen, sich stundenlang, völlig selbstvergessen dem Nachdenken hinzugeben, und die daraus resultierende typische Sokrates-Darstellung in der bildenden Kunst. In Platons *Gastmahl* handelt es sich aber nicht um eine sitzende, sondern stehende Haltung, die Sokrates zum Erstaunen aller für Stunden annahm. Alkibiades berichtet:

> „Damals auf dem Feldzuge [...] [stand er] in irgendeinen Gedanken vertieft [...]
> vom Morgen an auf demselben Fleck und überlegte, und als es ihm nicht gelingen
> wollte, gab er nicht nach, sondern blieb nachsinnend stehen. Inzwischen war es Mit-
> tag geworden; da merkten es die Leute, und verwundert erzählte es einer dem ande-
> ren, dass Sokrates schon seit dem Morgen dastehe und über etwas nachdenke.
> Schließlich, als es schon Abend war, trugen einige von den Ioniern, als sie gegessen
> hatten, ihre Schlafpolster hinaus [...]; so schliefen sie in der Kühle und konnten
> gleichzeitig beobachten, ob er auch in der Nacht dort stehen bleibe. Und er blieb
> wirklich stehen, bis es Morgen wurde und die Sonne aufging! Dann verrichtete er
> noch sein Gebet an die Sonne und ging weg."[554]

Der Dramatiker Wedekind spielt genau auf diese Stelle an, wenn Sokrates seiner Frau sein Verhalten zu erklären versucht:

> „Hast du denn noch nie gefunden,
> Daß sich deine Seele dann,
> Wenn sie einsam und alleine
> Sich gesetzt auf einen Steine
> Nicht mehr richtig sammeln kann?" (G, 13)

Zugleich aber ironisiert Wedekind seine Figur, indem er auch auf den I. Reichston-Spruch Walthers von der Vogelweide anspielt, der in sokratischer Manier, aber gegen seine Ethik-Auffassung darüber nachsann, „wie man auf der Welt leben sollte", sprich: wie „Ehre und Güter der Welt" und gleichzeitig „Gottes

---

554 Platon: Symposion. Griechisch-deutsch. Übersetzt von Rudolf Rufener. Artemis
& Winkler: Düsseldorf, Zürich 2002, V. 36, S. 143. Vgl. auch Seel: Anmerkungen,
insbes. Anm. zu V. 415, S. 109.

Gnade" zu erreichen seien.[555] Diese Anspielung entspricht dem parodistischen Konzept des Stücks, allem idealistischen Pathos Materie entgegenzusetzen.

1.2.1. Herakles am Scheideweg

Wedekind übernimmt das zum Genre gehörende Erzählen aus zweiter Hand: unauffällig tritt der Erzähler scheinbar hinter die Figur zurück, dessen Lehre er nacherzählt, wodurch die Identifikation mit ihr zum Ausdruck kommt. Der wichtigste Monolog dieser Art in Platons *Symposion* ist Sokrates' Bericht über die Lehre Diotimas. Wedekind rekurriert hier auf Xenophons *Erinnerungen* und lässt seine Xenophon-Figur den gehörten Vortrag des „weisen Prodikos"[556] nacherzählen. Es handelt sich um den Mythos von „Herakles am Scheidewege" oder „Über die Wahl des Herakles", dessen Original verschollen ist. Xenophon überliefert die Paraphrase in seinen *Memorabilien*: als der junge Mann im Begriff war, zu entscheiden, welchen Weg – den der Tugend oder den des Lasters – er am Übergang ins erwachsene Alter wählen soll und sich unschlüssig an einer Weggabel niedersetzte, um sich der Frage zu stellen, da begegnet er zwei Frauen: die eine verkörpert die Tugend, die andere die Lasterhaftigkeit: Xenophon berichtet:

> „die eine war schön anzusehen und edel, Reinheit war ihres Leibes, Schamhaftigkeit ihrer Augen, Sittsamkeit ihrer Haltung Schmuck; ihre Kleidung war weiß. Die andere war wohlgenährt bis zur Fleischigkeit und Ueppigkeit, die Farbe geschminkt, so daß sie weißer und röther sich darzustellen schien, als sie wirklich war, und ihre Haltung so, daß sie gerader zu sein schien als von Natur; die Augen habe sie weit offen gehabt und ein Kleid getragen, aus dem am meisten die jugendliche Schönheit hindurchschimmern kann; wiederholt habe sie sich selbst angesehen, aber auch sich umgesehen, ob sie auch ein anderer beschaue, oft habe sie auch nach ihrem eigenen Schatten hingesehen."[557]

Die eine Frau – von Freunden Glückseligkeit, von Feinden aber Lasterhaftigkeit genannt, verspricht Herakles „ein Leben voller Genuss und Reichtum". Weder Not noch Leid sollten ihm begegnen, wenn er ihren Weg befolgt. Das Versprechen eines kurzen und mühelosen Weges zum Lebensgenuss heißt die andere Frau – die personifizierte Tugend – Täuschung, denn „[vo]n dem Guten und

---

555 Kommentar, STA 2, S. 536.

556 Prodikos aus Keos, der berühmte Sophist, soll sich laut Platon der Sympathie von Sokrates erfreuen. Selbst in Aristophanes' *Wolken* finden sich Passagen, in denen sein Wissen und Verstand gelobt werden.

557 Prodikos: Über die Wahl des Herakles. Überliefert durch Xenophon: Erinnerungen an Sokrates (auch Memorabilien), 2, 1, S. 21–34, hier S. 22. zit. nach http://gutenberg.spiegel.de/buch/879/9 (Zugriff: 06.08.2012).

wahrhaft Schönen geben die Götter den Menschen nichts ohne Mühe und Fleiß."[558] Sie verspricht ihm „göttliche Glückseligkeit" – Achtung, Verehrung und Liebe der Menschen, wenn er sich den Anstrengungen unterzieht. Herakles entscheidet sich für den tugendhaften Weg der *Areté*[559] und Ehre und wird auch laut Mythos im Dienste der Menschheit Leiden und Mühsal tragen. Ähnlich wie Sokrates soll er sich von dem ‚Ernst' seiner Kämpfe in Spielen ausgeruht haben.[560] Die Tragik der Herakles-Figur als eines Kämpfers um die Menschenwürde wird Wedekind erst Jahre später zum Fokus seines Dramas *Herakles* machen. Hier kommt der Parabel die Schlüsselfunktion als zweifelfreies Lob der sinnlichen Genüsse zu. Die Tugend ist bei Wedekind sichtlich im Nachteil gegenüber der Lasterhaftigkeit:

> „Eine war die Tugend, / Von nicht mehr allzu großer Jugend, / Vielmehr schon etwas sehr gealtet. / Gesenkten Hauptes schritt sie daher, / Die Hände vor der Brust gefaltet, / Als wenn es eine Priesterin wär'. / [...] In einem recht philisterhaften Kleid / Ein noch philisterhafteres Gerippe." (G, 19)

Die andere Frau – Herrlichkeit und Schönheit in Person – setzt sich dicht zu Herakles auf den Stein und lässt ihr Gewand von der Brust herabfallen, so dass Herakles ihren „schlanken Leib" vor sich „so hingegossen" sehen konnte. Die Entscheidung des jungen Mannes blendet Wedekind aus, indem seine Xenophon-Figur das Ende des Vortrags nicht mehr zu kennen vorgibt, da er ihn zu langweilen begann.[561] So wird die Didaxe der Herakles-Geschichte ironisch unterschlagen:

> „Alcestes: Das thut mir aber wirklich leid;
> Das Ende sollte uns doch etwas lehren.
> Alkibiades: Auch ich war eben drauf bereit,
> Die schönste Katastrophe anzuhören. (G, 22)

---

558 Ebd., S. 28.

559 *Areté* (griech. für Tugend, Tüchtigkeit, Tauglichkeit, „Bestheit" – des Menschen oder Tieres): Platons Lehre über die Tugend, verstanden als die Haltung, das Gute aus innerer Neigung mit Freude zu tun, ist im Dialog *Protagoras* enthalten. Dort setzt Sokrates die Tugend mit dem Wissen gleich. Handlungen wider besseres Wissen – *Akrasia* – sind nach Sokrates nicht möglich. *Areté* entspricht der ursprünglichen Bedeutung des deutschen Wortes Tugend, aber ohne den verächtlichen Nebenklang der heutigen Tugendhaftigkeit (als Braves, Scheinheiliges, Eingebildetes). Vgl. Böhme: Der Typ Sokrates, S. 79–90. Vgl. auch Otto Friedrich Bollnow: Wesen und Wandel der Tugenden. Ullstein Taschenbücher-Verlag: Frankfurt a. M. 1958, S. 12.

560 Radermacher: Weinen und Lachen, S. 139.

561 „[...] Als nämlich sich begann, die Rede auszudehnen, / Da fing auf einmal Alles an zu gähnen. / Ich ging in den Apollogarten / Und trank mein Bier bei einer Partie Karten." (G, 22)

Das Motiv von zwei Frauen als Oppositionen im antiken Ambiente variiert Wedekind im Stück *Franziska* (1911): eine Szene soll laut Regieanweisung in „hügeliger Waldlandschaft auf der Insel Rhodus" spielen: Es ist eine dramatische
Umsetzung des Renaissancegemäldes von Tizian *Himmlische und irdische Liebe*
(um 1515): eine Frau personifiziert hier die Wahrheit, die andere „die heilige
Nacktheit".[562] So scheint Wedekind das libertine Moment seiner Herakles-
Geschichte wiederaufgenommen zu haben. Auch der Platon-Figur legt Wedekind eine seinen Idealismus ironisierende Äußerung in den Mund: In direkter
Anspielung auf Platons erkenntniskritische Grundannahme, dass die Welt nur
ein trügerisches Abbild der Idee ist, wie im sogenannten „Höhlengleichnis" veranschaulicht, lässt er ihn eine eher relativistisch anmutende Aussage verlauten:

> „Ein jeder sieht die Welt nach seiner Weise,
> Und Alcibiades in frischer Lebenskraft
> Kommt wol ein wenig leichter aus dem Geleise.
> Ein Jeder wird einmal solid und fest,
> Wenn ihn des Alters grause Schauer fassen;
> Und wer die Sünde selber nicht verläßt,
> Wird von der Sünde endlich doch verlassen." (G, 21)

Diese Nachsicht gilt Alcibiades,[563] der im Bewusstsein seiner menschlichen
Schwäche („Vollkommen sind die Himmlischen allein, / Doch wir sind Staub,
gefügt mit etwas Kleister [...]", G, 20) wohl gewusst hätte, was an Herakles'
Stelle zu tun sei: „O, wäre ich doch Herakles gewesen, / Ich wüßte wohl, was
ich gethan!" (G, 20) Zuvor berichtete Alcibiades bereits von seinem eigenen
Abenteuer, das ihm als „Eudorens Freier" begegnete: er sah nämlich aus der
Ferne dieselbe im Hain spazieren, als ein Windstoß ihr Gewand fortriss und er
daraufhin, laut Eigenbericht, die Augen zumachte. Gegenüber Sokrates, der ins
Proscenium tritt und nach dem Gegenstand der Unterhaltung fragt, behaupten
die Männer scheinheilig:

> Alcibiades: Wir sprechen von der Sittlichkeit.
> Xenophon: Und sprechen von dem schrecklichen Vergehen,
>   Leichthin darüber wegzusehen. (G, 16)

---

562 Vgl. Kapitel VIII.3.4. Kunst als „Spiegel der Lebensfreude": Hommage an die Nacktheit.
563 Der historische Alkibiades (um 450 v. Chr. – 404 v. Chr.) war ein athenischer
    Staatsmann und Feldherr, der für seinen widersprüchlichen Charakter bekannt war:
    einerseits beredt, tätig, schlau, andererseits unbedacht, zügellos, schwelgerisch,
    ehrgeizig. Er nahm Unterricht bei Sokrates, hatte mit ihm ein Verhältnis, soll von einer
    ausnehmenden Schönheit gewesen sein. Vgl. Burckhardt: Griechische Kulturgeschichte,
    S. 141–146.

So avanciert der Leichtsinn, die Schönheit – hier in Form des entblößten weiblichen Körpers – nicht in Augenschein zu nehmen, d.h. die sich bietende Gelegenheit nicht zu nutzen, zur Verletzung des Sittlichkeitsgebots. Die Geste des Wegsehens, die Xenophon kritisch als „schreckliches Vergehen" verurteilt, wirft ein Licht auf Alcibiades, der seinen Verzicht auf die Konfrontation mit dem Sittlichkeitsgebot zu legitimieren versucht. Wedekind attribuiert Alcibiades, wohl nicht zufällig, mit einem „außerordentlichen Exemplar von Hund", mit dem er sich bei Sokrates zeigt – nämlich einem Hund ohne Schwanz, den der junge Mann „für ganze 1000 Thalern" angeschafft hat. (G, 14f.) Denkbar ist hier die Anspielung auf Ouroboros – den Schwanzverzehrer aus gnostisch spätantiker Tradition. Im Dialog *Timaios* erklärt Platon Ouroboros als Sinnbild der Autarkie, als Zustand ohne Bezug zu oder Bedarf nach einem Außen oder einem Anderen. Die geschlossenen Augen von Alcibiades bedeuten vor diesem Hintergrund in der Tat ein Vergehen gegen die ‚Sittlichkeit': eine Unterlassungssünde.

1.2.2. Mann-Frau-Verkleidungskomödie

Das erotische Motiv steht auch im Zusammenhang mit der Figur des Alcestes. Die im Griechischen ungebräuchliche Variante des weiblichen Namens Alcestis führt in die Mitte einer Verwechslungskomödie:[564] Alcestes erscheint nämlich im Hause Sokrates' in Frauenkleidern, glatt rasiert und weiblich frisiert, da er sich als Mann nicht aus Megara nach Athen hätte begeben dürfen. Da er darauf besteht, gegenüber Xantippe aufgrund deren Geschwätzigkeit seine Identität zu verheimlichen, stellt ihn Alkibiades als seine Freundin Danae, eine von „Frau Aspasia's Kammerzofen" vor. (G, 24) Wedekind spielt hier auf die einflussreiche Hetäre Aspasia von Milet, Freundin und zweite Frau des Perikles an. In der griechischen Mythologie bedeutet Danae Keuschheit. In Wedekinds Stück steht der Name scheinbar in Opposition zu Aspasia. Xantippe verkennt Alcestes und sucht ihn als Freundin für allabendliche Plaudereien zu gewinnen. Zunächst zögerlich unterliegt schließlich Alcestes Xantippes Reizen – sie sei doch „so schön und jung". Er umarmt sie, drückt sie an die Brust, um sie schließlich mit der Wahrheit über sein Geschlecht zu überrumpeln. Aber nicht nur Xantippe wird zum Opfer des Verkleidungsspiels, sondern auch der inzwischen „stark angeheiterte" Sokrates selbst. Den Athenern galt er als ein echtes Unikum, da ihn eine

---

564 Die bekanntesten – von Aristophanes, Shakespeare (*Was ihr wollt, Wie es euch gefällt, Sommernachtstraum*). Vgl. auch Wedekinds Konzept eines weiblichen Faust im Kapitel VIII.2.1. Franziska-Figur: lachend und leichtfüßig.

unbegrenzt hohe Weinverträglichkeit auszeichnete: eine Trinkfestigkeit, die unter keine Norm zu bringen war. Alcibiades berichtet dazu in Platons *Gastmahl*:

> „Durften wir es uns aber wohlergehen lassen, so vermochte er als einziger das zu genießen, besonders wenn er, was ihm freilich zuwider war, zum Trinken genötigt wurde; da übertraf er uns alle. Und worüber man sich am meisten wundern muss: Kein Mensch hat jemals den Sokrates betrunken gesehen [...]."[565]

Wedekinds Sokrates schafft es aber, sich zu betrinken, woraus schwankhaft komische Situationen resultieren und er selbst clowneske Züge bekommt. Ironisch genug stellt sich der Anfang des Festes dar, als Sokrates Platon „[b]ei diesem philosophischen Pokale, / Bei unserem höchsten Ideale" (G, 14) willkommen heißt und das Trinkfest in ein Ritual zu Ehren der „Unsterblichen" eingebunden wird. In dem angetrunkenen Zustand, taumelnd, räsoniert er über das Maßhalten: „Vor allem aber, Freunde haltet Maaß, Und hütet euch besonders vor dem Weine!" (G, 27) Seine Sinnesverwirrung erklärt er sich metaphysisch, indem er seinen Geist „in Himmelshöhen" schweben, sich „aufschwingen", „Das ewig, einzig Wahre zu erspähen" meint. (G, 28f.) Als Xantippe und Platon herzutreten und ihm ins Bett helfen wollen, hält er seine Frau für den verkleideten Alcestes und fordert nachdrücklich im Namen der Wahrheit, „solchen Hocuspocus" sein zu lassen und sie dazu auf, sich zu entkleiden. „Hier oben gilt kein Possenspiel und Trug! / Enthülle dich!" (G, 30) Als die verzweifelte Gattin bereit ist, zu folgen und „ihr Gewand zu öffnen", lässt Platon, um „den Anstand zu wahren" (G, 31) den Vorhang herunter. Damit spielt Wedekind abermals humorvoll auf die Dominanz der abstrakten Idee in der Philosophie Platons.[566]

Unter Wedekinds Feder verliert die Platonische Ethik jede Strenge. Das Bild des Rationalisten Sokrates wird zugunsten seiner Kreatürlichkeit dekonstruiert, sei es nur mit kleinsten Griffen, wie dieser: während er der Geschichte über Herakles zuhört, „stützt er sein müdes Haupt auf den Tisch und beginnt, einzuduseln." (G, 22) Wedekinds Travestie ist vor diesem Hintergrund mehr als nur ein Spiel mit dem Stoff. Sie unterläuft die ethische Strenge beim Lachen, das dogmatisch anmutende Sittlichkeitsgebot.[567]

> „[...] durch die platonische Gesetzgebung [geht] ein asketischer Zug, der an die Regeln klösterlicher Gemeinschaften erinnert. [...] Je weiter die Ethik im Philosophieren der Griechen in den Vordergrund tritt, je mehr sich die Philosophie zur Religion der Gebildeten entwickelt, schwindet in ihr die Heiterkeit und das Verständnis für den Humor, der in den Gegenständen enthalten ist."[568]

---

565 Platon: Symposion, V. 35, S.143. Vgl. Jaspers: Die maßgebenden Menschen, S. 95ff.
566 Kommentar, STA 2, S. 540.
567 Vgl. Radermacher: Weinen und Lachen, S. 126.
568 Ebd., S. 95.

So ist es vielleicht nicht ganz abwegig, den jungen Wedekind in der Frage ‚Sokratismus' auf der Seite eines Aristophanes oder Nietzsche zu wissen: Die Alte Komödie, für die Aristophanes repräsentativ ist, hält sich nämlich nicht an die strenge ethische Norm, der Aristoteles in seiner *Poetica* die Komödie unterzog, indem er diese als eine besondere Art des Hässlichen und Gemeinen definierte, welches allerdings in seiner Wirkung harmlos sei. Zur Poetik der Alten Komödie, auf die Wedekind zu rekurrieren scheint, gehört das dionysisch-orgiastische Moment.[569] In der Alten Komödie des Aristophanes ist das Lachen vielschichtig: „[N]eben dem kathartischen Lachen ist es das ambivalente, das triumphierende, das reflektierende, das ironische, vielleicht sogar das indignierte Lachen (dieses möglicherweise in den *Wolken*), das [...] in den Komödienschlüssen zu erschließen ist."[570] Aristophanes führe seine Leser, so Hegel, in eine Welt der subjektiven Heiterkeit ein: „Ohne ihn gelesen zu haben, lässt sich kaum wissen, wie dem Menschen sauwohl sein kann." Es sei „die lachende Seligkeit der olympischen Götter, ihr unbekümmerter Gleichmut, der in die Menschen heimgekehrt und mit allem fertig ist."[571]

Nietzsches Sokrates-Bild, dass sich aus seiner 18-jährigen Auseinandersetzung mit dem Philosophen ergibt, ist ein äußerst ambivalentes. Sokrates erscheint ihm einerseits als freier Geist, nach eigenem Gutdünken handelnd, mit epochemachender Wirkung: dieser Größe gilt auch seine Anerkennung. Andererseits aber hält er den Sokratismus für eine Verfallserscheinung und der Wissenschaft schädlich.[572] In der *Geburt der Tragödie* erscheint Sokrates als Gegner der tragischen Weltbetrachtung,[573] Verfechter der Vernunft, als Theoretiker, reiner Intellektuelle mit einer Verständnislosigkeit gegenüber der Kunst und insofern ein antidionysischer Geist, ein Instinktverächter, „Bändiger des Gefühlsmäßigen"[574] und Utilitarist mit moralischen Bestrebungen. Der sokratische Rationalismus drückt sich in der christlichen Kultur des Okzidents aus. Die Metaphysik,

---

569 Greiner: Die Komödie, S. 40f.

570 Hellmut Flashar: Aristoteles, das Lachen und die alte Komödie. In: Siegfried Jäkel, Asko Timonen (Hg.): Laughter down the Centuries. Bd. I. Diss. Turku 1994., S. 59–70, hier S. 69f.

571 Georg Wilhelm Friedrich Hegel: Vorlesungen über die Ästhetik in drei Bänden. Bd. 3. Suhrkamp: Frankfurt a. M. 1970 [1835], S. 553f.

572 Vgl. Abma: Sokrates in der deutschen Literatur, S. 36–51, hier S. 46.

573 „Die optimistische Dialektik [...] zerstört das Wesen der Tragödie, welche sich einzig als eine Manifestation und Verbildlichung dionysischer Zustände, als sichtbare Symbolisierung der Musik, als die Traumwelt eines dionysischen Rausches interpretieren lässt". Nietzsche: Die Geburt der Tragödie, S. 89f.

574 Reschke: Die andere Perspektive, S. 274f., unter Verweis auf Nietzsche: Götzen-Dämmerung, (Sokrates 4; 6), S. 69.

die Nietzsche mit Sokratismus oder Platonismus gleichsetzt, sieht er als Schwäche der europäischen, dekadenten Kultur an und spricht in diesem Zusammenhang von sokratischer Dekadenz. In *Götzen-Dämmerung* bezeichnet Nietzsche die sokratische Gleichsetzung von Vernunft, Tugend und Glück als unbegreiflich.[575]

2. Das Image Xanthippes

2.1. Zum Status der Frau im Altertum

Die Position der Frau im antiken Athen steht eindeutig im Widerspruch zum Bild eines als fortschrittlich, frei, gar humanistisch geltenden Staatssystems. Auf der einen Seite wurde „der aristokratische Frauenkult", auf der anderen „die demokratische Misogynie" gepflegt.[576] Der Mann repräsentierte die Zivilisation und hielt die Natur – sprich Frauen – in Schach.[577] Um der Anarchie und dem Chaos vorzubeugen, isolierte das Gesetz Frauen weitgehend.[578] In Sachen Betrug beschuldigte das Athener Patriarchat, bis auf wenige Ausnahmen, lediglich Frauen. Diese gesetzliche Segregation hatte Auswirkungen auf das öffentliche Leben, bzw. die Abwesenheit der Frauen in der Öffentlichkeit: Unabhängig vom gesellschaftlichen Status war ihnen das Haus und nicht die Öffentlichkeit als Ort zugewiesen. Im 5. Jahrhundert v. Chr. waren Frauen von den Symposien und Agonen – den zentralen Kulturereignissen im antiken Athen – ausgeschlossen,[579] es sei denn, sie erfüllten die unterhaltende Funktion als Künstlerinnen (Flöten-, Saiten-, Kitharaspielerinnen und Tänzerinnen) oder als Hetären.[580] Durchschnittliche Frauen durften lediglich an den Familienfesten teilnehmen. Es ist ungewiss, ob sie bei den Aufführungen der griechischen Komödien zugegen sein durften. Die Zeit des *Gastmahls* von Xenophon zeichnet sich durch die stets geringer werdende Rolle der Frau aus. Ihr Geltungsbereich bleibt weiterhin auf das Hauswesen beschränkt; Poesie und Drama ist den Männern vorbehalten. Das patriarchalische Denken manifestierte sich im Umgang mit Frauen: es dominierten frevle und höhnische Reden über sie – sowohl im Alltag als auch in literari-

---

575 Vgl. ebd.

576 Weithmann: Xanthippe und Sokrates, S. 94ff.

577 Ebd., S. 79ff.

578 Weithmann spricht von „orientalischer Abgeschlossenheit" athenischer Frauen. Ebd., S. 88.

579 Dies ist einer der Gründe für die Etablierung der Männerliebe als immanentes Element der griechischen Lebenskultur. Burckhardt: Griechische Kulturgeschichte, S. 93.

580 Ebd., S. 151.

scher Form, so z. B.in *Aias* von Sophokles, wo es heißt: Der Schmuck der Frau sei das Schweigen. Feministische Gelehrte wiesen darauf hin, wie frauenverachtend der männliche Humor war.[581] Dementsprechend gering war auch der Status der Ehe in Athen: die Ehe diente allein zur Erzeugung von Kindern, da nur ehelich gezeugte Kinder in den Augen des Gesetzes Bürger waren.[582]

Die christliche Misogynie normierte Tertullian aus Karthago (*nach 150; †nach 220), ein christlicher Schriftsteller, der das Mittelalter stark beeinflusste.[583] Erst die Scholastik bringt im 13. Jahrhundert im Verhältnis zu Frauen eine Wendung und markiert die Geburt der westlichen Renaissance.

2.2. Xanthippe-Figur in der Überlieferung

Die 2000-jährige Überlieferung über die Person Xanthippes ist eine Geschichte der Diffamierung, welche auf die einzige zeitgenössische Quelle zurückgeht – auf den griechischen Geschichtsschreiber Xenophon. Es ist also nicht die relativ neutrale Sicht Platons, die die Rezeption Xanthippes prägt, sondern Xenophons negatives Bild.[584] Er ist es, der Sokrates das Image eines bescheidenen, zuweilen närrischen, langweiligen oder kuriosen Denkers und Xanthippe das der zänkischsten Ehefrau in der Weltgeschichte verpasste. Dieses Bild soll ihr seitdem anhaften. In Xenophons *Gastmahl* finden wir eine Beschreibung der akrobatischen Kunststücke einer Tänzerin. Beim Zusehen soll Sokrates darauf hinweisen, dass man „seines eignen Vortheils wegen" der Frau alles beibringen kann, was man möchte. Auf die Frage Antisthenes', warum er denn nicht auch Xanthippe erziehe, sondern an ihr „das unleidlichste Weib, das es gibt, [...], je gab und geben wird" habe, antwortete Sokrates:

> „Wer ein Meister im Reiten werden will, tut sich ja, soviel ich sehe, auch nicht die langsamsten Pferde zu, sondern wilde, und denkt, wenn er die bändige, werde er mit den andern leicht umgehn können. Und da ich mit Menschen umgehn und auskommen will, hab ich mir dieses Weib zugetan; denn das weiß ich, wenn ich sie aushalte, kann ich mich mit allen andern Menschen leicht vertragen."[585]

---

581 Bremmer, Roodenburg: Humor und Geschichte, S. 13, mit bibliographischen Hinweisen.
582 Burckhardt: Griechische Kulturgeschichte, S. 146f., vgl. auch S. 250–253. In der griechischen Lebenskultur war die Benachteiligung der Frau gegenüber dem Mann ein permanenter Zustand. Mädchen wurden selbst von den Reichen der Hellas ausgesetzt. Ebd., S. 430f.
583 Weithmann: Xanthippe und Sokrates, S. 165.
584 Ebd., S. 164. Vgl. auch Abma: Sokrates in der deutschen Literatur, S. 96–101.
585 Xenophon: Das Gastmahl. Rowohlt: Hamburg 1957, S. 15. Der Vergleich der Frau zum Pferd ist nicht zufällig: Xantippe heißt im griech. „blondes Pferd".

Bereits in der antiken Überlieferung wird Xanthippe, wie bei Xenophon, jeweils als Kontrastfigur zur Gestalt des Philosophen funktionalisiert.[586] Diogenes Laertius erzählt in seiner Sokrates-Biographie eine Anekdote über das Verhältnis des Philosophen zu seiner Frau:

> „Als Xanthippe ihren geduldigen Ehemann erst nach allen Regeln der Kunst ausgeschimpft hatte und ihm dann noch einen Krug Wasser über den Kopf schüttete, bemerkte Sokrates nur trocken: ‚Hab ich's nicht gesagt, das Xanthippes Donnergrollen noch ein Platzregen folgt?'"[587]

Die Anekdote liefert ein Beispiel für Sokrates' Humor, eine Mischung aus Ernst und Heiterkeit.[588] Es ist aber zugleich ein Paradebeispiel für die Gestaltung eines Klischeebildes Xanthippes. Ähnlich bei Valerius Maximus, der folgende Anekdote erzählt:

> „Ein junger Mann fragte Sokrates einmal, ob er lieber heiraten oder ledig bleiben solle. Worauf der Philosoph ihm auf die Schulter klopfte und sagte: ‚Egal, was du tust – bereuen wirst du's in jedem Fall.'"[589]

Auch die spätere Rezeption kennt viele Beispiele dieses Klischeebildes. Sogar Erasmus von Rotterdam (1469–1536), der humanistische Lehrer Europas ist Autor einer obszönen Burleske über Xanthippe.[590] Seit dem 16. Jahrhundert wird Xanthippe auch kein Eigenname mehr sondern ein Mythos: ein Synonym für „zänkisches Weib",[591] für den Typus einer naiven Kupplerin. Das 19. Jahrhundert mit dem misogynen Philosophen Nietzsche voran, tradiert, bis auf Ausnahmen, diese Linie.[592] Erst die moderne Philologie beginnt sich mit einem kriti-

---

586 Vgl. Weithmann: Xanthippe und Sokrates, S. 157–164.

587 Diogenes Laertios: Leben und Meinungen berühmter Philosophen 2, 36. Zit. nach Karl Wilhelm Weeber (Hg.): Humor in der Antike. Reclam: Stuttgart 2006, S. 29. In einer anderen Übersetzung lautet die Stelle: „Habe ich nicht gesagt, dass Xanthippe, wenn sie donnert, hernach auch Regen spenden wird?" Diogenes Laertius, zit. nach Radermacher: Weinen und Lachen, S. 107f.

588 „Mögen wir auch den Ausspruch theoretisch zur Gattung der Ironie stellen." Radermacher: Weinen und Lachen, S. 108.

589 Valerius Maximus: Facta et dicta memorabilia 7,2, ext.1. Zit. nach Weeber (Hg.): Humor in der Antike, S. 29.

590 Gemeint sind seine *Colloquia familaria* (1523). Vgl. Weithmann: Xanthippe und Sokrates, S. 171f.

591 Darauf basiert Shakespeares *Der Widerspenstigen Zähmung* (ca. 1594). Vgl. ebd., S. 174.

592 Als Rehabilitierungsversuche gelten Fritz Mauthners Roman *Xanthippe* (1849–1923) sowie Hans Sassmanns *Xanthippe. die Ehrenrettung einer klassischen Frau* (1844). Weithmann stellt seinem Text als Motto eine Äußerung Nietzsches voran: „Ein verheirateter Philosoph gehört in die Komödie, dies ist mein Satz. Und Sokrates, jener boshafte Sokrates, hat sich, scheint es, *ironice* nur deswegen verheiratet, um diesen Satz zu demonstrieren." Weithmann: Xanthippe und Sokrates, S. 9.

scheren Blick auf die Legende von diesem Image zu lösen. Und so rekonstruiert der bereits vielfach angeführte Michael Weithmann, in einer Auseinandersetzung mit dem Klischeebild, anhand von zugänglichen Quellen, Tatsachen aus dem Leben der beiden Eheleute vor dem Hintergrund der Verhältnisse im antiken Athen, wobei er die doppelte Perspektivierung annimmt: während die Biographie von Sokrates die männliche Perspektive und die Position des Mannes vermittelt, soll der Blick auf Xanthippe Einsichten in den Status der Frau im antiken Griechenland ermöglichen.

Das Eheleben Sokrates' und Xanthippes umfasst etwa vierzehn Jahre bis zum Tod von Sokrates 399 v. Chr. Das hypothetische Alter Xanthippes im Sokrates-Todesjahr wird von Weithmann für ca. 33 eingeschätzt. Demnach müsste sie im Alter von etwa 20 – ca. 413 v. Chr. – Sokrates geheiratet und ihm drei Söhne zur Welt gebracht haben: 414, 410/411 und 401/400.[593] Als dreifache Mutter erfreute sich Xanthippe auch nach dem Tod ihres Mannes eines hohen Ansehens.[594] Aber auch bereits vor der Heirat genoss sie einen hohen Status: sie besaß alle Bürgerrechte und gehörte zur privilegierten Gesellschaftsschicht Athens.

2.3. Wedekinds Xanthippe

Wedekind tradiert die misogyne, die Moderne weitgehend prägende Linie der Rezeption Xanthippes. Unter seinen frühen Gedichten (Gedichte 1877–1881) befindet sich eines unter dem Titel *Xanthippe*: Wedekind rekurriert hier auf Anekdotisches aus dem Leben der Sokrates-Gattin. Der Name der Ehefrau des Philosophen fungiert als Synonym einer zänkischen, streitsüchtigen Frau. Die oben angeführte, von Diogenes Laertios überlieferte Anekdote dichtet Wedekind nur leicht um:

> „Die böse Frau Xanthippe heißt,
> Die ihren Mann am Halstuch reißt.
> Sie goß das volle Nachtgefäß
> Hinunter über Sokrates.
> Da sprach der Weise sehr verlegen:
> ‚Aufs Donnerwetter folgt der Regen.'"[595]

Die Setzung des Urins an die Stelle des Wassers, wie in der zitierten Anekdote, markiert die Verschiebung zum Satirischen. Im *Gastmahl bei Sokrates* ist das Bild Xantippes (im Stück ohne h) etwas weniger eindeutig: wie in der Überlieferung bleibt sie aus dem Kreis der Disputanten ausgeschlossen und gilt als Stör-

---

593 Ebd., S. 116f.
594 Dies verträgt sich nicht mit dem Leumund, nach dem sie nach Sokrates-Tod dem Wahnsinn verfiel und von der Umwelt verflucht lebte. Ebd., S. 154.
595 Frank Wedekind: Xanthippe. In: Ders.: Werke in drei Bänden, Bd. 2, S. 629.

faktor, da sie aus Eifersucht die Debatten stört. Ihre Naivität und Neugier führt sie stets, ungebeten, unter die Männer, weswegen sie sich das Recht ausnehmen, sie gönnerhaft zu behandeln:

> Sokrates: „Xantippe, flieh, sonst wirst du noch verführt.
> Du willst wol uns're Andacht stören? –
> Was Xenophon philosophirt,
> Das dürfen keine Weiber hören." (G, 20f.)

An anderer Stelle ironisiert Sokrates:

> „Und da kommt meine Alte, o, wie schön!
> Wie leiblich lächelt sie, und wie verständig!
> Hab' ich dich doch schon lang nicht mehr gesehn!
> Xantippe, bist du immer noch lebendig?!" (G, 23)

Auch andere Männer übernehmen diesen ironischen Ton, wenn sie Xantippe als Sokrates' „zärtliche Gattin", als „das Ach und Weh / Von unserm größten Philosophen" (G, 24) bezeichnen. Der Wedekindsche Xenophon vergleicht Xantippe mit der Frau Tugend aus seinem Bericht über Herakles:

> „Die Hände vor der Brust gefaltet,
> Als wenn es eine Priesterin wär.
> Wie deine Frau, voll reiner Sittlichkeit,
> wie deine liebliche Xantippe." (G, 19)

Auf der anderen Seite markiert das Stück, wenn auch in dieser leichten Manier, was Wedekind im Bezug auf das Frauenbild erst entfalten wird: Auch wenn seine Xantippe mit einem Kochlöffel im Gürtel attributiert ist, so lässt er sie verbal auf der Bühne präsent sein und gereimte Tetrameter im trochäischen bzw. jambischen Rhythmus sprechen. Ihr „langer, schnöder Monolog" (G, 12), so Sokrates, eröffnet immerhin das Stück. Xantippe hat das Mahl für die Männer vorbereitet und klagt über ihr Frauenschicksal:

> „Ja, es ist ein traurig Leben,
> Das das Weib auf Erden hat;
> Müßt' ich mich nicht drein ergeben,
> Wär ich längst schon dessen satt." (G, 11)

Dieses Versmaß, trochäischer Tetrameter, charakteristisch u.a. für griechische Dramatiker und lateinische Komiker, brachte eine feierliche Stimmung hervor. In Wedekinds Stück kontrastiert die pathetische Form mit dem banalen Inhalt und ist für den humorvollen, meist ironischen Ton des Stücks mit verantwortlich. Die negative Kehrseite von Xantippes Redegewandtheit stellt ihre Geschwätzigkeit dar, so wenn sie gegenüber Alcestes schwadroniert, den sie für eine Frau hält. (G, 24–26) Während in der Alten Komödie die Frauen – wenn schon keine Hetären – unweiblich, dick und alt waren, ist Wedekinds Xanthippe durchaus attraktiv, wovon auch die Szene mit Alcestes eindeutig zeugt. Anders also als in der antiken Kultur, wo marginale Rolle der Ehefrau einen guten Nährboden für die Entwicklung des Hetärismus bildete[596] und also die Bereiche Ehe und Hetärismus streng getrennt waren, nähert sich Wedekinds Xantippe-Figur einer Hetäre. Nicht weniger bezeichnend ist die Anspielung auf die Hetäre Aspasia, eine Meisterin der Konversation, zu der Sokrates in die Lehre gegangen sein soll. Lange Zeit galt sie als die einzige Frau, der ein Hellene eine bestimmende Rolle in seinem Leben einräumte.[597] Der Dramatiker Wedekind erlaubt sich auch da eine ironische Polemik mit der klischeehaften Überlieferung, nach der Sokrates, laut Xenophons *Symposión*, zwischen Mann und Frau eine überaus scharfe Trennung macht: „Wie ein anderes Kleid den Weibern ansteht als den Männern, so ziemt auch ein anderer Duft dem Mann als dem Weib."[598] Weder Xantippe erkennt Alcestes als Mann, noch Sokrates seine eigene Frau. Dies erst mutet umstürzlerisch an. Die Ambivalenz der Figur unterstreicht der von Xantippe umworbene Alcestes:

> „Himmel, wie geht die ins Zeuch!
> Xenophon, da hast du gleich
> Mit der größten Ähnlichkeit
> Deine Lasterhaftigkeit.
> Und ich bin der Herakles,
> sitze neben der Sirene
> Und vernehme ihre Töne." (G, 25)

So bekommt Wedekinds Xantippe den dunkleren Charakterzug einer femme fatale, womit das Klischeebild einer domestizierten, jovialen Ehefrau eine humoristische Brechung erfährt. Wedekind geht in seinem Figuren-Konzept über den überlieferten Xanthippe-Mythos hinaus und distanziert sich von der antiken männerdominierten, phallokratischen, misogynen Gesellschaft. Bereits im frühen Schaffen ist also Wedekinds Entfernung von der bürgerlichen Geschlechtsmoral und von der traditionellen Vorstellung von Ehe und Familie deutlich,[599] eine Haltung, die sich u.a. in der Betonung der Körperlichkeit als Affirmation des biologischen Aspekts des Lebens artikuliert.

Der auf seine Bildung ehrgeizige Leser/Zuschauer des Wedekindschen *Gastmahls* muss sich zunächst angenehm geschmeichelt, dann aber verspottet fühlen, wenn er den Untertitel *Ein Schauspiel für die gebildete Welt* mit dem Text konfrontiert. Dieser bürgt nämlich keinen philosophischen Disput, sondern

---

596 Burckhardt: Griechische Kulturgeschichte, S. 95, S. 148f und S. 253f.
597 Ebd., S. 148f.
598 Xenophon: Das Gastmahl, S. 12.
599 Vgl. hierzu Höger: Hetärismus, S. 77–89.

wirkt eher ergötzlich durch den frivolen, naiv-heiteren Charakter, durch das alltägliche Kolorit, das leichte Spiel mit dem antiken Stoff. Es ist eine Posse, ein
Genre-Bild, in dem die historischen bzw. legendären, u. U. kothurnmässigen
Gestalten – wie Platon oder Sokrates – wieder belebt werden. Mit dem Stück
knüpft der junge Wedekind an den Ursprung der Komödie an, welche im
5. Jahrhundert v. Chr. offiziell anerkannt wurde. Das Wort ist höchst wahrscheinlich von der griechischen *komodia* – Lied der Gemeinen, Gesang bei einem fröhlichen Umzug – abgeleitet und bezieht sich auf *komos*, die Festgesell-
schaft, den traditionellen Umzug der betrunkenen Teilnehmer eines Symposions,
eines adeligen Trinkgelages. Mit dem Stück *Das Gastmahl bei Sokrates* knüpft
Wedekind an den Ursprung der Komödie an.[600] Hier auch scheint das Fundament für seinen Humorbegriff gelegt zu sein. Die Antike versteht das Unterhaltsame, Heitere, Leichte als komplementär zum Ernsthaftem. Dem Charakter des
Wedekindschen Dramoletts entspricht in der antiken Tradition das Satyrspiel –
ein heiteres, leichtes Nachspiel, welches im Rahmen einer Tetralogie – des Tra-
gödienagons – an Festspieltagen der sogenannten städtischen Dionysien auf die
drei Tragödien folgte. Im antiken Griechentum ist also das Lachen in das Um-
feld des Dionysoskultus eingebunden. Satyrn und Bacchen aus den griechischen
Dionysien stehen am Anfang der Tradition des Narren. Die Antike kennt auch
ein anderes Muster der lustigen Figur: den *Macchus* oder *Mimus albus* (weißer
Mime) in der antiken Komödie Roms. Die Tradition der Symposien kennt ein
entlastendes Intermezzo inmitten des Ernsthaften: in dieser Funktion traten
Spaß- oder Lachemacher, die ungeladen vorbeikamen und die Gäste durch Reden, Bewegung, zuweilen Tanz unterhalten sollten. In Platons *Gastmahl* war es
der junge, etwas naive Agathon, in Xenophons *Symposion* Filipus.[601] Der platonische Sokrates ist einer der Geistesnarren, der die schlimmsten aller Narren –
Protagoras, Gorgias, Prodikos u.a. – zu Fall bringt.[602] Der entgegen der Legende
angeheiterte, taumelnde Sokrates in Wedekinds Stück steht in direkter Nachfolge des Bacchus: es sei an Michelangelos Skulptur des trunkenen Weingottes mit
einer sich an seinem Bein festhaltenden kleinen Satyrfigur erinnert.[603] Aus Mangel an historischen Quellen bzw. aufgrund z. T. festgefahrener, klischeehafter
Bilder wie dieser sind die Figuren in Wedekinds Stück perfekte Projektionsflä-

---

600 Platon (*Philebos*) und Aristoteles (*Poetik*) stellen den Zusammenhang zwischen der
     komodia und der Komik her: das Komische sei am Wesen der Komödie zu erfassen. Vgl.
     Süss: Lachen, Komik, S. 10–20.
601 Vgl. Burckhardt: Griechische Kulturgeschichte, S. 152.
602 Süss: Lachen, Komik, S. 16f. Vgl. Klein, Klein: Sokrates als Narr.
603 Vgl. Michelangelos *Trunkener Bacchus*, Statue von 1496/1497 (Museo Nazionale del
     Bargello, Florenz), eine Besonderheit unter den Bacchus-Darstellungen: schwankender,
     sinnlicher junger Weingott.

chen,[604] die mit ambivalenten Inhalten aufgeladen werden können. Der teilweisen Inkompatibilität der Wedekindschen Figuren-Profile mit der Legende verdankt sich auch der humoristische Charakter des Stücks.[605] Wedekind assimiliert in der Sokrates-Figur „das eminent Griechische" – nämlich die Spannung zwischen Humor und Ernst.[606] Der legendäre Spötter, Meister der Ironie wird selbst zum Verspotteten, wie der Prototyp der antiken komischen Figur, der Gott Hephaistos. Wedekind sieht den Sokrates nicht als Auratiker, sondern hebt beinahe frevelhaft die Körperlichkeit, die Sinnlichkeit, das Erotische seiner Natur hervor. Letzteres betrifft auch andere Träger des Humors im Stück – Xantippe, Alcestes oder Alcibiades. Auf eine konziliante Weise – mit Mitteln der Ironie und Parodie bis hin zum Spott – distanziert sich Wedekind vom Idealismus platonischer Prägung. Der Text hält sich damit an die antiken *decorum*-Vorgaben. Mit der Parabel *Herakles am Scheideweg* scheint der Schlüssel zum Stück gegeben zu sein: in der Frage der humoristischen Ästhetik steht dieser frühe Wedekind-Text selbst am Scheideweg zwischen ‚Sittlichkeit' und ‚Untugend'.

Indem Wedekind der antiken Auffassung entsprechende Idee der Einheit von Geist und Körper forciert, realisiert er auf seine Weise den Alleinheitsmythos, der der Epoche der Moderne immanent ist: die Tendenz der Jahrhundertwende zu „kühne[n] gedanklich[n] Synthesen, Entwürfe[n] und Abstraktionen".[607] Man kann Arthur Kutscher, dem Biographen Wedekinds zustimmen, wenn er sagt:

> „Es ist nicht einzusehen, warum unsere metaphysischen Begriffe und moralischen Kategorien sich auf ewig im Gegensatz zu unserer Freude am Sinnlichen befinden sollten. Das war früher anders, als sich die Anbetung des Geistes mit der Verehrung menschlicher Schönheit unter demselben Tempeldach zusammenfanden."[608]

---

604 Vgl. Abma: Sokrates in der deutschen Literatur, insbes. S. 45 (Nietzsches Subjektivität im Bezug auf Sokrates: die Legende ‚Sokrates') und S. 96 (allgemein über das Bild Xanthippes). Vgl. auch Jaspers: Die maßgebenden Menschen, insbes. S. 99; Böhme: Der Typ Sokrates, S. 142–156.

605 Ein Clown bedient sich bestimmter nicht alltäglicher Körpertechniken und Stilmittel, um die innerseelische humorvolle Haltung nach außen sichtbar zu machen. Anette M. Fried, Joachim Ph. Keller: Identität und Humor. Eine Studie über den Clown. Haag und Herchen: Frankfurt a. M. 1991, insbes. S. 26–53.

606 Mader: Das Problem des Lachens, S. 14.

607 Viktor Žmegač: Zum literarischen Begriff der Jahrhundertwende (um 1900). In: Ders. (Hg.): Deutsche Literatur der Jahrhundertwende. Athenäum: Königstein/Ts. 1981, S. IX–LI, hier S. XLIV.

608 Kutscher: Frank Wedekind, Bd. 3, S. 256.

IV. Körper-Kodierung: Wedekinds Ästhetik des Performativen

1. Die Kunst des Clownesken

Dem Aufsatz *Der Witz und seine Sippe* sind Wedekinds theoretisierende *Zirkus-Essays*[609] an die Seite zu stellen, die gemeinsam die Grundlage für seine ästhetische Theorie bilden.[610] Auch seine humoristische Ästhetik als ihre Funktion kommt ohne das hier entwickelte Modell und den Einfluss des Zirkus nicht aus. Das verbindende Element ist Wedekinds Auffassung vom Körper und dessen Funktionalisierung im Dramentext. Die Begeisterung des Dramatikers für den Zirkus erwachte in Zürich, angeregt durch die Begegnung mit dem sich dort aufhaltenden Freund Willi Rudinoff,[611] der mit dem in Zürich gastierenden *Zirkus Herzog* verbunden war. Eine bedeutende Rolle spielten auch Wedekinds Besuche im Pfauentheater, wo er die Gastauftritte des französischen Wanderzirkus *Cirque Délbosque* erlebt hatte.[612] Wedekinds Pariser Aufenthalte in den 90er Jahren[613] vertiefen noch seine Faszination für die alternativen Künste, darunter

---

609 Alle Essays entstanden als Beiträge für die Neue Zürcher Zeitung: *Zirkusgedanken*: zuerst abgedruckt 29. und 30.06.1887; *Im Zirkus, Im Zirkus II. Das hängende Drahtseil*: Erstdruck in der Beilage zur NZZ von 02. und 05.08.1888, Nr. 215, 2b und Nr. 218, b.

610 Ruth Florack warnt allerdings davor, Wedekinds Dramen einseitig auf eine „Zirkusästhetik" auszurichten. Florack: Wedekinds *Lulu*, S. 11 und öfter. Vgl. auch Schönert: Die (sogenannten) theoretisch-programmatischen Schriften, S. 260.

611 Willi Rudinoff alias Morgenstern, 1866 geborener Opernsänger, Künstler, Schauspieler, Clown, Kunstpfeifer und Tierstimmenimitator. Wedekind lernt ihn bereits 1884 in München kennen und ist in Paris glücklich über das Wiedersehen. Durch ihn macht er Bekanntschaft mit dem russischen Clown Anatol Durow, der ebenfalls ein viel geachteter Dompteur von kleinen Tieren war. Vgl. Regnier: Frank Wedekind, S. 130ff. und S. 412, vgl. auch den enthusiastischen Brief Wedekinds an Rudinoff von 21.08.1912, München. In: Wedekind: GB, Bd. 2, S. 271f.

612 Vgl. Kieser: Benjamin Franklin, S. 337f.

613 Insgesamt verbrachte Wedekind in Paris mehr als drei Jahre – zwischen Dezember 1891 und 1895 (mit Kurzaufenthalten in London). 1898 besuchte er die Stadt wieder. Vgl. Jones: Frank Wedekind: Circus Fan und Günther: Paris als Erlebnis. Fünf Monate der Pariser Aufenthalte sind in einem erhaltenen Pariser Tagebuch dokumentiert. Vgl. hierzu Vinçon: Masken, S. 1492.

für das Variéte: Hier wird er die Inspiration für seine Kunstfiguren finden.[614] Hieraus erwächst auch die Tendenz zum Nebeneinander von Elementen niedriger und hoher Kultur sowie zum verfremdenden Verfahren der Grotesk-Montage.[615] Adorno spricht von „Zirkustableaus" innerhalb der Wedekindschen Texte als der eigentlichen Ausdrucksform, die er für die Bewältigung seiner Stoffe gewählt hat: es seien Standbilder mit einem Stich ins Surreale, mit dem Umschlag vom Tragischen ins Groteske.[616] Der hohe Stellenwert des Bildes, dem eine lebenslang anhaltende Vorliebe zum Performativen und Nonverbalen zugrunde liegt,[617] manifestiert sich bereits in frühen Texten. Eine direkte Übertragung von Wedekinds Erfahrungen mit dem Zirkus stellen seine vier Pantomimen dar.[618] Die hier eingesetzten nonverbalen Mittel wie etwa pantomimische Tableaus, Tanz, oder Dominanz der Bewegung über das Wort prädestinieren die Texte dazu, sie als Vorformen von Wedekinds dramatischer Technik zu betrachten.[619] Unter den Dramen enthalten besonders die aus der Pariser Zeit Zirkus-Zeichen: Hier beendet Wedekind *Fritz Schwiegerling* (1892)[620], hier schreibt er

---

614 Diese „[agieren auf der Bühne] eher als wechselseitige Stichwortgeber denn als Dialogpartner". Florack: Kaufhaus Babylon, S. 88. Auch die antithetische Konstellation von Männer-Figuren ist auf das in den *Zirkusgedanken* entwickelte Modell zurückzuführen. Vgl. hierzu Fernanda Gil Costa: Konstellation der Schwäche und Stärke. Frank Wedekinds Entwürfe von Männerfiguren. In: Dreiseitel, Vinçon (Hg.): Kontinuität – Diskontinuität, S. 149–162, insbes. S. 161f.

615 Zu Episierungsverfahren vgl. insbes. Kesting: Entdeckung und Destruktion; Gerd Witzke: Das epische Theater Wedekinds und Brechts. Diss. Tübingen 1972. Ferner vgl. Boa: The Sexual Circus, insbes. S. 227 (formale Verbindungen u.a. zu Brecht und Artaud im Dramenwerk Wedekinds), sowie Vinçon: Masken, S. 1497f.

616 Adorno: Über den Nachlass Frank Wedekinds, S. 219.

617 Es ist seinen Dramen stets anzumerken, dass der Dramatiker weniger von der Literatur als von der „Spielwelt der Komödianten [herkommt]." Böckmann: Die komödiantischen Grotesken, S. 80. Vgl. auch Irmer: Der Theaterdichter, S. 116f.

618 *Der Schmerzenstanz* (datiert für 1892), *Der Mückenprinz* (1895), *Die Kaiserin von Neufundland* (entstanden wahrscheinlich zwischen 1892 und 1897) – „Eine große Pantomime" für Zirkus Renz, Aufführung 1902 in München bei den *Elf Scharfrichtern*, und *Bethel* (beendet 1893/1894). Die drei ersten Pantomimen wurden zuerst 1897 in *Die Fürstin Russalka* veröffentlicht.

619 „[A] protoform of his dramatic technique", „[T]hese early attempts to communicate via a nonliterary medium (mime) and to affect the audience's senses more directly than was currently being done." Die Pantomimen seien Wedekinds Beitrag zur Gattung des Tragikomischen, wobei Tragödie in „humorous dress" gekleidet werde. Jones: Frank Wedekind: Circus Fan, S. 155.

620 Im Erstdruck *Der Liebestrank. Schwank in drei Aufzügen*, veröffentlicht erst 1899, Uraufführung 1900. Hans-Jochen Irmer weist als erster darauf hin, dass das Stück eine Art Umsetzung des Essays *Zirkusgedanken* in eine „Zirkusdramaturgie" sei: „ein

die erste Fassung von *Die Büchse der Pandora* (1893) – die Basis für die *Lulu*-Tragödien, sowie *Das Sonnenspektrum* (wahrscheinlich 1894). Aber auch in späteren Texten wird Wedekind oft und gerne auf außersprachliche, der clownesken Choreographie nahe stehenden Formen der körperlichen Kunst wie Tanz, Pantomime und Akrobatik[621] zurückgreifen. Als eine offene Erklärung für die Zirkus-Ästhetik ist die Tatsache zu betrachten, dass Wedekind als Schauspieler gerne ein weißes Make-up eines Clowns trug und die Tochter Kadidja seine Wirkung als Dramatiker mit der eines Clowns verglich: „statt über Stühle, ließ [Wedekind] die Leute über Gefühle stolpern". Aber im Unterschied zum Clown suchte er „bedrängende Verbindung und keine Versöhnung."[622]

Mit dem Interesse für die performativen Künste nimmt Wedekind ein virulentes Thema auf und partizipiert rege am Diskurs der Epoche. Denn in den Jahren 1890–1920 ist eine Häufung von Zirkussujets in der Malerei und Dichtung zu beobachten.[623] In dieser Hinsicht hat Wedekind einen Geistesverwandten etwa in Person Hugo von Hofmannsthals, der „verzweifelte Liebe" zu jenen Künsten empfand, „die schweigend ausgeübt werden: die Musik, das Tanzen und alle Künste der Akrobaten und Gaukler."[624] Dieses verstärkte Interesse für Zirkus-Sujets, insbesondere für das Phänomen Clown führt Jean Starobinski in seinem Klassiker *Porträt des Künstlers als Gaukler* auf zwei wichtige Funktionen zurück: einmal als eine Sinnlichkeit betonende, bunte Alternative zur traditionellen Kunst im Verlauf des 19. Jahrhunderts, und ferner als ein Mittel zur Restitution des Körperlichen in der Moderne.[625] Der Clown und die Welt des Zirkus werden so zum Synonym einer alternativen Ästhetik, die sich in ihrer Subversivität jen-

---

extravagantes Welt-Modell", „eine uneigentliche Welt" mit Analogien zur großen eigentlichen Welt. Irmer: Der Theaterdichter, S. 116–120, hier S. 116. Vgl. auch Hartmut Vinçons Analyse des Stücks: Vinçon: Körperliche Kunst, S. 167–182, sowie Jones: Frank Wedekind. Circus-Fan, S. 150ff.

621 Auch erotische Künste fallen unter diesen Begriff. Vinçon: Körperliche Kunst, S. 173.
622 Kadidja Wedekind: Mutmaßungen, S. 15.
623 Der Clown-Mythos entsteht in der Literatur zwischen 1830–1870 und wird dann in der Malerei aufgegriffen. So bei M. Chagall, J. Miró, G. Rouault, G. Seurat, E. Degas, P. Picasso, P. Klee, H. Toulouse-Lautrec. Zur Ikonographie des Clowns: vgl. Jean Starobinski: Porträt des Künstlers als Gaukler. Drei Essays. Fischer: Frankfurt a. M. 1985; Monika Sznajderman: Błazen. Maski i metafory. słowo / obraz / terytoria: Gdańsk 2000, insbes. S. 43.
624 Hugo von Hofmannsthal, zit. nach Benno von Wiese: Das tanzende Universum. In: Ders.: Signaturen. Zu Heinrich Heine und seinem Werk. Erich Schmidt Verlag: Berlin 1976, S. 67–133, hier S. 129. Vgl. auch etwa Hofmannsthals Essay *Über die Pantomime* von 1911.
625 Vgl. Johannes Pankau: Sexualität und Modernität. Studien zum deutschen Drama des Fin de Siècle. Königshausen & Neumann: Würzburg 2005, S. 89.

seits von Zweckrationalität – als „Antithese der Moral, der Wissenschaft, des Lehrhaften" konstituiert.[626] Die Betonung des Körperlichen hängt eng mit dem problematischen Verhältnis zur Körperlichkeit zusammen, das das 19. Jahrhundert vom Mittelalter geerbt hat.[627] Um das durch den Zeitgeist diktierte Unbehagen am Körperlichen zu mildern und die gleichzeitige Schaulust zu rechtfertigen wird der Körper als Reales in seiner „vulgären Gegenwart" abgeschafft und ins Metaphorische, als Objekt des Rituals und Kultes verschoben. Diese zwei Lesarten – eine ‚realistische' und eine ‚symbolistische' werden für den Zirkus der Epoche geltend.

Zu den Vorläufern des sich in der Moderne vollziehenden Erweckung und Rehabilitierung des Körpers und der Sinnlichkeit[628] gehört der Philosoph der Epoche Friedrich Nietzsche, dessen Lob der Bewegung auf „eine Aufwertung des Körpers im Zusammenhang mit einem beweglichen, die diskursive Logik sprengenden Denken" zielt.[629] Aber bereits Heinrich Heine trägt mit seiner materialistischen Anschauung zum Paradigmenwechsel im Bezug auf die Bewertung des Körpers bei.[630] Diese neue Optik mit ihren Widersprüchen – mit einer Ästhetisierung, die den Körper genauso instrumentalisiert und entfremdet, wie die versachlichten Körperdiskurse der Moderne[631] – spiegelt sich in Wedekinds

---

626 Ebd.

627 „Seit dem Mittelalter wird der Tanz mit der Wollust, also mit der Todsünde, assoziiert. In heidnischer Zeit wurden Tänze und Geschicklichkeitsspiele, sobald sie ihre rituelle und magische Bedeutung eingebüßt hatten, für schamlos und entehrend gehalten." Starobinski: Porträt, S. 51.

628 Vgl. Žmegač: Zum literarischen Begriff, S. XLV mit Verweis auf Fritz Horst: Die Dämonisierung des Erotischen in der Literatur des Fin de Siècle. In: Roger Bauer u.a. (Hg.): Fin de Siècle. Zur Literatur und Kunst der Jahrhundertwende. Frankfurt a. M. 1977.

629 Vgl. hierzu Kafitz: Moderne Tendenzen, S. 38, sowie Marschall: TextTanzTheater, S. 145ff.

630 Von ihnen sind solche Botschaften in die deutsche Literatur ausgegangen wie: „die Rechtfertigung des Fleisches, die Weihe des Leibes, die Emanzipation der Sinne, die erotische Freiheit." Dolf Sternberger: Panorama des Jugendstils [1976]. In: Dolf Sternberger: Über Jugendstil. Gesammelte Essays. Insel: Frankfurt a. M. 1977, S. 94–118, hier S. 108.

631 Der Anspruch einer „urzuständlichen Einheit" des Subjekts bleibt somit illusionär. Starobinski entmystifiziert die ästhetizistische Alternative mit Verweisen auf Stilisierung (Dandy) und Inszenierung (der weibliche Körper). Starobinski: Porträt, S. 60f., vgl. Pankau: Sexualität und Modernität, S. 92. Zur Komplementarität von Naturalismus mit seiner naturwissenschaftlichen Orientierung und Ästhetizismus als zwei Antworten auf die gesellschaftlichen Veränderungen, darunter die Reflexion über das nicht mehr homogene Subjekt: vgl. Christa Bürger, Peter Bürger, Jochen Schulte-Sasse (Hg.): Naturalismus / Ästhetizismus. Suhrkamp: Frankfurt a. M. 1979.

Verhältnis zum Körper wider, das im Laufe der Zeit einem Wandel aufgrund seiner wachsenden Einsicht in die restriktive Dimension der perfekten Bewegung unterlag. Zirkus fungiert als Beispiel für diese negative Dialektik zwischen dem dionysischen Ausbruch und Repression der Instinkte, zwischen körperlicher Befreiung und Vermarktung des Körpers.[632] Die zunächst idealisierte Wahrnehmung der Zirkus-Artistik bei Wedekind weicht also mit der Zeit einer zunehmenden Skepsis gegenüber den Erscheinungen der Moderne überhaupt. In den *Zirkusgedanken* postuliert er noch eine Naturmoral als Versöhnung von Geist und Sinnlichkeit und damit eine Rehabilitierung des Körpers.[633] Diese Entwicklung der wachsenden Skepsis äußert sich im grotesken Humor, im Gleichgewicht von Tragik und Komik, und schließlich in der Überhandnahme der Farce.[634] Einen Einschnitt in Wedekinds Auffassung vom Körper und ein vorläufiges Resümee stellt *Hidalla* (1904) dar: hier zeigt sich seine resignierte Haltung gegenüber der Lebensreform, dem Projekt eines an der Natur orientierten Lebens und Denkens.[635] Diese sich immer stärker manifestierende Dialektik vor Augen, die dem Körper und der Bewegung in Wedekinds Dramen inhärent ist, darf man sich seinem in den *Zirkusgedanken* entwickelten Konzept annähern. Zuvor aber ein kurzer Blick auf den Topos Clown.

---

632 „Der durch virtuose Technik beherrschte Körper [...] ist kein entkonditionierter Körper." Vgl. Anette M. Fried, Joachim Ph. Keller: Die Faszination Clown. Patmos: Düsseldorf 1996, S. 160–164, hier S. 161.

633 „It was the body which Wedekind felt to be expressive of the mind, not the mind as expressive of the body – which, perhaps, he thought was the case in contemporary society. Moreover, he advocated not simply one realm or the other – the spirit or the flesh, the soul or the senses – but proposed that fulfillment or happiness of the spirit was in proportion to perfection and satisfaction of the body." Jones: Frank Wedekind: Circus Fan, S. 149.

634 Vgl. Boa: Die unheimliche Heimat, S. 119–147.

635 Rothe: Frank Wedekinds Dramen, S. 80–83. Vgl. auch Pankau: Über die Planbarkeit. Die Einsichten in die gesellschaftlichen Verflechtungen – die Markt- und Machtverhältnisse – und die aus ihnen resultierende Pervertierung des archaischen Körpers legt Wedekind in *Karl Hetmann* (1904) und *Tod und Teufel* (1905) dar: die Herrschaft der kapitalistischen Ratio über die Natur baut auf der patriarchalischen Basis. In *Schloss Wetterstein* (1910) schildert Wedekind dann den „Tiefpunkt sadistischen Ausnützens des Körpers als Spektakel". Boa: Die unheimliche Heimat, S. 145 mit Blick auf Peter Sloterdijks *Zynismus als aufgeklärtes falsches Bewusstsein.* Im Bewusstsein der Schattenseiten der populären Unterhaltung schreibt Wedekind den Essay *Eden* sowie das Roman-Fragment *Mine-Haha*, wo der Tanz als Ausdruck der Sinnlichkeit und Repression des Körpers fungiert. Vgl. ebd., S. 142, sowie Riemenschneider: Bewegungs- und Körperkultur.

1.1. Zur Geschichte der Clownfigur

Der Rückblick auf die Quellen der Clownfigur fruchtet mit einer Menagerie tradierter Bilder: Man findet den Typus in indianischen Mythen, in der Hermes-Figur der Antike, in den Stücken von Aristophanes. Der romantische Synkretismus wird unterschiedliche Typen des Narren aufleben lassen: den spöttelnden Sokrates, Personen aus den Satyrspielen, die mittelalterlichen Spielmänner und Hofnarren, die *bouffons* der Renaissance, den Narren des Erasmus, die Clowns Shakespeares u.a.[636] Der moderne Clown steht im Zusammenhang mit der englischen Pantomime, dann mit dem Zirkus und ist eine Bezeichnung für den berufsmäßigen Spaßmacher. Die historische Entwicklung der Figur geht auf die Satyrn und Bacchen in den griechischen Dionysien zurück. Als Vorläufer des Clowns gelten ferner die Darsteller der guten und bösen Seelen in den frühmittelalterlichen Mysterienspielen sowie die Figuren der italienischen Commedia dell'arte gegen Ende des 16. Jahrhunderts: Kurze Pauseneinlagen während der Stegreifkomödien, der sogenannten *Lazzi* wurden dann zu Clownsnummern.[637] Das 16. Jahrhundert mit der Reformation und dem Calvinismus setzt den Praktiken der Mysterienspiele vorerst ein Ende, aber der Clown findet einen Asyl im Schauspiel: zuerst auf der Wanderbühne der englischen Komödianten, wo er unter dem Namen Pickelhering bekannt ist und als solcher in Deutschland eingeführt wurde. Er vereinigt Elemente der englischen Volkstheatertradition: den *vice* der *morality play*, den *fool* und den *clown*. Sein Reich ist das der Improvisation, des Musizierens, Tanzes, der Akrobatik und Interaktion mit dem Publikum: besonders das letzte Element macht ihn zum Repräsentanten des antiillusionistischen Theaters. Vorwegnehmend ist anzumerken, dass der Begriff Hanswurstiade im 18. Jahrhundert eben auf diese Figur – und nicht auf den Tölpel des 16. Jahrhunderts, mit dem Spottnamen Hans Wurst getauft, zurückgeht.[638] Die komische Person des 18. Jahrhunderts wird zwar als Hanswurst oder Harlekin bezeichnet, entspricht aber grundsätzlich dem Typus des Pickelherings.[639]

---

636 Constantin von Barloewen: Clown. Zur Phänomenologie des Stolperns. Athenäum: Königstein/Ts. 1981, S. 39. Vgl: zudem: Fried, Keller: Identität und Humor, insbes. S. 41 ff., Fried, Keller: Die Faszination Clown, insbes. S. 9 ff.

637 Willliam Willeford: The Fool an his Scepter. A Study in Clowns and Their Audience. Evanston, Illinois 1969, zit. nach Sznajderman: Błazen, S. 17 f.

638 Der Begriff Hanswurstiade ist keine Textsorte, „sondern vielmehr ein Gattungsgrenzen sprengendes und damit auch Gattungen verbindendes theatralisches Moment." Ralf Haekel: Hanswurstiade. In: Erdmann (Hg.): Der komische Körper, S. 101–106, hier S. 105 f.

639 Im Wiener Volkstheater, das den aufklärerischen Gattungspoetiken entgegengesetzt ist, heißen die Narren dann u.a. Hanswurst, Bernardon, Kasperl. Haekel: Hanswurstiade,

Zuvor aber beginnt – im Zusammenhang mit dem Aufstieg des Absolutismus (17./18. Jahrhundert) – der Niedergang des Narrentums. Die lustige Figur aller Typen unterliegt einer zunehmenden Marginalisierung, die durch die Aufklärung und die mit ihr einhergehende Trennung zwischen niederen und hohen Künsten besiegelt wird. Das seiner merkantilen Sachlichkeit verpflichtete Bürgertum vertreibt den Narren aus der gefügten Ordnung an den Rand der Gesellschaft.[640] In der zunehmend literarisierten Komödie, die dem Anspruch auf moralische Lehrhaftigkeit und der Forderung nach einem illusionistischen Drama Folge leistet, werden der lustigen Figur Schranken der Sittlichkeit gesetzt, die zu ihrer weitgehenden Verbürgerlichung führt. Die domestizierte Figur büßt „das archaische, naturhafte und anarchische Element" ein, ihr Körper wird zu einem „matten Leib", dessen Hauptbeschäftigungen auf „Stehen – Sitzen – Gehen" reduziert erscheinen.[641]

An die Stelle des Narren treten zunächst attraktivere Bälle, Hoftheater und Ballett. Im 19. Jahrhundert wird auch die satirische Presse diese Rolle übernehmen. Trotz des ungünstigen Klimas überlebte die komische Figur – und zwar auf freien Bühnen und in wandernden Gauklertruppen. Und nicht zuletzt entsteht auch der Zirkus, aus dem die Kunst des Clowns hervorgeht. Die Entwicklung der Clownfigur im zirzensischen Sinne setzt im 19. Jahrhundert ein und fungiert seitdem als ein Code: Durch seine Präsenz und sein Agieren teilt sich eine neue Optik mit, die Relativität aller Werte und Normen evident macht. Er ist ein Zeichen für Unfestlegbarkeit, Provokationswillen, Dissoziation von Ordnungen, In-Frage-Stellung fragwürdiger Sicherheiten – alles Eigenschaften, die der Clown als Nachfahre des Narren mit ihm teilt. Über das lateinische Wort *colonus* (Bauerntölpel) werden dem Clown Tölpelhaftigkeit, drastische Direkt-

---

S. 104f. Der Autor stützt sich hier auf Helmut G. Asper: Hanswurst. Studien zum Lustigmacher auf der Berufsschauspielerbühne im 17. und 18. Jahrhundert. Lechte: Emsdetten 1980.

640 Einen Schlussakkord bildet das Verbot des Extemporierens auf der Bühne, das anlässlich des Wiener Hanswurst-Streites von 1770 verhängt wird. Der Narr verliert sein bisheriges Publikum, wird immer mehr zu einer Art Varieté-Künstler, der seine eigenen Stücke vorführt. Maurice Lever: Zepter und Narrenkappe. Geschichte des Hofnarren. Dianus-Trikont: München 1983, S. 220.

641 Fried, Keller: Die Faszination Clown, S. 46. Theater- und kulturhistorisch stelle dieser Prozess eine „Abgrenzung gegen die ungeordnete, unzivilisierte, sinnliche Natur" dar, sei eine „kulturpolitische Säuberungswelle". Helmar Schramm: Theatralität und Öffentlichkeit. Vorstudien zur Begriffsgeschichte von ‚Theater'. In: Karlheinz Barck, Martin Fontius, Wolfgang Thierse (Hg.): Ästhetische Grundbegriffe. Studien zu einem historischen Wörterbuch. Akademie Verlag: Berlin 1990, S. 202–242, hier S. 222 und S. 224, zit. nach Marschall: TextTanzTheater, S. 59f.

heit und rüde Umgangsformen zugeschrieben.[642] Als solches ist er Verkörperung des Lächerlichen. Andererseits aber wird er mit dem Erhabenen in Verbindung gesetzt, steht ferner für Lebenslust und Lebensmut.[643] Das Spektrum der Clown-Typen eröffnen tollpatschige und wendige Clowns, Hanswürste, die für das Spiel, für Ausgelassenheit stehen, und schließen Clowns der Besinnung und Reflexion. Charles Baudelaire gilt als der Autor, der im 19. Jahrhundert den Archetypus des tragischen Clowns festlegte: der nach außen fröhlich wirkende Clown verbirgt in seiner Seele einen tief traurigen Zug: das Wissen um die tödliche Kehrseite des ästhetischen Triumphs.[644] Alle Clownstypen gehen grundsätzlich auf zwei Konzepte zurück: den kontinentalen Clown, einen edlen, feinsinnigen Typus (seine Vorläufer sind Arleccino und Pantalone der Commedia dell'arte, Gracioso der spanischen Komödie, Pierrot der französischen Pantomime), und den englischen Clown, der zum schwarzen Humor, Übertreibung und Maßlosigkeit tendiert.[645] Als die populärsten unter den antagonistischen Clownfiguren in der Zirkussymbolik gelten der dumme August und der Weißclown, die oft miteinander auftraten.[646] Diese Rollenkonstellation ist eine Wiederholung des Verhältnisses König-Hofnarr und als solche das Zeugnis für die Universalität der Clown-Figur: „Clowneske Urbilder", so Constantin von Barloewen in der Abhandlung *Clown. Zur Phänomenologie des Stolperns* (1981), „kehren in epochaler Wandlung wieder und [verleihen] dem Clown als einer anthropologischen Konstante seine transkulturelle Gültigkeit."[647] Die Neuzeit bringt eine Verschiebung der Narren/Clown-Figur ins Metaphorische: Das 19. Jahrhundert, vor allem die Romantik, strotzt von Beispielen der Identifikation der Schriftsteller bzw. der durch die Literatur inspirierten Maler mit der Narren- bzw. Clown-

---

642 Im Englischen bedeutete er ursprünglich ebenfalls einen Bauer, Landmann, im Umgangsprachlichen auch ungewollten Tölpel, Typus des reinen Toren, der kindliches treues Gemüt und Weisheit in sich vereinigt.
643 Fried, Keller: Die Faszination Clown, S. 12f. und S. 23–25.
644 Besonders beredt ist der baudelairsche Typus des Alten Gauklers. Vgl. Starobinski: Porträt, S. 73ff. und S. 127ff.
645 Seine Vorväter sind in den Christmas-Pantomimen der Nationaltheater am Anfang des 19. Jahrhunderts zu finden. Fried, Keller: Identität und Humor, S. 53; Dies: Die Faszination Clown, S. 181ff.
646 Der von Tom Belling um das Jahr 1869 erfundene Typus des dummen August setzte sich bald neben dem Weißclown durch. Anfangs karikierte er das Geschehen, trat dann aber fast nur mehr als warmherziger Gegenspieler des besserwisserischen Weißclowns auf. Vgl. Fried, Keller: Identität und Humor, S. 49f. Da Fried/Keller den Clown als „Idee" und ein „innerseelisches Motiv" mit archetypischen Grundzügen begreifen wollen, soll der Dichotomie der beiden Clown-Figuren im Freudschen Strukturmodell jeweils das Über-Ich und das Es entsprechen. Dies.: Die Faszination Clown, S. 10 und S. 179ff.
647 Barloewen: Clown, S. 39.

Gestalt.[648] Jean Starobinski, der sich in *Porträt des Künstlers als Gaukler* mit diesem Aspekt der Identifikation befasst, sieht darin „einen typischen Wesenszug der Modernität".[649]

Zentral bleibt aber für den Clown der Körper als sein Kommunikationsmedium.[650] Walter Benjamin bezeichnete den Clown auch als „Meister der abstrakten Physis".[651] Er gehört zum Bereich der darstellenden Künste: besitzt schauspielerische und pantomimische Fertigkeiten, mit denen er, wie andere Zirkuskünstler – Akrobaten, (Seil)tänzer und -tänzerinnen – direkt auf seinen Körper und seine beschwingte oder künstliche, marionettenhafte Motorik verweist.[652] In diesem quasi materiellen Sinne – über die Bindung an das Bild – kreierte Wedekind seine „comedy of form".[653] Die Clown-Figur ist eine so umfassende, dass sie unabhängig von Wedekinds Umorientierung gegenüber dem Zirkus-Verständnis seine Gültigkeit beibehält, seiner Skepsis gegenüber dem trainierten Körper gar willkommen ist: denn „Dem Clown [...] geht es nicht um die Vorstellung eines bis zur Unnahbarkeit verfremdeten und perfektionierten Körpers."[654] Die Figur des Clowns mit all ihrem Sinngehalt wirft ein Licht auf die individuelle Prägung des Wedekindschen Humorbegriffs.

2. Wedekinds Zirkus-Essays

2.1. Programm der Elastizität in den *Zirkusgedanken*

Unter den sogenannten Zirkus-Essays kommt dem Text *Zirkusgedanken* (1887)[655] eine Vorrangstellung zu: Dies vor allem wegen seines umstrittenen Status als programmatisch für Wedekinds Ästhetik. Während *Zirkusgedanken* neben dem *Witz*-Essay nach Höger den Charakter der Vorgaben zum Verständnis der Werke Wedekinds aus der Zeit 1891–1906 haben,[656] zeigt sich Jörg

---

648 Vgl. Anm. 623.
649 Starobinski: Porträt, S. 11.
650 Fried, Keller: Die Faszination Clown, S. 93ff.
651 Vgl. Walter Benjamin: Ramon Gomez de la Serra: Le Cirque [Rez.] In: Ders: Gesammelte Schriften, Bd. III, S. 70–72, hier S. 71. Auch nach Bergson besteht die Besonderheit des Clowns in seinen körperlichen Aktionen – seinen „Haltungen, Sprünge und Bewegungen." Bergson: Das Lachen (1988), S. 44.
652 Kayser: Das Groteske, S. 138.
653 Jones: Frank Wedekind: Circus Fan, S. 154.
654 Fried, Keller: Die Faszination Clown, S. 164.
655 Frank Wedekind: Zirkusgedanken. In: Jürg Mathes (Hg.): Theorie des literarischen Jugendstils. Reclam: Stuttgart 1984, S. 217–235. Weiter im Text mit der Sigle „Zg" und der Seitenzahl in Klammern zitiert.
656 Höger: Frank Wedekind, S. 61 und S. 67.

Schönert skeptisch: mit *Zirkusgedanken* baue Wedekind „keine feste anthropologische, ethische und ästhetische Position" auf, die widerrufen werden könnte. Es hat vielmehr den Charakter eines „spielerisch-erkundende[n] Experiment[s] mit unterschiedlichen Gesten der Reflexion" – „mit weltanschaulichen Standpunkten, Lebenshaltungen und Kunstkonzepten".[657] In einer spielerischen Form, die Jörg Schönert aufgrund ihrer Unverbindlichkeit bemängelt,[658] stellt Wedekind im Essay seiner Epoche eine Diagnose:

> „Es ist doch eigentlich ein recht fatales Zeichen der Zeit, dass wir moderne Menschen uns immer zuerst rechtfertigen, ja entschuldigen zu müssen glauben, bevor wir es wagen, unserer Begeisterung die Zügel schießen zu lassen." (Zg, 218)

Die Einsicht in die Unfähigkeit zu Genuss und Begeisterung wird zum Anlass genommen, sich der vitalistischen Alternative zum ungeliebten Status quo anzunähern. Dies geschieht durch einen Kopfsprung in die Manege – eine Metapher des Eintauchens in die Kindheit:[659] Am „außerordentlichen Springpferd" Emerald, der zweimal Fiasko erlebt und erst beim dritten Mal über die Schranke gelangt, studiert Wedekind die menschliche Kondition: „die sonnige Jugendfröhlichkeit", „den harmlosen Genuss", „lachendes Spiel" und „süßernstes Träumen" einerseits, brutale Enttäuschungen und Einsicht in die Vergeblichkeit des Trachtens nach dem Glück andererseits. (Zg, 219)[660] Tier und Manege werden allegorisch in den Dienst einer Anthropologie gestellt: die zentrale, viel zitierte Aussage über die Eigenart des Zirkus lautet folgendermaßen:

> „das maßgebende Prinzip der Manege ist die Elastizität, die plastisch-allegorische Darstellung einer Lebensweisheit, deren gerade wir Kinder des neunzehnten Jahrhunderts [...] am meisten bedürfen. Kühner, rasch entschlossener Anlauf im günstigen Moment der Erregung; leichter, lachender Sprung; und wenn der Fuß die Erde

---

657 Diese Überlegung resultiert aus der Einsicht, dass jede Programmatik der vitalistischen Lebensauffassung widerspricht, wie Wedekind ausdrücklich in *Der Witz und seine Sippe* formuliert, indem er sich von den Versuchen distanziert, „die individuellen Erscheinungsformen in ausschließende Definitionen, in unantastbare Hypothesen zu bannen". Schönert: Die (sogenannten) theoretisch-programmatischen Schriften, S. 253ff. Vgl. zudem Finger, Kathöfer: A Reputation Reassessed.

658 Die Essays zeichnet ein plauderhafter Ton mit Elementen des Vortrags, mit Dialogpartien und szenischen Elementen aus. Das Spielerische als das Umgangsprinzip des Autors mit dem eigenen Text habe mehr Gewicht als die Begrifflichkeit. Schönert: Die (sogenannten) theoretisch-programmatischen Schriften, S. 252.

659 „Jetzt werde ich mich kopfüber hinunterstürzen in das wogende, funkelnde Meer, [...] in den schäumenden Strom, der Erinnerung nämlich, und zwar mit derselben Selbstvergessenheit und Zügellosigkeit, mit der jugendliche, zartgebaute Rapphengst mit den dunklen Kinderaugen plötzlich auf geschwinden Füssen in die Manege gestürzt kommt." (Zg, 218)

660 Vgl. Kieser: Benjamin Franklin, S. 341f.

berührt, eine gefällige Kniebeuge, daß man nicht auf die Nase fällt; fabelhafte Virtuosität im Kleinen, um alle Welt in Erstaunen setzende Effekte zu erzielen – sollten das nicht zeitgemäße Devisen sein? Jeder von uns stürzt einmal zur Tiefe nieder. Wem aber dann die Elastizität im Fußgelenk fehlt, dem wird jene Ferse zur Achillesferse; sie zerreißt, er bleibt liegen und die wilde Jagd geht johlend und kläffend achtlos über ihn hin. Menschenleben zu Tausenden werden so in den Staub getreten [...]". (Zg, 221)

Elastizität als das höchste Zirkus-Prinzip hat für Wedekind den Rang einer Lebensphilosophie,[661] bedeutet ein pragmatisches Verhalten, eine Anpassungsfähigkeit, die sich „unter widrigen Umständen als Wille zum Leben" formiere.[662] Im Symbol der „Korridorlampe" (Zg, 223), die gleichzeitig zwei entgegengesetzte Bereiche, Philosophie und Zirkus, beleuchtet, beansprucht Wedekind für sich als Künstler eine neutralisierende, ausbalancierte Position: „Es ist doch recht hübsch, wenn man immer gleich einen Anknüpfungspunkt findet." (Zg, 224) Die Wedekindsche Anthroposophie bedient sich einer phänomenologischen Gegenüberstellung von Seiltanz und Trapezkunst:[663] die Seiltänzerin befindet sich im labilen Gleichgewicht, welches jeden Augenblick neu erkämpft werden muss, während die Trapezkünstlerin sich eines stabilen Gleichgewichts erfreut. Die letztere vertritt den Typus des „abstrakt-erhabenen" Idealisten: hierzu gehören

> „alle Wüstenprediger und Säulenheiligen, auch viele politische Schwärmer [...], kurz, Menschen, sie sich für die nackte Idee begeistern – diese einen, sag ich, projizieren das in ihrem Innern geborene Ideal direkt an das Himmelsgewölbe, um es dort oben als urewig-göttliche Offenbarung [...] bewundern zu können. An dieser Projektion ohne jede tiefergehende Beziehung zur realen Welt ist nun ihre ganze Lebensführung quasi aufgehängt [...]" (Zg, 225)

Man nenne diese Art Menschen auch „Wolkentreter", sie fühlen sich „hoch über der Menschheit", leben in einer „Ätherhöhe", wovon sie durch einen Streich des Schicksals kopfüber stürzen und sich das Genick brechen können. (Zg, 225)

Die Wedekindschen „abstrakt-erhabenen" Idealisten korrespondieren mit jenem Typus der „großen Zerstreuten", die Henri Bergson als Beispiel der komisch wirkenden Mechanisierung beschreibt:

---

661 Ihm – „dem wenigstens im Materiellen, konsequentesten Nichtphilister unserer Tage – aus einem Gemisch von modernem Machiavellismus und Casanovatum heraus [ist] das Leben Kunst des Purzelbaums, saltomortalische Kunst. Hauptbedingung: dass man nur ja immer wieder auf die Beine zu stehen kommt." Arthur Moeller-Bruck: Frank Wedekind. In: Ders.: Die moderne Literatur, S. 39–46, hier S. 41.
662 Höger: Frank Wedekind, S. 66.
663 Vgl. Marschall: TextTanzTheater, S. 164.

„Ja, jene verträumten Gesellen, jene Überspannten, jene so seltsam vernünftigen Narren machen uns lachen [...] Sie alle sind Läufer, die hinfallen, und Naive, die man hinters Licht führt, Sterngucker, die über Realitäten stolpern, arglose Träumer, denen das Leben boshaft mitspielt." Ihr Geist ist beherrscht von der „Starrheit einer fixen Idee".[664]

Die Seiltänzerin dagegen repräsentiert die Kategorie „höherer" bzw. „real-praktischer" Idealisten: zu diesem Typus gehören

„jene praktisch brauchbaren Menschen, die sich aus den jeweils gegebenen Lebens-verhältnissen ein Bild von gewisser Vollkommenheit herauskonstruieren, dem sie in treuem Eifer nachzustreben bemüht sind. [...] Alles Schwärmen, alles Hingeben der Persönlichkeit an abstrakte Probleme erklären sie für Unsinn. [...] So sind sie denn, ein jeder auf seiner Bahn, gründliche Gelehrte, gewissenhafte Beamte, geschickte Handwerker, allsorgende Hausväter, liebende Mütter oder endlich harmonisch aus-gebildete ‚Menschen' geworden." (Zg, 226)

Zu den Seiltänzern zählt Wedekind den „Universalmenschen" Goethe und erläu-tert: „Das aber ist das Große, das Gewaltige an ihm, daß er ununterbrochen auf realem Boden steht und stehen will." (Zg, 226) Wedekind spricht an dieser Stel-le eine Hommage an Faust und dessen Leben als „vielgestaltiger Balanceakt" aus. (Zg, 226f.) Eine Balance besteht demnach in einem undogmatischen, stets kritisch hinterfragten Standpunkt.

Die Wedekindsche Kategorie der „real-praktischen" Idealisten steht Karl Ju-lius Webers (1767–1832) „praktischen Humoristen" nahe. Unter dem Titel *De-mokritos oder die Papiere eines lachenden Philosophen*[665] versammelt der Auf-klärer Weber eine Reihe von Aufsätzen und Skizzen zu bedeutenden und trivia-len Fragen ästhetischer, ethischer, sozialer, kultureller und politischer Natur, die im Stil der Satire der französischen Aufklärung oder der „praktischen Humoris-ten" der englischen Aufklärung (Lawrence Sternes *Tristram Shandy*) verfasst sind. Der Titel bezieht sich auf den antiken Philosophen, der in der Volksüber-lieferung als „lachender Demokrit" im Gegensatz zum „weinenden Heraklit" überlebte. Wedekind dürfte eine Reihe von Webers Texten bekannt sein, da die-se in der Zeitschrift *Simplizissimus* abgedruckt wurden. Der Aufsatz *Praktische Humoristen im Leben*[666] beginnt mit folgender Beobachtung:

---

664 Bergson: Das Lachen, S. 18.
665 Webers *Demokritos oder die Papiere eines lachenden Philosophen* ist postum erschienen 1832 bis 1836 im Umfang von sechs Doppelbänden. Herbert Greiner-Mai: Mutmaßungen über einen Vergessenen. Ein Vorwort. In: Karl Julius Weber: Demokritos. 45 muntere Stücklein aus den hinterlassenen Papieren des lachenden Philosophen. Eulenspiegel: Berlin 1984, S. 5–10.
666 Weber: Demokritos, S. 117–127.

„Humoristische Charaktere mit ihrer Offenherzigkeit, Gemütlichkeit und Verachtung dessen, was die Welt ‚Konvention' nennt, müssen notwendig mit Alltagsmenschen im geraden Widerspruch stehen. Im wirklichen Leben, wo Originalität und Offenheit so gern mit Derbheit und Roheit verwechselt wird, namentlich in einem Zeitalter, das Geschliffenheit und Aalglätte für Kultur und die Schale für Kern oder Frucht hält, müssen Humoristen unangenehm werden."[667]

Die Reihe mit Beispielen eröffnen „praktische Humoristen" der Antike: Timons grober und Diogenes' „heiterer, komischer, gutherziger" Humor – sie exemplifizieren „zweierlei Arten Humoristen": „durch Kopf oder eigentümliches Denken und Urteilen und durch Herz, durch eigentümliche Empfindungen und Neigungen."[668] Weber verschreibt sich einer weit gefassten Humor-Definition, die nach dem antiken Muster die Grenze des guten Geschmacks nicht überschreitet, zugleich aber nicht in Harmlosigkeit aufgeht und nach der englischen Definition das Unkonventionelle bis Extravagante einschließt.[669]

Wedekinds auf dem Vergleich der Seiltänzerin und Trapezkünstlerin basierende „komparatistische Ästhetik"[670] wertet Sinnlichkeit und Körperlichkeit auf: Im Konzept der „geistigen Materie", des subjektiven Materialismus, dessen Sinnbild der menschliche Körper ist, spricht sich der Autor für eine mittlere Position zwischen den Extremen aus: auf der einen Seite lehnt er die abstrakte Geistigkeit – den „Hyperspiritualismus" des klassischen Idealismus ab, auf der anderen verweigert er sich der mimetischen Kunst, dem „Ultrarealismus" der Naturalisten.[671] In Wedekinds Vision kommt der Kunst die Aufgabe zu, eine Einheit der Prinzipien Schönheit und Geist, Vernunft und Lustprinzip zu verkünden.[672] Mit einem so verstandenen, synthetischen Zirkus-Code überschreitet Wedekinds Kunstbegriff die Trennung von niederer, sinnbezogener Vergnü-

---

667 Ebd., S. 117.

668 Ebd., S. 120. Die meisten und besten Beispiele für Kopf- wie Herzhumoristen seien in Großbritannien zu finden, und das sowohl auf dem literarischen Feld – mit Lawrence Sternes Roman *Tristram Shandy* voran, wie im Alltag.

669 Ein humoristischer Streit darf ernst sein, der Humor sich dem Spott nähern. Ebd., S. 120ff.

670 Marschall: TextTanzTheater, S. 167.

671 Die Favorisierung der Seiltänzerinnen-Artistik beinhalte einerseits Nähe zur Realität, andererseits schwebende Distanz. Gerhart Pickerodt: Frank Wedekind. *Frühlings Erwachen.* Diesterweg: Frankfurt a. M. u.a. 1984, insbes. S. 7–12, hier S. 9f. An die Stelle „idealer Programmatik" trete „sozialer und kommerzieller Pragmatismus". Vgl. Eike Middell: Literatur zweier Kaiserreiche. Deutsche und österreichische Literatur der Jahrhundertwende. Akademie Verlag: Berlin 1993, insbes. S. 88f.

672 Vinçon: Frank Wedekind, S. 150f. Hier auch ein Forschungsbericht. Vgl. auch Vinçon: Körperliche Kunst, S. 175f.

gungskunst und esoterischer, hoher Kunst.[673] Mit Hofmannsthal und Isadora Duncan teilt Wedekind die Auffassung, dass das Naturhafte am Menschen seine Individualität und nicht, wie in der deutschen Klassik, das Allgemeine ist.[674] Die in der Philosophie des Abendlandes verankerte Dominanz des Geistes über den Körper wird somit quasi aufgewogen, ohne dass der Autor die dualistische Struktur verlässt. Die primär an den vitalen Körper gebundene Elastizität als das Prinzip der Manege wird nach diesem Konzept zu einer Qualität des Geistes,[675] womit das Kunstprogramm auch eine subversive, gegen die Erstarrung der bürgerlichen Zivilisation und den autoritären Charakter der wilhelminischen Gesellschaft gerichtete Komponente erhält.[676] Die apologetisch betrachtete Elastizität, für die auch andere synonymen Attribute stehen wie „Anmut, Feinheit, Grazie", sowie „Behendigkeit, Geschmeidigkeit und Beweglichkeit" (Zg, 222 und 231),[677] schließt einen Humorbegriff ein, der starke Affinitäten zu Nietzsches Modell von Leichtigkeit *versus* Schwere aufweist. Zum einen wird die körperliche bzw. geistige Bewegung mit dem Lachen kurzgeschlossen („lachendes Spiel", „leichter, lachender Sprung" (Zg, 221)). Mit der im Zeichen der Dekadenz stehenden Erkenntnis über die Zeitgenossen als „traurige, energielose Tänzer" (Zg, 217) – kontrastiert die Zirkuskunst als Synonym der vitalisierenden Erfahrung und also Antithese der Zivilisation. Diese frühe Auffassung über die

---

673 Pickerodt: Frank Wedekind, S. 10. Ähnlich Suzanne Marschall: die Parallelisierung von Zirkus und Philosophie prädestiniere Wedekind zum „Urahn des postmodernen Appells *Cross the Border – Close the Gap*". (Leslie Fiedlers Essay von 1969, ein Gründungstext der Postmoderne). Marschall: TextTanzTheater, S. 164.

674 Rothe polemisiert hier mit Viktor Žmegač, der Wedekinds Utopie der Synthese von Geist und Körper mit der klassischen antiken Vorstellung identifiziert, nach der die körperliche Schönheit als Ausdruck des Geistigen aufgefasst wird. Wedekinds Betonung des naturhaften, dynamischen Moments stehe im Gegensatz zur deutschen Klassik: „Nicht allein Wedekind lehnt das Idealschöne als Ausdruck falscher Innerlichkeit ab und wendet sich dem bewegten Extrovertiert-Schönen zu." Rothe: Frank Wedekinds Dramen, S. 77f.

675 Gleichgewicht und Elastizität seien die Hauptfaktoren einer starken Seele. Schröder-Zebralla: Wedekinds religiöser Sensualismus, S. 151. Die Tanzmetapher ist vielleicht der beste außersprachliche Ausdruck für die Synthese von Geist und Körper als neue Utopie des gesellschaftlichen Lebens. Kutscher: Frank Wedekind, Bd. 2, S. 122. Vgl. auch Höger: Hetärismus, insbes. S. 158–165.

676 Vgl. Volker Klotz: Dramaturgie des Publikums. Hanser: München 1976, S. 140; Dreisbach: Disziplin und Moderne, S. 330; Riedlinger: Aneignungen, S. 96 mit weiteren Literaturhinweisen.

677 Ähnliche Attributskolonnen bei Kleist: „Ruhe, Leichtigkeit und Anmuth", „Ebenmaß, Beweglichkeit, Leichtigkeit". Heinrich von Kleist: Über das Marionettentheater (1810). In: Ders.: Werke in zwei Bänden. Aufbau Verlag: Berlin, Weimar 1985, Bd. 1, S. 314–321, hier S. 316f. Unverkennbar ist dabei auch der Einfluss Heines. Vgl. Kapitel VIII.4. Das Erbe Heines in *Franziska*.

Zeitgenossen korrespondiert mit Wedekinds 1910 formulierten Diagnose von „unserer grauenvoll humorlosen Zeit".[678] Derartige Aussagen erinnern an den Stil Nietzsches. *Zarathustra* ist wohl auch für Wedekind das primäre Text-Archiv: Die in der Forschung am meisten erwähnte Motiv-Parallele stellt die Seil-Tänzer-Metapher dar. Parallelen gibt es aber mehr: z.B. Zarathustra ist ein lachender Tänzer und Sänger. Signifikanterweise tritt zudem in beiden Texten das Esel-Motiv auf: Der Essay endet mit der Erinnerung an die Gastvorstellung eines berühmten amerikanischen Zirkus, der Wedekind einmal beiwohnte. Auf dem Programm stand u.a. folgende Hanswurstnummer: Ein „frivoler Mensch" befestigt einem hungrigen Esel namens Blondin einen Bündel mit dem Hafer über dem Kopf und zwar so, dass er es gerade wittern kann und „mit gierig schnappendem, empor gestrecktem Maul und sehnsüchtig aus dem Kopf treten-den Augen" ihm hungrig und verzweifelt nachjagen muss. Der neben dem Autor sitzende Dichter schrieb daraufhin schnell einige Klage-Verse über das Schick-sal des Tieres nieder:

> I-a, i-a!
> Wie bist du so nah
> Und doch so fern,
> O Glück, o Stern!
> Ach, welche Qual,
> Meinem Ideal
> Stets fern und nah –
> I-a! I-a! (Zg, 235)

Bei Nietzsche sprechen die Freunde Zarathustras eine „Esellitanei" und zwar als Ausdruck ihrer „Genesung" im Sinne der von Zarathustra geförderten Ideologie. Das angebetete Tier bejaht die Aufrufe, der raffrainartige Passus heißt hier: „Der Esel aber schrie dazu I-A."[679] Nietzsches Esellitanei rekurriert parodistisch auf die sogenannten Feste der Verrückten oder Feste des Esels mit der Eselsliturgie als Hauptereignis. Der Esel galt dort als „evangelisches Symbol der Demütigung und Erniedrigung und dann der Erneuerung, die sie immer begleitet."[680] *Serio ludere* hieß diese Gattung:[681] eine Form von *parodia sacra*, karnevalistischer heiliger Spott. Bei Nietzsche handelt es sich um die Gotteslästerung mit den

---

678 Wedekinds Antwort auf Roda Rodas Dank für die Widmung für sein *Wetlhumor*, am 25. August 1910. Vgl. Anm. 86, 175 und 176.

679 Nietzsche: Also sprach Zarathustra, S 215.

680 Jan Kott: Szekspir współczesny. Wydawnictwo Literackie: Krakow 1999, S. 123f. [Diese Ausgabe nimmt Bezug, im Unterschied zu deutschen Fassungen, auf die zweite erweiterte Ausgabe des Textes von 1997].

681 Als ihr Muster gelten die bacchischen Fragmente aus Platons *Phaidros*.

Mitteln des Niedrig-Grotesken.[682] Dieses Modell entspricht dem Code Michail Bachtins – der karnevalistischen Tradition des „ernsten Lachens" und der Vitalität.[683] Die karnevalistische Eselsmaske steht symbolisch für das ‚unten' als Zeichen der Erniedrigung, aber zugleich als Moment der Begegnung mit dem Höheren, Geistigen. Die Zeichen des ‚unten' erklären und demythisieren bzw. demystifizieren die Zeichen des ‚oben', beide sind austauschbar, so dass Tugend und Schönheit keinen Schutz vor dem Spott bieten.[684] Die Tradition der Feste des Esels, die in der Renaissance gipfelt, *Der goldene Esel* des Luzius Apuleius war in der Renaissance neben dem Paulschen *Brief an die Korinther* der bekannteste und vielfach kommentierte Text, reicht zu den römischen Saturnalien zurück und findet ihre Fortsetzung in den mittelalterlichen *ludi*.

Für *Zirkusgedanken*, wie generell für Wedekinds Humor, trifft der Interpretationscode des Niedrig-Grotesken allerdings nur bedingt zu: In der Figur des Esels wird das ‚oben' zwar parodistisch angegriffen, aber es handelt sich um eine viel subtilere Form als in der Tradition eines Rabelais oder in der aggressiven Parodie Nietzsches. Die Tradition, aus der Wedekinds Esel abgeleitet wird, ist eine weitgehende Korrektur des frühen ludischen Topos: Wedekind rekurriert vielmehr auf ein bekanntes, in der Dichtung wie in der Malerei vertretenes Zirkussujet – auf das Motiv des Esels als Begleiter des Hanswurst. Auf dem berühmten Pierrot-Bild *Gilles* (1719) von Antoine Watteau sind im Hintergrund ein Esel und einige Schauspieler der Commedia dell'arte abgebildet. Bei Germain Nouveau (1851–1920) lesen wir folgende Verse, die sich auf dieses Gemälde beziehen:

„Hanswurst, Sohn Watteaus, großer Bruder der weißen Lilien, stehst aufrecht in der Sonne und bist vom Mond gefallen, sag, bist du schwermütig oder bist du froh, in

---

682 Der Esel steht allegorisch für das Laster der Trägheit (*acedia*) und Dummheit. Sein Unwissen ist ein Beispiel für die Häresie der Gottesleugner. Das erklärt, dass er nach mittelalterlicher Auffassung bei der Schöpfung die langen Ohren des Teufels erhielt. Diese als Narrenattribut bezeugen dessen Teufelsnähe bzw. Gottesferne. Die Eselsohren an der Narrengugel bildeten sich in der zweiten Hälfte des 13. Jahrhunderts aus. Er steht ferner für das Knechthafte, das Geduldige, das Schweigsame, das Gleichgültige. Vgl. Kunnas: Nietzsches Lachen, S. 115f. Von der Antike bis in die Renaissance wurde ihm die größte Potenz zugeschrieben: So in Shakespeares *Sommernachtstraum*. Vgl. Jan Kott: Shakespeare heute. Piper: München 1970, S. 227.

683 Jan Kott beobachtet zwei Codes, Sprachen oder Systeme, in denen *Der goldene Esel* interpretiert wurde: Neben dem Code Bachtins sieht er einen zweiten, den er neoplatonisch, hermetisch oder christlich-metaphysisch nennt. Beide Codes verweisen aber auf den Austausch zwischen ‚oben' und ‚unten': auf das, was oberhalb und unterhalb des Verstandes ist. Kott: Szekspir współczesny, S. 117.

684 Ebd.

deinen schlotternden Kleidern? i-aht der Esel? Oder geht dir etwa der Doktor auf die Nerven."[685]

Es ist der weiße Clown der Commedia dell'arte und nicht der tölpelhafte dumme August, der hier in Gesellschaft des Esels auftritt und ihn mit seiner metaphysischen Natur quasi vereinnahmt.

Das Motiv der fernen Sterne als Synonym des in Wedekinds Essay entwerteten „abstrakt-erhabenen" Idealismus lässt aber auch an andere Intertexte denken: eine der Seiltänzer-Oden Théodore de Banvilles (1823–1891) liest sich wie eine Exemplifizierung der realitätsfernen Kunst. Sie erzählt von einem Clown, der die tristen Realien – „Börsenspekulanten mit goldumränderten Brillen, Kritikaster, Fräuleins und eifernde Realisten"[686] – zurücklassen wollte – eine Sehnsucht, die Banvilles gewähren lässt:

> „Und endlich sprang der Clown von seiner schäbigen Leiter hoch, so hoch! dass er, unter Fanfarenschall und Trommelwirbel, das Zeltdach durchbrach – das Herz von Liebe verzehrt, so rollte er in die Sterne."[687]

Die Leistung des akrobatischen Clowns war dem Autor das allegorische Äquivalent zum Dichten:

> „[...] Der Sprung banvilleschen Clowns, seine vertikale Flucht hinaus aus dem enttäuschenden Realen – das sind die faszinierenden Volten eines Geistes, der seine Freiheit bezeugt, indem er die unvollkommene Kontingenz aufs heftigste zurückweist."[688]

Bei Wedekind müssen derartig veranlagte Dichter oder Philosophen notwendig stürzen: „Jeder von uns stürzt einmal zur Tiefe nieder. Wem aber dann die Elastizität im Fußgelenk fehlt, dem wird jene Ferse zur Achillesferse." (Zg, 221) So erging es dem Protophilosophen Tales von Milet im Bericht des platonischen Sokrates:

> „So erzählt man sich von Thales, er sei, während er sich mit dem Himmelsgewölbe beschäftigte und nach oben blickte, in einen Brunnen gefallen. Darüber habe ihn eine witzige und hübsche thrakische Dienstmagd ausgelacht und gesagt, er wolle da mit aller Leidenschaft die Dinge am Himmel zu wissen bekommen, während ihm doch schon das, was ihm vor der Nase und den Füßen läge, verborgen bleibe."[689]

Mit seiner Weltabgewandtheit und Geistesabwesenheit ist Thales ein Prototyp von Don Quijote, der in den moosigen Teich stürzt, weil er in die Sterne

---

685 Zit. nach Starobinski: Porträt, S. 64.
686 „Weiter! Und höher! Noch seh ich Börsenspekulanten mit goldumränderten Brillen, Kritikaster, Fräuleins und eifernde Realisten. Höher! Weiter? Mehr Luft! und Bläue! Flügel! Flügel! Flügel!" Ebd., S. 33.
687 Ebd.
688 Vgl. Ebd., S. 30ff., hier S. 35.
689 Plato: Theaetet 174 AB, zit. nach Blumenberg: Der Sturz des Protophilosophen, S. 11.

schaut.[690] Die gemeine Magd präsentiert eine Schadenfreude über den misslungenen olympischen Blick des Philosophen und steht selber für Realitätssinn. Die Komik der Situation mag in der „Distanz des Gegenstandes" begründet sein, denn es handelt sich um zwei unterschiedliche Lebenswelten, die einander nicht wahrhaben wollen.[691] In der Thales-Figur ist auch die Präfiguration des Schriftstellers und Dichters erfasst, der in den Augen der sich auf ihren Realismus berufenden Gemeinheit lächerlich wirkt.[692] Das Lächerliche tritt hier mit dem Tragischen gepaart auf.[693] Dies ist eine weitere Lektion, die die Zirkuskunst erteilt und die Wedekind für seinen Humorbegriff fruchtbar macht: Heterogenität der Elemente, Stimmungswechsel bzw. Stilbrüche, und nicht zuletzt Selbstironie:[694]

> „Der rasche Übergang vom Erhabenen zum Lächerlichen bringt immer eine gewisse Erleichterung mit sich. Die alten Römer schalteten ihren Tragödien Satyrpossen ein; Shakespeare läßt den unvermeidlichen Hanswurst seine schönsten Verse parodieren, und nach dem herrlichen Trakehnerhengst betritt Esel Blondin den Kreis, um gleichfalls in der ‚Hohen Schule' geritten zu werden. Solche Selbstironie macht gefällig und steht dem Zirkus nicht weniger gut als dem Manne von Welt. Für etwaige Wunderdinge, die man nicht umhinkonnte anzustaunen, bietet sie ein Äquivalent an Banalitäten und stellt dadurch den Konnex, die vorherige Gemütlichkeit, zwischen Künstlern und Zuschauern wieder her." (Zg, 233)

„Den raschen Übergang vom Erhabenen zum Lächerlichen" exemplifiziert Wedekind am Auftritt der kreischenden chaotischen Clowns, deren „kindliches Spiel" (Zg, 229) auf die edlen, oft gefährlichen Kunstübungen folgt. Gleiche Wirkung wird erzielt, wenn anstelle von anmutigen, graziösen Pferden ein Esel oder Ochs die Arena betritt. Das oben zitierte Klage-Gedicht über das Eselsschicksal widmet der Autor – als „Dichter" identifiziert – dem Ich des Essays. Der „etwas gewagte Scherz", schreibt Wedekind,

> „soll meiner Person gelten. [...] Das Blatt [...] charakterisiert in ganz amüsanter Weise einen jener unglückseligen Menschen, die ein boshaft sorgendes Schicksal so sub-

---

690 Barloewen: Clown, S. 93. Vgl. auch Berger: Erlösendes Lachen, S. 20.

691 Vgl. Blumenberg: Der Sturz des Protophilosophen, insbes. S. 16–23.

692 Bei Feuerbach ist Thales Schriftsteller. Vgl. Ebd., S. 52f. Auch in Baudelaires Gedicht *La voix* tritt an die Stelle des Philosophen ein Dichter. Thales ist zudem ein Prototyp Fausts. Vgl. ebd., S. 12, S. 24, sowie Karlheinz Stierle: Philosophie, Literatur und die ‚Komik der reinen Theorie'. In: Preisendanz, Warning (Hg.): Das Komische, S. 429–432, hier S. 431.

693 An dieser Dialektik hält die Rezeptionsgeschichte der Thales-Anekdote festt. Vgl. Blumenberg: Der Sturz des Protophilosophen, S. 11f.

694 Ironie ist eine Art Inszenierung, die eine dritte Person (das Publikum) benötigt (Fremdironie). Im Falle der Selbstironie sind Sprecher (die erste Person) und Adressat (die zweite) identisch. Stempel: Ironie als Sprechhandlung, insbes. S. 213f.

til, so feinfühlend organisiert hat, dass sie durch jedes harmlose Bagatell in ihren tiefsten Tiefen schmerzlich erregt werden." (Zg, 234)

So erscheint der porte parole Wedekinds als ein hungriger, dem Ideal nachjagender, unbelehrbarer Esel. Je nach Perspektive ist von Spott bzw. Selbstironie zu sprechen.

Wedekind schließt seinen Essay mit einer wiederholten Verweigerung einer abstrakt vergeistigten Haltung als Mensch und Dichter und zeigt sich flexibel genug, um diesen Makel auch bei sich wahrzunehmen. Der Vergleich ist von der Art, wie wenn das Los eines Luxuspferdes dem einer Kurtisane gegenüber gestellt wird: „mag man auch gegen solchen Humor einwenden, was man will, das tertium comparationis liegt doch auf der Hand [...]." (Zg, 232f.) In beiden Fällen handelt es sich um den Mechanismus der Degradierung, welcher den Mut impliziert, sich der Enthebbarkeit des Komischen zu stellen.[695] Im Zirkus-Essay ist der Autor mit Blick auf die Idealisten aller Provenienz das wahrnehmende, (kindlich) lachende Subjekt, das sich aber zur Autoironie aufschwingen kann, indem er die zu verlachende Kehrseite an sich erkennt und akzeptiert.

Die Seiltanzmetapher fungiert als Teil der Allegorie der Wirklichkeit als Zirkus, einer alternativen Welt, die als Gegenentwurf ein Medium ist, in dem sich das Gesellschaftliche negativ spiegelt.[696] Primär dient es aber der Kunst-Reflexion:

„[Wedekinds] Zirkuswelt als konstruierte Abfolge von Einzelbildern, die ihre Wirkung auf das fachmännische Publikum der ganz offensichtlich technisch hergestellten zweiten Natur verdanken, verweist auf die Grundprinzipien von Surrealismus, Dadaismus, Photographie und Film."[697]

Die Körperkunst steht bei Wedekind dramaturgisch im Dienst einer Provokation gegen die Erstarrung, die mit Dogmatismus und Orthodoxie aller Art gleichzusetzen ist – in der Kunst gleichermaßen wie in der Gesellschaft.[698] Die Frage nach der gesellschaftlichen Wirksamkeit der Zirkus-Metapher scheint aber zurückzutreten gegenüber dem Stellenwert von Wedekinds Zirkus-Ästhetik als

---

695 Karlheinz Stierle: Komik der Handlung, der Sprachhandlung, Komik der Komödie. In: Preisendanz, Warning (Hg.): Das Komische, S. 237–268, insbes. S. 239f.
696 Vgl. Dreiseitel: Ich mache natürlich lebhaft Propaganda, S. 164–178, insbes. S. 176.
697 Ebd., S. 177.
698 Vgl. Naomi Ritter: On the Circus-Motiv in Modern German Literature. In: German Life and Letters 27 (1973/1974), S. 273–285; Hartmut Vinçon: „Prolog ist herrlich!" Zu Frank Wedekinds Konzept dramaturgischer Kommunikation. In: Euphorion 95 (2001), S. 69–82; Irmer: Der Theaterdichter, insbes. S. 120; Klotz: Dramaturgie des Publikums, S. 138–176, insbes. S. 147f.; Glaser: Arthur Schnitzler und Frank Wedekind, insbes. S. 183.

Ausdruck seines Statements gegen die Nachahmungskunst.[699] Dabei geht es, so Hartmut Vinçon, um ein „Theater der Körper, der Sinne, der Sinnlichkeit und der Leidenschaften", für das die Metapher des *circus mundi* gar nicht bemüht zu werden braucht.[700]

Der Essay ist ein quasi-kunsttheoretischer Vortrag über das Medium Zirkus, eine Hommage an das Prinzip der Elastizität und der Autoreflexivität der Kunst. Mit Blick auf das Modell Nietzsches von Leichtigkeit *versus* Schwere verbindet sich das Prinzip der Elastizität mit einem Lach-Programm. Das antithetische Modell von Trapezkünstler und Seiltänzer bilde nach Gil Costa die Basis für das Verständnis von Wedekinds „in Gegensätzen sich entfaltenden literarischen Humor".[701] Im Sinne des Essays steht der Humorbegriff unter der Schirmherrschaft der Elastizität: er ist der Leichtigkeit verschrieben, sozial verankert (Offenheit und Aufrichtigkeit, Dialog mit dem Publikum, Korrekturfähigkeit) und Antike-orientiert (Stilbrüche).

2.2. Aufwertung des Körpers um 1900 im Tanz: *Im Zirkus*

Die Neubewertung des Körpers um 1900 manifestiert sich in der Literatur der Moderne u.a. in Form des Tanzes. Sozialgeschichtlich gesehen ist also der Tanz

---

699 In diesem Geist äußerte sich Gerhart Pickerodt: Wedekinds ästhetisches Ideal besteht in der Artistik, in der Freiheit der körperlichen Materie, in der die Naturkausalität scheinbar überwindenden Biegsamkeit und Elastizität. Tanz und Akrobatik sind ihm die höchsten unter den Künsten „insofern er sie für fähig erachtete, in der Beherrschung des Körpers Materie und Freiheit ästhetisch zu versöhnen." Pickerodt: Frank Wedekind, S. 9. Mit Verweis auf Wedekinds Aufsatz *Aufklärungen* erläutert der Autor die von Wedekind propagierte und in der Forschung gängige Bezeichnung „Geist des Fleisches".

700 Vinçon polemisiert hier mit Elisabeth Boa, die bei Wedekind einen Paradigmenwechsel erkennt – von der mittelalterlichen Metapher vom Teatrum mundi, wo Gott Autor und Zuschauer war, zur Metapher vom Circus mundi, welche sich verstärkt auf die gesellschaftliche Wirklichkeit bezieht. Seine These exemplifiziert er an *Erdgeist*: es sei ein Missverständnis, den Prolog, in dem eine Zirkusvorstellung angekündigt wird, mit der Handlung des Stücks zu identifizieren und den Handlungsort in die Kulisse eines Zirkuszeltes zu versetzen. Der Prolog sei vielmehr eine Einladung zum Theaterdiskurs, ein rhetorisches Täuschungsmanöver. Vinçon: „Prolog ist herrlich!", S. 76–80. In diesem Sinne interpretiert Hartmut Vinçon, in Polemik mit Irmer, auch *Fritz Schwiegerling*. Vinçon: Körperliche Kunst, S. 181. Vgl. Boa: The Sexual Circus, S. 225. Zur Deutung der Zirkusmetapher in der Forschung vgl. auch Vinçon: Frank Wedekind, S. 138.

701 Das Modell bietet die Vorstellung vom Zirkus mit der Clownsfigur, die die Nähe von Tragik und Komik zum Vorschein bringt. Costa: Konstellation der Schwäche, S. 152, unter Berufung auf Kutscher: Wedekind und der Zirkus. In: Faust 3, H. 7 (1924), S. 1–15.

im Text generell ein Zeichen für die Körperaufmerksamkeit im Zusammenhang mit der Lebensreform um 1900[702] und ein Element der Kulturkritik. Friedrich Nietzsche gebührt der Status des Philosophen des Tanzes und der Tanzkünstler um die Jahrhundertwende: für ihn ist der Tanz „ein höchstes Symbol der befreiten und erfüllten menschlichen Existenz, des rechten Lebens."[703] Diese Deutung und Wertung des Tanzes wird für die Epoche um 1900 programmatisch sein. In den ersten Sätzen von *Der Fall Wagner. Ein Musikanten-Problem* formuliert Nietzsche ein Ästhetikprogramm der Leichtigkeit: „Das Gute ist leicht, alles Göttliche läuft auf zarten Füßen: erster Satz meiner Ästhetik."[704] In *Götzen-Dämmerung* spricht der Philosoph von „leichte[n] Füsse[n] im Geistigen".[705] In *Zarathustra* kommt die Idee der Leichtfüßigkeit, wie im letzten Kapitel ausgeführt, eine zentral Rolle zu. Das Buch selbst scheint seine Deklarationen realisieren zu wollen: es sei

> „im Tanzen geschrieben, wie alle guten Bücher und ihr Eindruck muss bei dem Leser die Bewegungen des Verfassers hervorrufen, die ein Gefühl von fesselloser Freiheit erregen, wie wenn der Mensch sich auf die Fußspitzen stellte und vor innerer Lust durchaus tanzen müsste."[706]

Die Zarathustra-Figur erfindet einen tanzenden Gott als Alternative zum christlichen. Auch die Anhänger des neuen Gottes sollen entsprechende Qualitäten aufweisen: Wer zu Zarathustra gehören wolle, der müsse von „leichten Füssen" sein.[707] Das Gebot der Beschwingtheit erklärt auch die höhere Stellung selbst eines schlechte Tanzes gegenüber dem Gang: Es sei besser „plump [zu] tanzen als lahm [zu] gehen".[708] In *Zarathustra* fungiert der Tanz, im Gegensatz zum ‚Geist der Schwere' nicht nur als „Symbol der Lebensfreude, sondern auch das einer freien, schöpferischen, intuitiven Intellektualität"[709] und schließt in dieser

---

702 Das Tanzsolo ist ein Schlüsselmotiv der Moderne, insofern die Frage der Identität des modernen Subjekts an den Körper gebunden ist. Johannes Odenthal: Tanz, Körper, Politik: Texte zur zeitgenössischen Tanzgeschichte. Theater der Zeit: Berlin 2005, S. 7.

703 Vgl. Rasch: Tanz, S. 65. Dionysos als Inbegriff der Rehabilitierung des Sinnlichen gegen „zwei Jahrtausende Widernatur". Reschke: Die andere Perspektive, S. 258.

704 Die Hommage an Bizets *Carmen* und dessen „vollkommene" Musik, die „leicht, biegsam und mit Höflichkeit" daherkomme, ist zugleich eine Verdammung der Musik Wagners, die „böse, raffiniert, fatalistisch" und „dabei populär" sei. Nietzsche: Der Fall Wagner, S. 13.

705 Nietzsche: Götzen-Dämmerung, S. 109.

706 Ernest Seilliére: Apollo oder Dionysos. Kritische Studie über Friedrich Nietzsche und den imperialistischen Utilitarismus. Hermann Borsdorf Verlag: Berlin 1911, S. 254.

707 Nietzsche: Zarathustra, S. 354.

708 Ebd., S. 367.

709 Kunnas: Nietzsches Lachen, S. 62.

Doppelvalenz auch immer das Lachen ein.[710] „Mit quasi dionysischen Lachen" werde die Sinnenfeindlichkeit und die Übermacht der Ratio „hinweggetanzt"[711] Nietzsches Bild des Tanzes fungiert bei ihm als „Opposition gegen die Geschichte (als Christentum)[712] und gegen die Moderne (als Pessimismus)" und ist in diesem ästhetischen Gewand seiner Kulturkritik eingeschrieben.[713]

Die Jahrhundertwende schreibt auch ein wichtiges Kapitel der Tanzgeschichte. Die Tanzkunst befreit sich zu dieser Zeit von den strengen Regeln des Balletts und wird einen neuen Stellenwert für sich entdecken. Es entsteht eine neue Disziplin – der Kunsttanz.[714] Dies ist kein genuin deutsches Phänomen: Als Reaktion auf die moderne technische Zivilisation entwickelt sich in Amerika in den 1890er Jahren die moderne Rhythmusbewegung, die das Ziel verfolgt, als eine Form, die sich dem Tanz und Sport öffnet, ohne mit diesen identisch zu sein, eine „ideal humanity", eine „leibseelische Einheit" herauszubilden.[715] Einen direkten Einfluss auf die deutsche Rhythmik übte die Delsartik (zu Francois Delsarte – dem Vater der amerikanischen Rhythmusbewegung) durch die Schwestern Isadora und Elisabeth Duncan aus.[716] Die Tanzreform um Isadora Duncan (1877–1927) brachte in den Tanz jenes befreiende, ekstatische Element, welches den antiken Vasenbildern zu entnehmen ist.[717] In den 90er Jahren entwickelt sich in Deutschland der sogenannte freie Tanz und in der ersten Dekade des 20. Jahrhunderts der Ausdruckstanz, der den freien Tanz professionalisiert. Der Tanz avanciert also um die Jahrhundertwende zu einer harmonisierenden, ausbalancierenden Kraft, zur ästhetischen Umsetzung der Lebenskunst: ihrer

---

710 Zu Nietzsches Affinität zwischen Tanz und Spiel, Tanz und Lachen vgl. Reschke: Die andere Perspektive, insbes. S. 276f.

711 Ebd., S. 270 und S. 273.

712 Ausschluss des Tanzes aus dem (neutestamentlichen) Christentum. Vgl. ebd., S. 268.

713 Ebd., S. 264.

714 Vgl. Sternberger: Panorama des Jugendstils, S. 106f. Vgl. auch eine zusammenfassende Darstellung der Tanzgeschichte bei: Marschall: TextTanzTheater, S. 41ff.

715 Gertrud Bünner, Peter Röthig: Grundlagen und Methoden rhythmischer Erziehung. Klett: Stuttgart 1971, S. 30 und S. 33, zit. nach Riemenschneider: Bewegungs- und Körperkultur, S. 155.

716 Isadora Duncan trat 1903 in Deutschland auf. Zu erwähnen sind auch etwa die Auftritte der Tänzerin Ruth St. Denis in Deutschland 1906–1908.

717 Isadora Duncan hat ihren Tanz auch theoretisiert (*The Dance of the Future*): in Opposition zu Wagner positioniert sie den Tanz als primär vor anderen Künsten und als einen Bereich der Realisierung des eigenen Selbst des Tänzers. Um die Naturnähe dieser Ausdrucksform zu betonen zog sie den Tanz ohne Kleidung vor. Vgl. Anke Finger: Das Gesamtkunstwerk der Moderne. Vandenhoeck & Ruprecht: Göttingen 2006, S. 73f.

Bejahung und Affirmation.[718] Die Rückbesinnung auf die Natur um 1900 hat allerdings eine Schattenseite, wie sie sich etwa in Georg Fuchs' völkisch-nationalem Körperkult und ebenso verstandenem Tanz-Begriff manifestiert. In der theatertheoretischen Schrift *Der Tanz* von 1906 steht das Körperliche gegen die rein geistige Orientierung der deutschen Kultur. Fuchs' Nietzsche-Adaptation blende das Apollinische radikal aus und verabsolutiere das Dionysi-sche, welches „zur ideologischen Kampfparole der Überwindung bürgerlicher Individualität [mutiert]."[719] Dies geht mit einem fanatischen Lob von Ordnung und Disziplin bis zur Körperzüchtigungs-praktiken einher, was den Text anrü-chig macht. Fuchs verkennt den kritischen Charakter der Wedekindschen Anti-Utopie in *Mine Haha* und das Fehlen des Befreiungsmoments – und zitiert weite Passagen aus seinem Werk als vermeintlicher Beleg für seine Thesen.[720]

Wedekind war sich schon früh derartiger Gefahren bewusst: Wie in der Zir-kuskunst sieht er auch im Tanz die Widersprüchlichkeit der Rehabilitierung des Körpers. Einerseits also setzt er die Tanzkunst im Rahmen seines Programms der Elastizität ein, andererseits weiß er um die Möglichkeit einer Ausartung des Tanzes zur Dressur. Explizite äußert er sich zum Tanz im Essay *Im Zirkus* (1888). Der Text enthält wieder ein Oppositionsmodell, das am Naturbegriff Rousseauscher Prägung orientiert ist.[721] Die Tanzkunst war einst Synonym der Natur – ein „schlichtes, naives" „Naturkind", verkörpert durch den Tanz der „Kinder Israels", des „heiteren Griechenvolkes", der „leichtfüßigen Terpsicho-re". Trägerin dieser Idee sei gegenwärtig die Balletttänzerin Maria Taglioni. (Im Zirkus II, 374) Zugleich beobachtet Wedekind in den letzten drei Dekaden einen nachhaltigen und sehr zu beklagenden Verlust der Ursprünglichkeit: die Tanz-kunst habe ganz eingebüßt, „was sie sich bis dahin an künstlerischem Werthe bewahrt." Sie nähert sich nun dem „Gewagte[n], Akrobatische[n], Exzentri-sche[n] und imponiert nebenbei durch ein maschinenmäßiges Ensemble, das sie mit gutem Erfolg dem preußischen Exerzierplatz abgelauscht zu haben scheint." (Im Zirkus II, 375) Diese Beobachtung hat weitgehende Folgen für Wedekinds Kunstideal: es geht ihm nicht um „epigonale Erneuerung der Kunst des Idealis-mus", sondern um „Aktualisierung der Identität von Natur (verstanden als be-grifflicher Gesamtkomplex aus Körperlichkeit, Sinnlichkeit und Erotik) und

---

718 „Man sieht im Tanz die freie Regung des ursprünglichen und unmittelbaren Lebens, das von der Zivilisation mit ihren Konventionen eingeschnürt und entstellt, sich selbst entfremdet war." Rasch: Tanz, S. 63.

719 Guido Hiß: Synthetische Visionen. Theater als Gesamtkunstwerk von 1800 bis 2000. epodium: München 2005, S. 168f.

720 Vgl. Dreisbach: Disziplin und Moderne, S. 340ff., sowie S. 346–364.

721 Marschall: TextTanzTheater, S. 108.

künstlerischer Darstellung."[722] Dabei beruft sich Wedekind auf Heinrich Heine, indem er eine Parallele zwischen dessen Wortkunst und der Ballettkunst der berühmten Tänzerin Maria Taglioni aufstellt: Diese zwei „kongenialen" Künstlernaturen zeichnen sich durch eine Qualität aus, die Wedekind an ihnen besonders hoch schätzt und gegenwärtig an anderen Künstlern vermisst: eine „Übereinstimmung zwischen der Lyrik der Bewegung und der Lyrik des Wortes". (Im Zirkus II, 375)[723]

---

722 Dreiseitel: Ich mache natürlich lebhaft Propaganda, S. 171.

723 Ein Zeugnis der Wertschätzung Heines gegenüber der Tänzerin Taglioni legt ein *Lutetia*-Fragment ab, wo Heine Cancan, den „Tanz der unteren Klassen" als Sinnbild des aktuellen Gesellschaftszustands analysiert. Der Tanz, in dem das Volk Desillusionierung und Protest ausdrückt, avanciert bei Heine zu einer an den historischen Rahmen gebundenen Chiffre des Politischen. Der Cancan wird zu einer „getanzten Persiflage" geschlechtlicher wie bürgerlicher Beziehungen und zur „Verhöhnung" aller Ideale, sowie ein Sinnbild der revolutionären Perspektive. Ebd., S. 166ff., hier S. 168. Vgl. Heinrich Heine: Lutetia (1854). In: Ders.: Sämtliche Schriften in zwölf Bänden. Ullstein: Frankfurt a. M., Berlin, Wien 1981, Bd. 9, S. 217–548, hier S. 390ff.

V. Gegen den ‚Geist der Schwere':
Der Kammersänger

1. Körper-Metapher in *Zensur* und *Marquis von Keith*

Zu den Einflüssen von Nietzsches Philosophie im Werk Wedekinds haben sich bereits viele Forscher geäußert,[724] aber erst Stefan Riedlinger widmet diesem Thema eine umfassende Studie. Seine Analyse von Wedekinds „Aneignungen" der Philosophie Nietzsches konzentriert sich auf dessen Konzept des Übermenschen, das sich bei Wedekind am deutlichsten manifestieren soll.[725] Aber auch andere Themenkomplexe werden untersucht: so die Frage der Religionskritik oder das Thema Kunst und Bildung. Wedekinds Zirkusaufsätze gelten als das erste Zeugnis seiner Beschäftigung mit der Philosophie Nietzsches,[726] es gibt aber Indizien, die für den Nietzsche-Einfluss schon in der ersten Hälfte der 80er Jahre sprechen. So ist Wedekinds *Zarathustra*-Lektüre bereits ab 1883 möglich gewesen.[727] Mit diesem Text soll sich Wedekind auch besonders intensiv auseinandergesetzt haben.[728] Wie im letzten Kapitel bereits erwähnt, denunziert

---

724 Vgl. etwa Hector Maclean: Wedekinds *Der Marquis von Keith*. An Interpretation based on the Faust and Circus Motif. In: Germanic Review 43 (1968), S. 163–187; Firda: Wedekind, Nietzsche and the Dionysian Experience.

725 Stefan Riedlinger interpretiert Fritz von Schwigerling und Marquis von Keith als „intellektuelle Variante[n] des Übermenschen". Schwigerling ist ein „von Geist und Humor" bestimmter, „durch Nietzsches Elastizität" verbundener Seiltänzer, Marquis von Keith „die psychologische Vertiefung" des Schwigerling-Typus. Lulu und Franziska seien weibliche Übermenschen, wobei die zweite Frauenfigur eine „Synthese des Instinktwesens Lulu und der Seiltänzer" sei. Erst mit *Herakles* werde Wedekind das Konzept radikal kritisch hinterfragen. Riedlinger: Aneignungen, S. 112, S. 95, S. 101 und S. 104. Zu „Trapezkünstlern" zählt Riedlinger Moritz Stiefel (*Frühlings Erwachen*), Karl Hetmann, Casti Piani (*Tod und Teufel*) und Buridan (*Zensur*). Vgl. ebd., S. 115.

726 Ebd., S. 94.

727 Kieser: Benjamin Franklin, S. 347, Dreiseitel: Ich mache natürlich lebhaft Propaganda, S. 157f.

728 Riedlinger: Aneignungen, S. 69. Vgl. auch Samuel Lublinski: Die Bilanz der Moderne (1904). Niemeyer: Tübingen 1974, S. 316.

Nietzsche hier den ‚Geist der Schwere' als den Todfeind der höheren Kultur.[729]
Dazu bedient er sich eines Seiltänzer-Konzepts, wobei die Figur als ein Vorläufer des Übermenschen fungiert:

> „[...] der Mensch ist ein Seil. [...] Ein gefährliches Hinüber, ein gefährliches Auf-
> dem-Wege, ein gefährliches Zurückblicken, ein gefährliches Schaudern und Stehen-
> bleiben. / Was groß ist am Menschen, das ist, dass er eine Brücke und kein Zweck
> ist: was geliebt werden kann am Menschen, das ist, dass er ein Übergang und ein
> Untergang ist."[730]

Wedekinds Seiltänzer-Figur aus *Zirkusgedanken* geht auf eben diese Episode in
Nietzsches *Zarathustra* zurück. Das für Wedekind relevante Moment an der
Episode sind aber nicht die religionsphilosophischen Reflexionen,[731] sondern die
ästhetische Ausdrucksstärke. Wedekind greift den Begriff des Balancierens auf
als „plastisch-allegorische Darstellung einer Lebensweisheit, deren gerade wir
Kinder des neunzehnten Jahrhunderts [...] am meisten bedürfen." (Zg, 297) Die
Parallelen des Zirkus-Essays zu Nietzsche reichen aber, wie bereits erwähnt, bis
in den Stil hinein: Nietzsches ‚lachender Tänzer' erfährt bei Wedekind eine Parallele im ‚leichten, lachenden Sprung', womit die enge Verbindung des Körperlichen mit dem Geistigen konstituiert wird. Wedekind sei „ein Apologet der
Leichtigkeit des Seins, selbst da, wo ihm allerlei Erschwernisse aufgegeben
sind" und er leide am ‚Geist der Schwere'.[732] Die Antithese von Leichtigkeit und
Schwere scheint über das Elastizitäts-Konzept für die humoristische Ästhetik
Wedekinds konstituent zu sein. Bevor diese These am Beispiels von *Kammersänger* veranschaulicht wird, soll auf zwei Szenen eingegangen werden, in denen Wedekind tableauartig diese Idee umsetzt.

Gehen wir von einer markanten Szene im späteren Stück Wedekinds *Die
Zensur* (1907)[733] aus, die paradigmatisch für die subversive Rolle der Bewegung

---

729 Zarathustra gilt als Nietzsches alter ego, „ein Wunschbild, Verkörperung [seiner]
    positiven und konstruktiven Ideen", während der Schatten, einer seiner Freunde, für
    Frustrationen des Philosophen, für seinen Pessimismus und seine Lebensmüdigkeit steht
    und eine für seine wagnerisch-schopenhauerianische Periode im Frühwerk typische
    Haltung repräsentiert. Der Schatten als Fliegender Holländer Wagners. Vgl. Kunnas:
    Nietzsches Lachen, S. 69.
730 Nietzsche: Also sprach Zarathustra (Vorrede, KSA 4, 1980), S. 16–17.
731 Vgl. Riedlinger: Aneignungen, S. 97.
732 Josef Rattner, Gerhard Danzer: Meister des großen Humors. Entwürfe zu einer heiteren
    Lebens- und Weltanschauung. Königshausen &Neumann: Würzburg 2008, S. 303 und
    S. 308.
733 Einakter, als Vorspiel zu *Die Büchse der Pandora* gedacht. Frank Wedekind: Die Zensur.
    Theodizee in einem Akt. In: Ders.: Werke in zwei Bänden, Bd. 2, S. 383–415. Weiter im
    Text mit dem Titel „Zensur" und der Seitenzahl in Klammern zitiert. Dem Text stellt
    Wedekind die Notiz des Oberregierungsrats von Glasenapp voran. „Wenn sich Wedekind

steht: es handelt sich um eine kurze Konfrontation Kadidjas, der Geliebten des Hauptprotagonisten und Literaten Walter Buridan mit dem orthodoxen Geistlichen – Dr. Cajetan Prantl: Sich seiner Gegenwart nicht bewusst, rollt die junge Frau, in ein phantasievolles Kostüm gekleidet, plötzlich ins Zimmer auf einer Lauftrommel, einem von Buridan gestalteten Spielzeug, hinein und muss sich sogar kurz an der Schulter des Geistlichen stützen. Der empörte Geistliche legt die Szene als profan aus und sieht darin die Bestätigung für seine Überzeugung vom blasphemischen Charakter von Buridans Werk. Der untergründige, wohl aber dunkle Humor dieser Szene resultiert – ganz im Sinne Bergsons – aus dem Unverhältnis der Lebendigkeit und der Starre. Die spielerische Bewegung der Frau kontrastiert mit der Versteifung ihres Gegenübers und unterläuft diese. Dr. Prantl legitimiert sein ethisches Urteil durch falsche Identität: die Gleichsetzung zwischen sich selbst und „ewiger Allmacht":

> „Vielleicht ist Ihnen aber doch das Gebot bekannt: ‚Du sollst Gott nicht versuchen!' Sie werden sich wohl noch einmal davon überzeugen, dass kein Sterblicher, und stehe er noch so selbstherrlich in der Welt, ungestraft die ewige Allmacht versucht." (Zensur, 409f.)

Eine parallele, auf ein Tableau reduzierte Szene gestaltet Wedekind bereits in *Marquis von Keith* – dem Text, der unmittelbar auf *Kammersänger* folgt und den Wedekind im Herbst 1898 im Zürcher Exil verfasste.[734] Hier machen sich Momente des Körperlichen und der Bewegung bemerkbar, die sich ebenfalls in die humoristische Ästhetik Wedekinds einschreiben lassen. Die Leichtigkeit, deren Träger diese Momente sind, und die zuweilen das leibliche Moment mit dem Lachen bzw. Lächeln oder dem skeptischen Grinsen verbindet, steht in Opposition zum ‚Geist der Schwere', wie Nietzsche ihn definierte. Es handelt sich um die Szene, die Thomas Mann in einer Hommage „[s]eine Szene" nennt und immer zuerst an sie denken müsse, wenn er an Wedekind denke, der das Stück um dieser Szene willen geschrieben habe.[735] Thomas Mann würdigte Wedekind in einem einzigen kurzen Text – aber die Art, wie er dies tat, ersetzt vielleicht so manche große Abhandlung: „Während man sein Lebenswerk feiert," so Thomas Mann, „dieses tief deutsche, tief fragwürdige, von grenzenlos verschlagenem Geiste schillernde Werk, will ich nur von einer Szene sprechen."[736] Gemeint ist

---

einbildet, dass wir ihm seines Einakters *Die Zensur* wegen *Die Büchse der Pandora* freigeben, dann täuscht er sich gewaltig."

734 Frank Wedekind: Der Marquis von Keith. In: Ders.: Werke in zwei Bänden, Bd. 2, S. 47–137. Weiter im Text mit dem Kurztitel „Marquis" und der Seitenzahl in Klammern zitiert.

735 Thomas Mann: Über eine Szene von Wedekind. In: Ders.: Essays. Bd. I: Literatur. Fischer: Frankfurt a. M. 1977, S. 69–74, hier S. 69.

736 Ebd.

die rätselhaft anmutende Auseinandersetzung zwischen Marquis von Keith und
seinem ehemaligen Jugendfreund Ernst Scholz im fünften Akt zum Ende des
Stücks. Keith – von „gemeinsten Gaunern" ausgenutzt – ist nun bankrott und
muss auch noch den Verlust seiner Geliebten Anna einstecken, die ihn gerade
verlassen hat. Scholz kommt unerwartet, um den Marquis von seinem resignativen Entschluss zu informieren, in eine Privatheilanstand zu gehen. „Der gescheiterte Moralist"[737] Scholz verweigert Keith die finanzielle Unterstützung und
schlägt ihm statt dessen vor, ihn in die Anstalt zu begleiten, indem er ihm das
Idyll des Billard-Spiels und der Reitfreuden ausmalt. Im Streit nennt Scholz
Marquis nutzlos, Marquis Scholz einen Parasiten. Der Kern des Konflikts
scheint auf, wenn die Männer auf das Andersgeartet-Sein zu sprechen kommen
und Scholz Marquis vor der Rachsucht der Gesellschaft gegen anders Geartete
warnt.

Thomas Mann war Zeuge einer Münchner Aufführung des Stücks, in der
Wedekind die Rolle des Marquis gab: er berichtet von einer „ganz seltsamen
und extravaganten Veränderung der äußeren Situation", die sich plötzlich vollzog, als Marquis

> „nicht mehr auf dem Fußboden [stand]. Er war mit seiner dicken Sohle rechts vorn
> auf den Schreibtisch geklettert, – oben auf der Platte stand er und hielt sich am Fens-
> terkreuz fest! [...] Schien ihm der Schreibtisch nicht fest genug, um sich daran fest-
> zuklammern? Und gar so fest musste es sich also halten?!"[738]

Hinter dem Gespräch zweier Männer in bürgerlicher Kleidung erkennt Thomas
Mann das Mysterium der Abdankung zu erkennen: „Wer es fassen kann, der
fasse es. [...] in meinen Augen ist die letzte Szene zwischen Scholz und Keith
das Schrecklichste, Rührendste und Tiefste, was dieser tiefe, gequälte Mensch
geschrieben hat."[739]

Die situative Veränderung wird durch eine außerverbale Geste Keiths erreicht: die vertikale Bewegung in eine Position gegenüber seinem Gegenspieler,
die ihm mehr Distanz gewährt und wohl im Zeichen der Freiheit steht, deutet
Thomas Mann eher als Salvierungsversuch eines Verzweifelten.[740] Auffallend
an dem schauspielerischen Einfall Wedekinds ist der Kontrast zu den im Drama
fixierten Regieanweisungen: hier betont die Körperbewegung die bittende Erniedrigung gegenüber Scholz: zuerst „umklammert" Marquis Scholz und sagt:
„Gib mir die dreißigtausend Mark!! Willst du, dass ich hier vor dir einen Fußfall

---

737 Ebd., S. 70.
738 Ebd., S. 73.
739 Ebd., S. 74.
740 Es wäre auch zu bedenken, dass der Essay für das Jahr 1914 datiert ist und vielleicht die
      Rezeption aus dem Rückblick beeinflusst.

tue? Ich kann hier vom Platz weg verhaftet werden!" Kurz darauf wirft er sich „vor ihm auf die Knie" und „umklammert seine Hände": „Gib mir die vierzigtausend Mark, dann bin ich gerettet!" (Marquis, 133f.) Der Gedanke an den Selbstmord taucht zwar auf, aber im Bezug auf Scholz: „Wenn du es für deine moralische Pflicht hältst, die Welt von deiner überflüssigen Existenz zu befreien, dann findest du radikalere Mittel als Spazierenfahren und Billardspielen!" (Marquis, 134) Es ist nicht die Lebenseinstellung von Marquis, abzudanken: eine Art Todes-Metaphysik im Schopenhauerschen Sinne spielt vielmehr die Rolle eines Antagonisten, eines Ideen-Trägers, dem eine Gegenargumentation nicht nur verbal, sondern auch plastisch entgegengesetzt wird. Das Element des Spielerischen, das der vertikalen Bewegung nach oben anhaftet, wiederholt Wedekind in der letzten Sequenz des Stücks, wo Marquis von Keith das Geld gewonnen hat und nun im Begriff ist, vor der Rechtsprechung zu fliehen. Zuvor aber zögert er eine Weile über dem Leichnam seiner Geliebten, die die Hand an sich gelegt hat:

> von Keith: (*in der Linken den Revolver, in der Rechten das Geld, tut einige Schritte nach dem Diwan, bebt aber entsetzt zurück. Darauf betrachtet er unschlüssig abwechselnd den Revolver und das Geld. – Indem er den Revolver grinsend hinter sich auf den Mitteltisch legt*): Das Leben ist eine Rutschbahn..." (Marquis, 137)

Das Allegorische dieser vielfach interpretierten Pointe wurde erst in späteren Deutungen konstatiert.[741] Mit Blick auf die alternative, unveröffentlichte Sentenz – „Das Leben ist ein verdammt interessantes Experiment!"[742] lässt sich die Stelle als ein Element der humoristischen Ästhetik Wedekinds verstehen. Sie markiert eine Entscheidung fürs Leben,[743] eine Einstellung, für die sich Wedekind – in einer vergleichbar grotesken Form – bereits in seinem *Frühlings Erwachen* ausspricht. Wie der vermummte Herr, stellt sich Keith nicht außerhalb der bürgerlichen Welt.[744] Er praktiziert eine Form von Schelmerei, die im Sinne

---

741 Ein kurzer Forschungsbericht hierzu bei Vinçon: Frank Wedekind, S. 212f.

742 Ebd., S. 213.

743 „[...] Keith's final words [...] are not so much an ending as a turning point. It is cognate to his ‚Von heute ab geht es aufwärts' [...], the moment of triumph, which contains the beginning of his downfall." Maclean: Wedekind's *Der Marquis*, S. 187. Maclean zitiert Wolfgang Hartwigs Bemerkung über Keiths „richtige Entscheidung", die auf den „instinktiven Zwang, die Gesellschaft nicht zu verlassen", zurückgeht. Frank Wedekind: Der Marquis von Keith. Texte und Materialien zur Interpretation besorgt von Wolfgang Hartwig. De Gruyter: Berlin 1965, S. 106, zit. nach Maclean: Wedekind's *Der Marquis*, S. 186.

744 „Rather than fighting against *Bürgerlichkeit*, or trying to destroy it or turn it against itself Keith tried to do, Wedekind's protagonists now work within the limitations that they have been given [...]". Fred Whalley: The Elusive Transcendent: The Role of Religion in

Nietzsches dem Leben dienlich ist.[745] Das Modell für den Marquis gab Willy Grétor, eigentlich Julius Rudolf Vilhelm Petersen (1868–1923), mit dem Wedekind in der späteren Pariser Zeit in Kontakt kam[746] – ein talentierter, erfolgreicher dänischer Maler, Bildhauer, Dichter und Kunsthändler, bekannt als einer der größten Kunstfälscher aller Zeiten. Grétor war ein temperamentvoller Mensch mit unbürgerlichem Lebensstil: die Verkörperung des „Hopp-Hopp-Menschen", der über die „brutale Raubtierintelligenz" verfügte.[747] Wedekind porträtierte ihn mehrmals: *Erdgeist* trägt die Widmung für ihn, der Typus taucht als Harry Gadolfi in *Oaha* sowie in *Hidalla* (1904) episodisch auf.[748] Die „Komik der Erfolglosigkeit" paare sich in dieser Figur mit dem „tragischen Ernst der gesellschaftlichen Diagnose", wobei diese auf die Entlarvung des gesellschaftlichen Scheins, des Geld- und Besitzstrebens ziele.[749]

Die Leichtigkeit, die der Marquis in einem inneren Kampf erlangt und körperlich manifestiert, wird von einem Grinsen begleitet, einem zynischen, intellektuellen Lachen, das sich mit Hohn und Stolz verbindet.[750] Diese Verbindung – eine körperliche Manifestation der Beweglichkeit des Geistes, welche dem Figurenkonzept Keiths zugrunde liegt, korrespondiert mit Nietzsches *Zarathustra*:

---

the Plays of Frank Wedekind. Peter Lang: Frankfurt a. M. u.a. 2002, S. 161. Ähnlich Maclean: Wedekinds *Der Marquis*, S. 186f.

745 „Die Schurkerei mit gutem Gewissen." Nietzsche, zit. nach Kunnas: Nietzsches Lachen, S. 90 und S. 95. Nach Riedlinger verkörpert Marquis den Typus „Schauspieler" im Sinne Nietzsches, doch er sei auch „ein Künstler des Lebens, der versucht, sein Lebens-Kunstwerk aktiv zu gestalten" – er verwirklicht „am ehesten Nietzsches Idee von der Gestaltung des Lebens zum Kunstwerk." Riedlinger: Aneignungen, S. 76. Im kontrapunktischen Figuren-Konzept fungiert Keith als „Don Quijote des Lebensgenusses", Scholz als „Don Quijote der Moral". Friederike Becker: Tannhäuser, Lohengrün und Der fliegende Holländer brachten mich schließlich auf die richtige Spur. Annäherungen Wedekinds an die Oper. In: Austermühl u.a. (Hg.): Pharus I, S. 145–185, hier S. 151.

746 Wedekind soll ihn im Sommer 1894 kennen gelernt haben und zeitlebens mit ihm im persönlichen Kontakt geblieben sein. Bis zu einem Konflikt 1895 war Grétor Wedekinds Mäzen. Er unterstützte zudem u.a. den dänischen Literaturhistoriker Georg Brandes, den Schriftsteller Knut Hamsun und August Strindberg. Grétor begründete in Paris einen Bohèmezirkel, dem u.a. der spätere Verleger Albert Langen angehörte. Vgl. Kommentar, STA 8, S. 539f.

747 Seehaus: Frank Wedekind. Mit Selbstzeugnissen, S. 72–74.

748 Er hat mephistophelische Züge, soll zudem an Schillers Spiegelberg angelehnt sein. Wedekind: Notizbuch 47, S. 55, zit. nach STA 8, S. 520 und S. 541.

749 Böckmann: Die komödiantischen Grotesken, S. 93ff., hier S. 97f.

750 Zwei Hinweise auf Hohn im Gespräch des Marquis mit Scholz: Wedekind: Marquis, S. 132 und S. 133.

„[...] über Allem lernte ich stehn und gehen und laufen und springen und klettern und tanzen. Das ist aber meine Lehre: wer einst fliegen lernen will, der muss erst stehn und gehen und laufen und springen und klettern und tanzen. Mit Strickleitern lernte ich manches Fenster erklettern, mit hurtigen Beinen klomm ich auf hohe Masten: auf hohen Masten der Erkenntnisse sitzen dünkte mich keine geringe Seligkeit, – gleich kleinen Flammen flackern auf hohen Masten: ein kleines Licht zwar, aber doch ein grosser Trost für verschlagene Schiffer und Schiffbrüchige!"[751]

Die metaphorische Diagonale steht hier für die Erkenntnis[752] und also eine existenzielle Alternative, in der sich der Weg in die Autonomie Bahn bricht: „[...] ungern fragte ich stets nach Wegen, – das gieng mir immer wider den Geschmack! Lieber fragte und versuchte ich die Wege selber."[753] Im dritten Aufzug wähnt sich Marquis von Keith über das bloße Balancieren erhaben: „Endlich, endlich hat das halsbrecherische Seiltanzen ein Ende! Zehn Jahre musste ich meine Kräfte vergeuden, um nur das Gleichgewicht nicht zu verlieren. – Von heute ab geht es aufwärts!" (Marquis, 102) Am Ende fasst er seine Einsicht in die Dynamik des Lebens in das Bild einer Rutschbahn. Nietzsches Seil-Metapher enthält die Potentialität des Untergangs: sein Seiltänzer stürzt dann auch in die Tiefe. Zerbrochen aber noch lebend entgegnet er auf die Worte Zarathustras, der ihm den Tod seiner Seele versichert: „Wenn du die Wahrheit sprichst, [...] bin ich nicht viel mehr als ein Thier, das man tanzen gelehrt hat, durch Schläge und schmale Bissen."[754] Zarathustra opponiert aber gegen diese Selbstverachtung: aus der Gefahr habe er seinen Beruf gemacht und gehe jetzt an diesem Beruf zugrunde. Wenn Thomas Mann mit seiner Interpretation der Szene aus *Marquis von Keith* recht behält und es sich um ein „Mysterium der Abdankung" handelt, dann ist es ein profanes Mysterium – es verliert nämlich das dramatische Moment, quasi die Metaphysik des Sturzes, zugunsten des Spielerischen. Damit vollzieht sich bei Wedekind gegenüber Nietzsches Seiltänzer eine leichte semantische Verschiebung.

Die beiden angeführten Szenen stehen paradigmatisch für Wedekinds dramaturgisches Vorgehen, in dem die Deutung, laut Adorno, unmittelbar mit Tableaus erscheint, den „Urbildern aller Montage", die gleichsam „Chiffren ihrer

751 Nietzsche: Also sprach Zarathustra, S. 244f.
752 Mit Blick auf die Fassung *Ein Genussmensch* und den Essay *Don Giovanni* interpretiert Riedlinger von Keith als „eine moderne Konzeption Don Juans", als einen stets Unbefriedigten und als eine epikureische Parallele zu Nietzsches „Don Juan der Erkenntnis". Riedlinger: Aneignungen, S. 106f.
753 Nietzsche: Also sprach Zarathustra, S. 245.
754 Ebd., S. 22.

selbst" sind.[755] Auf dieser Grundlage will auch Wedekinds Ästhetik des Humors gedacht sein.

Eine analoge Figur zum Marquis bildet ein anderer „Schurke" mit „gutem Gewissen" und „Raubtierintelligenz" – der Kammersänger Gerardo – die Titelfigur aus dem kurz zuvor entstandenen Stück.

2. Dimensionen der Schwere und Leichtigkeit in *Kammersänger*

2.1. (Fehl)Rezeption und Wedekinds Abwehr

Die Besinnung auf das Moment des Spielerischen und Humorhaften in *Kammersänger*[756] ist nicht unproblematisch und erfordert einen gewissen Abstand zu Wedekinds Deklarationen, die die tragische Dimension des Stoffes hervorkehren lassen: Im Vorwort zum Stück schreibt der Autor: „*Der Kammersänger* ist weder eine Hanswurstiade noch ein Konversationsstück, sondern der Zusammenstoß zwischen einer brutalen Intelligenz und verschiedenen blinden Leidenschaften. [...]" (K, 6)[757] Mit der Abweisung einer Hanswurstiade spielt Wedekind auf die verharmlosende, verfehlte Rezeption seines Stücks an: Die Uraufführung am Neuen Theater Berlin 1899 liefert ein Zeugnis hierfür: In dieser Inszenierung wurde nämlich der Selbstmord der Heldin am Schluss des Stücks durch eine vermeintlich wahrscheinlichere, der ästhetischen Erwartungshaltung des zeitgenössischen Publikums angemessenere Lösung ersetzt. Wedekind erklärte sich mit diesem Eingriff einverstanden, um das Absetzen des Stücks vom Spielplan zu verhindern, ein Zugeständnis, dem sich wohl zum Teil die bedeutenden Erfolge des Stücks in den folgenden Jahren verdanken. Aber im Vorwort zur 4. Auflage von 1909 protestierte er nun ausdrücklich „gegen jeden, auch den geringsten Strich in diesem Stücke, auch auf die Gefahr hin, daß der *Kammersänger* daraufhin für alle Zeiten von der deutschen Bühne verschwindet."[758] Denn nachdem er manche andere Aufführung seines Stücks gesehen habe, frage er

---

755 Adorno: Über den Nachlass Frank Wedekinds, S. 220.

756 Frank Wedekind: Der Kammersänger. Drei Szenen. In: Ders.: Werke in zwei Bänden, Bd. 2, S. 5–45. Geschrieben 1897, zunächst unter dem Titel *Das Gastspiel,* erschienen 1898 als Vorabdruck in der Zeitschrift *Die Gesellschaft,* als Buch 1899 bei Albert Langen, Uraufführung am 10.12.1899 im Berliner Neuen Theater. Weiter im Text mit der Sigle „K" und der Seitenzahl in Klammern zitiert.

757 Vorwort datiert für Juli 1909, erstmals abgedruckt in der 4. Auflage des Stücks. Wedekind: Was ich mir dabei dachte, S. 347f., hier S. 347.

758 Ebd., S. 348.

sich verblüfft, „aus welchem Beweggrund ich denn eigentlich eine so kraft- und saftlose Posse geschrieben haben könnte.“[759] Infolge des abgeänderten Schlusses war die Brutalität des Kammersängers „in Albernheit“, seine Intelligenz „in eine übernatürliche Dummheit verkehrt.“ „Und jeder Gedanke“, schreibt Wedekind weiter,

> „um dessentwillen ich das Stück zu Papier gebracht hatte, war mit unerbittlicher schauspielerischer Routine weggestrichen, so daß Helene Marowa zweifellos mehr verdreht als verliebt erschien, wenn sie sich eines solchen Laffen wegen das Leben nahm.“[760]

Er beendet das Vorwort in einer typisch provokanten Manier: „Sollte sich trotz dieses Protestes noch ein Darsteller für meinen Gerardo interessieren, dann will ich ihm hier verraten, was zu dessen Verkörperung nötig ist: T e m p o , L e i d e n - s c h a f t l i c h k e i t und I n t e l l i g e n z , drei Eigenschaften, die noch keinem Berufsschauspieler zur Schande gereicht haben.“ (K, 6f.)[761] Diese kritische Haltung galt der zeitgenössischen Inszenierungs- und Darstellungspraxis, die sich noch weitgehend am dramatischen Realismus orientierte. Die Praxis der Konversationsstücke veranlasste Wedekind auch zur Schauspielerei und der Übernahme mancher Parts aus seinen Stücken. So übernahm er 1903 am Kleinen Theater Berlin selber die Rolle Gerardos. Das Motto, das Wedekind aber erstmals 1909 seinem Stück voranstellt, lautet: „Je länger die Striche, desto größer die Schauspielkunst!“ Damit wird nicht nur auf die Freiheitsräume für einen guten Schauspieler, sondern auch auf das gemäßigte Tempo des Stücks verwiesen. Es ist dabei wohl an Nietzsche, den „Erfinder des Gedankenstrichs der Überraschung“ zu denken, mit dem er seinen Aphorismen eine „besondere Wesenspointe, [eine] Erkenntnispointe gibt“.[762] Wedekind verbietet sich in seiner Stellungnahme zum Stück, oder – besser gesagt – zu einer Art Not-Erklärung, zu der er sich gedrängt fühlte, jede Verunstaltung und Banalisierung im Sinne eines plebejischen, um die Gunst des Massenpublikums haschenden Humors, indem er auf die Intelligenz Gerardos verweist und ihm damit den Status eines Ideenträgers einräumt.

Überblickt man die Rezeption des Stücks unter dem Gesichtspunkt des Komischen, so scheinen zeitgenössische Stimmen am produktivsten zu sein, da sie über die Erwähnung von grotesken und farcenhaften Zügen des Stückes hinaus-

---

759 Ebd., S. 347.
760 Ebd., S. 348.
761 Ebd. Eine ähnliche Aussage findet sich in der Vorrede zu *Oaha*: „Wenn mir ein Schauspieler beweisen will, dass er sein Handwerk versteht, dann empfehle ich ihm unter anderem meinen unverstümmelten *Kammersänger*.“ Wedekind: Vorrede zur *Oaha*, S. 360.
762 Paul Fechter: Nietzsches Bildwelt und der Jugendstil. In: Jost Hermand (Hg.): Jugendstil. Wissenschaftliche Buchgesellschaft: Darmstadt 1971, S. 349–357, hier S. 350.

gehen.[763] Wedekind erwog, das Stück in dem Band unter dem Titel *Zeitsatiren* neben *Marquis von Keith, Musik* und *Oaha* erscheinen zu lassen,[764] was zwar nicht zustande kam, wohl aber auf das intendierte Ideen- und Form-Profil des Dramas verweist. In der Rezension zur Uraufführung am Neuen Theater Berlin 1899 gebraucht Alfred Kerr im Bezug auf das Stück die Formel vom „neuen Humor", der „lebenskennerisch, seltsam und tief" sei. Dessen Grundstimmung beschreibt Kerr als „grotesken Ernst":

> „Aus dem Ernst heraus beginnt ein Lachen, das immer stärker wird: bis man bloß noch zuckt. [...] Man stirbt: in Lachkrämpfen. [...] Die Tragik des Lebens erscheint wie in einem Bänkelsang. Aber es ist doch Tragik. [...] Unter den humorhaften Dichtern in Deutschland ist Wedekind heut der Erste."[765]

Wenn die Gestalten Wedekinds „eine ulkige Beleuchtung in tragischen Verhältnissen zeigen", dann werde das Spiel dieses dunklen, komischen und erbarmungslosen Lebens als ein Spiel bewusst.[766] Nach Kerrs Diagnose stamme dieser Humor nicht von Jean Paul. Dass der Humor „das Endliche durch den Kontrast mit der Idee vernichte [...], dem steht zwar der junge Wedekind mit seinem Essay *Der Witz und seine Sippe* von 1887 nahe; inzwischen aber ist er ein anderer, [er ist] ‚kalt' geworden."[767] Auch ein anderer Kritiker weist auf die Komponente des „tiefen Ernstes" in Wedekinds „Tragikomödie" *Kammersänger* hin: „Wedekinds Ethik wurde verstanden und nach Gebühr gewürdigt. Die komischen Elemente der Tragikomödie übten ihren Reiz aus, ohne dass von dem tiefen Ernst des Dramas das Kleinste verloren ging."[768] Nach Siegfried Jacobsohn seien die Hauptpersonen nicht als komische Opfer individueller Schwächen,

---

763 Diese gelten Wolfdietrich Rasch als ein Zeugnis für Wedekinds distanzierte und reflektierte Haltung den kommerziellen Interessenverflechtungen gegenüber. Wolfdietrich Rasch: Sozialkritische Aspekte in Wedekinds dramatischer Dichtung. Sexualität, Kunst und Gesellschaft. In: Helmut Kreuzer (Hg.): Gestaltungsgeschichte und Gesellschaftsgeschichte. Metzlersche Verlagsbuchhandlung: Stuttgart 1969, S. 409–426, hier S. 423f. Vgl. zudem Kreuzer: Die Bohème, S. 244–253; Vinçon: Frank Wedekind, S. 149–157 (Forschungsbericht); sowie Boa: Die unheimliche Heimat.

764 Der andere erwogene Sammelband sollte *Einakter* heißen und Texte wie *Totentanz*, *Zensur, Der Stein der Weisen* und *Schloss Wetterstein* enthalten. Kommentar zum Stück in STA 4, S. 325.

765 Kerr: Frank Wedekind: Der Kammersänger. Zit. nach http://www.wedekind.h-da.de/buehne.htm. (Zugriff: 10.04.2009).

766 Ebd.

767 Kerr: Frank Wedekind: Der Kammersänger. Zit. nach STA 4, 383f.

768 Julius Ferdinand Wollf zur Inszenierung am Königlichen Schauspielhaus Dresden am 30.05.1913. Julius Ferdinand Wollf: Der Kammersänger (1913). In: Ders.: Theater. Aus zehn Dresdner Schauspieljahren. Berlin o.J., S. 204ff. Zit. nach http://www.wedekind.h-da.de/buehne.htm (Zugriff: 10.04.2009).

sondern als Manifestation „zeittypischer Tragik" zu verstehen.[769] Der Dialog werde, so Paul Wertheimer, energisch geführt, in tragischen und humoristischen Pointen scharf zugespitzt.[770] Ein Kritiker der *Neuen deutschen Rundschau* zieht einen Vergleich zum früheren Wedekind, indem er auf das „Marionetten- und Clownhafte" seiner Figuren hinweist und so die Nähe zur Zirkus-Metapher herstellt: Wedekind lasse seine „Marionetten tanzen", „jeder macht seinen besonderen Sprung."[771] Die Typisierung von Wedekinds Gestalten betont auch Gustav Zieler im *Litterarischen Echo*, indem er sie als „echte Karikaturen" bezeichnet und behauptet, es komme Wedekind auf die Übertreibung – die Verspottung des „hysterischen" Richard-Wagner-Kults an.[772] Es wird zu zeigen sein, dass der Humor im Stück weitgehend an Nietzsche orientiert und insofern einem anderen Paradigma als das von Jean Paul verpflichtet ist.

2.2. Wedekinds Wagner-Erfahrung

Wedekinds Interesse für Musik und Oper reicht in die 80er Jahre zurück, als er intensiv am Konzertleben Münchens teilnahm.[773] Doch die zur damaligen Zeit populärsten Opern Richard Wagners sollen ihm gewisse Schwierigkeiten bereitet haben; er entwickelt eine ambivalente Haltung gegenüber der Ästhetik des Komponisten: Im Brief an die Mutter vom 6. Mai 1886 heißt es dann zuständnisvoll:

> „Dass Dich bei Deiner schönen Züricherfahrt Wagners *Walküre* nicht besonders angesprochen hat, finde ich begreiflich. Das ist eben auch so ein Kunstgenuss, der eigentlich keiner ist, sondern im besten Fall Gelegenheit giebt zu einem tiefen ästhetischen Studium. Das Werk enthält ja unzweifelhaft viele großartige, fast übermenschliche Schönheiten, die aber nur demjenigen aufgehen, der sich ganz in den Wagnerischen philosophischen und künstlerischen Ideenkreisen zurechtgefunden hat, während die wahre reine Kunst doch gerade das naive Gemüth direkt, unmittelbar erfassen sollte."[774]

---

769 Siegfried Jacobsohn anlässlich der Berliner Neuinszenierung 1907, zit. nach STA 4, S. 381.

770 Paul Wertheimer: Frank Wedekind: Der Kammersänger [...] In: Die Zeit (Wien), Bd. 20, Nr. 253 (1899), S. 93, zit. nach Kommentar, STA 4, S. 383.

771 [Unbekannter Autor]: Rundschau. In: Neue deutsche Rundschau 11, Bd. 1 (1900), S. 110, zit. nach STA 4, S. 384.

772 Gustav Zieler: Bühnenchronik. Berlin [...]. In: Das litterarische Echo 2 (1899/1900), Sp. 515, zit. nach STA 4, S. 385.

773 Becker: Tannhäuser, S. 145f.

774 Wedekind: GB, Bd. 1, S. 145f.

Einerseits empfand Wedekind Wagners phantastische Art, sein Pathos und Ge-
suchtheit der Form[775] als seiner Natur fremd[776] und er bedauerte die Dominanz
Wagners zuungunsten der italienischen Oper, der seine Vorliebe galt. In einem
Brief an die Mutter äußert er sich kritisch, auf Schillers Kategorie der Naivität
Bezug nehmend, zur ideologischen Überfrachtung der Wagnerschen Musik.[777]
Andererseits aber konnte er den anfangs erschwerten Zugang zu Wagner – dank
der Tante und Wagner-Anhängerin Olga Plümacher, sowie durch Opernbesuche
– überwinden und lernte die Qualitäten der Musik Wagners schätzen: Der Stoff
der *Walküre* sei „von ergreifender Tragik", schreibt Wedekind in einem Brief
vom Februar 1885.[778] Im Essay *Schauspielkunst* lobt er den lebenslangen, unbe-
irrten Einsatz Wagners für seine eigene Kunst.[779] In demselben Tenor hebt er im
Essay *Im Zirkus* die positive Auswirkung der Wagnerschen Ästhetik auf den italienischen Gesang hervor:

> „Wenn der italienische Gesang unter der Zucht des großen Realisten von Bayreuth
> fast sämtlicher Ornamentik, seiner Triller und Koloraturen, seiner Piani und Tremu-
> landi verlustig ging, wenn er, ehedem Zweck und Ziel der Oper, sich zum Mittel de-
> gradiert sieht, zum dienenden Element, Schulter an Schulter mit Dekoration, Or-
> chester und Text, so hat er dabei an Tiefe, an Wahrheit, an ursprünglicher Leiden-
> schaft unendlich gewonnen." (Im Zirkus, 374)

Die ambivalente Haltung gegenüber Wagners Ideenwelt und dem Kult seiner
Person unter den Zeitgenossen, wie sie sich in Wedekinds Briefen niederschlägt,
kennzeichnet auch seinen *Kammersänger*, wo sich der parodistische bzw. ironische Gestus mit Respekt paart. Wedekind liest bzw. hört Wagner durch Nietzsches kritische Schriften, die auch im Zeichen der Ambivalenz stehen.[780] Das
erste Zeugnis von Nietzsches Auseinandersetzung mit Wagner liefert bekannt-

---

775 Vgl. auch Wedekinds Brief von 27.04.1885 über Wagners dekorativen Stil. In:
     Dreiseitel: Ich mache natürlich lebhaft Propaganda, S. 158f.
776 Krauss: Frank Wedekind und der Pessimismus, S. 146f.; Becker: Tannhäuser, S. 146.
777 Riedlinger: Aneignungen, S. 71.
778 Wedekind: GB, Bd. 1, S. 91.
779 Frank Wedekind: Schauspielkunst. Ein Glossarium. In: Walter Schmitz, Uwe Schneider
     (Hg.): Gesammelte Werke in zehn Bänden Dresden 2003ff., Bd. 7, S. 299–324, hier
     S. 306.
780 Abriss der Beziehung Nietzsche-Wagner: Präludium der Freundschaft (1861–1869);
     Phase der Freundschaft (1869–1876); Nietzsches *Richard Wagner in Bayreuth* (1876) als
     Wendepunkt zur Phase der Entfremdung und des Bruchs (1876–1882), der Tod Wagners
     1883 und die Phase der ausgeprägten Gegnerschaft (1882–1887); Phase der Abrechnung
     (1887–1889): *Der Fall Wagner* (1888) und *Nietzsche contra Wagner* (1889). Vgl. Stefan
     Lorenz Sorgner, Robert Ranisch: Einleitung. In: Stefan Lorenz Sorgner, H. James Birx,
     Nikolaus Knoepffler (Hg.): Wagner und Nietzsche. Kultur – Werk – Wirkung. Ein
     Handbuch. Rowohlt: Reinbek b. Hamburg 2008, S. 23–48, hier S. 33f.

lich *Die Geburt der Tragödie* mit der Widmung für Richard Wagner. Diese frühe Bewunderung Nietzsches für Wagner ging aber allmählich in bissige, Hohn
und Spott nicht scheuende Kritik über.[781] Im Vorwort zu *Dem Fall Wagner*
(1888) bekundet Nietzsche seine Erleichterung über die Überwindung der
„Wagnerei“ und der eigenen Dekadenz.[782] Der Text resultiert aus einer langen
geistigen Auseinandersetzung,[783] die hier aber zum ersten Mal an alle Öffentlichkeit gelangte und den Ruf des Philosophen für immer mit dem Namen Wagners verknüpfte. Im gesamten Werk Nietzsches lassen sich Passagen bzw. ganze
Aphorismen ausmachen, in denen Wagner zum Gegenstand oder Vehikel der
Kritik wird. Die einzige Variable stellt der Tenor der Kritik dar: Während Nietzsche den *Fall Wagner* noch mit „tänzerischer Leichtigkeit“ habe aufrollen wollen, geht das Heiter-Ironische in anderen Schriften zurück.[784] Es folgen u.a.
Nietzsche contra Wagner[785] und die Autobiographie *Ecce Homo – Wie man
wird, was man ist*, wo der Philosoph aus der Rückschau auf seine eigenen Werke, darunter auch auf die Schrift *Der Fall Wagner*, wieder zu sprechen
kommt.[786] Nietzsches Travestien zielen auf die Degradierung des Erhabenen,
Romantisch-Idealistischen und Mythischen, des Germanentums und des Nationalismus in Wagners Opern, was durch den Kontrast mit dem Modernen und
Aktuell-Realistischen erreicht wird. Das Mittel, dessen sich Nietzsche zuweilen
bedient, ist die sprachliche Nachahmung seines musikalischen Stils.[787] Ungeachtet der ideologischen Kritik jedoch hatte Nietzsche immer viel Bewunderung für
das Musikalische Wagners, so wenn er in *Der Fall Wagner* behauptete, dieser
setzte Schopenhauer in Musik um oder sei der „größte Miniaturist in der Musik“.[788]
Wedekind analysiert in seinem *Kammersänger* weniger die Person und das
Werk Wagners, als vielmehr den Wagnerismus als Zeitphänomen und gelangt
darüber zu seinem eigentlichen Anliegen – zu einem Künstler-Drama und damit
zu einer Aussage über das komplexe Verhältnis von Ethik und Ästhetik. Zahl-

---

781 Aggressive Gedanken Nietzsches werden oft durch metaphorische Sprache gemildert.
     Kunnas: Nietzsches Lachen, S. 111, vgl. zudem S. 113, S. 117 sowie S. 121–130.
782 Vgl. hierzu Franz-Peter Hudek: Nietzsche contra Wagner. Über Nietzsches verpatzte
     Strategie seiner Wagner-Kritik. In: Thomas Steiert (Hg.): Der Fall Wagner. Laaber:
     Regensburg 1991 (Thurnauer Schriften zum Musiktheater, Bd. 11), S. 33–48, hier S. 33.
783 Ein Bericht zu Nietzsches 10-jährigem „Krieg“ gegen Wagner vor der Veröffentlichung
     der Schrift *Der Fall Wagner* (1888): vgl. ebd., insbes. S. 37ff.
784 Vgl. ebd., S. 33.
785 Friedrich Nietzsche: Nachgelassene Schriften von 1888. In: KSA 6, S. 413–445.
786 Friedrich Nietzsche: Ecce homo (1888). In: KSA 6, S. 255–374, hier S. 357–364.
787 Vgl. Kunnas: Nietzsches Lachen, S. 119f.
788 Nietzsche: Der Fall Wegner, S. 28.

reiche stilistische Parallelen zu Nietzsche werden als eine weitere Facette des Wedekindschen Humorbegriffs gelesen. Einen ersten Einblick gewährt seine Charakteristik der Titelfigur, eines Wagner-Sängers: In *Was ich mir dabei dachte* heißt es:

> „Gerardo, eine durch den Erfolg aufgeblasene Philisterseele, die sich des Erfolges wegen für einen Künstler hält und von allen Erfolgsanbetern dafür gehalten wird. Nicht ein großer Mensch, wie er selber zu sein glaubt, sondern eine Mücke in fünftausendfacher Vergrößerung. Selber der eingefleischte Erfolgsanbeter und Verächter alles künstlerischen Kämpfens und Ringens."[789]

Bereits diese kurze Äußerung weist Affinitäten zu Nietzsche auf: In der Schrift *Der Fall Wagner*, von der Wedekind spätestens seit 1892 Kenntnis besaß,[790] heißt es:

> „Der grosse Erfolg, der Massenerfolg ist nicht mehr auf Seite der Echten, – man muss Schauspieler sein, ihn zu haben! [...] Geschmack tut nicht mehr Noth; nicht einmal Stimme. Man singt Wagner nur mit ruinierter Stimme; das wirkt dramatisch."[791]

Mit der Figur Gerardos mag Wedekind also auf den Typus des Schauspielers Bezug nehmen, den Wagner für Nietzsche verkörperte – den Bildungsphilister der Musik, einen „Cagliostro der Musik".[792] Im Hinblick auf die Figur Gerardos erweitert Wedekind Nietzsches Perspektive, indem er ihm die Selbstkenntnis zugesteht[793] – die Einsicht in seine Konformität gegenüber der Gesellschaft, die sich mit einer anti-bohemienhaften, bewussten Preisgabe allen künstlerischen Anspruchs paart.[794] Der sozialkritische Kontext des Stücks wurde oft thematisiert. Die hier verfolgte Perspektive soll dieses Bild um Parallelen zu Nietzsche ergänzen, da sie sich komplexer gestalten, als es den Anschein hat.

---

789 Frank Wedekind: Der Kammersänger (1897). In: Ders.: Was ich mir dabei dachte, S. 347f., hier S. 347.

790 Kommentar, STA 4, S. 344; Riedlinger: Aneignungen, S. 69.

791 Wagner habe die Musik verraten, indem er die Ansicht von deren untergeordneten Rolle im Drama vertrat. Eckhard Roch: Antik – Modern. Der logische Schematismus in Friedrich Nietzsches Wagner-Kritik. In: Steiert (Hg.): Der Fall Wagner, S. 49–80, hier S. 75.

792 Nietzsche: Ecce homo, S. 357.

793 Riedlinger: Aneignungen, S. 72.

794 Der Kammersänger verfügt über „das Erkenntnisvermögen des modernen Künstlers als Luxusartikel der Bourgeoisie" und akzeptiert zugleich diese Warenfunktion. Mit Blick auf Simmel und Benjamin sei er „eine Variable innerhalb eines Prozesses, dessen Wesen die Zirkulation ist." Pankau: Sexualität und Modernität, S. 109.

2.3. Gerardo gegen „blinde Leidenschaften"

Unter zitierten „blinden Leidenschaften", gegen die sich die „brutale Intelligenz" des Kammersängers richten soll, sind drei ungebetene Besucher gemeint, die den Wagner-Tenor Oscar Gerardo, 36, der nach einem achttägigen Aufenthalt mit dem Gastspiel *Tannhäuser* im Begriff ist, kontraktpflichtig nach Brüssel abzureisen, daran hindern, in der knappen Zeit vor der Abreise die Tristan-Partie einzuüben. Den Einbruch der ersten „Leidenschaft" inszeniert Wedekind als possenhafte Situationskomik: Das Pathos des besungenen Liebesideals in der eingeübten Passage, die auf die Worte Isoldens aus dem ersten Aufzug der Oper Bezug nimmt – „Isolde! Geliebte! Bist du mein? / Hab ich dich wieder?" (K, 12) – kontrastiert mit den Bedingungen, unter denen der Sänger zu arbeiten hat: „Das ist eine infernalische Luft hier" – (*singt*): Isolde! – Geliebte!" (K, 12) Sowohl in *Der Fall Wagner*, als auch später in *Ecce homo* nimmt Nietzsche parodistisch Bezug auf diese Stelle in der Oper: „[Wagners] Verführungskraft steigt ins Ungeheure, es qualmt um ihn von Weihrauch [...] Ich habe Lust, ein wenig die Fenster aufzumachen. Luft! Mehr Luft!"[795]

Die Inferno-Metapher betrifft bei Wedekind wohl die Wagnersche Welt genauso wie das beengende Leben eines Wagner-Sängers: „Mir liegt etwas wie Blei auf den Nerven! – Luft! Luft!" (K, 12) Durch die Parallele zur grotesken Szene im Konferenzzimmer in *Frühlings Erwachen* gewinnt die Metapher an Valenz und die Stelle an Ironie: Die Fenster-Metapher bezieht sich hier auf das repressive Bildungs- und Erziehungssystem, ferner aber auf die Enge der gesellschaftlichen Verhältnisse im Kaiserreich überhaupt:

> „Zungenschlag: Es he-herrscht hier eine A-A-Atmosphäre wie in den unterirdischen Kata-Kata-komben, wie in den A-Aktensälen des weiland Wetzlarer Ka-Ka-Ka-Ka-Kammergerichtes."[796]

Da „das einzig in Frage kommen könnende Fenster" zugemauert ist und also „geschlossen bleibt", wird das Fazit gezogen, dass „die Atmosphäre nichts zu wünschen übrig lässt".[797] Auch Marquis von Keith möchte „freie Luft atmen" und den „freien Blick" haben, sprich, der muffigen Atmosphäre der bürgerlichen Gesellschaft entkommen.[798] Diesen Bezug stellt Nietzsche in *Ecce homo* her:

> „Der deutsche Geist ist meine schlechte Luft: ich athme schwer in der Nähe dieser Instinkt gewordnen Unsauberkeit in psychologicis, die jedes Wort, jede Miene eines

---

795 Nietzsche: Der Fall Wagner, S. 21.
796 Frank Wedekind: Frühlings Erwachen (III, 1). In: Ders.: Werke in zwei Bänden, Bd. 1, S. 473–548, hier S. 519.
797 Ebd.
798 Maclean: Wedekinds *Der Marquis*, S. 173.

Deutschen verräth. [...] Das, was in Deutschland ‚tief' heißt, ist genau diese Instinkt-Unsauberkeit gegen sich [...] man will über sich nicht im Klaren sein."[799]

Um sich Luft zu verschaffen, geht Gerardo ans Fenster und entdeckt verblüfft, die Gardine aufziehend, die dahinter versteckte „blinde Leidenschaft" – eine junge Wagnerianerin mit einem Rosenstrauß.

2.3.1. Die Wagnerianerinen

Die 16-jährige Miss Coeurne ist eine Lolita, die sich dem gestern als Tannhäuser bewunderten Tenor anträgt. Wedekind spielt in der Szene auf Wagners Oper *Tannhäuser* an, die er, das positive Urteil seiner Tante Plümacher teilend, für eine „prachtvolle Oper" hielt.[800] Die Lektüre der Oper absolvierte Wedekind Ende 1883/Anfang 1884 und berichtet 1885: „Tannhäuser, Lohengrün, und der Fliegende Holländer brachten mich schließlich auf die richtige Spur."[801] Das Mädchen steht parodistisch für den weit verbreiteten Wagner-Kult: „Blicken Sie um sich unter den verheirateten Frauen Ihrer Umgebung: Alles Wagnerianerinen!" (K, 18) In seiner Eigenschaft als Künstler habe Gerardo aber doch nicht die Pflicht, einem Fräulein wie ihr „über [ihre] Dummheit hinwegzuhelfen!", ihr ihre „Jugendfrische und Schönheit zu bestätigen." (K, 15) Die gelinde Parodie wird stärker durch einen Peitschenhieb auf das Deutschtum, den Wedekind der naiven Frau in den Mund legt: „Ich habe gesagt, dass ich noch sehr dumm bin, weil man das hier in Deutschland bei einem jungen Mädchen hochschätzt." (K, 13)[802] Das Mädchen, unkundig in Sachen Musik, wird von Gerardo väterlich auf andere – wohlbemerkt körperliche – Aktivitäten wie Tennis, Skating, Radfahren sowie Bergsteigen, Tanzen, Reiten und Schwimmen verwiesen. Sie solle Gott danken, dass sie mit ihrer Unbesonnenheit nicht „einem anderen Künstler in die Hände gefallen" sei. Statt für die Männer, die auf der Bühne stehen, solle sie sich für die Oper interessieren: „Wer weiß, vielleicht empfinden Sie doch einen höheren Genuß dabei. [...] Opfern Sie sich der Musik! [...] Studieren Sie seine [Wagners] Texte, lernen Sie seine Leitmotive kennen. – Das schützt Sie vor Unschicklichkeiten." (K, 17f.) Die moralische Zurechtweisung mit Blick auf Wagners Liebes-Ethos lässt sich auch einer anderen Passage entnehmen: als das

---

799 Nietzsche: Ecce homo, S. 361.
800 Das geht aus dem Brief an die Plümacher von 20.10.1884 hervor. Wedekind: GB, Bd. 1, S. 77.
801 Ebd., S. 91. Vgl. auch Kommentar, STA 4, S. 351 und S. 372.
802 Hier mögliche Anspielung auf Nietzsches Polemik gegen Wagners *Parsifal* und auf ein Schlüsselwort aus der Oper: die „reine Torheit". Vgl. Kunnas: Nietzsches Lachen, S. 116f.

Mädchen den Wunsch nach einem Kuss äußert, mahnt sie der Kammersänger mit den Worten: „Werden Sie erst älter und lernen Sie etwas mehr Respekt vor der keuschen Göttin hegen, der ich mein Leben und meine Arbeit weihe.[...] (K, 17) Der Ausdruck „keusche Göttin" spielt auf Nietzsches Urteil über Wagners *Parsifal* an – einer „Predigt der Keuschheit", „einer Aufreizung zur Widernatur" und einem „Attentat auf die Sinnlichkeit": „Ist der Hass auf das Leben bei ihm Herr geworden, wie bei Flaubert?... Denn der Parsifal ist ein Werk der Tücke, der Rachsucht, der heimlichen Giftmischerei gegen die Voraussetzungen des Lebens, ein schlechtes Werk."[803] Gemeint ist die Enthaltsamkeit Parsifals vor sexuellen Handlungen um des großen Ziels willen,[804] eine Form von Lebensverneinung, die Nietzsche als Symptom der lebensverlöschenden Dekadenz ablehnte. Nietzsche prägte zudem für Wagner die Bezeichnung „Apostel der Keuschheit" – so in dem den Aphorismus 256 aus *Jenseits von Gut und Böse* abschließenden Gedicht *Ist das noch deutsch?*[805] In *Nietzsche contra Wagner* stellt der Philosoph dann provokant die Frage, ob „dieser Parsifal überhaupt ernst gemeint" gewesen sei: „Ist der *Parsifal* Wagners sein heimliches Überlegenheits-Lachen über sich selber, der Triumph seiner letzten höchsten Künstler-Freiheit [...] – Wagner, der über sich zu lachen weiss?..."[806] Mit Bedauern muss Nietzsche allerdings das Fazit ziehen, dass der „heiter gemeinte" *Parsifal*, der *Parsifal* als Satyrdrama, als Abschied von der Tragödie und „Parodie auf das Tragische, auf den ganzen schauerlichen Erden-Ernst und Erden-Jammer von Ehedem, auf die endlich überwundene dümmste Form in der Widernatur des asketischen Ideals"[807] nur eine Wunschvorstellung bleiben muss. Wie ein Echo auf dieses Urteil liest sich Wedekinds Kritik der zeitgenössischen Interpretation von *Don Giovanni*. Mit Mozart ist auch ein Pendant zu Wagner genannt, beide fungieren als Statthalter für die Antithese des 18. und des 19. Jahrhunderts.

Bezeichnenderweise bevorzugt auch Wedekind unter den Komponisten Mozart, dessen Musik ihm, neben der italienischen Oper „die liebste [sei] trotz aller Virtuosität, Kraftgenialität, Sentimentalität und Frivolität anderer jüngerer Meis-

---

803 Nietzsche: Nietzsche contra Wagner, S. 431. Vgl. Nikolaus Knoepffler: Parsifal. In: Sorgner u.a. (Hg.): Wagner und Nietzsche, S. 409–417, hier S. 410; sowie Hudek: Nietzsche contra Wagner, S. 42.

804 „Nur dem Keuschen offenbart sich die beseligende Macht des Heiligtumes." Ulrike Kienzle: Parsifal and Religion: A Christian Musik Drama? In: William Kinderman, Katherine R. Syer: A Companion to Wagner's Parsifal. Camden House: Rochester 2005, S. 96, zit. nach Knoepffler: Parsifal, S. 414.

805 Nietzsche: Jenseits von Gut und Böse, S. 204.

806 Nietzsche: Nietzsche contra Wagner, S. 430.

807 Ebd.

ter".[808] Im Essay *Don Giovanni* (1896)[809] beruft sich der Dramatiker auch direkt auf die Musik-Präferenzen Nietzsches: „Mit welcher Herzenswärme würde Friedrich Nietzsche, wenn ihm das Glück noch vergönnt wäre, den Wiedererwecker des Don Giovanni zu seiner mutigen Tat beglückwünschen!"[810] *Don Giovanni* fungiert als Inbegriff des achtzehnten Jahrhunderts, das Wedekind apolegetisch als eine Epoche charakterisiert, die „unsere höchsten geistigen Schätze" hervorgebracht habe. Im Gegensatz zum neunzehnten Jahrhundert zeigt sich die vergangene Epoche „blütenfrisch in seiner Apotheose *übermenschlicher Genussfähigkeit, in seiner kindlichen Freude am Sinnlich-Schönen*", während Don Giovanni „im moraltrunkenen Deutschland längst ein psychiatrisch-kriminelles Schreckgespenst" geworden sei. Die Kluft zwischen den beiden Jahrhunderten misst Wedekind mit der Figur Oktavios. Im Ibsenschen ‚Sittendrama‘, zu dem *Don Juan* in Deutschland degeneriert worden sei, wagt man nicht, Oktavio als einen „Don Juan im *lächerlichen* Sinn, den Weiberhelden *platonischer* Konfession, den Mann der Gefälligkeit und des schönen Trostwortes gegenüber dem *Manne der Tat*" zu interpretieren, nur weil er „*musikalisch* nicht komisch" bzw. „nicht parodistisch gehalten" sei. Es müsse doch „*einer* wenigstens auf der Bühne [stehen], der das *sittliche Banner* inmitten der frivolen Gesellschaft hochhält."[811] Eben darin erblickt Wedekind den „klaffenden Abgrund zwischen dem übermütigen, künstlerisch fein empfindenden *achtzehnten* Jahrhundert und unserem verrohten, demokratisierten, in Heuchelei getränkten *neunzehnten* Jahrhundert, den der Wiedererwecker des Don Giovanni schwerlich jemals überbrücken kann."[812] Vergleichbar antithetisch im Hinblick auf das Moment des Spielerischen begreift Johann Huizinga die beiden Jahrhunderte: während das 18. Jahrhundert mit einer Fülle von spielenden und spielerischen Elementen hervortritt, mit einer Tendenz „zum Lockeren, Leichtbeschwingten, zur absichtlichen Nonchalance, zur harmlosen Natürlichkeit, die das ganze 18. Jahrhundert hindurch, und schon seit Watteauzeit, der Steifheit und Geziertheit entgegenläuft", habe „[d]as 19. Jahrhundert das Gefühl für die Spielqualitäten des ihm vorangehenden verloren", was sich in „einem allgemeinen Ernstwerden der Kultur" manifestiert.[813]

---

808 Wedekind: GB, Bd. 1, S. 103.

809 Der Essay entstand auf Anregung einer einsetzenden Mozart-Renaissance. Becker: Tannhäuser, S. 149f. Frank Wedekind: Don Giovanni. In: Ders: Werke in zwei Bänden, Bd. 1, S. 397–399.

810 Ebd., S. 397.

811 Ebd., S. 398.

812 Ebd., S. 398f.

813 Huizinga: Homo Ludens, vgl. S. 201, S. 203 und S. 208. Das 19. Jahrhundert begriff nicht, „dass der Geist des 18. Jahrhunderts selber in diesem Spiel der Motive bewusst einen Weg zurück zur Natur gesucht hat, aber einen in stilvoller Form." Ebd., S. 203.

In Wedekinds Mozart-Begriff wird musikalische Virtuosität mit einem undogmatischen weltanschaulichen Statement kurzgeschlossen, dem ein frivoler
Humor und Genussfähigkeit inhärent sind. Dies bestätigt auch ein 1896 im *Simplizissimus* veröffentlichtes fiktives Interview, ebenfalls unter dem Titel *Don
Giovanni*, wo Wedekind Don Juan einen „Akrobaten" im Gegensatz zum „Offizier" Oktavio nennt.[814] Der Kammersänger Gerardo ist allerdings von der Frivolität genauso weit entfernt wie von der Sittlichkeit.

In der Szene mit Miss Couerne wird im Zusammenhang mit Wagners Ästhetik die Kategorie des Erhabenen aufgegriffen: Gerardo spricht von der Erhabenheit seiner Präsenz auf der Bühne, welche die Frauen für ihn gewinnt: diese ist
nicht seine eigene, sondern geht auf die Forderung des Impresarios und den
Tannhäuser-Stoff zurück. „Sehen Sie in mir keinen berühmten Sänger, sondern
das unwürdige Werkzeug in der Hand eines erhabenen Meisters." (K, 16, 18)
Analog verdankt sich der Zustand der Verliebtheit nicht der Stimme des Tenors
– „Das Singen allein tut es nicht" (K, 16), sondern der Gesamtwirkung der
Kunst Wagners: „Als Tannhäuser kann ich nicht anders erscheinen." (K, 16)
Wenn aber Gerardo das Mädchen bittet, ihm „dieses traurige Nachspiel" zu er-
lassen, dann spielt Wedekind / Gerardo auf das tragische Ende der Oper *Tann-
häuser*[815] und das tragische Modell der Liebe bei Wagner schlechthin an: Die
Avancen und Ansprüche der Frau, einer von unzähligen Wagnerianerinnen, werden ad absurdum geführt und damit auch das Modell Wagners abgelehnt. Stefan
Riedlinger sieht in der ersten Dramenszene Wedekinds Auseinandersetzung mit
Nietzsches anfänglicher Hochschätzung von *Tristan und Isolde*, die in der *Geburt der Tragödie* besonders zum Tragen kommt. In der Kunst Richard Wagners
sieht der junge Nietzsche die Rückkehr der Kunst an ihren Ursprung in der griechischen Antike und die Realisierung des Dionysischen.[816] Wagners Musikdrama, insbesondere *Tristan und Isolde*, gilt ihm als die romantische Antwort auf
das Unbehagen an einer eindimensionalen Kunst und die Verwirklichung seines
Anspruchs gegenüber der Kunst überhaupt: „Musikorgiasmus" nennt Nietzsche

---

814 Frank Wedekind: Drei Interviews. Don Giovanni. In: Ders.: Werke in zwei Bänden,
    Bd. 1, S. 390–396, hier S. 392.
815 Wedekind hat die Oper vermutlich 1884/1885 in München gesehen. Kommentar, STA 4,
    S. 373.
816 „Dionysisches Bewusstsein lässt sich auf das Ungeheure des Lebens ein mit der durch
    künstlerische Darstellung erleichterten Einsicht, dass es keine irdische Auflösung der
    großen Dissonanz des Lebens gibt. Das Leben wird immer ungerecht sein gegen den
    Einzelnen, dem nur die entlastende Kommunion mit dem Lebensprozess insgesamt
    bleibt. Das ist für Nietzsche der metaphysische Trost, den die Kunst gewährt." Safranski:
    Romantik, S. 288f.

diese „mächtige und lustvolle" Erfahrung der Wagnerschen Musik, die „aus dem Abgrund von Schmerz und Lust" kommt.[817] Eine Reihe von Ironie-Signalen in Wedekinds Text verhindert eine affirmative Interpretation der Anspielungen auf die Oper Wagners.[818] Durch das paternalistische, von Vernunft geleitete Verhältnis Gerardos zu Miss Couerne wird in diesem Sinne ein Liebesdrama vereitelt: die erste „blinde Leidenschaft" in Person eines von Illusionen gespeisten, vom Lebensekel gepeinigten und gelangweilten Mädchens, das sich dem Kammersänger anträgt, „weil [ihr] das alles abscheulich ist, und weil [sie] es furchtbar langweilig finde[t]" (K, 14), steht für Unbesonnenheit und Lebensferne und repräsentiert den zeitgenössischen Typus der Wagnerianerin.[819] Dass es Wedekind dabei um eine Parodie geht – um „komische Maske der Venus",[820] lässt sich auch an einer anderen Wagnerianerin-Episode ablesen, in der Wedekind es eindeutig auf den Komikeffekt absieht: Beim Gespräch mit Professor Dühring bemerkt Gerardo plötzlich hinter dem Paravent etwas, was sich als eine Klavierlehrerin entpuppt:

> „Nachdem er sich neugierig orientiert, reckt er plötzlich die Hand aus und zieht eine Klavierlehrerin in grauer Toilette hervor, die er, mit vorgestreckter Faust am Kragen haltend, vor dem Flügel durch zur Mitteltür führt. Nachdem er die Tür hinter ihr geschlossen, zu: Bitte, sprechen Sie ruhig weiter!" (K 22)

Der Komikeffekt basiert hier zum einen auf der Degradierung: Gerardo traktiert die Wagnerianerin wie ein lästiges Objekt. Die wortlose Geste ist zudem einem *Lazzi* ähnlich, wirkt mechanisch und enthält die Suggestion einer Wiederholung, als ob noch weitere Frauen im Raum zu vermuten wären. Desavouierend wirkt aber allein schon die Berufsbezeichnung: Wedekinds Heimatstadt Lenzburg war nämlich als Ort der Obersten und Klavierlehrerinnen bekannt. Eine Klavierlehrerin genoss in seiner Frauentypologie kein hohes Ansehen, sie galt ihm als „Inbegriff der bildungsbeflissenen, gealterten höheren Tochter."[821] In dem sogenannten „kabbalistischen Schema" einer weiblichen Typologie, veröffentlicht im *Don Giovanni-Interview* 1896 im *Simplizissimus*, bezieht der Typus ‚Klavierlehrerin' auf einer 5-gradigen Skala erst die vierte, vorletzte Stelle – vor dem Typus ‚Köchin'. Bemerkenswert ist dabei, dass jeder Typus ‚in der Wirklichkeit' und ‚im Geiste' vertreten sei, aber erst Letzteres degradiert die Frau im Sinne des

---

817 Statt in die Kirche zu gehen, soll man den *Tristan* hören. Oliver Fürbeth: Tristan und Isolde. In: Sorgner u.a. (Hg.): Wagner und Nietzsche, S. 397–402, hier S. 398.

818 Vgl. Riedlinger: Aneignungen, S. 67–75, hier S. 68f.

819 Ebd., S. 68.

820 Becker: Tannhäuser, S. 170. Tannhäuser-Venus-Sage: Der Venusberg steht für das Rauschhaft-Sinnliche, im Gegensatz zu Wartburg, dem Synonym des Geistig-Sittlichen.

821 Vgl. Kommentar, STA 2, S. 695.

Schemas. Mit anderen Worten: es ist weniger der reale Beruf als die Verbindung des Berufs mit der Mentalität einer Klavierlehrerin, die Wedekind als entschieden disqualifizierend einstuft.[822]

In den anderen beiden Szenen – mit Professor (Szene 2) und Helene Marowa (Szene 3) – tritt der die erste Szene auszeichnende parodistische Humor weitgehend zurück,[823] die Kategorien des Lächerlich-Komischen reichen nicht als Erklärung: Was zeitgenössische Regisseure als Hanswurstiade gestalteten, sollte nach Wedekinds Intention im ernsthafteren Ton verhandelt werden. Die besagten zwei Szenen haben in der Tat den Charakter dramaturgischer Traktate über ethische Fragen. An genau dieser Stelle weicht Wedekinds Humorbegriff von dem ab, was einerseits Schopenhauer am allgemeinen, zeitgenössischen Verständnis dieses Terminus kritisierte, andererseits was Jean Paul darunter verstand und was also der Humor in der Bildungssprache bedeutete.

Die zweite „blinde Leidenschaft" weiblichen Geschlechts – Helene Marowa – ist eine junge, verheiratete Frau und Mutter, die ganz in Liebe zu Gerardo aufgeht. „In der dritten Scene interessierte mich die Frage," so Wedekind, „welche Ansprüche eine Frau an einen Mann zu stellen berechtigt ist, den sie sich ausgesucht hat."[824] Helene Marowas Affektiertheit macht sie gegen jegliche Argumente der Ratio resistent und zum Spielball unkontrollierter Emotionen: „Ich habe keine Gewalt mehr über mich!" (K, 36) Ihre Verblendung artikuliert sich in einer insistierenden, aufdringlichen Rhetorik durch parataktische Sätze und Wortwiederholungen:

> „Ich bitte dich um mein Leben. [...] du und mein Leben sind eins.[...] Du hast mich um mein Leben betrogen. [...] du kannst mich retten, ohne ein Opfer zu bringen. [...] Leben erflehe ich von dir! Leben!" (K, 33–37)

Das Pathos ihrer Rede, durch alliterierende Ausdrücke betont („Ich bin ohne Hirn und Herz [...]. Ich habe mich dir an den Hals geworfen, und würde mich dir heute wieder an den Hals werfen! [...]" (K, 33, 37)), ist ganz wagnerianisch, auch wenn sie nicht dem wagnerschen Weiblichkeitsideal der diesseitiger Liebe entsagenden Frau entspricht. In ihrer melodramatischen Wirkung à la Opernheldin verschwindet die Grenze zwischen Realität und Fiktion. In der Szene mit

---

822 Wedekind: Drei Interviews. Don Giovanni, S. 394f.

823 Hartmut Vinçon bezeichnet die erste Szene des Einakters als komisch, die zweite als tragikomisch und die dritte als tragisch. Hartmut Vinçon: Einakter und kleine Dramen. In: Hansers Sozialgeschichte, Bd. 7, S. 367–380.

824 Aus dem Brief Wedekinds an einen unbekannten Adressaten. München, 24.04.1901, zit. nach Kommentar, STA 4, S. 348f. Im Kommentar *Was ich mir dabei dachte* formuliert Wedekind das Urteil noch strenger: Marowa sei eine Frau, „die sich dem Manne an den Hals wirft und glaubt, daraus Ansprüche folgern zu können." Wedekind: Was ich mir dabei dachte, S. 347.

Marowa nimmt Wedekind das Wagnersche Motiv von Eros und Thanatos auf, wie es in *Tristan und Isolde* umgesetzt wird. Der tragischen Heroine begegnet aber kein Tristan, sondern ein Tristan-Sänger, ein kühler Rationalist, der sich auf Gefühle einlassen weder will noch kann. Wie Johannes Pankau gezeigt hat, repräsentiert Gerardo einen versachlichten Typus Künstler und Mann – mit ausgeprägtem Anpassungsvermögen und einer Erfolgsorientiertheit, die alles Irrationale (Liebesverhältnis, Nähe) als hinderlich bis bedrohlich empfindet und ausschließt.[825] Die kontraktliche Verpflichtung, sich weder zu verheiraten noch in Begleitung von Damen zu reisen (K, 34) ist mit seiner Konstitution kompatibel und also kein Grund für seine Enthaltsamkeit gegenüber den Frauen. Die Immunität seiner Natur gegenüber Affekten und tieferen Gefühlen wird im Stück in den Dienst der Infragestellung von Wagners romantischem Liebesmodell gestellt.[826] War Miss Coeurne parodistisch gehalten, bringt Helene, das Sinnbild des Irrationalen, die schließlich ihrem absoluten Anspruch erliegt, indem sie die Hand an sich legt und zu den Füssen des verstörten Gerardo stirbt,[827] einen tragischen, resignativen Ton ein. Auch Molly in *Marquis von Keith* oder Kadidja in der *Zensur* sind sich derart entfremdet, dass sie, als Antithese zum funktionalen Ich des Mannes, sich das Leben nehmen.[828]

Im Licht von Nietzsches Kritik an Wagner wird der Kontrast zwischen Gerardo und den beiden „blinden Leidenschaften" brisanter. Das folgende Zitat aus *Der Fall Wagner* liest sich wie eine direkte Inspiration für die Szenen zwischen Gerardo und den beiden Frauen:

> „Wer lehrt es uns, wenn nicht Wagner [...] dass schöne Mädchen am liebsten durch einen Ritter erlöst werden, der Wagnerianer ist? (Der Fall in *Meistersingern*) Oder dass auch verheiratete Frauen gerne durch einen Ritter erlöst werden? (Der Fall Isoldens)[...]"[829]

---

825 Pankau: Sexualität und Modernität, S.109–116, hier S. 109.

826 Vgl. Riedlinger: Aneignungen, S. 68.

827 Nach kurzem inneren Ringen lässt Gerardo die Frau „auf den Teppich zurückfallen" und folgt seinem Kontrakt mit den Worten „Ich muss morgen Abend in Brüssel den *Tristan* singen!" (K, 45)

828 Kadidja: „Habe ich mich geschaffen?" (Zensur, 413) Elisabeth Boa interpretiert den Selbstmord Marowas als einen Akt der Selbstbehauptung. Boa: Die unheimliche Heimat, S. 138 mit Verweis auf Elisabeth Bronfens *Over her Body. Death, feminity and the aesthetic.* (Manchester 1992) Die „Todesart der Sirenen" präsentiert auch Wendla in *Frühlingserwachen*, Effie in *Schloss Wetterstein*, Klara Hühnerwadel in *Musik*. Beide – Mann und Frau erscheinen als Marionetten, die der Mechanik der Farce ausgeliefert sind. Ebd., S. 141.

829 Nietzsche: Der Fall Wagner, S.16. Die Schrift bietet ein Beispiel ironischer Rede Nietzsches, wo er eine perspektivische Reduktion vornimmt. „[S]eine Oper ist die Oper

Wedekind scheint sich hier Nietzsches Karikatur und Trivialisierung von Wagners Motiven zueigen zu machen. Gerardo wird nicht zum Erlöser der Frauen: er ist vielmehr ein „Rationalist der Liebe".[830] Darin artikuliert sich Wedekinds Skepsis gegenüber dem Idealismus aus dem Geist der Romantik, gegenüber dem ‚Geist der Schwere', den Wedekind im Kontrast zu seinem Elastizitätspostulat versteht und umsetzt.

Neben den Anspielungen auf *Tannhäuser* sowie *Tristan und Isolde* weist *Kammersänger* auch Parallelen zu Wagners *Meistersinger von Nürnberg* (1868). Bezeichnenderweise ist es die einzige komische Oper des Komponisten, die er als heitere Gegenbalance zu seinem tragisch endenden *Tannhäuser* verfasste: es ist zwar keine Buffa-Oper – dafür sei „der vorherrschende Humor zu gewalttätig und schadenfroh" – aber die Form ist insgesamt publikumsgerecht. Musikalisch sind die *Meistersinger* ein Gegenstück zum *Tristan* – die „scheinbare Einfachheit" der *Meistersinger* hebt sich von der Chromatik des *Tristan* ab.[831] Bereits der Titel *Kammersänger* ruft die Assoziation mit den Meistersängern bzw. -singern hervor – den bürgerlichen Dichtern und Sängern im 15. und 16. Jahrhundert, die in einer Zunft mit strengen Regeln organisiert waren und in der Tradition des Minnesangs standen. Sie rekrutierten sich hauptsächlich aus den Handwerksmeistern. Diese Assoziation wird evoziert, wenn Gerardo von seinem früheren Fach berichtet, dass er früher, bevor er Kammersänger wurde, als Tapeziergehilfe arbeitete. (K, 28) In den *Meistersingern* stellt Wagner anhand der Zunft der Sänger die Strukturen der Gesellschaft und das Kunst-Establishment dar. Mit zwei talentierten und für das Neue offenen Figuren – dem Schusterpoeten Hans Sachs und dem jungen Ritter Walter von Stolzing – formuliert er sein Programm einer anspruchsvollen Kunsterziehung und einer freien, innovativen, unkonventionellen Kunst. Die berühmte Ermahnung Hans Sachs' an den Ritter lautet: „verachtet mir die Meister nicht und achtet mir die Kunst."[832] Mit den *Meistersingern* legt Wagner seine Poetik dar: denn das Thema der Oper – „*der*

---

der Erlösung. Irgend Wer will bei ihm immer erlöst sein." Vgl. Bohrer: Nietzsches Aufklärung, S. 260.

830 „Der Versachlichung als Signatur des Männlichen steht das Weibliche als Verbindung von ästhetischer Schönheit und sinnlicher Intensität gegenüber." Der „untragischen, selbstbezogen konstruktivistischen Gestalt" Gerardos werde die Selbst-Destruktion entgegengesetzt. Pankau: Sexualität und Modernität, S. 113.

831 Attila Csampai, Dietmar Holland: Opernführer. Hoffmann und Campe: Hamburg 1990, S. 515f. Vgl. auch Yvonne Nilges: Die Meistersinger von Nürnberg oder Die Geburt der musikalischen Komödie aus dem Geist Shakespeares. In: Wagner und das Komische. Wagnerspectrum, H. 1 (2007), S. 7–34.

832 Wagners Libretto zit. nach http://universal_lexikon.deacademic.com/314783/Verachtet _mir_die_Meister_nicht (Zugriff: 04.03.2013).

deutschen Oper des 19. Jahrhunderts" ist Kunst und die Kunstproduktion.[833] In der Figur Hans Sachs' macht Wagner eine Verbeugung vor der Tradition, vor dem Volksgeist, der für Verwurzelung und Inspiration und gegen den engstirnigen Formalismus einsteht. Der Ritter Stolzing wird mit Hilfe Hans von Sachs' von einem Original- und Naturgenie zu einem zivilisierten, oder auch echten Künstler: den beiden Figuren stehen ignorante Philister gegenüber.

Wedekind konzipiert seinen Gerardo in Opposition zu einem kreativen Künstlertum: er versteht sich expressis verbis als Handwerker, als „das unwürdige Werkzeug in der Hand eines erhabenen Meisters". (K, 18) Zugleich benutzt er das vermeintliche Pflichtbewusstsein gegenüber der Kunst, um sich gegen die Ansprüche der Frau zu wehren.[834] In der Szene mit Helene Marowa liegt der Schlüssel zur Fehlinterpretation des Stücks als Hanswurstiade: Marowa verachtet den Beruf Gerardos und versucht ihn davon abzubringen, „sich allabendlich zum Hanswurst" zu machen. (K, 36) Gerardo überblickt allerdings die Doppelmoral der Frauen ihres Standes und weiß, dass er „in den Augen [ihrer] Gesellschaft ein Hanswurst sei (K, 39):

> „Mit welcher Verachtung hättest du mich in meine Schranken zurückgewiesen, wenn ich mich in dich verliebt hätte, wenn ich hätte eifersüchtig sein wollen! [...] Deine gesellschaftliche Stellung gab dir die Möglichkeit, mich zu provozieren. Du hast davon Gebrauch gemacht." (K, 38f., 40)

Gerardos Brutalität liegt in seiner Ehrlichkeit: „Wenn ich mich verkaufe, dann hat man es wenigstens mit einem ehrlichen Menschen zu tun!" (K, 43) Diese Ehrlichkeit resultiert aus seiner Einsicht in die gesellschaftlichen Verhältnisse, wo „jeder Mensch seinen reellen Wert" hat. (K, 43) Gerardo ist kein neuer Don Juan: die Sinnlichkeit hat keinen Zutritt zu ihm, sehr wohl aber die Hybris: er weiß Helene, aber auch sich selbst, auf der Seite des Lebens: „Wenn sich dann Gelegenheit bot, habe ich allerdings in vollen Zügen genossen." (K, 38) Es sind andere, die das Leben wegwerfen: „Halbmenschen, Zwerggeschöpfe – die die Natur wie Stiefkinder bedacht hat." (K, 36) Und dennoch scheint die These von seinem „Behagen an der eigenen Enge, der eigenen Ungestörtheit, ja an der eigenen Beschränktheit"[835] zu weit zu gehen. Gerardo beklagt seine aller Freiheit beraubte Existenz: „Jeder trägt sein Joch und muss es tragen!!" (K, 19) In der

---

833 Csampai, Holland: Opernführer, S. 514.

834 Gegenüber Helene betont er sein Pflichtbewusstsein: „Die Pflicht ist das höchste Gebot [...] wer seiner Pflicht nicht nachkommt, ist nicht berechtigt, auch nur die geringsten Anforderungen an andere Menschen zu stellen." (K, 38) Gerardos eigener Deklaration gemäß stehe sein Künstlertum über seinem Menschentum, weswegen er auch nicht sich selber, sondern seiner Kunst gehöre. (K, 35–36)

835 Nietzsche: Unzeitgemäße Betrachtungen, 1. In: Ders.: Werke in drei Bänden, Bd. 1, S. 137–209, hier S. 145. Vgl. Riedlinger: Aneignungen, S. 73.

Konfrontation mit dem alternden Professor wird die Figur weiter profiliert und relativiert.

2.3.2. Der gescheiterte Künstler

Die zweite Szene des Stücks – die Auseinandersetzung Gerardos mit Professor Dühring – ist als ein weltanschauliches Agon angelegt: Als Opposition zum korrumpierten Künstler erscheint der gescheiterte Komponist: „In der zweiten Scene des *Kammersängers*", so Wedekind, „gedachte ich ein gutes Wort zu Gunsten des schaffenden Künstlers gegenüber dem reproducierenden Künstler einzulegen."[836] Dühring erbittet sich bei Gerardo Gehör in Erwartung, der etablierte Sänger möge an seinen jahrelang von der Musikwelt ignorierten Opernkompositionen – *Hermann* und *Marie de Médicis* – Gefallen finden und sein Protege bei einflussreichen Persönlichkeiten sein. Wedekind soll sich laut eigener Aussage in der Figur Dührings porträtiert haben: „Professor bin ich selber, so wie ich mir mit dreiunddreißig Jahren dem Theater gegenüber erschien."[837] Im Anhang zum Brief an Georg Brandes von 10. Januar 1909 heißt es: „*Der Kammersänger* ist das erste Stück, in dem ich für meine Arbeiten, von denen kein Verleger und kein Theater etwas wissen wollte, Reklame machte. Der alte Professor spricht Wort für Wort meine eigenen Gefühle aus."[838] Entgegen der Erwartung repräsentiert Dühring aber keinen positiven Ideenträger, da auch er mit Nietzsches Wagner-Kritik korrespondiert und zur Problematisierung des Künstlerbildes beiträgt.

Mit dem Namen Dühring knüpft Wedekind an Eugen Dühring (1833–1921), den Nationalökonomen und Philosophen an,[839] der sich an der zeitgenössischen Realismus-Idealismus-Debatte beteiligte, indem er die Überzeugung von der Vereinbarkeit praktisch-materieller Realitätsanforderungen und geistig-moralischer Prinzipien vertrat. Seine Biographie berichtigte aber diese Überzeugung als illusorisch. Rezipiert wurde er als radikaler Rationalist. Zudem war Eugen Dühring ein Gegner Wagners und seiner Musik.

Eine Interpretationsspur im Hinblick auf die Figur führt zudem zu Wedekinds eigenem als ein „Musikdrama in fünf Aufzügen" geplanten und Fragment gebliebenen Opernlibretto *Nirwana*, das er 1896 als eine Auftragsarbeit zu

---

836 Aus dem Brief Wedekinds an einen unbekannten Adressaten. München, 24.4.1901, zit. nach Kommentar, STA 4, S. 349.

837 Wedekind: Was ich mir dabei dachte, S. 347.

838 Beilage zum Brief an Georg Brandes. München, 10.01.1909, zit. nach STA 4, S. 349.

839 Er soll Friedrich Engels zu der Schrift *Herrn Eugens Umwälzung der Wissenschaft* (1878) veranlasst haben. STA 4, S. 356. Eine andere mögliche Konnotation durch den Operntitel wäre die zum früh verstorbenen, eher erfolglosen Komponisten Hermann Goetz (1840–1876).

schreiben begann. Dührings unaufgeführte Oper *Hermann* ist an Wedekinds Libretto angelehnt: der Titel geht auf die Hauptfigur aus *Nirwana* zurück, ihr Ideengehalt verrät, ebenfalls in Anlehnung an Wedekind,[840] Wagnerisch-Schopenhauersche Inspirationen:[841]

> „Der Tod, der Tod, auch hier im Schlosse,
> Wie er in unseren Hütten hauset!
> So mäht er groß wie klein...“ (K, 24)[842]

In die Figur Dührings dürften zudem Elemente des versteckten Selbstporträts Wagners eingegangen sein, die sich seiner Schrift *Oper und Drama* (1851) entnehmen lassen.[843] Dühring weiß auch Wagner zu schätzen und stellt sich in dessen Nachfolge gegen die dilettantischen Wagner-Epigonen. Nachdem er zwei Akkorde aus *Hermann* angeschlagen hatte, fragte er stolz: „Ist das nicht mehr als der *Trompeter von Säckingen*“? (K, 26) Bei *Trompeter von Säckingen* handelt es sich auch um die Oper eines Wagner-Epigonen Viktor Nessler (1841–1890), die 1884 mit großem Erfolg uraufgeführt und 1885 am Münchner Hoftheater inszeniert wurde.[844] Bei aller Achtung für Wagner und Verachtung für seine Epigonen leidet Dühring allerdings unter der hohen Wagner-Konjunktur. Nach seinem eigenen Urteil ist er ein moderner, verkannter Künstler, der erst post mortem eine gebührende Würdigung erwarten kann. Nun bestehe aber – seit Wagners Tod – kein Bedarf nach modernen Stoffen. Die überschätzten Wagnersänger, die zu lebensfernen Ästheten verkommen, feiern indessen Triumphe:

> „diese blutarmen, fadenscheinigen Ochsgenies, die sich heute breit machen! Die vor lauter sublimer Technik mit zwanzig Jahren steril, impotent geworden“ seien, „Philisterseelen“, die „Kunst machen statt Leben [...] Blinde, beschränkte Eintagsfliegen! Jugendliche Greise, denen die Sonne Wagners das Mark aus den Knochen gesogen hat.“ (K, 25)

---

840 Wedekind greift in *Nirwana* Motive der romantischen Oper in Deutschland auf: das Zwei-Welten-Motiv (Menschenreich und Geisterreich), das Tannhäuser-Venus-Motiv und das Weltschmerz-Motiv. Becker: Tannhäuser, S. 155–170, insbes. S. 159–161.

841 Vgl. ebd., S. 169. Riedlinger verweist auf die Affinitäten des Stoffes zu Wagners *Parsifal*: Wedekinds Hermann verlässt nach dem Tod seines Vaters die Mutter, angetrieben von der Sehnsucht nach Ruhm, Freiheit und Dienst an der Menschheit. Riedlinger: Aneignungen, S. 68. Vgl. auch Becker: Tannhäuser, S. 156f. und Kommentar, STA 4, S. 343f.

842 Hier zitiert Dühring den Anfang des Gesindechors aus *Nirwana*. Becker: Tannhäuser, S. 169.

843 Vgl. Kommentar, STA 4, S. 353–357.

844 Das Libretto geht auf ein 1854 erschienenes Versepos von Viktor von Scheffel, das Wedekind im Tagebuch im Eintrag von 09.09.1889 erwähnt. Frank Wedekind: Die Tagebücher. Ein erotisches Leben. Athenäum: Frankfurt a. M. 1986, S. 154.

Stilistisch erinnert dieser verbale Angriff an eine gegen den schlechten Publi-
kumsgeschmack gerichtete Stelle aus *Nietzsche contra Wagner*: Im Urteil der
Masse müsse „alle Musik aus der Wand hervorspringen und den Hörer bis in
seine Gedärme hinein schütteln", womit sie nur auf etwas wirkt, „worauf ein
vornehmer Künstler niemals wirken soll, – auf die Masse! auf die Unreifen! auf
die Blasierten"! auf die Krankhaften! auf die Idioten! auf Wagnerianer!...“[845]
Durch diese Parallele wird der Zusammenhang zwischen schlechtem Künstler
und ebensolchem Publikum hergestellt, wodurch der Topos des verkannten, ver-
einsamten Künstlers an Gewicht gewinnt. Atmosphärisch wird dieser Topos
durch den Bezug zur Jean Antoine Watteau (1684–1721) verstärkt.[846] Der Maler
wurde nach Jahrzehnten der künstlerischen Nichtexistenz erst im 19. Jahrhundert wieder entdeckt: Während aber seine Malerei in der frühen, zeitgenössischen Rezeption als fröhlich und heiter galt, hielt sich bis ins 20. Jahrhundert
hinein die Vorstellung von ihm als einem leidenden und einsamen Künstler.
Dührings Sympathie oder gar Identifikation mit Watteau manifestiert sich in einer Szene seiner Oper, die er in einer Parklandschaft ansiedelt „wie auf dem berühmten Bild: *Embarquement pour Cythère...*“ (K, 31) Es handelt sich um das in
drei Versionen vorliegende Bild *Einschiffung nach Kythera* (1717–1718). Die
Insel gilt als locus amoenus, als Ort der Sehnsucht, als Reich der Liebe und des
Friedens;[847] eine Liebesfahrt postuliert die Gleichheit der Geschlechter und
Stände.[848] Dührings Assoziation einer Gegenwelt ist nicht zufällig, da er sich am
Rande der Gesellschaft und im Gegensatz zur herrschenden Kultur definiert.

Die fordernde Haltung Dührings, Gerardo könnte doch „seiner Goldgier"
„die halbe Stunde abknausern" (K, 24), verrät einen versteckten Anspruch,[849]
den Gerardo demaskiert. Da Professor Dühring „seine ganze geistige Kraft darauf verwendet [hat], [seine] Opern zu schreiben", „blieb [ihm] nichts mehr übrig, um [s]eine Aufführungen zustande zu bringen." (K, 27) Die heftigste Kritik

845 Nietzsche: Nietzsche contra Wagner, S. 423.
846 Dieser berühmte französische Maler und Vertreter des Rokoko entwickelte einen neuen
    Bildtypus – *Fête galante* (dt. galante Feste), der die höfische Gesellschaft seiner Epoche
    unter Einbeziehung erotischer und mythologischer Motive zur Darstellung brachte.
847 Die Liebesvorstellung auf den Bildern entspricht dem Ideal des Goldenen Zeitalters und
    Arkadiens, bildet eine Utopie geglückter, konfliktfreier Beziehungen, einer Vergesell-
    schaftung ohne Schmerzen und Zwänge, ohne Arbeit und Eigentum. Jutta Held: Antoine
    Watteau. Einschiffung nach Kythera. Versöhnung von Leidenschaft und Vernunft.
    Fischer Taschenbuch Verlag: Frankfurt a. M. 1985, S. 30. Vgl. zudem Norbert Elias
    Essay *Watteaus Pilgerfahrt zur Insel der Liebe* (Ende der 70er Jahre, Erstausgabe:
    Edition München, Bibliothek der Provinz: Weitra 1998).
848 Held: Antoine Watteau, S. 67.
849 Kreuzer: Die Bohème, S. 250.

Gerardos an Dühring betrifft seinen unbelehrbaren Idealismus, das Festhalten an seinem Traum gegen alle Wirklichkeit, womit er sich am Leben selbst vergangen hat: „Fünfzig Jahre fruchtlosen Ringens! Das müsste den Starrköpfigsten von der Unmöglichkeit seiner Träume überzeugen. Was haben Sie denn dann von Ihrem Leben genossen? Sie haben es sündhaft vergeudet!" (K, 27f.) Gerardo habe seinerseits seit seiner frühesten Kindheit „nicht soviel Zeit übrig gehabt, um acht Tage auf der Straße zu stehen." (K, 29)

Gerardo ist zwar jenseits der Kriterien wahrer Kunst zu positionieren und die dem Professor eigene Überschätzung der Kunst liege ihm fern (K, 29), aber seine Haltung zeigt nicht nur Konformismus, sondern auch eine vom Pragmatismus gelenkte Realitätsnähe, so unfrei er auch ist, so hoch die Kosten dieser Lebenshaltung auch sind:[850] „Man muss das tun, was man kann, und nicht das, was man nicht kann." (K, 27) Die Begegnung endet mit Gerardos zynischem Ratschlag eines künstlerischen Diebstahls. Wagner-Plagiate zu komponieren verträgt sich aber nicht mit Dührings Künstlerethos. Als Gerardo ihm zum Abschied ein Almosengeld anbietet, lehnt er entschieden ab: „Nein, nein! – Wissen Sie, es hat mal ein großer Weiser gesagt: – Gutmütig sind sie alle!" (K, 32) Dühring beruft sich hier auf Nietzsches Passage aus *Ecce homo*, ein äußerst strenges, in Hohn übergehendes Urteil des Philosophen über die doppelgesichtigen Deutschen, die sich gerne die Maske der Gutmütigkeit aufsetzen.[851]

Nach Riedlinger repräsentiert Dühring, wie der Komponist Zamrjaki in *Der Marquis von Keith*, Nietzsches idealistische Forderung nach Redlichkeit in der Kunst, wie er sie in der frühen Schrift *Die Geburt der Tragödie* (1872) formulierte.[852] Doch Dühring als Ideenträger bietet keine wirkliche Alternative zu Gerardo: sein Scheitern, seine Weltfremdheit,[853] die Unbedingtheit seines An-

---

850 Gerardo: „Ich bin nicht mein eigener Herr." (K, 20) „Ich muss tun, was man von mir verlangt; dazu bin ich kontraktlich verpflichtet. [...] Wenn ich mit dem nächsten Zuge nicht reise, dann bin ich für diese Welt ruiniert. Vielleicht dass man in einer anderen Welt kontraktbrüchige Sänger engagiert!. Meine Ketten sind enger bemessen, als das Geschirr, in dem ein Equipagenpferd geht. [...] verlangen Sie die kleinste Äußerung persönlicher Freiheit von mir, so ist das von einem Sklaven, wie ich es bin, zu viel verlangt. Ich kann Ihren Hermann nicht singen, solange Sie als Komponist nicht in Frage kommen." (K, 26f.)

851 Das Kriterium, nach dem Nietzsche einen Menschen „nierenprüft", sei, ob er „ein Gefühl für Distanz im Leibe hat, ob er überall Rang, Grad, Ordnung zwischen Mensch und Mensch sieht, ob er distinguiert." Andernfalls falle der Mensch nach Nietzsche „unter den weitherzigen, ach! so gutmüthigen Begriff der canaille. Aber die Deutschen sind canaille – ach! sie sind so gutmüthig..." Nietzsche: Ecce homo, S. 362.

852 Riedlinger: Aneignungen, S. 74.

853 Diese zeichnet alle Figuren Wagners aus. Friederike Becker weist auf die Verwandtschaft von Wagner-Figuren mit Lulu: einer Gestalt „der Weltfremdheit und der

spruchs, lassen seine Existenz als fragwürdig erscheinen.[854] Besonders fragil
zeigt sich dabei sein Künstlerethos, nach dem er aus Verdammung „ein wohlge-
fälliges Opfer" der Kunst sei: „[..] denn unsereiner empört sich so wenig gegen
sein Künstlerlos, wie ein Weiberknecht gegen seine Verführerin, wie der Hund,
der die Peitsche bekommt, gegen seinen Herrn." (K, 20) Auch hier scheint Dühring auf Nietzsche zu rekurrieren: diese Stelle weist stilistische und inhaltliche
Affinitäten zu *Zarathustra* (1883–1885) auf: biblisches Idiom, Peitschenzitat,[855]
Übermenschen-Ethos. Auch der von Dühring vorgebrachte Vergleich mit einem
Wagner-Epigonen – „Ist das nicht mehr als der *Trompeter von Säckingen*"?
(K, 26),[856] rekurriert auf Nietzsche. Der Philosoph bedient sich dieses Ausdrucks
in *Der Fall Wagner*: „Als ich das letzte Mal Deutschland besuchte, fand ich den
deutschen Geschmack bemüht, Wagner und dem Trompeter von Säckingen gleiche Rechte zuzugestehen [...] Ohne allen Zweifel, die Deutschen sind Idealisten..."[857] Der den Deutschen eigene Idealismus, den Nietzsche ironisch bloßlegt,
steht hier für den „Mangel an Partei zwischen Gegensätzen!": „Diese stomachi-
sche Neutralität und ‚Selbstlosigkeit'! Dieser gerechte Sinn des deutschen Gau-
mens, der Allem gleiche Rechte gibt – der Alles schmackhaft findet..."[858]
   Wenn diese Anspielung sich noch zugunsten von Wagner / Professor Dühring verstehen lässt, so macht ein anderer Bezug stutzig: Die Formulierung
„Trompeter von Säckingen" nutzt Nietzsche nämlich auch – leicht variiert – in
seiner grotesken Karikatur Schillers in *Götzen-Dämmerung*: „[...] Schiller: oder
der Moraltrompeter von Säckingen. [...]."[859] In diesem parodistischen Gleichnis

---

Selbstfremdheit." Becker: Tannhäuser, S. 163 mit Verweis auf Irmer: Der Theaterdichter,
        S. 138f.

854 Pankau: Sexualität und Modernität, S. 109f. In den sich gegenseitig relativierenden
        Künstler-Karikaturen eines Sänger-Stars und eines verkannten Genies verarbeitet
        Wedekind gängige Klischees des Kunstbetriebs. Becker: Tannhäuser, S. 169.

855 In *Zarathustra* ist die Peitsche gegen Frauen gerichtet und signalisiert Nietzsches
        ironische Haltung gegenüber der Frauenbewegung: „Du gehst zu Frauen? Vergiss die
        Peitsche nicht!" Nietzsche, KSA 4, S. 86. Vgl. auch STA 6, S. 860.

856 Beim *Trompeter von Säckingen* handelt es sich um die Oper eines Wagner-Epigonen
        Viktor Nessler (1841–1890), die 1884 mit großem Erfolg uraufgeführt und auch 1885 am
        Münchner Hoftheater inszeniert wurde.

857 Nietzsche: Ecce homo, S. 358.

858 Ebd.

859 Nietzsche: Götzen-Dämmerung, S. 111. Der Ausdruck war eine Modernisierung des
        älteren „Moralphilister". Moraltrompeter von Säckingen. In: Historisches Schlag-
        wörterbuch, 1906. http://www.textlog.de/schlagworte-moraltrompeter-saeckingen.html
        ?print. (Zugriff: 13.07.2009).

artikuliert Nietzsche seine Kritik am idealistischen Moralismus.[860] Hierfür eine
weitere Stelle aus *Der Fall Wagner*:

> „[...] die Germanen sind die ‚sittliche Weltordnung' in der Geschichte, [...] die Wie-
> derhersteller der Moral, des ‚kategorischen Imperativs'. [...] Alle grossen Cultur-
> Verbrechen von vier Jahrhunderten haben sie [die Deutschen] auf dem Gewissen!...
> Und immer aus dem gleichen Grunde, aus ihrer innerlichsten Feigheit vor der Reali-
> tät, die auch die Feigheit vor der Wahrheit ist, aus ihrer bei ihnen Instinkt geword-
> nen Unwahrhaftigkeit, aus ‚Idealismus'."[861]

Nietzsches anti-idealistischer Impetus, der sich etwa im zitierten Aphorismus
oder in *Ecce homo*, in dem Kapitel zu *Der Fall Wagner* manifestiert, fällt auf die
Figur Dührings zurück, die damit einer grundsätzlichen Relativierung unterliegt.
Einerseits scheint der Komponist Wedekinds Sympathieträger in Opposition
zum konformen Kammersänger zu sein, andererseits aber gerät er durch parodistische und groteske Züge zu einer Karikatur und wird in demselben Grad Spiel-
figur oder Projektionsfläche wie sein Kontrapunkt Gerardo. Wenn er Fragmente
aus seinen Opern wie unbeholfen und mit „schnarrender", „krächzender" Stimme zu präsentieren versucht oder „eine wirre Orchestration" spielt (K, 24),
macht er sich als Dilettant kenntlich. Eine leise Komik verbirgt Wedekind hinter
dem ad absurdum geführten Warten einer an sich zutiefst tragischen Figur. „Un-
selig" heißt Zarathustra diejenigen, welche immer warten müssen: „[...] Wahrlich, ich lernte das Warten auch und von Grund aus, – aber nur das Warten auf
mich."[862] Dührings Scheitern, dass er an äußere Umstände delegiert, lässt sich
mit Nietzsches Äußerung aus seiner *Götzen-Dämmerung* beleuchten: „Man geht
nie durch jemand Anderes zu Grunde als durch sich selbst."[863] In der Figur Dührings spiegelt sich also Nietzsches Sinneswandel bezüglich der Person und
Kunst Wagners.[864] Die Ambivalenzen im Gedankengut Nietzsches färben auch

---

860 Schiller ist kein Einzelfall unter den deutschen Dichtern und Denkern, die Nietzsche
gering schätzte, wobei Schiller noch recht moderat angefeindet wurde. Luther etwa geriet
zu einem „Verhängnis von Mönch", Kant zum „Chinesen von Königsberg", Hegel und
Heine waren Unglücksfälle. Verschont blieben Jacob Burckhardt – ein
„verehrungswürdiger Freund" und Baseler Kollege, und Goethe – ein „unsauberer Geist"
und ein „europäisches Ereignis". Matthias Steinbach: Moraltrompeter von Säckingen.
Anmerkungen zum Verhältnis von Nietzsche und Schiller. Friedrich-Schiller-Universität
Jena.   http://www.uni-jena.de/Sonderausgabe_Schiller_Moraltrompeter-skin-print.html.
(Zugriff: 13.07.2009, letzte Änderung: 24.06.2009).

861 Nietzsche: Ecce homo, S. 358f.

862 Nietzsche: Also sprach Zarathustra, S. 244. Es sei auch an eine Stelle aus Ovid zu
verweisen: „Hoffen und Harren macht manchen zum Narren." (Ovid: Heroiden 16, 234).

863 Nietzsche: Götzen-Dämmerung, S. 135.

864 „Wagner wie Schopenhauer – sie verneinen das Leben, sie verleugnen es, damit sind sie
meine Antipoden." Nietzsche: Nietzsche contra Wagner, S. 425. Nach Samuel Lublinski

auf das Konzept der Gerardo-Figur ab.[865] Insofern trifft für Wedekind zu, was generell für die Nietzsche-Rezeption gilt: Hierzu ein Urteil Christian Morgensterns (1871–1914) von 1905: „Wer mit Nietzsche denkt, ‚widerspricht' sich auch mit Nietzsche. Wer sich an seinen ‚Widersprüchen' stößt, hat nie mit ihm gedacht (noch mehr: gefühlt) – ist nie mit ihm geflogen."[866]

Über die Antithese des in seiner Verzweiflung und Passivität erstarrten alten Musikers wird die Dimension der Elastizität Gerardos erst sichtbar. „Jede Versteifung des Charakters, des Geistes und sogar des Körpers", so Henri Bergson, „wird der Gesellschaft [...] verdächtig sein, weil sie auf eine erlahmende Tatkraft schließen lässt, auf ein Handeln auch, das abseits des gemeinsamen Mittelpunkts erfolgt, sich außerhalb des von der Gesellschaft gebildeten Kreises bewegt."[867] Der Kammersänger Gerardo ist genauso wenig ein Sprachrohr Nietzsches wie Dühring, sondern eine genuin Wedekindsche Schöpfung und eine Kunstfigur in seinem Pantheon, ein Ideenträger,[868] der wie früher der Wedekindsche Sokrates oder später der Narr in *Der Stein der Weisen* gewisse Züge Zarathustras, des tanzenden Gottes verrät, Züge, mit denen Wedekind auf seine Weise dem ‚Geist der Schwere' trotzt. Nietzsches Bild eines musiktreibenden Sokrates in der *Geburt der Tragödie* markiert das Umschlagen der Wissenschaft in tragische Erkenntnis und Kunstbedürftigkeit und ist gleichsam eine Art Utopie,[869] die dem antiken Philosophen eine Leichtigkeit verleiht, die der nachsokratischen, rationalistischen und dem dionysischen Geist der griechischen Tragödie feindlichen Kultur fehlte. Nietzsche verführt quasi in diesem Bild Sokrates, diesen Skeptiker in Sachen Kunst, zu einer ästhetischen Handlung, holt das dem

---

habe Nietzsche „die Nabelschnur zerschnitten, durch die die Moderne mit der älteren Romantik, aus der Wagner und Schopenhauer herstammten, noch zusammenhing." Im Gegensatz zum romantischen Charakter beider bezeichnet Lublinski Nietzsche als klassische Natur. Lublinski: Die Bilanz der Moderne, S. 49. Vgl. auch McCarthy: Die Nietzsche Rezeption, S. 192.

865 „Dührings Übereinstimmung mit sich selbst impliziert Starrheit und Realitätsuntüchtigkeit, Gerardos Grundeigenschaften, Angepasstheit und Flexibilität, führen zur Limitierung auf begrenzte Ausdrucksmöglichkeiten." Pankau: Sexualität und Modernität, S. 110, vgl. auch S. 115.

866 Christian Morgenstern: Stufen. Eine Entwicklung in Aphorismen und Tagebuchnotizen. Piper: München 1918, Kapitel 6, zit. nach McCarthy: Die Nietzsche Rezeption, S. 198.

867 Bergson: Das Lachen, S. 21.

868 „Wedekinds Figuren sind nicht als Gewaltmenschen der Tat konzipiert, sondern als Übermenschen des Wortes, die an die Macht der Argumentation und der Überzeugung glauben." Riedlinger: Aneignungen, S. 13.

869 In der Figur des „musiktreibenden Sokrates" ist der typische Sokratismus Nietzsches bereits überwunden. Behler: Ironie und literarische Moderne, S. 257.

Rationalismus spottende Triebhafte aus ihm hervor.[870] In Anknüpfung an Nietzsches Phantasie korrigierte Wedekind den Denker, indem er ihn mit Körper aus-
stattete, der nicht unter die Kontrolle des Geistes zu bringen war. Der Sänger
Gerardo als Sinnbild der „brutalen Intelligenz" (K, 6) könnte vor diesem Hintergrund Wedekinds skeptisches Kommentar zu Nietzsches Phantasie eines musiktreibenden Sokrates sein. Er ist vielleicht auch mehr: eine Revision der eigenen
Utopie von Elastizität auf der Bühne. Im *Zirkus*-Essay, dem Plädoyer für den
„real-praktischen" im Gegensatz zum „abstrakt-erhabenen" Idealismus (Zg, 299)
stellt Wedekind die „fabelhafte Virtuosität im Kleinen" als Synonym der Elastizität – des Prinzips der Manege – dar.[871] Bezeichnenderweise betrachtete Wedekind die Opernbühne als Manege.[872] „Die Coloratursängerin Basta mit ihrer
scharfen und sehr gelenkigen Stimme hör' ich ganz gern", schreibt er in einem
Brief.[873] Die stimmliche Virtuosität („gelenkige Stimme") einer Koloratursänge-
rin korrespondiert also mit der Virtuosität im Zirkus. Gerardo entspricht dagegen nicht diesem Idealbild.

Selbst in dieser Skepsis, in der Relativierung von Positionen ist Wedekinds
Humor dem Nietzsches verwandt: „[Nietzsches] Humor ist wohl geistig, wie es
heißt: intellektuell, aber es ist nicht der, der zu Bewältigung von Problemen be-
fähigt. Es ist der scharfe, an die Satire grenzende Humor, der aufdeckt, ohne
versöhnen zu können; die Waffe des Skeptikers, der alle Wahrheiten relativiert."[874] Die Stilmittel Nietzsches bleiben von seiner geistigen Lage unabhängig, es überwiegt bei ihm allerdings die Militanz des Satirikers über die Konzili-
anz eines Humoristen im Sinne Jean Pauls.[875] Diese Orientierung trifft für Wedekind auch weitgehend zu: eine Tendenz, die in der nächsten Schaffensphase
noch deutlicher wird.

---

870 Nietzsches Tragödienschrift ist durch Schillers Briefe *Über die ästhetische Erziehung des
Menschen* (1793/1794) stark beeinflusst, die Nietzsche in den beginnenden 1860er
Jahren gelesen hatte. Steinbach: Moraltrompeter von Säckingen.

871 „Kühner, rasch entschlossener Anlauf im günstigen Moment der Erregung; leichter,
lachender Sprung; und wenn der Fuß die Erde berührt, eine gefällige Kniebeuge, dass
man nicht auf die Nase fällt; fabelhafte Virtuosität im Kleinen, um alle Welt in Erstaunen
setzende Effekte zu erzielen – sollten das nicht zeitgemäße Devisen sein?" (Zg, 221)

872 Becker: Tannhäuser, S. 147.

873 Wedekind: GB, Bd. 1, S. 77.

874 Eleonor Jain Viersen: Rezension von Tarmo Kunnas *Nietzsches Lachen*. In:
Philosophischer Literaturanzeiger, Bd. 38 (1985), S. 320–322, hier S. 321. Vgl. auch
Austermühl: Frank Wedekind (1864–1918), S. 78.

875 Kunnas: Nietzsches Lachen, S. 150 und S. 157. Nietzsches Definition des Komischen:
der Übergang aus momentaner Angst oder Verstörung in kurz dauernden Übermut.
Nietzsche: Menschliches Allzumenschliches, Herkunft des Komischen, S. 559.

Ab etwa 1890 wird Nietzsche zur Pflichtlektüre der Intellektuellen.[876] Sie akzeptieren seine „prophetische Hellsicht" in Fragen der Lage der Kultur und der „Verkümmerung des deutschen Geistes".[877] Wedekind stimmt in diesen Chor ein: Im Kunstdiskurs übernimmt er Nietzsches Kategorie des Lebens, seinen Maßstab für Kunst- und Moralkritik als „Richtlinie für seine eigene Kritik an der Gesellschaft, der Religion und der Kunst."[878] Vor dem Hintergrund der Nietzsche-Aneignungen in *Kammersänger* bietet sich dessen kontrapunktische Lehre von Leichtigkeit und Schwere als Fundament für Wedekinds humoristische Ästhetik.

Mit dem Rückgriff auf das eigene Libretto-Projekt verweist Wedekind auf den Pessimismus seiner Jugendzeit. Im Opernprojekt *Nirwana* rekurrierte er, wie Friederike Becker nachweisen konnte, auf romantische Staffage, auf Versatzstücke des Verismus des späten 19. Jahrhunderts sowie des Musikdramas Wagners, um den hohen, pathetischen Ton ad absurdum zu führen und um am realistischen Gegenwartstheater der Jahrhundertwende Kritik zu üben.[879] Mit Becker könnte man sagen, dass das Libretto in *Kammersänger* eine „zweite Stufe der humorvollen Parodie" erfährt.[880] Wedekinds Ästhetik der Desillusionierung realisiert sich hier, wie generell in der Phase zwischen ca. 1899–1908 durch antithetische Struktur,[881] in die ein nicht homogenes Subjekt-Konzept eingeschrieben ist.[882]

Der in der Figur Dührings parodierte Wagner verkörperte für Nietzsche den ernstesten Künstler: Wagner forderte zwar zunächst eine ernste Kunst, die in ein heiteres Leben gestellt werden sollte, dann aber korrigierte er seine Erkenntnis durch die Vermittlung Schopenhauers und hielt ein heiteres Leben für illusorisch, das Leben für grundsätzlich ernst d.h. mühe- und qualvoll.[883] In *Ecce homo* heißt es deshalb:

---

876 McCarthy: Die Nietzsche Rezeption, S. 193.
877 Nietzsche: Götzen-Dämmerung, S. 105; McCarthy: Die Nietzsche Rezeption, S. 197.
878 Riedlinger: Aneignungen, S. 66.
879 Wedekind bedient sich „einer Realismuspose, durchsetzt mit grellen Effekten, die das familiäre Geisterdrama vollends dem Hohn preisgeben." Becker: Tannhäuser, S. 162–170, hier S. 164f.
880 Ebd., S. 169.
881 Austermühl: Frank Wedekind (1864–1918), S. 68.
882 „Der Kammersänger verabschiedet nicht nur eine obsolet gewordene romantische Vorstellung, sondern auch das, woran Wedekind immer festgehalten hat; den Entwurf einer ästhetischen Gegenwelt, die sich aus der Distanzierung des Faktischen entwickelt." Pankau: Sexualität und Modernität, S. 111.
883 Vgl. Latzel: Der ernste Mensch, S. 208.

„Woran ich leide, wenn ich am Schicksal der Musik leide? Daran, dass die Musik
um ihren weltverklärenden, jasagenden Charakter gebracht worden ist, – dass sie
décadence-Musik und nicht mehr die Flöte des Dionysos ist...“[884]

Als Opposition zu Wagner diente Nietzsche bekanntlich neben Bizet mit seiner
Carmen auch Mozart: in *Nietzsche contra Wagner* schreibt er Folgendes:

„[der] heitere, schwärmerische, zärtliche, verliebte Geist Mozarts [war] zum Glück
kein Deutscher und [sein] Ernst [ist] ein gütiger, ein goldener Ernst und nicht der
Ernst eines deutschen Biedermanns... Geschweige denn der Ernst des ‚steinernen
Gastes'".[885]

Diese Stelle erinnert an Wedekinds Essay *Don Giovanni* mit der Präferenz für
das Heitere und Frivole. Wie andere „blinde Leidenschaften" repräsentiert Professor Dühring den „deutschen Geist", der „nicht über sich im Klaren sein
[will].“[886] Er ist als Inbegriff der Ernsthaftigkeit und Schwere konzipiert: In
zweifacher Hinsicht bezieht er das Attribut der Ernsthaftigkeit auf sich: sein 50-
jähriges Ringen um seine Kunst beschreibt er als einen Weg vom frivolen zum
ernsten Menschen, vom Streber und leichtherzigen Kind zum ernsten Künstler
und das „nicht aus Ehrgeiz, nicht aus Überzeugung, sondern weil man nicht anders kann." (K, 20) Mit anderen Worten: die „Flöte des Dionysos" ist nicht sein
Metier und er ein dilettantischer Künstler.[887]

Wedekinds Konfrontation zweier unvereinbar erscheinenden Haltungen
kann als humoristisch-relativierender Standpunkt beschrieben werden.[888] Angesichts der Intention Wedekinds, der sich für die Ernsthaftigkeit des Stoffes und
gegen seine Trivialisierung vehement zur Wehr setzte, könnte man, in Anlehnung an Arntzens Kategorie des Ernst-Komischen bei Wedekind speziell von
ebensolchem Paradigma sprechen: Wedekinds Intention würde hier nicht aus

---

884 Nietzsche: Ecce homo, S. 357.
885 Nietzsche: Nietzsche contra Wagner, S. 423.
886 Nietzsche: Ecce homo, S. 361.
887 Nach Goethe könne wahre Kunst „nur aus innig verbundenem Ernst und Spiel [...]
     entspringen". Johann Wolfgang Goethe: Der Sammler und die Seinigen. In: Ders.:
     Berliner Ausgabe in zweiundzwanzig Bänden. Aufbau Verlag: Berlin 1970ff.
     Kunsttheoretische Schriften und Übersetzungen [Band 17–22], Band 19, 1973, S. 268.
     Vgl.: Michael Niedermeier: Dilettantismus. In: Bernd Witte, Theo Buck u.a. (Hg.):
     Goethe-Handbuch in vier Bänden. Metzler: Stuttgart, Weimar 1998, Bd. 4/1, S. 212–214;
     H. Rudolf Vaget: Der Dilettant. Eine Skizze der Wort- und Bedeutungsgeschichte. In:
     Fritz Martini, Walter Müller-Seidel, Bernhard Zeller (Hg.): Jahrbuch der deutschen
     Schillergesellschaft, 14. Jg. Kröner: Stuttgart 1970, S. 131–158. Zum Dilettantismusbe-
     griff Goethes und Schillers: ebd. S. 141–148.
888 Die Idee der Relativierung als Komponente des Komischen: Vgl. Ritter: Über das
     Lachen, insbes. S. 75f. (Positivierung des Nichtigen und Relativierung des Geltenden);
     Henrich: Freie Komik, S. 389 (Relativierung beider Kontexte).

versöhnenden Elementen bestehen, sondern sich in eine negative, kritische Form kleiden[889] und als solche einem Paradigmenwechsel in der Geschichte der dramatischen Gattung den Weg ebnen.[890]

---

889 Arntzen beruft sich auf Northrop Fryes Komödienkapitel in dessen *Analyse der Literaturkritik* [Stuttgart 1964, orig. *Anatomy of Criticism*]. Arntzen: Die ernste Komödie, S. 430f.

890 Dieser Prozess habe sich „spätestens im 20. Jahrhundert" vollzogen. Als Symptome nennt Arntzen Skepsis gegenüber allerlei philosophischen oder wissenschaftlichen Erklärungsmodellen und „Destruktion des strukturellen Optimismus der Komödie". Ebd. Vgl. auch Austermühl: Frank Wedekind (1864–1918), S. 78.

VI. Graphischer Stil der *Oaha*-Komödie

Die Auseinandersetzung mit dem Humor Frank Wedekinds und den Formen des Komischen, in denen er sich artikuliert, führt zwangsläufig zum Stück *Oaha – Die Satire der Satire. Komödie in vier Aufzügen* (1911).[891] Der Text resultierte aus einer Arbeit am Stoff, die bereits um das Jahr 1905 mit dem Entwurf unter dem Titel *Witz* einsetzte. Das Drama lässt sich auch als eine Art Vortrag über Witz und Humor vor dem Hintergrund der wilhelminischen Epoche lesen. Wedekind hinterfragt die Kondition der Satire in einem Staat äußerst restriktiver Kulturpolitik, die er mit der Inquisition und dem ersten „Index Verbotener Bücher" verglich.[892]

1. Humor im Deutschland des 19. Jahrhunderts

Im Zuge der Restauration nach den Befreiungskriegen werden in Deutschland verschärfte Maßnahmen zur Kontrolle des sozialen Lebens eingeführt: Auf Geheiß Preußens treten bekanntlich im Deutschen Bund die sogenannten Karlsbader Beschlüsse von 1819 in Kraft, d.h. Gesetze gegen alle Formen politischer Abweichung, darunter auch Zensurvorschriften. Auf Grund des Reichsprozessgesetzes vom 7. Mai 1874 wird die Nachzensur (*censura repressiva* im Unterschied zur Vorzensur – *censura praevia*) eingeführt, die alle Druckerzeugnisse erfasste. Unsittlichkeit, Gotteslästerung und Majestätsbeleidigung galten von nun an als strafbar. Kraft einer polizeilichen Verordnung wurde auch vom 10. Juli 1851 an die Vorzensur gegenüber den Theateraufführungen ausgeübt,

---

891 Frank Wedekind: Oaha. Die Satire der Satire. In: Ders.: Werke in zwei Bänden, Bd. 2, S. 417–500. Weiter im Text mit der Sigle „O" und der Seitenzahl in Klammern zitiert. 1916 erscheint die dritte stark veränderte Auflage unter dem Titel *Till Eulenspiegel, Komödie in vier Aufzügen.* Zur Entstehungsgeschichte vgl. Kommentar, STA 8, S. 507ff. sowie Mona Hashem: Satirische Elemente im dramatischen Werk Frank Wedekinds. Peter Lang: Frankfurt a. M. 2005, insbes. S. 158–187. Hier auch Forschungsbericht zum Stück.

892 Wedekind als Betroffener äußerte sich mehrfach zur Zensur im Land: Vgl. Wedekind: Was ich mir dabei dachte, insbes. S. 355–367 (Bilanz anlässlich des *Oaha*-Stücks); Kommentar, STA 8, S. 572. Vgl. zudem Stück *Zensur* (1907), *Herr von der Heydte* (1912), *Sieben Fragen an den Münchner Zensurbeirat* (1911), Aufsatz *Zur Psychologie der Zensur* (1912).

die dem Autor und Regisseur die Pflicht auflegte, eine Genehmigung vom zu-
ständigen Polizeipräsidenten zu erwirken. Die sich im 19. Jahrhundert vollziehenden Prozesse des sozialen Wandels werden von der zunehmenden Rolle des Humors begleitet. Im preußischen Staat gedeiht der volkstümliche Humor, der sich über die Grenzen der Konventionen hinwegsetzte und zwischen der sogenannten Hochkultur und der populären oder Massenkultur lag und die Berechtigung dieser Unterscheidung in Frage stell-te.[893] Besonders die Stadt Berlin gewann im Zusammenhang mit dem sogenann-ten Berliner Witz an Bedeutung. Mary Lee Townsend, die dem Thema des volkstümlichen Humors im Deutschland des 19. Jahrhunderts nachgeht, sucht eine Erklärung für das Phänomen eines enormen Booms für Witz und Karikatur im Zeitalter politischer Repression, harter Zensurmaßnahmen und moralistischer Prüderie. Die Frage scheint umso interessanter, als Witz und Humor keine typi-schen Qualitäten darstellen, die man mit Deutschland des 19. Jahrhunderts ver-binden würde.[894] Was den Humor dieser Zeit auszeichnet, ist erstens die Kom-merzialisierung, die Anpassung an den Massenmarkt. Auf diese Weise kann er eine breite Wirkung entfalten und beteiligt sich an der Erschaffung der öffentli-chen Sphäre. Des weiteren lässt sich eine große inhaltliche und formale Vielfalt des Humors nachweisen: inhaltlich reichte er vom harmlosen Scherz/Spaß bis zum aggressiven Spott. Unter Sujets sind humoristische Genrebilder, Karikatu-ren, Plakate, Flugblätter, Zeitungsrätsel, Witze und Satiren zu nennen. Es wer-den die sogenannten Witzhefte mit 30 bis 60 Seiten Umfang und mit einem Bild auf der Titelseite herausgebracht. Als Lackmuspapier für die Merkmale und Funktionen des Humors dieser Zeit dient den Historikern die Figur des Ecken-stehers Nante,[895] der zwar aus der niedrigsten sozialen Schicht kam, der aber bald stellvertretend für das ganze deutsche Volk sein sollte – als Verkörperung von „Hoffnungen, Ängsten und Phantasien der Mittelschicht bezüglich des ‚ge-meinen Mannes': durch ihn kamen die in Folge der sich wandelnden Gesell-

---

893 Mary Lee Townsend: Humor und Öffentlichkeit im Deutschland des 19. Jahrhunderts.
    In: Bremmer, Roodenburg (Hg.): Kulturgeschichte des Humors, S. 149–166. Als Beleg
    bringt die Autorin den Begriff ‚Volkswitz', den die Deutschen zur Beschreibung des
    niedrigsten, sprich rein volkstümlichen ‚Mutterwitzes' als auch des Produkts von
    professionellen Autoren und Künstlern benutzten. Ebd., Erläuterungen in der Anm. 2,
    S. 223f.
894 Ebd., S. 150.
895 Als Erfinder der literarisierten Figur gilt der Berliner Humorist Adolph Glassbrenner
    (erstes Eckensteher-Heft 1832, im selben Jahr die Uraufführung eines Schauspiels mit
    Nante als Titelfigur). Nach 1833 folgt eine Welle der Eckensteher-Literatur. Vgl. ebd.,
    S. 155ff.

schaftsstruktur entstandenen sozialen Spannungen zum Ausdruck.[896] Die Frage nach der Funktion des populären Humors im Deutschland des 19. Jahrhunderts will Lee Townsend als Teil eines größeren öffentlichen Diskurses sehen: als ein Mittel, im repressiven Staat das politische Bewusstsein und ein möglichst hohes Niveau der Wachsamkeit aufrechtzuerhalten. Andere Asylorte für den Humor und insbesondere für lustige Personen sind im 19. Jahrhundert bekanntlich Ballett, Pantomime, Zirkus, Puppentheater, zudem Vaudeville und Variéte. Ihre Eigenart beruht darauf, dass sie zugleich Orte der Befreiung des Körpers sind.

2. Wedekinds *Oaha:* Biographischer Hintergrund[897]

Nach einem längeren Aufenthalt in Paris, als die Mittel erschöpft sind, kehrt Wedekind nach Deutschland zurück. Als er von der Gründung der Münchner satirischen Zeitschrift *Simplicissimus* (1896–1944)[898] erfährt, möchte er seine Chance wahrnehmen und hier ein Publikationsorgan für sich finden. Zu den Mitarbeitern gehören Otto Erich Hartleben, Maximilian Harden, Thomas Theodor Heine, Wilhelm Schulz u.a. Mit den vierundzwanzig Beiträgen, die Wedekind insgesamt lieferte, darunter Gedichte, Erzählungen, Interviews und Witze zu den Bildern,[899] prägte er entscheidend das Profil des *Simplizissimus,*[900] der sich innerhalb kurzer Zeit von einer kunstrevolutionären zu einer aggressiven politisch-satirischen Zeitschrift entwickelte. Neben Wedekind ist es vor allem Thomas Theodor Heine, der dem Blatt seinen Charakter verleiht und der in *Oaha* eine Würdigung erfährt. Zum direkten Anlass für das Stück wird das Ereignis des Jahres 1898: Unter dem Pseudonym ‚Hieronymus' wird Wedekinds politisch inkorrektes Gedicht *Im heiligen Land* abgedruckt, dessen Spott gegen die Palästinareise Wilhelm II. im Herbst desselben Jahres gerichtet ist.[901] Die Verhöhnung der Majestät löst ein Vorgehen der Staatsanwaltschaft aus: die Palästina-Nummer und gleich die nächsten zu erscheinenden Ausgaben, die Nummer 31 und 32, werden in der Leipziger Druckerei beschlagnahmt. Die Fahn-

---

896 Ebd., S. 155f.

897 Ich stütze mich im Folgenden auf Kommentare in STA 8, sowie eine Internetquelle: www.zeit.de/1963/43/mit-dem-simplizissimus-durch-die-jahre.

898 Albert Langen Verlag für Literatur und Kunst. Die Zeitschrift ist online zugänglich.

899 Viele der hier zwischen 1896 und 1902 publizierten Texte werden in *Die (vier) Jahreszeiten* (1897 bzw. 1905) übernommen. [o. A.]: Am Ende war ich doch ein Poet, S. 2291.

900 Vgl. Kutscher: Frank Wedekind, Bd. 2, S. 4f. Wedekind litt allerdings unter ungebührlicher Entlohnung, klagte über das Zurückhalten von Texten.

901 Simplicissimus 3, Nr. 31 von 23.10.1898. Wedekind schrieb außerdem zwei andere auf die Orient-Reise bezogene Gedichte: *Meerfahrt* und *Sommer 1898.* In: STA 1, S. 499–503. Vgl. auch Kommentar, STA 1, S. 1704ff. und S. 1855ff.

dung nach dem anonymen Autor und dessen Manuskript in den Münchner Re-
daktionsräumen endet erfolgreich, so dass eine Majestätsbeleidigungsklage gegen ihn, den Verleger Langen und den Mitarbeiter Thomas Theodor Heine erhoben werden kann. Langen flieht daraufhin ins Ausland, während Heine sich
freiwillig stellt und zur Festungshaft auf dem Königstein in Sachsen verurteilt
wird. Wedekind bleibt dagegen bis zur Uraufführung des *Erdgeistes* am 29. Ok-
tober in München, flieht dann nach Zürich und Paris, um letztlich, am 2. Juni
1899 solidarisch Heine zu folgen und sich der Staatsanwaltschaft zu stellen. Die
verhängte Haftstrafe verbüßt er in der Zeit von 21. September 1899 bis 3. Februar 1900. Bei dieser Gelegenheit offenbart sich ein bereits länger andauernder
Konflikt mit dem Verleger Langen, den Wedekind bei der Vernehmung ver-
leumdet haben soll, woraufhin sich Langen von Wedekind abwendet. Der Verleger kann erst 1903 nach der Zahlung einer Buße nach Deutschland zurückkehren. Seine Position in der Redaktion ist aber aufgrund der langen Abwesenheit
geschwächt, so dass es 1906 zu einer ‚Palastrevolution‘ unter der Führung von
Thomas Theodor Heine kommt. Die Mitarbeiter drohen, ein eigenes Witzblatt –
Till Eulenspiegel – zu gründen, falls Langen ihnen eine stärkere Beteiligung am
Gewinn der Zeitschrift verweigert. Langen beugt sich und behält nur noch weniger als die Hälfte der Anteile.

3. *Oaha* zwischen Intention und Rezeption

Die Ereignisse des Jahres 1898, jargonartig ‚Katastrophe 1898‘ genannt, wurden
zum Politikum und kamen paradoxerweise der Zeitschrift zugute: das Blatt kann
1898 eine Verdoppelung der Auflage für sich verbuchen, während die Haftin-
sassen als Opfer in guter Sache gefeiert werden. Das Profil der Zeitschrift muss
sich allerdings zugunsten einer subtileren Form von Kritik ändern: an die Stelle
des offenen Spotts werden Ironie und indirekte Kritik treten. Mit der Zeit verliert der *Simplizissimus* allerdings an ästhetischer Qualität.[902]
        Wedekinds Drama *Oaha* ist eine Art Literarisierung der ‚Palastrevolution‘:
es thematisiert ironisch die Missstände in der Redaktion der Zeitschrift *Till Eulenspiegel* (so der Name der Zeitschrift im Stück). Der Konflikt zwischen dem
Verleger namens Sterner und den Mitarbeitern der Zeitschrift endet mit dem
Boykott gegen den verhassten Auftraggeber. Eine biographische Interpretation

---

902 Das intentional antibürgerliche Organ evoluiert zu einem konformen, ertragsabhängigen.
   Leo Trotzkij: Simplizissimus (29.06.1908). In: Ders.: Literatur und Revolution, S. 346–
   359. Ähnlich Samuel Lublinski: Der *Simplizissimus* „[hätte] das Varieté-Ideal bis zur
   Vollendung verkörpert [...], wenn ihm inzwischen nur nicht die Poesie abhanden
   gekommen wäre." Lublinski: Die Bilanz der Moderne, S. 146.

initiiert und legitimiert Wedekind selbst, indem er im Autokommentar *Was ich mir dabei dachte* seinen „durch Zerwürfnisse" „getrübten Blick" und „stark persönlich getönte Beurteilung" der Gegebenheiten zugibt.[903] Sein porte parole und Kontrahent des Verlegers Sterner ist der Schriftsteller Bouterweck.[904] Viele Kritiker sehen folglich in *Oaha* ein auf Abrechnung zielendes Schlüsselstück: es handle sich um Hasstirade und Racheakt eines gekränkten Schriftstellers, der aus moralischen Positionen den Verleger zu Fall bringen wolle.[905] Dagegen hält der Autor: „Von der Wuth, die man bei mir als Autor voraussetzt, habe ich während des Schreibens nichts empfunden."[906] Auffallend an der Rezeption des Stücks ist eben diese tonangebende Fixierung auf die biografischen Implikationen, vor allem die Beziehung zum Verleger. Was dabei aus dem Blickfeld gerät, ist die Tatsache, dass die Stigmatisierung im Stück die unfähigen Redaktionsmitglieder nicht weniger als die Person des Verlegers trifft. Die Reduktion auf ein Schlüsselstück mag vielleicht auch für die Nichtbeachtung der Komik im Text mitverantwortlich sein. Nur wenige Kritiker erkennen in dem Stück eine Komödie.[907] Arthur Kutscher erwähnt zwar „höchst unterhaltsame Szenen, sehr glückliche komische Situationen und eine Fülle von bestem Witz", zählt aber das Stück insgesamt zu Wedekinds schwächsten, das „dem Pasquill bedenklich nahe [steht]."[908] Stefan Pollatschek betont dagegen die inhaltliche und formale Modernität des *Oaha*-Stücks, „ähnlich den technischen Erfindungen wie Luftschiff oder Gleitboot". Es sei mehr als ein „Schlüsselstück", es sei ein „Zeitprodukt": „nicht so sehr ein Kampf gegen Zustände, als vielmehr ein Kampf für den Humor in diesem ‚humorlosen Deutschland'. Denn dieses Stück ist von erschütterndster Komik."[909] Pollatschek hebt das Humoristische als die eigentliche Qualität des Stücks hervor:

---

903 Wedekind: Was ich mir dabei dachte, S. 355.
904 Vgl. Kommentar, STA 8, S. 550f.
905 So allen voran Alfred Kerr: Thoma – Wedekind – Shaw. In: Die Neue Rundschau 20, Bd. 1 (1909), S. 137–142, S. 140, zit. nach Hashem: Satirische Elemente, S. 171; vgl. auch STA 8, S. 584. Ähnlich Karl Kraus im bekannten Essay *Die Bulldogge*; Paul Fechter: Frank Wedekind. Der Mensch und das Werk. Erich Lichtenstein: Jena 1920, S. 80. Ludwig Thoma (in *Oaha* unvorteilhaft als Dr. Kilian dargestellt) publiziert 1908 in *Simplizissimus* einen Text, in dem er Wedekinds Komödie satirisch angreift. Albert Langen soll dagegen die Verleger-Gestalt mit Humor aufgenommen haben. Vgl. Kommentar, STA 8, S. 551 und Hashem: Satirische Elemente, S. 176f.
906 Briefentwurf an Alfred Kerr vom Ende 1908 oder Anfang 1909, Berlin. In: Wedekind: GB, Bd. 2, S. 213.
907 Kommentar, STA 8, S. 574ff.
908 Kutscher: Frank Wedekind, Bd. 2, S. 262.
909 Stefan Pollatschek: Wedekinds *Oaha*. In: Die Gegenwart 37 (1908), S. 253f., zit. nach Kommentar, STA 8, S. 581f. und Hashem: Satirische Elemente, S. 166f.

„[...] dieses Buch gibt Zeugnis von dem teuflischen Humor Frank Wedekinds, der
heute der humorvollste Dramatiker ist. Vor dem Humor dieses Buches stehen wir,
wie vor einem völlig neuen, wie vor einem bisher unentdeckten Gebiet, wie vor einer neuen, ja sei es nur gesagt: Erfindung. Dieser Humor geht so aus der Tiefe des
Gehirns, so aus dem unerschöpflichen Born der Erkenntnis, dass er gar nicht mehr
weltlich ist, daß er wie etwas Überirdisches erscheint. Dieses Buch ist von oben bis
unten, von vorne bis hinten so voll von gegenständlicher Bedeutung des gegenständlichen Humors, dass man, um ihn zu kennzeichnen, nur zu dem Worte ‚teuflisch‘
sich flüchten kann. Es ist, als ob sich ein Ringkampf zwischen Humor und Tragik
zutrüge, bei dem die Tragik einen Klaps bekäme, und der Kibitz ‚Moral‘ totgeschos-
sen würde. [...] Und soll dieses Werk doch ein Tendenzstück sein, d.h. ein Schlüsselstück, dann ist dieser Humor ein grotesker.[...] Wenn man also von dem Urbegriff
des Humorhaften aus die Welt betrachtet (denn auch dies kann eine sogenannte
Weltanschauung sein), so ist dieses Schauspiel ein absoluter Sarkasmus, als prinzi-
pielle Verhöhnung des Bestehenden aufzufassen."[910]

Nach Pollatschek gilt der Humor als die Schlüsselkonstante des Stücks: er sei
ein über die Vernunft erzeugter und gegenständlicher. Folglich gerät weniger
der Inhalt in den Fokus der Betrachtung, als vielmehr die Art der Darstellung.
Der formale Aspekt scheint für Wedekind eine Priorität zu genießen. In der Vorrede zur ersten Auflage von *Oaha*, als das Stück noch keinen Untertitel hatte,
erklärt Wedekind in Reaktion auf die Kritik: das Stück sei „[d]ie Satire der Sati-
re. Mit anderen Worten: Die Satire über die Satire. Mit anderen Worten: Die Sa-
tire als Objekt der Satire.[...]"[911] Die Satire ist also im Stück doppelt funktionalisiert: als Mittel und Ziel der Darstellung.[912]
    Den Weg über das Satirische beschreitet Mona Hashem, indem sie das Stück
als ‚satirisches Drama‘ interpretiert. Ihr Ansatz ist aber nicht rein gattungsorien-
tiert, sondern sie verlagert den Schwerpunkt der Betrachtung auf die „Beziehung
zwischen einer satirischen Schreibintention und dem Gattungsanspruch des
Dramas" und stellt die Frage nach den „Leistungen des Satirischen im Drama"
d.h. nach dem Grad des Einflusses der satirischen Intention auf das Drama.[913]
Zum Gegenstand der Satire wird in *Oaha* „die Institutionalisierung, Funktionalisierung und Vermarktung von Literatur und der Umgang mit Literatur wie mit
einem Industrieprodukt, bei dem technisch manipulierte Herstellungsverfahren
angewendet werden zum Erzielen von größtem Gewinn."[914]
    Die im Folgenden anzustrebende Analyse orientiert sich an den Hinweisen
Pollatscheks und nimmt das Komische zum Ausgangspunkt, um zur Bestim-

---

910 Pollatschek: Wedekinds *Oaha*.
911 Wedekind: Vorrede zu *Oaha*, S. 364.
912 Vgl. Hashem: Satirische Elemente, S. 190.
913 Ebd., S. 184.
914 Ebd., S. 167.

mung des Humors im Stück zu gelangen. Dies geschieht unter der Prämisse, dass die Komödie als literarische Gattung unter den Bedingungen des gattungsindifferenten Komischen steht.[915] Die hohe Plastizität des Stücks verleitet zu der These, dass die Komik in *Oaha* eine Art szenische Umsetzung der Mittel ist, über die eine satirische Zeitschrift verfügt: Wort und Bild.[916] Auf der verbalen Ebene kommt der Witz zum Einsatz, während die grafische Gestaltung von der Karikatur dominiert wird. Denn das Bild, das in *Oaha* in die szenische Bewegung und die weitgehend simplifizierte, eindimensionale Figurenzeichnung übersetzt wird, gehorcht dem Prinzip, von dem die Karikatur lebt: der grotesken Überzeichnung und Verfremdung.[917]

4. Zur Figurenkonstellation[918]

4.1. Vier Temperamente

Bis auf die erwähnten Antagonisten Sterner und Bouterweck basiert die Konstruktion der Figuren auf Typisierung. Die Mitarbeiter des *Till Eulenspiegel*, Schriftsteller und Maler, werden als ,vier Temperamente', ,Elementargewalten' oder auch ,Reiter der Apokalypse' bezeichnet. Damit spielt Wedekind einerseits auf die Apokalypse des heiligen Johannes, in der die Reiter Krieg, Pest, Hunger und Tod verkörperten, andererseits auf die Temperamentenlehre des Hippokrates. Beide Anspielungen betonen die Eindimensionalität der Figuren. Eine besondere Bedeutung kommt dabei der antiken *humores*-Lehre zu. Nach der Temperamentenlehre wurde die Gesundheit als Harmonie von vier Körpersäften (*humores*) verstanden. Von der körperlichen Konstitution wurde auf bestimmte geistige Eigenschaften – auf ein bestimmtes Temperament geschlossen: in *Oaha* wird das ganze Panorama erfasst: zuviel Blut sollte den Sanguiniker konstituieren, zu viel Schleim den Phlegmatiker, zuviel der gelben Galle den Choleriker und zu viel der schwarzen Galle den Melancholiker. Dieser Rückschluss sowie das reduktionistische Menschenbild begünstigten die Verbindung der Tempera-

---

915 Warning: Elemente, S. 317. Vgl. auch Ders.: Theorie der Komödie.

916 Witzzeichnungen „ohne Worte". Bergson: Das Lachen, S. 59.

917 Lutz Röhrich: Der Witz. Figuren, Formen und Funktionen. Metzler: Stuttgart 1977, S. 120.

918 Ich orientiere mich zugleich am klassischen dreigliedrigen Schema der lächerlichen Normabweichungen in der Komödie: Arten der Komik in der klassischen Komödie: Sprachwitz, Charakter- und Situationskomik. Manfred Fuhrmann: Lizenzen und Tabus des Lachens – zur sozialen Grammatik der hellenistisch-römischen Komödie. In: Preisendanz, Warning (Hg.): Das Komische, S. 65–101; Aristotelische Auflistung von *ridicula*: Warning: Elemente, S. 286.

mentenlehre mit der Komödien-Tradition.[919] Wedekind macht sich diese zunutze. Seine Figuren scheinen aus dem Gleichmaß der Körpersäfte und unter die Herrschaft eines *humor* geraten zu sein, der sie auf einen dominierenden komischen Zug fixiert.

Ein typengerechtes Verhalten repräsentiert in erster Linie der Maler Leonard Burry, der als Choleriker und ‚Elementargewalt' auch das schärfste Profil unter den vier Temperamenten bekommt. Er ist auch stärker als andere Figuren durch seinen Körper definiert,[920] indem ihn unangenehmer Mundgeruch und Schweißfüße auszeichnen: „Ich rieche heute gar nicht aus dem Mund. Ich rieche heute nur aus den Füßen. Der Geruch kommt davon, dass ich an heißen Füßen leide." (O, 448) Schnell gerät Burry in Rage, droht, die Beherrschung über sich zu verlieren und gewalttätig zu werden. So etwa, wenn von Tichatschek ihn wecken will: „von Tichatschek betastet ihn vorsichtig an verschiedenen Körperteilen mit dem Zeigefinger, ohne dass Burry sich rührt, bis er plötzlich laut aufschreit und zum Schlag ausholt." (O, 487) Als ihn Laube aus der Fassung bringt, will er ihn „zu Boden schlagen" (O, 433f.) Im dritten Aufzug führt Burry „ein großes rotes Taschentuch, das zu seiner hochmodernen Kleidung in stärkstem Widerspruch steht", zur Nase und „schnäuzt sich mit dröhnendem Ton". Das Schnäuzen wird im Laufe des Aufzugs neunmal entweder ausgeführt oder „ausnahmsweise" unterlassen, worüber die Regieanweisungen exakt informieren.[921] Nach Bergson ist das Wiederholungsprinzip eins der komischen Mittel, da es im Widerspruch zum Lebendigen steht.[922] Die wiederholten Gesten gleichen einem Automatismus, der Mensch bekommt Züge einer Marionette: an die Stelle der Naturgesetze tritt also ein Reglement.[923] Es tritt hinzu, dass es sich um eine banale, körper-

---

919 Rainer Warning macht auf die „engen Filiationen" zwischen den Charaktertypologien der Theophrast-Tradition, den humores und den entsprechenden Komödien-Traditionen aufmerksam. Warning: Elemente, S. 289.

920 Dies im Sinne des Ansatzes von Bernhard Greiner, dessen Komödienbegriff auf der Dichotomie einer Komik der Herab- und der Heraufsetzung, sowie auf der für die Komödie entscheidenden Manifestation des Körpers basiert. Greiner: Die Komödie, S. 100.

921 Wedekind: Oaha, S. 457–460.

922 Bergson: Das Lachen, S. 65. Analog Warning: „Das Subjekt der komischen Handlung wird zu einem spezifisch komischen Charakter in dem Maße, wie es aus seinen Fehlhandlungen nicht lernt." All seine Handlungen sind zum Scheitern verurteilt und stellen sich als komische Wiederholung von Fehlhandlungen dar. In der Komödie ist aber eine Reintegration des Gescheiterten möglich. Warning: Elemente, S. 290. Zur Komik „der vereinseitigten menschlichen Natur (*humour*)" vgl. Hans Robert Jauß: Über den Grund des Vergnügens am komischen Helden. In: Preisendanz, Warning (Hg.): Das Komische, S. 103–132, insbes. S. 122–125.

923 Zum Beispiel des Automatismus eines Beamten. Bergson: Das Lachen, S. 38.

bezogene Tätigkeit handelt. Die überbetonte Kreatürlichkeit kontrastiert mit der hochmodernen Kleidung und dem selbstsicheren Auftreten. Beide Momente erscheinen variiert in der Taschentuch-Szene: Aufgrund einer „furchtbaren Influenza" habe Burry „zwei Dutzend vollgeschnäuzter Taschentücher oben zum Trocknen über die Dampfheizung aufgehängt." (O, 457) Nach einem Wortgefecht verfolgt er den erschrockenen Dr. Kilian mit demselben Taschentuch, indem er es in der geballten Faust hebt. (O, 459) Eine Prügelszene bleibt allerdings aus, da Sterner scharf eingreift und die Männer hinunter auf die Strasse zum Prügeln schicken will. Burry taumelt daraufhin, von der Influenza geschwächt, in den Sessel, Dr. Kilian bewendet es mit dem Fäuste-Ballen und der Invektive „Ein solch ein Zuchthäusler!" (O, 459) Die einfache Syntax und primitives Sprachidiom lassen die Figur derb-komisch erscheinen.[924] Mit der Aufdringlichkeit seiner Körperpräsenz erfüllt er im Drama, einer ‚Elementargewalt' gemäß, die belebende Rolle einer Sprengkraft. Die alte Medizin ging gegen die Melancholia vor, indem sie zwei Heilmittel verordnete: Lachen oder Nieswurz. Die Heilpflanze Nieswurz bewirkte nämlich einen Niesreiz, der nach Hippokrates im unkontrollierten Niesen plötzlich die Starrheit aufbrechen konnte. Dieselbe Funktion konnte auch das Lachen erfüllen, da es mit dem Niesen einige gemeinsame physiologische Merkmale hat: es kann auch „explosiv und konvulsiv die lebensgefährliche Starre" lösen.[925] Die Temperamentenlehre steht der modernen Theorie von Henri Bergson nahe, für den Vitalität und Flexibilität sowie Kreativität im Gegensatz zur Unbeweglichkeit und Starre die höchsten Qualitäten des Lebendigen, dessen Sinn und Ziel sind. Barloewen versteht die Komik der Clowns ganz in Bergsonschen Sinne, wenn er behauptet: „Allen Clowns gemeinsam ist die Komik, die aus der mechanischen Starrheit oder der Zerstreutheit eines Menschen resultiert."[926] So gesehen ist Burry doppelt besetzt: wie alle vier Temperamente befindet er sich unter der Herrschaft eines *humor*, so dass seine Reaktionen den Automatismen gleichkommen und dadurch lächerlich wirken. Zugleich ist der Typus belebend – insbesondere in der Konstellation mit dem Schriftsteller Killian. Die Szene der Verfolgung gleicht einem typischen Slapstick, wo der Kreatürlichkeit, insbesondere den bedingten Reflexen, eine übergeordnete Rolle zukommt. So ist es auch konsequent, wenn der „zum Hinschlagen müde" Burry, im Unterschied zum dritten Aufzug, während des ganzen vierten gähnt, bis er endlich „nach wiederholtem Gähnen und Hin- und Herwanken freistehend eingeschlafen" sei. (O, 480 und 487) Mehr als andere Figuren erinnert Burry in seiner Darbietung an das Clowneske, an die spieleri-

---

924 Zum Typ einer groben Witzfigur vgl. Röhrich: Der Witz, S. 183.
925 Weinrich: Was heißt: ‚Lachen ist gesund'?, S. 407.
926 Barloewen: Clown, S. 92.

schen, selbstgenügsamen Gags.[927] Er weist Affinitäten zum sogenannten ‚Maximalclown' und dessen bevorzugtem Mittel der Übertreibung auf. In der Clown-Typologie von Fried/Keller wird dieser folgendermaßen charakterisiert:

> „Jede Geste, jeder Gesichtsausdruck, jeder Laut und jede Bewegung überschreiten das von Vernunft und guten Sitten diktierte Maß. Mit seiner Explosivkraft verschafft er sich soviel Frei- und Spielraum, wie er braucht. In seinem Vorwärtsstreben kennt er keine Rücksichtnahme. [...] Gleich einem Wirbelsturm reißt er die Zuschauer mit in seinem Fluß entfesselter Energie. [...] Er beherrscht nicht, wie etwa der Virtuose, seinen Körper, sondern er entfesselt ihn."[928]

Motorische Hyperagilität, die sich in Gestik, Mimik, Gebärden, in Sprüngen, Tänzen, Prügeleien,[929] lautem Schreien oder Fluchen artikuliert, ist bereits im Spätmittelalter in den geistlichen und Fastnachtsspielen eins der Hauptkennzeichen der komischen Figur.[930] Sie beteiligen sich also an der Inszenierung des komischen Körpers: Die Komik resultierte einst aus dessen Intaktheit, wobei sich die somatische Existenz einer komischen Figur um ihre untere Hälfte verdichtete.[931] Wedekind scheint diese Tradition zu zitieren. Die Körpersprache der Figuren im Stück ist die Resultante seiner Faszinationen mit dem Körper, wobei es sich nicht um eine Apologie des virtuosen Körpers handelt, der ästhetizistische Bedürfnisse bedient, sondern um ein Zirkus-Zitat im Sinne eines Ur-Theater-Codes, in dem sich Wedekinds Visualisierungstendenz, sein Denken in Bildern manifestiert:

> „Clowns gründen ihre Komik im starken Maße auf den Körper. Sie verzichten auf die Sprache, ersetzen sie durch Stummheit und Stammeln, die indes um so beredter sind, je mehr sie unverständlich erscheinen. Geste und Gebärde sind die Elemente einer Ursprache."[932]

---

927 Das Clowneske in der 1. Szene des III. Aufzugs gleiche einer Shakespeareschen Clownszene. Kommentar, STA 8, S. 520.

928 Fried, Keller: Die Faszination Clown, S. 96f.

929 Tradition der Prügelszenen: griechisch-römische Komödie und die italienische Stegreifbühne. Muster: Aristophanes (*Frösche, Wolken*), Plautus, Commedia dell'arte (Prügelszenen gehören hier neben *azzioni* und *lazzi* zum als komisch geltenden Bewegungs-Repertoir). Bearbeitung beider Traditionslinien bei Molière; im 20. Jahrhundert nicht selten funktionalisiert als Reflexion der Phylogenese der Komödie. Die Prügelszenen bilden zudem ein Schema des Komödienschlusses. Peter von Matt: Zur finalen Szene in der Komödie. In: Simon (Hg.): Theorie der Komödie, S. 127–140.

930 Velten: Grotesker und komischer Körper, S. 151f.

931 Vgl. Sylvia Tschörner: Die Körpersprache der commedia dell'arte. In: Erdmann (Hg.): Der komische Körper, S. 205–212, hier S. 210.

932 Barloewen: Clown, S. 94.

Dieter Kafitz sah das komische Potenzial der Wedekindschen Stücke gerade in der Diskrepanz zwischen der Dominanz der Körperbilder über dem Diskursiven. Er ist es auch, der eine neue Perspektivierung von Wedekinds Werk initiiert hat:

> „Neben der Visualisierungstendenz, dem Vorrang der Körperbilder und des szenischen Ambientes gegenüber der Dialogizität, ist in Wedekinds Dramen die Dimension der Komik zu beachten, die durch überzeichnete Posen und durch Asymmetrien zwischen Figurenspiel und Dialog hervorgerufen wird."[933]

Es gilt in diesem Kontext noch einmal Adorno zu erwähnen, der im Kommentar zu Wedekinds Nachlass auf die Plastizität von Wedekinds Werk aufmerksam machte, sowie an Sigrid Dreiseitels Hinweis auf die Verwandtschaft vieler Werke Wedekinds mit Photographie und Film.[934]

Die Plastizität des *Oaha*-Stücks ist aber nicht nur auf die Bühnenbewegung als solche zurückzuführen, sondern auch auf den untersuchten Gegenstand – das satirische Blatt *Till Eulenspiegel* selbst: das Profil seiner visuellen Ausgestaltung lässt sich teilweise anhand des Textes rekonstruieren. Als Folie und Bezugsobjekt dient Wedekind, wie erwähnt, die satirische Wochenschrift Albert Langens – *Simplizissimus*.

Zeichnungen, die Leonard Burry liefert, zeigen ein einziges Arrangement: eine Dame und einen Herrn in verschiedenen Varianten. Das Vorbild für diese Figur gibt Eduard Thöny (1866–1950) ab, von 1896 bis zum Ersten Weltkrieg Mitarbeiter des *Simplizissimus*. Thöny zeichnete Karikaturen der Aristokratie, des Klerus, des Militärs und der Beamtenschaft.[935] Die vermeintliche Eintönigkeit von Burrys Zeichnungen wird zum Anlass, seine Leistungen herabzusetzen.[936] Aber nicht nur Burry und seine Zeichnungen werden zu Spottobjekten: die Degradierung anderer macht das generelle Kommunikationsmodell in der Redaktion aus. Der sich aus dem Adel rekrutierende, hybride, auf seine zahlreichen Damenaffären und Geldschulden stolze (O, 430f und 442) Sanguiniker von Tichatschek liefert Zeichnungen mit seinem beliebten Motiv der Damenunterwäsche:

> „Meine Zeichnungen machen dem Oaha[937] eben auch viel mehr Vergnügen als Ihre [Burrys], auf denen es jahraus jahrein immer nur die gleichen zerrauften Bauern-

---

933 Vgl. Kafitz: Moderne Tendenzen, S. 39.

934 Adorno: Über den Nachlass Frank Wedekinds, insbes. S. 219. Dreiseitel: Ich mache natürlich lebhaft Propaganda, S. 20.

935 Kommentar, STA 8, S. 548.

936 „Sterner: Diese Zeichnung haben Sie mir aber doch schon einmal gebracht? Burry: Ich habe Ihnen die Zeichnung schon zehnmal gebracht. Und ich werde Ihnen die Zeichnung noch hundertmal bringen, wenn Sie so blödsinnig sind, dass Sie die Unterschiede nicht merken." (O, 428)

937 Eine Kunstfigur, der Witzbold.

schädel sieht. Auf dieser Zeichnung habe ich zum Beispiel ein paar Strumpfbänder gezeichnet, ich sage Ihnen, da kommt mein liebes Oaha vierzehn Tage lang gar nicht mehr aus dem Grinsen heraus!" (O, 484)

Im Gegenzug befindet Dr. Kilian über die Zeichnungen von Tichatscheks, sie seien „zum Speien". (O, 429) Das Prototyp für Tichatschek ist Ferdinand Reznicek (1868–1909), einer der ersten Mitarbeiter des *Simplizissimus*, der Gesellschaftsszenen mit elegant gekleideten Damen zeichnete. Den dritten unter den Malern macht Kuno Konrad Laube, der Melancholiker-Typus aus. Sein Prototyp ist der bereits oben erwähnte Thomas Theodor Heine, ein impressionistischer Landschaftsmaler und Graphiker, ein Mitbegründer des *Simplizissimus,* dem die Zeitschrift den politischen Kurs gegen den wilhelminischen Nationalismus verdankte.[938] Er verfertigte für die Zeitschrift Karikaturen mit selbst verfassten witzigen Unterschriften. Die konfiszierte Palästina-Ausgabe mit Wedekinds *Im heiligen Land* trug als Titelbild seine Collage.[939] So ist es wohl doppelt ironisch, wenn Kuno Konrad Laube zum Verleger Sterner sagt: „Ich bringe Ihnen da die Zeichnung zu dem wundervollen Auferstehungsgedicht, das keiner von uns verstanden hat." (O, 427) Die Ironie betrifft sein eigenes intellektuelles Vermögen und stellt zugleich die Qualität der Zeitschrift in Frage.

Den Kreis der Temperamente schließt der Phlegmatiker Dr. Killian. Wie Burry ist er primitiv bis grob im Umgang. Die Komik dieser Gestalt ist vor allem in seiner Rede begründet: es fällt der umgangsprachliche Gebrauch des Verbs „tun" mit nachgestelltem Infinitiv auf: „Dann tun Sie uns doch einmal selber sagen […]". Leitmotivisch kehren Drohphrasen wieder: „Ich tu Sie auf die Kirchweih laden", oder „Und wissen Sie, was ich Ihnen sage?! Gar nichts tue ich Ihnen sagen! (*Ihn scharf ins Auge fassend*): Ich lade Sie auf die Kirchweih!" (O, 459) Ein anderes Mal will Dr. Kilian Burry „einen Tritt in den Hintern" geben, dass er „dreimal um den Äquator fliegen tut", wenn er sich nicht „unverzüglich ruhig verhält". (O, 483) Wie die Drohphrasen flicht die Figur wie refrainartig den Satz „(Ein) solch ein Mensch bin ich" in seine Rede ein. Dr. Kilian gemahnt mit seinem charakteristischen Sprachidiom an den ‚Sprechclown', bei dem sich das Instrumentarium auf eine charakteristische Sprechweise reduziert, die durch Mimik und Gestik verstärkt wird. Der ‚Sprechclown' macht seine Äußerungen unter Verzicht auf nicht-alltägliche Körpertechniken im Stehen

---

938 Thomas Theodor Heine sei der „größte Satiriker des Griffels, den Deutschland bisher hervorgebracht hat." Lublinski: Die Bilanz der Moderne, S. 145f.

939 Hintergrund: orientalische Stadtarchitektur, Vordergrund – zwei historische Gestalten: Gottfried von Bouillon, der legendäre Kreuzritter, und Barbarossa, der legendäre Kaiser. Er hält in der Hand Kaiser Wilhelms Tropenhelm. Unterschrift: „Lach nicht so dreckig, Barbarossa! Unsere Kreuzzüge hatten doch eigentlich auch keinen Zweck!". Zit. nach Kommentar, STA 8, S. 546.

oder Sitzen. Der komische Effekt resultiert aus Wortspielen, verbalen Gags und diskursiven Kämpfen mit den Antagonisten.[940]

Die Figurenzeichnung in *Oaha* trägt eindeutig karikierende Züge: Mona Haschem dazu: „Der Text arbeitet nicht mit einer naturalistischen, sondern mit einer satirisch-karikierenden Darstellungsart."[941] Nach Josef Hofmiller zeige der Dramatiker Wedekind im *Oaha*-Stück „wirkliche Begabung für komische Situationen und Wirkungen", indem er seiner „Lust an der Karikatur" nachgeht und diese Qualitäten – Karikatur und Komik – entscheiden letztlich über das Gelingen des Stücks.[942] Ähnlich urteilt Stefan Pollatschek in der oben angeführten *Oaha*-Rezension, indem er Wedekinds antimimetisches Verfahren bei der Figurengestaltung würdigt:

> „[Wedekinds] Menschen sind eigentlich nicht aus Fleisch und Blut, sie sind eher Konglomerate aus vielerlei Menschen. Aber das ganze ist doch Leben. Und die Frage wird (für uns Zeitgenossen Wedekinds) offen bleiben, ob nicht dieser Dichter mit seinen Scheinwesen der Natürlichkeit am nächsten kommt..."[943]

Interessant scheint in diesem Kontext Mona Hashems Interpretation des Temperamenten-Begriffs, mit dem sie die stilisierte Eindimensionalität legitimiert: sie stellt ihn in den literatur- und kunsthistorischen Kontext des Naturalismus: Émile Zola (1840–1902) benutzte den Begriff in der Abhandlung *Le roman expérimental*. Im Bezug auf sein Verständnis des naturalistischen Theaters formuliert er die Definition der Kunst als „ein Stück Natur, gesehen durch ein Temperament". Vom Künstler verlangt Zola „individuell und vital zu sein".[944] Besonders im Zusammenhang des Impressionismus in der Malerei, ergänzt Hashem, betonte Zola die Rolle des Temperaments des Künstlers beim künstlerischen Prozess. Haschem befragt, auf dieser Definition basierend, Wedekinds als defizitär begriffene vier Temperamente nach der Legitimität ihrer „Wiedergabe von Natur":

> „Wie verhält sich ihre [der vier Temperamente] persönliche Eigenheit mit ihrem Anspruch als Satiriker, die negativen Erscheinungen in Mensch und Gesellschaft darzustellen? Woher nehmen sie, die sie nicht in der Lage sind, ihre Fehlerhaf-

940 Fried, Keller: Die Faszination Clown, S. 146–150.

941 Hashem: Satirische Elemente, S. 177.

942 Josef Hofmiller: Wedekinds autobiografische Dramen. In: Süddeutsche Monatshefte, Bd. 1 (1909), S. 116–125, S. 121, zit. nach : Hashem: Satirische Elemente, S. 170. Ähnlich urteilt Richard Elchinger, der in drei Figuren – Sterner, dessen Schwiegervater Olestierna und dem Redaktionsmitglied Dr. Kilian – „diese scherzhafte Komödie verankert" sieht. Richard Elchinger: Oaha. Komödie in vier Aufzügen von Frank Wedekind. In: Münchner Neueste Nachrichten, 22.12.1911, zit. nach Hashem: Satirische Elemente, S. 175.

943 Pollatschek: Wedekinds *Oaha*.

944 Émile Zola: Schriften zur Kunst: Die Salons von 1866–1896. Athenäum: Frankfurt a. M. 1988, S. 30 und S. 35, zit. nach Hashem: Satirische Elemente, S. 199f.

tigkeit zu korrigieren, die moralische Legitimation, andere Menschen und die Gesellschaft anzugreifen? Sind sie in der Lage, die Negativität außerhalb sich selber wahrzunehmen und satirisch darzustellen? Die Antworten auf diese Fragen bilden das Kernstück der Interpretation und die Hauptaussage des Textes.["945]

Eine solche Perspektive sucht folglich ethische Aspekte im Sinne des Satirischen hervorzuheben.[946] Das Stück und die Figuren werden so in ein System von bestimmten Wertungen eingebunden. Die Betrachtung von *Oaha* als Komödie bietet allerdings eine andere, nicht weniger legitime und weiter zurück reichende Perspektive: die Tradition der von Aristophanes entdeckten und Ende des 16. Jahrhunderts von Ben Jonson popularisierten Technik der *humours comedy* bzw. *comedy of humours*. Die englische Tradition beruht auf einer normativen Psychologie, die Ende des 17. Jahrhunderts sich als historisch anzusehen beginnt. Endscheidende Uminterpretation vollzieht sich zwischen Ben Jonson (1572–1637) und Laurence Sterne (1713–1768).[947] Durch Ben Jonson wird der Humor mit komischen Effekten (*humours* als Charaktere) identifiziert.[948] Das Lächerliche in der englischen Tradition steht im engen Verhältnis zur Norm und ihrem Wandel: die potenzielle Lächerlichkeit hängt mit der Normabweichung zusammen. Bis ins 18. Jahrhundert bedeutet *humour* im englischen Sprachraum ein extravagantes Verhalten, eine individuelle Eigenschaft im Unterschied zu universalen menschlichen Eigenschaften, wie sie der Gegenstand der antiken Komödie waren. Laurence Sterne markiert den Endpunkt dieses Verständnisses und eine Umdeutung des Begriffs *humour*, der nun zu einer Schwäche wird, die die Norm nicht verletzt und sogar sympathisch wirkt.[949]

4.2. Bouterweck contra Sterner

Der Verleger Sterner verkörpert einen paradigmatischen Schwarzcharakter, dessen Amoral nach und nach zum Vorschein kommt – in der Beziehung zu der

---

945 Hashem: Satirische Elemente, S. 200.
946 Vgl. hierzu Wolfgang Preisendanz: Zur Korrelation zwischen Satirischem und Komischem. In: Preisendanz, Warning (Hg.): Das Komische, S. 411–413, sowie Ders.: Negativität und Positivität des Satirischen. In: ebd. S. 413–416.
947 Laurence Sterne, der Autor von *Tristram Shandy* (1759–1767) gilt als Vorreiter der romantischen Ironie August Wilhelm Schlegels und weist Affinität zu Jean Paul auf.
948 Ben Jonson: klassizistischer Gelehrter und Antagonist Shakespeares. Im Vorspiel zur Komödie *Every Man out of His Humour* (1599) unterscheidet er vier Typen, die jeweils eine Leidenschaft – sprich einen Humor – verkörpern: Macilente: (*Envy*), Puntarvolo (*Vanity*), Kitely (*Jealousy*), Downright (*Anger*). Vgl. auch Jonsons Komödie *Every Man in his Humour* (1598). Vgl. Schüttpelz: Humor, S. 88 und S. 92.
949 Ebd., S. 91f. Vgl. auch Hörhammer: Humor, S. 71f.

Ehefrau, zu den kontraktlich gebundenen Künstlern und zum eigenen Vertreter im Geschäft. Die Figur wird durch Gleichgültigkeit, Mangel an sozialem Gewissen sowie durch intellektuelles Unvermögen disqualifiziert. Sterner zeigt sich zwar immer wieder unverständig, aber es bleibt offen, ob dies nicht Ausdruck seines Kalküls ist, seine Mitarbeiter in Rage zu versetzen. Zudem liegt es in seinem Interesse, den Wert des gelieferten Produkts zu senken. Hier ein Beispiel:

Sterner: Sie tun mir unrecht, Lieber Herr Burry. Ich lachte gar nicht über ihren Witz. Ich lachte im Gegenteil, weil ich ihren Witz nicht verstanden habe.

Burry: Sie scheinen zu glauben, dass die Leser des *Till Eulenspiegel* ebenso ungebildete Menschen sind wie Sie!

Laube: Für die besseren Witze könnte man ja in der Annoncenbeilage des Blattes jeweilen eine ausführliche Erläuterung erscheinen lassen.

Sterner: Wenn ich einen Witz mache, dann geht es mir nämlich immer gerade umgekehrt wie Herrn Burry: dann lacht immer alle Welt darüber, während ich ihn selbst nicht verstehe. Ich habe schon als kleiner Junge in der Schule immer die glänzendsten Witze gerissen, Ich brauchte nur den Mund aufzutun, dann brach schon die ganze Klasse in homerisches Gelächter aus. Ich habe nie begriffen, weswegen gelacht wurde. Aber ich sagte mir damals schon: Damit kannst du noch einmal dein Glück machen! (O, 430)

Die Haltung Sterners ist ein Teil der komischen Situation, die auf der klaren Rollenverteilung basiert und einem Gag ähnelt: A bietet stolz seinen Witz an, B entwertet ihn, A kann sich abermals als Choleriker zeigen. Wieder ein Slapstick mit ausgesparter Rauferei. Damit ist der komische Code des Stücks benannt.[950]
Die Ursprünge des Slapsticks liegen in den liturgischen Dramen des Mittelalters, in denen der Teufel auf der Bühne geschlagen wurde. Slapstick-Elemente lassen sich aber auch schon im römischen und griechischen Theater der Antike, in der Mimenkunst ausmachen, später bei Shakespeare, der Commedia dell'arte, im amerikanischen Vaudeville-Theater des späten 19. Jahrhunderts und in den Filmen Charlie Chaplins,[951] Harald Lloyds sowie Laurel and Hardy.[952] Heute

---

950 Das reihende Prinzip des Komischen: die Reihung von einzelnen komischen Momenten. Warning: Elemente, S. 293.

951 Charlie Chaplins Anfänge als Filmkomiker liegen im Varieté. Zum Slapstick-Genre zählen besonders seine frühen Kurzfilme (1914–1916). Vgl. Fried, Keller: Die Faszination Clown, S. 60ff. Peter Jelavich: Populäre Theatralik, Massenkultur und Avantgarde: Betrachtungen zum Theater der Jahrhundertwende. In: Herta Schmid, Jurij Striedter (Hg.): Dramatische und theatralische Kommunikation. Beiträge zur Geschichte und Theorie des Dramas und Theaters im 20. Jahrhundert. Gunter Narr: Tübingen 1992, S. 253–261, hier S. 256.

952 Die Forschung zum Slapstick ist eher bescheiden. Der Abwertung des Genres als Populärkunst zum Trotz werden Slapstick-Elemente, so Christina Thurner mit Blick auf

versteht man darunter bekanntlich eine Form der physischen Komik und Komödie:

> „Slapstick wird mit dem Körper gespielt, verlangt von Akteuren Höchsteinsatz und nicht selten auch akrobatisches Können ab. Slapstick ist die Grammatik des Stolperns, Fallens, Scheiterns, aber auch des sich wieder Erhebens, als wäre nichts geschehen."[953]

Auch andere Aussagen Sterners, in denen er sich ungebildet gibt, stehen im Dienst der clownesken Komik: als Sterner in Reaktion auf einen Witz von Oaha verfrüht lacht, bekommt er einen Rippenstoß von Dr. Kilian. Als der weitere Witz von Oaha geliefert wird, will ihn Sterner selbst von der Tafel ablesen:

> Sterner: „Nun seien Sie bitte erst mal alle ganz still! Ich möchte gerne sehen, ob ich den Witz nicht auch ohne Erläuterung verstehe. (*Er liest langsam und aufmerksam*): Moderne Tonmalerei. – Wie fanden Sie die neue Symphonie unseres Oberhofkapellmeisters? – Sie stinkt wenigstens nicht! – (*Er sieht die andern groß an.*) Ich kann mit dem besten Willen keinen Witz darin finden. [...]
>
> V. Tichatschek (*nimmt Sterner die Tafel weg*): Geben Sie mir den Witz her, sonst wird er noch sauer. [...] (O, 487)

Der Sprach-Witz basiert hier auf der Doppeldeutigkeit des Wortes ‚Ton' und stellt ein Beispiel des Intellektuellenwitzes dar, der ein Lachen über den Ungebildeten einschließt. Die Situationskomik, in deren Rahmen der Witz gestellt ist, gründet auf dem Muster der Herabsetzung: Sterner fällt die Rolle des Dummen zu, wobei der Sozialtyp des den anderen berufsmäßig überlegenen Verlegers eine wichtige Rolle spielt.[954] Der unbeteiligte Dritte – das Publikum – solidarisiert sich im Überlegenheitsgefühl mit von Tichatschek.

Infolge eines Boykotts wird der Verleger – eine Figuration von Schillers Spiegelberg[955] –schließlich von seinen Mitarbeitern zum „Sitzredakteur" degradiert. Seine nicht gesicherte Position in der Redaktion symbolisiert ein Drehstuhl: „ein Hinweis auf sich wendende bzw. verändernde Machtverhältnisse".[956]

Bergsons Theorie des Lachens, im modernen Tanztheater eingesetzt und funktionalisiert: zum Zeichen der „Fremdbestimmung, die sich in automatisierten Gesten äußert, oder [des] Kontrollverlust[s], der sich in physischen Ausbrüchen kundtut [...]." Dem scheinbaren Kontrollverlust der souveränen Figur im Slapstick steht ein Künstler gegenüber, der auf die Mittel des Slapstick zurückgreift, um einer ernsten Botschaft von der (Selbst-) Verlorenheit Ausdruck zu geben und so Zeitkritik zu üben. Vgl. Christina Thurner: Komische Melancholie. Slapstick-Zitate bei Meg Stuart und Joachim Schlömer. In: Komik. Ästhetik. Theorien, S. 331–338, hier S. 333f und S. 338.

953 Fried, Keller: Die Faszination Clown, S. 73.

954 Eine Entsprechung dieser Situation ist der Dummenwitz. Röhrich: Der Witz, S. 183f.

955 Wedekind: Notizbuch 47, S. 17, zit. nach Kommentar, STA 8, S. 520.

956 Hashem: Satirische Elemente, S. 202f. und S. 203.

Eine paradigmatische Situation für die Charakteristik Sterners und seines Antagonisten Bouterweck stellen zwei Szenen dar, in denen eine zweite Sitzgelegenheit – der Klubsessel – die zentrale Rolle spielt. Die Bühnenpräsenz des Körpers und die Rolle der Choreographie kommen hier in ihrer Funktion am deutlichsten zum Vorschein. Der Sessel ist nämlich eine Falle: „scheinbar noch ganz neu [...] Setzt man sich aber hinein, dann sinkt man bis auf den Fußboden hinab, so dass die Füße in der Luft schweben." (O, 470) Die letzten zwei Jahre hat er im Zeichenatelier gestanden und wurde zum Zeugen: „Von Tichatschek: [...] Wenn der [Sessel] erzählen könnte!" Es seien die „Modellmädel", die ihn „rücksichtslos durchgesessen haben", zumal auch mit ihnen „nicht viel rücksichtsvoller umgegangen" sei. „Der Sessel müsste seine Lebenserinnerungen aufzeichnen. Wir illustrieren sie dann und lassen sie kapitelweise im *Till Eulenspiegel* erscheinen." (O, 471) Der Komikeffekt resultiert hier, nach Bergson, aus der Personifizierung des Ungelebten.[957] Zugleich ist der Stuhl, dessen Fläche zusammenbricht, aber auch Teil eines festen Repertoires des Clownesken.[958] Der Klubsessel in Wedekinds Stück soll als Patentenstuhl dienen: Sterner schraubt seinen Schraubsessel entsprechend hoch, um auf den jeweiligen Gesprächspartner herabzusehen. Als erster kommt der durch seine finanzielle Lage frustrierte Bouterweck: Sein zu erwartender Fall kontrastiert mit der zuvor geäußerten Unabhängigkeitsbezeugung, dem Vorhaben, seinen Kontrakt mit einem Verleger zu kündigen, der „Treubruch und Betrug für die Grundlage aller Geschäfte hält." (O, 474) Signifikanterweise ist der Schriftsteller mit einer Gehbehinderung durch gebrochenes Bein attribuiert: er „hinkt mühsam mit einem steifen Bein, indem er sich auf einen Krückstock stützt". (O, 471) Die schadenfrohe Einladung, im Klubsessel Platz zu nehmen, ist in seinem Fall besonders herabwürdigend. Er verlässt auch beleidigt den Raum, nachdem er sich „mühsam aus dem Sessel herausgearbeitet" hat. (O, 474)

Mit Bergson ist zunächst auf die komische Perspektivenverschiebung hinzuweisen: „Komisch ist jedes Geschehnis, das unsere Aufmerksamkeit auf das Äußere einer Person lenkt, während es sich um ihr Inneres handelt." In diesem Fall werden wir plötzlich vom Seelischen abgelenkt und auf das Körperliche verwiesen. Der Körper mache sich auf die Kosten der Seele breit.[959] Die beschriebene Szene antizipiert den unvergesslichen, inzwischen zum ikonographi-

---

957 „Es gibt keine Komik außerhalb dessen, was wahrhaft menschlich ist. [...] [W]enn irgendein Tier oder irgendein seelenloser Gegenstand zum Lachen reizt, dann geschieht dies einer gewissen Ähnlichkeit mit dem Menschen wegen, weil der Mensch ihm seinen Stempel aufdrückt oder so oder so von ihm Gebrauch macht." Bergson: Das Lachen, S. 12.

958 Barloewen führt das Beispiel Grocks an. Barloewen: Clown, S. 91f.

959 Bergson: Das Lachen, S. 40f.

schen Kollektivgedächtnis gehörenden Wettaufstieg auf den Friseurstühlen aus
Chaplins *Großem Diktator* (1940): das groteske Machtspiel demaskiert bei
Chaplin die Hybris Anton Hinkels, der dann auch auf die Erde zurückgeholt
wird.[960] Im Sinne Bergsons wird die Steifheit Bouterwecks, wofür sein Bein
stellvertretend steht, im Akt des Verlachens quasi bestraft: „Der Gofoppte [...]
glaubt, er setze sich auf einen soliden Stuhl, und plumpst zu Boden. [...] Die
Gewohnheit hatte seine Bewegungen diktiert."[961] Dies sei ein Beispiel für „eine
gewisse mechanisch wirkende Steifheit in einem Augenblick, da man von einem
Menschen wache Beweglichkeit und lebendige Anpassungsfähigkeit erwartet."
Der Sturz ist hier künstlich herbeigeführt worden – mit Bergson: „der Spaßvogel
hat experimentiert". Aber auch wenn er sich von selbst ereignete, würde er den
komischen Effekt bewirken.[962] Bouterwecks steifes Bein repräsentiert mentale
Statik seines Charakters – den permanenten Zustand der Gekränktheit, weswegen er auch mit dem fixen Attribut einer „gekränkten Wurst" versehen ist. Denn
„[...] das komische Laster kann sich noch so intim mit einer Person vereinigen,
es bewahrt immer seine unabhängige und einfache Existenz [...]"[963] Sowohl
Körperbewegungen der Figur als auch ihr Charakter widersprechen der gesellschaftlichen Erwartung nach stets wacher Aufmerksamkeit, nach einer gewissen
Elastizität des Körpers und des Geistes und unterliegen somit dem sozialen Korrektiv: „Jede Versteifung des Charakters, des Geistes und sogar des Körpers
wird der Gesellschaft [...] verdächtig sein, weil sie auf eine erlahmende Tatkraft
schließen lässt."[964] Der Automatismus der Reaktionen Bouterwecks fordert geradezu eine Maßregelung heraus: „Sterner: Man muß ihn vorher immer etwas an
seinen wunden Stellen kitzeln. Dann werden seine Witze um so blutiger." (O,
449) Die Gehbehinderung, die zum Repertoire der Clown-Komik gehört,[965] des-
avouiert das romantische Bild des Schriftstellers. Durch sein Humpeln wirkt er
unfreiwillig komisch bis grotesk und bildet eine Parallele zum ‚unfreiwilligen

---

960 Vgl. Jörn Glasenapp: Der große Diktator. In: Heinz-B. Heller, Mathias Steinle (Hg.):
   Filmgenres: Komödie. Reclam: Stuttgart 2005, S. 187–192. Vgl. Jost Hermand: Ein
   wildgewordener Kleinbürger? Hitler-Parodien bei Brecht und Chaplin. In: Therese
   Hörnigk, Alexander Stephan (Hg.): Rot gleich Braun. Brecht Dialog 2000.
   Nationalsozialismus und Stalinismus bei Brecht und Zeitgenossen. Theater der Zeit:
   Berlin 2000, S. 115–125; sowie Jost Hermand: Nachwort zu Charles Chaplin:
   Schlussrede aus dem Film *Der große Diktator* (1940). Europäische Verlagsanstalt:
   Hamburg 1993, S. 21–26.
961 Bergson: Das Lachen, S. 16.
962 Ebd.
963 Ebd., S. 19.
964 Ebd., S. 21. „Die Steifheit ist das Komische, und das Lachen ist ihre Strafe." Ebd., S. 22.
965 Vgl. Martin Brunkhorst: Becketts Fußzeug. In: Erdmann (Hg.): Der komische Körper,
   S. 186–195, insbes. S. 194.

Clown', der nicht Clown *ist*, sondern in einer bestimmten Situation zu einem *wird*. Bei diesem Typus Clown handelt es sich um „eine einzelne Fehlleistung" oder um „eine ganze Kette kleiner Verhängnisse":

> „Seine Komik entfaltet sich aus der Situation heraus selbsttätig, unwillkürlich und unkontrolliert. Seine komische Wirkung gehorcht keiner Technik, sondern führt gleichsam ein Eigenleben. Der unfreiwillige Clown ist stets Opfer, nie Täter in der komischen Situation, auch wenn er diese durch eigenes Zutun mit konstelliert hat."[966]

Der nicht-elastische Habitus Bouterwecks steht im Kontrast zur Reaktion des zweiten Opfers des bösartigen, infantilen Humors des Verlegers: seine Geliebte Wanda Washington ist im Begriff, sich das Leben zu nehmen, nachdem sie von der Rückkehr der Ehefrau und der Kinder Sterners erfahren hat. Sterner hält es für „eine glänzende Idee", gibt ihr einen Revolver und wünscht sie zum Henker, worauf er selber in die *Meistersinger* geht. Eine Parallelszene mit der Figuration der Frau als Geliebten, die, ganz an den Mann verloren, sich für den Selbstmord entscheidet, liefert u.a. Wedekinds *Zensur*: Kadidja stürzt sich vom Balkon, in der Überzeugung, nicht mehr geliebt zu werden, den Mann „mit seinen Gedanken verfeindet" zu haben und im Vorsatz, ihm „seine Gedankenwelt und seine Freiheit zurückzugeben". (Zensur, 414) In *Marquis von Keith* fällt ebenfalls eine Frau ihrer Kompromisslosigkeit und Verzweiflung zum Opfer: sie ertränkt sich im Glauben, so ihre Würde zu bewahren. „Du bist so gut, so groß, so lieb! – Aber unter diesen Menschen – da bist du für mich – schlimmer als tot!" (Marquis, 105) In *Kammersänger* erschießt sich Helene Marowa in höchster Leidenschaftlichkeit: „Ich habe mich dir an den Hals geworfen und würde mich dir heute wieder an den Hals werfen". (K, 37) Das für die Moderne nicht untypische, dem bürgerlichen Denken entspringende Motiv des Liebestodes auf Kosten der Frau[967] wird in *Oaha* allerdings durch eine humoristische Umkehrung konterkariert. Laut Wedekinds *Witz*-Essay besteht der Humor im parodistischen Selbstzitat: ein solches ist offenbar der ausgebliebene Selbstmord Wanda Washingtons.[968] Das tragische Szenario wird zuerst durch Überlegungen aufge-

---

966 Fried, Keller: Die Faszination Clown, S. 172.

967 Vgl. Boa: Die unheimliche Heimat, S. 134ff. Eine rauschhafte Apotheose des Liebestodes ist eine Hilfskonstruktion im Umgang mit dem Störfaktor Triebregungen. Glaser: Arthur Schnitzler und Frank Wedekind, S. 181, unter Berufung auf Freuds *Jenseits des Lustprinzips*.

968 Inspirationen für die Figur Wanda Washingtons: Katherlieschen aus dem Grimmschen Märchen *Der Frieder und das Katherlieschen*. Der Name Wanda war um 1900 volkstümlich beliebt. Wanda Dunajew heißt auch die Hauptfigur in Leopold von Sacher-Masochs Novelle *Venus im Pelz* von 1869. Wanda Sacher-Masoch gibt 1906 ihre Memoiren *Meine Lebensbeichte* aus. Die Züge Wanda Washingtons verdanken sich

halten, welche Stellung beim Stürzen am günstigsten ist, um Mitleid zu erwe-
cken. Der Tücke des Objekts – der „Menschenfalle" – ist schließlich die Ernüch-
terung zu verdanken: Das Unvorhergesehene – der plötzliche Verlust der Kon-
trolle über ihren Körper wird zu einem vitalisierenden Akt der Aufrüttelung:
„Was zwingt mich albernes dummes Tier auch, mich umzubringen! Hundert
Jahre will ich alt werden! [...] Der Sessel hat mir das Leben gerettet!" (O, 479)
Wanda Washington „springt auf die Füße und betrachtet den Sessel mit scheuem
Entsetzen." (O, 479) Mit dieser Szene erteilt Wedekind dem melancholischen
Bild der Emanzipation der Sinnlichkeit und dem Muster eines Melodramas eine
klare Absage.

Wie oben angemerkt, soll Wedekind in der Figur des Schriftstellers Bouterweck eine masochistische Selbstbespiegelung geleistet haben. Die Klubsessel-
Szene hat auch einen autobiografischen Hintergrund: den Besuch bei Albert
Langen, der Wedekind, zur Zeit mit einem gebrochenen Bein, in einen bewusst
niedrig gehaltenen Klubsessel genötigt haben soll, aus dem Wedekind nicht
hochkam – „ein Schulbeispiel der Demütigung eines finanziell Schwachen
durch einen finanziell Überlegenen."[969] Wedekind konnte aber generell Langens
Persönlichkeit nicht leiden: fasziniert von Willy Grétor spielte er ihn gegen den
Verleger aus: „Grétor ist Champagner für meine Stimmung, während mich Langens hundschnauzigkalte unkünstlerische Zappeligkeit geradezu lahm legt."[970]
Bouterweck ist signifikanterweise der einzige, der sich am Ende vom Verleger
Sterner unabhängig macht und der, nach Mona Hashem, den fachlich inkompe-
tenten Kollegen als „positives Gegenbild" gegenübersteht:

> „Bouterweck, der die Redaktion verlässt und erst dann mit seiner Literatur ‚unge-
> heuren Erfolg' (O, 491) hat, als er dieser Maschinerie und dieser käuflichen Kunst-
> auffassung entsagt, ist somit der einzige Redakteur, der begriffen hat, was den Sati-
> riker zu seinem Angriff legitimiert, nämlich persönliche Betroffenheit."[971]

Durch die Entwicklung der Presse verliert die Satire um die Jahrhundertwende
ihre literarische Verankerung und muss sich angesichts der Marktgesetze neu

---

zudem der Lektüre von Werken aus dem Bereich der Psychoanalyse, Psychopathologie
und Sexologie (Freuds *Traumdeutung, Der Witz und seine Beziehung zum Unbewussten*,
Texte von Henry Havelock   Ellis und Richard Freiherr von Krafft-Ebing). Vgl.
Kommentar, STA 8, S. 520 und S. 567–569.

969 Riedlinger: Frank Wedekind, S. 217.
970 Grétor soll Berlin zum „schönsten und erfreulichsten" Kulturereignis nach Hauptmann
     von Köpenick verholfen haben. Vgl. Ulrike Wolff-Thomsen: Willy Grétor. Seine Rolle
     im internationalen Kunstbetrieb und Kunsthandel um 1900. Verlag Ludwig, Schleswig-
     Holsteinische Schriften zur Kunstgeschichte. Bd. 11, 2005. Hier der Verweis auf den
     Briefwechsel Wedekind – Grétor 1894–1895. Vgl. auch Kommentar, STA 8, S. 539f.
971 Hashem: Satirische Elemente, S. 211f.

definieren.[972] An dem Stück *Oaha* sind die Probleme der Satire mit der Selbstbestimmung abzulesen: wessen Interessen sie bedient, inwiefern sie die geltende Ordnung in Frage stellt und, nicht zuletzt, welchem Geschmack sie entgegenkommen will. Eine ausschließlich Nachfrage-orientierte satirische Zeitschrift senkt systematisch, wie Wedekind vorführt, ihren literarischen Anspruch. So ist das Stück Ausdruck der Sorge um die Satire, Ausdruck der Reflexion über den Standort der Satire angesichts der sozialen und wirtschaftlichen Entwicklungen.[973] Mona Hashem definiert das Problem als den Konflikt Literaturanspruch – Marktgesetze / Öffentlichkeit und löst den Konflikt mit der Verabsolutierung Bouterwecks, der der Presse entsagt. Dem ist entgegenzusetzen, dass die Figur, wie oben ausgeführt, genauso defizitär gestaltet ist, wie sein Antagonist, der nicht gescheite, gewinnorientierte Verleger Sterner und die eindimensionalen Mitarbeiter, so dass er schwerlich als einziger Hoffnungsträger der Satire dienen kann. Indem sein Idealismus angegriffen wird, wird er aus der Rolle eines Identifikationsobjekts suspendiert. Letztlich bedienen beide Hauptkontrahenten die Lachlust, keiner kann einen Triumph für sich verbuchen. Eine derart einander relativierende Figuren-Konstellation öffnet den Zugang zu einer distanzierten und ironischen Haltung. Im Entwurf für den Waschzettel der ersten Buchausgabe vom 31. August 1908 lesen wir:

> „[...] die landläufige Satire [wird sich] selbstverständlich den Spott, der sich in dem Drama über sie ergießt nicht kalten Blutes gefallen lassen. [...] Dabei muss indessen auch der strengste Richter zugestehen, dass dem Drama Wedekinds das versöhnende Element, die geistige Erhebung über den behandelten Stoff, die unsere zeitgenössische Satire so häufig vermissen lässt, durchaus nicht fehlt. Keine der gezeichneten Figuren verabschiedet sich vom Publikum in unsympathischer Beleuchtung.[...]"[974]

Nach den Regeln der Komödie ist das Verlachen der Rolle zugleich ein Belachen ihrer gelungenen Darstellung, womit der Belachte wieder ins System geholt wird.[975] Alfred Kerr mag Recht behalten, wenn er selbst in der doch so negativen Figur wie Sterner tief Menschliches zu erkennen meint:

---

972 Vgl. ebd., S. 217f.

973 „Die Geschäfts- und Alltagssatire, wie sie in so vielen Witzblättern dürftig und schematisch blüht, wird in geschliffenen Dialogen stellenweise ganz ausgezeichnet getroffen." Kurt Martens: Oaha. Die Satire der Satire. In: Das literarische Echo 14 (1912), Sp. 577ff., zit. nach STA 8, S. 590.

974 Zit. nach Kommentar, STA 8, S. 521f.

975 Warning: Elemente, S. 322. Diese Feststellung fungiert hier als Argument gegen die Möglichkeit der Satire innerhalb des Komischen: das Rollensubstrat werde aus der lebensweltlichen Negativität herausgeholt und in die Heiterkeit, die positive Verfasstheit der Spielsituation eingebracht.

„Der fühllose Gründerich Georg Sterner ist zwar komisch, zum Purzeln: aber neben
seinem Körperlichen steht ein Geist auf; der Geist Frank Wedekinds, des Dichters;
der Geist sagt: *Apage!* / Ein Klagender steht wortlos, ja mit Grinsen, bei so einer
Gestalt. [...] Vom Lachen wird man geschüttelt; aber Menschliches (Allzumenschliches) äugt hinter dem Gespaß hervor – und jene Trauer. Noch wenn er Requisiten,
wie einen Sessel ohne Boden, anbringt: noch dann ruht in der Höhlung dieses Geräts
ein menschlicher Belang."[976]

Bevor der Versuch unternommen wird, den Charakter des Humors im Stück
Oaha zu konstellieren, muss auf das problematische Verhältnis zwischen dem
Komischen und Satirischen eingegangen werden.

4.3. Zum Problem des Satirischen in der Komödie

In der Forschung stellt sich die Verbindung von Satire und Komik als problematisch, wenn nicht gar aporetisch dar. Nach Rainer Warning zeichnet sich die satirische Schreibart durch die Dominanz des Ästhetischen über das Moralische (satirische Indirektheit) aus. Eben diese Negativität des Satirischen macht seine
Zugehörigkeit zur Komödie problematisch: es gebe „eine nicht aufhebbare Divergenz von komödiantischem Spiel und satirischer Bloßstellung".[977] Die Gründe sieht Warning in den eigenen Kategorien der Komödie: der „Ambivalenz der
Identifikationsfiguren", dem „Sich-Zeigen des Spiels" und dem „im Zeichen von
Integration auch des komischen Subjekts stehenden guten Ende". In der Komödie dominiert die Vermittlungsebene über die Inhaltsebene: die verfremdende
Form leistet von Anfang an das, was der Inhalt erst am Ende einlöst: die Integration des komischen Subjekts: es ist immer „Gegenstand und Partner des Spiels
zugleich": „Das sich zeigende Spiel kennt keine Exklusion".[978] In der satirischer
Form ist dagegen immer auszugehen von einer Solidarisierung zwischen dem
Publikum und bestimmten Identifikationsfiguren gegen das komische Ob-
jekt\das Aggressionsobjekt bzw. zwischen dem Publikum und dem Rollenspieler
gegen die gespielte Rolle.[979] Die Satire will ferner das Interesse auf das Darge-
stellte (Thema) lenken, während die Komödie auf die Darstellung setzt. In der
Komödie werden die thematischen Anspielungen im Interesse der Komik benutzt: Nach dieser Logik obliegt die satirische Funktion der übergeordneten

---

976 Alfred Kerr: Wedekind-Spiele: *Oaha*. In: Der [rote] Tag (Berlin), Nr. 137 von
     14.06.1912, zit. nach STA 8, S. 597f.
977 Warning: Elemente, S. 320ff., hier S. 322.
978 Ebd.
979 Warning überträgt das Modell der narrativen Satire auf die szenische mit Blick auf
     Maynard Macks Aufsatz *The Muse of Satire* (1951/1952). Ebd., S. 321.

Komik. „Komödiantisches Spiel ist von Haus aus keine Form satirischer Bloßstellung, sondern es konstituiert eine Welt der Heiterkeit, der Unvernunft und
der Tollheit, die sich ausgrenzt aus der Welt des Ernstes und auf seine Kosten
lebt".[980]

In das umstrittene Verhältnis von Komik und Satire bringt Walter Hinck zusätzlich den Humor ein: Die Satire zielt auf die Veränderung, will „eingreifen,
zum Handeln stimulieren [...] Widersacher der Satire ist der Humor, die ausglei-
chende, versöhnliche Tendenz des Humors." Die Komik befinde sich demnach
im Anziehungsfeld zwischen den Polen Satire und Humor. Zur Satire gehöre
Utopie. Beides könne durch die Komik behindert werden.[981]

Helmut Arntzen sucht die Kluft zwischen Komödie und Satire mit dem Begriff der „ernsten Komödie" zu überbrücken: er betont die Intentionalität der
Komödie und sieht folglich Komik und Satire als zwei „wichtigste Momente der
Komödienintention" an.[982] Das dialektische Gegenstück zum Ernst der Satire
stellt allerdings für Arntzen „das Lächeln als subjektiver Ausdruck des bewältig-
ten Konflikts, der Versöhnung also" dar.[983]

Auch Wolfgang Preisendanz korrigiert Warnings Ansatz: zwar scheint weder Plessners noch Ritters Bestimmung des Komischen mit dem Satirischen vereinbar zu sein, denn das Komische müsste in der Satire eindeutige Negativität
aufweisen. Was aber die Zugehörigkeit des Satirischen zum Komischen legitimiert, sei allerdings nicht die Negativität, sondern die Quelle des komischen Ef-
fekts im Satirischen. Komisch sei also nicht „die Lächerlichkeit von Verkehrt-
heiten und Verderbnissen," sondern die Spannung von faktischer Wirklichkeit
(das Repräsentierte) und dargestellter Wirklichkeit (das Präsentierte). Das letzte
bedeutet in der Satire verschiedene Mittel der Verformung und Entstellung:

> „Das Komische der Satire ist keineswegs erst durch die ausgemachte oder vorgege-
> bene Komik des Bezugsgegenstandes, des Stoffs, des Realitätsvokabulars bestimmt;
> es ergibt sich bereits aus der Relation zwischen Gemeintem und Dargestelltem, es ist
> an den Darstellungsprozess gebunden, durch den der Rezipient zur Aktualisierung
> dieser Relation als einer sozusagen emphatischen genötigt wird."[984]

Die Bindung der Komik (der Satire) an die Darstellung befreit das komische Po-
tential, ohne die satirische Intention in Frage zu stellen. Auch aus der historischen Perspektive betrachtet, leistete das Komische die eigentliche Befreiung

---

980 Besonders im Kabarett und der sogenannten Gesellschaftskomödie wird die satirische
    Funktion zugunsten des *ridiculum* verhindert. Warning: Elemente, S. 324f., hier S. 325.
981 Hinck situiert die Komödie im Spannungsfeld zwischen den militanten, unversöhnlichen
    Satire und Utopie. Hinck: Einleitung, S. 17f.
982 Arntzen: Die ernste Komödie, S. 63.
983 Ebd., S. 63f.
984 Preisendanz: Zur Korrelation zwischen Satirischem und Komischem, S. 413.

der Gattung Satire, die in den Dienst des normativen offiziellen Ernstes genommen lange Zeit um ihre subversive Funktion gebracht wurde. Erst die französische Aufklärung leistete eine Verkehrung der klassischen Funktion dieser Gattung und zwar mit Hilfe der *vis comica*, die quasi a priori unorthodox ist.[985]

4.4. Humor der *Oaha*-Komödie

Scit seiner Gründung 1896 entwickelte sich die Zeitschrift *Simplizissimus* zum
„wichtigsten Organ der antiwilhelminischen Satire und Karikatur".[986] Samuel
Lublinski nannte sie „gezeichnetes Varieté":

> „Da war das köstliche Witzblatt *Simplizissimus,* dieses gedruckte und gezeichnete
> Varieté, das allwöchentlich das lesende Deutschland entzückte. Die Karikaturzeich-
> ner dieses Blattes waren allesamt Poeten der Linie und der Farbe, und zwar der mo-
> dernen, mannigfach nuancierten Farbe. [...] es zeigte uns das Ideal: ein Organ der
> Neu-Romantik, das zugleich ein politisches Kampf- und Witzblatt ersten Ranges
> wäre."[987]

Die Karikatur wurde erst im 19. Jahrhundert zu einer bestimmenden Aussage-
form.[988] Im Prozess der gesellschaftlichen Veränderungen änderte sich auch die
Karikatur, so dass in der Moderne „die gesamte Kunst unter [ihrem] Einfluß"
stand, so Eduard Fuchs in seiner Kulturgeschichte der Karikatur (*Die Karikatur
der europäischen Völker*) von 1921.[989] Wedekind steht paradigmatisch für diese
Entwicklung. Die Ästhetik des Stücks, so die hier vertretene These, lehnt sich an
den Stil des Witzblattes an. Die reduzierte Figurenzeichnung, die den Stil in
Oaha dominiert und die sich bereits in *Frühlings Erwachen* bemerkbar machte,
weist hier eine Affinität zur grafischen Linie der Karikatur, zur karikierenden

---

985 „Das Komische also, obschon es im Bereich der Kunst entsprang und ästhetische
     Einstellung voraussetzt, wo immer es sich realisiert, ist von Haus aus der etablierten
     Macht nicht botmäßig oder konservativ." Jauß: Zum Problem der Grenzziehung, S. 371.
986 Peter Sprengel: Literatur und Kaiserreich. Studien zur Moderne. Erich Schmidt Verlag:
     Berlin 1993, S. 20.
987 Lublinski: Die Bilanz der Moderne, S. 145f.
988 Eine wichtige Stimme in der Diskussion ist Karl Rosenkranz' spätidealistische *Ästhetik
     des Hässlichen* (1853): er erklärt die Karikatur als „Übertreibung eines Momentes einer
     Gestalt zur Unförmlichkeit". In der Karikatur werde das Hässliche im Komischen
     zugunsten des Schönen aufgehoben. Karl Rosenkranz: Ästhetik des Hässlichen. Reclam:
     Leipzig 1996, S. 310, vgl. auch S. 338f. Im Entwurf der Studie von 1837 heißt es,
     Karikatur sei der „Übergang vom Hässlichen zum Komischen". Rosenkranz an
     Varnhagen von Ense (19.11.1837), zit. nach Günter und Ingrid Oesterle: Karikatur. In:
     HWPh, Bd. 4, 1976, S. 695–701, hier S. 699.
989 Vgl. Oesterle: Karikatur, S. 700.

Bildsprache, wie sie sich in der Presse um die Jahrhundertwende gebildet und entwickelt hat.[990] Bereits in der Spätaufklärung setzte die Kontamination der Karikatur mit dem Komischen ein.[991] Auch an diesem Stück bewährt sich Wedekinds Theorem der Elastizität. Der Humor ist hier körperlich, zeigt clowneske Provenienz vom Typ eines Slapsticks. Das Stück darf daher auch satirische *slapstick comedy* mit den dazu gehörenden körperlichen oder körperbezogenen Aktionen genannt werden. Nach Jörg Räwel ist Slapstick eine Form des visuellen Humors, die sich von anderen Formen des visuellen Humors durch Variationen (z. B.Verletzungen) des menschlichen Körpers unterscheidet, die hier im Vordergrund stehen.[992] Im Slapstick wird dem Körper – über die auf Distanz berechnete selbstreferenzielle Seite der Mitteilung (wie etwa im Film) – der Codewert ‚lustig' zugeordnet und so die Möglichkeit des Mitleids im Beobachter verhindert. Bei Wedekind stellt sich der Rückgriff auf Slapstick als eine Form der auf Visualisierung zielenden Theater-Darstellung, eine Art Varieté im Rahmen eines Dramas. Auf formaler Ebene greift Wedekind also auf die Mittel der trivialen Kunst bzw. der Massenkultur zurück, die in erster Linie das Unterhaltungs- und Spielbedürfnis bedienen. Der Text gibt keine eindeutige Antwort auf die Frage, ob der Abschied von der elitären Gattung der literarischen Satire zu beklagen ist. Er stellt aber immerhin einen frühen Beitrag Wedekinds zur Entauratisierung der Literatur bzw. Kunst dar, ohne auf den ideellen Anspruch – den Diskurs über den Zustand der Satire – zu verzichten. Was die Satire von sich aus a priori leistet – sich selber in Frage zu stellen,[993] hebt Wedekind bereits im Untertitel hervor. Mit dem Moment der Selbstreflexivität gerät der Text in

---

990 Die karikierende Bildsprache (szenische Karikatur) bezieht Inspirationen für künstlerische Mittel u.a. aus der politischen Rhetorik, indem vertraute, stereotyp gebrauchte Metaphern und Redensarten verbildlicht werden. Die Techniken der Karikatur entsprechen Freuds Techniken des Witzes wie Verkürzung, Anspielung, Mehrfachverwendung eines Motivs [Arcimboldeske], Metapher, Gleichnis usw. Vgl. Karikatur. In: HWRh, Bd. 4, 1998, S. 889–905, hier S. 901. Vgl. auch Ernst H. Gombrich: Das Arsenal der Karikaturisten. In: Ders: Meditationen über ein Steckenpferd. Von den Wurzeln und Grenzen der Kunst. Europaverlag: Wien 1973, S. 195ff.

991 Vgl. Oesterle: Karikatur, S. 699.

992 Räwel spricht von „Variationen des Konventionellen" (Selektionen). Räwel: Humor als Kommunikationsmedium, S. 132.

993 „Satire ist auf die Aufhebung ihrer selbst aus. [...] Satire ist Utopie ex negativo." Helmut Arntzen: Nachricht von der Satire. In: Ders.: Literatur im Zeitalter der Information. Aufsätze, Essays, Glossen. Athenäum: Frankfurt a. M. 1971, S. 148–166, hier S. 166. Diese Formel von Arntzen „macht die Utopie einer satirischen Literatur in der Intention des Textes deutlich." Vgl. Hashem: Satirische Elemente, S. 212.

die Nähe der Avantgarde-Tradition.[994] Indem er am Scharnier der elitären und der unterhaltenden Kunst steht, weist er diesen Ort als den Ort des Humors aus.

5. Der Witz in *Oaha*

5.1. Der Witz in Wedekinds Essay *Der Witz und seine Sippe*

Erfahrungen mit dem Schreiben von Witzen sammelte Wedekind bei der Firma Maggi 1886/1887.[995] Seine Ansichten diesbezüglich enthält der bereits thematisierte Essay *Der Witz und seine Sippe*. Um dem in *Oaha* doch so erstrangigen Witz-Begriff gerecht zu werden, sollen wichtigere Aussagen festgehalten werden. Bereits an der Art der Metaphorik lässt sich Wedekinds Inspirations-Quelle ablesen: er räumt nämlich dem Witz den „Status einer Delikatesse" ein, „in der Art wie Mixpickles oder Kaviar, ohne Nährgehalt, aber sehr pikant." (Witz, 336) Man finde sie zahlreich bei den alten Griechen, während die Römer viel bescheidener ausfallen. Im christlichen Mittelalter sollen die Witze ganz gefehlt haben; in der Neuzeit finde man sie bei den Franzosen unter dem Namen *Esprit*.[996] Epochenübergreifend kennzeichnen sie immer die „erhabensten Schöpfungen des Menschengeistes": „Platon und Shakespeare, Luther und Goethe haben ihm den Eintritt nicht verwehrt." (Witz, 340) Eine Art strukturelle Definition formuliert Wedekind folgendermaßen: „Ein Witz entsteht im allgemeinen dadurch, dass zwei Begriffe, die durchaus unvereinbar schienen, plötzlich aufeinander platzen und nun doch diese oder jene Beziehung zueinander zeigen." (Witz, 340) Im Unterschied zum Humor, der „die Extreme der menschlichen Anschauungsweisen einander gegenüber" stellt, setzt der Witz „zwei beliebige heterogene Dinge in unerwartete Beziehung" zueinander. (Witz, 341) Über die Qualität des Witzes entscheidet, ob „diese Beziehung in ihrem Wesen liegt", oder sich dem Spiel des Zufalls verdankt. Im ersten Fall entsteht ein guter Witz, wobei gute Witze, so Wedekind einschränkend, eher rar sind. „Im gewöhnlichen Leben" treten öfter schlechte Witze auf und eben sie seien paradoxerweise die

---

994 Das Prinzip der Avantgarde sei „die Verfügbarkeit über die Kunstmittel vergangener Epochen." „Mit den historischen Avantgarde-Bewegungen tritt das gesellschaftliche Teilsystem Kunst in das Stadium der Selbstkritik ein." Peter Bürger: Theorie der Avantgarde. Suhrkamp: Frankfurt a. M. 1974, S. 24 und S. 28.
995 Vgl. Kommentar, STA 8, S. 570.
996 Heinrich Heine, dessen Person im Kontext des Essays relevant ist, verweist in seinem *Ludwig Börne* (1840) auf verschiedene - trübsinnige bis heitere Färbung von Esprit. Bei Börne werde er zuweilen zum Humor. Heinrich Heine: Ludwig Börne. Eine Denkschrift (1840). In: Ders.: Werke in fünf Bänden. Aufbau Verlag: Berlin, Weimar 1964, Bd. 5, S. 167–309, hier S. 267.

besten. Denn mit dem schlechten Witz ist keinesfalls ein Witz gemeint, der tatsächlich schlecht ist. Der schlechte Witz besitze „einen Beigeschmack, einen Hautgout": Er „beleidigt unsere Empfindung, sei es durch seine beispiellose Dummheit, sei es durch seine ästhetische, beziehungsweise moralische Qualität. Aber eben dadurch wirkt er anregend auf die Geistestätigkeit." (Witz, 338) Er „ist und bleibt ein ungezogener Schlingel", der sich ungebeten überall einschleiche. (Witz, 339f.) Ein Beispiel für den schlechten Witz bezieht Wedekind aus der Antike: Theseus, der glücklich und glorreich nach dem Kampf in Kreta nach Athen zurückkehrt, vergisst das weiße Segel aufzuziehen. Sein Vater missdeutet dies und stürzt sich aus Verzweiflung ins Meer. Diese Geschichte sei,

> „ein Witz des Schicksals von tragischer ‚Schlechtigkeit': witzig durch den krassen Gegensatz zwischen der glücklichen Wirklichkeit und dem unseligen Irrtum, und schlecht, indem unser Empfinden durch nichts so verletzt wird, wie durch das plötzliche Eintreten eines unabänderlichen Unglücks." (Witz, 338)

Es entstehen folglich „Gefühle geteilter Natur": der Genuss an der Form wird getrübt durch Furcht und Schrecken über den Inhalt. Damit ist das Grundmerkmal des Witzes genannt: die Heterogenität als sein ontologisches Prinzip. Aus Wedekinds Reflexionen ergeben sich auch andere Merkmale: das Überraschende,[997] das Effektvolle,[998] sowie die Zwecklosigkeit. Der Witz sei zudem „der Realist par excellence, indem er meist in direkten, geradezu feindseligen Gegensatz zum Idealismus tritt". (Witz, 342)

Es stellt sich die Frage, wie dieser theoretische Ansatz Wedekinds in der zeitgenössischen und allgemeinen Witz-Forschung zu verorten ist: dazu bietet sich ein Exkurs über einige wichtigere Momente in der Geschichte des Witz-Begriffs.

5.2. Geschichte des Witz-Begriffs im Überblick

Das Phänomen ist älter als der Begriff, was sich am deutschen Witz genauso wie am niederländischen *mop* ablesen läßt.[999] Der Begriff Witz kommt erst am Ende des 18. Jahrhunderts, der Begriff *mop* ein Jahrhundert später auf. Das Erbe der Wortgeschichte macht die Unterscheidung aus zwischen dem Witz als geistiger Veranlagung im Sinne von Weisheit, Klugheit und Verstand, in der Romantik auch als Inbegriff dichterischer Phantasie und der Schöpfergabe, und dem Witz

---

997 „Die gute Wirkung eines Witzes beruht nicht zum geringsten Teil auf Überraschung." (Witz, 349)

998 Der Witz sei wie eine „Rakete", die „plötzlich sprühend in die Luft steigt, mehr blendend als leuchtend, und mit effektvollem Knall ins Nichts zerstiebt." (Witz, 341f.)

999 Bremmer, Roodenburg: Humor und Geschichte, S. 10.

als sprachlichem Gebilde.[1000] Im Laufe der Zeit wird die eine Bedeutung – die geistige Fähigkeit, von der anderen – dem Produkt, der Äußerung verdrängt.[1001] Im 18. Jahrhundert ist die Grenze zwischen Witz und Humor noch unscharf, die Begriffe werden oft als Synonyme verwendet. Erst Jean Paul sieht im Witz das Gegenstück zum Humor, er präzisiert beide Begriffe und macht sie fassbarer. Der gegenwärtig vorherrschende Sinn des Wortes konstituiert sich erst im 19. Jahrhundert.

In der Antike gilt Cicero als eine wichtige Quelle des Wissens über den Witz: er unterscheidet zwischen dem inhaltlichen Witz (Erzählen von Anekdoten, unterhaltsamen Geschichten) und dem formalen Witz (humorvolle Bemerkungen, Wortspiele). Das Kriterium für guten Humor ist hier wie allgemein in der Antike das Maßhalten, das Bewahren von Grenzen des guten Geschmacks und der Unantastbarkeit der Würde, eine Voraussetzung, die insbesondere die oberen Schichten schützen soll. Ciceros Abhandlung wird in der Renaissance und der frühen Neuzeit wiederaufgenommen. Und so behält Castiglione (16. Jahrhundert) die Unterscheidung zwischen dem inhaltlichen und formalen Witz, fügt allerdings noch eine dritte Art hinzu, die *burla*, den milden Streich, einen ‚handelnden Witz‘, als Bindeglied zwischen den beiden anderen. Aber auch hier darf der Spaß nicht über gewisse Grenzen hinausgehen. Allgemein für die Kunst des Witzes gilt, dass „Überlegungen von Rang und Stand oft die von Anstand und guter Form [überwogen]“.[1002] Erasmus von Rotterdam macht im Vorwort zu den *Apophthegmata* (1534) auf Einfall, Kürze, Sprache der Andeutung und Anspielung, Überraschungseffekt und Ergötzlichkeit als Witz-Konstituenten aufmerksam.

Kant betont beim Witz, gemäß seiner Definition des Komischen, den Überraschungseffekt.[1003] In der These von der Heterogenität der Vorstellungen, die im Witz zusammentreffen, fasst er die Erkenntnisse des 18. Jahrhunderts zusammen, die auch im 19. Jahrhundert ihre Geltung behalten.[1004] Schopenhauer erklärt den Witz im Rahmen seiner Theorie des Komischen als Wahrnehmung einer Inkongruenz zwischen einem Begriff und dem durch diesen Begriff ge-

---

1000 Vgl. hierzu Röhrich: Der Witz, S. 4f; G. Gabriel: Witz. In: HWPh, Bd. 12, 2004, S. 983–990; Schütz: Witz und Humor, S. 161–174.

1001 Otto F. Best: Der Witz als Erkenntniskraft und Formprinzip. Wissenschaftliche Buchgesellschaft: Darmstadt 1989, S. 124.

1002 Bremmer, Roodenburg: Humor und Geschichte, S. 13.

1003 Vgl. Kant: Kritik der Urteilskraft, § 54, S. 273–276.

1004 So z.B. bei Jean Paul: Vorschule der Ästhetik, § 43, S. 173f. und Vischer: Über das Erhabene und Komische, insbes. S. 195f. Vgl. auch Wolfgang Preisendanz: Über den Witz. Universitätsverlag: Konstanz 1970, S. 11.

dachten realen Gegenstand.[1005] Bis Freud dominiert die Theorie, nach der das Prinzip des Witzes im Zusammentreffen widersprüchlicher Materien, Aspekte oder Kategorien liege (Kontrasttheorie).[1006]

Sigmund Freud, durch die Überlegungen Theodor Lipps (*Komik und Humor*, 1898) herausgefordert, erklärt den Witz in seiner berühmten Abhandlung *Der Witz und seine Beziehung zum Unbewussten* (1905) als „isolierten komischen Fall", der sich unter der Prämisse der Neutralisierung des Moralischen ereignet. Die Isolierung des komischen Falls verhindere die Vorstellungs- und Denkarbeit, insbesondere aber die Reflexion über den komischen Anlass. Freud unterscheidet zwischen einer „Vorlust" des Witzes, die durch die formale Struktur des Witzes selbst ausgelöst wird, und der eigentlichen „Witzeslust", die am größten ist, wenn der Witz in den Dienst einer unterdrückten Tendenz tritt, die er im Lachen befreit.[1007]

Die Freudsche Definition wird in der Forschung vielfach kritisiert aufgrund der These, dass der Witz beim Schöpfer und Zuhörer nicht ersparten, sondern umgekehrt vermehrten Aufwand voraussetzt – Verständnis und Aufmerksamkeit.[1008]

Wolfgang Preisendanz macht wiederum auf die Vernachlässigung der sprachlichen Dimension in der Witz-Theorie aufmerksam, die vorwiegend von Philosophen, Psychologen, Anthropologen und Physiologen geschrieben wurde: seiner kleinen Studie *Über den Witz* schickt er daher auch die Aussage Ludwig Wittgensteins voraus „It is only in language that one can mean something by something."[1009] Das witzige am Witz sei immer „das Resultat einer charakteristischen Sprachverwendung", bei der es zum „Umkippen" von einem Kontext in einen anderen kommt.[1010] Es entsteht ein „Kollaps des Erwartungsschemas",

---

1005 Vgl. Schopenhauer: Die Welt als Wille, S. 109. Vgl. auch Bd. 1, § 13 der Abhandlung. In: Ders. Werke in zehn Bänden, Bd. 1, S. 96–99.

1006 Vgl. Preisendanz: Über den Witz, S. 14.

1007 Die Lust als Effekt von ‚Ersparung am psychischen Aufwand' oder ‚Aufhebung von innerer Hemmung'. Im analytischen Teil erörtert Freud in Analogie zur Traumarbeit die Technik des Witzes (u.a. Verdichtung, Verschiebung – Freud spricht von der ‚Witzarbeit') und die Tendenzen des Witzes (entblößend oder obszön, aggressiv, zynisch, skeptisch). Im synthetischen Teil bietet er die Psychogenese des Witzes (Lustmechanismus).

1008 Plessner: Lachen und Weinen, S. 142. Vgl. Warning, der Plessner zustimmt. Warning: Elemente, S. 307; so auch Preisendanz: Über den Witz, S. 24f.

1009 Preisendanz: Über den Witz, S. 7, vgl. auch S. 17ff. Preisendanz orientiert sich an Joachim Ritter, sowie an L. Dugas, H. Bergson, S. Freud und H. Plessner. Ebd., S. 32.

1010 Ebd., S. 21. „Die Anspielung suggeriert im Medium der Sprache Unausgesprochenes als ergänzenden Kontext des Ausgesprochenen, sie bewirkt die virtuelle Anwesenheit fehlender Komplemente." Ebd., S. 23.

„das Durchkreuzen unserer Antizipation." Gemeintes und Rede, Erwartungs-
schema und Erwartungserfüllung „heben sich voneinander ab" und „machen auf
das zwischen ihnen herrschende Verhältnis aufmerksam". Der Witz ist damit
Ausdruck und Beweis der Möglichkeit einer distanzierten Haltung gegenüber
der Welt.[1011]

In der gegenwärtigen Witz-Forschung genießt die Studie von Lutz Röhrich
mit einer Typologie des Witzes den Status eines Klassikers. Von verschiedenen
Kategorien wie Personen, Technik, Form, Struktur und Tendenz ausgehend, versucht der Autor den Witz in all seinen Dimensionen zu erfassen: als kulturelles
(soziales, politisches, ethnisches) und als Zeit-Phänomen.

Eine Ausdehnung des Begriffs Witz nimmt Werner Röcke vor: als Domäne
des Witzes sieht er nicht nur den Bereich des Verstandes an,[1012] sondern er erkennt, in Anlehnung an Freud, auch seine Relevanz als sozialer Vorgang mit
einem großen Inszenierungspotenzial, das sonst der Komik zugeschrieben wird.

> „Der bislang selbstverständliche Deutungsansatz des Witzes, der ausschließlich sei-
> ne Intellektualität und Logik der Inkongruenz betont, [genügt nicht] den Wirkungs-
> möglichkeiten des Witzes [...] [er muss] im Hinblick auf die Formen seiner Insze-
> nierung, seiner Institutionalisierung und aggressiven Körperlichkeit erweitert wer-
> den [...]"[1013]

So realisiert sich nach diesem Verständnis ein Paradigmenwechsel von der
Hermeneutik des Witzes zu dessen sozialer Dimension.

Rekapitulierend muss betont werden, dass Wedekinds Auffassung vom Witz
auf einem Wissensstand basiert, der seiner Epoche zugänglich war: Sie weist
zum einen weitgehende Parallelen zu Hegels kunstphilosophischer Erklärung
des Witzes auf.[1014] Vor allem aber spiegelt sich in ihr die Inkongruenztheorie
wider, nach der das Zusammentreffen von Widersinnigem, Heterogenem der
Grund für das Komische, für das Lachen oder das Vergnügen am Gegenstand

---

1011 Ebd., S. 28ff.

1012 Witz als Träger von neuen Bedeutungen und Sinnzusammenhängen, als Resultat der
       „vernünftige[n], spielerische[n] Lust an der Verkehrung des Vertrauten". Werner
       Röcke: Lizenzen des Witzes: Institutionen und Funktionsweisen der Fazetie im
       Spätmittelalter. In: Röcke, Neumann (Hg.): Komische Gegenwelten, S. 79–101, hier
       S. 80.

1013 Ebd., S. 85.

1014 Hegel spricht vom „Witz einer subjektiven Willkür, der, um dem Gewöhnlichen zu
       entfliehen, sich dem pikanten Reize hingiebt, welcher sich nicht Genüge gethan hat, ehe
       es ihm nicht gelungen ist, auch in dem scheinbar Heterogensten noch verwandte Züge
       aufzufinden, und deshalb das Entferntliegendste überraschend zu kombinieren." Vgl.
       Hegel, zweiter Teil seiner *Ästhetik* (1. Abschnitt, 3. Kapitel). Zit. nach Kommentar,
       STA 8, S. 571.

ist. Auch Scharfsinn, Intellektualität und Plötzlichkeit sowie Suspendierung der Moral, auf die Wedekind in seinem Essay hinweist, gelten als Topoi in der Witzforschung. Insofern gilt es, Otto F. Best zuzustimmen, der der Wedekindschen Theorie jede Originalität abspricht.[1015] Zugleich aber enthält Wedekinds Text die soziale Dimension des Witzes, die Freud 1905 beobachtete, indem er die These aufstellte, dass Witze erst durchs Erzählen zur Geltung kommen. An diese Erkenntnis knüpft Werner Röcke an, indem er dieses Merkmal als zentral für den Witz hervorhebt.[1016]

5.3. Probe aufs Exempel: Der Witz und der Witzbold in *Oaha*

Der kritische Bezug auf den *Simplizissimus* und den Charakter der Satire im Land bedingt die Funktionen, die der Witz in *Oaha* bedient. Zum einen ist er der Gegenstand der Reflexion: Das Gespräch über das Witze-Schreiben im 2. Aufzug weitet sich zu einem quasi theoretischen Diskurs aus. Es werden überdies Dialoge über das Wesen des Witzblattes geführt. Auf dem Waschzettel zur ersten Buchausgabe im Verlag Bruno Cassirers von 1908 findet sich eine Passage, die die Reflexivität des Stücks zuungunsten seiner Theatralität hervorhebt: das Stück biete eine

> „hoch über unseren gewohnten Tagesinteressen aufgebaute Gedankenwelt, in der Frank Wedekind eine Theorie über Wesen und Bedeutung des Witzes entwickelt, die beim Philosophen jedenfalls höhere Würdigung finden wird als beim Theaterbesucher. Beim Lesen dieser rein kasuistischen Auseinandersetzungen wird niemand dem Drama vorwerfen können, dass es mit leichtfertigen billigen Mitteln um den Beifall der Menge buhlt."[1017]

Diese sich wie eine Rechtfertigung ausnehmende Bemerkung übersieht allerdings, dass Witze als integrale Teile zum Stück dazu gehören und durch ihr Inszenierungspotenzial zum ikonischen Charakter des Stücks, mitunter auch zu seiner Theatralität beitragen, was in einer zwar ironisch gemeinten, aber immerhin poetologischen Aussage zum Ausdruck kommt. Sterner sagt zu Bouterweck:

> „Wenn Sie so feurig fürs Theater schwärmen, dann schreiben Sie doch einmal ein Lustspiel, das aus nichts als Till Eulenspiegelwitzen besteht. [...] Der Titel des Lustspiels müsste natürlich auch *Till Eulenspiegel* lauten." (O, 447)

1015 Best: Der Witz als Erkenntniskraft, S. 105–106.
1016 „Sozialer Vorgang" des Witzes: Freud: Der Witz, S. 132; Röcke: Lizenzen des Witzes, S. 80f und S. 85.
1017 Aus dem Entwurf für den Waschzettel, zit. nach Kommentar, STA 8, S. 522.

Mit dem Namen des Witzblattes *Till Eulenspiegel* in *Oaha* und seiner Folie *Simplizissimus* spielt Wedekind kritisch auf die Tradition des Niedrig-Komischen an: Till Eulenspiegel ist bekanntlich der Held eines mittelnieder-deutschen Volksbuches (1510/1511), eine Gauklerfigur, ein Schalksnarr und Spaßmacher, der auf die Hofnarren des Mittelalters zurückgeht und und in Simplicissimus fortlebt. Da Till Eulenspiegel seiner Umwelt an Intelligenz und Witz überlegen war, realisiert sich in der Figur die topische Ambivalenz von Torheit und Weisheit.[1018] Aufgrund seiner ordnungsgefährdenden Funktion galt er seit den 30er Jahren des 19. Jahrhunderts als Symbolfigur des satirischen Ge-sellschaftskritikers.[1019]

Die Witze, die im Text vorkommen, sind Produkte der Mitarbeiter der Zeit-schrift und verweisen direkt auf die mit Unterschriften versehenen Bild- bzw. Zeichenwitze, die die Seiten des *Simplizissimus* füllten.[1020] Es handelte sich da-bei vornehmlich um Genrebilder, die Politik und Alltagswelt zum Inhalt hatten. Und so liefert von Tichatschek Witze mit erotischem bzw. sexuellem, oder auch nur sozialem Hintergrund:

> Von Tichatschek: Ich finde, für Witze gibt es gar kein reicheres Jagdgebiet als die feine Damenunterwäsche. In der feinen Wäsche galanter Damen jage ich mit der gleichen Leidenschaft nach Witzen, mit der andere Kavaliere nach Flöhen jagen." (O, 430f.)

Komisch wirkt hier zunächst die Übertragung des Begriffs „Jagd" auf den sexu-ellen Bereich,[1021] die abstrakte Suche wird zudem wörtlich genommen,[1022] wo-raus der Witz seine Anrüchigkeit bezieht. Eine wichtige Rolle spielt hier zudem die Wortwiederholung.[1023] Derartige, kontextuell gebundene Bemerkungen wit-zigen Charakters sind um Witz-Zitate zu ergänzen:

1018 „Denn Torheit weislich angewandt wird Witz" (Shakespeare, *Was ihr wollt*, III, 1); „Thorheyt zu gelegener Zeyt / Ist die größte Weyßheit" (Sebastian Brant), zit. nach Röhrich: Der Witz, S. 184. Der Topos geht auf die Doppeldeutung des Wortes „Eule" zurück: Vogel der Weisheit im Griechischen, Vogel der Dummheit im Nieder-sächsischen.

1019 STA 8, S. 565f.

1020 Vgl. Röhrich: Der Witz, S. 292ff.

1021 „Fast alle Sex-Witze arbeiten mit der Zweideutigkeit sprachlichen Materials." Ebd., S. 42.

1022 „Das Wörtlichnehmen eines nur bildlich gemeinten Ausdrucks kann komische Wirkungen erzielen." Beispiel: der Schwank. Für Till Eulenspiegel war es typisch, Menschen „beim Wort" zu nehmen. Ebd.

1023 Komik der Wiederholung von Wörtern: Bergson: Das Lachen, S. 54. Zur Wortkomik vgl. auch ebd. S. 73ff., insbes. S. 77.

Sterner: Ich möchte gerne den Witz noch einmal hören, Burry, zu dem Sie Ihre Zeichnung gemacht haben. Ich möchte sehen, ob er auch gut ist.

Burry (*nimmt ein Stück Papier aus der Tasche und liest mechanisch*): Auf der Festwiese. – Was fällt denn Ihnen ein, Herr Maier? Geht es denn wirklich schon so schlecht, dass sie mit Luftballons hausieren müssen?

Sterner: Na? Und?

Burry (*liest weiter*): Jesus, nein! Das geschieht nur meiner Gicht zuliebe. Der Herr Doktor hat mir recht viel Bewegung verschrieben, und da hausiere ich halt mit Luftballons, nur damit die Füße nicht so viel zu tragen haben.

(Sterner biegt sich vor Lachen.)

Burry: Was finden Sie dabei zu lachen? Ich verbiete mir das dumme Gelächter von Ihnen! Sie denken, Sie haben einen Lausbuben vor sich! Dieser Witz ist meine ehrliche Arbeit. Wenn Sie sich einbilden, dass Sie sich über meine Witze lustig machen können, dann schlage ich Ihnen die Zähne in den Rachen! (O, 429f.)

Der eingebaute Witz kann als ‚isolierter Fall' seine Dynamik über die wachsende Spannung und die Pointe frei und unabhängig vom Kontext entwickeln.[1024] Die Lach-Reaktion Sterners und die Antwort des Witz-Produzenten gehören zur übergeordneten Bühnen-Situation, in der der Witz-Produzent seine Rolle als Spaßmacher verleugnet und das Lachen als deplaziert unterbindet, wodurch er aktiv am Misserfolg seines Witzes mitwirkt.[1025] Paradoxerweise erhält die ganze Szene aber einen Witz-Charakter, indem sie in die Nähe des sogenannten Pointenkiller-Witzes gerät.[1026] Bei der Inszenierung des Witzes spielt das Publikum keine geringere Rolle als der Witzerzähler selbst: das Lachen ereignet sich gewöhnlich im Sinne der Komik der Herabsetzung auf Kosten Dritter, wobei auch unter Umständen körperliche Gewalt zum Ausdruck kommt.[1027] Sterner gerät hier also in die Doppelrolle: die des Publikums und des herabgesetzten Dritten, wodurch die Anspruchslosigkeit des Publikumsgeschmacks von der Satire mitbetroffen ist. Diese Strategie korrespondiert mit strengen Bedingungen, denen, laut Wedekind, der Witz auf der Bühne unterliegt:

1024 Warning: Elemente, S. 303ff.

1025 Röcke: Lizenzen, S. 81–84.

1026 Die Pointenkiller-Witze gehören zu den Logikwitzen. Vgl. Röhrich: Der Witz, S. 115. Im Blick auf Freuds Katalog sei nach Warning die Komödie gar ein artifiziell hergestellter isolierter komischer Fall, einem Witz vergleichbar. Warning: Elemente, S. 304ff.

1027 Jauß: Über den Grund des Vergnügens; Ansätze bei Baudelaire (1852): das exklusive und aggressive Lachen bezeichnete er als satanisch. Bei Freud – Analyse des aggressiven Witzes. Vgl. Röcke: Lizenzen, S. 81ff.

„Als bewusst gewolltes Geistesprodukt gefällt [der Witz] uns nur an untergeordneten Personen, wo wir ihn als Mutterwitz verzeihen. [...] Dagegen beschränkt er sich
in Rollen aus der Gesellschaft durchaus auf unfreiwillige Komik, die dem Zufall, der
Situation oder dem Charakter der betreffenden Person ihr Entstehen verdanken muß.
Ein gebildeter Witzbold ist auf der Bühne nur dann zulässig, wenn er sich eben
durch diese Eigenschaft wiederum selber lächerlich macht." (Witz, 350)

Das Paradebeispiel eines zulässigen gebildeten Witzbolds gestaltete Wedekind in
der Sokrates-Figur, während der Literat Max Bouterweck in *Oaha* unfreiwillig
komisch wirkt. Im Sinne des Stücks wird der Witz hier überwiegend an „unterge-
ordnetes Personal" – die vier Temperamente – delegiert. Die Frage, ob es sich um
gute oder schlechte Witze handelt, ist der Gegenstand der Stück-internen Debatte.
Der Chef-Redakteur Sterner vertritt die Ansicht, dass der Produzent den Witz
überhaupt nicht verstehen muss, da es lediglich auf die Resonanz ankommt: es
soll „möglichst viel über ihn gesprochen" werden. (O, 431)[1028] Burry geht einen
Schritt weiter, indem er eine natürliche Prädisposition zum Schreiben von guten
Witzen in einer geistigen Minderwertigkeit und einem körperlichen Zurückge-
bliebensein sieht. Es stellt sich hier die Parallele zum sogenannten Dummenwitz
ein, in dessen Nähe u.a. selbst Analphabetenwitze rücken.[1029] In Ermangelung
von Ideen für neue Witze soll ein „Trunkenbold" als Werkzeug, als „zuverlässige
Bezugsquelle für brauchbare Witze" angestellt werden. Die Erwartungen und
Vorstellungen der Mitarbeiter, die an diese Rolle in der Redaktion geknüpft werden, grenzen an eine völlige Entsubjektivierung, man bezeichnet den Witzemacher auch als ein Wesen (O, 452): es sollte „ein vollständig verkommenes Subjekt" sein, das keine Achtung vor sich selbst hat, jemand, der „alles übrige verachtet, was von irgendeinem Menschen in dieser Welt aus irgendeinem Grunde geschätzt werden tut." (O, 450) Es wird zudem völlige emotionale Immunität sowie
intellektuelle und körperliche Behinderung erwartet: Er sollte „für nichts in der
Welt mehr Liebe oder Hass empfinden" und „keine Ahnung davon haben, was in
der Welt zueinander gehört". (O, 452) Wedekind nimmt offenbar auf seine eigene
Witz-Definition aus dem Witz-Essay Bezug, wenn von dem Witzemacher erwartet wird, er müsse „die allerentferntesten Dinge in innigste Verwandtschaft zueinander bringen und [...] sie dann nachher alle wie Kraut und Rüben durcheinan-
der schmeißen." (O, 450 und 452) Die absurde Idee bekommt Gestalt im monst-
rösen, erst zum Ende des Stücks auftretenden Witzbold namens Oaha, dessen einzige Motorik die Mimik darstellt:

1028 Mona Hashem sieht in der Behandlung des Witzes eine Reduktion auf seine Wirkung
     und eine Reduktion der Satire auf eins ihrer Instrumente. „Literatur wird als Witz
     praktiziert, und somit kann das satirische Drama zur Komödie werden." Hashem:
     Satirische Elemente, S. 213.
1029 Röhrich: Der Witz, S. 184.

„Das Oaha sitzt auf einer angestrichenen Kiste, die auf kleinen Rädern läuft und vorne eine Deichsel zum Ziehen hat. Seine Füße und Unterschenkel stecken unsichtbar in der Kiste, so dass seine Beine nur bis zu den Knien zu reichen scheinen. Die Rockärmel sind vorne zugenäht, so dass es keine Hände zu haben scheint. An dem rechten Rockärmel ist vorne ein Griffel festgenäht. Oaha hat eine Glatze, ein breites lachendes Gesicht und wackelt beständig mit dem Kopf. [...]" (O, 485f.)

Die *Augsburger Abendzeitung* vom 22. Dezember 1911 verweist auf die indianische Herkunft des Namens, dem das Stück seinen Titel verdankt: auf eine Klangverwandtschaft zu dem indianischen Namen Mine-Haha – „lachendes Wasser". Wedekind setzt diesen Namen zuerst in *Kinder und Narren. Die junge Welt* ein und nutzt ihn verstärkt ab 1895.[1030] Diesen Namen trug laut Arthur Kutscher eine Züricher Freundin Wedekinds, die „Symbol für [sein] körperlich-rhythmisches Ideal" wurde.[1031] Andererseits steht der Titel im Zusammenhang mit dem bereits erwähnten Schriftsteller Oscar A. H. Schmitz (1873–1931).[1032] Dieser Literat mit dem Spitznamen OAH[1033] verkehrte wie Wedekind im Kreis der Münchner Bohème um Franziska Gräfin zu Reventlow.[1034] In Schmitz' Tagebüchern findet Wedekind nur wenige Male in Form von unpersönlichen, emotionslosen und kargen Eintragungen Erwähnung.[1035] Wedekinds Verhältnis zum Literaten scheint auch problematisch zu sein: laut Höger werde Schmitz von Wedekind „wegen seines Erotizismus gänzlich totgeschwiegen". Er stehe „opportunistisch wackelnd zwischen bürgerlicher Moral und freier Sittlichkeit."[1036] Im Nachwort zu Schmitz' Tagebüchern schreibt Wolfgang Martynkiewicz ganz

---

1030 *Mine-Haha* und *Hiddalla* sind verwandte onomatophonetische Bildungen. Vgl. Kommentar, STA 8, S. 556f.

1031 Kutscher: Frank Wedekind, Bd. 2, S. 125, zit. nach STA 2, S. 704.

1032 Kommentar, STA 8, S. 557.

1033 Wichtigste Werke von Oscar A. H. Schmitz: *Don Juan, Casanova und andere erotische Charaktere* (1906); *Die bürgerliche Bohème* (um 1912): Roman, Porträt des Schwabinger Künstlerkreises vom Standpunkt einer großbürgerlichen Bohème dorée. Vgl. Monika Dimpfl, Carl-Ludwig Reichert: Nachwort. In: Oscar A. H. Schmitz: Die bürgerliche Bohème. Weidle Verlag: München 1998, S. 428–442. Außerdem *Die Weltanschauung der Halbgebildeten* (1914); *Dämon Welt. Jahre der Entwicklung* (München 1926); *Ergo sum. Jahre des Reifens* (München 1927).

1034 Gräfin zu Reventlow, die Wedekind in den 1890er Jahren kennenlernte, schrieb auch für den *Simplizissimus*. Die Figur Ole Olestierna in *Oaha* erinnert an Franziska zu Reventlows Romantitel *Ellen Olestjerne*. Vgl. hierzu Kreuzer: Die Bohème, S. 82ff.

1035 Notiz über „exzellentes" *Frühlings Erwachen* in den Kammerspielen im November 1906. In: Martynkiewicz (Hg.): Durch das Land der Dämonen, Bd. 1 (1896–1906), S. 317. Über die Lektüre des „schwachen" Stücks *Musik*, August 1907: In: ebd., Bd. 2 (1907–1912), S. 55. Vgl. auch Notizen über zwei zufällige Treffen in Berlin im Januar und Februar 1908: ebd., S. 113 und S. 117.

1036 Höger: Häterismus, S. 172. Vgl. Kreuzer: Die Bohème, S. 99.

in diesem Geist: der Literat sei ein Erotomane mit donjuanesken Zügen, „ein verirrter Bürger" wie Tonio Kröger: „Im Tagebuch zeigt sich Schmitz als trieb-gesteuertes Wesen, das beherrscht ist von sexuellen Begierden, die regelmäßig und mechanisch nach einer Befriedigung verlangen."[1037] Karl Krauss spottet in der *Fackel*: „OAH Schmitz, der sicherlich einer der feinsten Auguren in Deutschland ist, dessen Vor- und Zuname schon mit einem kulturverbindlichen Oha und einem auskennerischen Aha die höchste Gewitztheit und Verschmitzt-heit in allen Belangen gewährleistet."[1038] Die Interjektionen werden für Mona Hashem zum Anhaltspunkt ihrer Interpretation des Wedekindschen Stücks: im Namen Oaha komme es zur Verschmelzung der Interjektionen „Oh!" als Aus-druck des Staunens und „Aha!" als Ausdruck der plötzlichen Erkenntnis. Daraus schließt sie auf die modellhafte Haltung des Satirikers, der im Bewusstsein der Mängel der Wirklichkeit Einspruch erheben und diese berichtigen will: somit „steht der Name der Figur Oaha für das satirische Prinzip überhaupt."[1039] Doch über das Klang-Zitat hinaus scheint für Wedekind das Charakter-Profil des Lite-raten von zentraler Bedeutung zu sein: Das von Martynkiewicz erkannte Me-chanische seines Agierens, das der Dramatiker mit der von Krauss' verspotteten Gewitztheit amalgamiert.

Eine direkte Anspielung auf den Schriftsteller „OAH" realisiert Wedekind, indem der Witzbold als Sexualobjekt (für Wanda Washington) dient. Erstrangig ist aber seine Rolle bei der Zeitschrift: er hat das letzte Wort in Personalangele-genheiten, er entscheidet u.a. über die Degradierung Sterners zum „Sitzredak-teur." Diesen hohen Status erhält er aufgrund seiner Funktion als Witze-Lieferant, womit die sonst unsichere Existenz aller Zeitschriften-Mitarbeiter un-terstützt wird. In der Oaha-Figur wird das marktorientierte Ideal erreicht, die Witze „auf mechanischem Wege [zu] erzielen." (O, 451), womit der ganze lite-rarische Satire-Betrieb ad absurdum geführt wird. Der Witzautomat lacht zwar stets, seine Wirkung lässt sich aber nicht als komisch bzw. lächerlich,[1040] son-dern als makaber-grotesk beschreiben.[1041] In der Idee einer automatischen Witz-

---

1037 Wolfgang Martynkiewicz: Nachwort. In: Ders. (Hg.): Durch das Land der Dämonen. Oscar A. H. Schmitz: Tagebücher, Bd. 1, S. 341–351, hier S. 343. Vgl. auch Bd. 2, S. 353–361, insbes. S. 359.

1038 Martynkiewicz: Nachwort, S. 341.

1039 Hashem: Satirische Elemente, S. 162. Diese Interpretation wird im Kommentar allerdings ausgeschlossen. STA 8, S. 557.

1040 Hässlichkeit, Verunstaltung oder Missbildung wirkt nach Bergson lächerlich, insofern es sich um die Nachahmung durch einen wohlgestalteten Menschen handelt. Bergson: Das Lachen, S. 24.

1041 Zwar schreibt die klassische Definition dem Grotesken den Einschlag des Komischen zu: das Groteske sei „die Darstellung des zugleich Monströs-Grausigen und Komischen,

produktion schwingt Wedekinds im *Witz*-Essay vertretene Ansicht über die Witzblätter, die nur schlechte Witze bieten, d.h. solche, in denen die heterogene Beziehung zweier aufeinander bezogener Begriffe nicht in ihrem Wesen liegt, sondern rein zufällig ist.[1042] Es handelt sich dabei um Kalauer, die „auf einen gebildeten Menschen ähnlich [wirken], wie wenn man ihm auf die Hühneraugen tritt." (Witz, 340) Die Witzblätter wollen mit ihren Witzen herausfordernd, an- und aufregend wirken, wobei sie in ihrer ästhetischen und/oder moralischen Qualität eine Beleidigung der Empfindung für den gebildeten Menschen darstellen. (Witz, 338) Die Definition knüpft also an die aus dem Komischen hergeleitete Erklärung der Natur des Witzes durch Zusammenführung von Disparatem an, wodurch ein Überraschungseffekt erzielt wird.[1043]

Mit der Sinnverweigerung in der Figur des Witzautomaten, mit dem Abrutschen des Stücks ins Absurde verlässt Wedekind das Muster des clownhaften Humors und nähert sich der Guignol-Tradition der Groteske,[1044] wobei besondere Affinitäten zu Gestalten Alfred Jarrys auffallen. *Guignol* ist ursprünglich der Name einer Marionette aus dem 18. Jahrhundert, eine Entsprechung des Kasperle. Pariser Théâtre du Grand Guignol am Montmartre, gegründet 1897 und aktiv bis 1962, galt als der Inbegriff einer amoralischen Unterhaltung im grotesk-makabren Stil (Inszenierungen von Mord-, Selbstmord-, Vergewaltigungsszenen u.a.).[1045] In den 90er Jahren wuchs das Prestige des Theaters eben durch Alfred Jarry und dessen *König Ubu*. Jarrys Wurzeln liegen im Symbolismus, von dem

---

des gesteigert Grauenvollen, das zugleich als lächerlich erscheint." Aber „[d]ie phantastische Verzerrung und Entstellung verdrängt vielfach das spielerische Moment." Günther und Irmgard Schweikle (Hg.): Metzler Literatur Lexikon. Begriffe und Definitionen. Stuttgart 1990, S. 186.

1042 Wedekinds Beispiel: Frage: Welcher Knecht ist der widerspenstigste? Antwort: Der Liebknecht. „Die Beziehung ist eine nur zufällige; der Mann könnte ebenso gut Bismarck heißen." (Witz, 340)

1043 Röhrich: Der Witz, S. 41ff.

1044 Jones sieht die Einflüsse der Guignol-Tradition in den Pantomimen *Die Kaiserin von Neufundland* und *Der Mückenprinz*, sowie in der *Büchse der Pandora*. Jones: Frank Wedekind: Circus Fan, S. 146. Im Unterschied zum Grotesken zeigt sich in der Welt des Clowns, die Tragisches im Komischen durchblicken lässt, eine Sinnmöglichkeit. Barloewen: Clown, S. 96–102, hier S. 96.

1045 Die Inhalte, die die extremste Form von schwarzem Humor boten, legitimierten sich durch die spezifische Gattungsidentität und die damit verbundene Erwartung beim Publikum. Peter von Matt: Tod und Gelächter. Der Aufstand der Literatur gegen den Ernst der Letzten Dinge. In: Ders.: Das Wilde und die Ordnung. Zur deutschen Literatur. Carl Hanser Verlag: München 2007, S. 65–105, hier S. 82.

er die Ablehnung des Mimetischen übernimmt.[1046] Anders als die Symbolisten will er aber seine Kunst nicht dem Erhabenen verpflichten: „Wenn das Erhabene ausbleibt, bleibt der Körper auf der Bühne übrig."[1047] Mit dem berühmten *König Ubu*, der 1896 in Paris mit spektakulärem Erfolg uraufgeführt wurde,[1048] schafft er ein radikal antinaturalistisches Stück: Die symbolistische Körperfeindlichkeit erfährt hier ein Pendant im grotesken, marionettenhaften, hässlichen Körper des Königs:

> „Jarrys Theater ist wahrscheinlich das erste, das den Mut hatte, von jener nachhalti-
> gen romantischen Prägung des Gesamtkunstwerks Abschied zu nehmen, für die der
> Traum einer (syn-)ästhetischen Rezentrierung der Welt steht. [...] Mit *König Ubu*
> kippt die Körperverweigerung in die Körperzumutung, die Metaphysik in die
> ‚Pataphysik'".[1049]

Jarrys Texte bezeugen eine Lust am Irrwitz und Paradoxon, dessen Personen Entpsychologisierung und Entpersonalisierung demonstrieren. Nicht irrelevant für Wedekind scheint zudem die zentrale Stellung des Bildes bei Jarry und im surrealistischen Roman schlechthin. Jones bezweifelt zwar, ob Wedekind Jarry persönlich kannte, unbelegt ist auch, ob Wedekind überhaupt von seiner Person Kenntnis besaß, da beide Männer in ganz verschiedenen Kreisen verkehrten.[1050] Zugleich ist aber darauf hinzuweisen, dass Jarry ja keine Nischenexistenz in Paris führte, sondern durch seine Exzesse allgemein bekannt war und als Bürger-schreck galt. Andrè Gide schreibt über ihn 1895:

> „Dieser gipsgesichtige Kobold, der wie ein Zirkusclown hergerichtet war und eine
> emsig ersonnene phantastische Rolle spielte [...] übte im Kreis des ‚Mercure' eine
> bemerkenswerte Faszination aus. Fast jeder versuchte dort, mit mehr oder weniger
> Erfolg ihn nachzuahmen, seine Art Humor anzunehmen [...]".[1051]

1046 Forderungen Alfred Jarrys: Abstraktheit des Bühnenbilds, Förderung des Zuschauers
     zur kreativen Imagination, des Schauspielers zur Ablegung seiner Persönlichkeit und
     Verkörperung „der Seele der großen Marionetten", reduziertes Bewegungsarsenal und
     extreme Stilisierung; Orientierung auf das Profane. Alfred Jarry: Ansichten über das
     Theater. Die Arche: Zürich 1970, S. 34. Vgl. auch Hiß: Synthetische Visionen, S. 204f.
1047 Hiß: Synthetische Visionen, S. 202–207, hier S. 202.
1048 Uraufführung am 10.12.1896 am Théâtre de l'Oeuvre. Die zweite Aufführung – am
     Théâtre des Pantins – mit Marionetten statt Schauspielern – in Anlehnung an den
     verschollenen Urtext von *Ubu Roi* vom Jahre 1888. Die a-mimetische Theaterästhetik
     wurde vom *Grand Guignol* inspiriert (anitillusionistisches Bühnendekor, monotoner
     Sprachstil, betonte Leiblichkeit und vulgäre Züge des Ubu u.a.)
1049 Pataphysik ist „die Lehre von den imaginären Lösungen." Hiß: Synthetische Visionen,
     S. 206. Hiß interpretiert das Stück als „negative Anthropologie". Ebd.
1050 Jarry verkehrte im Kreis um den Salon ‚Mercure' – neben Bloy, Fagus und den Autoren
     der nachfolgenden Generation wie Gide, Valéry, Apollinairer oder Carco.
1051 Roger Shattuck: Die Belle Epoque, S. 203f., zit. nach Kreuzer: Bohéme, S. 196.

Auch wenn Wedekind Jarry nicht persönlich kannte, so ist doch von seinem Wissen um diese extravagante Gestalt auszugehen, da Wedekind doch seine Pariser Jahre in den 90ern absolvierte. Dass er in Paris ein Fremder blieb, ist auf seine begrenzten Sprachkenntnisse zurückzuführen. Nicht desto trotz verkehrte er in Lokalen (Moulin Rouge, Casino de Paris), füllte Abende mit Besuchen in Varietés, Kabaretts, Boulevard-Theatern und im Zirkus. In diesem Milieu trifft er u.a. Willy Rudinoff, verbringt viel Zeit mit Lou Andreas-Salomé.[1052] Das Wissen von Jarry konnte er aber auch über Oscar A. H. Schmitz beziehen: Denn unter Schmitz' berühmten Bekannten war neben der erwähnten Gräfin Franziska zu Reventlow, neben Sigmund Freud und seinem Schwager Alfred Kubin auch und gerade Alfred Jarry.[1053] Die Relevanz dieser Konstellation von Bekanntschaften für das Stück *Oaha* ist also nicht von der Hand zu weisen.

Die Inklinationen zu Jarrys Figuren lassen sich an einigen Parallelen festmachen: Durch die Dominanz der Vokale weist der Name Oaha eine Strukturähnlichkeit zum Namen Ubu, ganz unbeschadet der Tatsache, dass Oaha nach Wedekind nicht französisch sondern deutsch sei und „auf der ersten Silbe betont" werde.[1054] Eine verblüffende Klang-Affinität hat Ubus Ausruf „Oh! Ah! Oh! Je suis mort."[1055] Auch Ubus absolute Herrschaft findet eine Parallele in Oahas Status einer Figur, zu der aufgeschaut, der Ehrerbietung entgegen gebracht, die wie in der königlichen Sänfte herumgetragen wird. Denn „Das Oaha ist die Weltherrschaft!" (O, 500) Auch ein anderer Text Jarrys – der Roman *Heldentaten und Ansichten des Doktor Faust Roll, Pataphysiker* – enthält eine Figur, die auffallende Ähnlichkeit zum Oaha verrät: der Begleiter der Titelfigur – ein Backenbuckel, ein hundsköpfiger Pavian, dessen Rolle sich auf die immer gleiche Kommentierung der Ereignisse beschränkt und der immer nur zwei Worte sagt – Ha und Ha, Haha.[1056] Die *Ubu*-Stücke sind ein Beispiel der Diffusion der Gattungen bzw. Theatertraditionen um 1900 – sie verbinden die derbe Komödientradition mit der

---

1052 Letzteres besonders 1894. Wedekind und Andreas-Salomé gehören zum „Friedrichshagener Dichterkreis" (Treffen seit 1888/1889) Vgl. Mennemeier: Literatur der Jahrhundertwende, insbes. S. 394–396.

1053 In *Dämon Welt* (1926) schreibt Oscar A. H. Schmitz: „Jarry, ein hervorragender Gräzist und Latinist, der in erotischen byzantinischen Texten schwelgte, war wohl das perverseste Wesen, dem ich je begegnet bin. [...]" Zit. nach Kreuzer: Bohème, S. 155.

1054 Wedekind: Vorrede zu *Oaha*, S. 359; vgl. auch Kommentar, STA 8, S. 557

1055 Alfred Jarry: Tout Ubu. Edition établie par Maurice Saillet. Paris 1962, S. 99.

1056 Der Roman Jarrys *Heldentaten und Ansichten des Doktor Faust Roll, Pataphysiker* erschienen fragmentarisch zwischen 1898 und 1903 in verschiedenen literarischen Periodika. Erste Gesamtausgabe 1911.

avantgardistischen Moderne.[1057] Ist die These von Wedekinds Rückgriff auf Jarry richtig, so wäre er durchaus im Sinne seiner eigenen Theaterästhetik gewesen. Stefan Pollatschek bezeichnet die Titel-Figur in seiner Rezension als den „Urbegriff des Humorhaften".[1058] Dieses Urteil wird nicht weiter erläutert, es signalisiert allerdings, was ohnehin aus der Analyse des Stücks hervorzugehen scheint: Karikatur als Schnittstelle zu darstellenden Künsten wird hier zum dominanten Stilmittel, das sich im Konzept der Oaha-Figur quasi materialisiert. Das Stück weist Analogien zum Werk des humoristischen Zeichners auf: die Komik einer Zeichnung steht nach Bergson im Verhältnis zur Deutlichkeit und zur Diskretion, „mit welcher uns ein Mensch als Hampelmann vorgestellt wird. [...] Je exakter beide Vorstellungen – Mensch und Mechanismus – ineinander greifen, um so erschütternder ist die komische Wirkung, um so vollendeter die Kunst des Zeichners."[1059] Der ikonische Charakter des Wedekindschen Humorbegriffs bekommt hier eine deutliche Ausprägung, die im nächsten zu analysierenden Stück – *Der Stein der Weisen* – in der Allegorie des Humors bekräftigt wird. Der offene, episodische Charakter des Stücks und der wechselhafte Tenor begünstigen einen Humor, der verbale und Körper-Komik erfasst, ohne in ihnen aufzugehen, der der Jovialität und Freizügigkeit Raum lässt, der plötzlich wie eine Witz-Pointe, ein pointiertes Wortgefecht, eine überraschende Wendung oder ein Zirkus-Gag auftaucht, um im selben Augenblick unterzugehen. Die Wertungen gut oder schlecht bleiben dabei von sekundärer Bedeutung.

1057 „Artaud selbst suchte das allumfassende Schauspiel, in dem sich Kino, Musik Hall und Zirkus begegnen. Er bemühte sich um das Alternieren von Spannung und Entspannung [...] und vermied die Scheidung von Analysen, Theater und plastischer Welt, von Körper und Geist, von Sinn und Verstand. Clownskomik fand Eingang in sein Theater als eine ‚Art experimenteller Demonstration der unergründlichen Identität von Konkretem und Abstraktem'." Barloewen: Clown, S. 108.

1058 Pollatschek: Wedekinds *Oaha*. Die „Fehlleistungen" der mechanischen Figur gemahnen an Sigmund Freuds Abhandlung *Der Witz und seine Beziehung zum Unbewussten*. Hinweis auf diese Parallele im Kommentar zu *Oaha* in STA 8, S. 570f.

1059 Bergson: Das Lachen, S. 28. Es ist dabei auf die Verwandtschaft von Jugendstil und Wedekinds Theater zu verweisen. Boa: The Sexual Circus, insbes. S. 10–12.

VII. Die Humor-Chiffre: *Der Stein der Weisen*

Dem im Frühjahr 1909 entstandenen Einakter *Der Stein der Weisen oder Laute, Armbrust und Peitsche. Eine Geisterbeschwörung*[1060] gebührt eine besondere Stellung in der Konstellation des Humorbegriffs, da dieser hier personifiziert auftritt. Im Urteil des Autors zählt das Stück zu seinen besten Werken: im offenen Brief an Franz Pfemfert, den Herausgeber der Zeitschrift *Aktion* schreibt er Folgendes:

> „Geben Sie als Leiter der Aktion mir Gelegenheit, eines meiner Dramen: *Der Stein der Weisen oder Laute, Armbrust und Peitsche, Totentanz, So ist das Leben* oder *Musik* aufzuführen, so werden Sie Ihren Lesern dadurch das künstlerisch und inhaltlich Beste vermitteln, was ich zu bieten habe."[1061]

Der Stein der Weisen gilt als das erste ganz in Versen verfasste Stück Wedekinds,[1062] mit mannigfaltig gestaltetem Rhythmus, mit einigen hymnischen und liedartigen Einlagen. Der performative Aspekt des Stücks unterstützt eine Demontage auf der ideologischen Ebene: die Handlung spielt im ausgehenden 15. Jahrhundert – in einer Umbruchszeit zwischen Mittelalter und Renaissance, als das Gott-zentrierte Weltbild einem anthropozentrischen weichen musste. „Die ganze Geisteshaltung der Renaissance", so Huizinga in seinem *Homo Ludens*, sei Spiel.[1063] Da das Moment der Um- und/oder Desorientierung für Wedekind von großer Relevanz ist, nimmt er sich immer wieder religiöser Fragen (wie z.B. in der ‚Theodizee' *Zensur*) bzw. biblischer Motive (z.B. in *Simson*) an. Der Untertitel des späten Stücks *Franziska. Ein Mysterium* signalisiert den Versuch einer Synthese von Antike und Christentum. In *Der Stein der Weisen* erschüttert der Autor quasi eine scheinbar einheitliche mittelalterliche Weltordnung durch

---

1060 Frank Wedekind: Der Stein der Weisen oder Laute, Armbrust und Peitsche. Eine Geisterbeschwörung. In: Ders.: Werke in zwei Bänden, Bd. 2, S. 501–549. Weiter im Text mit dem Kurztitel „Stein" und der Seitenzahl in Klammern zitiert. Auch neuerschienen in: STA 6, 2007, S. 233–277, Kommentar, S. 900–1062. Erste Druckfassung 1909.
1061 Frank Wedekind an Franz Pfemfert, München, 02.01.1912, zit. nach STA 6, S. 945.
1062 Davon ist das analysierte Jugendwerk Das Gastmahl bei Sokrates auszunehmen.
1063 Huizinga: Homo Ludens, S. 196.

esoterische bis okkulte Stoffe.[1064] Mit der Triade, der Zahl der Dreieinigkeit im Untertitel verweist er auf den symbolischen Inhalt des Stücks[1065] und verbeugt sich zugleich vor der mittelalterlichen Sensibilität gegenüber dem Bild.[1066] Die Zusammengehörigkeit der Attribute wird zusätzlich durch den weiblichen Genus betont.

1. Lachen und Humor im Mittelalter

Die Belange des Lachens als eines kulturellen und sozialen Phänomens hängen nicht nur mit der Ethik, sondern auch mit der Religion und der institutionalisierten Kirche zusammen. Die Frage, die die Gemüter in den Kirchenkreisen, aber auch an den Universitäten vom frühen Christentum an bis zum Ende des Mittelalters bewegte und eher negativ beantwortet wurde, war, ob Jesus je gelacht hat.[1067] Die Epoche des Mittelalters ist von einer starken Ambivalenz gegenüber dem Lachen und dem Komischen gekennzeichnet: einerseits tradiert sie die von der Moral diktierten Einschränkungen, die für die Antike charakteristisch waren und formuliert sie immer restriktiver, andererseits bietet sie quasi legitime Asyl-Orte als Ventil für das unterdrückte, ekstatische Potenzial des Lachens.[1068] Bei

---

1064 Zu diesem Themenkomplex vgl. Schröder-Zebralla: Frank Wedekinds religiöser Sensualismus; Whalley: The Elusive Transcendent.

1065 „Der [...] meist symbolische Inhalt des Stücks ist durch den Untertitel *Laute, Armbrust und Peitsche* gekennzeichnet." Wedekind: Was ich mir dabei dachte, S. 367. Die Triade genießt im Mittelalter eine hohe symbolische Rangstellung. Umberto Eco: Sztuka i piękno w średniowieczu. Znak: Kraków 2006, S. 32f.

1066 Le Goff: Einführung, S. 40ff. Das Mittelalter ist die Epoche einer großen Sensibilität gegenüber dem Schönen überhaupt, es herrscht ein reges Interesse für die sinnliche Wirklichkeit in all ihren Erscheinungen. Das mittelalterliche Konzept des Schönen ist allerdings rein geistiger Natur und meint die Schönheit der Harmonie der Moral und des metaphysischen Glanzes. Man spricht von ‚sokratischer‘ Ästhetik der Zysterzienser, die auf der Kontemplation der Schönheit der Seele basierte. Das Schöne, soll es einen Wert darstellen, so musste es identisch sein mit der Wahrheit, dem Guten und allen Attributen des Seins und des Göttlichen. Das ästhetische Vergnügen und die mystische Freude lagen eng beieinander. Eco: Sztuka i piękno, insbes. S. 13ff.

1067 Jacques Le Goff: Das Lachen im Mittelalter. In: Bremmer, Roodenburg (Hg.): Kulturgeschichte des Humors, S. 43–56, hier S. 46.

1068 Hans Fromm gibt zwar zu, dass mittelalterliche Poetik und Literaturkritik das Phänomen des Humors „nicht in den Blick bekommen", seine Analyse führt ihn allerdings zur Feststellung, dass das Mittelalter sehr wohl eine Geschichte des Humors schreibt: es sei „ein Kapitel Humanbewusstsein", „das Bild eines in Auseinandersetzung befindlichen Geistes" und dessen Sieg als „Überwindung durch die humoristische Totalität". Fromm: Komik und Humor, S. 321f. und S. 339.

dieser Ventil-Funktion ist in erster Linie auf die Ambivalenz der Klostervorschriften, ferner auf den Karneval und nicht zuletzt auf die Institution des Hofnarren hinzuweisen.

1.1. Monastisches Milieu

Die stare Position des Klerus, insbesondere der Mönche im Mittelalter gründete in einer aristokratisch-elitären Konzeption, dass die christliche Vervollkommnung nur innerhalb des Klosters möglich ist.[1069] Die räumliche Abgeschiedenheit des Klosters war Ausdruck der mentalen Ferne gegenüber der Welt, das Kloster galt als Oase und heilige Stadt. Die Abschließung gegenüber der Gesellschaft und der Zeit war aber zugleich der Preis für das Elitebewusstsein: die Überzeugung, durch die eigene Lebensführung Nachfolger Christi, Mittler zu Gott und Hüter der Kultur zu sein.

Hans-Hennig Kortüm unterscheidet im monastischen Bereich zwei verschiedene Denk- und Verhaltensweisen: eine konservativ-adaptive Mentalität, relativ offen und kompromissbereit gegenüber der Welt, und eine rigoristische, idealistisch orientierte. Die in der ersten Hälfte des 13. Jahrhunderts entstandenen Dominikaner huldigten dem asketischen, rigoristischeren Prinzip.[1070] Die Strenge der Ordensregeln, die über das Klostermilieu hinaus reichte, lässt sich am Verhältnis zum Lachen ablesen. Das Lachen steht am Ursprung der jüdisch-christlichen Tradition: Neben der *Odyssee* gehört die Bibel zu frühen Zeugnissen, in denen das Lachen zum Gegenstand gemacht wird. Beide Quellen setzen das Lachen in Bezug zu Gott bzw. zu den Göttern und geben damit eine theologische bzw. mythologische Begründung. In der Bibel, die bis ins 14. Jahrhundert das wichtigste Buch ist,[1071] nimmt das Lachen zwar wenig Raum ein, ist aber von nicht zu unterschätzender Bedeutung. Im Alten Testament wurzelt die modellhaft gebliebene Grundunterscheidung: *sâkhaq*, „das glückliche, uneingeschränkte Lachen" und *lâag*, „das spottende, herabsetzende Lachen". Die Bibelgeschichte über die Verwirklichung des göttlichen Bundes mit den Ahnen Israels ist aber ein in der religiösen Tradition verlorengegangenes Wissen: Es handelt sich um die unterschiedliche Wertung des Lachens Saras und Abrahams als Reaktion auf die Verheißung, mit einem Sohn gesegnet zu werden. (Genesis, 17 und 18): „Mit Isaaks Geburt wird die Verheißung Gottes an Abraham, ihn zum Vater vieler Völker zu machen (Genesis, 17,4), wirklich; das Wort *Isaak* aber ist

---

1069 Giovanni Miccoli: Die Mönche. In: Le Goff (Hg.): Der Mensch des Mittelalters, S. 47–86, hier S. 56.
1070 Kortüm: Menschen und Mentalitäten, S. 100f.
1071 Le Goff: Das Lachen, S. 51f.

ein Verb in der 3. Person Singular, *jishaq*, zu übersetzen mit ,er lacht'".[1072] Die Geschichte von ,er lacht' gehört zu den Schlüsselstellen der gesamten Theologie des Alten Testaments. Diese Maskulinform lässt sich auf beide Parteien des ewigen Bundes beziehen: Isaak und Gott.[1073] Dass der erste Nachkomme Abrahams das Lachen in seinem Namen führt und das Lachen als subversive Kraft der Herrschaft des Wortes die Waage hält, gerieten allerdings in Vergessenheit. Nimmt man das zweideutige Lachen von Sara und Abraham hinzu, wird nachvollziehbar,

> „warum die lachfeindlichen Kreise der Kirche im Mittelalter daran interessiert gewesen sind, die Brisanz der Geschichte von *Er lacht* so weit wie möglich herunterzuspielen, mit Folgen, die bis heute andauern. [...] Ähnlich ist die mittelalterliche Kirche mit vielen anderen Bibelstellen über die befreiende – und vernichtende – Sprengkraft des Lachens verfahren."[1074]

Das Lachen in der Bibel kommt in einigen Formen vor: es ist zunächst Spott, der aber von Gott verurteilt wird, dann das Lachen und die Ironie Gottes, sowie Formen der Ironie, die von Gott anerkannt werden. Das Lachen schreibt sich in die biblische Botschaft und den Plan Gottes gegenüber den Menschen ein. Es ist keine reine oder objektive Komik ohne jede Zweckmäßigkeit, kein Humor an sich, auch wenn sich amüsante Stellen finden lassen.

> „Die biblische Komik ist ihrem Wesen nach doppelsinnig; sie verbirgt fast immer eine Absicht, die weit über den Begriff von Entspannung und Erfrischung hinausgeht. Diese Komik ähnelt stark einem ,gezwungenen Lachen' (*rire jaune*); selbst die Entspannung bleibt unter dem Einfluss der sie umgebenden Tragik."[1075]

Die Auswahl der Bibelzitate, mit denen die kirchlichen Kreise im Mittelalter zum Lachen anführen wollten, weist eine symptomatische Reduktion auf. Das Lateinische, die dominante Sprache des Mittelalters, kennt für das Lachen nur ein Wort – *risus* – und wird sich mit der Beschreibung der Facetten des Phänomens schwer tun; das Griechische dagegen ist im Vorteil: es kennt *gelán* und *katagelán*, das erste bedeutet das natürliche Lachen, das zweite das maliziöse.

1072 Das Lachen erfährt dann in der Bibel eine Verschiebung vom lächelnden Gott (*Isaak* – Kurzform von *Isaak-El* und bedeutet, dass Gott Isaak zulächelt) auf den Menschen, mit der Folge allerdings, dass „dies Lachen seine Ordnung und Grenze in der Herrschaft des göttlichen Wortes [erhält]." Greiner: Die Komödie, S. 13–17, hier S. 13.

1073 Rolf Michael Schneider: Plädoyer für eine Geschichte des Lachens. Nachwort. In: Jacques Le Goff: Das Lachen im Mittelalter. Klett-Cotta: Stuttgart 2004 (frz. 1999), S. 79–128, hier S. 95, vgl. auch S. 91–96.

1074 Ebd., S. 96.

1075 René Voeltzel: Das Lachen des Herrn. Über die Ironie in der Bibel. Herbert Reich: Hamburg 1961, S. 12.

In den Evangelien des Neuen Testaments wird von Christus nie berichtet, dass er lachte, wohl aber, dass er weinte.[1076] Das Lachen unterliegt hier der Spaltung Jenseits – Diesseits und fördert damit die gängige Unterscheidung des Verlachens und Mitlachens. Die hermeneutische und ethische Tradition richtet ihre ganze Aufmerksamkeit auf das Wort, zuungunsten des verpönten Lachens. Eine Illustration dafür ist die Ikonografie: während die Kunst das Lächeln in aller Breite präsentiert, bleibt der andere verspottende Aspekt kaum berücksichtigt.[1077]

Das mittelalterliche Christentum kennt einige Formen von Ergötzen, aber es handelt sich jeweils um eine kodifizierte Form, die dem Lachen Grenzen setzt und klar das gute Lachen vom schlechten unterscheidet. Das erste ist gelassene, geläuterte Heiterkeit der *vis comica*, das andere die verletzende Schärfe des Gelächters. Da das Lachen und das Lächerliche Furcht einflößt, muss es gebannt werden. So wird aus einem als gefährlich erachteten Phänomen ein kontrolliertes. Im Zeitraum vom 4. bis zum 10. Jahrhundert dominiert die repressive Tendenz zur Unterdrückung des Lachens. Sie spiegelt sich in den Ordensregeln seit dem 4. Jahrhundert wider, die in der Nachfolge des frühchristlichen Gelehrten Klemens von Alexandria († um 215) stehen, der das Lachen der Herrschaft der Vernunft unterwirft und es auf diese Weise reglementiert. Seit dem 4. Jahrhundert haben der christliche Gelehrte Basilios der Große, Johannes Chrysostomos und Rufinus von Aquileia an der Kodifizierung der Verhaltensregeln für Mönche gewirkt. Das frühchristliche Lachverbot hing einerseits mit dem Gebot der Demut, andererseits mit der Schweigepflicht zusammen. Das Beunruhigende oder Gefährliche am Lachen lag wohl an dessen Verbindung mit dem Körper und der mittelalterlichen Wahrnehmung des Körpers als Instrument des Bösen.[1078] Zwar ist die Basis für die meisten mittelalterlichen Ordensregeln, die *Regula Magistri* aus dem 6. Jahrhundert, ein Dokument, das den Körper in seiner Ambivalenz sieht – also auch als Instrument des Heils (Augen, Ohren und Mund als Filter) – doch das Lachen gilt als der schlimmste Ausdruck des von innen kommenden Übels und soll als solches verhindert werden.[1079] Nach der

---

1076 Ebd., S. 10.

1077 „Man hat den Eindruck, dass die Christenheit lange diesen ganzen verspottenden Aspekt blockierte, der als besonders schlecht definiert war." Le Goff: Das Lachen, S. 53.

1078 Richard Schwarz: Leib und Seele in der Geistesgeschichte des Mittelalters. In: DVjS 16, H. 3 (1938), S. 293–323 (Überbetonung des Seelischen auf Kosten des tabuisierten Körpers).

1079 Le Goff bemerkt, dass sich die Theorien des Lachens überraschenderweise nicht mit dem Aspekt des Körpers beschäftigen. Als Beispiel führt er Freud an. Vgl. Le Goff: Das Lachen, S. 48–51.

Idee vom zweigeteilten Raum besteht auch der Körper aus unten und oben; oben sind edle Teile lokalisiert (Kopf, Herz), unten unedle (Bauch, Hände, Geschlecht).[1080]

Einen Kontrapunkt zu Restriktionen setzten die Zeugnisse des Lachens im klösterlichen Alltag. Vom 8. Jahrhundert entstanden in den Klöstern die sogenannten *joca monacorum*, Sammlungen von Witzen, „eine Art vergnüglicher Katechismus".[1081]

Um das 10. Jahrhundert setzt die Phase der Befreiung des Lachens und seiner gleichzeitigen verstärkten Domestizierung und Kontrolle.[1082] Letzteres geschieht durch die Definition des Lachens. Es wird nun – wohl inspiriert durch schreibende Dominikaner und Franziskaner – zwischen erlaubtem und unerlaubtem, moralisch gutem und verwerflichem Lachen unterschieden. Das erstere galt als Ausdruck der Freude, wobei diese an die Erwartung des Paradieses geknüpft wurde, das unerlaubte Lachen war dagegen ein Lachen der Herabsetzung, die dem Gebot der Nächstenliebe entgegenstand. Eine dritte Phase tritt im 12. Jahrhundert mit dem scholastischen Lachen ein.[1083] In diesem Rahmen lachen Könige (*rex facetus*) und Mönche (*risus monasticus*). Bekannt ist das sogenannte Osterlachen, welches durch die Predigt geweckt werden sollte.[1084] Der Humor als Teilaspekt der Liturgie geht auf eben diese Tradition zurück. In den Vordergrund tritt nun aber die höfische Lachkultur.

1.2. Der Karneval

Eine ähnlich entlastende Funktion wie *risus monasticus* besaß ursprünglich auch die Karneval-Tradition: das Entscheidende am Karneval war die *Inversion* der Verhältnisse, die Logik der Umkehrung.[1085] Dieser Geist kennzeichnet viele Feste, nicht nur den Fastnachtsdienstag. Auch während der Fastenzeit sind geistliche Maskeraden überliefert. Die zeitlich begrenzte Zeit des Karnevals dehnte

---

1080 Jacques Le Goff, Nicolas Truong: Die Geschichte des Körpers im Mittelalter. Klett-Cotta: Stuttgart 2007, S. 83f. Im Zuge der Rezeption der Poetik des Christentums durch die Romantik kam es zum „Einsturze der äußeren Welt [...] in die innere." Jean Paul: Vorschule der Ästhetik, § 23, S. 93.

1081 Schneider: Plädoyer, S. 83.

1082 Das hängt mit dem Aufstieg der Laien und der Literatur in den Volkssprachen zusammen. Le Goff: Das Lachen, insbes. S. 47f und S. 54–56.

1083 Schneider: Plädoyer, S. 85.

1084 *Risus monasticus* (Mönchslachen) und *risus paschalis* (Osterlachen) oder die *exempla* (Predigtmärlein) stellen Bachtins Vorstellung von dem negativen Einfluss der Kirche auf die Lachkultur in Frage. Vgl. Bremmer, Roodenburg: Humor und Geschichte, S. 14.

1085 Lachmann: Vorwort, S. 9.

Michail Bachtin mit seiner Theorie der „Volkskultur des Humors" – einer städtischen Lachkultur in der frühen Renaissance – auf die poetischen Formen aus, die ein karnevalistisches Idiom haben können. Seiner Theorie liegt ein streng dualistischer, polarer Begriff von der Welt zugrunde, die auseinander fällt in eine restriktive, ernste, eine Welt der offiziellen Kultur, des Antilachens, und eine des ungebremsten Lachens, die volkstümliche Tradition, den Bereich der Freiheit. Die universalen antagonistischen Metaphern der Fastenzeit und des Karnevals setzt Bachtin mit den antiken Saturnalia und Bacchanalia in Verbindung. Was sich im Mittelalter durchsetzt, ist die Unterscheidung zwischen dem körperlichen und dem geistigen Lachen (*risus corporis* und *risus spirituale*): „Wie das antike Satyrspiel war die Lachkultur des Mittelalters ein Drama des leiblichen Lebens: der Begattung, der Geburt, des Wachstums, des Essens und Trinkens, der körperlichen Ausscheidung."[1086]

1.3. Der Hofnarr

Neben den klösterlichen Lachformen und der Kultur des Karnevals bietet die höfische Kultur in der Institution des Hofnarren eine Möglichkeit, die Reglementierung des Lachens zu umgehen. Die Narrenrolle reicht, wie bereits angesprochen, in die Antike – den Dionysoskult und seine römische Adaption – die Saturnalien zurück. Seine Nachfahren sind unter dem „fahrenden Volk" im Mittelalter in ganz Europa zu finden, darunter Pilger, Prediger, Gelehrte, entlaufene Mönche (die sogenannten *goliards*), Spielleute, Diebe, sowie Unterhaltungskünstler wie Musiker, Akrobaten und Gaukler. Sie schufen eine „Welt der Freiheit außerhalb der Kirche und der Gesellschaft".[1087] Das langsame Verschwinden der Narren vom Straßenbild hängt mit ihrer literarischen Verarbeitung zusammen: Das wohl wichtigste literarische Zeugnis der Epoche des Mittelalters im Hinblick auf die Narrenfigur stellt das *Lob der Torheit* (1511) des Erasmus von Rotterdam dar, ein Text, dessen Form aus dem Karneval abgeleitet ist und eine verkehrte Welt aus der Perspektive der Hofnarren, Vagabunden und Komödianten präsentiert.[1088] Neben diesem Text – der wohl ersten positiven Darstel-

---

1086 Michail Bachtin: Literatur und Karneval. Zur Romantheorie und Lachkultur. Hanser: München 1969, S. 32f.

1087 Anton Zijderveld: Reality in a Looking-Glass: Rationality through an Analysis of Traditional Folly. London 1982, S. 52, zit. nach Berger: Erlösendes Lachen, S. 89.

1088 „Wirklichkeit in einem Spiegel": Zijderveld: Reality in a Looking-Glass, zit. nach Berger: Erlösendes Lachen, S. 27 und S. 78.

lung der Narrheit in der europäischen Literatur,[1089] ist Sebastian Brants *Narren Schyff* (1494) zu nennen, wo die Narrheit allerdings als sündhaft gezeigt wird, sowie *Till Eulenspiegel* (1515). Das Verschwinden des Narren von der Straße bedeutet zugleich seine Professionalisierung und den damit einhergehenden Verlust seiner Randstellung und der Bindung an die Volkskultur. Der Hofnarr ist das Paradebeispiel für die Institutionalisierung des Narren.

Trotz strenger Stratifikation an den Höfen wurde dem Hofnarren das „Rechtsprivileg des offenen Wortes und der Redefreiheit" zugebilligt.[1090] Dieses Phänomen wird meistens mit zwei Modellen erklärt: einmal mit dem sogenannten Medaillen- bzw. Kehrseitenmodell, nach dem zum Närrischen das Andere aller Normalität und Konformität gehört. Das zweite Modell fasst den Narren als eine Figur auf, die „im Dienste sozialer Kontrolle Negativbeispiele erzeugt, die auf *status adjustment* bezogen sind."[1091] In beiden Modellen trägt der Hofnarr zur Stabilisierung des Systems bei. Jörg Räwel korrigiert diese Sicht, indem er die eigentliche Funktion des Hofnarren nicht etwa darin sieht, dass dieser eine Negativfolie zur Bestätigung der Position des Herrschers lieferte, sondern darin, dass er als das Macht stabilisierende Informationsmedium fungierte:

> „Der Hofnarr sorgt dafür, dass auch die oberste Position einer Rangordnung mit (Macht stärkenden) Beobachtungen zweiter Ordnung versorgt bzw. konfrontiert wird: mit Variationen des Konventionellen, mit Kritik, Widerspruch, Opposition. […] der Hofnarr [hatte] für ‚absolutistisch' regierende Regime eine wichtige, funktionelle Bedeutung."[1092]

Bis ins 18. Jahrhundert gab es Narren an den Höfen, doch ihr Niedergang setzte bereits um 1700 ein. Das Närrische lebte fort an Theatern (volkstümliches Theater, Varieté) sowie im Zirkus, dessen Entstehung mit dem Niedergang des Hofnarren zusammenfällt. Der Clown geht, wie bereits ausgeführt, auf den mittelalterlichen Narren zurück, ist aber auch vom neuzeitlichen Harlekin und Pierrot mit beeinflusst und ergibt eine dialektische Mischung aus volkstümlichen und hohen Kulturformen.[1093]

1089 Die Haltung des Erasmus zu seinem Werk – es sei ein „Scherz" gewesen – wirft allerdings einen Schatten auf seine meist behauptete Modernität. Ebd., S. 90. Vgl. zudem Rattner, Danzer: Meister des großen Humors, S. 9–22.
1090 Räwel: Humor als Kommunikationsmedium, S. 209.
1091 Ebd., S. 210.
1092 Ebd., S. 212. Die Ursache für den Niedergang des Narrentums sieht Räwel in der Entwicklung des Buchdrucks und der allgemeinen Verbreitung des Schrifttums, was zur Dehnung des Möglichkeitsraums führte.
1093 Berger: Erlösendes Lachen, S. 92.

1.4. Mittelalterliche Literatur: zwischen Ernst und Scherz

Die mittelalterliche Ästhetik trachtete danach, ein einheitliches Bild der Welt zu vermitteln, um alle Erscheinungen darunter subsumieren zu können; Abweichungen wurden nicht der Gegenstand der Reflexion.[1094] Beschreibung bzw. Darstellung des *mundus perversus* im Mittelalter bezieht ihre Legitimation daraus, das faktische Nebeneinander von Sünde und Heilsversprechen zu demonstrieren, um so vor dem Bösen zu warnen und auf dem Weg der Ausschließung das homogene Bild zu festigen. In der mittelalterlichen Literatur begegnet der Leser allerdings einer Mischung aus Scherz und Ernst, Pathos und Komik, die die antike Tradition des Ernsthaft-Lächerlichen (*ioca seriis miscere*) wieder aufnimmt, und zwar im Dienste einer lehrhaften oder erbaulichen Intention, gemäß der antiken Kategorie *ridendo dicere verum* – lachend die Wahrheit sagen.[1095] In der Literatur des Mittelalters ist es die Allegorie, die dieser frommen didaktischen Intention entgegenkam.[1096] Der kanonisierte Ernst wird also vielfach durch Scherz oder Ironie gebrochen, zuweilen kann es gar zur Auflösung des Ernstes kommen – dies durch Umkehrung der jeweiligen allegorischen Gattung zur Satire, Burleske oder Parodie, meist mit Mitteln der ins Groteske reichenden Hyperbolik.[1097] Der Topos des Mischstils *ludicra-seria* spiegelt sich in der Haltung der Kirche gegenüber dem Lachen – in den Beispielen von „rigoristischer Ablehnung bis zu wohlwollender Duldung" wider, ferner im Herrscherlob, in der Hagiographie und nicht zuletzt in der profanen erzählenden Dichtung.[1098] Die populäre sakrale Gattung des Mysterienspiels weicht von diesem Modell auch nicht ab, da sie im Teufel eine lustige Figur kennt. Die Teufelskomik[1099]

1094 Widersprüche können in der Erfahrung geduldet werden, die Theorie müsse sie lösen. Dies entspricht vor allem der scholastischen Vorstellung. Eco: Sztuka i piękno, S. 178ff., hier S. 186.

1095 Werner Röcke, Helga Neumann: Vorwort. In: Dies. (Hg.): Komische Gegenwelten, S. 7–11, hier S. 9. Vgl. auch Ernst Robert Curtius: Europäische Literatur und lateinisches Mittelalter. Francke: Bern, München 1973 [1948], S. 419ff.

1096 Vgl. Eco: Sztuka i piękno, S. 170–177. Zum Rang der Allegorie und Symbolik im Mittelalter vgl. auch ebd., S. 74–109.

1097 Unter den Formen der Komik der Epoche nennt Fromm die Komik des Unmaßes, die Hyperbolik, und die Komik der Ungestalt, die Groteske, „die Formen, unter denen Mensch und Wirklichkeit sich begegnen." Beispiele: burleske Komik mit dem Spielmann; Komik der Parodie im geistlichen Spiel und im Schwank. Fromm: Komik und Humor, S. 327ff.

1098 Das lateinische und volkssprachliche Epos des 9.–12. Jahrhunderts. Curtius: Europäische Literatur, vgl. S. 419–434, hier S. 421.

1099 Der Teufelshumor gehört, neben Klosterhumor, Küchenhumor, unfreiwilliger Entblößung, zu den wichtigsten Quellen des Humors im Mittelalter. Ebd., S. 431–434.

resultierte aus dem Wissen des gläubigen früh- und hochmittelalterlichen Menschen um die Dualität Gott-Teufel.[1100] So waren alle seine Bemühungen von vorn herein im Horizont der Verdammung der Komik ausgesetzt. Der Teufel erschien dem überlegenen Publikum als Narr, als Dummer oder Harlekin. Komisch wirkte sein äußeres Gebaren, seine Agilität, seine Leibesbewegungen, Tänze, Sprünge und Gesänge, ergänzt durch einen Katalog primitiver Komik (Rohheiten, Flüche, Scheltworte, Prügeleien u.Ä.).[1101] Der Träger des Komischen im Mittelalter, der *joculator* oder Spielmann, wie der Teufel etwa, entspricht aber nicht dem komischen oder humoristischen Menschen im modernen Sinne: dieser wird erst möglich, als der Mensch die existenzielle, individuelle Dimension in der allgemeinen Wahrnehmung gewinnt und man von einem Charakter sprechen kann. Diese Einbrüche des Humors in die spezifisch mittelalterliche Denk- und Stilform der Allegorie markieren aber bereits den Übergang zu einem anderen Begriff von Dichtung, die sich den Weg in die poetische Fiktion frei macht.[1102]

2. Humor als *lapis philosophorum*

Wedekind soll zwar keine vertieften Studien betrieben, sich aber wohl bestimmte Kenntnisse über die Epoche erworben haben: Laut Kutschers Bericht las er Artikel über Magie und Alchemie, über Paracelsus, Agrippa von Nettesheim, Nostradamus, die historische Person des Basilius Valentinus, sowie über die Geschichte der Päpste, der deutschen Reformation, der Inquisition und Tätigkeit der Dominikaner.[1103]

Das mittelalterliche Menschenbild, von dem Wedekind ausgeht, ist beherrscht von der christlichen Anthropologie, nach der der Mensch primär in seinem Verhältnis zu Gott begriffen wird und in seiner Beschaffenheit dualistisch

---

1100 Solange die Prädestinationslehre des Augustin wirksam war (bis zu Thomas von Aquino), mussten die Gläubigen den Teufel fürchten. Vgl. Luis Schuldes: Die Teufelsszenen im deutschen geistlichen Drama des Mittelalters. Verlag Alfred Kümmerle: Göppingen 1974, S. 87–109, insbes. Anm. 1 von S. 89, vgl. auch S. 96f.

1101 Zu unterschiedlichen Formen der Inszenierung des Lachens in der komischen Literatur des Mittelalters vgl. Röcke, Neumann (Hg.): Komische Gegenwelten.

1102 Hans Robert Jauß: Alterität und Modernität der mittelalterlichen Literatur. Fink: München 1977, S. [219–237], hier S. [237]. Diese von den Autoren intendierten Stilbrüche relativieren außerdem die „Manie allegorisierender Interpretation". Ebd., S. [226]. Erst die Renaissance des 12. Jahrhunderts bringt eine Rehabilitierung der Dichtung gegenüber der Philosophie. Curtius: Europäische Literatur, S. 214f.

1103 Kutscher: Frank Wedekind, Bd. 3, S. 71f. Vgl. auch Kommentar, STA 6, S. 940–942.

angelegt ist. Der dualistischen Struktur von *corpus* und *animus*[1104] entspricht die als gottgewollt begriffene und also nicht in Frage zu stellende Gesellschaftsordnung:[1105] Die mittelalterliche Gesellschaft ist mehr als andere die des Gegeneinanders, ein Beispiel für faktischen, praktizierten Manichäismus.[1106] Menschentypen stellen Paare in einem Schema dreier Ordnungen: Mönch, Ritter, Bauer.

Ganz im Sinne der mittelalterlichen Ästhetik ist *Der Stein der Weisen* antithetisch konstruiert: Basilius Valentinus lebt zurückgezogen und asketisch auf seinem Schloss nur in Gesellschaft seines Famulus Leonhard und der beschworenen Geister. Die vier jugendlichen Figuren, der Famulus, der junge Ritter, die weibliche Geistererscheinung Lamia und der Narr stellen nach Kutscher die Negative des Basilius dar:

> „Der dramatische Kern liegt in der dualistischen Anlage, dass Basilius die Welt zeigt, wie Wedekind sie sich vorstellt, die anderen Figuren aber die Welt, wie sie ist. Basilius ist ohne viel Umschweife Wedekind; er thront in einsamer, unfruchtbarer Macht. Er weiß zu allem Glück der Erde die Wege, kann sich aber selbst seiner nicht erfreuen. Der symbolische Untertitel *Laute, Armbrust und Peitsche* verweist auf Lied, Witz und Gewalttat. Die Welt hat ihm den Humor verdorben."[1107]

Kutschers biographische Lektüre des Stücks, nach der Basilius Valentinus den gealterten und weise gewordenen Autor mit drei Insignien verkörpern soll, fügt sich in die Tendenz der zeitgenössischen Kritik ein, die Wedekinds Schaffensphase zwischen 1902 (ab *König Nicolo*) und 1909 biografisch zu interpretieren.[1108] Die Rolle des Zauberers Basilius spielte Wedekind in fast allen Inszenierungen selbst,[1109] seine Frau Tilly spielte mit großem Erfolg den Schüler Kunz, den jungen Ritter, Lamia und den Narren. Diese Rolleninterpretation folgt dem Vorwort aus der Fassung D$_{15}$:

> „Die vier Episoden-Figuren in den hier vorliegenden Szenen sind durchweg Damenrollen. Der scheinbar rohe Aufbau des Einakters ermöglicht es sogar einer einzigen Darstellerin, alle vier Rollen nacheinander zu spielen. Die Darstellerin findet dabei

---

1104 Im triadischen Modell tritt *spiritus* hinzu. Le Goff: Einführung, insbes. S. 7–17.

1105 Ebd., S. 43f.

1106 Ebd., S. 17.

1107 Kutscher: Frank Wedekind, Bd. 3, S. 72.

1108 Hartmut Vinçon: Zerbrochene Spiegel. Nachwort. In: STA 6, S. 1127–1133, hier S. 1127. Zur Rezeption und Aufführungsgeschichte vgl. Kommentar, STA 6, S. 1004–1030, insbes. S. 1013, S. 1015 und S. 1026f.

1109 Zwischen der Wiener Uraufführung 1911 und dem Tod des Autors 1918 wurde das Stück zwanzigmal gespielt, wovon achtzehnmal mit Frank Wedekind in der Rolle des Basilius Valentinus. Aufgrund der Kritik an seinen schauspielerischen Fertigkeiten nahm Wedekind bei dem Schauspiellehrer Fritz Basil Unterricht, dem das Stück auch gewidmet ist.

reichlichste Gelegenheit, den Zuschauer von ihrer geistigen sowohl wie von ihrer körperlichen Gelenkigkeit zu überzeugen."[1110] Vor dem Hintergrund der im Essay *Zirkusgedanken* entwickelten Typologie wird hier also den genannten Episodenfiguren, darunter der Schlüsselfigur, dem Narren Guendolin, Elastizität zugeordnet. Es gilt nun, die Figurenkonstellation im Stück zu analysieren, um den Status des den Humor personifizierenden Narren und sein Verhältnis zur Hauptfigur zu erarbeiten. Denn der Wedekindsche Basilius ist bereits im Ansatz komplex angelegt: er trägt Züge des Arztes Paracelsus (1493–1541), in erster Linie aber rekurriert die Gestalt auf dessen Vorgänger Basilius Valentinus, den oberrheinischen alchemistischen Schriftsteller und Magier des 15. Jahrhunderts, der den Stein der Weisen entdeckt und ihn im Erfurter Peterskloster, wo er lebte, verborgen haben soll.[1111]

2.1. Der ‚Ketzer' Basilius

In der wohl zentralen Szene des Stücks greift die Welt in Person eines Dominikanermönchs, des Pater Porphyrions, in die Abgeschiedenheit des Nekromanten Basilius ein.[1112] Der ehemalige Schulkamerad kommt als Inquisitor, mit einer Papstbulle, einer Art Gebrauchsanweisung zum Vorgehen gegen die Abtrünnigen, die Ketzerverfolgung und -verbrennung gebietet. In den Augen der Kirche gilt Basilius also als Ketzer, der sich verblendet und zum Bösen hat verführen lassen: „Allesamt, / die je ein Buch von diesem Ketzer lasen, / sind vom Gestank des Teufels aufgeblasen." (Stein, 539) Zwischen dem 11. und dem 15. Jahrhundert war die Ketzerei ein verbreitetes, in unterschiedlichen Formen gegenwärtiges Phänomen. Der abwertende Begriff geht auf das ideologische Monopol der Kirche über das Denken im Mittelalter zurück. Le Goff schreibt hierzu:

„Der Ketzer ist der Mensch, den die Kirche am meisten verabscheut, denn er steht draußen und drinnen zugleich und untergräbt die ideologische, institutionelle und

---

1110 STA 6, S. 938f.

1111 Vgl. STA 6, S. 949, S. 963 und S. 978. Die Hauptschriften des Basilius bzw. Basileus (= König) Valentinus (= mächtig) sind: *Von dem großen Stein der Uralten [Weisen]*, hrsg. 1602 (hier bebildertes Traktat über ‚zwölf Schlüssel' zur Reinigung von Gold durch Antimon; Glaube an die Verwandlung unedler Metalle in Silber und Gold); *Triumphwagen Antimonii*, hrsg. 1604; sowie *Letztes Testament*, hrsg. 1626. Basilius soll sich vor allem mit Antimon beschäftigt haben. Hans Werner Schütt: Auf der Suche nach dem Stein der Weisen. Die Geschichte der Alchemie. Beck: München 2000, S. 459f.

1112 „Das Eindringen [...] des unversöhnlichen Alleinanspruchs der Kirche in die Geistes- und Geisterwelt des Nekromanten darf sicherlich für die ‚Welt' angesehen werden." STA 6, S. 954f. und S. 959.

gesellschaftliche Basis der herrschenden Religion, den Glauben, das Religionsmonopol und die Autorität der Kirche."[1113]

Während Wedekinds Protagonist damit Züge einer Randfigur bekommt und einen Störfaktor innerhalb der herrschenden Ordnung darstellt,[1114] wird sein Gegenüber als Repräsentant dieser Ordnung parodistisch degradiert. Bei der Papstbulle, mit der er sein Denken und Tun legitimiert, handelt es sich um die Parodie einer historischen Quelle, *Summis desiderantes affectibus* von 1484, der sogenannten Hexenbulle des Papstes Innozenz VIII. (148[2]4–1492). Es war aber bereits der Papst Gregor IX., der dem Dominikanerorden im Jahre 1232 die Leitung der Inquisition übertrug.[1115] Der Dominikaner im Stück, eine gut profilierte und farbige Figur, bedient sich, gemäß seiner Rolle als Bekehrer, einer pathetischen, von Empörung und heiligem Eifer getönten, weitgehend formalisierten Sprache. Doch das Pathos wird durch Schwächen leiblicher Natur gebrochen, so dass der Pater in seiner „durch das Zölibat erhöhten Fantasie", seiner Freude am irdischen Genuss, seinem Lebensdurst, seiner Todesfurcht, seiner „aus Frömmigkeit und Berechnung gemischten schnöden Besorglichkeit" „eine echte Possenfigur" abgibt.[1116] Wedekinds Dominikaner korrespondiert mit dem Bild, das Erasmus von Rotterdam in seinem *Lob der Torheit* zeichnet: „Die Berührung des Geldes scheuen sie wie Gift, meiden aber keineswegs den Wein und den Umgang mit Frauen."[1117] Das „Rednerpathos" der Mönche, dieser sehenswerten Komödianten und Gaukler, sei „auf eine possierliche Weise den Anleitungen der Rhetoriklehrer abgeguckt".[1118] Das Schizophrene der Figur scheint das Moment auszumachen, das Wedekinds Phantasie entzündet: er lässt den Pater den Narren beim Singen und Tanzen begleiten. Die Handschrift 16 enthält sogar eine eingefügte Tanzstrophe für Porphyrion im 7. Auftritt.[1119] Die zeitgenössischen Aufführungen brachten offenbar diesen possenhaften Zug der Figur zur Geltung. Im Wiener Gastspiel von 1911 sei die Porphyrion-Figur „mit feinem Humor" dargestellt worden.[1120] Eine vergleichbare Bemerkung in der Kritik zum Gastspiel in Halle von 1914 ist aber eher ein Hinweis auf die Mängel des Stücks in puncto

---

1113 Le Goff: Einführung, S. 23f.

1114 „Lange Zeit war die Hauptform des Widerspruchs und der Revolte religiös: die Ketzerei." Ebd., S. 44.

1115 Zur Inquisition notiert Wedekind, dass sie sich auf alle Gläubigen erstreckte: „Allen Gläubigen zur Pflicht gemachte Denunziation." Notizen zu H 2, STA 6, S. 932. Vgl. auch ebd., S. 963 und S. 965.

1116 Kutscher: Frank Wedekind, Bd. 3, S. 72f.

1117 Erasmus: Lob, S. 78.

1118 Ebd., S. 80.

1119 „Dessen wird sich [...] Fleisches Lust!" STA 6, S. 920 und S. 955.

1120 Die Rolle führte der Berufsschauspieler Konrad Stieber aus. STA 6, S. 1013f.

Humor: Der Humor lächle Wedekind nur in der Gestaltung des derben Präla-
ten.[1121] Dass Wedekinds Humor-Ästhetik sich nicht auf die Komik reduzieren
lässt, auch wenn sich diese Bereiche nicht ausschließen, dürfte bereits deutlich
geworden sein. Dass aber der Humor in *Der Stein der Weisen* Körper und Sprache bekommt, hat eine besondere Signifikanz.

2.2. Zum Status der Alchemie und der Alchemisten im Mittelalter

Zauberkunst und Alchemie galten im Mittelalter als zwei unabhängige Bereiche:
das erste bediente sich der Talismane, um sich über die Naturgesetze zu erheben.[1122] So soll der Stein der Weisen seinen Besitzer fest und damit unverwund-
bar machen. Wenngleich der Status der Alchemie recht unbestimmt war, galt sie
wohl eher als Wissenschaft, bzw. sie war zwischen Kunst, Wissenschaft und
Naturimitation zu situieren und zwar aufgrund des an sich unsicheren Gegenstandes der Untersuchungen.[1123] Die Grundlagen für die alchemische Bildung
legte eine der drei höheren Fakultäten: neben Theologie und Jurisprudenz genossen die *Artes liberales* diesen hohen Rang, die „Sieben freien Künste":
Grammatik, Rhetorik, Dialektik, Arithmetik, Geometrie, Astronomie und Musik
(Harmonielehre).[1124] Das Wort *Ars/Artes* signalisierte im Unterschied zu *Scien-
tia*, dass es hier nicht um Vermehrung von Wissen, sondern nur um Wissensge-
brauch ging. Das Misstrauen gegenüber den *Artes* gipfelte im Verbot der Aus-
übung der Alchemie: zunächst kamen 1287 die entsprechenden Beschlüsse des
Generalkapitels der Dominikaner, dann 1317 die Bulle des Avignon-Papstes Johannes XXII. – *Spondent quas non exhibent*. Intendiert war ein Vorgehen gegen
Goldfälscher und Betrüger, die sich der Hilfe von bösen Geistern bedienten. In
der Tat war die religiöse Haltung der Alchemisten unklar, und zwar auch für sie
selbst, sie wiesen eine Nähe zum Pantheismus genauso wie zur Gnosis und dem
mosaischen Glauben auf. Trotz des üblen Rufes der Alchemisten, teilten sie
dennoch nicht das harte Schicksal anderer Randgruppen wie Hexen, Juden oder
Ketzer.[1125] Diesen Sonderstatus erklärt Hans Werner Schütt mit der Gebildetheit

---

1121 Ebd., S. 1000.
1122 Ebd., S. 972.
1123 Vgl. Schütt: Auf der Suche, S. 379–382.
1124 Vgl. Curtius: Europäische Literatur, S. 46–52; Eco: Sztuka i piękno, S. 142ff.
1125 Wedekind notiert folgende kirchliche Strafen, die im Mittelalter eingesetzt wurden:
     Interdikt (Untersagung im katholischen Kirchenrecht = Verbot gottesdienstlicher
     Handlungen), Exkommunikation oder Bann, Wallfahrten, sowie Bußübungen. Notizen
     zu H 2, STA 6, S. 932. Die Konsequenz einer kirchlichen Verurteilung war Isolierung,

der Alchemisten und dem gekonnten Einsatz ihrer Intelligenz sowie, paradoxerweise damit, dass sie dem System zur Selbstdefinition verhalfen:

„Gemeinsam mit der Bildungselite aus den Kirchen und Universitäten saßen die Adepten im Käfig einer Sprache, die zur Stabilisierung des mittelalterlichen Wertesystems und zugleich zu ihrer Selbstdefinition als Gerechte diente. Der Käfig hielt sie gefangen und schützte sie zugleich."[1126]

Auf der anderen Seite aber war es gerade die inoffizielle und marginale Gruppe der Alchemisten, die im Mittelalter als die einzigen die Idee der Renaissance vertraten, indem sie der Auffassung waren, dass die Kunst die Natur modifizieren kann.[1127]

2.3. Basil als Alchemist

Wedekinds Basil ist im Besitz von Insignien der übermenschlichen Macht über die Geisterwelt: allen voran geht der Stein der Weisen, des weiteren die Mandragora, der Schlüssel der Kaaba und das Siegel Salomonis.[1128] Er baut seine Existenz auf die höheren Mächte, wähnt sich, über Schicksal und Gott zu stehen, ist stolz auf sein bisheriges selbstloses Wirken zur Freude der Menschheit. Als sein wichtigster Leitsatz gilt ihm die Weisheit: wiederholt bezieht er sich auf die bekannten Sprüche Salomos, des altjüdischen Königs und Weisen. Wedekind notiert zu Salomon: „Beherrscher der Geister, Urbild der Weisheit; Siegelring Salomos, der Talisman der Weisheit und der Zauberei [...]"[1129] Dieses Erbe verleiht dem Profil Basils einen tief ernsten Zug und die Lebensferne.[1130] Auch sein gereimter erhöhter Sprechstil hebt sich vom Blankvers des Porphyrion ab.[1131]

Marginalisierung, gesellschaftliche Ausschließung in Form von Diffamierung, Hass, Repression. Vgl. Bronislaw Geremek: Der Aussenseiter. In: Le Goff (Hg.): Der Mensch des Mittelalters, S. 374–401.

1126 Vgl. Schütt: Auf der Suche, insbes. S. 388–390, hier S. 390.

1127 Eco: Sztuka i piękno, S. 200.

1128 Der Davidstern am Zauberring Salomos. Er soll die Kraft besitzen, die Dämonen zu beschwören und sie hörig zu machen. STA 6, S. 977f.

1129 Aus H 2, ebd., S. 930. Salomo ist Autor von biblischen Schriften. Die bekanntesten: *Die Sprüche, Kohelet* (Predigte), *Hohenlied, Weisheit.* Er gilt aber auch als großer Magier. Vgl. ebd., S. 975f.

1130 Vermehrung des Wissens bedeutete für Salomo Vermehrung des Leids. Pirandello: Der Humor, S. 27.

1131 STA 6, S. 972f.

Basils Drang nach Erkenntnis und Vervollkommnung[1132] erlaubt es, von faustischen Zügen der Figur zu sprechen: Den Himmelsglobus hat er sich zu seiner Anschauungswelt erkoren und zu seiner Lebensaufgabe gemacht. In der Narrenszene liefert Guendolin folgende Charakteristik des alten Basilius:

> „Du bist ein Büchernarr! Ein neidischer Molch!
> Ein Philosoph, der zornig durchs Leben wandelt,
> an andern die Freuden studiert, um die es sich handelt.
> Weil du mit dem lieben Gott, den du heimlich verehrst,
> Auf so entsetzlich gespreiztem Fuße verkehrst,
> drum hast du auch über Leben, Lachen und Lieben
> so unausstehlich grausige Bücher geschrieben." (Stein, 538)

Dieses Fragment korrespondiert mit dem Anfangsmonolog aus Goethes *Faust*: Der seinen Studien ergebene Forscher hat in seinem Wissensdrang den Kontakt zur Realität verloren. Wedekinds Basil fügt sich weitgehend in die mittelalterliche Vorstellung von einem Adepten zum Alchemisten, nach der bestimmte Charaktereigenschaften ihn entweder prädestinieren oder gefährden.[1133] Als erwünscht bot sich der natürliche Scharfsinn, gekoppelt mit Introvertiertheit, sowie Demut, die besonders schwer aufrechtzuerhalten war, weil sich die Adepten der Alchemie für begnadet und von Gott berufen wähnten. Die Neigung zum Geiz oder Ärger, sowie Geselligkeit sollten ihm dagegen schaden. Die Alchemisten waren also eher grüblerische Naturen, Einzelgänger, politisch wie theologisch ungefährlich, weil sie jedem Kollektiv fern standen.

Die Meinungen darüber, ob bzw. wie tief die *Faust*-Parallele greift, da der Fauststoff für den Autor Wedekind zeitlebens eine wichtige Inspirationsquelle ausmacht,[1134] sind in der Forschung geteilt. Im Quellenkommentar der Studienausgabe lesen wir:

> „Für eine große Nähe Basils zur Goetheschen Faustfigur spricht indessen wenig. Es handelt sich eher um äußerliche Bestimmungen wie z.B. um das Kolorit der Örtlichkeit [...] Der Basil-Figur fehlt jedoch, was zu einer motivlichen Gleichsetzung mit

---

1132　In Folge der Arbeit am Text wechselt der Ausdruck „Sehnsucht nach Vollkommenheit" zu „Sehnsucht nach Vervollkommnung": die Bedeutung wird vom Resultat zum Vorgang des Erwerbens verlagert – ein Beispiel für die Zunahme an Konkretheit. Ebd., S. 918f.

1133　Schütt: Auf der Suche, S. 365–370.

1134　Zum Faust-Motiv bei Wedekind: Irmer: Der Theaterdichter, S. 195–214: hier Analysen von *Frühlings Erwachen*, *Erdgeist* und *Büchse der Pandora*, *Marquis von Keith*, *Karl Hetmann, der Zwergriese (Hidalla)*, *Tod und Teufel (Totentanz)*, *Stein der Weisen*, *Franziska*. Vgl. auch Sabine Doering: Die Schwestern des Doktor Faust. Eine Geschichte der weiblichen Faustgestalten. Wallstein: Göttingen 2001, S. 250–277; sowie Maclean: Wedekinds *Der Marquis*.

Goethes Faust-Figur berechtigte: Es fehlt der Machthunger, es fehlt die Verbindung zur Antike (in der Helena-Figur), vor allem aber das unersättliche Taumeln von Erlebnis zu Erlebnis; es fehlt *Welt*. Diejenige Basils ist eng, eine abgeschlossene Burg; ihr Bewohner ist müde."[1135]

Dasselbe Dilemma betrifft die Porphyrion-Figur und dessen eventuelle Verwandtschaft zu Mephistopheles.[1136] Es wird eher auf eine strukturelle Verwandtschaft beider Stücke verwiesen, „dank der Reihung von Stationen, die sowohl das Paar Basilius-Porphyrion, als auch das Paar Faust-Mephistopheles durchwandern."[1137] Friedrich Rothe verweist dagegen auf mephistophelischen Aspekt der Basil-Figur, womit sie sich neben Marquis von Keith mit seinem hinkenden Gang, dem Zirkusdirektor Cotrelly (*König Nicolo*), dem vermummten Herrn (*Frühlings Erwachen*) und Karl Hetmann (*Karl Hetmann, der Zwergriese*) einreiht.[1138] In der Tat zeugen Wedekinds erste Eintragungen in das Notizbuch von der Beschäftigung mit dem Faust-Stoff: das Stück soll ursprünglich *Das Puppenspiel vom Dr. Faust* heißen.[1139] Von diesem Ursprungstitel wird Wedekind zwar nichts behalten, aber er enthält einen wichtigen Hinweis auf das ihn offenbar stets faszinierende Thema und die Konvention, die dem Autor vorschwebte.[1140] Nicht zu ignorieren ist zugleich die Tatsache, dass der junge Goethe als alchemische Leitfigur des 18. Jahrhunderts dienen kann. Durch das Verhältnis zu Susanne Katharina von Klettenberg, einer praktizierenden Alchemistin und ihrem Kreis kam er der Alchemie nahe und wurde „Halb-Adept", wie er sich selbst bezeichnete. Auch wenn er Jahre später die Naivität seiner Freundin sah und eine gewisse Skepsis entwickelte, so doch ließ er sich von manchen Grundgedanken leiten.[1141] Es ist unter anderen die Idee der Polaritäten: trotz Vereinigung der Pole kann ihre Polarität beibehalten oder aber aufgehoben werden (Stichworte: Coniunctio, Conversio, Hermaphrodit). Der ältere Goethe aber „erkannte als wahren Ort der Alchemie schließlich doch nicht die Alchemie selber, sondern die Poesie".[1142] Diese Spannung liegt auch dem Stück Wedekinds zu-

---

1135 STA 6, S. 943.

1136 „Von einer dramaturgisch gleichwertigen Verkörperung der hintergründig doppeldeutigen Geistigkeit des Mephisto kann bei Wedekinds parodistisch angelegter Paterfigur nicht die Rede sein." Ebd., S. 943f. So auch schon Irmer: „Eine Gleichsetzung des Porphyrion mit der Mephisto-Figur lässt sich ebenfalls schwer begründen". Irmer: Der Theaterdichter, S. 143.

1137 STA 6, S. 944. Vgl. Irmer: Der Theaterdichter, S. 202–205.

1138 Vgl. Rothe: Frank Wedekinds Dramen, S. 82.

1139 STA 6, S. 900 und S. 940.

1140 Der ursprüngliche Titel spielt auf Simrocks Faust-Stoff-Bearbeitung an. Vgl. auch Kapitel VIII.2.2. Zur Gestalt des Veit Kunz.

1141 Schütt: Auf der Suche, S. 504–508.

1142 Ebd., S. 508.

grunde: Mit dem Titel begibt sich der Autor gleichsam auf das dialektische Gebiet von Geist und Materie, denn „[d]er Stein der Weisen ist das materialisierte
Paradoxon [...]" – das Sprachmuster entspricht nicht seinem Designat, das kein
Stein ist. Das Paradoxe bezieht sich auf den alchimistischen Diskurs schlechthin: auf die materielle und spirituelle Dimension, die in jedem Phänomen da ist.
Das alchimistische Denken scheut nicht vor Widersprüchen, eine Legitimation
für diese findet der Alchimist im Selbstwiderspruch des Menschen.[1143]

Die alchemistische Zentralvorstellung – der Stein der Weisen oder *Lapis
philosophorum*, auch Goldkoralle genannt[1144] – war bereits in der Spätantike bekannt. Was über die Jahrhunderte irreführend „Stein" genannt wurde, war immer
zwar materiell, bedeutete aber ein rotes oder rötliches Pulver, bzw. etwas
Wachs- oder Bleiähnliches. Die rote Farbe ist zweideutig: sie symbolisiert das
Leben und die vegetativen Kräfte (Farbe des Bluts), sie stellt aber auch Beziehungen zum Übersinnlichen, zu bösen und guten Geistern her. Die nicht präzise
Namensgebung erfasst das Paradoxe des Phänomens: seine Zeitlosigkeit einerseits, die über die Materie hinausweist, wie z.B. die Kaaba in Mekka, und seine
Fähigkeit zur Metamorphose andererseits.[1145] Damit ist er ein angemessener
Ausdruck der unfasslichen Natur, zugleich aber auch ein geistig-religiöser Begriff. Dem menschlichen Versuch, mit Hilfe der Alchemie die Materie zu ver-
edeln, liegt der Wille zugrunde, „den Menschen in einen höheren Seinszustand
des Wissens, in Gnosis zu versetzen",[1146] einen Läuterungsgang herbeizuführen,
der der Vervollkommnung gelten soll.[1147] Zu den psychologischen Implikationen des Steins gehört der heiße menschliche Wunsch nach Überschreitung der

---

1143 Liebe – Hass, Vision – Blindheit u.a. Ebd., S. 276. Der Stein steht auch symbolisch für
die Vereinigung von Gegensätzen, dem Weiblichen und dem Männlichen. Vgl. ebd.,
S. 57–60 und S. 350. Zu denken ist auch an die Vereinigung von vier Elementen Erde,
Luft, Wasser und Feuer. Vgl. ebd., S. 351f.

1144 Infolge einer chemischen Transmutation soll aus einem unedlen Metall – der Koralle –
Gold werden. Vgl. ebd., S. 57–61. Decknamen, unter denen der Stein auftrat: Basilisk
(er fixiert Quecksilber), Chamäleon, Salamander, Hermaphrodit, Christus. Ebd., S. 355.
Die Entsprechung von *lapis* und Christus-Figur geht auf Carl Gustav Jung zurück.
Helmut Hark (Hg.): Lexikon Jungscher Grundbegriffe. Patmos: Düsseldorf 1998, S. 14.

1145 Der Stein sollte vielfache andere, ins Phantastische reichende Eigenschaften haben,
etwa die Kraft des Arcanum oder Elixiers, das vor Alter und Tod schützt. Vgl. Schütt:
Auf der Suche, S. 356.

1146 Ebd., S. 144–148. Eins der alchemistischen Ziele war es, den vollkommenen Menschen
herzustellen. Vgl. Neues Testament, Mt 5,48. Goethe nimmt in *Faust II* das Motiv des
Homunkulus auf (Vers 6871–6875). Auch u.a. Paracelsus sollte Ende des 14.
Jahrhunderts einen Homunkulus besessen haben. Ebd., S. 183.

1147 STA 6, S. 979. Vgl. auch Bernhard D. Haage: Alchemie im Mittelalter. Ideen und
Bilder von Zosimos bis Paracelsus. Artemis & Winkler: Zürich 1996, S. 94.

ihm gesetzten Grenzen und der existenziellen Zwänge, nach bedingungsloser Befreiung. Dass es sich aber bei der Veredlung der Materie um eine alchemistische Wahrheit, einen Mythos und keine wissenschaftlich belegbare Tatsache handelt, um jenes ‚Fast' oder ‚Beinahe' des Erfolges, erklärt vielleicht die Lebenskraft der Alchemie:

> „An der Reibungsfläche zwischen Erfolg und Misserfolg konnte sich Hoffnung entzünden, immer und immer wieder. Und Hoffnung ist, wenn man im Banne eines Zieles steht, das Leben selber."[1148]

Es ist also ein romantisches Bestreben,[1149] das den mittelalterlichen Alchemisten, oft einen gelehrten Mönch, auszeichnet. In ihm kam es zur Begegnung der Naturphilosophie und -wissenschaft mit archaischen, prälogischen Sehnsüchten. Ein Widerspruch, genauso wie der Stein an sich, der „höchste Geistigkeit und höchste Materialität" in sich schließt.[1150] Dies sind auch die Implikationen und Determinanten des Wedekindschen Protagonisten.

Der oben thematisierte Status der Alchemie begünstigte zahlreiche Motivbearbeitungen in der Musik und Literatur.[1151] In erster Linie sind es Implikationen dieser Parawissenschaft zur Kunst, insbesondere zur Musik, die auch Wedekind sich zunutze macht. Der symbolischen Sprache des Alchemisten entspricht die hohe Plastizität der Sprache des Dramas. Der allegorische Träger des künstlerischen und spielerischen Aspekts im Stück ist das erste Emblem der im Untertitel zum *Stein der Weisen* genannten Triade: die Laute – der Oberbegriff für Saiteninstrumente. Sie steht in der Tradition des Orpheus, der mit seinem Lyra-Spiel die Götter bezwang. Auch eine andere mythische Gestalt steht bei dem Instrument Pate: Hermes – Vater der Künste und Erfinder des ersten Musikinstruments, der Leier (gr. *lyra*). Über die Hermes-Figur verbinden sich auch die Bereiche Alchemie und Kunst: denn Hermes gilt zugleich als Schutzgott der Alchemisten und der Magie, als Symbol der Metamorphose, Vieldeutigkeit und Unbestimmtheit. Im Zeichen des Hermes steht die Metaphysik der Transmutation.[1152] In dem 1595 erschienenen Buch des Alchemisten Heinrich Khunrath *Amphitheatrum Sapientiae Aeternae* sind neben typischen alchemistischen

---

1148 Schütt: Auf der Suche, S. 60. Vgl. auch andere kaum beweisbare Eigenschaften des Steins: ebd., S. 358ff.

1149 Die Aufklärer beurteilten das Bild des inspirierten Geistlichen negativ als Zeichen des unwissenschaftlichen Aberglaubens, die Romantiker entschieden positiv. Ebd., S. 269.

1150 Ebd., S. 361.

1151 Mozart soll am Singspiel *Der Stein der Weisen oder die Zauberinsel* nach einem Libretto von Emanuel Schikaneder beteiligt gewesen sein; Georg Friedrich Händel schrieb Musik zu Ben Jonsons Komödie *The Alchymist*. Das 18. und 19. Jahrhundert brachte eine Reihe von Opern zum Thema Alchemie. Vgl. ebd., S. 411f.

1152 Eco: Sztuka i piękno, S. 182.

Utensilien auf dem Tisch auch Notenbücher und Musikinstrumente, und zwar Saiteninstrumente, abgebildet: eine Viola und eine Harfe. Im Vordergrund des Bildes ist in lateinischer Schrift folgender Text zu lesen: „Heilige Musik, Vertreiberin der Traurigkeit und der bösen Geister, da ja der Geist Gottes im von frommer Freude erfüllten Herzen gern aufspielt."[1153] Wedekind intergriert in seinem Stück, insbesondere in den Narrenszenen, liedartige Einlagen, bei denen es sich um seine eigenen, bereits vorhandenen Gedichte bzw. Lieder handelt.[1154]

Die Laute als Requisit des Alchemisten lässt sich also historisch belegen. Es ist aber nicht Basil, der sich ihrer bedient, sondern der Narr – sein wichtigster Opponent und Inkarnation des Humors. Dem siebten Auftritt geht nämlich die Frage Basils voran: „Kennst du mein schönes Wunderkind Humor?" (Stein, 536) In den Notizen zur Fassung H$_1$ zur „8. Scene" soll der Nekromant Basil sagen: „Ich hab einen muntern Gesellen / Ich werde Dich meinem Humor gegenüber stellen".[1155] Aufgrund der teilweisen Handlungsauflösung im Stück[1156] kann der Auftritt des Narren als autonome Struktureinheit betrachtet werden, wodurch die Bestimmung des Humors über das Drama hinausweist.

2.4. Der Narr Guendolin

Auch wenn die Kunst im Mittelalter noch eher anonym betrieben wird, so genießt sie einen recht hohen Status und der Künstler ein wachsendes Ansehen, bis er in der Renaissance schließlich seinen eigenen Platz in der Gesellschaft erstreitet.[1157] Vom guten Ansehen ausgenommen und mit dem Stigma der Schande und Ehrlosigkeit sind dagegen aller Art Unterhaltungskünstler belegt, u.a. Jongleure, Schauspieler, Musikanten und Akrobaten. Sie stehen auf der untersten Stufe neben Dirnen, Bettlern, Landstreichern und Krüppeln.[1158] Die Nähe zum Beruf der Prostituierten erklärt sich damit, dass beide Berufe nachts und an ‚bösen' Orten (*ex loci vilitate*) ausgeübt wurden. Der andere Umstand war die Rolle des Körpers: „schamlose" Akrobationen gehörten der Welt des Chaos, der Natur und

1153 Schütt: Auf der Suche, S. 408f.

1154 Wedekind soll hierfür auf die Spruchsammlung seines Notizbuches 57 zurückgegriffen haben. Kutscher: Frank Wedekind, Bd. 3, S. 73.

1155 STA 6, S. 925.

1156 Ebd., S. 961, vgl. auch S. 970.

1157 Zum Status der Alchemisten vgl. Rudolf und Margot Wittkower: Künstler – Außenseiter der Gesellschaft. Klett Cotta: Stuttgart 1989 [1965], S. 101–105.

1158 Le Goff: Einführung, S. 31ff. Mit dieser traditionellen Verurteilung erklärt Bronislaw Geremek „die moralische Ambivalenz, die den Schauspielerberuf noch in modernen Gesellschaften umgibt." Geremek: Der Aussenseiter, S. 393.

des Todes an.[1159] Im Mittelalter vollzog sich eine schrittweise Beseitigung von Orten sozialen und kulturellen Lebens der Antike wie Theater, Zirkus oder Stadion – von Räumen also, die in verschiedener Hinsicht den Körper präsentierten oder verwendeten. Das vollendete den doktrinalen Rückzug des Körperlichen.[1160]

Eben aus diesem Milieu rekrutiert Wedekind seine Guendolin-Figur: sie teilt mit dem Narrenvolk dessen universale Qualitäten: den Aspekt der Weisheit und des kreativen Spiels mit subversiven Vorzeichen vor dem Hintergrund und in Konfrontation mit der geltenden Norm. Die Guendolin-Figur spielt unterschiedliche Narrenrollen durch: die des Weisen, an die Tradition Shakespeares, Büchners und Goethes in *Faust II* anknüpfend, in erster Linie aber schreibt sie sich in die Tradition des Clowns bzw. Hanswursts ein. Schon allein der Begriff hatte für den Autor seine Relevanz: In der Fassung D_{15} wechselt Narr zu Wicht, um in der Druckfassung D_{17} wieder gegen Narr zurückgetauscht zu werden.[1161] Die Notizen zu den Personen enthalten zudem andere verwandte Bezeichnungen wie Simplizius, Gouch, Possenreißer.[1162] Zur Zeit der Arbeit am Stoff zum Stück las Wedekind Narrenliteratur: Thomas Murners Versepos *Geuchmat* von 1519 sowie das *Volksbuch von Till Eulenspiegel*.[1163] In zwei Stücken setzt er explizité die Figur des Narren ein: im *Stein der Weisen* und in *König Nicolo*. In ihrer historischen Stilisierung und der Figurenkonstellation stehen die Stücke in der Tradition Shakespeares. *König Nicolo* trägt bereits im Titel den Hinweis auf sein Palimpsest *König Lear*. Die Konstellation Basil – Guendolin korrespondiert mit Shakespeares *Sturm*: Den okkulten Insignien Basils, die über seine Macht entscheiden, entsprechen Prosperos Zauberbücher sowie sein magischer Stab. Sein Diener – der Luftgeist Ariel – ist auf seine Weise unfestlegbar, eine Metapher: Er hat Züge eines Engels, Henkers, Zirkusakrobaten, eines Pierrot. Nach Jan Kott symbolisiert er Seele, Intelligenz, Poesie, Luft und Elektrizität. Nur für Prospero und die Zuschauer bleibt er sichtbar, für andere Gestalten ist er „nur Musik und Stimme":[1164] Er spielt nämlich Trommel und Flöte, mit seiner Musik

---

1159 Sznajderman: Błazen, S. 16.

1160 Jacques Le Goff: Phantasie und Realität des Mittelalters. Klett-Cotta: Stuttgart 1990, S. 143, vgl. auch S. 143–168.

1161 Ebd., S. 920.

1162 Ebd., S. 921. Im ersten Szenenentwurf heißt der Narr noch Simplicius, in Anlehnung an Hans Jakob Christoffel von Grimmelshausens Schelmenroman *Der Abenteuerliche Simplicissimus Teutsch* (1668). Ebd., S. 960 und S. 978.

1163 *Geuchmat, Gäuchmatt*, auch *gouchmat*: Vogel- oder Narrenwiese. Vgl. Kutscher: Frank Wedekind, Bd. 3, S. 72; STA 6, S. 942 und S. 959.

1164 Kott: Shakespeare heute, S. 325.

beunruhigt er und warnt.[1165] Auch Guendolin soll auf Geheiß seines Herren erscheinen und ihn unterhalten. Wenn nötig, wird er mit der Peitsche, einem Werkzeug der Macht und Gewalt, gezüchtigt.[1166] Trotz seiner Abhängigkeit von Basil bezieht er eine innere Autonomie aus seinem Künstlertum: er tanzt, singt und spielt ein Instrument. Aufgrund seiner Lebenseinstellung definiert er sich als ein Liebling der Götter, während er seinem Herrn eine untere Kategorie zuweist. Seine Klassifikation präsentiert sich wie folgt:

> „Erstens die Lieblinge der Götter;
> ihnen lacht immer das herrlichste Wetter.
> Dann die, deren Mütter sich einst versehn,
> die mit Gott auf gespanntem Fuße stehn.
> Und in der untersten der drei Klassen
> Solche, die gänzlich von Gott verlassen."

Und er führt weiter aus:

> „Als Götterlieblinge schätze ich ein
> Alle, die sich des Daseins freun;
> Wissen oft selbst nicht recht, was sie treiben,
> können weder lesen noch schreiben.
> Nun aber kommen die neidischen Viecher,
> die mit Gott auf gespanntem Fuße stehn,
> und schreiben darüber, was sie gesehen,
> wie die Götterlieblinge immer mit neuen
> Kräften sich ihres Daseins freuen,
> aus Missgunst und Rachsucht die giftigsten Bücher.[...]" (Stein, 538f.)

Der Kontrasteffekt zwischen Basil und seinem vermeintlichen Sklaven wird in der folgenden Zeile noch verstärkt, wenn sich der „Liebling der Götter" als Humorist bezeichnet:

> „Ich bin Humorist!
> Ich habe nie etwas Lustigeres gesehen,
> als wenn junge Mädchen nackend am Schandpfahl stehen. [...]
> Du hast dich mit allen vergnügten Leuten verkracht!
> Du lachst nur, um unser Gelächter plump zu verhöhnen! –

1165 Ebd., S. 331.
1166 Dies ein bei Wedekind oft vertretenes, auf die Antike (Euripides, Aristophanes), Erasmus von Rotterdam (eins der Attribute der Torheit) und Nietzsche (*Zarathustra*) zurückgehendes Motiv der Peitsche: außer im *Stein der Weisen* auch z.B. in *Franziska* (von Herzog angeführt); in *Lulu* (Dr. Schön zu Lulu: „Du sehnst dich nach der Peitsche zurück!", STA 3/I, S. 352, vgl. STA 6, S. 860); in der Skizze *Schloss Wildenstein* von 1889 (als Züchtigungsmittel eines Mädchens, vgl. Höger: Hetärismus, S. 77); in der *Zensur* (Reitpeitsche). Eine Reitpeitsche gehörte zum Inventar von Wedekinds Wohnung.

> Ich lache immer mit dem, der am lautesten lacht,
> und lache mit ihm über die, die am gräßlichsten stöhnen.
> Ich weiß mir kein so fröhliches Fest auf Erden,
> als wenn alte Weiber lebendig gebraten werden." (Stein, 543)

Die frauenfeindlichen Ausfälle sind als Teil des historischen Kostüms des Stücks zu betrachten: nicht desto trotz fällt der Ton der Schadenfreude auf und signiert den Humor des selbsternannten scharfsinnigen Humoristen als aggressiv bis militant. Er hat sich zur Aufgabe gemacht, auf die Anzeichen von Pathos zu lauern und diese ins Lächerliche zu ziehen:

> „Ich achte genau auf der Menschen wichtiges Tun.
> Das zeig ich dann als lächerliches Gebaren,
> wenn abends friedlich sie bei Trank und Speise ruhn.
> Dafür hab ich noch stets das größte Lob erfahren.
> Hat sich ein Zwerchfell nicht so festgeklemmt,
> dass es sich allem Schütteln entgegenstemmt,
> dann bin ich das trefflichste Mittel zu leichter Verdauung." (Stein, 543)

Im Sinne der mit Bergsons Lachtheorie korrespondierenden Temperamentenlehre bietet sich Geundolin als Medizin, das wirken kann, falls „sich ein Zwerchfell nicht so festgeklemmt, dass es sich allem Schütteln entgegenstemmt." (Stein, 543) Der Narr repräsentiert die Bergsonsche „Anästhesie des Herzens" und die Perspektive der Gesellschaft, die alle Formen von Erstarrung verfolgt und bestraft. Im Gegensatz zu solipsistischem Basil leben sein elastischer Körper und sein beweglicher Geist im gegenseitigen Einvernehmen. Guendolin geht von der sinnlichen Wahrnehmung aus, steht für eine aktive, distanzierte Perspektive:

> „Ich schaue die Welt an, wie mich die Welt anschaut:
> Als einen Popanz, den man zusammenhaut! –
> Dir aber schafft Humor nur Unbehagen!
> Du bist ein Sauertopf! Du bist verdreht!
> Du bist ein Raufbold! Um es kurz zu sagen,
> Du bist ein Mensch, der keinen Spaß versteht." (Stein, 543)

Guendolins Perspektive eines lustvollen Anschauens konfrontiert Wedekind mit Basils Humorbegriff: „Das schert mich nicht! Humor ist Weltanschauung, / wie schon der Doktor Artur Kutscher lehrt!" (Stein, 543) Wedekind nimmt hier auf eine Aussage seines Freundes und Biographen Arthur Kutscher Bezug, der wohl angesichts des bereits unter den Zeitgenossen umstrittenen Humorbegriffs im Werk des Dramatikers sich hierzu folgendermaßen geäußert hat:

> „Wer in des Lebens Tiefen blickt, der erkennt schließlich Humor in aller Tragik, allerdings auch Tragik in allem Humor. Das ist es, was den leidgeschüttelten, echten Dramatiker lohnt, hier ist die Einung seiner sich immer wieder beunruhigenden, zerspaltenden, mit ihren Gegensätzen ringenden Seele: das läßt er auch uns fühlen als

das Ende des Kampfes, in den er uns verstrickt: Humor! Humor ist Weltanschauung, sieghafte Weltanschauung. Humor liegt über Wedekinds Dramatik, nur seine Färbung ist verschieden. Wedekind wußte, wie sehr die Dichtung seiner Zeit unter Humorlosigkeit litt. Er machte wiederholt auf die unfreundliche, düstere Muse des Naturalismus aufmerksam."[1167]

In den Figuren Basils und Guendolins treffen zwei verschiedene Humorbegriffe aufeinander: denn der Narr erscheint ja auf Basils Verlangen: er wird mit einem *incantatio* „sehnsuchtsvoll heraufbeschworen", und zwar in Erwartung eines „echten, göttlichen Humors". (Stein, 540) Sein Auftritt steht jedoch in keinem Verhältnis zu Basils Erwartung: Unfestlegbarkeit und Albernheit des Narren[1168] verletzen offenbar sein Ehregefühl, so dass er sich nicht darauf einlassen kann.

> „Basil: Wie kannst du in diesen ehrwürdigen Hallen
> in solch ein gemeines Geplapper verfallen!" (Stein, 544)

Der darauf folgende gemeinsame Tanz und Gesang Guendolins und Porphyrions als Manifestation der Sinne, des Körpers und der Unbeschwertheit vertiefen noch die nicht zu überbrückende Dissonanz zwischen Basils Erwartung und Erfahrung:

> „Sei die Seele
> Noch so keusch –
> Links, zwei, drei, –
> Rechts, zwei, drei.
> Einmal trium-
> phiert das Fleisch!
> Links, zwei, drei,
> rechts.[...]" (Stein, 544)

In seiner Narrenfreiheit wird Geundolin seinen Herrn übervorteilen: Er bemächtigt sich seiner „Wunder-Waffe" – der Armbrust und verwundet ihn tödlich. Im Sterben sieht Basil in ihm seinen Opponenten:

> „Basil: Bleib Heil! Du mein vollendetes Gegenteil!
> Du Zwerchfellschüttler! Du Schlaraffe!
> (*Zusammenbrechend*)
> Ein scharfer Pfeil!
> Aus meiner eignen Waffe!" (Stein, 545)

1167 Kutscher: Frank Wedekind, Bd. 3, S. 267.
1168 Die Frage „Soll das Humor sein?" beantwortet sich Basil mit „Das ist Albernheit!" (Stein, 542) Guendolin sei „ein Affe", ein „Hanswurst", auf den er mit Ekel herabsehen müsse (Stein, 543). Vgl. hierzu auch STA 6, S. 959f., sowie S. 956f.

In Wedekinds Notizen zur „9. Scene" der H₁-Fassung lesen wir:

> „Die Armbrust ist mein Witz | Humor
> [Das ist das beste Mittel zur Verdauung]
> [Mein lieber Freund, Humor ist Weltanschauung][1169]

Für den Intellektuellen Basil ist Guendolin als Träger einer bestimmten Weltanschauung nicht in seine eigene integrierbar, wofür er mit seinem Leben bezahlen muss:

> „Guendolin (*nähertretend*):
> Ich hab dir doch nicht etwa weh getan!? –
> Schon Tausende, denen die Welt den Humor verdorben,
> sind jählings an Humorlosigkeit gestorben." (Stein, 545f.)

Trotz der Umstände scheidet Basil wehmütig und mit der Welt versöhnt, mit „mitleidvollem Lächeln" auf die Menschheit zurückblickend.[1170] Während Basil unfreiwillig seine Zauberkraft verliert, leistet der Shakespearsche Prospero im Finale einen Verzicht. Jan Kott interpretiert den *Sturm* als ein Drama der verlorenen Illusionen und der bitteren Weisheit.[1171] Nach Hartmut Vinçon gehört Basilius Valentinus in die Reihe von männlichen Figuren Wedekinds, in deren Existenz ein notwendiges Scheitern eingeschrieben ist und zwar aufgrund ihres Lebenskonzepts sowie ihrer psychischen Konstitution.[1172]

Wedekinds Humorbegriff in *Der Stein der Weisen* korrespondiert mit der klassischen Viersäftelehre, die erst im 18. Jahrhundert durch die zunehmende Bedeutung des Nervensystems als übergeordnetes Kontrollsystem des Körpers abgelöst wurde. Es liegt nahe, die Kondition Basils, der Epoche gemäß, als Melancholie zu beschreiben. Nach der Temperamentenlehre verliert man seinen Humor nicht etwa, weil man krank ist, sondern umgekehrt: man wird krank, weil man seinen Humor verliert.[1173] Konstituierend für den Topos der Melancholie ist Albrecht Dürers bekannter Kupferstich *Melancolia I* von 1514. Das Bild führt ikonographisch die Verwandtschaft der Weisheit mit der Melancholie vor. Unter den Sinnbildern befindet sich u.a. das Planetensiegel des Jupiter, dessen belebender Einfluss (lat. *iovialis* – zu Jupiter gehörend) sich den trüben Kräften des Saturn widersetzen soll und der in der Temperamentenlehre dem

---

1169 STA 6, S. 925.

1170 „Der Sterbende kann auf die Menschheit nur / mit Wehmut, nur mit mitleidvollem Lächeln / zurückschaun [...]" (Stein, 546)

1171 Kott: Shakespeare heute, S. 294 und S. 296.

1172 „[...] selbst der den Stein der Weisen besitzende Basilius Valentinus täuscht sich über seine Magie der Macht und wird von einem Narren übertölpelt." Vinçon: Zerbrochene Spiegel, S. 1128.

1173 Schütt: Auf der Suche, S. 187.

Sanguiniker zugewiesen wird. In der Astrologie steht er u.a. für Expansion, Glück, Religion und Philosophie. Der dem melancholischen Temperament entsprechende Saturn ist für seine Dialektik bekannt: er versinnbildlicht Trägheit und Stumpfsinn, aber auch Intelligenz und Kontemplation. Die wichtigste Insignie des Wedekindschen Alchemisten – der Stein – ist ein altes Symbol der Acedia, der Trägheit des Herzens. Er repräsentiert kalte, trockene Beschaffenheit der Erde.[1174] Es ist aber auch das Sinnbild der angemaßten Macht: der Hybris und Vergeblichkeit. Basilius Valentinus ist, mit Erasmus gesprochen, einer jener „Wundersüchtigen",

> „die das Wesen der Dinge umkehren wollen und zu Wasser und zu Lande auf der Suche nach dem Stein der Weisen sind. So mächtig treibt die trügerische Hoffnung sie, dass sie weder Mühen noch Aufwand scheuen, mit erstaunlichem Erfindergeist stets etwas Neues ausdenken, um sich schließlich doch zu täuschen, und sich selbst angenehm zu betrügen, bis sie mittellos dastehen [...] Wenn schon alle Hoffnung dahin ist, bleibt ihnen doch die eine Weisheit, der überreiche Trost: Großes auch nur gewollt zu haben, ist schon genug. Dann klagen sie noch über die Kürze des Lebens, das für die Größe des Werkes nicht ausreichte."[1175]

In der Figur Guendolins wird der Starre des Melancholikers eine sanguinische Alternative entgegensetzt, die im Zeichen des antiken Heiterkeitstopos steht.[1176] Erasmus, von dem Huizinga affirmativ sagte – „wie strahlt aus seinem ganzen Wesen die Stimmung des Spiels!" – schreibt sich ebenfalls in diesen Topos ein.[1177]

Der Narr lässt die Armbrust als hinderliches „Teufelswerkzeug" da, raubt Basil aber den Stein der Weisen und heftet sich diesen an seine Narrenkappe: er wird sein neues Emblem, transformiert quasi zu einer Designate des Humors:

> „An meine Kappe hefte ich den Stein der Weisen
> Die Beine springen
> Die Schellen klingen,
> hell funkelt der Stein.
> Nun wird auch mein Singen
> Unsterblichen Ruhm erringen!
> Ich werde geliebt und vergöttert sein. (*Ab.*)" (Stein, 546)

1174 Vgl. Walter Benjamin: Ursprung des deutschen Trauerspiels. In: Gesammelte Schriften Bd. I/1, insbes. S. 323–335, hier S. 331f.

1175 Erasmus: Lob, S. 49f.

1176 Vgl. etwa die Melancholiekritik der Klassik: Dieter Borchmeyer: Macht und Melancholie. Schillers Wallenstein. Athenäum: Frankfurt a. M. 1988.

1177 „Calvin und Luther konnten den Ton nicht vertragen, in dem der Humanist von heiligen Dingen sprach." Huizinga: Homo Ludens, S. 197.

In diesem Monolog spricht der Narr als zwar ruhmsüchtiger, aber autonomer Künstler. Die Etymologie des Begriffes Narr (mittelhochdt.: *narre*; althochdt.: *narro*) legt die Abstammung vom lateinischen *narrator* nahe und verweist auf seine Domäne – die Wortkunst und seine Funktion als Unterhalter und Geschichtenerzähler. Auf der Ebene des Mythos herrscht eine Identität zwischen dem Künstler und dem Narren.[1178] Er ist der Nachfahre mythischer Heroen, die im Akt des Widerstandes gegen die Götter sich an den Anfang des kreativen Schaffens und damit der Kultur stellten (Prometheus, Hermes). Nach der idealistischen Sicht des Künstlers, die besonders im 19. Jahrhundert verbreitet war, weist jedes Künstlertum eine Teilhabe am Göttlichen auf (Künstler als Priester), ist aber zugleich tief subversiv als Nachhall des Widerstandes der Engel (Prometheus, Mephistopheles und andere Antidemiurgen). Im Schatten des Schaffens steht ein Dämon in Form von Trancezustand oder Wahnsinn. Hier nähert sich der Künstler der alle Grenzen überschreitenden Trickersterfigur,[1179] die Konventionen, sowie Reinheit und Harmonie des Stils verletzt. Im kreativen Akt wird die Grenze zwischen Kunst und Magie fließend. Doch die Inklinationen des Narrentums und der Alchemie zum Künstlertum werden von Wedekind zugunsten der sanguinischen Variante entschieden, und zwar auch wenn sie kein vollendetes Gegenteil Basils repräsentiert. Als letzter verlässt die Bühne bezeichnenderweise der Famulus Leonhard, der von demselben Schauspieler gespielt wird, wie der Narr Guendolin. Sein Auftritt nimmt das Pathos der vorangegangenen Szene der Abdankung Basils zurück. In einem triumphierend vorgetragenen Schlussmonolog spricht er sich gegen einen zurückgezogenen, Weisheit suchenden Lebensstil zugunsten eines bürgerlichen Idylls aus.[1180] Der ans Martyrium grenzende, melancholische Abgang Basils[1181] betont abermals, was bereits die illusorischen Machtinsignien[1182] demonstrierten: die Figur ist als defizitär gekennzeichnet.

1178 Sznajderman: Błazen, S. 149ff.

1179 Zur Trickster-Figur: Ebd., S. 26, bibliographische Verweise zu den Studien von Paul Rodin, Karl Kerenyi, Carl Gustav Jung. Durch die Figur des Trickster – Verbindung zur Geburt der Zivilisation und Mythologie des Schaffens, des Genius, des Künstlertums.

1180 "Jetzt such ich, mich der Freiheit recht zu freuen, / ein Eh'weib mir! Schon hör ich Kinder schreien! / Großkinder schreien! – Himmelsakrament / jetzt hat der ganze Geisterspuk ein End!" (Stein, 549).

1181 Vgl. Whalley: The Elusive Transcendent, S. 168.

1182 Sie gehören zur mythologischen Hinterlassenschaft der Antike, so Walter Benjamin, für die aber im Mittelalter die Legitimation fehlt: denn „die Kirche hat ihre Lehnsherren, die Götter, vernichtet." Es wurde also eine „Magie ohne mythologische Grundlage" betrieben. Walter Benjamin: Über das Mittelalter. In: Gesammelte Schriften, Bd. II/1, S. 132f.

Durch die Personifikation des Humors stellt sich noch aufdringlicher als sonst die Frage nach der Eigentümlichkeit dieses Begriffs und somit auch die nach der Traditionslinie, in die er sich einreihen ließe. Harald Riebe versucht den Humor im Stück über die Analogie zu Wedekinds Definition des Humors in seinem *Witz*-Essay von 1887 zu erklären. Er bringt den Humor des Essays, der „die Relativität, die Nichtigkeit alles Irdischen ad oculos" demonstriere (Witz, 341), in die Nähe von Jean Pauls *Vorschule der Ästhetik*, wo der Humor „das Endliche durch den Kontrast mit der Idee" vernichte. Riebe folgt einem versöhnlichen Humorbegriff und kann also in der Narren-Figur nur den Gegensatz einer „beschaulichen Objektivität", einer „verständnisvollen Milde humoristischer Weltsicht" finden.[1183] Der Auftritt hat den Charakter einer Posse, Basilius wertet Guendolin ab. „Die Rede des Narren", so Riebe,

> „ist an Härte, ja, an Niedertracht, nicht zu überbieten; sie ist blanker Zynismus. Sollte sich hinter dem Possenhaften ein unlösbarer Ernst der Verzweiflung versteckt haben? [...] Wedekinds Humor muß wohl als das Ganze dieses siebenten Auftritts gesehen werden. Ihm ist Härte, Schwärze, Bitterkeit eingeschrieben. Die Grenze eines bloß ‚frohen Humors' (Karl Kraus) ist mit ihm längst überschritten in ein Jahrhundert hinein, das unvorstellbare Schrecken bereit hält."[1184]

In einer so verstandenen Komplementarität der Oppositionen, wie Riebe es will, erfahren die Qualitäten des Narren, und zwar auch außerverbal, nicht die angemessene Würdigung. Im Vorwort zur Buchausgabe 1909 schreibt der Autor:

> „Mit vollem Bewusstsein [...] ging ich darauf, [...] das Bild eines Schriftstellers vor Augen zu führen, der sich, trotzdem er sein halbes Leben lang missverstanden wurde, nicht nur seinen Humor, sondern auch noch ein leidlich unbefangenes Urteil über die Eigenart und über die Mängel seines Humors bewahrt hat."[1185]

Arthur Kutscher kommentiert diesen Eintrag konsequent biografisch: Wedekind sitze hier, wie in *So ist das Leben* und *Zensur* über sich selbst zu Gericht, mit dem Unterschied allerdings, dass in *Der Stein der Weisen* eine veränderte Grundstimmung vorherrscht:

> „dort leidenschaftliche Rechtfertigung seiner Person, ihres Strebens, ihres Rechts, pathetische Auflehnung mit einem starken Schuss Spott und Ironie; hier [...] vielmehr Spiel und Gegenspiel, schließlich überwiegendes, siegendes Gegenspiel, Triumph über des Helden Schwere. Wedekind sieht seine Einsamkeit, Lebensferne, Buchgelehrsamkeit, philosophische Klügelei, Selbstsicherheit, Verbitterung, Neid und Gespreiztheit als eine Gefahr, er fühlt das wie ein Altern, und lässt den Alten

---

1183 Harald Riebe: Anmerkungen zu Wedekinds Versdichtung Der *Stein der Weisen oder Laute, Armbrust und Peitsche. Eine Geisterbeschwörung.* In: Dreiseitel, Vinçon (Hg.): Kontinuität – Diskontinuität, S. 229–250, hier S. 246.
1184 Ebd., S. 248f.
1185 Wedekind. In: Werke in drei Bänden, Bd. 3, S. 368. Vgl. auch STA 6, S. 954f.

überwunden werden von dem Jüngeren, Reicheren, Kräftigeren in ihm. [...] Die Dichtung [...] zeigt Wedekinds Kämpfe mit der Welt und sich selbst und das Ergebnis: den Sieg seines Humors."[1186]

Auch wenn Kutschers Interpretation die Relevanz des Humorbegriffs im Stück und generell für Wedekinds Werk durchaus wahrnimmt, so bietet sie keine inhaltliche Erklärung des Phänomens.[1187]

Irmer definiert Guendolin, in Anknüpfung an *Zirkusgedanken*, als Allegorie einer „humor-realistischen Weltanschauung".[1188] 1908, ein Jahr vor dem *Stein der* Weisen, verfasste Wedekind bezeichnenderweise einen Dramenentwurf unter dem Titel: *Humorist und Realmensch*. Neben den Notizen umfasst der Text auch das Konzept der ersten Szene. Die Figuren charakterisiert Wedekind wie folgt:

> „Der Realmensch ist die humoristische Figur. Es sucht das Leben zu erobern, zu bezwingen durch Logik und Rechnerei und wird dabei immer mehr zum Lastthier. Der Humorist, der aus allem den Humor zu finden weiß, wird immer ärmer und ärmer bis er sich schließlich erschießt."[1189]

Paradoxerweise soll das Stück mit dem Selbstmordversuch des Realmenschen beginnen, vor dem ihn der Humorist rettet. Der Skizze ist, wie oft bei Wedekind, eine aporetische Antithetik der Figuren und des Weltbildes zu entnehmen.[1190] Aber Komplementarität, diese *coincidentia oppositorum*, ist auch in der Narren-Figur selbst angelegt. Die Idee der Einheit der Gegensätze sei, so Umberto Eco, ein in das mittelalterliche Denken getriebener Keil, eine revolutionäre Idee der Renaissance-Kultur. Sie markiere das Ende der forcierten Einheitlichkeit, das Aufkommen der Potentialität in der Wahrnehmung der Welt und des Menschen, und der sie begleitenden Beunruhigung.[1191] Die Narren-Figur steht insofern

---

1186 Kutscher: Frank Wedekind, Bd. 3, S. 70f.

1187 „Der auf die *incantatio* des Narren unmittelbar folgende 7. Auftritt hat den Humor in einer auffallend problematischen Weise zum Thema, und es fragt sich, ob man Kutschers Deutung [...] so einfach bestehen lassen kann, ohne nachzufragen, welcher Art der Humor hier ist." Vgl. STA 6, S. 969.

1188 Irmer: Der Theaterdichter, S. 205. „Der Narr ist Humorist, der Humorist ist Realist, der den Idealisten unweigerlich zur Strecke bringt." Ebd., S. 204.

1189 Frank Wedekind: Humorist und Realmensch. In: STA 6, S. 295.

1190 Vgl. Vinçon: Zerbrochene Spiegel, S. 1132f. Vgl. auch STA 6, S. 1135 sowie S. 987f. Zeitgenössische Kritiker verweisen auf offene Fragen, mit denen das Stück aufwartet: „Worin liegt der Stein der Weisen? Im Humor oder in dem beschaulichen Glück des häuslichen Herdes? Das und manch anderes ist unklar geblieben." Zur Wiener Inszenierung 1910/1911, zit. nach STA 6, S. 991. Ähnlich über das Berliner Gastspiel: „Hat der den Stein der Weisen, der Humor hat?" Ebd., S. 995.

1191 Die Idee stammt von Nikolaus von Kues (latinisiert Nikolaus Cusanus), 15. Jahrhundert. Eco: Sztuka i piękno, S. 187ff.

symbolisch für eine dynamische, unorthodoxe Sicht der Welt, der ein Gleiten von Metamorphosen zugrunde liegt und in der sich eine Ordnung gefährdende Funktion des Komischen manifestiert. Der Narr steht am Scharnier zwischen Mittelalter und Neuzeit, markiert den Übergang. Die Figur Guendolins kann in diesem Sinne als Chiffre einer Kunstästhetik gelesen werden, deren wichtigste Komponente ein unversöhnlicher, nicht domestizierter, auf die Herausforderung hin orientierter Humorbegriff ist. Diese poetologische Figur schließt gleichsam demaskierende und befreiende Funktion in sich und stellt sich als ein Korrektiv einer nur oder primär diskursiven Ästhetik dar.

VIII. Ein ‚Mysterium' a'la Frank Wedekind: *Franziska* (1911)

Das 1911 entstandene, 1912 in München uraufgeführte Drama *Franziska*[1192] schließt den Reigen der hier zu analysierenden Texte, mit denen Frank Wedekinds Humorbegriff konstelliert werden soll. In der Stoffwahl und in formaler Hinsicht erwächst *Franziska* aus demselben Geist wie *Der Stein der Weisen*. Durch ein Goethe-Zitat als Motto und den Rückgriff auf den Faust-Stoff gibt sich das Drama zunächst klassizistisch. *Franziska* setzt den Endpunkt hinter der langjährigen Auseinandersetzung Wedekinds mit der Faust-Idee,[1193] die sich hier im Konzept eines weiblichen Fausts, einer ‚Faustine' realisiert.[1194] Die bisher dominierende Auslegung des Stücks nahm denn auch Goethes Meisterwerk *Faust* zum Maßstab der Wedekindschen Leistung.[1195] Einen anderen Schwerpunkt wählte dagegen Ariane Martin, die das Stück als ein Spiel mit Konventionen interpretierte und sich dabei auf die biografische Spur konzentrierte. Als Hauptinspirationsquelle gilt ihr das Leben und Werk der bekannten Persönlichkeit der Münchner Bohème – Gräfin Franziska zu Reventlow.[1196] An den Ansatz

---

1192 Frank Wedekind: Franziska. Ein modernes Mysterium in fünf Akten. In: Ders.: Werke in zwei Bänden, Bd. 2, S.639–742. Weiter im Text mit der Sigle „F" und der Seitenzahl in Klammern zitiert.
1193 Vgl. Irmer: Der Theaterdichter, S. 195–214, zu *Franziska* vgl. S. 206–214.
1194 In einer Aussage Wedekinds von 08.05.1911 heißt es, er plane einen „weiblichen Faust, Faustine". Kutscher: Frank Wedekind, Bd. 3, S. 114. Vgl. auch Kutscher: Wedekinds Leben und Werk, S. 296–303, hier S. 296. So auch in Wedekinds Einleitung zu einer Lesung aus *Franziska* in Berlin: „[I]ch habe nämlich einen weiblichen Faust geschrieben". Zit. nach Ariane Martin: Spiel mit Konventionen: Goethes *Faust* und Franziska Gräfin zu Reventlow in Frank Wedekinds ‚modernem Mysterium' *Franziska*. In: Dreiseitel, Vinçon (Hg.): Kontinuität – Diskontinuität, S. 75–96, hier S. 81f.
1195 STA7/II, insbes S. 1080f.
1196 Martin interpretiert *Franziska* als „allegorisches Schlüsselstück über Franziska zu Reventlow und die Schwabinger Bohème, als Münchner Szenen." Es handle sich um ein „Spiel mit den Konventionen des bürgerlichen Sexualdiskurses" bzw. „Spiel mit antibürgerlichen Konverntionen". Martin: Spiel mit Konventionen, S. 76, S. 85 und S. 96. Martin zeigt u.a. Parallelen zu Reventlows autobiographischem Roman *Ellen Olestjerne. Eine Lebensgeschichte* (1903) auf. Vgl. ebd. S. 89f., sowie STA 7/II, S. 1040f.

Martins wird im Folgenden angeknüpft, insofern das Stück ein hybrides Gebilde und ein Paradebeispiel für Wedekinds Skepsis gegenüber der ästhetischen Tradition des 19. Jahrhunderts, sowie sein Ausweichen auf das poetologische Prinzip theatralischer Desillusion darstellt. In *Franziska* äußert sich diese Tendenz in der offenen Handlungsführung, in der Verwendung von epischen, lyrischen und choreographischen Elementen, in der Figurengestaltung und im Rückgriff auf viele Traditionen, die palimpsestartig einander überlagern.[1197] Goethe als geistigem Vater des Dramas[1198] ist auch Nietzsche mit seinem *Zarathustra* an die Seite zu stellen.[1199] Aber erst an der Konfrontation mit Heines *Der Doktor Faust. Ein Tanzpoem nebst kuriosen Berichten über Teufel, Hexen und Dichtkunst* wird über die Verwandtschaft[1200] auch die Eigenleistung Wedekinds im Hinblick auf die Dimension des Humoristischen transparenter.

1. *Franziska* als Spiel

Im zweiten Akt vollzieht sich, dem Wunsch Franziskas gemäß, der Rollentausch: die Verwandlung zu einem Mann und die Erprobung der Existenz unter anderen sozialen Bedingtheiten.[1201] Wie im Drama *Musik* wird hier die Titelfigur zur Sängerin ausgebildet und bereist die Welt, schon als Franz, mit Gastauftritten, womit wiederum eine Parallele zu *Kammersänger* hergestellt ist.[1202]

1197 Vgl. Austermühl: Frank Wedekind (1864–1918), S. 74ff.

1198 Der „sensualistische Goethe" sei „für Wedekind lebenslänglich geheimer Bezugspunkt" gewesen. Austermühl, Vinçon: Frank Wedekinds Dramen, S. 307. Die Frage nach dem Bezug zu Goethes *Faust* beantwortet Martin mit der These von einer „vielfach gebrochener Adaption des Stoffes, die sich als Provokation gestaltet." Martin: Spiel mit Konventionen, S. 80.

1199 Riedlinger: Aneignungen, S. 107, S. 109–115. Vgl. zudem Paul Friedrich: Frank Wedekind. Wilhelm Borngräber Verlag Neues Leben: Berlin [1910], S. 50ff.

1200 Elke Austermühl weist auf die frühe Lektüre von Heines *Buch der Lieder* und *Der Doktor Faust* hin. Elke Austermühl: Eine Lenzburger Jugendfreundschaft. Der Briefwechsel zwischen Frank Wedekind und Minna von Greyerz. In: Austermühl u.a. (Hg.): Pharus I, S. 343–420. Vgl. auch Dreiseitel: Ich mache natürlich lebhaft Propaganda, S. 29.

1201 „Franziskas Wunsch, ein Mann zu sein, resultiert aus ihrem revolutionären Willen, die ihr von der gesellschaftlichen Moral auferlegten Grenzen zu sprengen." Riedlinger: Aneignungen, S. 111.

1202 Auch Lulu wird durch Dr. Schöns Förderung zu einer bekannten Tänzerin. Josephine Schröder-Zeballa interpretiert Lulus Tanz als Ausdruck ihres messianischen Charakters. Lulu gilt ihr als Verbindung der christlichen und der häterischen Komponente – sie sei Hetäre und Heilige. Ihre Mission besteht in der Herstellung eines

Während sich der Kammersänger Gerardo aber jeder dauerhaften Beziehung verschloss, wird hier eine Beziehung erprobt, auch wenn sie durch die zeitweilige, jedoch nur äußerliche Geschlechtsumwandlung Franziskas von vorn herein zum Scheitern verurteil ist.[1203] Durch die Absurdität der Konstellation, die Wedekind selbst als „Karikatur einer unglücklichen Ehe" bezeichnet, wird die gesellschaftliche Stellung der Frau aus der Innen- und Außenperspektive reflektiert. „Das Stoffliche dieses Aktes will [...] nicht", so Wedekind im Selbstkommentar, „allzu ernst genommen sein. Um so ernster wollen die logischen Zusammenhänge erwogen werden, auf deren Ergründung ich ausging."[1204] Es wäre aber falsch, das Stück auf ein Ehedrama zu reduzieren:

> „Der komplizierteste Akt in *Franziska* ist der vierte. Sein Thema ist die Frauenfrage. Eigentum und Besitztum an Menschen. Um einen weiten Überblick zu gewinnen, nahm ich meine Zuflucht zu dem Mysterium von der Höllenfahrt Christi, die sich zwischen dem Kreuzestod und der Auferstehung abspielt. Dies Mysterium ermöglichte mir eine Gegenüberstellung von Christus und Helena als Repräsentanten von Mann und Weib. Als Sinnbilder verwandte ich außerdem die Schatten der Unterwelt in ihrem Gegensatz zu den Mänaden und Bacchantinnen der Oberwelt."[1205]

Hiermit bekennt sich Wedekind zu einer Weltanschauung, mit der er schon in früheren Texten experimentierte: er erprobt nämlich erneut einen Dialog der heidnisch-antiken mit der christlichen Tradition. In *Franziska* geschieht das in Form eines dichten Gewebes von Zusammenhängen, die auf eine spielerische Art und Weise in eine Wechselbeziehung miteinander treten.[1206] Das Moment der Leichtigkeit signalisiert bereits das beredte Motto: „Wende die Füßchen zum

---

Gegengewichts zu lustfeindlichen Werten. Vgl. Schröder-Zebralla: Frank Wedekinds religiöser Sensualismus, S. 150–158.

1203 Wie die zwei „blinden Leidenschaften" in *Kammersänger* erlag Sophie der Stimme von Franz(iska), mit der er / sie „[ihr] Herz bezwang." (F, 669)

1204 Wedekind: Was ich mir dabei dachte, S. 370.

1205 Ebd., S. 371. Vgl. auch KSA 7/II, S. 1033. Tilly Wedekind fasst den Inhalt folgendermaßen zusammen: „Die männliche Hauptfigur ist ein Abenteurer namens Veit Kunz, der mit seiner Geliebten, Franziska, seine eigenen Stücke spielt. Szenen aus diesen Stücken werden auch gezeigt. Einmal erscheint Veit Kunz als Jesus Christus im Reich der Toten, wo er der trojanischen Helena begegnet." Tilly Wedekind: Lulu: Die Rolle meines Lebens. Rütten und Loening: München 1969, S. 136f, zit. nach Whalley: The Elusive Transcendent, S. 172.

1206 Mit *Herakles* (1917) greift Wedekind noch einmal den antiken Stoff auf, auch hier ist dieser mit dem christlichen Motiv des Märtyriums gekoppelt, der ernsthafte Grundton hat hier aber bereits die Oberhand gewonnen. Vgl. Irmer: Der Theaterdichter, S. 185–194, S. 207; Whalley: The Elusive Transcendent, insbes. S. 189; vgl. zudem Dorothee Mounier: Wedekinds *Herakles*. Untersuchungen zu Funktion und Rezeption einer mythologischen Dramenfigur. Diss. Peter Lang: Frankfurt a.M. u.a. 1984.

Himmel nur ohne Sorge! / Wir strecken / Arme betend empor; aber nicht schuldlos, wie du." (F, 639)[1207] Mit dem Motto aus Goethes *Venetianischen Epigrammen* (1790)[1208] wird der Dichter zum Paten des Stücks ernannt. Diese Wertschätzung mag sich mit Goethes kosmopolitischer Gesinnung erklären, die Wedekind nahe stand.[1209] Es sei aber auch daran erinnert, dass er den „Universalmenschen Goethe" und seinen Faust in den *Zirkusgedanken* der Kategorie der „Seiltänzer" zuordnete: Den Dichter Goethe zählt Wedekind zu „jenen praktisch brauchbaren Menschen, die sich aus den jeweils gegebenen Lebensverhältnissen ein Bild von gewisser Vollkommenheit herauskonstruieren, dem sie in treuem Eifer nachzustreben bemüht sind." (Zg, 226)[1210] „Das Große, das Gewaltige" an Goethe sei, „dass er ununterbrochen auf realem Boden steht und stehen will", wovon die „Krone seines Schaffens" – sein *Faust* „das herrlichste Zeugnis" ablege. (Zg, 226) In diesem Sinne gehe der verjüngte Faust „[u]nter ununterbrochenem vielgestaltigen Balancieren" seinem Ziel – der Vollkommenheit – entgegen. Wie die Kunstreiterin habe er den Stützpunkt unter sich und befinde sich also wie sie im labilen Gleichgewicht. In dem den Essay schließenden Plädoyer für eine dem real-praktischen Idealismus verpflichtete Lebensführung wird das Moment des Außermoralischen markiert: „Aber das ethisch-moralische Tribunal? – Nicht doch; dasselbe hat oben bereits sein erlösendes Urteil gesprochen. – " Gemeint ist der erlösende Chor: „Gerettet ist das edle Glied / Der Geisterwelt vom Bösen..." (Zg, 228)[1211] Wedekind erklärt die Wahl des Mottos zu *Franziska* mit dem Wunsch, das Mignon-Thema zu erweitern:

„Empfindungen, die vielleicht das natürlichste, nächstliegende Ergebnis lebendiger Phantasie darstellen, die aber von der heutigen Generation vielfach als der menschli-

---

1207 Wedekinds Tagebucheintrag von 07.08.1889, München: „Abends auf dem HBK denke ich fortwährend des Goetheschen Distichons: Wende die Füße zum Himmel etc." Wedekind: Die Tagebücher, S. 107f. Vgl. zudem Eintrag von 08.08.1889: „Das Distichon verlässt mich nicht mehr." Ebd., S. 108.

1208 Es handelt sich um Goethes unterdrücktes Venezianisches Epigramm. „Kehre nicht, liebliches Kind, die Beinchen hinauf zu dem Himmel! Jupiter sieht dich, der Schalk, und Ganymed ist besorgt." Wedekinds Gebrauch – Füße statt Beine – ist süddeutsch. Ebd., S. 341.

1209 So Riedlinger, der darin auch eine Verbindungslinie zu Nietzsche sieht (Goethe als „der Ausnahme-Deutsche"). Nietzsche: Die fröhliche Wissenschaft, 103, S. 108. Vgl. Riedlinger: Aneignungen, S. 99.

1210 Neben Goethe gehören hier „gründliche Gelehrte, gewissenhaften Beamte, geschickte Handwerker, allsorgende Hausväter, liebende Mütter oder endlich harmonisch ausgebildete Menschen." (Zg, 226)

1211 Vgl. Johann Wolfgang von Goethe: Faust. Der Tragödie zweiter Teil. Reclam: Stuttgart 1991, S. 209.

chen Natur zuwiderlaufend, als der künstlerischen Behandlung unwürdig, mit Verachtung behandelt werden."[1212]

Somit macht der Autor auf rein ästhetische Qualitäten des Stücks als Effekt seiner Einbildungskraft aufmerksam. Aus dem Prolog, der bei der Aufführung der *Franziska* in den Münchner Kammerspielen gesprochen wurde, geht der spielerische Charakter des Textes unmittelbar hervor: Der Prolog führt in die Ehe-Problematik ein und zwar in Form einer Reklame oder nach Art eines Marktschreiers. Das Zweierverhältnis wird in eine phonetische Analogie gesetzt: „Die Ehe, meine hochverehrten Damen / Und Herren, die Ehe hat ihren Namen / Aus zwei Gleichlauten mit einem H, / Das als Hindernis zwischen beiden da, / Damit nicht ein vorwitziger Wicht / Zwei gleiche Laute als Einklang spricht."[1213] Der skurrile Charakter des Textes sagt zum einen über die Konvention des Stücks aus. Es manifestieren sich darin aber vor allem Heterogenität und Differenz als poetologische Prinzipien zuungunsten eines auf Synthesen ausgerichteten Denkens. Bezeichnend ist die Parallele zu Goethes „Prolog im Himmel" und die darin vermittelte olympische Perspektive: Sie verdankt sich der Kreation eines Gottes, der sich zwar das Lachen abgewöhnt hat, aber nicht ohne Humor ist und seine Freude am Schalk bekundet.[1214] Darin bahnt sich bereits „die heitere Erhabenheit des Geistes", die für Goethes letzte Lebens- und Schaffensphase charakteristisch ist[1215] und an die sich Wedekind anzulehnen scheint. Goethes Gebrauch des Begriffs Humor erfasst ein breites Bedeutungsspektrum: Die verschiedenen Register hängen einerseits mit dem Bedeutungswandel zusammen, den das Wort zu Lebzeiten des Dichters erfuhr, andererseits mit dem Wandel seiner ästhetischen Urteile und der eigenen persönlichen künstlerischen Konditi-

---

1212 Offener Brief an Max Reinhardt. In: Berliner Börsen-Courier, Nr. 415 (I. Beilage) von 05.09.1913, zit. nach STA 7/II, S. 1033. Vgl. zu Reinhardts Theater der Fünftausend: ebd., S. 1073.

1213 Wedekind: Was ich mir dabei dachte, S. 371.

1214 Johann Wolfgang Goethe: Faust. Der Tragödie erster Teil. Reclam: Stuttgart 1991, S. 9–12. Vgl. auch den bekannten Prolog Wedekinds zu *Die Büchse der Pandora*, sowie Vinçon: „Prolog ist herrlich!"

1215 Hans Heinrich Borcherdt: Humor bei Goethe. Deutsches Verlagshaus Bong & Co: Berlin, Leipzig 1927, zit. nach Ursula Homann: Hatte Goethe Humor? http://www.ursulahomann.de/HatteGoetheHumor/Kapitel004.html. (Zugriff: 09.12.2011). (Verkürzte Fassung des Aufsatzes: unter dem Pseudonym Ruth Allenstein innerhalb der Serie *Die markierte Zeile* in der Fachzeitschrift für Literatur und Kunst *Der Literat* von Juli/August 2004). Vgl. auch Jochen Golz: Humor. In: Bernd Witte, Theo Buck u.a. (Hg.): Goethe-Handbuch in vier Bänden. Metzler: Stuttgart, Weimar 1998, Bd. 4/1, S. 506–508, hier S. 508.

on. Unter dem Einfluss der englischen Ästhetik und Literatur[1216] sowie dank dem häufigeren Umgang mit der Weltkunst gewinnt der Humor für Goethe etwa ab 1810 deutlich an Wert, indem er zu einem Teil des ästhetischen Vermögens des Künstlers wird, zu seiner seelisch-geistigen Disposition, mit deren Hilfe er das Disparate bändigen kann.[1217] In seiner letzten Lebensphase entwickelt Goethe „eine heiter-gesellige Haltung",[1218] eine Perspektive, die ihn kritisch auf seine frühen, ‚ernsten' Schöpfungen blicken lässt.[1219]

Vereinzelte Kritiker haben auf den spielerischen bzw. leichten Charakter des Stücks hingewiesen: so Tilly Wedekind, die den Unterhaltungswert des Textes und seinen experimentellen Charakter betont:

„Im Jahre 1911 wurde ein neues Stück von Frank fertig, *Franziska*. In Anlehnung an die mittelalterlichen Mysterienspiele nannte er es *ein modernes Mysterium*. ‚Verste-

---

1216 Goethe bewundert besonders Sterne: „Yorik-Sterne war der schönste Geist, der je gewirkt hat. Wer ihn liest, fühlt sich sogleich frei und schön. Sein Humor ist unnachahmlich, und nicht jeder Humor befreit die Seele." Johann Wolfgang von Goethe: Gesammelte Werke in 14 Bänden. Bd. VIII. Beck: München 1981, S. 480.

1217 In ästhetischen Urteilen und Reflexionen Goethes ab Mitte der 90er Jahre des 18. Jahrhunderts zeichnet sich ein ambivalenter Gebrauch des Wortes ab: einerseits ist ihm Humor „Selbst ohne poetisch zu seyn [...] eine Art Poesie und erhebt uns seiner Natur nach über den Gegenstand" (So im Brief an Friedrich Schiller von 31.01.1798), andererseits aber hält Goethe an der Nähe des Humoristischen zum Absurden, Grotesken und Fratzenhaften fest und präsentiert dementsprechend distanziert-abschätzige Haltung. Golz: Humor, S. 506f. Goethes kritische Urteile zeugen davon, dass er von Jean Pauls Reflexionen offenbar keine Kenntnis hatte bzw. an ihnen vorbei schrieb. Schütz: Witz und Humor, S. 212f.

1218 Bereits in *Faust* „bahnt sich die heitere Erhabenheit des Geistes an, die für Goethes letzte Lebens- und Schaffensperiode charakteristisch ist." Hans Heinrich Borcherdt: Humor bei Goethe. Deutsches Verlagshaus Bong & Co.: Berlin, Leipzig 1927, zit. nach Homann: Hatte Goethe Humor?

1219 „Über diesen Ernst, der meine ersten Stücke verdüsterte, beging ich den Fehler, sehr günstige Motive zu versäumen, welche ganz entschieden in meiner Natur lagen." In diesen frühen Jahren habe sich in ihm ein „verwegener Humor" entwickelt, „der sich dem Augenblick überlegen fühlt". Johann Wolfgang von Goethe: Dichtung und Wahrheit, 2. Teil, 7. Buch. In: Ders.: Gesammelte Werke in 14 Bänden, Bd. IX, S. 286f. Im 12. Buch (3. Teil) heißt es dann: „Der Humor entsteht, wenn die Vernunft nicht im Gleichgewicht mit den Dingen ist, sondern entweder sie zu beherrschen strebt und nicht damit zustande kommen kann, oder sich ihnen gewissermaßen unterwirft und mit sich spielen lässt, salvo honore!, welches der heitere Humor oder der gute ist. Sie lässt sich gut symbolisieren durch einen Vater der sich herablässt mit seinen Kindern zu spielen, und mehr Spaß einnimmt als ausgibt. In diesem Falle spielt die Vernunft den Goffo, im ersten Falle den Moroso." Ebd., S. 537.

hen werden es die Leute nicht', meinte er, ‚aber sie werden sich dabei amüsieren.'[...]"[1220]

In diesem Geiste urteilt auch Arthur Kutscher:

> „Mehr als in früheren Werken herrscht in *Franziska* Spiel und Poesie [...] *Franziska* ist Wedekinds üppigstes Werk, es knistert und funkelt, es ist von Lust erfüllt, sieghaft und klingt aus in einem Akkord der Versöhnung und Menschenliebe."[1221]

Es sei auf einige weitere Bemerkungen dieser Art hinzuweisen: Wedekind finde mit *Franziska* zu einer „opernhaften Dramaturgie".[1222] Analog äußert sich ein anderer Kritiker: Modern an diesem Mysterium sei „die operettenhaft leichte, parodistische Art und Weise der Verwandlungen Franziskas": Das Stück stelle „ein dramatisches Summarium dar und ist nichtsdestoweniger [Wedekinds] sehr leichte Arbeit".[1223] Die Nähe zu Musikgattungen verdankt sich dem Einsatz von Musik und Tanz, wobei die Musik hier einen breiteren Raum als in früheren Texten einnimmt.[1224] Dies und die Tatsache, dass auch die bildende Kunst zu ihrem Recht kommt, verleitet dazu, an dem Drama ein performatives Konzept mit optischen und akustischen Qualitäten zu beobachten, aus quasi Segmenten bestehend, die selbstreferentiell funktionieren können.

2. Figuren-Darstellung

2.1. Franziska-Figur: lachend und leichtfüßig

Im 1. Bild wird Franziska mit Blick auf ihre Jugend durch Lachen als wesentliches Bestandteil ihres Naturells charakterisiert:

> „Franziska: Weiß du noch, Mutter, wie oft ich vom Tische weglief, weil ich das Lachen nicht verbeißen konnte?
>
> Mutter: Wie sollte ich das nicht mehr wissen! Wenn dein Vater Sorgen hatte und ein ernstes Geschäft besprach, dann fandest du das lächerlich." (F, 644)

Im Lachen fand Franziska Zuflucht vor den Konflikten, die immer wieder zwischen den Eltern ausbrachen. In ihrer Imagination überspitzte sie die elterlichen

---

1220 Tilly Wedekind: Lulu, zit. nach Whalley: The Elusive Transcendent, S. 172. In einer der Verwandlungen sagt die Titelfigur zum Herzog, der mit Skepsis auf ihre behauptete Geschlechtslosigkeit – sie sei weder Mann noch Weib – reagiert: „Wer es zu fassen vermag, fass' es." (F, 696)

1221 Kutscher: Wedekinds Leben und Werk, S. 296–303, hier S. 302.

1222 Neumann: Musik in Frank Wedekinds Bühnenwerken, S. 35f.

1223 Irmer: Der Theaterdichter, S. 207. Im Hinblick auf die Parodie-Anteile ist *Franziska* dem *Stein der Weisen* an die Seite zu stellen.

1224 Vgl. Neumann: Musik in Frank Wedekinds Bühnenwerken, S. 41.

Auseinandersetzungen zu ‚Entsetzlichkeiten', um den möglichen Überraschungseffekt zu überlisten und so ihre Illusion behalten zu können, sie mögen dadurch nicht eintreffen. Durch den Kontext der Kindheits- und Jugenderinnerungen wird das Lachen Franziskas emotional aufgeladen und als Abwehrhaltung konnotiert: „Seitdem lache ich, wenn ich etwas Entsetzliches höre." (F, 645)[1225] Eine andere Note schleicht sich ein, wenn sie gegenüber der Mutter von sich behauptet, dass sie zwar mehr Aufwand als ihre Brüder gekostet, der Mutter aber zugleich „auch mehr Unterhaltungsstoff als sie" geboten habe. (F, 646) Hier meldet sich das Unabhängige an Franziskas Charakter, das ihr eine distanzierte Sicht ermöglicht. Diese Position versetzt sie auch in die Lage, autonom Männern gegenüber aufzutreten und sie zu verführen, auch wenn es „gar nicht so leicht gewesen" sei. (F, 645) Franziska ist ihrer Umwelt an Einsicht und Ehrlichkeit überlegen, Qualitäten, die sich bei ihr mit einer Keckheit paaren. Ein Heiratsangebot schlägt sie auch zum eigenen Wohl aus: „[...] ich möchte doch gerne erfahren, wer ich eigentlich bin. Wenn wir uns heute heiraten, dann erfahre ich in den nächsten zehn Jahren nur, wer du bist." (F, 648) Eine Alternative verspricht der Pakt mit Veit Kunz: Franziska soll für zwei Jahre das Leben eines Mannes führen und „aller Genussfähigkeit, aller Bewegungsfreiheit des Mannes" teilhaftig werden. (F, 652, 654) Auf die Frage, ob sich damit ihr „Trübsinn in Lustigkeit verwandelt", antwortet Veit Kunz, nicht ohne Zynismus: „Wir platzen vor Lachen." (F, 655) Nachdem das Experiment aber ein Jahr gedauert und Franziska als kontraktliche Geliebte des Veit Kunz von ihm schwanger wird und der Anblick der über alle Maßen leidenden Gattin Sophie, der sie sich stets durch Lügen entzieht, ihr nicht mehr behagt, kündigt sie an, nicht mehr „mitspielen" zu wollen:

> „Veit Kunz:
> Franziskas Spielwut so rasch ernüchtert?! –
> Gibt's nicht des Wissenswerten noch viel
> Für dich zu lernen aus diesem Spiel?
> Franziska:
> Durch ihren Heldenmut bin ich verschüchtert.
> Mir schaudert vor ihren ernsten Gefühlen.
> Ich sehne mich nach heiteren Spielen!" (F, 681)

Die Antithese von Ernst und Spiel entscheidet über den Charakter vieler Szenen in *Franziska*. Ariane Martin sieht hier eine Parallele zu Goethe.[1226] Entscheidende Impulse für den heiter-ernsten Charakter des Stücks sollen auch dem Bezug

---

1225 Elke Austermühl verweist auf den Zusammenhang der Figurengestaltung im Stück mit der Psychoanalyse und mit Wedekinds Freud-Lektüren. Austermühl: Frank Wedekinds *Franziska*, S. 11f.
1226 Vgl. Martin: Spiel mit Konventionen, S. 81.

zum biographischen Hintergrund entspringen: der scherzhafte Charakter der Gräfin zu Reventlow stand im Widerspruch zur Ernsthaftigkeit des Kosmiker-Kreises um Stefan George.[1227] Der esoterische Kult der Kosmiker bezog sich, unter Berufung auf Bachofens *Mutterrecht* (1861), auf Hetärentum und Mutter-schaft und drückte sich in dionysisch inszenierten, den antiken Mysterien nach-gestalteten Feiern aus, die während des Münchner Karnevals praktiziert wurden. Reventlow verspottete und persiflierte aber bereits 1904 im *Schwabinger Be-obachter* die Mythisierung der Geschlechterfragen im Mutterkult der Kosmiker. Wedekind nahm die Diskrepanz zwischen der Inszenierung und der Realität ei-nerseits, die zwischen Lebenslust und Faschingsbegeisterung der Gräfin und dem Ernst der Kosmiker andererseits durchaus wahr. Dafür spricht der getanzte Ausbruch der fiktiven Franziska aus dem Mysterium des Veit Kunz im IV. Akt.[1228] Im „lachenden wilden Tanz" (F, 725f.), in dem sie sich Veit Kunz ent-zieht, kehrt das Motiv des anarchischen Lachens wieder und bestätigt seine Funktion als Zeichen ihrer Autonomie. Mit Spott grenzt sie sich von den sie umgebenden Männern – Veit Kunz und Breitenbach ab, wenn sie kurz zuvor vom „Lachkrampf geschüttelt" wird. (F, 725) Wedekind spielt in dieser Szene höchstwahrscheinlich auf Jacques Offenbachs Parodie des Mythos in der Ope-rette *Orpheus in der Unterwelt* (1885) an.[1229] In der Schlussszene, dem bekann-testen Musikstück der Operette, in dem sogenannten *Höllen-Cancan* wird Eury-dike zur Bacchantin und entzieht sich im Tanzrausch den sie bedrängenden Orpheus, Pluto und Jupiter.[1230]

Franziskas Spiellust realisiert sich in zahlreichen weiteren Verwandlungen, von denen die mythologische Helena im sechsten Bild des Stücks (III. Akt) durch viele Kontrafakturen die zentrale Rolle erhält. Bei diesem Topos scheint

---

1227 Zum „Kosmiker"-Kreis um Stefan George gehörten u.a. Ludwig Klages und Alfred Schuler.

1228 (F, 714–731) Vgl. Martin: Spiel mit Konventionen, S. 81 und S. 91ff.

1229 Bei dem Musikstück kann es sich um die populärsten musikalischen Umsetzungen des Stoffes handeln: neben der Operette Offenbachs, die Wedekind 1911 in München besucht haben soll (vgl. STA 7/II, S.1063 und S. 1071f.), kommt auch Claudio Monteverdis Oper *Orpheus* (1607) in Frage. Der Rückgriff auf die Oper / Operette zeugt von einer „Stilwandlung", mit der Wedekind den Überbrettl-Charakter der Musik in seinen Werken überschreitet und sich neu orientiert. Ab nun wird er sich auf die Berufskomponisten verlassen. Neumann: Musik in Frank Wedekinds Bühnenwerken, S. 42.

1230 Parallele Szene auch bei Goethe, als sich Mignon in einem wilden Tanz vom Kind in eine Frau zu wandeln scheint. Vgl. STA 7/II, S. 1070f. Orpheus-Zitat bereits zu Anfang des Dramas: Franziska/Franz soll in London eine Orpheus-Partie singen: „Zwanzigtausend Mark Konventionalstrafe sind hin, / Wenn ich in London den Orpheus nicht singe." (F, 667)

Wedekind auf einige Quellen zurückzugreifen: In erster Linie dient Goethes *Faust II* als Folie und Muster. Auch im Faustbuch *Historia von D. Johann Fausten* und im *Puppenspiel Faust*, die Wedekind im Rahmen der Quellenstudien kennen lernte,[1231] gibt es Szenen der Beschwörung Helenas.[1232] Als weitere Inspirationsquellen für die Helena-Figur im Stück dürfen der bereits oben erwähnte Tanzpoem *Der Doktor Faust* Heines sowie Jacques Offenbachs parodistische Darstellung in der Operette *Die schöne Helena* (UA 1864) dienen.[1233]

Eine Deutungshilfe für das Konzept der Franziska-Figur liefert ihr Porträt, das ein in sie verliebter Maler Karl Almer (Anagramm auf Maler) anfertigte. *„Das Bild zeigt Franziska in halber Figur, den nackten Veitralf auf dem Arm haltend"*. (F, 740) Durch die Sorge um den kranken Sohn bekam ihr Gesichtsausdruck „etwas Leidendes", so der Maler. (F, 740) Regieanweisungen zufolge hat Almer unten einen Kranz aus Rosen gemalt: das Detail erklärt er als „Erinnerung an irgendein Madonnenbild". (F, 740) In dem Namen des inzwischen 4-jährigen Sohnes Veitralf sind die Namen beider in Frage kommenden Väter kontaminiert – Veit Kunz und Ralf Breitenbach. Die Frage nach der Vaterschaft bleibt offen. Im letzten Akt erstatten beide der inzwischen zurückgezogen, finanziell gesichert und „mit der Welt im Einklang" lebenden Franziska (F, 735, 737) einen Besuch und disqualifizieren sich in ihren Augen noch mehr als bisher durch absurde Angebote: Veit Kunz will den Platz des verstorbenen Freunds, des alten Baron Freiherrn von Hohenkemnath „in [ihrem] Leben ausfüllen"[1234], Breitenbach, der „zwei Väter zu einem Kind" für unsittlich hält, will ihr „[ihre] alte gute Mutter" ersetzen. (F, 739)

Ariane Martin wies, wie zu Anfang erwähnt, das Leben und Schaffen einer der bekanntesten Persönlichkeiten der Münchner Bohéme – Franziska zu Re-

---

1231 Bei der *Historia* handelt es sich um eine Summa der Spieß- und G. R.Widmann-Ausgabe *Historia von D. Johann Fausten, dem weitbeschreyten Zauberer und Schwarzkünstler* (Jena 1911), beim *Puppenspiel* um eine auf Karl Simrocks *Doctor Johannes Faust* (1846) zurückgehende Fassung (1846, 1872). Vgl. STA 7/II, S. 1030.

1232 Vgl. hierzu Austermühl: Frank Wedekinds *Franziska*, S. 3–5.

1233 Wedekind dürfte die Operette gekannt haben. Vgl. STA 2, S. 598. Den Titel *Die schöne Helena* trägt Wedekinds im Dezember 1898 entstandenes und am 03.01.1899 im *Simplizissimus* veröffentlichtes Gedicht. Der mythologische Stoff dient hier als Asyl vor der Gegenwartspolitik: „Aus der Politik verhaßten Banden / Sucht ich Trost in deiner Sinne Glut. [...] Helena, du ahnst nicht, welche Öde / Sich im Parlamentarismus zeigt." STA 1/I, S. 506f. Vgl. Kommentar im STA I/2, S. 1348–1352. Eine Grundlage für den Topos bildet darüberhinaus *Helena* des Euripides und Shakespeares *Troilus und Cressida*.

1234 Der Baron hatte ihr eine Lebensrente vermacht. (F, 735)

ventlow als die Hauptquelle für Wedekinds *Franziska* nach.[1235] Eine besondere Rolle spielen die Bezüge zu Reventlow eben im letzten, neunten Bild des Wedekindschen Dramas: das madonnenhafte Porträt Franziskas wurde durch Reventlows Photo inspiriert, auf dem sie mit ihrem Sohn Rolf abgebildet ist: In den Bohéme-Kreisen Münchens wurde das allseits bekannte Bild als „heidnische Madonna mit dem Kinde" bzw. als „heidnische Heilige" getauft, die Gräfin als Verkörperung des antiken Hetärentums verehrt.[1236] Ariane Martin zufolge handelt es sich um ein optisches Zitat: da Photographien um die Jahrhundertwende zu Gemälden stilisiert wurden, habe Wedekind gleich daraus ein Gemälde gemacht.[1237] Der Sohn von Reventlow war – wie Franziskas Veitralf – ein uneheliches Kind, dessen Vater unbekannt blieb.

Das Madonnen-Bild im Stück steht allenfalls auf der Schwelle zwischen Sakralem und Profanem, wobei allerdings die heidnische Tradition als eine leicht ironische Korrektur der christlichen zu fungieren scheint. Eine ähnliche Konstellation ist bereits in *Frühlings Erwachen* vorzufinden, wo die sexuell emanzipierte Ilse dem Maler Landauer als Modell zur „Heiligen Maria, Mutter Gottes mit dem Christuskind" Modell sitzt.[1238] Zwei Tagebucheinträge Wedekinds von 1889 zeugen von seiner Sensibilität für Madonna-Bildnisse sowie seiner Bewanderung in dieser Materie. Dies hat aber keinen religiösen, sondern vielmehr einen sinnlichen Charakter und zeichnet Wedekind als Sensualisten, als einen Augenmenschen aus: so heißt es in einem der Tagebucheinträge:

> „Diese Züge [Profil eines Schwans, J. F.] verleihen dem Schwan den ernsten sinnigen Ausdruck, der sich zu demjenigen des griechischen Profils verhält wie die Madonnenköpfe Andrea del Sartos zu denjenigen Raphaels."[1239]

1235 Gräfin Franziska zu Reventlow: „eine der pittoreskesten Figuren des an Kauzigkeit wahrlich reichen Milieus, Grand Dame der Bohème und stets in Geldnöten [...]", Schriftstellerin, Übersetzerin und Mutter „eines Märchenprinzen namens Rolf". Metzger: München, S. 247f.

1236 Martin: Spiel mit Konventionen, S. 84. Vgl. auch STA 7/II, S. 1040f. und S. 1058.

1237 Martin: Spiel mit Konventionen, S. 84.

1238 Wedekind: Frühlings Erwachen, II. Akt, S. 139.

1239 Andrea del Sarto (1486–1530), bedeutender Kolorist der Florentinischen Renaissance. Wedekind. Die Tagebücher, Eintrag von 02.09.1889, München, S. 136. In einem Eintrag von 03.09.1889 berichtet Wedekind von einem seiner Besuche in der Münchner Schack-Galerie: „[G]ehe in die Galerie Schack, wo mich besonders die geistreichen Kompositionen von Genelli interessieren. [...] Lange Zeit verbringe ich vor der Madonna von Andrea del Sarto. Das ist wirklich ein Mädchen, dem der heilige Geist auf der Stirne leuchtete. Das wäre mein Geschmack. Der kluge Ernst in diesen Zügen wäre mir zehntausendmal lieber als die Liebe in denjenigen der Sixtinischen. So wie diese heilige Jungfrau denke ich mir Anna Launhardt. Wäre ich Andrea del Sarto, ich hätte das Mädchen Medizin studieren lassen." Ebd., S. 138. Adolf Friedrich von Schack

Das Image Franziskas im letzten Bild machen aber nicht nur zu Reventlow oder die Madonna, sondern auch die mythische Helena aus. Bereits im sechsten Bild, das nach einem Spiel-im-Spiel-Modell gestaltet ist, spielt Franziska im Mysterium des Veit Kunz die Rolle der jungen Helena von Sparta. Wedekind nimmt hier das mythische Motiv der Taube auf.[1240] Die Konnotationen mit der heidnischen Helena sind auch im letzten Bild, wenn auch indirekt, deutlich: Im älteren Faustbuch taucht das Motiv eines Helena-Konterfeis auf.[1241] Auf die Tendenz zum Profanen möge auch der Rosenkranz hinweisen. In der christlichen Symbolik werden Rosen zwar Maria zugeordnet, und zwar als Symbol der Liebe, Anbetung, Hingabe und Unschuld.[1242] Zugleich steht aber das Rosensymbol für erotische Liebe und erotisch konnotierte Körperteile, eine Deutung, die durch die Komposition der Blumen zum Kranz sich zu bestätigen scheint.[1243]

Bilder mit einer Madonna mit dem Kind gibt es in aller Fülle, besonders ergiebig war in dieser Hinsicht bekanntlich die Renaissance. Anders stellt sich das Problem, wenn das Detail eines zu Füßen liegenden Rosenkranzes ausgemacht werden soll. Auf der Suche nach einem derartigen Frauen- bzw. Madonnenbildnis stößt man überraschenderweise auf das Gemälde *Helena von Troja* (1898)

(1815–1894): Diplomat und Schriftsteller, seit 1855 in München. In seiner Sammlung u.a. Bilder von Bonaventura Genelli, Anselm Feuerbach, Moritz von Schwind.

1240 Zeus soll sich Leda in Gestalt eines Schwans genähert haben, eine Verbindung, aus der Helena hervorging. Schwan als Symbol der Schönheit und Reinheit, ein Attribut Aphrodites. STA 7/II, S. 1067. In der Begegnung mit dem Erlöser / Veit Kunz taucht das Motiv auf: „Der Schwan ein Greuel, ein Idol die Taube!" (F, 723) Helena wurde „von Schwan gezeugt, wie er [die Gottheit] von der Taube" Kutscher: Frank Wedekind, Bd. 3, S. 113–135, S. 128.

1241 Vgl. Heinrich Heine: Erläuterungen. To Lumley, Esquire, Director of the Theater of Her Majesty the Queen. In: Heinrich Heine: Werke und Briefe in zehn Bänden, Bd. 7. Aufbau Verlag: Berlin 1962, S. 28–53, hier S. 41. Als Mysterien bezeichnet Heine die rituelle Einweihung neuer Hexen und ihre offizielle Vermählung mit der Hölle. Heinrich Heine: Erläuterungen. To Lumley, Esquire, Director of the Theater of Her Majesty the Queen. In: Heinrich Heine: Werke und Briefe in zehn Bänden. Bd. 7. Aufbau Verlag: Berlin 1962, S. 28–53, hier S. 50.

1242 Vgl. http://kath.de/kurs/symbole/rose.php (Zugriff: 29.10.2011). Vgl. auch Rose. In: Günter Butzer, Joachim Jacob (Hg.): Metzler Lexikon literarischer Symbole. Stuttgart 2008, S. 301–304. Wedekind verweist auf die Bedeutung der Rosensymbolik in der Bühnenausgabe zur Fassung D₁₃. Alle drei Fassungen der *Franziska* (1912: S. 227–305, 1914 II: S. 389–490, vgl.: STA 7/I, S. 227ff.) enthalten den Verweis auf den Bildtypus der *Madonna im Rosenhag*.

1243 Rose. In: Metzler Lexikon literarischer Symbole, S. 302. Rosenkranz als Symbol für weibliches Geschlechtsorgan; (Blumen)Kranz als Symbol für die Vulva, sowie als Symbol der Ehrung in christlichen wie heidnischen Riten. Vgl. ebd., S. 303 und S. 52–53.

der britischen Malerin Evelyn de Morgan (Pickering) (1855–1919): Helena ist hier stehend dargestellt, sie hält einen silbernen bzw. goldenen Spiegel in der Hand und besieht sich darin – die zum Betrachter hingewandte Rückseite des Spiegels wiederholt die Gestalt Helenas in derselben Haltung wie auf dem Bild. Außer den Rosen um die Füße wird sie durch weiße Tauben attributiert.

Evelyn De Morgan schuf in dem sich gerade verbreitenden Stil der Präraffa-eliten,[1244] auch wenn sie nicht unter den Hauptvertretern geführt wird. Die Präraffaeliten wurden in Deutschland etwa durch Hugo von Hofmannsthals Essays aus den 90er Jahren rezipiert.[1245] Denkbar ist auch Wedekinds Kenntnis des der englischen Kultur und Ästhetik gewidmeten Buches *Die Mystik, die Künstler und das Leben* (1900) des Kulturphilosophen, Essayisten und Erzählers Rudolf Kassner,[1246] der um 1900 eine Zeitlang in München lebte und zum Umkreis der Münchner Bohème und damit zum Bekanntenkreis Wedekinds gehörte. Diese heute als die bedeutendste Ausprägung der viktorianischen Malerei geltende Kunstrichtung verband Historismus – die Rückbesinnung auf Stil und Technik der alten Meister – mit modernem, dokumentarischem Realismus des 19. Jahrhunderts, der Epoche der Fotografie und der Empire.[1247] De Morgans Gemälde aus den 90er Jahren sind zum großen Teil von Botticelli inspiriert. Sie verband in ihrer Kunst mythologische und biblische Motive, ihre Frauendarstellungen assimilieren Christliches und Heidnisches.[1248] *Helena* stellt ein sensualistisches,

---

1244 Kunst des mittleren Viktorianischen Zeitalters (etwa 1848–1875). Tim Barringer: Die Präraffaeliten. Wie sie malten, wie sie dachten, wie sie lebten. DuMont: Köln 1998, S. 14 und S. 17.

1245 Wie Wedekind schrieb Hugo von Hofmannsthal für den Münchner *Simplizissimus*. Regnier: Frank Wedekind, S.163. Hofmannsthal hat den Präraffaeliten vier Essays gewidmet: *Algernon Charles Swinburne*, 1893; *Über moderne englische Malerei*, 1894; *Walter Pater*, 1894; *Englischer Stil*, 1896. Vgl. Gisela Hönnighausen (Hg.): Die Präraffaeliten. Dichtung, Malerei, Ästhetik, Rezeption. Reclam: Stuttgart 1992, S. 363–372.

1246 Rudolf Kassner: Die Mystik, die Künstler und das Leben (1900). Auszüge (Der Traum vom Mittelalter, Dante Gabriel Rossetti). In: Hönnighausen (Hg.): Die Präraffaeliten, S. 373–379.

1247 Barringer: Die Präraffaeliten, S. 8–10.

1248 Zum Beispiel in der *Driade* (1884/1885), wo die heidnische Nymphe zum Symbol der Erlösung (redemption) und der Wiedergeburt wird. „[A] similar spiritualized goddess, layering Christian meaning over pagan imagery. She had already used spring flowers, like the light of dawn, as a sign of spiritual awakening, and the overblown red roses refer to both the ephemeral nature of earthly life and the blood of redemption and resurrection." Elise Lawton Smith: The Art of Evelyn De Morgan. In: Woman's Art Journal 18, No. 2 (Autumn 1997 – Winter 1998), S. 3–10, S. 5f. http://www.jstor.org/stable/1358544 (Zugriff: 17.10.2011).

verführerisches Frauenbild dar. Durch Rosen- und Tauben-Attributierung wird einerseits eine symbolische Beziehung zu Aphrodite,[1249] andererseits aber zur christlichen Madonna hergestellt.[1250] Die Affinität zur Franziska-Figur erschöpft sich nicht im Rosenkranz-Motiv. Bemerkenswert ist zudem das Motiv des Spiegels, das in Wedekinds Stück dramaturgisch wiederholt wird, wenn Franziska, „Veitralf in den Armen haltend" (F, 740) das eigene Porträt betrachtet.

Wedekinds Kenntnis des Gemäldes *Helena von Troja* kann nicht eindeutig nachgewiesen werden, zumal sich De Morgan nicht besonders um ihre Popularität bemühte. Nicht desto trotz erfuhr sie einige Ausstellungen in England;[1251] ihr Name taucht in der Zeitschrift *Die Kunst. Monatsheft für freie und angewandte Kunst* vom Jahre 1904 auf.[1252] Vielleicht hatte Wedekind das Bild de Morgans irgendwo gesehen, ohne sich an die Quelle erinnern zu können, wie Almer erklärt? Ist die Interpretationsspur zum Gemälde De Morgans korrekt, so wird ein Argument hinzugewonnen, das die vermeintliche Bürgerlichkeit des letzten, umstrittenen Bildes unmissverständlich relativiert.[1253] Im bürgerlichen Ambiente des neunten Bildes, das im Widerspruch zum zuvor konstruierten Image einer emanzipierten Franziska zu stehen scheint,[1254] wäre die Titelfigur nicht nur als Kontamination der Madonna und Franziska zu Reventlow erkennbar, sondern die heidnische Position würde auch Helena als Allegorie der Kunst besetzen, eine Überblendung, die die Idee einer Verbindung von Antike und Christentum bzw. Eros und Religion[1255] umsetzt und klammerartig an das frühe Schaffen Wedekinds anschließt. Diese Synthese ereignet sich allerdings nur in der Ordnung der Imagination: die Handlung vermittelt eine in dieser Hinsicht negative,

---

1249 Das große Kunstlexikon von P. W. Hartmann. http://www.beyars.com/kunstlexikon/lexikon_532.html (Zugriff: 14.10.2011).

1250 In der christlichen Symbolik sind Tauben ein Zeichen des Geistes. Vgl. http://kath.de/kurs/symbole/taube.php (Zugriff: 29.10.2011).

1251 Ausstellung in Leighton House, London (1902–1903); Ausstellung *Anglo-Florentine Portraits* am Bruton Gallery, London (1906); Ausstellung von 25 Gemälden in Wolverhampton Art Gallery (1907), sowie *Red Cross benefit exhibition* in Edith Grove studio, London, 1916. Vgl. Catherine Gordon (Hg.): Evelyn De Morgan Oil Paintings. De Morgan Foundation: London 1996, hier insbes. Kapitel Evelyn De Morgan and Spiritualism von Judy Oberhausen. Vgl. hierzu http://www.mezzo-mondo.com/arts/mm/preraphaelites/demorgan/evelyn_de_morgan.html. (Zugriff: 05.11.2011).

1252 Die Kunst. Monatsheft für freie und angewandte Kunst, Bd. 9, Freie Kunst – „Der Kunst für Alle", XIX. Jg. Verlagsanstalt F. Bruckmann A.-G.: München 1904, S. 88.

1253 Vgl. auch Riedlinger: Wedekind gestalte seine Franziska in Anlehnung an Nietzsche als einen „weiblichen Übermenschen", den „antibürgerliche Moral" kennzeichne. Riedlinger: Aneignungen, S. 111f.

1254 Zur Rezeption vgl. STA 7/II, S. 1079f.

1255 Vgl. Schröder-Zebralla: Frank Wedekinds religiöser Sensualismus, S. 141f.

bzw. in die weite Zukunft projizierte Botschaft: erst in zweitausend Jahren kön-ne die „Heidin" Helena/Franziska „zum Licht geleitet werden" (F, 723): Veit Kunz als Christus/Orpheus: „Ich muss die Macht für größeres mir bewahren. / Doch steigt herab und hebt zum Himmel dich / Vielleicht ein andrer in zweitau-send Jahren." (F, 723) Das ist auch die als denkbar hingestellte Perspektive, bis „die Kirche wieder so klug sein [wird], die Nacktheit heilig zu sprechen!" (F, 711, 6. Bild)[1256] Damit rechnet Wedekind endgültig mit seinem utopischen Kon-zept der „Vernunftreligion" – einer Versinnlichung des Geistigen und Vergeisti-gung des Sinnlichen – ab.[1257]

Das Konzept des letzten Bildes von *Franziska* erlaubt eine weitere Lesart: als eine ironisch-parodistische Antwort auf Thomas Manns Novelle *Gladius Dei* (1902): Die Handlung spielt im zeitgenössischen München – hier hat die Kunst im Zug der missbrauchten Vervielfältigungsrechte und -techniken längst ihre Aura verloren. Die Meister des Florentiner Quattrocento – Donatello und Minno da Fiesole – werden in den kleinsten und billigsten Läden als Kopien verkauft. Den Höhepunkt des Textes bildet die Begegnung eines gewissen Hieronymus mit Blüthenzweig, dem Hersteller fotographischer Reproduktionen, in dessen Kunsthandlung am Odeonsplatz. Hieronymus nimmt Anstoß an einer nach ei-nem Marien-Gemälde angefertigten Photographie und fordert den Besitzer dazu auf, diese aus dem Schaufenster zu entfernen: es handelt sich um den Typus ei-ner Maria Lactans, einer stillenden Madonna mit dem nackten Knaben, der mit ihrer Brust spielt: „Die Gestalt der heiligen Gebärerin war von berückender Weiblichkeit, entblößt und schön."[1258] In der Tat lässt das Bild, das, so Hiero-nymus, „aus Sinnenlust entstanden" sei und „in Sinnenlust genossen" werde,[1259]

1256 Die Nacktheit repräsentiert hier die „leicht geschürzt herumstrolchende" Helena/ Franziska (F, 715).

1257 Vgl. Irmer: Der Theaterdichter, S. 174–176. Wedekind fordert eine sensualistische Religion – eine Rehabilitierung der Sinnlichkeit in der christlichen Religion, was die zeitgenössisch erfahrene Doppelmoral zum Verschwinden bringen würde. Schröder-Zebralla: Frank Wedekinds religiöser Sensualismus, S. 8f. Der Untertitel der Studie Schröder-Zebrallas geht auf eine Stelle aus der *Zensur* zurück: „Stammt denn vielleicht das Wort von der Wiedervereinigung von Kirche und Freudenhaus im sozialistischen Zukunftsstaat nicht von ihnen?" (Zensur, 407) Auf diese Art ‚Vereinigung' sei Wedekinds gesamte Produktion ausgerichtet. Ebd., S. 199. Vgl. auch John Hibberd: ‚Die Wiedervereinigung von Kirche und Freudenhaus'. Wedekind's *Die Zensur* and his ideas on religion. In: Colloquia Germanica 19 (1986), S. 47–67.

1258 Thomas Mann: Gladius Dei. In: Ders.: Der Tod in Venedig und andere Erzählungen. Fischer: Frankfurt a. M. 2004, S. 231–248.

1259 Ebd., S. 244.

gewisse Reminiszenzen an Franz von Stucks *Sünde* aufkommen.[1260] Da Hieronymus auf seiner Forderung besteht, man möchte die Stimme seines Gewissens erhören und das Symbol der Eitelkeiten der Welt und „die Wiedergeburt des Heidentums"[1261] verbrennen, lässt ihn Blüthenzweig hinauswerfen. Es bleibt ihm allein die Hoffnung auf Gladius Dei, das Schwert Gottes, das kommen möge. Der private Zensor – „ein seltsamer Heiliger, ein Savonarola des Fin de Siècle, ein Asket und religiöser Eiferer"[1262] heißt genauso wie Frank Wedekind im Pseudonym, unter dem er im *Simplizissimus* seine Gedichte veröffentlichte. Es ist hochironisch, wenn der rebellische Geist Wedekinds, dem die Zensurbehörden stets das Leben verleideten, zu einem so gearteten Moralverkünder stilisiert wird. Thomas Mann charakterisiert seinen Hieronymus folgendermaßen:

> „Er blickte mit einem Ausdruck von Wissen, Begrenztheit und Leiden. Im Profil gesehen, glich dieses Gesicht genau einem alten Bildnis von Möncheshand, aufbewahrt zu Florenz in einer engen und harten Klosterzelle, aus welcher einstmals ein furchtbarer und niederschmetternder Protest gegen das Leben und seinen Triumph erging…"[1263]

Mit seiner Ironie wich Thomas Mann von der ästhetischen Qualität ab, die für München der Jahrhundertwende charakteristisch war: „Es gediehen von jeher der Witz und der Kraftausdruck, das Heitere, das Humorvolle und das Schulterklopfende [...]."[1264] Thomas Manns „Parademantel" war von einer anderen Art: gegen das „Stechen" – selbst der „feineren Klingen" eines Frank Wedekind oder Erich Mühsam – hatte er ein Bonmot parat: „Es ist leicht treffend zu sein, wenn man sehr zugespitzt ist."[1265] Mit der Gestalt der leichtfüßigen Heidin Franziska bietet Hieronymus/Wedekind vielleicht eine humoristische Antwort auf *Gladius Dei*, indem er die gegen ihn gerichtete Schwertspitze ins Leere laufen lässt?

1260 Vgl. Metzger: München, S. 190. Franz von Stuck (1863–1928), ein deutscher Maler und Bildhauer, das Bild *Sünde* von 1893.
1261 Mann: Gladius Dei, S. 248.
1262 Metzger: München, S. 190.
1263 Mann: Gladius Dei, S. 235.
1264 Metzger: München, S. 190. Obwohl Thomas Mann vierzig Jahre in München lebte – seit 1894: er ist zwei Jahre vor Wedekind nach München gekommen – blieb er hier „ein absoluter Fremdkörper": aus der Distanz seiner Ironie konnte er „die Artifizialität, das Kalkulierte und Unechte, die aus der Kapitale der Kunst eine der Künstlichkeit machten" wahrnehmen und festhalten. Ebd. S. 190f.
1265 Ebd. Vgl. Thomas Mann: Betrachtungen eines Unpolitischen (1915–1918). Fischer: Frankfurt a. M. 2001, S. 95.

2.2. Zur Gestalt des Veit-Kunz

Veit Kunz erscheint unvermittelt als deus ex machina von Berlin kommend vor dem Fenster Franziskas, um sie „für ein künstlerisches Unternehmen zu gewinnen". (F, 651) Dieses sieht vor, die sich für talentlos haltende Franziska zur Sängerin auszubilden. Veit Kunz stellt sich ihr als ein „Sternenlenker" vor, der „aus einem ganz beliebigen Menschenkind einen Stern aller erster Größe" bilde und „ihn dann durch die fünf Weltteile" lenke, „wo er mit seinem Glanz alle übrigen Sterne überstrahlt." (F, 652) Franziska, die Wedekindsche Faustine, folgt ihm dann auch in die kleine, dann in die große Welt.[1266] Die Pygmalion-Rolle erschöpft bei weitem nicht Veit Kunz' Fertigkeiten, vor allem aber nicht den eitlen Anspruch, Gott spielen zu wollen, wie er ernüchtert in einer Lebensbilanz wird feststellen müssen. In *Was ich mir dabei dachte* führt Wedekind eine Auswahl von Berufen dieser wandlungsfähigen Figur an:

> „Versicherungsbeamter, Sklavenhalter, / Gesangsmagister, Kuppler, Diplomat, / Hanswurst, Schriftsteller, Schauspiel-Akrobat, / Marktschreier, Bräutigam noch (in meinem Alter!), / Erfinder, Heiratsschwindler, Bauernfänger, / Revolver-Journalist und Bänkelsänger, / Und dann im Rausch von tausend Hochgefühlen / Zuweilen auch den lieben Gott zu spielen – [...] Mag sich die Welt, so toll sie will, gestalten. / Mit irgendeiner Kunst bin ich dabei."[1267]

In seiner Anlage nähert sich die Figur also dem Mephisto-Konzept an: vom sagenhaften Mephistopheles sagt Heinrich Heine in den Erläuterungen zu seinem Tanzpoem *Der Doktor Faust*, er habe keine wirkliche Gestalt und sei unter keiner bestimmten Gestalt populär geworden.[1268] Das trifft für Veit Kunz durchaus zu, genauso wie die Kunst der Verführung, der Franziska zunächst unterliegt, indem sie sich auf den Vertrag einlässt. Im Endergebnis muss sich aber Veit Kunz gegenüber Franziska, die er irrtümlicherweise für sein Besitztum hält, für gescheitert erklären.

Veit Kunz macht sich ferner als Künstler kenntlich: Er ist Lautensänger, wodurch eine Parallele zum Autor Wedekind, aber auch zu Guendolin aus *Der Stein der Weisen* entsteht. Es überrascht daher auch nicht, wenn er einmal direkt seinen Humor anspricht: Als ihm ein Offizier, der Bruder Sophies vorgestellt wird, der sich erinnert, „schon einmal die Ehre" gehabt zu haben, ihm zu begegnen, macht dieser die ironische Bemerkung: „Daran / Pflegt sich oft noch mein Humor zu erhellen." (F, 684) Nicht zuletzt ist die Rolle Veit Kunz' als Autor

---

1266 Die Weinstube Clara entspricht dem „Auerbachskeller" und der „Hexenküche", das Residenzschloss Rotenburg ist Äquivalent der „Kaiserlichen Pfalz".

1267 Selbstdarstellung des Veit Kunz im 8. Bild (IV. Akt), zit. nach Wedekind: Was ich mir dabei dachte, S. 371f.

1268 Heine: Erläuterungen, S. 47.

eines *Mysteriums* zu nennen, in dem er Regisseur und Schauspieler zugleich ist:[1269] In der Figur einer Gottheit auf der Unterweltreise vereinigt Veit Kunz Orpheus und Christus in sich. Aber allein schon der erstere Aspekt verbindet die positiv zu wertende Verführungsmacht der Musik und des Tanzes, die es vermögen, Natur aus ihrer Starrheit zu erlösen, mit einer teuflischen Verführungsmacht.[1270]

Es liegt vielleicht an der Polyvalenz der Figur, dass Wedekind in „[s]einem Veitkunz" „die aufregendste Rolle" sah, „die [er] bis jetzt geschrieben habe [...]"[1271] Veit Kunz gerät gleichsam zu einer Summa männlicher Figuren Wedekinds: Für Arthur Kutscher ist er auch „der dramatische Schwerpunkt" des Stücks: „Er ist einer von den Unterirdischen, die nach Licht verlangen und doch in ihm nicht leben können. Er ist das letzte Glied der Typenreihe, die mit Melchior Gabor beginnt."[1272] Bezeichnend ist vor diesem Hintergrund die Etymologie des Namens: Bei dem Attribut Veit handelt es sich um die Eindeutschung des lateinischen *Vitus* und wird dementsprechend als „lebensvoll" bzw. „der Lebendige" übersetzt. Es ist auch an den Heiligen Veit (Sankt Vitus) zu denken, einen mittelalterlichen Märtyrer, einen der Vierzehn Nothelfer, den Schutzpatron der Tänzer und Schauspieler, der bei Geisteskrankheiten aufgerufen wird, um Tollwut bzw. Tanzwut (Veitstanz) zu heilen. Durch den Nachnamen Kunz erhält die Figur eine volkstümliche, biedere bis gemeine Färbung. [1273]

Der Semantik des Namens – der Doppelvalenz von niedrig und hoch – entspricht auch der komische Aspekt der Figur, der in der Mephisto-Überlieferung vorhanden ist und bei Wedekind zum Tragen kommt: In einer Szene lässt Wedekind die Figur ins Clownenhafte herabsinken: „Aus! Hin! Verloren! Mein Geschöpf!" (F, 727) Den „Torenwahn" (F, 728), sich im Besitz eines Menschen – hier einer Frau – zu wissen, habe er selbst „vernichtend tausendmal verlacht! [...] Fluch meinem Spiel! Dem Stolz! Dem Übermut!" (F, 728) Der letztere ließ ihn „als dümmster Narr den lieben Gott spielen! [...] Mag sich die Welt, so schön sie will, entwickeln! / Ich schließe ab mit dieser Höllenfahrt!" (F, 729) Der Strick soll „die klarste Lösung des Mysteriums sein" (F, 728) Der in seiner Hybris überlistete Pygmalion, der von der Vergeblichkeit seiner Bemühung um Eurydike überzeugte Orpheus, will seinem Leben ein Ende setzen. Dieses Mo-

---

1269 Vgl. 8. Bild (F, 714–731).

1270 Benno von Wiese verweist auf diese zwei Pole der Verführung bei Heine. Wiese: Das tanzende Universum, S. 70.

1271 An Leopold Jeßner [München]. 27.03.1913, zit. nach KSA 7/II, S. 1033.

1272 Kutscher: Wedekinds Leben und Werk, S. 296–303, S. 301.

1273 Vgl. Jakob Torsy, Hans-Joachim Kracht: Der große Namenstagskalender. Herder: Freiburg 2002, S. 185. Vgl. auch Jakob Torsy (Hg.): Lexikon der deutschen Heiligen. J. P. Bachem: Köln 1959, S. 549. Vgl. zudem STA 7/II, S. 1074.

ment der Buße, wie das des Anspruchs, gottähnlich zu sein, verleiht Veit Kunz
wiederum faustische Züge.[1274] Den geplanten Suizid vereitelt zufällig der alte
und am Krückstock sich stützende Freiherr von Hohenkemnath, der, nachdem
der Strick mit Hilfe eines Sektöffners durchgeschnitten wurde, im Totgeglaubten
Veit Kunz erkennt: „Das ist doch der Darsteller, der die Hauptrolle agiert. Der
nimmt seine Rollen aber ernst!" (F, 729) Der alte Baron weist den Unglücklichen „ein halbes Jahrhundert alten" Mann aber zurecht, indem er auf sein junges
Alter verweist und sich selbst zunächst das Sterben vorbehält. Der alte Baron
repräsentiert, trotz seiner Gehbehinderung, als Negativfolie zu Bouterweck aus
dem *Kammersänger,* Heiterkeit und geistige Elastizität. Er fungiert im Sinne
Bergsons als Sozialisationsvehikel und Synonym der Heiterkeit der Kunst, die
ein mögliches Märtyrerdrama verhindert.[1275]

Im Gesamtbild scheint die Figur an der Vorstellung Heines orientiert zu
sein: dieser äußert sich in den Erläuterungen zu seinem Tanzpoem kritisch über
Goethes Mephisto und weist auf die Differenz zum „wahren *Mephostophiles*"
hin. Daraus bezieht er die Bestätigung für seine These, dass Goethe die älteren
Volksbücher nicht kannte. „Er hätte sonst in keiner so säuisch spaßhaften, so
zynisch skurrilen Maske den Mephistopheles erscheinen lassen. Dieser ist kein
gewöhnlicher Höllenlump, er ist *subtiler Geist,*"[1276] zudem „ein Kenner schöner
Formen, ein Artist."[1277] Bei Heine ist der Teufel, wie im Volksbuch,[1278] ein
Tanzkünstler: er „[fördert] die Tanzkunst aus dem Grunde, um den Frommen ein
Ärgernis zu geben."[1279] Dieses Motiv nutzt Wedekind, indem er seinen Veit
Kunz zum vielseitigen Künstler stilisiert.

Elke Austermühl beschreibt Wedekinds Figuren als „Konstrukte, zusam-
mengesetzt aus heterogenen und nicht selten in sich widersprüchlichen Persön-
lichkeits- und Rollenanteilen, die vielfach antithetisch aufeinander verweisen."[1280] Wedekinds „als Spielfiguren markierte" Gestalten[1281] entfalten ihre
Wirkung nicht durch die gegenseitige Aufhebung der (Rollen)Anteile, sondern
durch deren Addition. Die Titelfigur Franziska und ihr wichtigster Gegenspieler
Veit Kunz bieten sich hierfür als Paradebeispiele, da ihr Selbst in Möglichkeits-

---

1274 Vgl. Austermühl: Frank Wedekinds *Franziska,* S. 10.
1275 Vgl. Hibberd: ‚Die Wiedervereinigung von Kirche und Freudenhaus', S. 176. Es sei an
    die Klubsessel-Szenen im *Kammersänger*-Kapitel erinnert.
1276 Heine: Erläuterungen, S.44.
1277 Ebd., S. 51.
1278 So im Volksbuch von Johann Prätorius, 1668 in Leipzig gedruckt. Ebd., S. 45f.
1279 Ebd., S. 46.
1280 Austermühl: Frank Wedekind (1864–1918), S. 77.
1281 Ebd., S. 78.

räumen aufgeht.[1282] Sie erscheinen als zwei Experimentierfelder, als Funktionen ihrer widersprüchlichen Verwandlungen, die probeweise – spekulativ wie provokativ – in verschiedenen Konstellationen aufeinander bezogen werden. An die Stelle der Identität tritt Kontingenz.[1283]

3. Musen-Künste

3.1. Das Mysterium

Wedekind bezeichnet sein Drama *Franziska* in Anlehnung an die mittelalterlichen Mysterienspiele als „ein modernes Mysterium". Die Genre-Bezeichnung taucht explizite im Zusammenhang mit dem Mysterienspiel des Veit Kunz im 8. Bild auf, das weiter im Text als kleines Mysterium im Unterschied zum großen Mysterium Wedekinds genannt wird. In dieser Szene wird der Zuschauer Zeuge der Proben zu einem Mysterium, das in der Unterwelt spielt. Über das Genre nimmt Wedekind den Topos der Katabasis auf, in der die christliche Tradition und Mythos zusammenfallen: Die Figuren rekrutieren sich demzufolge aus der hellenischen und biblischen Tradition. Er adaptiert den Mythos von Theseus und Persephone bzw. Orpheus und Eurydike; die Parallele zu Goethes *Faust* ist offensichtlich, ebenso wie zu Dantes *Göttlicher Komödie* (1307–1321).[1284] Franziska spielt die junge Helena – „wie sie einst von Theseus zu ihrem ersten Abenteuer nach Athen verschleppt wurde." (F, 715); ihr Liebhaber, der bereits erwähnte Ralf Breitenbach, den jugendlichen Simson. Genannt werden außerdem Adam, Noah, „die drei Erzväter", Theseus, Sokrates, Platon, Aristoteles – alles „Geisteshelden der Vergangenheit", die durch „die Gottheit" „von dem ihnen drohenden Fluch des Totgeschwiegenwerdens" befreit werden soll-

---

1282 Vinçon: Frank Wedekind, S. 231f. Bei Franziska handle es sich um eine Kunstfigur, um eine „Allegorie des Lebens" und nicht „Rollenträgerin aus der Sicht des Mannes." Ebd. S. 232.

1283 Silvio Vietta stellt unter Berufung auf Richard Rortys „Kontingenz, Ironie und Solidarität" den Begriff der Kontingenz als eine der zentralen Kategorien der Philosophie der Moderne dar: „Die Desakralisierung, Dehierarchisierung, Dezentrierung der Moderne lässt [...] jeglichen Erfahrungsbereich der Wirklichkeit als ein ‚Es könnte so oder auch anders sein' erscheinen, einschließlich des Ichs selbst und der gesellschaftlichen Formation, in der er lebt." Silvio Vietta: Ästhetik der Moderne. Literatur und Bild. Fink: München 2001, S. 28–32, hier S. 28.

1284 Vgl. STA 7/II, S. 1052, S. 1047 und S. 1059. Dante verbindet heidnische und christliche Tradition, daher nannte ihn Heine den „katholischen Homer". Heinrich Heine: Die Stadt Lucca, VII. Kapitel (Reisebilder). In: Ders.: Werke und Briefe in zehn Bänden, Bd. 3, S. 382.

ten. Veit Kunz tritt in der Doppelrolle als Autor (F, 716) und Darsteller (die Gottheit) auf. (F, 729) Nach der „Überfahrt mit Charon" und dem „diplomatischen Notenwechsel mit Cerberus" (F, 718) verbringt die Gottheit – „der Besieger der Hölle" – „einen Abend, eine Nacht und einen Morgen" in der Unterwelt und überlegt, wen er „in sein himmlisches Reich mitnehmen soll. (F, 719f.) Die Hölle, bevölkert von den Begründern der abendländischen Philosophie, erinnert besonders an Dantes Höllenkonzept, wo hinter dem Höllentor die heidnischen Denker und Dichter, hinter dem ersten Höllenkreis etwa Helena und Paris ihr ewiges Los gefunden haben. Die Begegnung der Gottheit mit dem „Beherrscher der Unterwelt" wird dem Publikum nicht offenbart, dafür aber die mit Helena: die zentrale Aussage dieser Konfrontation lautet: Die Gottheit: „Mir fehlt der Wunsch, dir fehlt für mich der Glaube. / Ich kann die Heidin nicht zum Licht geleiten!" (F, 723)

Vor dem Hintergrund der Adaptation des Orpheus-Stoffes, die sich in der Überblendung der Figur Veit Kunz mit Orpheus/Dionysos/Christus besonders verdichtet, kann die Begegnung der „Gottheit" mit Helena als ein Versuch des Autors gedeutet werden, die hellenische und christliche Kultur noch einmal einander näher zu bringen.[1285] Aber auf der Ebene der Handlung gelingt die Versöhnung von Christus und Helena nicht, da „Helena"/Franziska Veit Kunz verstößt und einen anderen Mann wählt. Auch im Rahmen des kleinen Mysteriums, durch die verfremdende Einblendung der anderen Spielebene, lässt Wedekind das Experiment scheitern:

> „Franziska (als Helena):
> Dann aber führt durch unbegrenzte Weite
> Gemeinsam uns der Weg vor Gottes Thron.
> Dann wandle ich gleichberechtigt dir zu Seite.
> Veit Kunz (als Autor des Mysterienspiels):
> „Sehr gut! Ausgezeichnet! Nur würde ich die Worte: ‚Dann wandle ich gleichberechtigt bis zur Seite' mit etwas mehr innerer Wärme sprechen."

Darauf schaltet sich Breitenbach, Veit Kunz' Nebenbulle ein:

> „Ganz meine Ansicht. Sie müssten etwas mehr Seelenglut hineinlegen. (*Übertreibend, zwischen Veit Kunz und Franziska tretend*): ‚Dann wandle ich *gleichberechtigt* [Markierung durch F.W.] dir zur Seite!'" (F, 724f.)

Veit Kunz' Versprecher „bis zur Seite" und Affektiertheit beider Konkurrenten dekuvrieren ihr Stolpern über das Wort „gleichberechtigt", weswegen Franziska

---

1285 „Wedekind hatte eine Erneuerung und Erweiterung des Christentums im Sinn, eine Versöhnung des Christentums mit der Sinnenfreudigkeit und Naturnähe des klassischen Altertums." Kadidja Wedekind-Biel: Erläuterungen, zit. nach Vinçon: Frank Wedekind, S. 231.

„von einem heftigen Lachkrampf geschüttelt" wird und „sich lachend in wildem Tanze zu drehen" beginnt. (F, 725) Die Koinzidenz von Lachen und Tanz in dieser Szene rekurriert auf das in Wedekinds Tanzgedichten herausgebildete Muster.[1286] In *Franziska* ist dies die zentrale Stelle, die die Bezeichnung ‚modernes Mysterium' zu legitimieren scheint. Der christliche Begriff des Mysteriums aus der Tradition des geistlichen Dramas des Mittelalters wird nämlich um den sinnlich-ekstatischen Aspekt der heidnisch-antiken Mysterien korrigiert.[1287] In der Antike hatten die Mysterien bekanntlich rituellen Charakter und waren mit Musik- und Tanzausübung eng verbunden, die rauschhaft-ekstatische Formen annahm.[1288] Das resultiert aus einem weiten Musik-Begriff der alten Griechen, der sich generell auf „musische-Künste" bezog – d.h. auf alles, was Domäne der Musen und Apollos war – und zwar im Unterschied zu plastischen und mechanischen Künsten, die außerhalb des Reichs der Musen lagen.[1289] Als ursprünglich mit dem Kult verbunden, vor allem mit den Festen, brachten sie weder Schaden noch Nutzen. Was sie verband, war allein ihr spielerischer Charakter.[1290] Der Tanz als die ursprünglich reinste und perfekteste Form des Spiels[1291] bildete die Brücke zwischen den musischen Künsten – aufgrund von Bewegung und Rhythmus, und den plastischen Künsten – durch den Zusammenhang mit der Materie, dem Körper, der für einen Moment einer Statue glich.

1286 Vgl. das Tanzgedicht *Gruss:* „Es [ein Kind] singt und springt und tanzt und lacht, / Hat Manchen schon verrückt gemacht." STA 1/I, S. 686. Ähnlich im Tanzlied *Grand Ecart:* „[L]acht immer quietschvergnügt, / wenn hoch das Röckchen fliegt – / Hopp, hopp, spring deinen größten Freudensprung!" STA 1/I, S. 689.

1287 Vgl. Austermühl: Frank Wedekinds *Franziska*, S. 17f.

1288 Vgl. Mysterium. In: Konrat Ziegler, Walther Sontheimer (Hg.): Der kleine Pauly. Lexikon der Antike in fünf Bänden. dtv: München 1979, Bd. 3, S. 1534–1542, hier S. 1535. Als Mysterien bezeichnet Heine in den Erläuterungen zum Tanzpoem *Der Doktor Faust* die rituelle Einweihung neuer Hexen und ihre offizielle Vermählung mit der Hölle. Heine: Erläuterungen, S. 50.

1289 Wo die Musen vorherrschen, dominiere die Atmosphäre der Freude – im Gegensatz zu plastischen Künsten, wo das Spielelement scheinbar fehle: ihre Produktion verlaufe außerhalb der Sphäre des Spiels, die Darbietung werde sekundär in den Formen des Ritus, des Festes, der Belustigung aufgenommen. Huizinga: Homo Ludens, S. 181–183. Huizinga nimmt dennoch einen Spielfaktor in der bildenden Kunst wahr. Ebd., S. 183ff.

1290 Auf die enge Verbindung zwischen spielerischen und rituellen Formen hat bereits Plato verwiesen, der Spiel und Heiligtum gleichsetzte. In den *Gesetzen II* beschreibt er den Zusammenhang von Kult, Tanz, Musik und Spiel: Gott hatte aus Mitleid für leidende Menschen ihnen die Musen, Apollo, den Musenführer, und Dionysos als Festgenossen gegeben. Vgl. ebd., S. 174. Huizinga verweist in diesem Kontext auf Roman Guradinis *Vom Geist der Liturgie* (1922).

1291 Ebd., S. 180.

In Anlehnung an diese Logik gestaltet Wedekind das kleine wie das große Mysterium als Paradebeispiele für ein performatives, spielerisches Miteinander von Künsten: ein Miteinander, in dem die Sinnlichkeit, Heiterkeit und Vitalität des antiken Mysterienbegriffs und die Autoreflexivität des Mediums Theater eingeschlossen sind. Letzteres manifestiert sich überdeutlich zum Ende des Prologs: „Denn Täuschung ist vom Anfang bis zum Ende / Des Menschen innerlichster Lebenstrieb."[1292] Im letzten zur Laute gesungenen Fragment wird abermals die Natur des Menschen mit der Maske des Spiels überblendet: „So wirbelt das Gesindel / In Lust, in Leid / Um die eigene Galgenspindel, / Denn es ist der reine Schwindel!"[1293]

3.2. Der Gesang

Der poetologische Charakter der zitierten Passagen, die komplexe Figur des Veit Kunz sowie der Rückgriff auf Vokalnummern und Tanzelemente stellt das Stück *Franziska* in die Reihe neben *König Nicolo* oder *Der Stein der Weisen*, wo Wedekind eine vergleichbare Konstellation von Themen und Genres bietet. Die nun zu besprechende Szene in der Weinstube Clara (I. Akt, 2. Bild) ist weitgehend dem Kabarettmuster verpflichtet: hier finden drei Darbietungen in Wedekinds „ureigenem Lautenliedstil" statt.[1294] Die erste Musikeinlage setzt damit ein, dass die Operettenmusik einem „leise anhebenden, [...] rasch von sämtlichen Anwesenden mitgesungenen" (F, 660) Chorus weicht, der ein durch Stoff und Rhythmus amüsantes Lied als Begrüßung von Laurus Bein ausführt. Bei dieser episodischen Figur handelt es sich um einen Kneipenstammgast und einen bekannten Schriftsteller: wie sein sprechender Name ankündigt (Laurus zu Lorbeeren) gibt er sich durch sein stolzes Auftreten zu erkennen: „Bein ist erschienen / Stolz in den Mienen, / Trat er ein. / Huldvollen Grußes, / Hinkenden Fußes, / Laurus Bein!" (F, 660)[1295] Durch mephistophelische Züge gekennzeichnet – „hinkenden Fußes" und „blutrot von Haaren" – verschafft er sich Respekt durch sein kühnes Benehmen. Dieses gründet in einer scheinbar gerechten Wut: „Bein haut in wütiger / Rache den Kritiker / Kurz und klein." Die letzte Strophe besingt seine Erhabenheit gegenüber den materiellen Dingen: „Wenn ihm das Herz auch bricht, / Pfennige nimmt er nicht, / Laurus Bein!" Alle drei Strophen sind sechszeilig, trochäisch und jambisch, mit dem Reimschema aabccb. Die zweihebige, jede dritte Zeile sich wiederholende, männlich endende Zeile „Laurus Bein" markiert

---

1292 Wedekind: Was ich mir dabei dachte, S. 373.
1293 Ebd., S. 374.
1294 Neumann: Musik in Frank Wedekinds Bühnenwerken, S. 42.
1295 Die Musik zu diesem Lied ist nicht verzeichnet. Ebd., S. 41.

eine rhythmische Zäsur und lädt zum Klatschen bzw. Stampfen ein. Auf das Lied folgt der Auftritt von Veit Kunz, der zur Laute „die brünstigste seiner Romanzen" singen und damit eine Karaminka[1296] beim Tanz begleiten will: Es erklingt das *Donnerwetter-Lied* – eine frivole Geschichte vom Aufkommen einer Leidenschaft.[1297] Die letzte Musikeinlage stellt die von Laurus Bein angestimmte und dann von sämtlichen Gästen mitgesungene *Schriftstellerhymne* dar,[1298] die an den kurz zuvor vom Chorus gesungenen *Laurus-Bein*-Text anknüpft: In der *Schriftstellerhymne*, die ebenfalls auf Wiederholungen basiert, die zum kollektiven mitsingen animieren, kehrt reffrainartig die Passage „mit ausgefransten Hosen" als ironisches Attribut des Schriftstellers und Sinnbild seines von Armut gezeichneten Schicksals wieder: „Der Schriftsteller geht dem Broterwerb nach / Mit ausgefransten Hosen. / Er schläft sieben Treppen hoch unterm Dach / Mit ausgefransten Hosen." (F, 664) Zwar ist ihm Eitelkeit nicht fremd: „Schöner, grüner / Schöner, grüner Lorbeerzweig, der dich neckt / Und die Stirn bedeckt", aber er besitzt auch das ernüchternde Wissen um die Austauschbarkeit und Endlichkeit eines jeden: „Und trägt er die Schriftstellerei zu Grab / Mit ausgefransten Hosen, / Gleich lösen ihn hundert Schriftsteller ab / Mit ausgefransten Hosen." (F, 665)

Seine Aufgabe gegenüber dem Publikum sieht er darin, Trost zu spenden („Der Schriftsteller bringt auch dem Ärmsten noch Trost"), Ideale zu vermitteln („Der Schriftsteller ragt zu den Sternen empor"), und nicht zuletzt gegenwartsbezogen und kritisch zu sein („Der Schriftsteller schafft am Webstuhl der Zeit"). So hat die Hymne einen Verkündigungscharakter: ist Anklage und Klage zugleich, enthält aber auch ein künstlerisches Programm.

Alle drei Musikeinlagen, deren performative Funktion in den Vordergrund tritt, bilden Einheiten, die die Dramenstruktur lockern, ihr Schwung und Energie verleihen. Nach Editha Neumann fügt sich der Einsatz von Musik in Wedekinds

---

1296 Karaminka – ein Dancinggirl im Unterschied zu Reformtänzerin. Vgl. STA 7/II, S. 1055, S. 1065 und S. 1074.

1297 Die Melodie ist keine Neuschöpfung, sondern eine schon existierende populäre. Neumann: Musik in Frank Wedekinds Bühnenwerken, S. 41. Der Text dagegen rekurriert auf Wedekinds Tanzgedicht *Auf eigenen Füßen – Donnerwetter* (1911). Dieses ist seinerseits eine Anspielung auf die Revue *Donnerwetter – tadellos* (Text: Julius Freund; Musik: Paul Lincke), die 1908 im Berliner Metropol-Theater mit Erfolg gespielt wurde. Es existiert zudem das Lied *Donnerwetter tadellos* von Oscar Strauss, auf das Wedekind ebenfalls angespielt haben mag. STA 1/I, S. 686–688, hier S. 687f. Zum Kommentar vgl. ebd., S. 1037f., sowie STA 7/II, S. 1053.

1298 Wedekind wählt hierzu die Melodie des Brautjungfernliedes *Wir winden dir den Jungfernkranz* aus der Oper *Der Freischütz* Carl Maria von Webers und erreicht durch den Kontrast zum Lorbeerkranz auf dem Haupt des verarmten Schriftstellers einen parodistischen Effekt. Neumann: Musik in Frank Wedekinds Bühnenwerken, S. 41.

Dramen in eine von ihm generell angestrebte Vitalisierung des Theaters ein.[1299] Indem Wedekind seine „Instrumentalisten" auf der Bühne zeigt, wendet er sich gegen die romantische Tradition einer „körperlosen", ätherischen Kunst.[1300] Die Vitalisierungstendenz ist in den eingebauten Tanzszenen noch stärker präsent.

3.3. Zwischen Musik und Plastik: Der Tanz

Im 8. Bild soll in Anlehnung an das antike Drama der Chor der Schatten einge-übt werden: es treten auf: „ein Regisseur, einen Taktstock schwingend", und ihm folgend, trauernde Bewohnerinnen der Unterwelt – „ein Zug in graue Schleier gehüllter Mädchen". (F 721f.) Als Franziska, von einem „Lachkrampf" erfasst, einen wilden Tanz beginnt, schließt sich ihr bald der Chor der *„vom Wahnsinn erfasst[en]"* Mädchen an (F, 726f.), die zu „Mänaden" werden. Mit ihrem Gesang vollzieht sich eine abrupte Wandlung zur Komödie:

> „Ewig schreckt uns des Hades Flut
> Durch Zähneklappern und Stöhnen. –
> Aber trinken wir einmal Blut,
> Dann sind wir die mächtigen Schönen!
> Aber trinken wir einmal Blut,
> Dann sind wir die mächtigen Schönen! [...]
> Da kühlten uns die Glieder
> Die Wasser wundersam.
> Nun tanzen wir wieder
> Und lachen aller Scham." (F, 723 und 726)

Während der beobachtende Redakteur Fahrstuhl sich naiv der Wirkung hingibt und „den Übermenschen in sich" zu spüren meint, (F, 726), weist der Regisseur auf die Unmöglichkeit dieses Auftritts hin, da er aus dem Rahmen des kleinen Mysteriums fällt:

> „Regisseur: „Ruhe! Ruhe! Ruhe! [...] Die Ludersch lassen sich einfach nicht bändigen!
>
> Fahrstuhl: Das ist der reine heilige Sankt Veitstanz! Gehören denn diese Menaden nicht mit zu unserem Mysterium?
>
> Regisseur: Fällt ihnen gar nicht ein! Ich begreife nicht, wo sie den Tanz her haben!
>
> Fahrstuhl (*triumphierend*): Tanzwut ausgebrochen! Nymphomanie! Flagellantis-mus!" (*Er ruft*): Ärzte! Rettungsgesellschaft! Feuerwehr!" (F, 727)

Im Begriff Veitstanz, wie im Begriff Mysterium sind zwei Traditionen kontami-niert – die heidnische und die christliche. Der bacchantische Tanz der Antike ist

---

1299 Vgl. ebd., S. 44.
1300 Ebd., S. 45.

im Mittelalter eine als Erkrankung des Bewegungsapparates geltende Erscheinung, auch als Choreomania bezeichnet, bei der die Betroffenen das Bedürfnis verspürten, bis zur völligen Erschöpfung zu tanzen. Indem der wilde, beunruhigende, das Moment des Dionysischen einbringende Tanz das kleine Mysterium sprengt, realisiert es sich auf der Ebene des großen und bekommt damit einen programmatischen Charakter. In diesem Sinne darf Wedekinds Stück, in dem die Integration anderer Künste noch ausgeprägter und stärker am Spielcharakter des Textes beteiligt ist als dies für sein früheres Schaffen kennzeichnend war, als ein Dialog der Künste gedeutet werden, als befruchtender, belebender Synkretismus im Dienste der Lebensfreude. Den letzteren Gedanken entfaltet Wedekind im 6. Bild des III. Aktes (F, 702–712), das abermals auf die Konvention des Spiels im Spiel zurückgreift.

3.4. Kunst als Spiegel der Lebensfreude: eine Hommage an die Nacktheit

Zur Wiedereröffnung des Hoftheaters soll das Festspiel des Herzogs aufgeführt werden – „ein harmloser Scherz" (F, 688), zugleich aber sein „rückhaltloses Bekenntnis". (F, 689) Es betrifft den Frauenkörper, der nach seiner Ansicht nicht dem Blick entzogen werden soll: „Als wäre es etwa normal, selbstverständlich, folgerichtig, dass ebenmäßig geschaffene Frauen ihren Wuchs nicht zeigen dürfen!" (F, 690) Kunst und Religion sind in dieser Hinsicht negative Beispiele und Ausdruck des unzufriedenstellenden Kulturzustands. Der Herzog beklagt, dass der Tanz – im Gegensatz zu Musik, Plastik und Malerei, die „als Ausdrucksmittel der Verehrung allgemein im Gebrauch" seien, bei der Andacht keine Verwendung finde. (F, 689) In Antwort darauf soll in seinem Festspiel die Nacktheit zur Anschauung gebracht werden. Direkt vor dem Spiel wendet sich Veit Kunz ad spectatores und informiert – unter Berufung auf Pietro Aretino, den italienischen Renaissanceschriftsteller (1492–1556), Autor von Spottversen, Schmähschriften und Komödien – über eine Intrige, der zufolge die beginnende Aufführung bald gestört werden sollte.[1301] Der Einakter spielt in „hügeliger Waldlandschaft auf der Insel Rhodus". Die Beschreibung des Ortes entspricht dem Ge-

---

1301 „Pietro Aretino war ein Spötter, / Und trotzdem hat ihn Tizian gemalt. / Auch ich bin meinem Vaterland kein Retter. / Ich kämpfe nur, solang man mich bezahlt. [...] Der Inhalt unseres Stücks voll Spott und Hohn / Ward unsern Gegnern früh genug verraten. [...] So spiele ich, um das Spiel zu hintertreiben, / Den eitlen Festrausch gründlich zu vereiteln." (F, 702)

mälde Tizians *Himmlische und irdische Liebe* (um 1515);[1302] das Festspiel des Herzogs ist eine dramatische Umsetzung des Gemäldes. Das Arrangement des Ausgangsbildes steht im Zeichen des Idyllischen: es zeigt zwei Kaninchen, in der Mitte ein mit Skulpturen geschmücktes Brunnenbecken, an dem zwei Frauen zu sehen sind: die Wahrheit, verkörpert von Franziska, und die „heilige Nacktheit", gespielt von Gislind, der Geliebten des Herzogs, die „nur mit einem Schleier um die Hüften bekleidet" ist. (F, 704) Franziska und Gislind entsprechen dem dualistischen Prinzip bei Tizian: Franziska, „einen Blumenkranz im Haar", spielt „die himmlische, leidvolle Liebe, die fröhliche, irdische spielt Gislind."[1303] Plötzlich dringt ein zweiköpfiger Drache,[1304] mit einem Hunde- und einem Schweinekopf, bellend und grunzend, in den „heiligen Hein" ein und bedroht die Frauen: der Hundekopf – die Wahrheit, der Schweinekopf – die Nacktheit.[1305] Das Ungetüm tritt als quasi doppelte Moralinstanz auf, die sich gegen „Unzucht, Laster, Ketzerei" sowie „Völlerei" richtet. (F, 705) Wie in der Legende muss dem Drachen ein Drachentöter begegnen: Der Herzog als Ritter Georg bezwingt den Drachen, nachdem er einen Lob auf die Nacktheit gesprochen hat:

> „Der Nacktheit denk ich strengstens einzuschärfen: / Du sollst deine Nacktheit nicht
> vor die Säue werfen! [...] Denn wer die Nacktheit nicht sehen kann, / Der kann auch
> die Wahrheit nicht hören." (F, 708)

Wie zuvor angekündigt tritt daraufhin eine Störung ein, indem nicht der Ordensmeister des Johanniterordens auf Rhodus die Bühne betritt, sondern der unkostümierte Polizeipräsident als Ordnungshüter: nicht zu Unrecht, denn

> „[d]er normale Staatsbürger kann nun einmal die Wahrheit nicht hören und die
> Nacktheit nicht sehen, ohne außer Rand und Band zu geraten, ohne gemeingefähr-
> lich zu werden. [...] Meine Aufgabe ist es, die öffentliche Meinung zu schützen.
> Auch in einem monarchischen Staate kann sich eine Regierung nicht gegen die öf-
> fentliche Meinung behaupten." (F, 709)

Wedekinds Umdeutung der Legende vom heiligen Georg, dem Drachentöter geht auf Schillers Romanze *Der Kampf mit dem Drachen* (1799) zurück, wo der

---

1302 Wedekind kennt das Gemälde aus der Münchner Schack-Galerie. Es fand sich auf dem
     Umschlag des Erstdruck des Stücks (Münchner Ausgabe 1912 bei Georg Müller). Vgl.
     STA 7/II, S. 1052f.
1303 Kutscher: Frank Wedekind, Bd. 3, S. 113–135, hier S. 127. Vgl. auch STA 7/II,
     S. 1038.
1304 Das Fabelwesen wird nicht illusionistisch dargestellt, sondern es kommen Masken zum
     Einsatz, die die Gesichter frei lassen, so dass „die Deutlichkeit der Sprache durch nichts
     beeinträchtigt ist." (F, 705)
1305 Vgl. Kutscher: Frank Wedekind, Bd. 3, S. S. 127.

Drachentöter als Gefährdung der Ordnung betrachtet und dementsprechend von der Kirchenobrigkeit statt wie erwartet gelobt, getadelt wird.[1306] Mit der dreifachen Anrufung der öffentlichen Meinung wird die Chiffre der Humorlosigkeit herbeigeführt. Zum einen spielt Wedekind auf sein im *Simplizissimus* vom 13. Dezember 1898 unter dem Pseudonym Kaspar Hauser erstveröffentlichtes, politisches Gedicht *An die öffentliche Meinung*, in dem der Autor die Übergriffe der Zensur und die Ignoranz der Machthaber im wilhelminischen Staat verhandelt.[1307] Zum anderen rekurriert die Passage auf Jacques Offenbachs Operette *Orpheus in der Unterwelt* (1858) an. In Offenbachs Persiflage des Mythos verhindert die Öffentliche Meinung, die drittwichtigste Person nach Orpheus und Eurydike, die Inanspruchnahme von Freiheiten, die ihr als zu liberal erscheinen: so kann sich Orpheus nicht ohne weiteres von Eurydike trennen, sondern wird immer wieder von der Öffentlichen Meinung, die ihn zunächst auf den Olymp, dann in die Unterwelt begleitet, dazu gebracht, sich um sie zu bemühen bzw. sie zurückzufordern. Wie Offenbach nutzt Wedekind die Gelegenheit, seinen Zeitgenossen einen Spiegel vorzusetzen und den ‚normalen' Staatsbürger zu denunzieren.[1308] Er legt diesen Vorsatz dem Verfechter der Nacktheit,[1309] dem Regisseur Veit Kunz in den Mund:

> „Mir kam es natürlich nur darauf an, bevor die Gottheit über Satan triumphiert, das stumpfsinnig spießbürgerliche Alltagstreiben zu schildern, in der sich die Bewohner der Hölle seit Jahrhunderten mit ihren Qualen zurechtgefunden haben." (F, 717)

Als Paradebeispiel für einen Philister dient im Unkehrschluss Breitenbach, der Nebenbulle von Veit Kunz: beim Anblick der „in der Unterwelt so leicht geschürzt herumstrolchenden" Helena gehe er „aus den Fugen", gerate „außer Rand und Band", werde „gemeingefährlich". (F, 715) Breitenbach, aber auch der Polizeipräsident und der Herzog sind nach dem Slapstick-Muster gestaltet: in Reaktion auf die „Störung" fällt Letzterer aus der Rolle: „Aber in Versen, mein Lieber! In Versen! Sie sollen mich in Versen verhaften!" Und er quittiert die Panne dann auch resigniert: „Das ist moderne Schauspielkunst." (F, 709) Die im Titel angekündigte Modernität des ‚Mysteriums' *Franziska* findet hier ein ironisches Nachhall, indem es sich als eine (Vor)Übung zum epischen Theater

---

1306 Vgl. STA 7/II, S. 1065f.

1307 Wedekind greift auf die mythologische Figur der klagenden Prophetin Kassandra zurück, deren Weissagungen nicht erhört werden. Vgl. STA 1/I, S. 503f und S. 926f.

1308 „The implication is not only that hell is bürgerlich, but also that „Bürgerlichkeit" is hellish." Hibberd: ‚Die Wiedervereinigung von Kirche und Freudenhaus', S. 174. Vgl. auch Kutscher: Frank Wedekind, Bd. 3, S. 128.

1309 „Wann endlich wird die Kirche wieder so klug sein, die Nacktheit heilig zu sprechen?" (F, 711)

gestaltet. Umso provokanter erscheint vor diesem Hintergrund Veit Kunz'
Kunst-Begriff: „Kunst ist der Spiegel, in dem der Mensch seine Lebensfreude
betrachtet." (F, 721) Die Voraussetzung dafür, dass der Mensch bereit ist, sich
überhaupt erst auf die Kunst einzulassen, so die Logik seiner Ausführung, ist
sein Wohlergehen und die Erwartung, sich durch die Kunst bestätigt zu sehen.
Zwischen dem Menschen und der Kunst als seinem Spiegelbild bestehe ein re-
ziprokes Verhältnis der gegenseitigen Verstärkung, der Belebung und Anregung,
die sich „zu immer wilderem Genießen [anfeuern und anspornen]". (F, 721)[1310]
Diese Definition der Kunst enthält ein starkes affirmatives Moment, nicht weniger vernehmbar ist aber der kritische Hinweis auf die publikumskonformen Zu-
geständnisse.

Die bürgerliche Auslegung des angesprochenen, problematischen letzten
Bildes von *Franziska* versteht Hartmut Vinçon als ein Missverständnis, das der
„humorlosen Literaturkritik" anzulasten ist: Wedekinds

> „humoristisches Schlussbild einer neuen ‚heiligen Familie' wurde von einer humor-
> losen Literaturkritik jedoch, sich selbst desavouierend, gründlich missverstanden.
> Äußerlich blieb ihr dann so oder so Wedekinds im Humor verschlossene lebensphi-
> losophische Kritik."[1311]

Eine solche Interpretation legt auch Wedekinds ironische Änderung der
Schlussverse in der Bühnenausgabe von 1914 nahe:

> „Franziska:
> Das Heer der Kunstphilister knirscht empört,
> Wenn ich mir noch ein glücklich Los gestalte,
> Wenn ich von Tragik unversehrt,
> Trotz allem, was geschehen ist, recht behalte.
> Almer:
> Aber die Welt ist nun einmal
> Nicht das schaurige Jammertal
> Nach der Kunstphilister Geschrei!"[1312]

Bezeichnend ist zudem, dass Almer im Schlussbild Veitralf „auf den Arm
[nimmt] und mit ihm umher[tanzt]."[1313] Nach dem Karaminka-Tanz in der
Weinstube Clara, und dem Ausbruchstanz Franziskas kann auch dieser Tanz

---

1310 Eine Kunst im Zeichen des Narzissmus wird durch die zum Ungewissen geöffnete
     Äußerung („wildes Genießen bis..." und Auslassungspunkte) in Frage gestellt und durch
     eine performative Einlage konterkariert: durch Chorgesang und Tanz.
1311 Vinçon: Frank Wedekind, S. 233. Auch Odo Marquard verweist auf den ‚Unhumor' der
     Kunstkritik, die „Ernst machen" will und sich dadurch lächerlich macht. Marquard:
     Exile der Heiterkeit, insbes. S. 145.
1312 Kutscher: Frank Wedekind, Bd. 3, S. 132f; auch STA 7/I, S. 489.
1313 In der Fassung von 1912, STA 7/I, S. 305.

nicht ohne Bezug zum heidnischen, spielerischen Grundmuster des Stücks gedacht werden.[1314] Wedekind bleibt hier der nüchterne Verkünder von Profanwerten, ein vom heiteren Augenzwinkern begleiteter Gestus der Lebensbejahung[1315]
und der Affirmation der sich aus dem Kontingenz-Prinzip ergebenden Freiheitsräume.

4. Das Erbe Heines in *Franziska*

4.1. Zu Heines Tanzpoem *Der Doktor Faust*

Zwischen 1846 und 1847 verfasste Heinrich Heine im Auftrag und auf die Einladung von Benjamin Lumeley, dem Direktor des Londoner Theatre of Her Majesty the Queen zwei Tanzdichtungen: das Tanzpoem *Der Doktor Faust*[1316] und
das Ballettszenario *Die Göttin Diana*. Während letzteres als eine nicht gewichti-
ge Gelegenheitsarbeit gilt,[1317] handelt es sich beim Tanzpoem um den Effekt
einer seit den zwanziger Jahren mit sich herumgetragenen Idee einer Faust-
Dichtung, die der Autor als „eine humoristische Abhandlung" in Aussicht
stellt.[1318] Eine hilfreiche Quelle zum Verständnis von Heines Intention bieten die

---

1314 Whalley interpretiert das Ende des Stücks als Wedekinds Spiel mit dem Geschmack des
     Publikums: indem der Dramatiker gegenüber diesem Zugeständnisse macht und auf
     eine weitere Attacke auf die Bürgerlichkeit verzichtet, diagnostiziert er gelassen den
     momentanen Status quo der Kunst als Geschäft, ohne dass er seine Protagonistin
     notwendig daran scheitern lassen muss. Whalley: The Elusive Transcendent, S. 178.
1315 In diesem Sinne Riedlinger: Die Figur Franziskas verkörpere das lebensbejahende
     Element der Philosophie Nietzsches. Am Ende des Dramas gestaltet der Autor „den
     Sieg des weiblichen Übermenschen über die patriarchalische Gesellschaft." Riedlinger:
     Aneignungen, S. 112 und S. 140. Franziska sei „eine Synthese aus dem intellektuellen
     Seiltänzer und Nietzsches Don Juan der Erkenntnis." Mit dem Stück habe Wedekind
     eine Erneuerung der Philosophie Nietzsches begonnen: eine durch seinen Tod nicht
     vollendete Aufgabe. Ebd, S. 107.
1316 Heinrich Heine. Der Doktor Faust. Ein Tanzpoem nebst kuriosen Berichten über Teufel,
     Hexen und Dichtkunst. In: Ders: Werke und Briefe in zehn Bänden, Bd. 7, S. 7–27.
     Weiter im Text mit dem Kurztitel „Faust" und der Seitenzahl in Klammern zitiert.
     Ursprünglich war der deutsche Text des Tanzpoems ein Teil des *Romanzero*, erschien
     aber letztlich aus Gründen einer Umfangssteigerung als Einzeldruck 1851. Französische
     Übersetzung 1847. Jeffrey L. Sammons: Heinrich Heine. Metzler: Stuttgart 1991,
     S. 117.
1317 Der Text erschien im Druck erst 1854. Vgl. hierzu ebd., S. 116. Die heidnisch-
     sensualistische Motivik setzte Heine im späteren Essay *Die Götter im Exil* fort.
1318 Norbert Altenhofer (Hg.): Dichter über ihre Dichtungen VIII: Heinrich Heine. München
     1971, Bd. II, S. 139, zit. nach Preisendanz: Die umgebuchte Schreibart, S. [49].

für das Programmheft verfassten Erläuterungen, aus denen hervorgeht, dass Heine mit der Tanzdichtung zur ursprünglichen Energie der Faust-Sage zurückkehren wollte und sich daher auf Faust- und Geisterbeschwörungsbücher, Berichte über den sogenannten historischen Faust sowie auf Puppenspiele bzw. Faustkomödien einließ, die nicht gedruckt, sondern nur dank den Wanderkomödianten verbreitet wurden. Aus der Stoffgeschichte resultiert „die eigentliche Idee der Faustsage" und diese sei nach Heine „die Revolte der realistischen, sensualistischen Lebenslust gegen die spiritualistisch altkatholische Askese".[1319] Das Synonym des ersteren ist Helena:

> „Unendlich bedeutungsvoll ist die Erscheinung der schönen Helena in der Sage vom Doktor Faust. Sie charakterisiert zunächst die Epoche, in welcher dieselbe entstanden, und gibt uns wohl den geheimsten Aufschluß über die Sage selbst. Jenes ewig blühende Ideal von Anmut und Schönheit, jene Helena von Griechenland, die eines Morgens zu Wittenberg als Frau Doktorin Faust ihre Aufwartung macht, ist eben Griechenland und das Hellenentum selbst, welches plötzlich im Herzen Deutschlands emportaucht, wie beschworen durch Zaubersprüche. Das magische Buch aber, welches die stärksten jener Zaubersprüche enthielt, hieß Homeros, und dieses war der wahre, große Höllenzwang, welcher den Faust und so viele seiner Zeitgenossen köderte und verführte. Faust, sowohl der historische als der sagenhafte, war einer jener Humanisten, welche das Griechentum, griechische Wissenschaft und Kunst, in Deutschland mit Enthusiasmus verbreiteten."[1320]

Denker, von denen Faust einer war, machten sich „plötzlich mit den Denkmalen griechischer Kunst und Wissenschaft bekannt", lasen Homer sowie die Originalwerke von Plato und Aristoteles:

> „In diese beiden hat Faust, wie die Tradition ausdrücklich erzählt, sich so sehr vertieft, daß er sich einst vermaß: gingen jene Werke verloren, so würde er sie aus dem Gedächtnisse wiederherstellen können, wie weiland Esra mit dem Alten Testamente getan."[1321]

Dass die sensualistischen Elemente in der populären Widmann-Ausgabe des Faustbuches fehlen, erklärt der Verfasser mit „hochbedenklichen christlichen Ursachen",[1322] die zur Reduktion des Helena-Motivs beitrugen. Umso mehr Be-

---

1319 Heine: Erläuterungen, S. 39. Damit bleibt Heine mit der Tanzdichtung bei seiner Thematik an der Schwelle von Humanismus, Renaissance und Reformation. Vgl. Wiese: Das tanzende Universum, S. 113f.

1320 Heine: Erläuterungen, S. 38f.

1321 Ebd., S. 39f.

1322 Das am meisten verbreitete Faustbuch von Georg Rudolf Widmann (1599) steht in vielerlei Hinsicht einem weniger bekannten Buche nach – einem 1587 von Johann Spieß verlegten und wahrscheinlich auch verfassten. Georg Rudolf Widmann, zit. nach Heine: Erläuterungen, S. 40.

geisterung zeigt Heine für die Behandlung der Figur Helenas im zweiten Teil von Goethes *Faust*. Dass sich Heine generell davor hüten will, mit dem Dichter Goethe zu wetteifern und ein solches Unternehmen kokett als „halsbrechend" bezeichnet, hält ihn nicht davon ab, auf die Schwäche des Goetheschen *Faust* – vor allem des „lendenlahmen" zweiten Teils – hinzuweisen. Goethe habe sich „einer Willkür schuldig gemacht", indem er von der Sage vom Doktor Faustus stark abwich.[1323] Das einzig Gute am zweiten Teil sei Helena – „die kostbarste Statue, welche jemals das Goethesche Atelier verlassen."[1324]

Heines Versuch einer an der Faust-Sage stark orientierten Umsetzung des Stoffes resultiert in einer „Tanzdichtung" und gestaltet sich folgendermaßen: Im ersten Akt erscheint dem Nekromanten Faust die weibliche Teufelsfigur Mephistophela als Balletttänzerin: sie „gibt dem Faust jetzt Tanzunterricht und zeigt ihm alle Kunststücke und Handgriffe oder vielmehr Fußgriffe des Metiers." (Faust, 14) Es findet der „höhere Unterricht der altklassischen Schule" (Faust, 15) statt. Die anfängliche „Unbeholfenheit und Steifheit" der „ungelenkigen Glieder" des Gelehrten geht unter der Macht des Zauberstabs allmählich in „höchste Fertigkeit" bis zur „steigernder Seelentrunkenheit" über. (Faust, 14f.) Im dritten Akt, mitten im Hexensabbat in der Unterwelt verspürt Faust aber „eine unendliche Sehnsucht nach dem Reinschönen, nach griechischer Harmonie, nach den uneigennützig edlen Gestalten der Homerischen Frühlingswelt!" (Faust, 20) Mephistophela lässt das nach dem antiken Ideal dürstende Herz des Gelehrten gewähren: der vierte Akt spielt daher auf „einer Insel im Archipel" vor dem Tempel der Aphrodite. „Alles atmet hier griechische Heiterkeit, ambrosischen Götterfrieden, klassische Ruhe. [...] hier ist alles reale plastische Seligkeit ohne retrospektive Wehmut, ohne ahnende leere Sehnsucht." (Faust, 22) Helena von Sparta führt vor dem Tempel einen Tanz „im Einklang mit der Umgebung, gemessen, keusch und feierlich" aus (Faust, 22); Faust und Mephistophela vertauschen dann ihre „mittelalterlich romantische Kleidung gegen einfach herrliche griechische Gewänder", woraufhin Faust mit Helena „irgendeinen mythologischen Dreitanz tragieren." (Faust, 22) Als sie sich dann auf einen Thron gesetzt haben, tritt Mephistophela als Bacchantin in den Vordergrund: „[D]ie Jungfrauen der Helena" gesellen sich bald zu ihr, das Bild des „artigen Spiels" ergänzen „kriegerische Pantomimen" der „Jünglinge". Aber auch dieses Bild soll sich als illusorisch entpuppen: denn bald erfahren Personen und Gegenstände „die schauderhafteste Umwandlung. Alles ist wie gefroren von Wetter und Tod." (Faust, 23) Dies entspricht dem generellen Prinzip des Heineschen Textes: jede Transformation rangiert zwischen Illusion und Entschleierung, auf

---

1323 Ebd., S. 29.
1324 Ebd., S. 43.

Letzteres zielend.[1325] Doch Fausts Blick bleibt bis zuletzt den Trugbildern verhaftet: Im fünften Akt erliegt er einer Faszination für „reine Natürlichkeit, Zucht und Schöne" einer Bürgermeisterstochter. Als Brautpaar tanzen sie

> „ihre sittsam bürgerlichen Hymenäen. Der Doktor hat endlich im bescheiden süßen Stilleben das Hausglück gefunden, welches die Seele befriedigt. Vergessen sind die Zweifel und die schwärmerischen Schmerzgenüsse des Hochmutgeistes, und er strahlt vor innerer Beseligung, wie der vergoldete Hahn eines Kirchturms." (Faust, 26)

Abermals wandelt sich die Idylle in ein „Höllenspektakel" um, in dem Mephistophela mit „hohnlachenden Gebärden", „Grimassen der Verhöhnung", mit „boshaft triumphierender Miene" ihren Tribut fordert und Faust in ihr Reich mitnimmt. (Faust, 26)

In beiden Tanzdichtungen – *Die Göttin Diana* wie *Der Doktor Faust* – teilt sich Heines Weltanschauung mit: der Streit zwischen Hellenen und Nazarenern und die antiasketische Haltung mit den Ansprüchen auf irdische Freuden.[1326] Der Tanz ist ihm dabei ein wichtiges Instrument: In *Der Doktor Faust* treten die Höllenbewohner als Tänzer und Tänzerinnen auf. Der Teufel sei nämlich „ein großer Tanzkünstler", der die Tanzkunst fördere, „um den Frommen ein Ärgernis zu geben."[1327] Das Tanzkonzept markiert Heines Bruch mit der klassischen bzw. klassizistischen Auffassung von Tanz, Ballett und Pantomime und damit ein freieres, den Zeitgenossen vorausgehendes Verhältnis zu dieser Art Kunst.[1328] Sie ist aber nicht allein ein Zeichen der sensualistischen Doktrin, sondern steht – so Benno von Wiese – stellvertretend für ein Lebensgefühl,[1329] sei eine „Signatur für Leben und Tod": insofern deutet der Tanz einmal auf das Di-

---

1325 Gabriele Cooper: Tanzende Chiffren. Heines *Faust.* In: Maske und Kothurn 32, H. 1–2 (1986), S. 41–52, insbes. S. 45 und S. 50.

1326 Vgl. Lia Secci: Die dionysische Sprache des Tanzes im Werk Heines. In: Luciano Zagari, Paolo Chiarini (Hg.): Zu Heinrich Heine. Klett: Stuttgart 1981, S. 89–101, hier S. 90f.

1327 Vgl. Heine: Erläuterungen, S. 44f und S. 46. Benno von Wiese weist nach, dass sich Heine aber – genauso wie Goethe – von der Sage entfernt, wenn ihm die christliche Moral der Sage – ihr Warencharakter im Namen der Sorge um das Seelenheil – belanglos erscheint. Benno Wiese: Mephistophela und Faust. Zur Interpretation von Heines Tanzpoem *Der Doktor Faust.* In: Gerald Gillespie, Edgar Lohner (Hg.): Herkommen und Erneuerung. Essays für Oskar Seidlin. Niemeyer: Tübingen 1976, S. 225–240, hier S. 228f.

1328 Wiese: Das tanzende Universum, S. 127f. Benno von Wiese zieht sogar eine Parallele zu der Faszination für den Tanz um die Jahrhundertwende, indem er – trotz aller Unterschiede – bei Heine bereits „die Anfänge jener Sprachskepsis" sieht, die zur Verklärung des Tanzes führen wird. Ebd. S. 129f.

1329 Ebd., S. 131f.

onysische, aber auch auf das Düstere, auf das antike Fatum.[1330] In der zweiten der *Florentinischen Nächte* entwickelt Heine die Idee der dionysischen Kraft am Beispiel des Tanzes von Mademoiselle Laurence. Auch in *Götter in Exil* geht er auf den „Freudentanz des Heidentums" ein.[1331] In *Göttin Diana* kehrt Heine zu seiner frühen Auffassung vom Tanz als „der einzigen Kunst, die nicht in den Dienst des Christentums gestellt worden sei" und die sich mit dionysischen, subversiven Energien verbindet, zurück.[1332] Mit der Apotheose einer dionysischen Wiedergeburt läßt er die utopische Dimension gelten: in der *Göttin Diana* „[träumt] Heine zum letzten Mal seinen poetischen Traum von einem mythischen, überzeitlichen Heidentum. Er kann ihn jedoch nur unter den besonderen Bedingungen seiner phantastischen Tanzpantomime träumen."[1333] *Diana* endet mit einem berauschenden Tanz, dem „Freudentanz des Heidentums, dem Cancan der antiken Welt."[1334] In *Der Doktor Faust* dagegen wird der Tanz nicht mehr verklärt, er bekommt im Gegenteil morbide Züge, indem sich der freudige dionysische Bacchantentanz unter der Ägide Mephistophelas in einen makabren Totentanz verwandelt. Den Streit zwischen den Hellenen und Nazarenern löst Heine hier in Form einer endgültigen Desillusionierung – eines Triumphs des Todes.[1335] So wird jeder Utopie widersprochen und die menschliche Erfahrung in ihrer Komplexität und Unabgeschlossenheit gezeigt.[1336] Trotz dieser Nüchternheit, mit der Heine jeder Illusion Fausts begegnet, ist seine Tanzdichtung nicht als Tragödie sondern als Parodie angelegt.[1337] Der parodistische Gestus

---

1330 „Der Tanz vermag zu bezaubern, zu verführen, aber auch zu täuschen," Er sei ein „Organ der Freiheit wie der Erniedrigung". Mit der Tanzchiffre drücke Heine auch die „Bewegung des menschlichen Geistes" aus. Ebd., S. 67f. und S. 83.

1331 Heine: Florentinische Nächte. In: Ders.: Werke und Briefe in zehn Bänden, Bd. 4, S. 149; Ders.: Götter im Exil. In: ebd., Bd. 7, S. 64. Vgl. Hanna Spencer: Heine and Nietzsche. In: Heine-Jahrbuch, 11. Jg. (1972). Hoffmann und Campe: Düsseldorf, S. 126–161, S. 150f.

1332 Dabei hatte Heine sowohl das befreiende (Cancan des Volkes) als auch das destruktive Potenzial (Tanz um das goldene Kalb) des Tanzes erkannt. Sammons: Heinrich Heine, S. 115.

1333 Wiese: Das tanzende Universum, S. 107.

1334 Ebd., S. 109.

1335 Darin kommt ästhetische und politische Enttäuschung Heines im Pariser Exil zum Ausdruck, insbesondere seine Skepsis gegenüber der Möglichkeit einer politischen Revolution. Secci: Die dionysische Sprache, S. 92ff. *Der Doktor Faust* lasse sich als ein Werk interpretieren, mit dem Heine mit sich selbst ins Gericht geht – als ein Dokument der Ernüchterung: Faust als Narr seiner Wünsche und Einbildungen. Sammons: Heinrich Heine, S. 116.

1336 Wiese: Mephistophela und Faust, S. 237, Cooper: Tanzende Chiffren, S. 48.

1337 Vgl. Cooper: Tanzende Chiffren, insbes. S. 50.

manifestiert sich vor allem im nachahmenden Habitus Mephistophelas,[1338] sowie in den barocken, bizarren Bildern. In den Erläuterungen weist Heine ausdrücklich auf den polemischen Charakter des Schlusses hin. Goethe befreit nämlich den Nekromanten Faust „aus den Krallen des Teufels" und schickt ihn – statt in die Hölle – ins Himmelreich. Dies geschieht, so Heine ironisch, „unter dem Geleite tanzender Englein, katholischer Amoretten", wodurch „das schauerliche Teufelsbündnis" wie „eine frivole Farce", „fast wie ein Ballett" endet.[1339] Das Urteil Heines antizipiert Nietzsches Kritik, nach der Goethe mit seinem Faust-Konzept eine Destruktion des Stoffes betreibt. Das große deutsche Thema reduziere Goethe auf eine triviale Liebes- und Versöhnungsgeschichte, in der es keines Teufels bedarf und die sich hinter der Metaphysik nur verberge. Das Tragische kehre sich somit zum Gemütlich-Sentimentalen um.[1340] So werde Faust bei Goethe von einem „Weltempörer" zu einem „Weltreisenden".[1341]

4.2. Wedekinds Heine

Spätestens seit Frühjahr 1883 beginnt sich Wedekind mit dem Werk Heinrich Heines zu beschäftigen. In den *Memorabilia*, seinem Tagebuch aus der Schulzeit im Schweizer Kanton Aarau, datiert für 1882/1883, findet sich ein Zitat aus Heines *Zur Geschichte der Religion und Philosophie in Deutschland* (1835):

> „Wir kämpfen nicht für die Menschenrechte, sondern für die Gottesrechte des Menschen. Hierin und noch in manchem anderen unterscheiden wir uns von den Helden der Revolution. [...] Ihr verlangt enthaltsame Sitten, einfache Trachten, ungewürzte Genüsse. Wir hingegen verlangen Nektar und Ambrosia, Purpur-Mäntel, kostbare

---

1338 In der Mephistophela-Figur manifestiert sich Heines ambivalente Haltung gegenüber dem Sensualismus. Sie ist „der christianisierte Teufel, der die obszöne Zweideutigkeit der galant intimen Sphäre in einer nur scheinbar gesitteten Welt entdeckt und der es versteht, sie mit witziger Ironie zum Werkzeug der Teufelslust zu machen." Sie repräsentiere die Macht der Poesie. Wiese: Mephistophela und Faust, S. 233f.

1339 Heine: Erläuterungen, S. 29. Es sei „eine Parodie auf jenen Goetheschen gelehrten Doktor, der die Hölle bemühen musste, um sein kleinbürgerliches Gretchen verführen zu können." Wiese: Mephistophela und Faust, S. 238. Cooper spricht von einer „vollkommenen Antiklimax zur ‚großen, mystischen Nationaltragödie' Goethes." Cooper: Tanzende Chiffren, S. 50.

1340 Damit verweist Nietzsche auf das Defizit des Tragischen schlechthin. Bohrer: Nietzsches Aufklärung, S. 258f.

1341 Riedlinger: Aneignungen, S. 111.

Wohlgerüche, Wollust und Pracht, lachenden Nymphentanz, Musik und Comö-
dien."[1342]

Der Dichter Heine wird dem jungen Wedekind zum Vorbild, als dieser im
Schulalter Gelegenheitsgedichte zu verfassen anfängt. Zu dem Einfluss Heinrich
Heines im Jugendwerk Wedekinds liegt eine umfassende Studie von Sigrid
Dreiseitel (2000) vor.[1343] Trotz des engen zeitlichen Rahmens der 80er Jahre
enthält die Studie Vorausweisendes für das spätere Werk Wedekinds. Bereits an
der frühen Lyrik lässt sich weniger formale Ähnlichkeit als geistige Nähe zwischen den beiden Autoren feststellen.[1344] Ein wohl letztes öffentliches Bekenntnis zu Heine als Vorbild und geistigem Mentor enthält der zu dessen 50. Todes-
tag 1906 im Kleinen Theater vorgetragene Prolog – das Rahmengedicht *An
Heinrich Heine*.[1345] Es handelt sich um eine Hommage an den im 19. Jahrhundert verkannten bzw. denunzierten Dichter: Wedekind bringt zuerst ein Bild des
politischen Heine zum Ausdruck, um es dann durch das Bild des Erotikers Heine zu überbieten:[1346]

„Hol doch der Teufel alle Politik!
Was kümmert's mich, wo die Verdienste liegen!
Gott schuf die Welt, dass wir uns drin vergnügen,
Ich bin nur Mensch; mein sehnsuchtsvoller Blick
sucht Schönheit, junges Leben, junges Blut

1342 Frank Wedekind: Das Hoftheater. Eine Allegorie zum Weltenlauf. In: Memorabilia
1882/1883, Wedekinds Nachlass, Kantonsbibliothek Aarau, Aa B, Nr. 22, S. 56f., zit.
nach Dreiseitel: Ich mache natürlich lebhaft Propaganda, S. 76. Vgl. auch Kieser: Über
den Umgang, S. 1280.

1343 Dreiseitel: Ich mache natürlich lebhaft Propaganda. Der Name Heines taucht immer
wieder auch in kleineren zeitgenössischen und modernen Beiträgen zum Werk
Wedekinds auf. Vgl. Friedrich: Frank Wedekind, S. 5f. und S. 27; Fechter: Frank
Wedekind, S. 138f.; [o. A.]: Am Ende war ich doch ein Poet, S. 2287f.; Regnier: Frank
Wedekind, S. 83.

1344 In Anlehnung an Urteile aus den dreißiger Jahren – Adornos ästhetisches und Trotzkijs
politisches Urteil über das Werk Wedekinds – behauptet Dreiseitel Virulenz und
Aktualität von Heines Werk für Wedekind. Vgl. Dreiseitel: Ich mache natürlich lebhaft
Propaganda, S. 33f.

1345 Frank Wedekind: An Heinrich Heine. In: Dietmar Goldtschnigg, Hartmut Steinecke
(Hg.): Heine und die Nachwelt. Geschichte seiner Wirkung in den deutschsprachigen
Ländern. Erich Schmidt Verlag: Berlin 2006, S. 520–523. Den Binnenteil macht Heines
Gedicht *Der Dichter Firdusi* aus den *Historien* (*Romanzero*) aus. Beim Firdusi handelt
es sich um einen persischen Nationaldichter, dem, ähnlich wie Heine, die Zeitgenossen
die Anerkennung verweigerten.

1346 Das schmälert nicht die Stärke der politischen Stellungnahme, die Wedekind hier für
Heine und sich selbst bezieht. Vgl. Dreiseitel: Ich mache natürlich lebhaft Propaganda,
S. 41f.

In grünem Samtkleid, Rosen überm Hut;
Mein sehnsuchtsvoller Blick sucht Venusglieder.
Wer wird durch unsrer Sinne Labyrinth
Dem Aermsten Mentor sein, der selbst noch blind? [...]
Wer anders unterweist ihn in der Kunst, zu lieben,
Als der das Fleisch, das er in Knechtschaft fand,
Vergöttlichte und mit geschmeidiger Hand
Das Hohe Lied vom Frauenleib geschrieben?"[1347]

Die letzte Zeile spielt auf Heines Gedicht *Das Hohelied* (1835) – eine Parodie des biblischen Textes, da hier der Frauenkörper als „Gedicht" und Gott als der „himmlische Poet" und der „plastische Schöpfer" gleichsam angebetet werden.

„Das ist kein abstraktes Begriffspoem!
Das Lied hat Fleisch und Rippen,
Hat Hand und Fuß; es lacht und küßt
Mit schöngereimten Lippen."[1348]

Der Sensualist Heine wird hier von Wedekind im Sinne seines eigenen subversiven Impetus gegen die bürgerliche Gesellschaftsordnung funktionalisiert:

„Die Aneignung der Welt im Sinne sinnlichen Vergnügens verknüpft Heines in der politischen Auseinandersetzung der dreißiger Jahre des 19. Jahrhunderts entwickelte, saint-simonistisch geprägte Utopie erotischer und gesellschaftlicher Befreiung mit des Laudators eigenem Protest gegen die Zwänge bürgerlicher Ordnungsvorstellungen [...]"[1349]

Heines Utopie-Programm ist als ein Versuch zu verstehen, „den gelebten Widerspruch" zwischen Juda und Hellas, Sinnlichkeit bzw. Materie und Geist zu überbrücken[1350] – sprich –eine neue, Sinnlichkeit und Erotik einschließende Moral zu begründen. Heine entwickelt hierfür das bereits angesprochene Begriffspaar Sensualismus (austauschbar mit Materialismus, Pantheismus) und Spiritualismus: In der Denkschrift *Ludwig Börne* (1840) kreiert er das Oppositionsmodell von lebensheiteren Griechen und asketischen Nazarenern:

1347 Wedekind: An Heinrich Heine, S. 522.
1348 Heinrich Heine: Das Hohelied. In: Ders.: Sämtliche Gedichte in zeitlicher Folge. Insel: Frankfurt a. M., Leipzig 1993, S. 389.
1349 Dreiseitel: Ich mache natürlich lebhaft Propaganda, S. 38. Claude-Henri de Saint-Simon (1760–1825) – Frühsozialist und Begründer des sogenannten Saintsimonismus, einer Sozialphilosophie und Wissenschaftslehre.
1350 Vgl. etwa Heine: Ludwig Börne, insbes. S. 202. Vgl. zudem Friedrich: Frank Wedekind, S. 7f.

„Alle Menschen sind entweder Juden oder Hellenen, Menschen mit asketischen, bildfeindlichen, vergeistigungssüchtigen Trieben [Nazarener], oder Menschen mit lebensheiterem, entfaltungsstolzem und realistischem Wesen [Griechen]."[1351]

Realismus sei hier als „Geistesgegenwart im epikuräischen Sinne" zu verstehen.[1352] Der Topos der heiteren, lachenden Götter Griechenlands, die der Homerschen *Ilias* entnommen sind[1353] und auf die Wedekind rekurriert,[1354] fungiert bei Heine als Inbegriff der gesunden, lebensfreundlichen Naturreligion[1355] und wird einer Opposition von Heiterkeit und Ernst eingefügt,[1356] die Heines Dichtertum generell auszeichnet.[1357] In seinen Texten begegnet der Leser einer „unlöslichen Verbindung von Hohn und Schmerz, Scherz und Trauer, Begeisterung

---

1351 Heine: Ludwig Börne, S. 178. Laut Denkschrift sei Goethe ein Grieche, Shakespeare „zu gleicher Zeit Jude und Grieche", während Börne der Inbegriff eines lust- und kunstfeindlichen Nazareners darstellt. Heine selbst bezeichnet sich hier als einen „heimlichen Hellenen". Vgl. ebd., S. 209 und S. 201.

1352 Safranski: Romantik, S. 254.

1353 Das VI. Kapitel der *Stadt Lucca* beginnt mit der Beschreibung des Abendmahls, einem Zitat aus der *Ilias*. Die festen Attribute der heidnischen Götter werden mehrmals wiederholt: „Doch unermessliches Lachen erscholl den seeligen Göttern [...] Die vorigen heiteren Götter [...] wussten auch nicht wie armen gequälten Menschen zu Muthe ist". Heine: Die Stadt Lucca, VI. Kapitel, S. 376.

1354 Vgl. analog Wedekinds „homerisches Gelächter" im *Witz*-Essay (S. 384) und „heiteres Griechenvolk" in *Im Zirkus* (S. 374).

1355 Sammons: Heinrich Heine, S. 61.

1356 Im VII. Kapitel der *Stadt Lucca* berichtet der Autor von „heiterem Volk", von dem „die ganze Stadt wimmelte", wobei sich „heitere Musik [...] über die wogende Menschenmenge [ergoß]." „Die alten Frescos [...] vermochten [...] mit ihrem inwohnenden Ernste die britische Spottlust abzuwehren." Heine: Die Stadt Lucca, VII. Kapitel, S. 380 und S. 382.

1357 „[I]ch leide für das Heil des ganzen Menschengeschlechts, ich büße dessen Sünden, aber ich genieße sie auch." Heinrich Heine: Reise von München nach Genua, VI. Kapitel (Reisebilder). In: Ders.: Werke und Briefe in zehn Bänden, Bd. 3, S. 206f. In den *Elementargeistern* führt Heine das alte Tannhäuser-Lied folgendermaßen ein: „Aber der Mensch ist nicht immer aufgelegt zum Lachen, er wird manchmal still und ernst, und denkt zurück in die Vergangenheit; denn die Vergangenheit ist die eigentliche Heimat seiner Seele, und es erfasst ihn ein Heimweh nach den Gefühlen, die er einst empfunden hat, und seien es auch Gefühle des Schmerzes. So erging es namentlich dem Tannhäuser..." Heinrich Heine: Elementargeister (1837) (Essays I: Über Deutschland). In: Ders. Werke und Briefe in zehn Bänden, Bd. 5, S. 361. Die Spannung zwischen spielerisch-artistischen Aspekt und dem Ernst, der in der politischen Ausrichtung seiner Texte begründet ist, bleibt in Heines gesamten Werk aufrechterhalten. Vgl. Jürgen Jacobs: Nach dem Ende der Kunstperiode. Heines Aporien und ihre Aktualität. In: Wolfgang Kuttenkeuler (Hg.): Heinrich Heine. Artistik und Engagement. Metzler: Stuttgart 1977, S. 242–255, hier S. 249.

und sofort eindämmender Verachtung, Spott und Verzweiflung, Sentimentalität und Zynismus".[1358] Ein Fragment aus Heines *Buch Le Grand* (1826) belegt dessen Bekenntnis zum Komischen als dem notwendigen Korrektiv des Ernstes:

> „Das Leben ist im Grunde so fatal ernsthaft, dass es nicht zu ertragen wäre ohne solche Verbindung des Pathetischen mit dem Komischen. Das wissen unsere Poeten. Die grauenhaften Bilder des menschlichen Wahnsinns zeigt uns Aristophanes nur im lachenden Spiegel des Witzes; den großen Denkerschmerz, der seine eigne Nichtigkeit begreift, wagt Goethe nur in Knittel-Versen eines Puppenspiels auszusprechen; und die tödlichste Klage über den Jammer der Welt legt Shakespeare in den Mund eines Narren."[1359]

Auf diese ambivalente Gefühlslage rekurriert Wedekind im zitierten Nachrufgedicht:

> „Als aus dem Aug' die erste Träne rann,
> Die nicht vor Kummer, die aus Freude quoll. [...]
> Manch Glücklicher mag wohl vor Freude strahlen,
> Doch selger, wer in Freuden weinen kann!."[1360]

Diese Stelle aus *An Heinrich Heine* bezieht sich insbesondere auf Heines vielzitiertes Gedichtfragment, in dem er ausdrücklich seinen Humor und dessen Vielfacettiertheit thematisiert:

> „Als Läufer diene dir mein Witz,
> Als Hofnarr meine Phantasie,
> Als Herold, die lachende Träne im Wappen,
> Diene dir mein Humor."[1361]

Die zum geflügelten Wort gewordene Formulierung „lachende Träne im Wappen", die geradezu ikonisch für die besagte Ambivalenz in Heines Werk steht, scheint für Frank Wedekind reizvoll zu sein. Es gilt – mit Sigrid Dreiseitel – zu betonen, dass Wedekinds Heine-Lektüre eine selektive und relativ oberflächliche ist: Wedekind rezipiert nicht den politischen Heine, sondern den Künstler-

---

1358 Diese Ambivalenz resultiere aus der „Erfahrung des Bruches, des Risses, des Kontrastes, der Zweideutigkeit, der Widersprüche" im Leben des Künstlers, die „alles einheitliche Aussagen aufsprengen muss." Wolfgang Preisendanz: Heinrich Heines Dichtertum. In: Ders.: Heinrich Heine. Werkstrukturen und Epochenbezüge. Fink: München 1983, S. 11–20, S. 15f., hier S. 16.

1359 Heinrich Heine: Ideen. Das Buch Le Grand (1826), XI. Kapitel (Reisebilder). In: Ders.: Werke und Briefe in zehn Bänden, Bd. 3, S. 161.

1360 Wedekind: An Heinrich Heine, S. 521.

1361 Heinrich Heine: Die Nordsee (1825/1826), Erster Zyklus: Krönung (Buch der Lieder). In: Ders.: Werke und Briefe in zehn Bänden, Bd. 1, S. 177f.

Heine.[1362] Im Hinblick auf Wedekinds Humor-Konzept scheinen dabei zwei Aspekte zentral zu sein: der sensualistische und der spielerische Aspekt. Beiden soll im Folgenden kurz nachgegangen werden.

Wedekind übernimmt begeistert bereits in den 80er Jahren Heines Idee einer Befreiung der Sinne als Protest gegen bürgerliche Moral und im Namen der „Gottesrechte des Menschen".[1363] Während Heine in seiner Studie *Zur Geschichte der Religion und Philosophie in Deutschland* (1835) vor allem „die erkenntnistheoretischen Voraussetzungen des Idealismus" angreift, interessiert Wedekind die Körperlichkeit (besonders die weibliche) unter den Bedingungen der Moderne. Heines materialistische Anschauung – seine Abwehr gegen die „christliche Konstruktion einer Spiritualisierung des Materiellen" – wird von Wedekind umgekehrt, indem er sich für die Re-Spiritualisierung des Fleisches einsetzt und so zu einer „Metaphysik des Sexuellen" gelangt.[1364] Weltanschaulich betrachtet bleibt Wedekinds Werk der Idee des Sensualismus stets verpflichtet.[1365] Ein Zeitgenosse schreibt dazu 1910:

> „Er [Frank Wedekind] ist der echtbürtige Erbe Heinrich Heines, dessen These er modernisiert und dramatisch-antithetisch ausgestaltet hat, ohne allerdings [...] die Einheit beider Gegensätze bisher restlos erzeugt zu haben."[1366]

Das spannende Moment bleibt jeweils die Form, in der Wedekind seine subversive Diesseitsorientierung umsetzt. Beide Autoren gehen von einem nicht idealistischen Literaturverständnis aus, nach dem Kunst und Leben keine organische Einheit mehr darstellen.[1367] Daraus resultiert der Rückgriff auf Spott, Ironie und

---

1362 Im „Spiel mit Materialien" wird bewusst ein „Konstrukt" hergestellt, in dem die komplexe Wirklichkeit verfügbar ist. Dreiseitel: Ich mache natürlich lebhaft Propaganda, S. 115. Dreiseitel bezieht sich hier auf Austermühls/Vinçons Begriff des „induktiven Konstruktionsverfahrens", den die Autoren auf Wedekinds dramatische Arbeiten anwenden. Dennoch ist Wedekinds positive Umdeutung der negativen Rezeption Heines nicht zu unterschätzen. Vgl. ebd., S. 105; sowie Austermühl, Vinçon: Frank Wedekinds Dramen, S. 312.

1363 Dreiseitel: Ich mache natürlich lebhaft Propaganda, S. 102 und S. 105.

1364 Pankau: Sexualität und Modernität, S. 87.

1365 Dreiseitel: Ich mache natürlich lebhaft Propaganda, S. 10, vgl. auch S. 27f.

1366 Friedrich: Frank Wedekind, S. 7f. In diesem Sinne auch Schröder-Zebralla: „Wedekind knüpft mit seiner Gegenüberstellung zweier Weltanschauungen (Trapezkünstler und Seiltänzer) an die sensualistische Tradition von Georg Büchner und Heinrich Heine." Schröder-Zebralla: Frank Wedekinds religiöser Sensualismus, S. 194.

1367 Dies sei als ein zentraler Paradigmenwechsel „hinsichtlich der Reflexion auf Produktion wie Wirkung des literarischen Textes unter veränderten gesellschaftlichen Rahmenbedingungen im Gefolge von Klassik und Romantik" zu werten. Wedekind adaptiere die „Heineschen Dissonanzen", die sich bei ihm im „ironischen Verfahren" manifestieren. Dreiseitel: Ich mache natürlich lebhaft Propaganda, S. 61f.

Humor. Im Hinblick auf formale Analogien zu Heine verweist Anatol Regnier auf Wedekinds „lyrische Begabung und seinen Hang zur Ironie": „die scheinbare Leichtigkeit seiner Produktion täuscht über die Ernsthaftigkeit seines Wesens hinweg."[1368] Johannes Pankau beobachtet im Werk Wedekinds die Bevorzugung von Parodie und Ironie „als kritische Instrumente zur Entlarvung falscher Romantik und hohler Ideale".[1369] Für Heine wie für Wedekind gilt, was der Schriftsteller und Journalist Günter Blöcker als Merkmal der nachidealistischen modernen Literatur attestierte: sie weiß sich keinem Dogma verpflichtet und hält einem jeden Wert gleich den Gegenwert entgegen.[1370] An die Stelle der auf Finalität und Kausalität gründenden Ganzheitskonstruktionen der idealistischen Epoche setzte Heine „das Schwebende, Fragmentarische, Anfang- und Endlose" seines „gegen Erstarrung" gerichteten und „für eine neue Bewegungsfreiheit" eingesetzten Stils.[1371] Absolut gesetzte Wahrheiten mit ihrer Starrheit sucht Heine mit „flutenden Bildern" zu überwinden.[1372]

Die Frage nach der Tradition, der Heine mit der Schmerzpathetik und einer gewissen Sentimentalität nachhängt, wird zunächst mit Romantik und Empfindsamkeit des 18. Jahrhunderts beantwortet, ja sie reicht – über das Requisit der Träne – bis in den Barock zurück.[1373] Heine bekennt sich dabei selbst zu Lawrence Sterne, der „plötzlich in den scherzhaftesten, lachendsten Ton" überspringe, gerade wenn er tragische Höhe erreicht habe: so schreibt Heine in der *Romantischen Schule*:

> „Die Göttin des Scherzes [...] nahm den leidenden Knaben in ihre Arme und suchte ihn zu erheitern mit Lachen und Singen und gab ihm als Spielzeug die komische Larve und die närrischen Glöckchen [...] und küßte ihm darauf all ihren Leichtsinn, all ihre trotzige Lust, all ihre witzige Neckerei. Und seitdem gerieten Sternes Herz und Sternes Lippen in einen sonderbaren Widerspruch: wenn sein Herz manchmal ganz tragisch bewegt ist und er seine tiefen blutenden Herzgefühle aussprechen will,

1368 Regnier: Frank Wedekind, S. 83.
1369 Pankau: Sexualität und Modernität, S. 86.
1370 Vgl. Walter Höllerer: Zwischen Klassik und Moderne. Lachen und Weinen in der Dichtung einer Übergangszeit. Ernst Klett: Stuttgart 1958, S. 58–99, hier S. 68. „Ernsthafte, romantische Gestimmtheit erleidet den schockartigen Gegenstoß, so dass mitten im Ernst Lachen ausgelöst wird. Aber gleichzeitig wird in diesem Gegenstoß die Szene neu beleuchtet, ihr Gehalt an Wahrheit verstärkt sich." Ebd., S. 80.
1371 Ebd., S. 99.
1372 Peter von Matt: Die Kunst, die Freiheit, der Teufel und der Tod. Strategien des Überlebens bei Heine und Schumann. In: Ders: Das Wilde und die Ordnung. Zur deutschen Literatur. Hanser: München 2007, S. 180–195, hier S. 187.
1373 Ebd., S. 95.

dann zu seiner eignen Verwunderung, flattern von seinen Lippen die lachend ergötzlichsten Worte."[1374]

Heine bezeichnet sich als einen „Dichternarr", der einem „ungerechten, brutalen,
launischen und zufälligen Universum" mit einem ironischen Lachen begeg-
ne.[1375] Diese Harlekinmaske – ein Zeichen von Weisheit, Ernst und Einsicht –
wird er lebenslänglich behalten.[1376]

Auffallend ist bei Heine, übrigens ähnlich wie später bei Wedekind, die
Diskrepanz zwischen seiner Selbstwahrnehmung als Humoristen und der Rezeption, in der seine Textqualitäten eher als Ironie, Witz und Satire verbucht wurden. Wolfgang Preisendanz sieht hier einen Fall der Nivelierung des Humorbegriffs,[1377] den er folgendermaßen synthetisiert:

> „Humoristisch ist ein Werk, das die Zwiespältigkeit, Widersprüchlichkeit, Unge-
> reimtheit aller Zeitverhältnisse realisiert; humoristisch schreibt ein Autor, indem er
> das Miteinander und Durcheinander von Spaßhaftem und Kummervollem, Schmut-
> zigem und Heiligem, Grandiosem und Winzigem zur Geltung bringt. Humor als
> durch die Exzentrik subjektiver Brechung potenzierte Widerspiegelung einer umge-
> stülpten Weltordnung."[1378]

Bei den Zeitgenossen Heines entschieden drei Momente über die humoristische
Qualität seines Werks: erstens die Vermischung von Komik und Pathos, wofür
Sterne und Jean Paul, Aristophanes und Shakespeare die Muster bieten, ferner
die „humoristische Willkür" – die Subjektivität der „humoristischen Ekstase" –
ebenfalls in der Nachfolge Jean Pauls, und drittens „die ekstatisch-
subjektivistische, pathetisch-komische Opposition gegen Lebensverhältnisse und
Weltzustand".[1379] Besonders das dritte Moment schied die Gemüter von Heines
Kritikern. Daran ist auch die qualitative Verschiebung des Heineschen Humor-

---

1374 Heinrich Heine: Die romantische Schule (1836), III. Buch (Essays I: Über
Deutschland). In: Ders.: Werke und Briefe in zehn Bänden, Bd. 5, S. 130.

1375 „Der Aristophanes des Himmels" habe ihm [Heine über sich], dem „kleinen, irdischen
sogenannten deutschen Aristophanes" eine schwere Last aufgebürdet, er habe
„schauerlich grausamen Spaß" mit ihm getrieben: „wie kläglich ich ihm nachstehen
muss im Humor, in der kolossalen Spaßmacherei." Heinrich Heine:
Autobiographisches. Geständnisse (1854). In: Ders.: Werke und Briefe in zehn Bänden,
Bd. 7, S. 154. Die nüchterne, sachliche Analyse vermischt sich bei Heine mit der Ironie
– dies im Gegensatz zum Ernst der Romantik, indem Ironie mit Stimmung ineinander
verklammert sind. Höllerer: Zwischen Klassik und Moderne, S. 82.

1376 Ebd., S. 95. Das Tolle, Humoristische, Närrische verleiht der hochgehaltenen Vernunft
„die künstlerische Würze und die persönliche Freiheit." Wiese: Das tanzende
Universum, S. 69.

1377 Preisendanz: Die umgebuchte Schreibart, S. [48].

1378 Ebd., S. [52].

1379 Ebd., S. [60–63].

begriffs gegenüber den Romantikern zu messen: ein zerrissenes Ich steht nicht mehr für sich, sondern legt ein Zeugnis für die geschichtlichen Zustände ab. Damit verlässt Heines Humor die rein subjektivistische bis solipstische Perspektive und nimmt eine soziale, epochenbedingte Orientierung an.[1380] Dies wird dafür verantwortlich sein, dass Heines Humor zu Ironie, Witz oder Satire umgebucht wird.[1381] Hinzu tritt die sich seit Mitte des 19. Jahrhunderts vollziehende Domestizierung, Verharmlosung des Humors, der nur noch mit Versöhnlichkeit, Wohlwollen, Affirmation und Kompromiss assoziiert wird und damit die Bestimmungen eines Jean Paul oder Hegel zurücknimmt. Angesichts einer Humor-Auffassung, wo nur noch an die „Geisteshaltung und Lebensansicht eines Autors" und nicht mehr an „Kommunikationsmodus, Strukturprinzip oder sprachlichen Code" gedacht wurde, musste Heine aus dem dem Humor und den Humoristen zugewiesenen Rahmen fallen.[1382] Die semantische Komplexität des Humorbegriffs, wie sie sich im geschichtlichen Prozess gestaltet, scheint nicht weniger für Wedekind zu Anfang des 20. Jahrhunderts zu gelten als Jahrzehnte zuvor für Heine.

Walter Höllerer betont hingegen einen anderen Aspekt des Heineschen Humors, der über die romantische Tradition, insbesondere aber über Jean Pauls Humorbegriff hinausgeht. Verglichen mit anderen, wohl geistesverwandten Autoren der antiklassizistischen Tradition – Lenz, Grabbe oder Büchner – gestaltet sich Heines Lachen freier, frivoler, leichtfertiger.[1383] Durch die immanente Opposition in Form von Spiel, Spott und bewusst eingesetzter Banalität hebt sich sein Humor von dem Jean Pauls ab: seine „lachende[n] Sterne" stehen gegen Jean Pauls „Himmelsträne".[1384] Heine hält bezeichnenderweise Lawrence Stern für einen größeren Dichter als Jean Paul: „[...] Sterne fühlt vielleicht noch tiefer als Jean Paul, denn er ist ein größerer Dichter."[1385]

1380 Heine sei methodisch romantisch, betreibe aber die Demolierung der Romantik. Safranski: Romantik, S. 12. Zum ambivalenten Verhältnis Heines zur Romantik vgl. auch ebd. insbes. S. 252–257 sowie Höllerer: Zwischen Klassik und Moderne, vgl. insbes. S. 71ff.

1381 Im Unterschied dazu: Heine als der „größte unter den Humoristen": Tadeusz Zatorski: Od tłumacza. Przeciwieństw moc, jaskrawo w pary połączonych. Heinrich Heine czyli sztuka wątpienia. In: Heinrich Heine: Z dziejów religii i filozofii w Niemczech (dt. Zur Geschichte der Religion und Philosophie in Deutschland). Nomos: Kraków 1997, S. 161–233, hier S. 195.

1382 Preisendanz: Die umgebuchte Schreibart, S. [66].

1383 Höllerer: Zwischen Klassik und Moderne, insbes. S. 80ff.

1384 Vgl. ebd., S. 59ff.

1385 Heine: Die romantische Schule, III, S. 129f.

Um sich davon zu überzeugen, dass Frank Wedekind eben nicht auf die romantische Zerrissenheit des Subjekts, sondern auf das Moment des Spielerischen bei Heine Gewicht legt, reicht ein Blick auf einige Passagen des bereits
angesprochenen *Witz*-Essays. Um den Charakter des Witzes zu erklären, greift
Wedekind auf ein Gedicht Heines zurück:

> „Der Witz ist der Realist par excellence, indem er meist in direkten, geradezu feind-
> seligen Gegensatz zum Idealismus tritt. Mag übrigens recht haben, wer will, so lässt
> sich nicht leugnen, dass er in der Wahl seiner Bilder uns sehr oft eine unverkennbar
> poetische Tätigkeit entfaltet. Man denke nur an das mehr oder weniger berüchtigte
> Gedicht Heines: *Das Fräulein stand am Meere.*" (Witz, 343)

Der Witz begibt sich hier in die Sphäre der Erotik und indem er ein Tabu bricht,
stellt er sich in Opposition zu einem, zunächst nicht näher definierten Idealismus. Dieser Gedanke wird weiter entwickelt, indem Wedekind das Spezifische
dieser Art von Witz als Frivolität bezeichnet:

> „[...] die Frivolität ist eine Abart des Witzes. Sie schlägt einen ähnlichen Seitenweg
> ein wie der Humor, gelangt aber zum verwerflichsten Resultat. Frivolität entsteht,
> wenn das Erhabene, das Heilige in bewußter Tendenz mit dem Unwürdigen, dem
> Schimpflichen gemessen wird [...]." (Witz, 346)

Heines Witz wird mit Voltaire parallelisiert und gegen Schiller ausgespielt:

> „‚Es liebt der Mensch das Strahlende zu schwärzen und das Erhabene in den Staub
> zu ziehen.' Diese Worte, anlässlich der Voltaireschen *Pucelle d'Orléans* geschrie-
> ben, charakterisieren am treffendsten den Protest, den das gemeine Element im
> Menschen zum Zweck des Bekämpfens dem Göttlichen entgegensetzt. Unzählige
> Beispiele von Frivolität finden sich in den Schriften Heines. Wir erinnern hier nur an
> das dreistrophige Gedicht:
>> Unbequemer neuer Glauben!
>> Wenn sie uns den Herrgott rauben,
>> Hat das Fluchen auch ein End. –
>> Himmel – Herrgott – Sakrament! usw." (Witz, 346)

Der Satz „Es liebt der Mensch..." ist ein leicht modifiziertes Schiller-Zitat:

> „Es liebt die Welt das Strahlende zu schwärzen
> Und das Erhabne in den Staub zu ziehn."[1386]

Schiller nimmt hier Bezug auf Voltaires bewusst respektloses burleskes Epos *La
Pucelle*[1387] über die mittelalterliche Kriegsheldin Jeanne d'Arc, einen Text, den
der Autor lange nur in privaten Abschriften zirkulieren ließ. Voltaires satirische

---

1386 Passage im Gedicht *Voltaires Pucelle.* Friedrich Schiller: Voltaires Pucelle und die
    Jungfrau von Orleans. (Gedichte 1795–1805). In: ebd., Bd. 1, 1980, S. 498.

1387 Versepos *La Pucelle d'Orléans – Die Jungfrau von Orléans*, entstanden um 1730,
    autorisierte Ausgabe in 21 Gesängen 1762.

Behandlung des Stoffes veranlasste Schiller zwar zu einem Angriff, der aber zu einer Rechtfertigung geriet:

> „Krieg führt der Witz auf ewig mit dem Schönen,
> Er glaubt nicht an den Engel und an Gott;
> Dem Herzen will er seine Schätze rauben,
> Den Wahn bekriegt er und verletzt den Glauben."[1388]

Da Schiller Voltaire hochschätze, musste er den blasphemischen Witz, der „den Wahn bekriegt" und „den Glauben verletzt" als Preis der Aufklärung deuten.[1389] Anlässlich der Preisverleihung der Heinrich-Heine-Gesellschaft 1997 hatte die Preisträgerin Ruth Klüger in ihrer Rede eine vergleichbare Autoren-Konstellation aufgestellt, wie Wedekind in seinem Aufsatz: Schillers gegen Voltaire gerichtete Zeilen könnten genauso für Heine zutreffen, der sich eines ähnlichen Stils bediente. Sich zum sprachlichen Erbe Heines wie Schillers bekennend, verwies Klüger auf den Unterschied zwischen den beiden Dichtern:

> „[D]ie klassische Schriftsprache [Heines] war nicht humorlos, wie die Schiller'sche. Sie war aber auch nicht einfach humorvoll [...] Bei Heine gab es das Pathos und dessen Berechnung, es gab die Tragikomödie der Sprache, man wußte nie, woran man war, verlassen konnte man sich eigentlich nur auf den Stilbruch. Das war's ja, was seine Feinde ihm so übel nahmen, der trödelhafte Bänkelsängerton', der uns Heutigen freilich die *conditio humana* besser wiederzugeben scheint als das durch zu viele Lügen ausgehöhlte Pathos eines durchgehend hohen Stils."[1390]

Vor diesem Hintergrund leuchtet Wedekinds Verwandtschaft mit Heine, für die der *Witz*-Essay steht, immer mehr ein. Beim Gedicht-Zitat, das Wedekind im weiteren Textverlauf anführt, handelt es sich um die erste Strophe aus Heines bislang wenig beachtetem Nachlassgedicht *Stoßseufzer* von 1850.[1391] Dass Wedekind sich des Begriffs Frivolität im Zusammenhang mit Heine bedient, ist nicht gerade originell, da er für Heines Rezeption einen geradezu stereotypen Begriff darstellt.[1392] Auffällig an dem Begriff ist aber, dass er den sensualistischen wie den spielerischen Aspekt in sich vereint. Seit Beginn seines Schaffens

---

1388 Schiller: Voltaires Pucelle, S. 498.

1389 Ruth Klüger: Der romantische Aufklärer. Rede zur Verleihung der Ehrengabe der Heinrich-Heine-Gesellschaft am 16. Februar 1997 im Düsseldorfer Schauspielhaus, zit. nach http://www.heinrich-heine.com/reden/rede5.htm (Zugriff: Juli 2011).

1390 Ebd.

1391 Arnold Pistiak, Julia Rintz (Hg.): Zu Heinrich Heines Spätwerk *Lutezia:* Kunstcharakter und europäischer Kontext. Akademie Verlag: Berlin 2007, S. 185.

1392 Mit dem Begriff wurde meist auch Blasphemie oder Zynismus mitgemeint – so etwa in den Attacken auf *Romanzero*. Gerhard Sauder: Blasphemisch-religiöse Körperwelt. Heinrich Heines *Hebräische Melodien*. In: Kuttenkeuler (Hg.): Heinrich Heine, S. 118–143, hier S. 118f und S. 129.

bis hin zu den *Hebräischen Melodien*, dem dritten Teil des letzten Gedichtban-
des *Romanzero* (1848–1851), setzt sich Heine für die „Qualität sinnlicher Gestaltung" bzw. für Plastizität des Textes ein, wie er sie etwa in der Bibel vor-
fand.[1393] Diese Sensibilität Heines für sinnliche Wahrnehmung, vor allem für
Optik – „Umriss, Farbe, Bilder", und Akustik,[1394] findet einen Ausdruck in per-
formativer Kraft seiner Texte.[1395] Es sind allesamt Qualitäten, die Wedekind
nicht verkennen konnte.

4.3. *Franziska* als Polemik mit dem Sakrum

Zur weltanschaulichen Grundlage seiner Fauststoff-Bearbeitung macht Heine
die eigentliche Idee der Faust-Sage, die er als „Revolte der realistischen, sensualistischen Lebenslust gegen die spiritualistisch altkatholische Askese" versteht.[1396] Wedekinds *Franziska* entzündet sich an eben dieser Spannung. Weltanschaulich und formal ist das Stück durchaus eine souveräne Stimme Wedekinds, der sich aber in eine in die Antike zurückreichende Tradition einschreibt.
Das letzte Glied dieser Tradition ist wohl Friedrich Nietzsche, das vorletzte allerdings Heinrich Heine. Mit den Parallelen zwischen *Franziska* und dem Tanzpoem *Der Doktor Faust* soll das Erbe des Sensualisten Heine im späteren Werk
Wedekinds akzentuiert werden.[1397]

Der Arbeit Wedekinds an *Franziska* gehen Studien zur Fauststoffgeschichte
voran: wie Heine holt er daraus ein Potenzial, das, wie Heine in den *Erläuterungen* bemerkt, in den älteren Volksbüchern noch vorhanden, im populärsten
Faust-Buch von Widmann „aus hochbedenklichen christlichen Ursachen" übergangen war,[1398] bei Goethe einer klassischen Ethik das Feld überließ und in Heines parodistisch-skurrilem Tanzpoem wiederaufgenommen wurde: die Sinnlichkeit des Stoffes, gepaart mit dem Moment der Frivolität. Viele Anspielungen
Wedekinds auf die Antike und die Renaissance lassen seine weltanschaulichen

---

1393 Zum Konzept der Plastizität, auch als „colorierter Stil" bezeichnet. Vgl. ebd., insbes.
     S. 126f.

1394 Ebd.

1395 Ebd., S. 136. Der Autor bezieht sich hier auf Heines *Prinzessin Sabbat*.

1396 Durch die geschichts-philosophische Perspektive wirkt der Text Heines epochen-
     übergreifend und ist quasi zeitlos. Diese Zeitlosigkeit entpuppt sich aber als Schein.
     Wiese: Das tanzende Universum, S. 104ff.

1397 „Ein Nachfahre Heinrich Heines spricht hier, ein Sensualist, ein Gegner der Kirche,
     vorab der evangelisch-lutherischen." Irmer: Der Theaterdichter, S. 213.

1398 Zit. nach Heine: Erläuterungen, S. 40. Die meisten Volksbücher entstanden auf der
     Basis von Widmanns Text.

wie ästhetischen Sympathien erkennen, in deren Licht das Konzept eines weiblichen Fausts als eine logische Konsequenz erscheint. Dem historischen wie dem sagenhaften Humanisten Faust war nämlich das Hellenentum ein Vorbild und geistiges Asyl. Die Erscheinung der schönen Helena sei in der Sage „unendlich bedeutungsvoll", so Heine in den *Erläuterungen*, weil sie die Epoche, in welcher die Sage entstanden ist, charakterisiert und „wohl den geheimsten Aufschluss über die Sage selbst" gibt. Sie sei „Griechenland und das Hellenentum selbst, welches plötzlich im Herzen Deutschlands emportaucht."[1399]

Durch das Spiel-im-Spiel-Konzept und die Überblendung der Franziska-Figur mit mythischen Gestalten (Helena, Eurydike, Venus) und sinnlichen Madonnen-Darstellungen der Renaissance-Maler tritt das heidnische Erbe deutlich hervor und konterkariert bzw. korrigiert die rein christliche Auslegung der Weiblichkeit. Die Relativierung des traditionellen Weiblichkeits-Konzepts erfolgt aber auch durch das Motiv der Androgynität: über die Anspielungen auf Goethes Mignon hinaus scheint der Einfluss Heines hier am greifbarsten zu sein: Heine erinnert sich in den Erläuterungen an eine Vorstellung der englischen Komödianten bei Hamburg um das Jahr 1820 bzw. 1821, in der Faust vermummte Teufelsfiguren danach fragt, ob sie Männer oder Weiber seien, worauf er die Antwort erhält: „Wir haben kein Geschlecht."[1400] Von Mephistopheles sagt Heine, er habe „nicht bloß keine wirkliche Gestalt, sondern er ist auch unter keiner bestimmten Gestalt populär geworden wie andere Helden der Volksbücher."[1401] Demgemäß nimmt sich Heine die Freiheit, die Teufelsfigur zu einer Mephistophela umzugestalten. Mit der Entscheidung für einen weiblichen Mephisto überträgt Heine die vom Teufel vertretene Idee des Sensualismus und Materialismus[1402] auf eine Frau und betont zudem die Rolle des Geschlechtlichen und die Sinnlichkeitsorientierung der Figur.[1403]

Heine räumt dem Teufel einen hohen Status ein: „Der Teufel ist nicht bloß ein Kenner schöner Frauen, ein Artist, sondern auch ein Liebhaber von Fleisch, und er denkt, je mehr Fleisch, desto größer die Sünde."[1404] So wird er in *Lutezia* zum Schutzpatron der Tanzkunst, in *Der Doktor Faust* – zur Lehrmeisterin derselben. Die verführerische Mephistophela führt, von den Jungfrauen der Helena begleitet, den bacchantischen Tanz aus. Für Goethes „säuisch spaßhaften", „zynisch skurrilen" Mephisto hat Heine kaum etwas übrig, denn Mephisto sei „kein

---

1399 Ebd., S. 38f.
1400 Ebd., S. 35.
1401 Ebd., S. 47.
1402 Wiese: Mephistophela und Faust, S. 226f.
1403 „Mephistophela steht stellvertretend für die Ambivalenz und Zweideutigkeit des Bösen in weiblicher Gestalt." Ebd., S. 230.
1404 Heine: Erläuterungen, S. 51.

gewöhnlicher Höllenlump", sondern ein „subtiler Geist",[1405] der mit exilierten heidnischen Göttern und mit dem Schönen und der Poesie in Verbindung steht.[1406] Heine gestaltet Mephistophela als Kontrastfigur zu Faust, aber nicht im metaphysischen Sinne, sondern als Umstürzlerin alles Erhabenen und Pathetischen, das als Faust zugehörig konzipiert ist. Sie ist also Trägerin der Entschleierung und Ernüchterung, indem sie mit Mimik und Habitus das Gestelzte und Hölzerne Fausts parodiert.

Auch Wedekind spielt mit dem Motiv der Androgynität: am deutlichsten wohl, wenn er Franziska als „Zwittergeist" (F, 698) vor dem Herzog erscheinen lässt: nach ihrem Geschlecht gefragt, behauptet sie weder Mann noch Weib zu sein und von „Gottmenschen" herzukommen. (F, 696f.) In dieser Szene ist Franziska mit Goethes Mignon überblendet,[1407] sie erinnert aber auch an den oben angeführten Bericht Heines über eine von ihm gesehene Faust-Komödie. Wedekinds Konzept eines weiblichen Fausts hat aber als Ganzes einen Pendant in der Idee Heines, mit dem Geschlecht des Teufels zu experimentieren. Auch Wedekind verfolgt mit der Idee des Geschlechtswandels das Ziel einer Sinnlichkeitsorientierung.[1408] In dieser Hinsicht trägt die Tanzszene den deutlichsten Stempel des Heineschen Textes.

Franziska wird nicht nur mit der Mignon-Gestalt aus Goethes *Wilhelm Meister*, mit Euridike aus Offenbachs *Orpheus in der Unterwelt*, sondern auch mit Heines Mephistophela überblendet.[1409] Franziskas bacchantischen Tanz gestaltet Wedekind in auffälliger Analogie zum Tanz Mephistophelas. Über den Tanz des Teufels mit seiner Domina bei einer Sabbatfeier heißt es bei Heine:

> „Erwägt man nun, dass es auf dem Tanzplatz der Hexen keine bewaffnete Moral gibt, die in der Uniform von Munizipalgardisten die bacchantische Lust zu hemmen weiß, so lässt sich leicht erraten, welche Bocksprünge bei oberwähntem Pas de deux zum Vorschein kommen mochten."[1410]

Franziskas Ausbruchswille richtet sich gegen den vom uniformierten Polizeipräsidenten repräsentierten Sittenkodex. Darin drückt sich aber auch mehr – ein Selbst-Entwurf im Sinne des Seiltanz-Programms: Wie Mephistophela, deren

---

1405 Ebd., S. 44.
1406 Anders als Goethe lässt Heine seine Mephistophela im anikisierenden Helena-Akt selbst agieren.
1407 Besonders im Hinblick auf das Motiv des Schweigens. Vgl. STA 7/II, S. 1053f.
1408 Darin – und nicht in spiritueller Ausrichtung wird auch die Rolle der Kunst gesehen. Vgl. Austermühl: Frank Wedekinds *Franziska*, S. 12.
1409 Ebd., S. 16f.
1410 Heine: Erläuterungen, S. 51.

Elastizität gegen das Steife und Hölzerne Fausts ausgespielt wird,[1411] realisiert Wedekinds Faustine ihren individuellen Entgrenzungs- und Befreiungsakt im Sinne der Revitalisierung des heidnisch-antiken Menschenbildes.[1412] Der Umschlag des heiteren Bacchantinnentanzes in einen Totentanz in Heines Tanzpoem wird bei Wedekind genau umgekehrt: das Morbide und Makabreske schlägt ins ekstatisch Wilde um; auf die Lamentation folgt der befreiende Gesang und Tanz und lässt so das Leben und die Heiterkeit triumphieren.

Die Bezüge des Wedekindschen Stücks zu Nietzsche, vor allem zur Idee des Dionysischen, sind offensichtlich. Aber bereits in Heines *Der Doktor Faust* erfolgt eine Umdeutung der Faust-Figur gegenüber dem mittelalterlich-christlichen Menschenbild, das in der Widmann-Fassung des Faustbuches und noch bei Goethe obwaltet: im Tanzpoem gehe es „um den Geschlechtsgenuss und um nichts anderes: weder um Erkenntnis, noch um Macht, noch um Reichtum."[1413] Dieser Umdeutung des Stoffes im Sinne des Sensualismus geht folgendes Urteil Heines über die Natur Fausts voran:

> „Ich habe es schon einmal gesagt, der Johannes Faustus ist der wahre Repräsentant der Deutschen, des Volkes, das im Wissen seine Lust befriedigt, nicht im Leben. [...] Während ein französischer oder italienischer Nekromant von dem Mephistopheles das schönste Weib der Gegenwart gefordert hätte, begehrt der deutsche Faust ein Weib, welches bereits vor Jahrtausenden gestorben ist, und ihm nur noch als schöner Schatten aus altgriechischen Pergamenten entgegenlächelt, die Helena von Sparta! Wie bedeutsam charakterisiert dieses Verlangen das innerste Wesen des deutschen Volkes!"[1414]

Mit derselben Ironie, die in der zitierten Äußerung vernehmbar ist,[1415] gestaltet Heine in seinem Tanzpoem ein bürgerliches Idyll: Faust hat vor, eine Bürger-

---

1411 „Die Unbeholfenheit und Steifheit des Gelehrten, der die zierlich leichten Pas nachahmen will, bilden die ergötzlichsten Effekte und Kontraste. [...] Die Macht der Liebe und des Zauberstaubs [schlägt] die unfolgsamen Glieder allmählich gelenkig". (Faust, 14f.)

1412 Vgl. Austermühl: Frank Wedekinds *Franziska*, S. 19.

1413 Wiese: Mephistophela und Faust, S. 231. Dabei bleibt Faust der „passiv Getriebene, der die Führung [...] an Mephistophela abgetreten hat." Ebd., S. 237.

1414 Heinrich Heine: Shakespeares Mädchen und Frauen (1838/1839). Helena. In: Heine: Werke und Briefe in zehn Bänden, Bd. 5, S. 484–486, hier S. 486. Heine war von Shakespeare fasziniert und hatte ihn in seine Dichotomie von Sensualismus und Spiritualismus dem letzteren als „antipuritanischen Anwalt der befreiten und befreienden Einbildungskraft" zugeordnet. Sammons: Heinrich Heine, S. 87.

1415 Thomas Mann über Heine: er habe „wie alle großen Deutschen, wie Goethe, Hölderlin, Nietzsche, die sämtlich Erzieher zum Deutschtum, nicht Lobhudler des Deutschtums waren, unter gewissen Schattenseiten des deutschen Wesens gelitten und seinen

meistertochter zu verehelichen und mit ihr eine ruhige, bürgerliche Existenz zu führen. Als Kulisse dient die Gegenwart – das verbürgerlichte 16. Jahrhundert mit Jahrmarkt und Musikanten. Ein Happy End im bürgerlichen Sinne wird aber von Mephistophela verhindert, die die Einhaltung des Vertrags einfordert. Anders als in der Sage oder bei Goethe wird Faust in Heines Tanzdichtung nicht für seine Ideale, sondern für den Verrat an ihnen mit dem Höllengericht bestraft.[1416] Durch die Figur Mephistophelas verhöhnt Heine den bürgerlich trivialen Faust[1417], der einen ruhigen Hafen in der Ehe gefunden zu haben glaubt. Er identifiziert sich offenbar mit den Vollstreckern in der Ablehnung des „vergoldeten Hahns".[1418]

In einem vergleichbar gestalteten bürgerlichen Ende wiederholt Wedekind auf seine Weise den ironisch-parodistischen Gestus des Heineschen Tanzpoems:[1419] Die Degradierung betrifft aber nicht die Titelfigur, deren Wandlungspotenzial nicht für ausgeschöpft erachtet werden darf,[1420] da sie als eine Art Palimpsest, als Funktion ihrer als möglich gedachten Verkörperungen konzipiert ist. Zu Karikaturen werden vielmehr die beiden potenziellen Väter ihres Sohnes, die sich im letzten Akt durch ihre aberwitzigen Angebote bloßstellen und disqualifizieren. Aus dem Spiel fällt aber vor allem die Theaterkritik, die in ihrer nicht ausgeschöpften Humorlosigkeit ausgerechnet Wedekind Bürgerlichkeit unterstellt. Es sei an dieser Stelle noch einmal daran erinnert, dass Wedekind mit der Faustine seiner früheren Hommage an Faust als Seiltänzer und praktischer Idealist treu bleibt.

---

schmerzlichen Witz daran geübt." Thomas Mann: Über Heinrich Heine. In: Ders.: Essays. Bd. 1. Literatur. Fischer: Frankfurt a. M. 1977, S. 112f., hier S. 112.

1416 Vgl. Wiese: Mephistophela und Faust, S. 239.

1417 Faust wird als bürgerlicher Jedermann demaskiert. Wiese: Das tanzende Universum, S. 125. So auch Gabriele Cooper: „Heines Faust [ist] letzten Endes ein kleiner Mann." Cooper: Tanzende Chiffren, S. 52.

1418 „Geradezu mit Wonne lässt Heine d i e s e n Faust unter Blitz und Donner vom Teufel holen." Wiese: Das tanzende Universum, S. 126.

1419 So schreibt Paul Fechter in seiner Dissertation von 1920: „Das Ironische, das zunächst wie bei Heine gewissermaßen selbständig angefügt wird, ergreift indessen bei Wedekind sehr bald das Ganze, [...] wird aus einem Kunstmittel Ausdruck einer Beziehung zur Welt. [...] Wedekind verdankt Heine, dem verwandten Geiste, die rasche Ausbildung seines Witzes, die ironische Färbung vieler seiner Szenen und den frühen Mut zu ausgeprägter Diesseitigkeit, die lag zwar ursprünglich in ihm, wurde aber durch die Lektüre Heines in einer pessimistischen Zeit gefördert." Fechter: Frank Wedekind, S. 138f. Ähnliches bei: Hans Hellwig: Frank Wedekinds dichterische Anfänge. Diss. Gießen 1928, S. 54, zit. nach Dreiseitel: Ich mache natürlich lebhaft Propaganda, S. 16f.

1420 Vgl. Austermühl: Frank Wedekinds *Franziska*, S. 20f.

Nicht zuletzt scheint Wedekind sich auch formal an Heines Tanzpoem zu orientieren, dessen Tanzdichtung(en) Tableau-Charakter haben: jeder Akt bildet eine dramatische Einheit, die aber in Beziehung zu den anderen Tableaus oder Akten gedacht werden muss. „Die technisch-dramatischen Mittel, deren Heine sich dabei bedient, heißen Parallelismus, Gegensatz und ständige Verwandlung", wodurch der Text eine große Dynamik erhält.[1421] Eine ähnliche Struktur ist in *Franziska* wiederzufinden: die jeweiligen Verwandlungen der Figur strukturieren tableauartig das Stück,[1422] ein Eindruck, der zusätzlich durch performative Einlagen und Einsatz der Spiel-im-Spiel-Konvention verstärkt wird.[1423]

Sigried Dreiseitel hat darauf hingewiesen, dass Wedekinds Heine-Lektüre seine Nietzsche-Rezeption mit vorbereitet hat.[1424] Dies entspricht der in der Forschung vertretenen These von Nietzsches Heine-Rezeption.[1425] Seine kritische Haltung gegenüber Heine in den siebziger Jahren geht später in eine enthusiastische Wertschätzung über: „Deutschland hat nur einen Dichter hervorgebracht, außer Goethe:[1426] das ist Heinrich Heine".[1427] Der Philosoph schätzte Heine als Lyriker und Denker: er erwähnt ihn neben Goethe als seinen Vorläufer in Sprache und Stil, feiert in ihm einen, der „den Gott nicht abgetrennt vom Satyr zu verstehen" weiß, bewundert seine „göttliche Bosheit, ohne die [er sich] das Vollkommene nicht zu denken vermag."[1428] Den Affinitäten auf der formalen Ebene entsprechen motivische und gedankliche Verwandtschaften: sie betreffen vor allem Religionskritik und Diesseitsorientierung gewendet als Revolte gegen

---

1421 Wiese: Das tanzende Universum, S. 103.
1422 Elke Austermühl spricht von der „Stilllegung und Konterkarierung" der Handlung u.a. durch „epische, lyrische und choreographische Elemente", die Wedekind bevorzugt in seinen späteren Dramen einsetzt. Austermühl: Kontinuität oder Diskontinuität, S. 25.
1423 Wedekind verdankt Heine viel Anregung zur Entwicklung von eigenen Ausdrucksformen. Eine der Verbindungslinien zu Heine verläuft eben auf der Ebene der stilistischen Heterogenität. [o. A.]: Am Ende war ich doch ein Poet, S. 2287f.
1424 Dreiseitel: Ich mache natürlich lebhaft Propaganda, S. 163.
1425 Spencer: Heine and Nietzsche; vgl. auch Reinhold Grimm: Antiquity as echo and disquise. In: Nietzsche-Studien 14 (1985), S. 201–249.
1426 Goethe ist für Nietzsche „ein erstes kulturelles und stilistisches Paradigma". Bohrer: Nietzsches Aufklärung, S. 258. Er stellt ihn in die Reihe der lebensbejahenden Künstler: „In Hinsicht auf Artisten jeder Art bediene ich mich jetzt dieser Hauptunterscheidung: ist hier der Hass gegen das Leben oder der Überfluss an Leben schöpferisch geworden? In Goethe zum Beispiel wurde der Überfluss schöpferisch, in Flaubert der Hass." Nietzsche: Nietzsche contra Wagner, S. 426. Goethe als Heide: vgl. u.a. Nietzsche: Die fröhliche Wissenschaft, 357, S. 225.
1427 Nietzsche: Nachlassfragment von April-Juni 1885. In: KSA 11, S. 472.
1428 Nietzsche: Ecce homo, S. 286. Vgl. auch Dreiseitel: Ich mache natürlich lebhaft Propaganda, S. 158 und S. 161.

die bürgerliche Realität. Beide bedienen sich polarer Modelle, die aus einer Wertschätzung der Antike resultieren – so z.b. Nietzsches Antithese von Mythos *versus* Ratio, von Dionysos *versus* Apollo/Christus/Sokrates und Heines von Hellenen *versus* Nazarenern/Barbaren.[1429] Dabei war es aber Heine und nicht Nietzsche, „who gave the coup de grâce to Winckelman's Greece...“[1430] Nietzsche eignet sich zudem Heines Domäne – das Lachen „as a *gesture* of the strong, the vital, the healthy" an.[1431] Bei Nietzsche, wie bereits bei Heine wird der Tanz als eine Ausdrucksform für die Leichtfüßigkeit mit dem Lachen und der Heiterkeit kurzgeschlossen und als Gegengewicht zum Leid eingesetzt.[1432]

Die Aufgabe dieses kurzen Exkurses zu Analogien zwischen dem Tanzpoem Heines und *Franziska* war es, auf die Rolle des Heineschen Idioms für Wedekinds späteres Werk, insbesondere im Hinblick auf Heines Humorauffassung aufmerksam zu machen. Mit *Franziska* schließt Wedekind an seine frühe Heine-Lektüre an. Offenbar fand Wedekind bei dem Dichter denselben Geisteskern wieder, in dem Humor mit dem Ernst eine eigenartige, dynamische Verbindung im Namen der Freiheit eingeht.[1433] In ihm erhält Wedekinds humoristische Ästhetik eine weitere tragende Säule. Wedekinds Versuch, die Energien der Antike in die Moderne zu integrieren verdankt sich daher mindestens genauso dem Erbe Heines wie dem Nietzsches. Wedekinds Stück *Franziska* lässt sich als eine Dar-

---

1429 Vgl. Spencer: Heine and Nietzsche, S. 152. „The similarity of approach corresponds to similarity for theme." Spencer: Heine and Nietzsche, S. 133. Dabei nimmt Nietzsche auch die plastische Dimension von Heines Texten wahr: Heine liebe „die bunte Hanswurstjacke", alles sei bei ihm „elektrisches Farbenspiel". KSA 8, S. 281. Zur Würdigung Heines bei Nietzsche vgl. auch Spencer: Heine and Nietzsche, S. 127; Rattner, Danzer: Meister des großen Humors, S. 173; Bohrer: Nietzsches Aufklärung, S. 260.

1430 Spencer: Heine and Nietzsche, S. 150.

1431 Ebd., S. 154f.

1432 „Ich kenne keine herzzerreißender Lektüre als Shakespeare: was muß ein Mensch gelitten haben, um dergestalt es nötig zu haben, Hanswurst zu sein." Nietzsche: Ecce homo, S. 286. Erst recht gelte dies für Heine – the „tragic satirist". Spencer: Heine and Nietzsche, S. 155. Tanz bei Nietzsche als Balance-Akt, als Spannungszustand zwischen den Extremen, zwischen Erstarrung und Aktion, ein Symbolwert fürs Heitere und Leichte, für den freien Geist. Subversivität des Tanzes, der gegen „auf Klischees und Rollenzwänge geschrumpfte Kulturverhältnisse" Einspruch erhebt. Reschke: Die andere Perspektive, insbes. S. 265 und S. 267. Heines Tanzmetaphorik treffe sich mit der Nietzsches in einem Punkt: in ihrer utopischen Versöhnungsfunktion. Mit einer solchen Funktionalisierung des Tanzes steht Wedekind Nietzsche näher, bei dem der Tanz – wie in der *Geburt der Tragödie* – aus dem historischen Rahmen gelöst ist. Vgl. Dreiseitel: Ich mache natürlich lebhaft Propaganda, S. 172.

1433 „Sein [Heines] Humor war immer und überall eine Waffe für die menschliche Emanzipation." Rattner, Danzer: Meister des großen Humors, S. 174.

stellung kleiner Triumphe des Heidentums lesen – eine Utopie des in der Moderne angekommenen Heidentums, die evoziert und zugleich aber gebrochen und angezweifelt wird: dies geschieht vor allem auf der Stilebene – durch Stilbrüche, im parodistischen Gestus der Figurenzeichnung und der Situationskomik. Gerade an den vielen Bruchstellen, an denen sich das Experiment selber in Frage stellt, ergeben sich Verzerrungen, die den humoristischen Charakter dieses Dramas ausmachen und die Skepsis Heines wie Nietzsches wiederholen. Endgültige Antworten sind Wedekinds Sache nicht: sein Werk bleibt stets der Idee des Disputs verpflichtet.[1434]

1434 Wedekinds Stil sei ein Beispiel für diskursive Dramatik, welche die anthropozentrische und deterministische Kunst in Frage stellte. Kesting: Entdeckung und Destruktion, S. 189–203.

IX. Schlusswort: Wedekinds neuer Humor?

In dem 1902 publizierten Aufsatz *Der neue Humor* von Arthur Moeller-Bruck
fällt unter den repräsentativen Namen wie Otto Julius Bierbaum, Josef Ruederer,
Thomas Theodor Heine, Bruno Pauls und Paul Scherbart auch der Name Frank
Wedekinds.[1435] Moeller-Bruck verkündet nichts weniger als einen Paradigmenwechsel: er verwirft idealistische Humor-Definitionen, welche den Humor aus
sich heraus zu erklären suchen, wie bei Kant oder Vischer, als unfruchtbar[1436]
und setzt an ihrer Stelle, in Absetzung von der überstrapazierten Formel tragikomisch, das Gesetz der Gegensätzlichkeit, das zugleich das Gesetz des Aus-
gleichs sei und als solches dem Humor zugrunde liege. Die tragikomische Wirkung beschreibt er als Notbrücke und Sackgasse, denn es gebe keine reinen Tra-
giker, ebenso wenig wie es reine Humoristen gibt. Der Unterschied ist alleine
der, dass das Moment des Gegensätzlichen bei den Tragikern versteckt, bei den
Humoristen dagegen um so offenbarer ist. Bis auf Otto Erich Hartleben sei das
Komische „bei den Humoristen unserer Zeit die andere Äußerung des Tragischen", wenn auch nur als Unterton erkennbar, in dem sich der Lebensernst ab-
zeichne. Dieser sei oft ein „sich selbst aufgebender Lebensernst", der dem Widerspruch zwischen Wunsch und Wirklichkeit entspringe. Es seien bittere Humoristen, die man heutzutage auf der literarischen Bühne erlebe, deren entschei-
dender Wesenszug Leiden und Verwüstung sei, wo die Verneinung des Seins
einzig und allein durch Ironie wieder zu einer Bejahung gebracht werde.[1437] Die
Quelle für Moeller-Brucks Bestimmung des neuen Humors, wenn er vom Gesetz der Gegensätzlichkeit sowie vom Lebensernst spricht, der dem zeitgenössischen Humor als Unterton beigelegt sei, und diese seine Bestimmung aber nicht
auf die frühere Tradition zurückführen will, liegt offenbar bei Schopenhauer.[1438]
Die Argumentation kann allerdings kaum überzeugen: der vermeintlich neue
Humor soll mehr ein Lebens- als ein Kunstbegriff sein, womit er kaum fassbar
wird. Zwar erkennt Moeller-Bruck intuitiv neue Qualitäten der zeitgenössischen
Humoristen, doch der viel zu pauschale Blick vermag eher Kontinuitäten zum

---

1435 Moeller-Bruck: Der neue Humor, S. 13ff.
1436 Ebd., S. 7.
1437 Bei Wedekind habe man zunächst einen „degoutierten Jugendidealismus, der krasser
Materialismus ward – freilich mit einem starken Zug zu lasziver Größe." Ebd., S. 15.
1438 Vgl. Schopenhauer: Die Welt als Wille, S. 120.

vergangenen Jahrhundert als eine neue Richtung aufzuweisen. Viel differenzier-
ter äußert sich Moeller-Bruck in zwei anderen Schriften – *Varietéstil* und *Frank
Wedekind*: hier werden nämlich Implikationen zu Nietzsche sichtbar. So wenn
der Autor Wedekind zum Repräsentanten von „Profanwerten des modernen Lebens" erklärt:[1439] diese seien das Vitale, Immoralische, Nichtphiliströse, Anti-
idealistische: alles Verstöße gegen die Erfordernisse des *decorum*. Wedekinds
humoristische Weltanschauung finde Ausdruck und Gestalt im Varieté-Stil, den
er weniger als Verbindung vom Theater und Zirkus, sondern vielmehr als immoralische bzw. antimoralische Haltung in der Nachfolge Nietzsches versteht.[1440]
Der profane Stil werde an Menschen von heute adressiert, die „intellektuell jenseits von gut und böse" stehen, sich aber dennoch „zur Tragik der Dinge verhalten und zu verhalten haben."[1441]

Der Boden des Varietés scheint auch dem Zeitgenossen Samuel Lublinski
für die Umsetzung der gegenwärtigen Stoffe angemessen zu sein. Er setzt Wedekind 1904 in seiner *Bilanz der Moderne* unter Varieté-Vorzeichen, wobei er
aber nicht in erster Linie in Moralkategorien denkt: Wedekind sei ein „Varie-
tétalent von wüster und genialer Rohheit";[1442] er gebe sich

> „weder als zürnender Moralist, noch als Ankläger der Gesellschaft oder als sozialpa-
> thologischer Psychologe [...]; sondern der bunte und blödsinnige Höllenspektakel
> macht ihm einfach einen Höllenspaß. [...] es ist möglich, dass sich hier etwas wie
> das Aristophanische Lustspiel der Moderne vorbereitet."[1443]

Lublinski würdigt zwar an Wedekind „eine bedeutende Gestaltungskraft, Lyrik,
und eine sichere, barockfarbige Technik", vermisst an ihm aber „den inbrünsti-
gen Fanatismus des wirklich großen Satirikers": Wedekind erschöpfe sich in
einem „unfruchtbaren Kampf gegen die gewöhnlichste Prüderie des allerge-
wöhnlichsten Philistertums."[1444] Während Aristophanes bissiger Politiker und
wundervoller Lyriker zugleich war, verstelle das „triviale Philistertum" Wedekind den Blick.[1445] Einige Jahre später – im *Ausgang der Moderne* von 1909 –
fällt Lublinskis Urteil noch härter aus: Wedekind gehöre zum „Durchschnitt des

---

1439 Dabei diagnostiziert Wolfdietrich Rasch in der Literatur der Jahrhundertwende eine
     „Sakralisierung profaner Kräfte". Rasch: Aspekte, S. 35.
1440 Wedekind sei der Herr „aller [...] Immoralen Bezirke". Moeller-Bruck: Frank
     Wedekind, S. 40.
1441 Letzteres im Sinne des Essays *Der neue Humor*, nach dem der zeitgenössische Humor
     der Polarität komisch-tragisch übergeordnet, bzw. unabhängig von ihr der Wirkung ist.
     Moeller-Bruck: Varietéstil, S. 37.
1442 Lublinski: Die Bilanz der Moderne, S. 203.
1443 Ebd., S. 141f.
1444 Ebd., S. 143.
1445 Ebd., S. 145 und S. 147.

deklassierten Philisters"; er sei ein Mitteltalent und Epigone. Kein Menschen-schöpfer sondern ein Parodist, der sich eines Surrogatstils bediene. Er besitze zwar eine Begabung für die Karikatur, sein Drama sei aber „zur Parodie herun-tergekommen", ohne den revolutionären Anspruch zu erfüllen.[1446]

Die beiden zeitgenössischen Stimmen stellen in der Forschung kaum beach-tete und doch nicht irrelevante Beobachtungen hinsichtlich des Wedekindschen Idioms dar. Die klassische Genre-Zuschreibung erscheint beiden Kritikern als recht unangemessen: Während sich Moeller-Bruck von der Terminologie tra-gisch-komisch distanziert, will Lublinski Wedekind unter dem, aus seiner Sicht degradierenden Begriff Parodist im Gegensatz zum Satiriker subsumieren. Beide ziehen signifikanterweise eine Parallele zum zeitgenössischen Varieté, um damit auf die Verpflichtung zu Profanwerten einerseits (Moeller-Bruck), auf das Mo-ment des Spielerischen der Wedekindschen Ästhetik andererseits (Lublinski) aufmerksam zu machen.

Diesen zwei Beiträgen ist noch einer an die Seite zu stellen: Bereits 1899 formuliert Alfred Kerr in der Rezension von Wedekinds *Kammersänger* die Hy-pothese, dass der Dramatiker einen neuen Humor bringe: dieser sei „lebensken-nerisch, seltsam und tief", von Jean Paul stamme er nicht. Dass der Humor „das Endliche durch den Kontrast mit der Idee" [...] vernichte, dem stehe zwar der junge Wedekind mit seinem Essay *Der Witz und seine Sippe* von 1887 nahe, in-zwischen sei er aber ein anderer geworden:

> „Der Verfasser ist kalt; von Jean Paul stammt er nicht [...] Man hat von diesem son-
> derbaren Mann das Gefühl: er steht außerhalb der menschlichen Gesellschaft. Das
> ist das Revolutionäre an Wedekind [...] Mir ist, als würde E. T. A. Hoffmann mit
> dem jungen modernen Realismus vermählt. Und am Schlusse tauchen die unvermit-
> telten Schrecklichkeiten Achim von Arnims empor, wieder im Bunde mit dem neuen
> Realismus [...] Unter den humorhaften Dichtern in Deutschland ist Wedekind heute
> der erste. Die Aufführung des *Kammersängers* war eine beste That in diesem armen
> Kunstwinter. Der starke Erfolg lohnte sie. Wann gebt Ihr mehr von Wedekind?"[1447]

Indem Alfred Kerr Wedekinds Schaffen zurecht vor dem Horizont der Humor-Tradition in Deutschland des 19. Jahrhunderts sieht, verweist er zugleich auf eine neue Tendenz, die sich aus der Begegnung der Romantik mit dem moder-nen Realismus ergebe. Wedekinds Humor-Auffassung darf in der Tat nicht als quasi solipsistisches Konstrukt gedacht werden, sondern sie ist stark in die Epo-che und ihre Literaturen eingebettet. Zum Reflexionshorizont, aus dem heraus Wedekind seine Kunst-Auffassung entwickelt, gehört unbedingt der poetische

---

1446 Samuel Lublinski: Der Ausgang der Moderne (1909). Niemeyer: Tübingen 1976, S. 148
und S. 151, vgl. zudem insbes. S. 180, S. 213 und S. 311.
1447 Kerr: Frank Wedekind: Der Kammersänger.

Realismus, für deren Vertreter sich die Situation der Dichtung als problematisch darstellte, so dass sie den Humor als Anker der Einbildungskraft und also eine Art Asyl für sich nutzten: „Im Humor zeigte sich eine Integrationsform, die eine der poetischen Gestaltung scheinbar entzogene Wirklichkeit darstellbar machte [...].[1448] Theodor Fontane habe, so Wolfgang Preisendanz in seinem Klassiker *Humor als dichterische Einbildungskraft*, „im letzten Drittel des 19. Jahrhunderts [...] den Humor und seine verklärende Macht gegen die naturalistische Dichtungsauffassung und Schreibweise" ausgespielt.[1449] Die Annäherung an die äußere Wirklichkeit, die die Vertreter des poetischen Realismus unternahmen, kann als eine Brücke zu Frank Wedekinds Kunstverständnis und insbesondere seiner Humor-Auffassung betrachtet werden. Bei aller Verwandtschaft im Ideellen setzt Wedekind allerdings durchaus neue Akzente, die sich vordergründig im Formalen manifestieren und nicht unabhängig sind von den zeitgenössischen Tendenzen in der Kulturentwicklung.

Die Entstehung von Varieté und Kabarett um die Jahrhundertwende ist, so Peter Jelavich, auf die Veränderungen der Volkskultur und der elitären Kultur im 19. Jahrhundert zurückzuführen. Diese frühere Polarität ging in die Spaltung zwischen Massenkultur und Avantgarde über. Varietés entstanden im Mitteleuropa nach 1870 und waren Antwort auf die Vorherrschaft realistischer und naturalistischer Darstellungsweisen, auf die „eminent verbale Kultur des 19. Jahrhunderts".[1450] Ins Varieté konnten Formen der Volkstheatralik Eingang finden, die im Laufe des 18. Jahrhunderts praktisch ins Abseits zurückgedrängt wurden. Die Popularität dieser neuen Theatralik wuchs quasi auf Kosten des literarischen Theaters. Das Anziehende bestand im offenen Streben nach Unterhaltung. In diesem Sinne war Varieté als Wiege der Massenkultur „eine Art Revanche der unterdrückten Volkskultur" zu verstehen.[1451] Frank Wedekind situiert sich am Scharnier von Volkstheater, Varieté und klassizistischem Drama, indem er, selektiv vorgehend, den Versuch einer Synthese unternimmt.[1452] Eine kritische Antwort auf die Lage der Kultur waren u.a. die Versuche der Retheatralisierung des Theaters (Georg Fuchs' und später Max Reinhardts Künstlertheater), sowie das literarische Kabarett, dessen Anfänge in Deutschland um 1900 liegen. Ein

---

1448 Preisendanz: Humor als dichterische Einbildungskraft, S. 272. Nach Preisendanz ist Hegel als Verfechter des „objektiven Humors" für die Epik des poetischen Realismus konstitutiv.

1449 Ebd., S. 271.

1450 Jelavich: Populäre Theatralik S. 253.

1451 Ebd., S. 260.

1452 Jelavich spricht von der „erotisierenden Klassik", nennt die bekannten Wedekindschen Gegensätze von Geist und Körper, Seele und Materie, die durch Einzug von Tanz, Pantomime, Akrobatik und Gesang miteinander vereint sein sollten. Ebd., S. 255f.

Paradebeispiel bieten hierfür die Münchner *Elf Scharfrichter*, wo Wedekind ein prominenter Vertreter war. Auch wenn Wedekinds Haltung gegenüber der Massenkultur, die Körperkunst eingeschlossen, einer zunehmenden Skepsis wich und er sich gegen die Begünstigung von billigem Geschmack wehrte,[1453] so behielt er seine Faszination für außerverbale Formen der Theatralik und ein Temperament, das sich nicht ausschließlich der Melancholie verschreiben wollte. Darin liegt auch das Undogmatische seiner Dramatik begründet.[1454] Insofern kann Wedekinds Humor-Ästhetik in ihrer Vielfacettiertheit, in ihrer Überschreitung von Genre-Grenzen als Funktion dieser Elemente fungieren. Mit anderen Worten: In Wedekinds Schaffen vollzieht sich, im Hinblick auf seinen Humor, ein Paradigmenwechsel gegenüber dem 19. Jahrhundert, mit dem seine Ästhetik auf das 20. vorausweist.

Der Versuch, Wedekinds Humor auf dessen Grundkonstanten hin zu analysieren zeitigte Inklinationen des Dramatikers zum Satirischen genauso wie zum indifferenten *ridiculum*: letzteres manifestiert sich im Rückgriff auf die Mittel des Performativen und appelliert in erster Linie an die sinnliche Wahrnehmung, die eine musikalische, sprich eine synchrone, kontrapunktische Lesart fördert: die Palette erfasst Elemente des Slapstick, der Commedia dell'arte und reicht bis zum raffinierteren Dialog mit Werken der bildenden Kunst bzw. Photographie sowie der Musik – von kabarettistischen Musikeinlagen bis zur Operette und Oper. Besonders im Kabarett und der sogenannten Gesellschaftskomödie wird die satirische Funktion zugunsten des *ridiculum* verhindert: „Komödiantisches Spiel ist", um auf Rainer Warning zu rekurrieren, „von Haus aus keine Form satirischer Bloßstellung, sondern es konstituiert eine Welt der Heiterkeit, der Unvernunft und der Tollheit, die sich ausgrenzt aus der Welt des Ernstes und auf seine Kosten lebt".[1455] Wedekinds Hang zum Außerverbalen bedarf keiner Legitimation, man kann hier aber wohl auf die Intention des Autors zurückgreifen, sich mit seinem Werk gegen die Humorlosigkeit seiner Epoche aufzulehnen. Die Klage über das humorlose Zeitalter[1456] legt er in den Mund von Harry Gadolfi, einer episodischen Figur in *Oaha*. Der Humor gibt sich also als eine dem Text übergeordnete Qualität, dank der in der Ordnung der Kunst eine vitalisierende

---

1453 Jelavich nennt *Erdgeist* als Beispiel und bezeichnet Wedekind als einen der ersten Schriftsteller, die die Anfänge der Massenkultur des 20. Jahrhunderts kritisierten. Ebd., 256.

1454 „Jederzeit ist [Wedekinds] Dramaturgie – vom Umsturz, vom Zusammenbruch einer logozentrischen Ordnung geprägt – [...] von retardierenden Momenten geleitet, von Witz, Humor und vor allem von einer ironischen Reflexion, die sich gegen jeden neuen Mythos und gegen jede Mythologisierung sträubt." Vinçon: Masken, S. 1504.

1455 Warning: Elemente, S. 324f.

1456 Vgl. STA 8, S. 539–541.

Korrektur vorgenommen wird. Er fungiert somit als notwendiges bzw. willkommenes Korrektiv eines mit dem Lebel Humorlosigkeit belegten Denkens und einer diesem Geist entspringenden Ästhetik, vornehmlich des formalen Realismus.[1457]

Aufgrund ihrer intentionalen Funktionalisierung gegen den Geist des Wilhelminismus schreibt sich Wedekinds Humor-Ästhetik in den oppositionellen bzw. polemisch-kritischen Modus der Moderne ein.[1458] Zahlreiche Texte, darunter auch die von Frank Wedekind, bewegen sich in diesem Rahmen, indem sie etwa einen direkten Bezug auf die Person Wilhelm II. nehmen.[1459] Aber allein dem spielerischen Gestus sind emanzipatorische Züge eingeschrieben.[1460] Gleichzeitig ist darauf hinzuweisen, dass keine Rebellionsthese an Wedekinds Humor-Konzept gebunden ist: der Dramatiker tritt nicht aus einer anarchistischen Position an die Gesellschaft heran, sondern er agiert und argumentiert quasi von innen. Zijderveld heranziehend könnte man feststellen, dass Wedekinds Humor im System der Gesellschaft vorkommt, ohne von diesem System zu sein.[1461] Letzteres soll in einem kurzen Exkurs veranschaulicht werden, der gleichzeitig ex negativo den Wedekindschen Humor konstelliert. Im Stück *König Nicolo* werden nämlich Humorlosigkeit und soziale Entfremdung kurzgeschlossen.

1457 „*Die junge Welt* und *Frühlings Erwachen* schrieb ich im Kampf und im bewussten Gegensatz gegen den damals (1890) in Deutschland auftauchenden Realismus, der mir im Gegensatz zu seinen Vorbildern im Ausland, als die ausgemachte Banalität, Spießbürgerlichkeit und Schulmeisterei erschien." Wedekind im Anhang zum Brief an Georg Brandes von 10.01.1909. In: Bohnen (Hg.): Frank Wedekind und Georg Brandes, S. 114.

1458 Hans Schwerte überlegte bereits 1964 die Frage, ob die Literatur im Wilhelminischen Zeitalter nicht in ihrer Gesamtheit als Oppositionsliteratur zu bestimmen ist. Hans Schwerte: Deutsche Literatur im Wilhelminischen Zeitalter. In: Wirkendes Wort 14 (1964), S. 254–270, S. 256, zit. nach Sprengel: Literatur und Kaiserreich, S. 10. Vgl. auch Hans-Peter Bayerdörfer, Karl-Otto Conrady, Helmut Schanze (Hg.): Literatur und Theater im Wilhelminischen Zeitalter. Niemeyer: Tübingen 1978.

1459 So gelesen gilt es auch, die Majestätsbeleidigung als „programmatisches Verfahren der Moderne" zu betrachten. Sprengel: Literatur und Kaiserreich, S. 11. Peter Sprengel geht neben Wedekinds *Oaha* u.a. auch auf Heinrich Manns *Untertan*, sowie auf Texte von Karl Kraus und Christian Morgenstern ein. Vgl. ebd. S. 9–49.

1460 Sprengel nennt auch das Kabarett der Jahrhundertwende eine Erscheinungsform der gegen den Wilhelminismus gerichteten „Emanzipation der Moderne". Ebd., S. 31.

1461 Zijderveld: Humor und Gesellschaft, S. 201f.

1. Antibeispiel: Wedekinds Humorlosigkeit

Aus der Zeitdistanz zählte Wedekind *König Nicolo*[1462] zu einem seiner besten Dramen: so in einem Urteil von 1912.[1463] Zugleich aber hielt er den Text für ein Beispiel seiner eigenen Humorlosigkeit: 1903 schreibt er an Karl Roeßler: „Das Stück hat den Kegelbahn Horizont der Münchner Dichter Zunft. Der Humor ist mir dabei so ziemlich vollständig ausgegangen und ich schäme mich des fünf Akte langen Gejammers.“[1464] Diesem Geist ist auch noch der 1908/1909 verfasste Briefentwurf an Alfred Kerr verpflichtet: *König Nicolo* war

> „das unmittelbare Produkt des Durchfalls meines *Marquis von Keith*, ein larmoyantes Schmerzenskind ohne individuelle Qualitäten [...] Allerdings konnte ich nicht darauf gefasst sein, dass auch hierin wieder der scenische Humor völlig unbemerkt bleiben würde.“[1465]

Bezeichnend ist der Hinweis auf den wieder einmal verkannten „scenischen Humor“ nicht weniger als die Bemerkung, es handle sich um den Fall der eigenen Humorlosigkeit. Wie denn nun, Humor oder kein, muss man fragen. Vorwegnehmend ist folgende These zu formulieren: Wedekinds Urteil über den Mangel an Humor im Stück bezieht sich auf den ideellen Gehalt: den Untergang einer der Gesellschaft entfremdeten Figur, während der kaum wahrgenommene „scenische Humor“, wie in zuvor analysierten Stücken – insbesondere in verwandten *Oaha* und *Der Stein der Weisen* – aus szenischen antiillusionistischen Lösungen performativen Charakters resultiert. *König Nicolo oder So ist das Leben* gilt nämlich als Vorarbeit zu *Oaha*: parallel zum dort entwickelten Gleichnis des Künstlerschicksals handelt es sich hier um einen entthronten König, der wegen Majestätsbeleidigung zu Haft und Exil verurteilt wird. An *König Nicolo* lehnt sich zeitlich und inhaltlich auch *Der Stein der Weisen* an: in beiden Stücken nutzt Wedekind Requisite aus der italienischen Renaissance.

1462 Frank Wedekind: König Nicolo oder So ist das Leben. Schauspiel in drei Aufzügen und neun Bildern mit einem Prolog. In: Ders.: Werke in zwei Bänden, Bd. 2, S. 139–216. Weiter im Text mit der Sigle „N“ und der Seitenzahl in Klammern zitiert.

1463 „Geben Sie als Leiter der *Aktion* mir Gelegenheit, eines meiner Dramen: *Der Stein der Weisen oder Laute, Armbrust und Peitsche, Totentanz, So ist das Leben* oder *Musik* aufzuführen, so werden Sie Ihren Lesern dadurch das künstlerisch und inhaltlich Beste vermitteln, was ich zu bieten habe.“ Wedekinds Brief an die *Aktion* von 02.01.1912, München. In: Wedekind: GB, Bd. 2, S. 262f. 1911 unterzieht Wedekind den Text einer Bearbeitung, mit der das Drama den Titel *König Nicolo oder So ist das Leben* erhält.

1464 Frank Wedekind an Karl Roeßler, München, 20.11.1903. In: Ebd., S. 113. Vgl. auch das Kommentar in: STA 4, S. 595.

1465 Briefentwurf an Alfred Kerr vom Ende 1908 oder Anfang 1909. In: Wedekind: GB, Bd. 2, S. 212–214, hier S. 213. Wedekind meint den Misserfolg der Berliner Aufführung von *Der Marquis von Keith*.

Nicolo ist ein von Pietro Folchi gestürzter und verbannter König. Den Staat Umbrien darf er unter Todesstrafe nicht mehr betreten. So pilgert er nun in Begleitung seiner Tochter, der Prinzessin Alma und versucht sich in allerlei Beschäftigungen. Er wird zunächst zum Bettler, dann zum talentierten Schneidergesellen und nicht zuletzt zum Wanderschauspieler. Unter den Niedrigsten der Gesellschaft lebend, reflektiert er nun über das Unverhältnis zwischen sich und der jetzigen Umgebung, über die Unbrauchbarkeit all dessen, was er, in der exklusiven höfischen Welt lebend, gelernt hat. Im Bewusstsein dieser Unadäquatheit leidet er das Leid eines Ausgeschlossenen und Entfremdeten, er „zerquält seinen Geist, um sich in ihr [der Menschen] Wesen und Treiben zu finden." (N, 156) Weder will er sie durch Anmaßung und Stolz verletzen, noch sie misstrauisch machen. Doch sein Anpassungswille bleibt stets untertönt von Ironie, Übermut und tiefer Verachtung.[1466] Von zentraler Bedeutung für das Stück ist die Szene der Elendenkirchweih im III. Akt.[1467] Dorthin pilgern nämlich allerlei Artisten in der Hoffnung, vor den Theaterbesitzern einmal aufzutreten und in den Dienst genommen zu werden. So auch Nicolo, der Ansprüche auf „eine erhabene Kunst" erhebt, „die man Tragödie nennt". (N, 183) Im Glauben, dass sein eigenes Schicksal ihm dazu genug Stoff bietet, spielt er reale Szenen aus seiner Vergangenheit nach. Ironischerweise wird aber der gewollte Tragöde mit seinem, wenn auch fingierten, Stegreifspiel für einen exzellenten Komödianten gehalten. Auf einem Jahrmarkt wird aber auch nichts anderes als Posse oder Farce erwartet. Hier werden per definitionem Stimme und Körper eingesetzt, um Lachen zu erzeugen.[1468] Gegen seinen Willen tritt Nicolo auf der Elendenkirchweih in die Ordnung des Clownesken, die keine Tragödie kennt: „Eigentümlich ist dem clownesken Humor, dass er dem Zuschauer das Trauerspiel als Komödie erscheinen lässt."[1469] Nach der Systematik von Fried/Keller erinnert Nicolo an den ‚Naturclown': er ist mit dem Clownesken quasi verwachsen, so dass die erzeugte Wirkung von seinem Willen unabhängig bleibt.[1470] In dieser Unfrei-

---

1466 Zum Beispiel im 3. Bild in der Haltung gegenüber dem Schneidermeister, oder im 5., als der Gefängniswärter, die zum Menschen erzogen geglaubte „Bestie", nun wieder „ins Tierreich zurückfällt". (N, 178)

1467 Wedekinds Zeitgenosse Paul Friedrich hält diese Szene für „das genialste, was in der deutschen dramatischen Literatur in der Zeit nach Goethes Tod geschaffen wurde". Friedrich erwähnt Anklänge an Goethes *Faust* und an Shakespeare. Friedrich: Frank Wedekind, S. 55.

1468 Velten: Grotesker und komischer Körper, S. 150.

1469 Barloewen: Clown, S. 91.

1470 Das betrifft lächerliche Effekte, die ohne sein bewusstes Zutun eintreten. Andererseits aber vermag er auch nicht diese zu unterbinden, wenn er Ernsthaftigkeit intendiert: „In jedem Bemühen darum, dass man ihn ernst zu nehmen habe, erfährt seine Komik nur eine Steigerung." Fried, Keller: Die Faszination Clown, S. 167.

willigkeit besteht auch seine Tragik. Das lächerlich wirkende Pathos verstärkt nur diesen Zug.[1471] Während aber der ‚Naturclown' sich aus dieser Zwangslage durch den Akt der Akzeptanz und durch die Einsicht in den Sinn der unfreiwilligen Komik befreien kann, vermag Nicolo diese Transzendierung nicht zu leisten und sieht die Befreiung allein im Sterben gewährleistet. Das Stück kulminiert, als der unerkannte ehemalige König zum Hofnarren seines unrechtmäßigen Nachfolgers berufen wird. Mit diesem Postenangebot, der von Nicolo als die tiefste Erniedrigung erlebt wird, rekurriert Wedekind auf den Topos von König-Narr,[1472] insbesondere auf die bekannteste literarische Realisierung der antagonistischen Relation in Shakespeares *König Lear*.[1473] Das archetypische Dualitätsprinzip wird bereits im Prolog von *König Nicolo* angekündigt: „Und doch nenn' ich sofort euch zwei Gestalten, / Die unbotmäßig in euch allen walten. / Ein kleiner König und ein großer Tor." (N, 145)[1474] Nur aus der christlichen Perspektive ist einer solchen Erniedrigung ein moralischer Wert beizumessen: wenn nämlich Nicolo als tragischer Narr in der Nachfolge Christi verstanden wird, dessen Bestimmung die Erduldung der Schmach ist.[1475] Jenseits dieser Perspektive gerät Nicolos unkorrigierbare Hybris in den Fokus: sie verdammt ihn dazu, seine Freiheit nur jenseits des Sozialen realisieren zu können.[1476] Sein Scheitern liegt mit anderen Worten in seiner Eigenverantwortung. Eine solche „Introversion, die auf das Soziale vollkommen Verzicht leis-

---

1471 „Übersteigertes Pathos wirkt ebenso komisch, wie übersteigerte Lustigkeit den Eindruck tragischen Narrentums auslösen kann." Heino Seitler: Die Entstehung der Clownfigur. In: Karl Hoche u.a.: Die großen Clowns. Athenäum: Königstein/Ts. 1982, S. 12–25, S. 12, zit. nach Fried, Keller: Identität und Humor, S. 39. Vgl. auch ‚Naturclown'. In: Fried, Keller: Die Faszination Clown, S. 167–169, hier S. 167.

1472 Vgl. Lever: Zepter und Narrenkappe, insbes. S. 19f. und S. 45ff.; Werner Mezger: Hofnarren im Mittelalter. Universitätsverlag: Konstanz 1981; sowie Sznajderman: Błazen, S. 113ff. und S. 119.

1473 In Shakespeares Dramen erfolgt der Rollentausch nur teilweise: nie wird die Königskrone auf das Haupt des Narren gesetzt, nicht einmal in der Komödie. Umgekehrt aber sehr wohl, wie in *König Lear*. In Michel Bryants Inszenierung trug der König als Zeichen der Verwandlung die Kappe seines Narren. Vgl. Kott: Szekspir wspolczesny, S. 266–268. Vgl. auch Bente A. Widebæk: The Stage Clown in Shakespeare's Theatre. Greenwood Press: Westport 1996, S. 123–135, sowie Barbara Buschmann-Nalenz: Der Clown in Shakespeares Dramen. In: Peter Csobádi u.a. (Hg.): Die lustige Person auf der Bühne. Ursula Müller-Speiser: Salzburg 1994, S. 135–145.

1474 Vgl. Paddock: So ist das Leben, S. 351ff., hier S. 351. Der Prolog wird von König Nicolo und Prinzessin Alma im Duett gesprochen.

1475 Starobinski: Porträt, S. 87ff., insbes. S. 93–95.

1476 „Nur in der Gestalt des Narren vermag der Auserwählte von außen her in die Gesellschaft zu wirken. Seine Freiheit, die seine Lebensbedingung darstellt, zwingt ihn zur Asozialität." In seinem Selbstverständnis bleibe Nicolo König. Gertrud Milkereit: Die Idee der Freiheit im Werk von Frank Wedekind. Diss. Köln 1957, S. 99 und S. 101.

tet"[1477] wird aber nach Bergson nicht unbestraft bleiben. Daraus erklärt sich vielleicht auch Wedekinds Abwertung des Stücks als humorlos bzw. larmoyant. Der König in der Narrenrolle beansprucht lediglich die tragische Seite des Narren-Topos, ganz anders als in *Der Stein der Weisen*, wo der Narr ein Revers des Melancholikers war. In der Rezeptionsgeschichte des Stücks lässt sich auch nur ein vereinzelter positiver Verweis auf die komische Dimension des Dramas finden:

> „[...] da, wo sich, wie in der Gerichtsszene oder in der Elendenkirchweih, der cynische Schalksnarr und der pedantische Philosoph in Wedekind nach Herzenslust herumbalgten, da hatte man wieder das Bewusstsein: Hier ist Neuland! [...]"[1478]

Wird nun andererseits nach einer Legitimation für Wedekinds Bemerkung über den „scenischen Humor" im Stück gesucht, so ist sie vielleicht in Alma zu finden, auch wenn die Figur zu schwach gewichtet ist, um sie auf der semantischen Ebene als echte Alternative zur Humorlosigkeit des Königs zu postulieren.[1479] Tatsächlich scheint Alma als Bajazzo ein anderes Paradigma zu verkörpern – das des gelenkigen, fröhlichen, vitalen Clowns. Ihr Element ist das Unvorhersehbare, die Flexibilität: Sie tanzt (N, 190, 193) und reagiert aufgeweckt aus dem Stegreif auf die Kommentare des Publikums.[1480] Auf der Elendenkirchweih in der sogenannten Hochgericht-Szene im 7. Bild tritt sie in Männerverkleidung als Hanswurst auf und singt das Lied *Bajazzo*:

> „Seltsam sind des Glückes Launen,
> Wie kein Hirn sie noch ersann,
> Daß ich meist vor lauter Staunen
> Lachen nicht noch weinen kann!
> [...]
> Wem die Beine noch geschmeidig,
> Noch die Arme schmiegsam sind,
> Den stimmt Unheil auch so freudig,
> Daß er's innig lieb gewinnt!"[1481]

1477 Ebd., S. 105.

1478 Edgar Steiger, zit. nach STA 4, S. 622. Vgl. auch andere zeitgenössische Kritiken im Kommentar zu *König Nicolo*, ebd., S. 622 und S. 624.

1479 Auf die Ambivalenz beider Figuren-Typen verweist Paddock: sie interpretiert Alma als komplementär zu ihrem Vater: Alma wird ihr Geburtsrecht einer Königstochter als Filipos Ehefrau wiedererlangen. Paddock: So ist das Leben, S. 349.

1480 Der Name Alma – „Beiname für die römischen Göttinnen des reichen Natursegens. Mit ihm korrespondiert auch die Zeichnung der Figur als androgyne Verkörperung jugendlicher Vitalität, optimistischer Lebenszugewandtheit und sinnlicher Ausstrahlungskraft." STA 4, S. 597.

1481 Frank Wedekind: Bajazzo. In: Ders.: Frank Wedekind: Prosa, Dramen, Verse. In zwei Bänden. Albert Langen: München 1964, Bd. 1, S. 19; sowie In STA 1/I, S. 546f. Ursprünglich ein selbständiges Gedicht unter dem Titel *Lied des Hanswurst*, entstanden

Das Stück *König Nicolo* ist das erste, welches Wedekinds *Lautenlieder* enthielt. Mit dem Genre eines Knabenlieds rekurriert der Autor auf die Dramen Shakespeares und *boy's companies* des elisabethanischen Theaters.[1482] Shakespeare, wie später auch Wedekind, komponierte Lieder selbst auf der Basis populärer Lieder (Volkslied, Ballade), aber auch Kunstlieder. Friederike Becker weist bezeichnenderweise auf die Analogie in der Verwendung von Musik im Drama bei Shakespeare und Wedekind hin.[1483] Karl Kraus bezeichnet Wedekind gar als neuen Shakespeare und meint damit „die erneute Kongruenz von Welt- und Theateranschauung."[1484] Letzteres vor allem durch die Bajazzo-Chiffre, wobei an Ruggierro Leoncavallos (1857–1919) Oper *Pagliacci* zu denken ist, insbesondere an die bekannteste Arie *Lache, Bajazzo.* Wie schon im *Erdgeist*-Prolog oder *Franziska* setzt Wedekind hier einen ironischer Reflex und stellt mit der Anspielung auf die italienische Theatertradition der Commedia dell'arte ein relativierendes Gegengewicht zur hohen Emotionalität des Verismus bzw. Naturalismus her. Der Commedia dell'arte verdankt sich die Typisierung der Figuren, vor allem aber die Aufhebung der Grenze zwischen Realität und Spiel im alten Theater-Topos von der Welt als Bühne und vom Leben als Spiel.

Zusammenfassend ist zu sagen, dass Wedekind in *König Nicolo* zu den Mitteln greift, die er mehr und mehr – insbesondere im anschließenden Drama *Oaha* und *Der Stein der Weisen* – zu eigentlichen Elementen seines „scenischen Humors" entwickeln wird, wobei er auch dafür Sorge tragen wird, dem Ernst nicht das ganze Feld zu überlassen und sich statt dessen bevorzugt für eine apo-

---

1901, abgedruckt noch vor dem Erscheinen des Dramas im März 1902 in der Zeitschrift *Jugend*, später in *Die vier Jahreszeiten* (*Herbst*) 1905. 1908 wird es vertont und zum Kabarett-Repertoir Wedekinds und seiner Frau. Mit kleinen Veränderungen in der dritten Strophe gegenüber der Urfassung integriert es Wedekind in das Stück *König Nicolo.* (im Gedicht in der Zeile 10 statt „schmiegsam" – „biegsam", statt „stimmt" – „macht"). Vgl. STA 1/I, S. 655 und S. 1065; zur Vertonung STA 1/III, S. 444. Wedekinds Lieder weisen thematisch Verbindungen zu seinen Stücken auf. Paddock: So ist das Leben, S. 346 und S. 353.

1482 Seine Kenntnisse über Shakespeare bezieht Wedekind aus der Lektüre des dänischen Literaturkritikers Georg Brandes. Auch wenn Brandes literarisch anderen Idealen huldigte, als die von Wedekind angestrebten, galt ihm seine Hochachtung. Kutscher: Frank Wedekind, Bd. 3, S. 227. Vgl. Bohnen (Hg.): Frank Wedekind und Georg Brandes, S. 107.

1483 Becker: Tannhäuser, S. 177f.

1484 Kraus: *Die Büchse der Pandora* (1905). Einleitende Vorlesung. Zit. nach Vinçon: Wedekind, S. 107. „Shakespearisch grotesk wie das Leben selbst ist die Abwechslung clownhafter und tragischer Wirkungen." Kraus: *Die Büchse der Pandora,* zit. nach Attila Csampai, Dietmar Holland (Hg.): Alban Berg, Lulu. Texte, Materialien, Kommentare. Rowohlt: Hamburg 1985, S. 165.

retische (Nicht)Lösung auszusprechen. Auch geistesgeschichtlich sei Humor eine „praktizierte Absage an alles einzig wahre", er bleibe stets „um das letzte Wort verlegen".[1485]

Analog zum Ernst, der nur innerhalb eng bemessener Grenzen auftreten darf, bekommt auch das Moment des Heiteren und Spielerischen einen Rahmen, der nicht überschritten werden darf. Auch in diesem Fall handelt es sich um eine Humor-Definition ex negativo: das Signalwort heißt Hanswurstiade und ist recht umfassend.

2. Falstaff-Chiffre

Mit der Formulierung vom „humorlosen Zeitalter" spielt Wedekind auf Shakespeares Falstaff an. In der Figur, die im historischen Drama *König Heinrich IV* (1597) sowie in *Die lustigen Weiber von Windsor* (1597) auftaucht und den Höhepunkt in der Entwicklung komischer Gestalten auf der englischen Bühne des 16. Jahrhunderts markiert, schuf Shakespeare eine recht heterogene und komplexe Figur:[1486] In Anlehnung an antike Muster stellt er einen derben, trunksüchtigen Typus von gemeiner Ausdrucksweise,[1487] einen Gauner und Betrüger, einen Epikuräer und Materialisten, eine vitale, und nicht unsympathisch wirkende Figur dar.[1488] Als ein Unterlegener mit Hybris, der er – seiner Illusion folgend – immer wieder Ausdruck verleiht, ist und bleibt er in der permanenten Selbstüberbietung der eigenen List ein „Genius der Komik".[1489] Da er stets gegen die Regeln verstößt, verkörpert er die Anarchie vom Geist des Karnevalistischen.

1485 Vgl. Seel: Drei Formen des Humors, S. 304.

1486 Dies betrifft besonders *Henry IV.*, denn in *Merry Wives of Windsor* (1597) gerät die Figur flacher und nähert sich Ben Jonsons späterer *comedy of humours*. In der letzten Szene allerdings sprengt Shakespeare sowohl die Verflachung als auch das Modell eines Genrebildes. Angela Zander: Shakespeares ‚lustige Personen' als Kontrastfiguren. Falstaff und der ‚Höllenpförtner'. In: Csobádi (Hg.): Die lustige Person auf der Bühne, S. 125–133, hier S. 128ff.

1487 Falstaff hat Züge eines *miles gloriosus*, aber auch eines Parasiten, wie sie bei Plautus vorkommen. Willi Erzgräber: Die komische Figur auf der englischen Bühne des 15. und 16. Jahrhunderts: Vom Schafdieb Mak bis zu Shakespeares Falstaff. In: Csobádi u.a. (Hg.): Die lustige Person auf der Bühne, S. 113–123, hier S. 118.

1488 „Für Falstaff ist der Sinn des Lebens das Leben selber. Alle List ist erlaubt, wenn sie dazu dient, das Leben zu retten." Ebd., S. 120.

1489 Ebd., S. 122f.

Für Wedekind repräsentiert Falstaff aber offenbar eine negative Folie des gewünschten Humors, wie es dem frühen Sonett *Falstaff* von 1897 zu entnehmen ist:

> „Es bläht sich die Gemeinheit als Humor
> In deines Leibes fettbehangner Fülle,
> Ein Riesen-Maulwerk und ein kleiner Wille,
> Ein Dichter-Däumling und ein großer Tor!
> Als deutschen Bel-Ami[1490] führst du dich vor;
> Verträgt dein Ruhm auch nur die tiefste Stille,
> Vom Biertisch dein huronisches Gebrülle
> Füllt mit Bewunderung jedes Esels Ohr.
> Für Bierphilister bist du das Genie,
> Und für die Genien bist du Bierphilister;
> Sie sagen: ‚Ein Hanswurst im Schlafrock ist er
> Und kein Poet. Wir haben viel Register
> Für Gut und Böse, doch behagt uns nie
> Zum Träger unsrer Huld das liebe Vieh.'"[1491]

Im Bild des Hedonisten Falstaff geht Wedekind nicht über die Vorstellung eines Gauners und Dickwansts hinaus. Er nimmt aber nicht an den epikuräischen Zügen Anstoß, sondern an der Primitivität der Figur, die ihm zum Inbegriff des Philisters wird. „Riesen-Maulwerk" und „huronisches Gebrülle" am Biertisch verweisen auf Falstaffs tragende Eigenschaft – seine Art zu sprechen. Auch andere Eigenschaften des Wedekindschen Falstaff wie Gemeinheit, Torheit oder das Tierische gehören zu den niederen Eigenschaften und geben eine äußerst eindimensionale Figur ab, die also mit Shakespeares Falstaff nur das Äußere teilt. Diese Reduktion steht im Gedicht im Dienst der Parodie: Mit der Bezeichnung „Verhängnis im Schlafrock" rekurriert Wedekind signifikanterweise auf Nietzsches degradierendes Urteil über Jean Paul: Während der junge Nietzsche Jean Paul bewundert, lehnt ihn der gereifte Philosoph schroff ab.[1492] Es handelt sich dabei um ideologische Unterschiede fundamentalen Charakters.[1493] Problematisch erscheint Nietzsche aber auch der humoristische Witz Jean Pauls. In *Menschliches Allzumenschliches* (1878) finden wir folgende Äußerung:

1490 Skrupelloser, ehrgeiziger Held in Guy de Maupassants *Bel-Ami* von 1885.
1491 Frank Wedekind: Falstaff. In: Ders.: Werke in drei Bänden, Bd. 2, S. 693.
1492 Kunnas: Nietzsches Lachen, S. 21.
1493 Thomas Maier erklärt die ablehnende Haltung Nietzsches gegenüber Jean Paul mit Hilfe von drei Kategorien, an denen die fundamentalen Unterschiede zwischen den beiden Denkern zu messen sind: die des Nihilismus-, des Metapher-Begriffs, sowie des Ich-Konzepts. Nietzsche setzt der Jean Paulschen hermeneutischen „Argumentation" des Lebens das einzig ästhetische Sein entgegen. Maier: Von deutschen Schlafwandlungen, vgl. insbes. S. 63, S. 66 und S. 81.

„Jean Paul. – Jean Paul wusste sehr viel, aber hatte keine Wissenschaft, verstand sich auf allerlei Kunstgriffe in den Künsten, aber hatte keine Kunst, fand beinahe Nichts ungeniessbar, aber hatte keinen Geschmack, besass Gefühl und Ernst, goss aber, wenn er davon zu kosten hat, eine widerliche Thränenbrühe darüber, ja er hatte Witz, – aber leider für seinen Heisshunger darnach viel zu wenig: weshalb er den Leser gerade durch seine Witzlosigkeit zur Verzweiflung treibt. Im Ganzen war er das bunte starkriechende Unkraut, welches über Nacht auf den zarten Fruchtfeldern Schillers und Goethes aufschoss; er war ein bequemer guter Mensch, und doch ein Verhängnis, – ein Verhängnis im Schlafrock."[1494]

In Wedekinds Sonett wird Nietzsche als Autorität (Genie, Anspielung auf Nietzsches *Jenseits von Gut und Böse*) und Sprachrohr eines kollektiven Wir-Gefühls herbeizitiert: eine Position, aus der heraus der Romantiker und Idealist Jean Paul in abschätziger Absicht durch den Vergleich mit der Figur Falstaffs karikiert wird. Wedekinds simplifizierte Auffassung über Fallstaff / Jean Paul geht offenbar auf ein gängiges Klischee des Romantikers als Philister zurück: dies sei eine Lesart, so Günter de Bruyn, nach der Jean Pauls Figuren in ihrer beschränkten Perspektive nicht als Teil der bewusst eingesetzten literarischen Methode betrachtet, sondern mit dem Autor identifiziert werden.[1495] Mit dem pauschalen und oberflächlichen Urteil sowie der karikierenden Gleichsetzung Falstaffs und Jean Pauls setzt sich Wedekind einerseits von der plebejischen, volkstümlichen Komik Falstaffs ab. Andererseits artikuliert sich darin auch seine ablehnende Haltung gegenüber dem idealistischen Humor-Paradigma. Der Humor erscheint bei Jean Paul, wie bereits ausgeführt, als Güte, als wohlwollende Nachsicht, als „Melancholie eines überlegenen Geistes."[1496] In seiner *Vorschule der Ästhetik* lesen wir:

„Darum waren nicht nur große Humoristen [...] sehr ernst, sondern gerade einem melancholischen Volke haben wir die besten zu danken. Die Alten waren zu lebenslustig zur humoristischen Lebensverachtung."[1497]

Auf eben diesen Aspekt nimmt der von Wedekind viel geschätzte Heinrich Heine in seiner *Romantischen Schule* kritisch Bezug:

1494 Nietzsche: Menschliches Allzumenschliches, Der Wanderer und sein Schatten. S. 919. Vgl. STA 1/II, S. 1531f., sowie Günter De Bruyn: Das Leben des Jean Paul Friedrich Richter. Mitteldeutscher Verlag: Halle (Saale) 1975, S. 112–125.

1495 In Jean Pauls Vorrede zur Geschichte des vergnügten Schulmeisters Fixlein heißt es: „Gelingt mir das: so erreich' ich durch mein Buch der Nachwelt Männer, die sich an allem erquicken, an der Wärme ihrer Stuben und ihrer Schlafmützen." Nach gängiger Lesart wirke der Text wie „eine Warnung vor der Lebenskunst, die sie empfiehlt." Dabei sei Jean Paul kein Idylliker im Sinne Salomon Geßners, sondern vielmehr ein Ironiker. Sein *Wutz* sei aber bereits nach de Bruyn eine Art Idylle. Ebd., S. 122.

1496 Pirandello: Der Humor, S. 154.

1497 Jean Paul: Vorschule der Ästhetik, S. 129.

„In allen Richtungen hüpfen […] seine Witze, die Flöhe seines erhitzten Geistes. Er ist der lustigste Schriftsteller und zugleich der sentimentalste. Ja, die Sentimentalität überwindet ihn immer, und sein Lachen verwandelt sich jählings in Weinen. […] wenn der Spaß nur im mindesten ernsthaft wird, [beginnt] er allmählig zu flennen und [lässt] ruhig seine Tränendrüsen austräufen."[1498]

Wenn Alfred Kerr die Herkunft des Wedekindschen Humors von der Jean Paul-schen Humorauffassung bestreitet, so ist also wohl primär an die traszendente Orientierung seiner Ästhetik zu denken, nach der dichterischer Scherz und Spiel nicht für sich stehen: „den Endzweck der Kunst wie des irdischen Lebens der Menschen sieht JP in der verheißenen Seligkeit, der Rückkehr des Menschen zu Gott." In der „absoluten Realität Gottes" liegt für ihn der eigentliche Ernst, der sich hinter dem Spiel der Kunst verbirgt.[1499]

Wie den Textanalysen zu entnehmen ist, gestaltet sich Wedekinds Humor, sowohl deklarativ als auch praktisch, in Opposition zur idealistischen Tradition, dafür aber in angestrebter Anlehnung an Nietzsche und zwar aus einer Geistes-verwandtschaft heraus, wie sie Wedekind begriff. Am Gegenstand geprüft steht die Theorie von Henri Bergson seiner Dramatik am nächsten. Dies erklärt sich aus ihrem sozialen Charakter: Bergson versteht das Verlachen als warnenden Akt der Gesellschaft gegenüber demjenigen, der ihre Forderungen verweigert, als soziales Korrektiv für die Unzulänglichkeiten. Das Lachen ist Bewegung, Betätigung von Körper und Geist im Sinne der Erhaltung und Weiterentwick-lung des Ganzen der Gesellschaft, was Spannkraft (tension) und Geschmeidig-keit (élasticité) in körperlicher und geistiger Hinsicht erfordert. Wenn diese feh-len, tritt Steifheit, Krankheit, Gebrechlichkeit ein.[1500] Ohne moralische Wertun-gen setzt sich Bergsons Theorie für ein nicht domestiziertes Lachen ein. Die Anwendung der Theorie Bergsons auf Wedekinds Dramatik erklärt sich zudem aus den Bezügen zur Körperlichkeit, der eine besondere Rolle im Dramenwerk

---

1498 Heine: Die romantische Schule, S. 129. Heine steht Jean Pauls „abstrus verworrenem", „barockem" Stil als einer „wundersamen ungenießbaren Kost" kritisch gegenüber. Vgl. Peter Sprengel (Hg.): Jean Paul im Urteil seiner Kritiker. Dokumente zur Wirkungsgeschichte Jean Pauls in Deutschland. Beck: München 1980, S. 138–141, hier S. 140f. Auch Goethe und Schiller nahmen Abstand von der „Formlosigkeit" der Schriften Jean Pauls. Ganz anders Herder. Vgl. Rattner, Danzer: Meister des großen Humors, insbes. S. 149.

1499 Wolfahrt Henckmann: Einleitung. In: Jean Paul: Vorschule der Ästhetik. Felix Meiner: Hamburg 1990, S. VII–L, hier S. XLVIII. Jean Paul spricht in der ersten Vorrede zur *Vorschule der Ästhetik* von einer „Vermählung von Religion und Philosophie" in der Dichtkunst. Die ist, dem romantischen Verständnis gemäß, das Reich der Phantasie, die das „irdische Leben" zu verklären habe. Ebd., S. XLVIIIf.

1500 So auch Greiner: Das Lachen sei ein „Ordnungsruf des Lebendigen". Greiner: Die Komödie, S. 100.

Wedekinds zukommt: dabei nimmt der Autor Wedekind einen Dialog mit der platonisch-christlichen Tradition der Jenseitsorientiertheit und Marginalisierung bis Ausgrenzung der Körperlichkeit auf: bereits das juvenile Stück *Das Gastmahl bei Sokrates* führt parodistisch den das Ratio repräsentierenden Philosophen vor, der in seinem Angewiesensein auf den Körper karikiert wird. Der direkte Bezug auf die Temperamentenlehre im Drama *Oaha* fungiert als Chiffre für die historische Dimension des Wedekindschen Humor-Konzepts. Die moralisierende Tendenz der Antike im Hinblick auf das Komische setzt sich im frühchristlichen und mittelalterlichen Denken fort. Die im Mittelalter angesiedelte Handlung des Stücks *Der Stein der Weisen* knüpft an die Spannungen dieser Epoche an: die den Körper tabuisierende Theologie platonisch-christlicher Prägung und die spätmittelalterlichen Tendenzen zur Enttabuisierung von Vitalität, Körperlichkeit und Sinnlichkeit. In der Renaissance, deren Geist Wedekind so nahe steht, münden diese Tendenzen dann in einem ganzheitlichen Menschenbild. Rabelais und Shakespeare sind Zeugen dieser Rehabilitierung des Körpers, die sich u.a. im dargestellten Lachen manifestiert. Die humoristische Ästhetik Wedekinds geht aber nicht allein in der Idee der Aufwertung der Körperlichkeit um die Jahrhundertwende auf, sondern ist eine komplexe, ästhetische Antwort auf den Zustand der Kultur und der Kondition des Individuums: eine sinnlich-intellektuelle Figur, wie es in der Vorstellung vom geistigen Tanz zum Ausdruck kommt. Diese von Wedekind zuerst in den Zirkusaufsätzen formulierte Idee wird in den Dramen umgesetzt,[1501] bis sie in *Stein der Weisen* in der Figur des Narren Guendolin, eines Lieblings der Götter und der Personifizierung der humoristischen Weltanschauung gipfelt:

> „Du [Basil] lachst nur, um unser Gelächter plump zu verhöhnen! – / Ich lache immer mit dem, der am lautesten lacht, / und lache mit ihm über die, die am grässlichsten stöhnen. [...] Ich schaue die Welt an, wie mich die Welt anschaut: / Als einen Popanz, den man zusammenhaut!" (Stein, 543)

Dieses Lachprogramm stellt sich quer zur idealistischen Tradition eines versöhnlichen Humors: er ist selbstkritisch und distanziert, zuweilen satirisch-grotesk, will aber nicht die Grenze des Hohns überschreiten.

1501 Vgl. hierzu Rasch: Tanz. In der *Monstretragödie* hat Alwa ein *Zarathustra*-Ballett verfasst und nennt den Philosophen Nietzsche „das göttlichste Tanzgenie, das die Welt je gesehen." Frank Wedekind: Die Büchse der Pandora. Eine Monstretragödie (1894). In: STA 3/I, S. 145–311, hier S. 158. Vgl. Riedlinger: Aneignungen, S. 139. Schröder-Zebralla zieht eine Parallele zwischen Wedekinds Körper-Seele-Einheit und Rudolf Steiners Anthroposophie und seiner Entwicklung der Eurythmie. Durch diesen Zusammenhang und die Nähe zu Nietzsche (Zarathustra als tanzender Gott) sieht sie den Tanz bei Wedekind religiös aufgeladen. Schröder-Zebralla: Frank Wedekinds religiöser Sensualismus, S. 151ff. Vgl. auch Kutscher: Frank Wedekind, Bd. 2, S. 122.

Mit *Franziska* kehrt Wedekind zu seinen dramatischen Anfängen zurück, als das Komische, wie in *Frühlingserwachen* oder *Kammersänger*, groteske Formen annahm.[1502] Gleichzeitig aber bezeugt weiter Blick, Schwung und Bedachtsamkeit, die das Werk ausstrahlt, dass es nicht mit einem Jugendwerk verwechselt werden kann.[1503] *Franziska* lässt sich als eine kreative Hommage des Autors an seine Lebens-Meister lesen. Auch im Hinblick auf den Humor laufen hier – auf spielerische Art – die Traditionslinien zusammen: von der Antike, über Shakespeare, die Renaissance, den alten Goethe, Heine, bis hin zu Nietzsche. So gerät die humoristische Ästhetik Wedekinds gleichsam zu einem Denotat oder Funktion dieser Energiefelder mit ihrem Sinnlichkeits- und Freiheitspotenzial. Wie schon verstärkt in *Oaha* verschreibt Wedekind seine *Franziska* dem Performativen: während aber dort slapstickartiger, grotesker Humor im Stil eines Satire-Blattes und in offensichtlicher Affinität zum Stil Alfred Jarrys vorherrscht, nimmt der Humor in *Franziska* subtilere Züge an. Der Elan dieses Textes, der über verschiedene Konventionen und Publikumserwartungen quasi hinwegtanzt, nimmt in gewisser Weise die Kunst Charlie Chaplins, der Ikone der Moderne vorweg.[1504] Die Verwandtschaft besteht in der Funktionalisierung der Bewegung und im Charakter des Humors.[1505] Die kleinen Tanz- und/oder Gesangseinlagen bei Wedekind können wie Varieté-Nummern für sich stehen, d.h. eine rein performative Funktion als Vollzug einer Handlung erfüllen.[1506] Zugleich erfüllen

---

1502 *Franziska* enthalte „groteske Einfälle von der Kraft des frühen Wedekind". Vgl. Richard Elchinger: Der neue Wedekind. In: Münchner Neueste Nachrichten, Nr. 539 von 18.11.1911, zit. nach STA 7/II, S. 1082. Wedekind scheine hier qualitativ die reinste Mischung der Elemente des Komischen und Tragischen erreicht zu haben. Friedrich: Frank Wedekind, S. 28.

1503 Die zwischen 1910 und 1914 veröffentlichten Stücke Wedekinds kategorisiert Austermühl 2009 sogar als „ästhetisch anspruchvollsten und inhaltlich profundesten Dramen des Autors". Austermühl: Vivisektionen, S. 1573.

1504 Chaplin sei kein isolierter Gegenstand der Filmgeschichte sondern ein zentrales Phänomen der Literatur- und Kulturgeschichte der klassischen Moderne des beginnenden 20. Jahrhunderts. Dorothee Kimmich: „Der Mensch ist ein Loch": Charlie Chaplin als Ikone der Moderne. In: Dorothee Kimmich (Hg.): Charlie Chaplin: Eine Ikone der Moderne. Suhrkamp: Frankfurt a. M. 2003, S. 9–25, hier S. 10.

1505 Charlies Existenz steht im Zeichen einer positiv zu wertenden Instabilität, einer Bewegung, die an Nietzsches Seil-Metapher erinnert und eine Analogie zu Henri Bergsons Komiktheorie aufweist. Vgl. Susanne Marschall: Tänzer – Turner – Träumer: Charlie Chaplin und Buster Keaton. In: Thomas Koebner (Hg.): Film-Konzepte 2. Chaplin – Keaton: Verlierer und Gewinner der Moderne. Text & Kritik, H. 2 (2006), S. 37–57, hier S. 52; Glasenapp: Bergson – Bazin – Chaplin, S. 385.

1506 Glasenapp: Bergson – Bazin – Chaplin, S. 387. Vgl. zudem Erika Fischer-Lichte: Grenzgänger und Tauschhandel: Auf dem Wege zu einer performativen Kultur (urspr.

sie aber auch die referentielle Funktion als Element innerhalb der Dramenhandlung. Nicht zuletzt ist anzumerken, dass Wedekinds Humor-Konzept sich in die These der neueren Forschung einfügt, die, entgegen früherer Periodisierung, bei Wedekind eine weitgehend kontinuierliche Werkproduktion konstatiert.

1998). In: Uwe Wirth (Hg.): Performanz: Zwischen Sprachphilosophie und Kulturwissenschaften. Frankfurt a. M. 2002, S. 277–300.

Bibliographie

Primärliteratur

Aristophanes: Die Wolken. Reclam: Stuttgart 2006.

Austermühl, Elke, Kieser, Rolf, Vinçon, Hartmut (Hg.): Frank Wedekind. Kritische Studienausgabe in 8 Bänden und 15 Teilbänden (STA) Häusser Media Verlag: Darmstadt 1994–2011 (STA 1, 2007; STA 2, 2000; STA 3, 1996; STA 4, 1994; STA 6, 2007; STA 7, 2009; STA 8, 2003).

Goethe, Johann Wolfgang: Faust. Der Tragödie erster Teil. Reclam: Stuttgart 1991.

Goethe, Johann Wolfgang: Faust. Der Tragödie zweiter Teil. Reclam: Stuttgart 1991.

Homer: Illias. In der Übersetzung von Johann Heinrich Voss. Rheingauer Verlagsgesellschaft: Eltville 1980.

Homer: Odyssee. In der Übersetzung von Johann Heinrich Voss. Rheingauer Verlagsgesellschaft: Eltville 1980.

Heine, Heinrich. Der Doktor Faust. Ein Tanzpoem nebst kuriosen Berichten über Teufel, Hexen und Dichtkunst. In: Ders: Werke und Briefe in zehn Bänden. Aufbau-Verlag: Berlin 1962, Bd. 7, S. 7–27.

Heine, Heinrich: Erläuterungen. To Lumley, Esquire, Director of the Theater of Her Majesty the Queen. In: Ders.: Werke und Briefe in zehn Bänden. Aufbau-Verlag: Berlin 1962, Bd. 7, S. 28–53.

Heine, Heinrich: Ludwig Börne. Eine Denkschrift (1840). In: Ders.: Werke in fünf Bänden. Aufbau Verlag: Berlin, Weimar 1964, Bd. 5, S. 167–309.

Heine, Heinrich: Lutetia (1854). In: Ders.: Sämtliche Schriften in zwölf Bänden. Ullstein: Frankfurt a. M., Berlin, Wien 1981, Bd. 9, S. 217–548.

Heine, Heinrich: Sämtliche Gedichte in zeitlicher Folge. Insel: Frankfurt a. M., Leipzig 1993.

Heine, Heinrich: Shakespeares Mädchen und Frauen (1838/1839). Helena. In: Ders.: Werke und Briefe in zehn Bänden. Aufbau-Verlag: Berlin 1962, Bd. 5, S. 484–486.

Jarry, Alfred: Tout Ubu. Edition établie par Maurice Saillet. Paris 1962.

Kleist, Heinrich von: Über das Marionettentheater (1810). In: Ders.: Werke in zwei Bänden. Aufbau Verlag: Berlin, Weimar 1985, Bd. 1, S. 314–321.

Mann, Thomas: Gladius Dei. In: Ders.: Der Tod in Venedig und andere Erzählungen. Fischer: Frankfurt a. M. 2004, S. 231–248.

Platon: Symposion. Griechisch-deutsch. Übersetzt von Rudolf Rufener. Artemis & Winkler: Düsseldorf, Zürich 2002.

Schiller, Friedrich: Voltaires Pucelle und die Jungfrau von Orleans. (Gedichte 1795–1805) In: Ders.: Sämtliche Werke in zehn Bänden. Aufbau Verlag: Berlin 1980, Bd. 1, S. 498.

Schiller, Friedrich: Wallenstein. Reclam: Stuttgart 1988.

Wedekind, Frank: An Heinrich Heine. In: Dietmar Goldtschnigg, Hartmut Steinecke (Hg.): Heine und die Nachwelt. Geschichte seiner Wirkung in den deutschsprachigen Ländern. Erich Schmidt Verlag: Berlin 2006, S. 520–523.

Wedekind, Frank: Das Gastmahl bei Sokrates. Ein Schauspiel für die gebildete Welt, aus dem Griechischen übersetzt. In: STA 2, S. 9–31.

Wedekind, Frank: Der Kammersänger. Drei Szenen. In: Ders.: Werke in zwei Bänden. dtv: München 1996 [1990], Bd. 2, S. 5–45.

Wedekind, Frank: Der Marquis von Keith. In: Ders.: Werke in zwei Bänden. dtv: München 1996 [1990], Bd. 2, S. 47–137.

Wedekind, Frank: Der Stein der Weisen oder Laute, Armbrust und Peitsche. Eine Geisterbeschwörung. In: Ders.: Werke in zwei Bänden. dtv: München 1996 [1990], Bd. 2, S. 501–549.

Wedekind, Frank: Der Witz und seine Sippe. In: Ders.: Werke in zwei Bänden. dtv: München 1996 [1990], Bd. 1, S. 336–351.

Wedekind, Frank: Die Büchse der Pandora. Eine Monstretragödie (1894). In: STA 3/I, S. 145–311.

Wedekind, Frank: Die Tagebücher. Ein erotisches Leben. Athenäum: Frankfurt a. M. 1986.

Wedekind, Frank: Die Zensur. Theodizee in einem Akt. In: Ders.: Werke in zwei Bänden. dtv: München 1996 [1990], Bd. 2, S. 383–415.

Wedekind, Frank: Don Giovanni. In: Ders: Werke in zwei Bänden. dtv: München 1996 [1990], Bd. 1, S. 397–399.

Wedekind, Frank: Drei Interviews. Don Giovanni. In: Werke in zwei Bänden. dtv: München 1996 [1990], Bd. 1, S. 390–396.

Wedekind, Frank: Franziska. Ein modernes Mysterium in fünf Akten. In: Ders.: Werke in zwei Bänden. dtv: München 1996 [1990], Bd. 2, S.639–742.

Wedekind, Frank: Frühlings Erwachen. In: Ders.: Werke in zwei Bänden. dtv: München 1996 [1990], Bd. 1, S. 473–548.

Wedekind, Frank: Gesammelte Briefe in zwei Bänden (GB). Georg Müller: München 1924.

Wedekind, Frank: Gesammelte Werke in zehn Bänden. Thelem: Dresden 2003ff.

Wedekind, Frank: Ich habe meine Tante geschlachtet. Lautenlieder und Simplizissimus-Gedichte. Langen Müller: München, Wien 1967.

Wedekind, Frank: König Nicolo oder So ist das Leben. Schauspiel in drei Aufzügen und neun Bildern mit einem Prolog. In: Ders.: Werke in zwei Bänden. dtv: München 1996 [1990], Bd. 2, S. 139–216.

Wedekind, Frank: Oaha. Die Satire der Satire. In: Ders.: Werke in zwei Bänden. dtv: München 1996 [1990], Bd. 2, S. 417–500.

Wedekind, Frank: Prosa, Dramen, Verse. In zwei Bänden. Albert Langen: München 1964.

Wedekind, Frank: Schauspielkunst. Ein Glossarium. In: Ders.: Gesammelte Werke in zehn Bänden. Thelem: Dresden 2003ff., Bd. 7, 2012, S. 299–324.

Wedekind, Frank: Was ich mir dabei dachte. In: Ders.: Werke in drei Bänden. Aufbau Verlag: Berlin, Weimar 1969, Bd. 3, S. 335–374.

Wedekind, Frank: Werke in drei Bänden. Aufbau Verlag: Berlin, Weimar 1969.

Wedekind, Frank: Werke in zwei Bänden. dtv: München 1996 [1990].

Wedekind, Frank: Zirkusgedanken. In: Jürg Mathes (Hg.): Theorie des literarischen Jugendstils. Reclam: Stuttgart 1984, S. 217–235.

Witkiewicz, Stanisław Ignacy: Dramaty, Bd. 1, 2. erweiterte und korrigierte Ausgabe. Państwowy Instytut Wydawniczy: Warszawa 1972.

Xenophon: Das Gastmahl. Rowohlt: Hamburg 1957.

Sekundärliteratur zu Frank Wedekind

Adorno, Theodor W.: Über den Nachlass Frank Wedekinds (1932). In: Frank Wedekind: *Musik* und Materialien zum Stück. Rowohlt: Reinbek b. Hamburg 1987, S. 216–220.

Austermühl, Elke: Eine Lenzburger Jugendfreundschaft. Der Briefwechsel zwischen Frank Wedekind und Minna von Greyerz. In: In: Elke Austermühl, Alfred Kessler, Hartmut Vinçon (Hg.) Pharus I. Frank Wedekind. Texte, Interviews, Studien. Verlag der Georg Büchner Buchhandlung: Darmstadt 1989–1996, S. 343–420.

Austermühl, Elke: Frank Wedekind (1864–1918). In: Alo Allkemper, Norbert Otto Eke (Hg.): Deutsche Dramatiker des 20. Jahrhunderts. Erich Schmidt Verlag: Berlin 2002, S. 63–79.

Austermühl, Elke: Frank Wedekinds *Franziska* – ein weiblicher Faust? http://www.fbsuk.h-da.de/fileadmin/dokumente/berichte-forschung/2004/Austermuehl_Franziska_und_Faust.pdf. Druckfassung in: Andreas Härter, Edith Anna Kunz und Heiner Weidmann (Hg.): Dazwischen. Zum transitorischen Denken in Literatur- und Kulturwissenschaft. Festschrift für Johannes Anderegg zum 65. Geburtstag. Vandenhoeck & Ruprecht: Göttingen 2003, S. 79–100.

Austermühl, Elke: Kontinuität oder Diskontinuität im Werk Frank Wedekinds. In: Sigrid Dreiseitel, Hartmut Vinçon (Hg.): Kontinuität – Diskontinuität. Diskurse zu Frank Wedekind (1903–1918). Königshausen & Neumann: Würzburg 2001, S. 23–32.

Austermühl, Elke: Vivisektionen. Nachwort. In: STA 7/II, S. 1561–1574.

Austermühl, Elke: Wedekinds dramatisches Verfahren. Ein Rekonstruktionsversuch. Nachwort. In: STA 4, S. 715–737.

Austermühl, Elke; Vinçon, Hartmut: Frank Wedekinds Dramen. In: Hans Joachim Piechotta, Ralf Rainer Wuthenow, Sabine Rothemann (Hg.): Die literarische Moderne in Europa. In drei Bänden. Westdeutscher Verlag: Opladen 1994, Bd. 2: Formationen der literarischen Avantgarde, S. 304–321.

Becker, Friederike: Tannhäuser, Lohengrün und Der fliegende Holländer brachten mich schließlich auf die richtige Spur. Annäherungen Wedekinds an die Oper. In: Elke Austermühl, Alfred Kessler, Hartmut Vinçon (Hg.) Pharus I. Frank Wedekind. Texte, Interviews, Studien. Verlag der Georg Büchner Buchhandlung: Darmstadt 1989–1996, S. 145–185.

Brecht, Bertolt: Frank Wedekind. In: Jan Knopf, Werner Mittenzwei, Werner Hecht, Klaus-Detlef Müller (Hg.): Bertolt Brecht. Werke. Große kommentierte Berliner und Frankfurter Ausgabe (BFA). Aufbau Verlag, Suhrkamp: Berlin, Weimar, Frankfurt a. M. 1988–2000, Bd. 21 (Schriften 1914–1933), 1992, S. 35f.

Boa, Elisabeth: Die unheimliche Heimat oder die verwandelte Welt: Wedekind und die Moderne. In: Sigrid Dreiseitel, Hartmut Vinçon (Hg.): Kontinuität – Diskontinuität. Diskurse zu Frank Wedekind (1903–1918). Königshausen & Neumann: Würzburg 2001, S. 119–147.

Boa, Elisabeth: The Sexual Circus. Wedekind's Theater of Subversion. Diss. Basil Blackwell: Oxford 1987.

Böckmann, Paul: Die komödiantischen Grotesken Frank Wedekinds. In: Hans Steffen (Hg.): Das deutsche Lustspiel II. Vandenhoeck & Ruprecht: Göttingen 1969, S. 79–102.

Dommes, Grit: Von Künstlern und Lebenskünstlern. Frank Wedekinds *Kammersänger* und die *Keith*-Dramen. Historisch-kritische Arbeiten zur deutschen Literatur. Peter Lang: Frankfurt a. M. 1998.

Dreisbach, Jens: Disziplin und Moderne. Zu einer kulturellen Konstellation in der deutschsprachigen Literatur von Keller bis Kafka. Literatur Verlag: Berlin 2009, S. 309–364.

Dreiseitel, Sigrid: „Ich mache natürlich lebhaft Propaganda für ihn." Zur Bedeutung Heinrich Heines für das Frühwerk und die literaturpolitischen Positionen Frank Wedekinds. Königshausen & Neumann: Würzburg 2000.

Dreiseitel, Sigrid; Vinçon, Hartmut (Hg.): Kontinuität – Diskontinuität. Diskurse zu Frank Wedekind (1903–1918). Königshausen & Neumann: Würzburg 2001.

Dreiseitel, Sigried; Vinçon, Hartmut: Vorwort. In: Sigrid Dreiseitel, Hartmut Vinçon (Hg.): Kontinuität – Diskontinuität. Diskurse zu Frank Wedekind (1903–1918). Königshausen & Neumann: Würzburg 2001, S. 9–21.

Florack, Ruth: Kaufhaus Babylon. Frank Wedekind in Paris. In: Gerhard R. Kaiser, Erika Tunner (Hg.): Paris? Paris! Bilder der französischen Metropole in der nicht fiktionalen Prosa zwischen Hermann Bahr und Joseph Roth. C. Winter: Heidelberg 2002, S. 75–96.

Florack, Ruth: Wedekinds Lulu. Zerrbild der Sinnlichkeit. Niemeyer: Tübingen 1995.

Friedrich, Paul: Frank Wedekind. Wilhelm Borngräber Verlag Neues Leben: Berlin [1910].

Gil Costa, Fernanda: Konstellation der Schwäche und Stärke. Frank Wedekinds Entwürfe von Männerfiguren. In: Sigrid Dreiseitel, Hartmut Vinçon (Hg.): Kontinuität – Diskontinuität. Diskurse zu Frank Wedekind (1903–1918). Königshausen & Neumann: Würzburg 2001, S. 149–162.

Glaser, Horst Albert: Arthur Schnitzler und Frank Wedekind. Der doppelköpfige Sexus. In: Horst Albert Glaser (Hg.): Wollüstige Phantasie. Sexualästhetik der Literatur. Carl Hanser: München 1974, S. 148–184.

Gundolf, Friedrich: Frank Wedekind. Albert Langen, Georg Müller: München 1954.

Hashem, Mona: Satirische Elemente im dramatischen Werk Frank Wedekinds. Peter Lang: Frankfurt a. M. 2005.

Höger, Alfons: Frank Wedekind: Der Konstruktivismus als schöpferische Methode. Cornelsen: Berlin 1979.

Höger, Alfons: Hetärismus und bürgerliche Gesellschaft im Frühwerk Frank Wedekinds. Diss. Fink: Kopenhagen 1981.

Kafitz, Dieter: Moderne Tendenzen in den Dramen Frank Wedekinds. In: Benedikt Descourvières, Peter W. Marx, Ralf Rättig (Hg.): Mein Drama findet nicht mehr statt. Deutschsprachige Theater-Texte im 20. Jahrhundert. Peter Lang: Frankfurt a. M. 2006, S. 21–40.

Irmer, Hans-Jochen: Der Theaterdichter Frank Wedekind. Werk und Wirkung. Diss. Henschel: Berlin 1979.

Irmer, Hans-Jochen: *Oaha / Till Eulenspiegel*. Das Problem des Gegenwartsdramas. In: Sigrid Dreiseitel, Hartmut Vinçon (Hg.): Kontinuität – Diskontinuität. Diskurse zu Frank Wedekind (1903–1918). Königshausen & Neumann: Würzburg 2001, S. 217–228.

Irmer, Hans-Jochen: Wedekind war nicht modern. Nachwort. In: STA 8, S. 1129–1150.

Kafitz, Dieter: Die Kunstzitate in Frank Wedekinds *Frühlings Erwachen*: Zu Hänschen Rilow-Szene. In: Sigrid Dreiseitel, Hartmut Vinçon (Hg.): Kontinuität – Diskontinuität. Diskurse zu Frank Wedekind (1903–1918). Königshausen & Neumann: Würzburg 2001, S. 263–282.

Kafitz, Dieter: Moderne Tendenzen in den Dramen Frank Wedekinds. In: Benedikt Descourvières, Peter W. Marx, Ralf Rättig (Hg.): Mein Drama findet nicht mehr statt. Deutschsprachige Theater-Texte im 20. Jahrhundert. Peter Lang: Frankfurt a. M. 2006, S. 21–40.

Kalcher, Joachim: Frank Wedekind: *Tod und Teufel*. In: Ders.: Perspektiven des Lebens in der Dramatik um 1900. Böhlau: Köln 1980, S. 292–421.

Kerr, Alfred: Frank Wedekind: Der Kammersänger. In: Die Nation 17 (1899/1900, von 23.12.1899). http://www.wedekind.h-da.de/buehne.htm. (Zugriff: 10.04.2009).

Kesting, Marianne: Entdeckung und Destruktion. Zur Strukturwandlung der Künste. Fink: München 1970, S. 189–203.

Kieser, Rolf: Benjamin Franklin Wedekind. Biographie einer Jugend. Arche: Zürich 1990.

Kieser, Rolf: Das Spätwerk Frank Wedekinds im Spannungsfeld der Fehde Karl Kraus – Alfred Kerr. In: Sigrid Dreiseitel, Hartmut Vinçon (Hg.): Kontinuität – Diskontinuität. Diskurse zu Frank Wedekind (1903–1918). Königshausen & Neumann: Würzburg 2001, S. 199–216.

Kieser, Rolf: The Opening of Pandora's Box. Frank Wedekinds Nietzsche, Freud and Others. In: Rolf Kieser, Reinhold Grimm (Hg.): Frank Wedekind. Yearbook (1991). Peter Lang: Bern u.a. 1992, S. 1–15.

Kieser, Rolf: Über den Umgang mit Stoffen und Stilen in Frank Wedekinds frühen Dramen. Nachwort. In: STA 2, S. 1265–1289.

Knobloch, Ursula Marianne: Die Spekulation als Drahtseilakt. Vitalität und Kommerz im Werk Frank Wedekinds. Diss. Univ. Würzburg 1993.

Krauss, Ingrid: Frank Wedekind und der Pessimismus. In: Dies.: Studien über Schopenhauer und den Pessimismus in der deutschen Literatur des 19. Jahrhunderts. Paul Haupt: Bern 1931 (Reprint 1970), S. 144–191.

Kutscher, Artur: Frank Wedekind. Sein Leben und seine Werke. In drei Bänden. Georg Müller: München 1922 (Bd. 1), 1927 (Bd. 2), 1931 (Bd. 3).

Kutscher, Artur: Wedekinds Leben und Werk. Zum 100. Geburtstag des Dichters. List: München 1964.

Mann, Thomas: Über eine Szene von Wedekind. In: Ders.: Essays. Bd. I: Literatur. Fischer: Frankfurt a. M. 1977, S. 69–74.

Marschall, Suzanne: TextTanzTheater. Eine Untersuchung des dramatischen Motivs und theatralen Ereignisses ‚Tanz' am Beispiel von Frank Wedekinds *Büchse der Pandora* und Hugo von Hofmannsthals *Elektra*. Peter Lang: Frankfurt a. M. 1996.

Martin, Ariane (Hg.): Frank Wedekind – Thomas Mann – Heinrich Mann: Briefwechsel mit Maximilian Harden. Pharus V. Häusser Media Verlag: Darmstadt 1996.

Martin, Ariane: Spiel mit Konventionen: Goethes *Faust* und Franziska Gräfin zu Reventlow in Frank Wedekinds ‚modernem Mysterium' *Franziska*. In: Sigrid Dreiseitel, Hartmut Vinçon (Hg.): Kontinuität – Diskontinuität. Diskurse zu Frank Wedekind (1903–1918). Königshausen & Neumann: Würzburg 2001, S. 75–96.

Meyer, Hans: Um Wedekind besser zu verstehen. In: Frank Wedekind: *Musik* und Materialien zum Stück. Rowohlt: Reinbek b. Hamburg 1987, S. 186–193.

Moeller-Bruck, Arthur: Der neue Humor. In: Ders.: Die moderne Literatur in Gruppen- und Einzeldarstellungen. Bd. IX. Schuster & Loeffer: Berlin, Leipzig 1902, S. 5–16.

Moeller-Bruck, Arthur: Frank Wedekind. In: Ders.: Die moderne Literatur in Gruppen- und Einzeldarstellungen. Bd. IX. Schuster & Loeffer: Berlin, Leipzig 1902, S. 39–46.

Moeller-Bruck, Arthur: Variétéstil. Wedekind als Künstler des Profanen. In: Ders.: Die moderne Literatur in Gruppen- und Einzeldarstellungen. Bd. IX. Schuster & Loeffer: Berlin, Leipzig 1902, S. 33–38.

Mühsam, Erich: Unpolitische Erinnerungen. Volk und Welt: Berlin 1961.

[o. A.]: Am Ende war ich doch ein Poet. Nachwort. In: STA 1/II, S. 2275–2302.

Pankau, Johannes G.: Sexualität und Modernität. Studien zum deutschen Drama des Fin de Siècle. Königshausen & Neumann: Würzburg 2005.

Pankau, Johannes G.: Über die Planbarkeit des Schönen. Wedekinds Werk im Kontext von Bohème, Ästhetizismus und Lebensreform am Beispiel von *Hidalla*. In: Sigrid Dreiseitel, Hartmut Vinçon (Hg.): Kontinuität – Diskontinuität. Diskurse zu Frank Wedekind (1903–1918). Königshausen & Neumann: Würzburg 2001, S. 97–118.

Pickerodt, Gerhart: Frank Wedekind. *Frühlings Erwachen*. Diesterweg: Frankfurt a. M. u.a. 1984.

Plesser, Mechtild: Der Dramatiker als Regisseur. Dargestellt am Beispiel von Wedekind, Sternheim und Kaiser. Diss. Univ. Köln 1971.

Regnier, Anatol: Frank Wedekind. Eine Männertragödie. btb: München 2010.

Riedlinger, Stefan: Aneignungen – Frank Wedekinds Nietzsche-Rezeption. Diss. Univ. Augsburg 2004.

Ritter, Naomi: The Portrait of Lulu as Pierrot. In: Rolf Kieser, Reinhold Grimm (Hg.): Frank Wedekind. Yearbook (1991). Peter Lang: Bern u.a. 1992, S. 127–140.

Rothe, Friedrich: Frank Wedekinds Dramen. Jugendstil und Lebensphilosophie. Diss. Metzler: Stuttgart 1968.

Schmeiser, Daniela: Frank Wedekinds Lulu-Dramen: Die Frau im Text, Der Text der Frau. In: Roland S. Kamzelak (Hg.): Historische Gedächtnisse sind Palimpseste. Hermeneutik – Historismus – New Historicism – Cultural Studies. mentis: Paderborn 2001, S. 177–193.

Schneider, Uwe: Krieg, Kultur, Kunst und Kitsch. Positionen Frank Wedekinds zum Ersten Weltkrieg. In: Uwe Schneider, Andreas Schumann, Walter Müller-Seidl (Hg.): Krieg der Geister. Erster Weltkrieg und literarische Moderne. Königshausen & Neumann: Würzburg 2000, S. 75–108.

Schönert, Jörg: Die (sogenannten) theoretisch-programmatischen Schriften Frank Wedekinds und ihre Relevanz für das Verständnis des ‚poetischen Werks'. In: Sigrid Dreiseitel, Hartmut Vinçon (Hg.): Kontinuität – Diskontinuität. Diskurse zu Frank Wedekind (1903–1918). Königshausen & Neumann: Würzburg 2001, S. 251–262.

Seehaus, Günter: Frank Wedekind. Mit Selbstzeugnissen und Bilddokumenten. Rowohlt: Reinbek b. Hamburg 1974.

Seehaus, Günter: Frank Wedekind und das Theater. Rommerskirchen Verlag: Ramagen-Rolandseck 1973 [1964].

Seiler, Jan Jopling: Wedekind and Dürrenmatt. A Comparative Study. Diss. Wisconsin 1973.

Trotzkij, Leo: Frank Wedekind (1908). In: Ders.: Literatur und Revolution (1923). Gerhardt Verlag: Berlin 1968, S. 366–386.

Vinçon, Hartmut: Frank Wedekind. Metzler: Stuttgart 1987.

Vinçon, Hartmut: Körperliche Kunst. Frank Wedekind: *Fritz Schwigerling (Der Liebestrank)*. In: Winfried Freund (Hg.): Deutsche Komödien. Fink: München 1988, S. 167–182.

Vinçon, Hartmut: Masken. Nachwort. In: STA 3, S. 1491–1508.

Vinçon, Hartmut: Zerbrochene Spiegel. Nachwort. In: STA 6, S. 1127–1133.

Wedekind, Kadidja: Mutmaßungen über *Musik*. In: Elke Austermühl, Alfred Kessler, Hartmut Vinçon (Hg.) Pharus I. Frank Wedekind. Texte, Interviews, Studien. Verlag der Georg Büchner Buchhandlung: Darmstadt 1989–1996, S. 15–18.

Weidl, Erhard: Nachwort. In: Frank Wedekind: Werke in zwei Bänden. dtv: München 1996 [1990], Bd. 2, S. 745–773.

Whalley, Fred: The Elusive Transcendent: The Role of Religion in the Plays of Frank Wedekind. Peter Lang: Frankfurt a. M. u.a. 2002.

Sonstige Sekundärliteratur

Abma, Erik: Sokrates in der deutschen Literatur. Schotanus & Jens: Utrecht 1949, S. 36–51.

Adorno, Theodor W.: Negative Dialektik. Jargon der Eigentlichkeit: Zweiter Teil: Negative Dialektik. Begriff und Kategorien. In: Gesammelte Schriften in zwanzig Bänden. Bd. 6.. Suhrkamp: Frankfurt a. M. 1992, S. 165–166.

Arntzen, Helmut: Die ernste Komödie. Das deutsche Lustspiel von Lessing bis Kleist. Nymphenburger Verlagshandlung: München 1968.

Arntzen, Helmut: Nachricht von der Satire. In: Ders.: Literatur im Zeitalter der Information. Aufsätze, Essays, Glossen. Athenäum: Frankfurt a. M. 1971, S. 148–166.

Arntzen, Helmut: Satire. In: Karlheinz Barck u.a. (Hg.): Ästhetische Grundbegriffe. Historisches Wörterbuch in sieben Bänden. Metzler: Stuttgart, Weimar 1992–2005, Bd. 5, 2003, S. 345–364.

Auchter, Thomas: „Das Gelächter ist der Hoffnung letzte Waffe." (Harvey Cox) Psychoanalytische und anthropologische Aspekte von Lachen, Humor Komischem und Witz. In: Wolfram Mauser, Joachim Pfeiffer (Hg.): Lachen. Freiburger Literaturpsychologische Gespräche. Jahrbuch für Literatur und Psychoanalyse. Bd. 25. Königshausen & Neumann: Würzburg 2006, S. 29–55.

Bachtin, Michail: Literatur und Karneval. Zur Romantheorie und Lachkultur. Hanser: München 1969.

Barisch, Theodor: Henri Bergson und das Problem des Komischen. In: Hans Werner Seiffert (Hg.): Beiträge zur deutschen und nordischen Literatur. Akademie-Verlag: Berlin 1958, S. 377–391.

Barringer, Tim: Die Präraffaeliten. Wie sie malten, wie sie dachten, wie sie lebten. DuMont: Köln 1998.

Barloewen, Constantin: Clown. Zur Phänomenologie des Stolperns. Athenäum: Königstein/Ts. 1981.

Baum, Georgina: Humor und Satire in der bürgerlichen Ästhetik. Zur Kritik ihres apologetischen Charakters. Rütten & Loenning: Berlin 1959.

Becker, Sabina; Kiesel, Helmuth: Literarische Moderne. Begriff und Phänomen. In: Sabina Becker, Helmut Kiesel (Hg.): Literarische Moderne. Begriff und Phänomen. Fink: München 2006, S. 9–38.

Behler, Ernst: Ironie/Humor. In: Ulfert Ricklefs (Hg.): Fischer Lexikon Literatur. In drei Bänden. Frankfurt a. M. 1996, Bd. 2, S. 810–841.

Behler, Ernst: Ironie und literarische Moderne. Ferdinand Schöningh Verlag: Paderborn, München, Wien, Zürich 1997.

Benjamin, Walter: Kierkegaard. Das Ende des philosophischen Idealismus. In: Ders.: Gesammelte Schriften in sieben Bänden (14 Teilbänden). Suhrkamp: Frankfurt a. M. 1991, Bd. III, S. 380–383.

Benjamin, Walter: Moskauer-Tagebuch. In: Ders: Gesammelte Schriften in sieben Bänden (14 Teilbänden). Suhrkamp: Frankfurt a. M. 1991, Bd. IV/1.

Benjamin, Walter: Ramon Gomez de la Serra: Le Cirque [Rez.] In: Ders: Gesammelte Schriften in sieben Bänden (14 Teilbänden). Suhrkamp: Frankfurt a. M. 1991, Bd. III, S. 70–72.

Benjamin, Walter: Ursprung des deutschen Trauerspiels. In: Gesammelte Schriften in sieben Bänden (14 Teilbänden). Suhrkamp: Frankfurt a. M. 1991, Bd. I/1.

Benjamin, Walter: Über das Mittelalter. In: Gesammelte Schriften in sieben Bänden (14 Teilbänden). Suhrkamp: Frankfurt a. M. 1991, Bd. II/1.

Benjamin, Walter: Über den Begriff der Geschichte. In: Ders: Gesammelte Schriften in sieben Bänden (14 Teilbänden). Suhrkamp: Frankfurt a. M. 1991, Bd. I/2.

Berger, Peter L.: Erlösendes Lachen – Das Komische in der menschlichen Erfahrung. Gruyter: Berlin, New York 1998.

Bergson, Henri: Das Lachen. Ein Essay über die Bedeutung des Komischen. Arche: Zürich 1972.

Bergson, Henri: Nachwort (1924) In: Ders.: Das Lachen. Ein Essay über die Bedeutung des Komischen. Arche: Zürich 1972, S. 133–137.

Best, Otto F.: Der Witz als Erkenntniskraft und Formprinzip. Wissenschaftliche Buchgesellschaft: Darmstadt 1989.

Bischof, Rita: Lachen und Sein. Einige Lachtheorien im Lichte von Georges Bataille. In: Dietmar Kamper, Christoph Wulf: Einleitung. In: Dietmar Kamper, Christoph Wulf (Hg.): Lachen – Gelächter – Lächeln. Reflexionen in drei Spiegeln. Syndikat: Frankfurt a. M. 1986, S. 52–67.

Blum, Annelies: Humor und Witz. Eine psychologische Untersuchung. Diss. Zürich 1980.

Blumenberg, Hans: Der Sturz des Protophilosophen. Zur Komik der reinen Theorie – anhand einer Rezeptionsgeschichte der Thales-Anekdote. In: Wolfgang Preisendanz, Rainer Warning (Hg.): Das Komische. Poetik und Hermeneutik. Bd. VII. Fink: München 1976, S. 11–64.

Bohrer, Karl Heinz: Die Stile des Dionysos. In: Ders.: Großer Stil. Form und Formlosigkeit in der Moderne. Carl Hanser: München 2007, S. 216–235.

Bohrer, Karl Heinz: Nietzsches Aufklärung als Theorie der Ironie. In: Ders.: Großer Stil. Form und Formlosigkeit in der Moderne. Carl Hanser: München 2007, S. 236–261.

Bollenbeck, Georg: Die Avantgarde als Bohème. Ein Diskussionsvorschlag. In: Jens Malte Fischer u.a. (Hg.): Erkundungen. Beiträge zu einem erweiterten Literaturbegriff. Helmut Kreuzer zum 60. Geburtstag. Vandenhoeck & Ruprecht: Göttingen 1987, S. 10–35.

Bollnow, Otto Friedrich: Wesen und Wandel der Tugenden. Ullstein-Taschenbücher-Verlag: Frankfurt a. M. 1958

Böhme, Gernot: Der Typ Sokrates. Suhrkamp: Frankfurt a. M. 1988.

Bremmer, Jan; Roodenburg, Herman: Humor und Geschichte. Eine Einführung. In: Jan Bremmer, Herman Roodenburg (Hg): Kulturgeschichte des Humors von der Antike bis heute. Primus: Darmstadt 1999, S. 9–17.

Brewer, Derek: Schwankbücher in Prosa hauptsächlich aus dem 16.–18. Jahrhundert in England. In: Jan Bremmer, Herman Roodenburg (Hg): Kulturgeschichte des Humors von der Antike bis heute. Primus: Darmstadt 1999, S. 88–108.

Brunkhorst, Martin: Becketts Fußzeug. In: Eva Erdmann (Hg.): Der komische Körper. Szenen – Figuren – Formen. Transcript: Bielefeld 2003, S. 186–195.

Bruyn, Günter De: Das Leben des Jean Paul Friedrich Richter. Mitteldeutscher Verlag: Halle (Saale) 1975.

Burckhardt, Jacob: Griechische Kulturgeschichte. In drei Bänden. Alfred Kröner: Stuttgart 1941, Bd. 3: Der griechische Mensch...

Butzer, Günter; Jacob, Joachim (Hg.): Metzler Lexikon literarischer Symbole. Stuttgart 2008.

Butzer, Günter; Günter, Manuela: Literaturzeitschriften der Jahrhundertwende. In: Hansers Sozialgeschichte der deutschen Literatur vom 16. Jahrhundert bis zur Gegenwart. Bd. 7. Naturalismus – Fin de Siècle 1890–1918. Carl Hanser: München, Wien 2000, S. 116–136.

Bürger, Peter: Theorie der Avantgarde. Suhrkamp: Frankfurt a. M. 1974.

Csampai, Attila; Holland, Dietmar: Opernführer. Hoffmann und Campe: Hamburg 1990.

Curtius, Ernst Robert: Europäische Literatur und lateinisches Mittelalter. Francke: Bern, München 1973 [1948].

Deleuze, Gilles: Bergson zur Einführung. Junius: Hamburg 2000 [1989].

Eco, Umberto: Sztuka i piękno w średniowieczu. Znak: Kraków 2006.

Eco, Umberto: The Frames of Comic ‚Freedom'. In: Thomas A. Sebeok (Hg.): Carnival! Mouton Publishers: Berlin, New York, Amsterdam 1984, S. 1–9.

Elias, Norbert: Über den Prozess der Zivilisation. Haus zum Falken: Basel 1939.

Erasmus von Rotterdam: Lob der Torheit – Encomium Moriae. Reclam: Stuttgart 1983.

Erdmann, Eva: Vorwort. In: Dies.: (Hg.): Der komische Körper. Szenen – Figuren – Formen. Transcript: Bielefeld 2003, S. 7–8.

Ervedosa, Clara: Vor den Kopf stoßen. Das Komische als Schock im Werk Thomas Bernhards. Aisthesis Verlag: Bielefeld 2008.

Erzgräber, Willi: Die komische Figur auf der englischen Bühne des 15. und 16. Jahrhunderts: Vom Schafdieb Mak bis zu Shakespeares Falstaff. In: Peter Csobádi u.a. (Hg.): Die lustige Person auf der Bühne. Ursula Müller-Speiser: Salzburg 1994, S. 113–123.

Fechter, Paul: Frank Wedekind. Der Mensch und das Werk. Erich Lichtenstein: Jena 1920.

Fechter, Paul: Nietzsches Bildwelt und der Jugendstil. In: Jost Hermand (Hg.): Jugendstil. Wissenschaftliche Buchgesellschaft: Darmstadt 1971, S. 349–357.

Fichte, Johann Gottlieb: Die Grundzüge des gegenwärtigen Zeitalters. In: Ders.: Sämtliche Werke. Bd. 7. Veit und Comp.: Berlin 1845/1846.

Fichte, Jörg O.: Ergebnisprotokoll der Sektion ‚Mittelalter'. In: Lothar Fietz, Jörg O. Fichte, Hans-Werner Ludwig (Hg.): Semiotik, Rhetorik und Soziologie des Lachens: vergleichende Studien zum Funktionswandel des Lachens vom Mittelalter zur Gegenwart. Niemeyer: Tübingen 1996, S. 117–119.

Fietz, Lothar: Einleitung. In: Lothar Fietz, Jörg O. Fichte, Hans-Werner Ludwig (Hg.): Semiotik, Rhetorik und Soziologie des Lachens: vergleichende Studien zum Funktionswandel des Lachens vom Mittelalter zur Gegenwart. Niemeyer: Tübingen 1996, S. 1–3.

Fietz, Lothar: Ergebnisprotokoll der Sektion ‚Renaissance bis 18. Jahrhundert'. In: Lothar Fietz, Jörg O. Fichte, Hans-Werner Ludwig (Hg.): Semiotik, Rhetorik und Soziologie des Lachens: vergleichende Studien zum Funktionswandel des Lachens vom Mittelalter zur Gegenwart. Niemeyer: Tübingen 1996, S. 252–256.

Finger, Anke: Das Gesamtkunstwerk der Moderne. Vandenhoeck & Ruprecht: Göttingen 2006.

Fischer-Lichte, Erika: Einleitung. Wahrnehmung – Körper – Sprache. Kultureller Wandel und Theateravantgarde. In: Dies. (Hg.): TheaterAvantgarde. Francke: Tübingen, Basel 1995, S. 1–14.

Flashar, Helmut: Aristoteles, das Lachen und die alte Komödie. In: Siegfreid Jäkel, Asko Timonen (Hg.): Laughter down the Centuries. Bd. I. Univ., Turku 1994, S. 59–70.

Flitner, Andreas: Nachwort (1994). In: Johan Huizinga: Homo Ludens. Vom Ursprung der Kultur im Spiel. [orig. Amsterdam 1939]. Reinbek: Rowohlt 1987, S. 232–238.

Freud, Sigmund: Der Humor. In: Studienausgabe in zehn Bänden. Bd. IV. Fischer: Frankfurt a. M. 1989, S. 275–282.

Freud, Sigmund: Der Witz und seine Beziehung zum Unbewussten [1905]. In: Ders.: Studienausgabe in zehn Bänden. Bd. IV. Fischer: Frankfurt a. M. 1989, S. 3–269.

Fried, Anette M.; Keller, Joachim Ph.: Identität und Humor. Eine Studie über den Clown. Haag und Herchen: Frankfurt a. M. 1991.

Fried, Anette M.; Keller, Joachim Ph.: Die Faszination Clown. Patmos: Düsseldorf 1996.

Friedenthal, Joachim (Hg.): Das Wedekindbuch. Georg Müller Verlag: München, Leipzig 1914 [zuerst 1910].

Friedländer, Paul: Lachende Götter. In: Ders.: Studien zur antiken Literatur und Kunst. De Gruyter & Co: Berlin 1969, S. 3–18.

Fuhrmann, Manfred: Lizenzen und Tabus des Lachens – zur sozialen Grammatik der hellenistisch-römischen Komödie. In: Wolfgang Preisendanz, Rainer Warning (Hg.): Das Komische. Poetik und Hermeneutik. Bd. VII. Fink: München 1976, S. 65–101.

Fürbeth, Oliver: Tristan und Isolde. In: Stefan Lorenz Sorgner, H. James Birx, Nikolaus Knoepffler (Hg.): Wagner und Nietzsche. Kultur – Werk – Wirkung. Ein Handbuch. Rowohlt: Reinbek b. Hamburg 2008, S. 397–402.

Gabriel, G.: Witz. In: HWPh, Bd. 12, 2004, S. 983–990.

Geremek, Bronislaw: Der Aussenseiter. In: Jacques Le Goff (Hg.): Der Mensch des Mittelalters. Campus Verlag: Frankfurt a. M., New York, Paris 1989, S. 374–401.

Jörn Glasenapp: Der große Diktator. In: Heinz-B. Heller, Mathias Steinle (Hg.): Filmgenres: Komödie. Reclam: Stuttgart 2005, S. 187–192.

Golz, Jochen: Humor. In: Bernd Witte, Theo Buck u.a. (Hg.): Goethe-Handbuch in vier Bänden. Metzler: Stuttgart, Weimar 1998, Bd. 4/1, S. 506–508.

Greiner, Bernhard: Die Komödie. Eine theatralische Sendung: Grundlagen und Interpretationen. Francke: Tübingen 1992.

Greiner-Mai, Herbert: Mutmaßungen über einen Vergessenen. Ein Vorwort. In: Karl Julius Weber: Demokritos. 45 muntere Stücklein aus den hinterlassenen Papieren des lachenden Philosophen. Eulenspiegel: Berlin 1984, S. 5–10.

Grimm, Reinhold: Komik und Verfremdung. In: Reinhold Grimm, Klaus L. Berghahn (Hg.): Wesen und Formen des Komischen im Drama. Wissenschaftliche Buchgesellschaft: Darmstadt 1975, S. 253–271.

Gurjewitsch, Aaron: Bachtin und seine Theorie des Karnevals. In: Jan Bremmer, Herman Roodenburg (Hg): Kulturgeschichte des Humors von der Antike bis heute. Primus: Darmstadt 1999, S. 57–63.

Guthke, Karl S.: Geschichte und Poetik der deutschen Tragikomödie. Vandenhoeck & Ruprecht: Göttingen 1961.

Haage, Bernhard D.: Alchemie im Mittelalter. Ideen und Bilder von Zosimos bis Paracelsus. Artemis & Winkler: Zürich 1996.

Haekel, Ralf: Hanswurstiade. In: Eva Erdmann (Hg.): Der komische Körper. Szenen – Figuren – Formen. Transcript: Bielefeld 2003, S. 101–106.

Haida, Peter: Frank Wedekind. In: Ders.: Komödie um 1900. Wandlungen des Gattungsschemas von Hauptmann bis Sternheim. Fink: München 1973, S. 92–107.

Hark, Helmut (Hg.): Lexikon Jungscher Grundbegriffe. Patmos: Düsseldorf 1998.

Hegel, Georg Wilhelm Friedrich: Vorlesungen über die Ästhetik. In drei Bänden. Suhrkamp: Frankfurt a. M. 1970, Bd. 3.

Hegel, Georg Wilhelm Friedrich: Vorlesungen über die Geschichte der Philosophie. In: Ders.: Werke in zwanzig Bänden. Suhrkamp: Frankfurt a. M. 1979, Bd. 18.

Heidsieck, Arnold: Das Groteske und das Absurde im modernen Drama. Sprache und Literatur. Kohlhammer: Stuttgart, Berlin, Köln, Mainz 1969.

Heinrich, Klaus: ‚Theorie' des Lachens. In: Dietmar Kamper, Christoph Wulf (Hg.): Lachen – Gelächter – Lächeln. Reflexionen in drei Spiegeln. Syndikat: Frankfurt a. M. 1986, S. 17–38.

Heißerer, Dirk: Wo die Geister wandern. Literarische Spaziergänge durch Schwabing. Beck: München 2008.

Held, Jutta: Antoine Watteau. Einschiffung nach Kythera. Versöhnung von Leidenschaft und Vernunft. Fischer Taschenbuch Verlag: Frankfurt a. M. 1985.

Henckmann, Wolfart: Einleitung. In: Jean Paul: Vorschule der Ästhetik. Felix Meiner: Hamburg 1990, S. VII–L.

Henckmann, Wolfhart (Hg.): Erwin Solger: Vier Gespräche über das Schöne und die Kunst (1815). Fink: München 1971.

Henrich, Dieter: Freie Komik. In: Wolfgang Preisendanz, Rainer Warning (Hg.): Das Komische. Poetik und Hermeneutik. Bd. VII. Fink: München 1976, S. 385–389.

Hermand, Jost: Ein wildgewordener Kleinbürger? Hitler-Parodien bei Brecht und Chaplin. In: Therese Hörnigk, Alexander Stephan (Hg.): Rot gleich Braun. Brecht Dialog 2000. Nationalsozialismus und Stalinismus bei Brecht und Zeitgenossen. Theater der Zeit: Berlin 2000, S. 115–125.

Hermand, Jost: Nachwort zu Charles Chaplin: Schlussrede aus dem Film *Der große Diktator* (1940). Europäische Verlagsanstalt: Hamburg 1993, S. 21–26.

Hinck, Walter: Einleitung. Die Komödie zwischen Satire und Utopie. In: Reinhold Grimm, Walter Hinck (Hg.): Zwischen Satire und Utopie. Zur Komiktheorie und zur Geschichte der europäischen Komödie. Suhrkamp: Frankfurt a. M. 1982, S. 7–19.

Hiß, Guido: Synthetische Visionen. Theater als Gesamtkunstwerk von 1800 bis 2000. Epodium: München 2005.

Hohendahl, Peter Uwe: Das Bild der bürgerlichen Welt im expressionistischen Drama. Winter: Heidelberg 1967.

Horn, András: Das Komische im Spiegel der Literatur. Königshausen & Neumann: Würzburg 1988.

Höffding, Harald: Humor als Lebensgefühl. Der große Humor. Eine psychologische Studie. B.G. Teubner: Leipzig, Berlin 1918.

Höllerer, Walter: Zwischen Klassik und Moderne. Lachen und Weinen in der Dichtung einer Übergangszeit. Ernst Klett: Stuttgart 1958, S. 58–99.

Hönnighausen, Gisela (Hg.): Die Präraffaeliten. Dichtung, Malerei, Ästhetik, Rezeption. Reclam: Stuttgart 1992.

Hörhammer, Dieter: Humor. In: Karlheinz Barck u.a. (Hg.): Ästhetische Grundbegriffe. Historisches Wörterbuch in sieben Bänden. Metzler: Stuttgart, Weimar 1992–2005, Bd. 2, 2001, S. 66–85.

Hudek, Franz-Peter: Nietzsche contra Wagner. Über Nietzsches verpatzte Strategie seiner Wagner-Kritik. In: Thomas Steiert (Hg.): Der Fall Wagner. Laaber: Regensburg 1991 (Thurnauer Schriften zum Musiktheater, Bd. 11), S. 33–48.

Huizinga, Johan: Homo Ludens. Vom Ursprung der Kultur im Spiel [orig. Amsterdam 1939]. Reinbek: Rowohlt 1987.

Hügli, Anton: Lachen, das Lächerliche. In: HWRh, Bd. 5, 2001, S. 1–17.

Hügli, Anton: Lächerliche (das). In: HWPh, Bd. 5, 1980, S. 1–8.

Iser, Wolfgang: Das Komische: Ein Kipp-Phänomen. In: Wolfgang Preisendanz, Rainer Warning (Hg.): Das Komische. Poetik und Hermeneutik. Bd. VII. Fink: München 1976, S. 398–402.

Jacobs, Jürgen: Nach dem Ende der Kunstperiode. Heines Aporien und ihre Aktualität. In: Wolfgang Kuttenkeuler (Hg.): Heinrich Heine. Artistik und Engagement. Metzler: Stuttgart 1977, S. 242–255.

Jarry, Alfred: Ansichten über das Theater. Die Arche: Zürich 1970.

Jaspers, Karl: Die maßgebenden Menschen. Sokrates Buddha, Konfuzius, Jesus. R. Piper & Co Verlag: München 1971 [1964], S. 81–103.

Jauß, Hans Robert: Alterität und Modernität der mittelalterlichen Literatur. Fink: München 1977, S. [219–237].

Jauß, Hans Robert: Über den Grund des Vergnügens am komischen Helden. In: Wolfgang Preisendanz, Rainer Warning (Hg.): Das Komische. Poetik und Hermeneutik. Bd. VII. Fink: München 1976, S. 103–132.

Jauß, Hans Robert: Zum Problem der Grenzziehung zwischen dem Lächerlichen und dem Komischen. In: Wolfgang Preisendanz, Rainer Warning (Hg.): Das Komische. Poetik und Hermeneutik. Bd. VII. Fink: München 1976, S. 361–372.

Jelavich, Peter: Populäre Theatralik, Massenkultur und Avantgarde: Betrachtungen zum Theater der Jahrhundertwende. In: Herta Schmid, Jurij Striedter (Hg.): Dramatische und theatralische Kommunikation. Beiträge zur Geschichte und Theorie des Dramas und Theaters im 20. Jahrhundert. Gunter Narr: Tübingen 1992, S. 253–261.

Jünger, Friedrich Georg: Über das Komische. Vittorio Klostermann-Verlag: Frankfurt a. M. 1948.

Kamper, Dietmar, Wulf, Christoph: Einleitung. In: Dietmar Kamper, Christoph Wulf (Hg.): Lachen – Gelächter – Lächeln. Reflexionen in drei Spiegeln. Syndikat: Frankfurt a. M. 1986, S. 7–14.

Kant, Immanuel: Kritik der Urteilskraft (1790). In: Ders.: Werke in zwölf Bänden, Bd. 10. Suhrkamp: Frankfurt a. M. 1977.

Kayser, Wolfgang: Das Groteske. Seine Gestaltung in Malerei und Dichtung. Gerhard Stalling: Oldenburg 1961 [1957].

Kenner, Hedwig: Weinen und Lachen in der griechischen Kunst. Rudolf M. Rohrer: Wien 1960.

Kieser, Rolf: Autobiographik und schriftstellerische Identität. In: York-Gothart Mix (Hg.): Hansers Sozialgeschichte der deutschen Literatur vom 16. Jahrhundert bis zur Gegenwart. Bd. 7. Naturalismus – Fin de Siècle 1890–1918. Carl Hanser: München, Wien 2000, S. 381–393.

Kimmich, Dorothee: „Der Mensch ist ein Loch": Charlie Chaplin als Ikone der Moderne. In: Dorothee Kimmich (Hg.): Charlie Chaplin: Eine Ikone der Moderne. Suhrkamp: Frankfurt a. M. 2003, S. 9–25.

Klein, Agnes; Klein, Reinhold: Das Nichtwissen des Sokrates und der Goldene Esel von Apuleius. (Sokratische Hefte 24, 1983).

Klein, Agnes; Klein, Reinhold: Sokrates als Narr und seine Nachfolger bis heute. (Sokratische Hefte 30, 1986).

Klein, Agnes; Klein, Reinhold: Sokrates und Johannes. (Sokratische Hefte 15, 1978).

Klingmann, Ulrich: Lachen und Lust: Zur Kritik an Freuds Lachtheorie. In: Helmut Koopmann, Manfred Misch (Hg.): Grenzgänge. Studien zur Literatur der Moderne. Mentis: Paderborn 2002, S. 415–431.

Klotz, Volker: Dramaturgie des Publikums. Hanser: München 1976.

Klüger, Ruth: Der romantische Aufklärer. Rede zur Verleihung der Ehrengabe der Heinrich-Heine-Gesellschaft am 16. Februar 1997 im Düsseldorfer Schauspielhaus. http://www.heinrich-heine.com/reden/rede5.htm

Kohut, Heinz: Formen und Umformungen des Narzißmus. Die psychoanalytische Behandlung narzißtischer Persönlichkeitsstörungen. In: Ders.: Die Zukunft der Psychoanalyse. Aufsätze zu allgemeinen Themen und zur Psychologie des Selbst. Suhrkamp: Frankfurt a. M. 1975, S. 140–172.

Kolakowski, Leszek: Henri Bergson. Ein Dichterphilosoph. Piper: München, Zürich 1985.

Kolakowski, Leszek: Neue Mini-Traktate über Maxi-Themen. Reclam: Leipzig 2002.

Kortüm, Hans-Hennig: Menschen und Mentalitäten. Einführung in Vorstellungswelten des Mittelalters. Akademie Verlag: Berlin 1996.

Kott, Jan: Shakespeare heute. Piper: München 1970.

Kott, Jan: Szekspir współczesny. Wydawnictwo Literackie: Krakow 1999.

Kraus, Karl: Der Bulldogg. In: Ders.: Literatur und Lüge (1929). Köser Verlag: München 1958, S. 35–37.

Kraus, Karl: Der Patriot. In: Ders.: Literatur und Lüge (1929). Köser Verlag: München 1958, S. 86–98.

Kraus, Karl: Dichterfeier. In: Ders.: Literatur und Lüge (1929). Köser Verlag: München 1958, S. 314–317.

Kreuzer, Helmut: Die Bohème. Beiträge zu ihrer Beschreibung. Metzler Studienausgabe: Stuttgart 1968.

Krummel, Richard Frank: Nietzsche und der deutsche Geist. Monographien und Texte zur Nietzsche-Forschung. In zwei Bänden, Bd. 1 (1867–1900). De Gruyter: Berlin, New York 1998.

Kunnas, Tarmo: Nietzsches Lachen. Eine Studie über das Komische in Nietzsches Werken. Wissenschaft & Literatur: München 1982.

Lachmann, Renate: Vorwort. In: Michail Bachtin: Rabelais und seine Welt: Volkskultur als Gegenkultur [orig. 1965]. Suhrkamp: Frankfurt a. M. 1987, S. 7–46.

Latzel, Sigbert: Der ernste Mensch und das Ernste: eine sprachbezogene Analyse. Iudicium: München 2001.

Lee Townsend, Mary: Humor und Öffentlichkeit im Deutschland des 19. Jahrhunderts. In: Jan Bremmer, Herman Roodenburg (Hg): Kulturgeschichte des Humors von der Antike bis heute. Primus: Darmstadt 1999, S. 149–166.

Le Goff, Jacques: Das Lachen im Mittelalter. In: Jan Bremmer, Herman Roodenburg (Hg): Kulturgeschichte des Humors von der Antike bis heute. Primus: Darmstadt 1999, S. 43–56.

Le Goff, Jacques: Einführung: Der Mensch des Mittelalters. In: Jacques Le Goff (Hg.): Der Mensch des Mittelalters. Campus Verlag: Frankfurt a. M., New York, Paris 1989, S. 7–45.

Le Goff, Jacques: Phantasie und Realität des Mittelalters. Klett-Cotta: Stuttgart 1990.

Le Goff, Jacques; Truong, Nicolas: Die Geschichte des Körpers im Mittelalter. Klett-Cotta: Stuttgart 2007.

Lever, Maurice: Zepter und Narrenkappe. Geschichte des Hofnarren. Dianus-Trikont: München 1983.

Lindner, Burkhardt (Hg.): Benjamin-Handbuch. Leben – Werk – Wirkung. Metzler: Stuttgart, Weimar 2006.

Lipps, Theodor: Beiträge zur Ästhetik: Komik und Humor. Eine psychologisch-ästhetische Untersuchung. Leopold Voss: Hamburg, Leipzig 1898.

Lorenz Sorgner, Stefan; Ranisch, Robert: Einleitung. In: Stefan Lorenz Sorgner, H. James Birx, Nikolaus Knoepffler (Hg.): Wagner und Nietzsche. Kultur – Werk – Wirkung. Ein Handbuch. Rowohlt: Reinbek b. Hamburg 2008, S. 23–48.

Lublinski, Samuel: Der Ausgang der Moderne (1909). Niemeyer: Tübingen 1976.

Lublinski, Samuel: Die Bilanz der Moderne (1904). Niemeyer: Tübingen 1974.

Mader, Michael: Das Problem des Lachens und der Komödie bei Platon. Kohlhammer: Stuttgart, Berlin u.a. 1977.

Maier, Thomas: Von deutschen Schlafwandlungen. Jean Paul via Nietzsche und zurück. In: Ders.: (Hg.): Das Lachen des Dionysos. Nietzsche und die literarische Moderne. Die Blaue Eule: Essen 2002, S. 61–84.

Mann, Heinrich: Ein Zeitalter wird besichtigt. Neuer Verlag: Stockholm 1946.

Mann, Thomas: Betrachtungen eines Unpolitischen. Fischer: Frankfurt a. M. 2001.

Mann, Thomas: Über Heinrich Heine. In: Ders.: Essays. Bd. 1: Literatur. Fischer: Frankfurt a. M. 1977.

Marquard, Odo: Exile der Heiterkeit. In: Wolfgang Preisendanz, Rainer Warning (Hg.): Das Komische. Poetik und Hermeneutik. Bd. VII. Fink: München 1976, S. 133–151.

Martens, Kurt: Die deutsche Literatur unserer Zeit. Gebrüder Paetel: Berlin, Leipzig 1928.

Martynkiewicz, Wolfgang (Hg.): Durch das Land der Dämonen. Oscar A. H. Schmitz: Tagebücher. In drei Bänden. Bd. 1 (1896–1906): Aufbau-Verlag: Berlin 2006; Bd. 2 (1907–1912); Bd. 3 (1912–1918): Aufbau-Verlag: Berlin 2007.

Martynkiewicz, Wolfgang: Nachwort. In: Ders. (Hg.): Durch das Land der Dämonen. Oscar A. H. Schmitz: Tagebücher. In drei Bänden. Bd. 1 (1896–1906): Aufbau-Verlag: Berlin 2006; Bd. 2 (1907–1912); Bd. 3 (1912–1918): Aufbau-Verlag: Berlin 2007, Bd. 1, S. 341–351.

Matt, Peter von: Die Kunst, die Freiheit, der Teufel und der Tod. Strategien des Überlebens bei Heine und Schumann. In: Ders: Das Wilde und die Ordnung. Zur deutschen Literatur. Hanser: München 2007, S. 180–195.

Matt, Peter von: Tod und Gelächter. Der Aufstand der Literatur gegen den Ernst der Letzten Dinge. In: Ders.: Das Wilde und die Ordnung. Zur deutschen Literatur. Carl Hanser Verlag: München 2007, S. 65–105.

Matt, Peter von: Zur finalen Szene in der Komödie. In: Ralf Simon (Hg.): Theorie der Komödie – Poetik der Komödie. Aisthesis: Bielefeld 2001, S. 127–140.

Matzke, Annemarie: Clowns unter Beobachtung. Zur Komik des Performers. In: Hilde Haider-Pregler u.a. (Hg.): Komik. Ästhetik. Theorien. Strategien. Maske und Kothurn 51, H. 4 (2006), S. 365–374.

Mautner, Fritz: Humor. In: Ders.: Wörterbuch der Philosophie. Neue Beiträge zu einer Kritik der Sprache in drei Bänden. Bd. I/2. Böhlau: Wien, Köln, Weimar 1997 [1923/1924], S. 104–116.

McCarthy, John A.: Die Nietzsche-Rezeption in der Literatur 1890–1918. In: Hansers Sozialgeschichte der deutschen Literatur vom 16. Jahrhundert bis zur Gegenwart. Bd. 7. Naturalismus – Fin de Siècle 1890–1918. Carl Hanser: München, Wien 2000, S. 192–206.

Mennemeier, Franz Norbert: Literatur der Jahrhundertwende. Europäisch-deutsche Literaturtendenzen 1870–1910. Weidler Buchverlag: Berlin 2001.

Metzger, Rainer: München. Die große Zeit um 1900. Kunst, Leben und Kultur 1890–1920. Christian Brandstätter: Wien 2008.

Meyer, Urs: Poetik der Werbung. Erich Schmidt Verlag: Berlin 2010.

Middell, Eike: Literatur zweier Kaiserreiche. Deutsche und österreichische Literatur der Jahrhundertwende. Akademie Verlag: Berlin 1993.

Milkereit, Gertrud: Die Idee der Freiheit im Werk von Frank Wedekind. Universität zu Köln: Köln 1957.

Müller, Beate: Komische Intertextualität. Die literarische Parodie. Wissenschaftlicher Verlag: Trier 1994.

Müller, Wolfgang G.: Ironie. In: Harald Fricke (Hg.): Reallexikon der deutschen Literaturwissenschaft (RLW). De Gruyter: Berlin, New York 1997–2003, Bd. 2: H-O, 2000, S. 185–189.

Naumann-Beyer, Waltraud: Sinnlichkeit. In: Karlheinz Barck u.a. (Hg.): Ästhetische Grundbegriffe. Historisches Wörterbuch in sieben Bänden. Metzler: Stuttgart, Weimar 1992–2005, Bd. 5, 2003, S. 534–577.

Niedermeier, Michael: Dilettantismus. In: Bernd Witte, Theo Buck u.a. (Hg.): Goethe-Handbuch in vier Bänden. Metzler: Stuttgart, Weimar 1998, Bd. 4/1, S. 212–214.

Nietzsche, Friedrich: Also sprach Zarathustra. Akademie Verlag: Berlin 2000.

Nietzsche, Friedrich: Also sprach Zarathustra. In: Ders.: Kritische Studienausgabe in fünfzehn Bänden (KSA). De Gruyter: Berlin, New York 1980, Bd. 4.

Nietzsche, Friedrich: Der Fall Wagner. Ein Musikanten-Problem. In: Ders.: Kritische Studienausgabe in fünfzehn Bänden (KSA). De Gruyter: Berlin, New York 1980, Bd. 6, S. 9–53.

Nietzsche, Friedrich: Ecce homo (1888). In: Ders.: Kritische Studienausgabe in fünfzehn Bänden (KSA). De Gruyter: Berlin, New York 1980, Bd. 6, S. 255–374.

Nietzsche, Friedrich: Götzen-Dämmerung. Streifzüge eines Unzeitgemäßen. In: Ders.: Kritische Studienausgabe in fünfzehn Bänden (KSA). De Gruyter: Berlin, New York 1980, Bd. 6, S. 55–162.

Nietzsche, Friedrich: Menschliches Allzumenschliches. In: Ders.: Werke in drei Bänden, Bd. 1. Hanser: München 1954.

Nietzsche, Friedrich: Nachgelassene Schriften von 1888. In: Ders.: Kritische Studienausgabe in fünfzehn Bänden (KSA). De Gruyter: Berlin, New York 1980, Bd. 6, S. 413–445.

Nietzsche, Friedrich: Nietzsche contra Wagner. In: Ders.: Kritische Studienausgabe in fünfzehn Bänden (KSA). De Gruyter: Berlin, New York 1980, Bd. 6, S. 413–S. 445.

Nietzsche, Friedrich: Versuch einer Selbstkritik. In: Ders.: Die Geburt der Tragödie. Reclam: Stuttgart 1993, S. 5–16.

Nietzsche, Friedrich: Vorwort an Richard Wagner (1871). In: Ders.: Die Geburt der Tragödie. Reclam: Stuttgart 1993, S. 23f.

Odenthal, Johannes: Tanz, Körper, Politik: Texte zur zeitgenössischen Tanzgeschichte. Theater der Zeit: Berlin 2005.

Oesterle, Günter und Ingrid: Karikatur. In: HWPh, Bd. 4, 1976, S. 695–701.

Passi, Izaak: Powaga śmieszności. PWN: Warszawa 1980.

Pfister, Manfred: Inszenierungen des Lachens im Theater der Frühen und Späten Neuzeit. In: Werner Röcke, Helga Neumann (Hg.): Komische Gegenwelten. Lachen und Literatur in Mittelalter und Früher Neuzeit. Schöningh: Paderborn 1999, S. 215–235.

Pietzcker, Carl: Sigmund Freud. *Der Witz und seine Beziehung zum Unbewußten.* In: Wolfram Mauser, Joachim Pfeiffer (Hg.): Lachen. Freiburger Literaturpsychologische Gespräche. Jahrbuch für Literatur und Psychoanalyse. Bd. 25. Königshausen & Neumann: Würzburg 2006, S. 19–28.

Pirandello, Luigi: Der Humor. Sachon: Mindelheim 1986.

Pistiak, Arnold; Rintz, Julia (Hg.): Zu Heinrich Heines Spätwerk *Lutezia:* Kunstcharakter und europäischer Kontext. Akademie Verlag: Berlin 2007.

Plessner, Helmut: Lachen und Weinen. Eine Untersuchung der Grenzen menschlichen Verhaltens. Francke: Bern, München 1961.

Preisendanz, Wolfgang: Die umgebuchte Schreibart – Heines literarischer Humor im Spannungsfeld von Begriffs-, Form- und Rezeptionsgeschichte. In: Ders.: Wege des Realismus. Zur Poetik und Erzählkunst im 19. Jahrhundert. Fink: München 1977, S. [47–67].

Preisendanz, Wolfgang: Heinrich Heines Dichtertum. In: Ders.: Heinrich Heine. Werkstrukturen und Epochenbezüge. Fink: München 1983, S. 11–20.

Preisendanz, Wolfgang: Humor. In: HWPh, Bd. 3, 1974, Sp. 1232–1234.

Preisendanz, Wolfgang: Humor. In: RLW, Bd. 2: H–O, 2000, S. 100–103.

Preisendanz, Wolfgang: Humor als dichterische Einbildungskraft. Studien zur Erzählkunst des poetischen Realismus. Fink: München 1976 [1963].

Preisendanz, Wolfgang: Komik als Komplement der Erfassung von Kontingenzen. In: Gerhart von Graevenitz, Odo Marquard (Hg.): Kontingenz. Poetik und Hermeneutik. Bd. XVII. Fink: München 1998, S. 383–401.

Preisendanz, Wolfgang: Komische(das), Lachen(das). In: HWPh, Bd. 4, 1976, S. 899–893.

Preisendanz, Wolfgang: Negativität und Positivität des Satirischen. In: Wolfgang Preisendanz, Rainer Warning (Hg.): Das Komische. Poetik und Hermeneutik. Bd. VII. Fink: München 1976, S. 413–416.

Preisendanz, Wolfgang: Über den Witz. Universitätsverlag: Konstanz 1970.

Preisendanz, Wolfgang: Zum Vorrang des Komischen bei der Darstellung von Geschichtserfahrung in deutschen Romanen unserer Zeit. In: Wolfgang Preisendanz, Rainer Warning (Hg.): Das Komische. Poetik und Hermeneutik. Bd. VII. Fink: München 1976, S. 153–164.

Preisendanz, Wolfgang: Zur Korrelation zwischen Satirischem und Komischem. In: Wolfgang Preisendanz, Rainer Warning (Hg.): Das Komische. Poetik und Hermeneutik. Bd. VII. Fink: München 1976, S. 411–413.

Otto, Rainer; Rösler, Walter: Kabarettgeschichte. Taschenbuch der Künste. Henschelverlag: Berlin 1981.

Profitlich, Ulrich: Komödien – Konzepte ohne das Element Komik. In: Ralf Simon (Hg.): Theorie der Komödie – Poetik der Komödie. Aisthesis: Bielefeld 2001, S. 13–30.

Puzyna, Konstanty: Einleitung (1961). In: Stanisław Ignacy Witkiewicz: Dramaty. Bd. 1. Zweite, erweiterte und korrigierte Ausgabe. Państwowy Instytut Wydawniczy: Warszawa 1972, S. 5–46.

Radermacher, Ludwig: Weinen und Lachen. Studien über antikes Lebensgefühl. Rudolf M. Rohrer: Wien 1947.

Rasch, Wolfdietrich: Aspekte der deutschen Literatur um 1900. In: Wolfdietrich Rasch (Hg.): Zur deutschen Literatur seit der Jahrhundertwende. Gesammelte Aufsätze. Metzler: Stuttgart 1975 [1967], S. 1–48.

Rasch, Wolfdietrich: Sozialkritische Aspekte in Wedekinds dramatischer Dichtung. Sexualität, Kunst und Gesellschaft. In: Helmut Kreuzer (Hg.): Gestaltungsgeschichte und Gesellschaftsgeschichte. Metzlersche Verlagsbuchhandlung: Stuttgart 1969, S. 409–426.

Rasch, Wolfdietrich: Tanz als Lebenssymbol im Drama um 1900. In: Wolfdietrich Rasch (Hg.): Zur deutschen Literatur seit der Jahrhundertwende. Gesammelte Aufsätze. Metzler: Stuttgart 1975 [1967], S. 59–78.

Rattner, Josef; Danzer, Gerhard: Meister des großen Humors. Entwürfe zu einer heiteren Lebens- und Weltanschauung. Königshausen & Neumann: Würzburg 2008.

Räwel, Jörg: Humor als Kommunikationsmedium. UVK Verlagsgesellschaft: Konstanz 2005.

Reschke, Renate: Die andere Perspektive. Ein Gott, der zu tanzen verstünde. Eine Skizze zur Ästhetik des Dionysischen im *Zarathustra*. In: Friedrich Nietzsche: Also sprach Zarathustra. Akademie Verlag: Berlin 2000, S. 257–284.

Riebe, Harald: Anmerkungen zu Wedekinds Versdichtung Der *Stein der Weisen oder Laute, Armbrust und Peitsche. Eine Geisterbeschwörung*. In: Sigrid Dreiseitel, Hartmut Vinçon (Hg.): Kontinuität – Diskontinuität. Diskurse zu Frank Wedekind (1903–1918). Königshausen & Neumann: Würzburg 2001, S. 229–250

Ritter, Joachim: Über das Lachen. In: Ders.: Subjektivität. 6 Aufsätze. Suhrkamp: Frankfurt a. M. 1974, S. 62–92.

Roch, Eckhard: Antik – Modern. Der logische Schematismus in Friedrich Nietzsches Wagner-Kritik. In: Thomas Steiert (Hg.): Der Fall Wagner. Laaber: Regensburg 1991 (Thurnauer Schriften zum Musiktheater, Bd. 11), S. 49–80.

Röcke, Werner: Lizenzen des Witzes: Institutionen und Funktionsweisen der Fazetie im Spätmittelalter. In: Werner Röcke, Helga Neumann (Hg.): Komische Gegenwelten. Lachen und Literatur in Mittelalter und Früher Neuzeit. Schöningh: Paderborn 1999, S. 79–101.

Röcke, Werner; Neumann, Helga: Vorwort. In: Werner Röcke, Helga Neumann (Hg.): Komische Gegenwelten. Lachen und Literatur in Mittelalter und Früher Neuzeit. Schöningh: Paderborn 1999, S. 7–11.

Röhrich, Lutz: Der Witz. Figuren, Formen und Funktionen. Metzler: Stuttgart 1977.

Rommel, Otto: Komik und Lustspieltheorie. In: Reinhold Grimm, Klaus L. Berghahn (Hg.): Wesen und Formen des Komischen im Drama. Wissenschaftliche Buchgesellschaft: Darmstadt 1975, S. 1–38.

Rosenkranz, Karl: Ästhetik des Hässlichen. Reclam: Leipzig 1996.

Rösch, Gertrud Maria: Satirische Publizistik, Cabaret und Überbrettl zur Zeit der Jahrhundertwende. In: Hansers Sozialgeschichte der deutschen Literatur vom 16. Jahrhundert bis zur Gegenwart. Bd. 7. Naturalismus – Fin de Siècle 1890–1918. Carl Hanser: München, Wien 2000, S. 272–286.

Safranski, Rüdiger: Romantik. Eine deutsche Affäre. Fischer: Frankfurt a. M. 2009.

Sammons, Jeffrey L.: Heinrich Heine. Metzler: Stuttgart 1991.

Sauder, Gerhard: Blasphemisch-religiöse Körperwelt. Heinrich Heines *Hebräische Melodien*. In: Wolfgang Kuttenkeuler (Hg.): Heinrich Heine. Artistik und Engagement. Metzler: Stuttgart 1977, S. 118–143.

Schmidt, Siegfried J.: Komik im Beschreibungsmodell kommunikativer Handlungsspiele. In: Wolfgang Preisendanz, Rainer Warning (Hg.): Das Komische. Poetik und Hermeneutik. Bd. VII. Fink: München 1976, S. 165–189.

Schmidt-Hidding: Kulturhistorischer Ausblick. In: Wolfgang Schmidt-Hidding (Hg.): Humor und Witz. Europäische Schlüsselwörter. Bd. I. Max Hueber: München 1963, S. 283–292.

Schmidt-Hidding, Wolfgang: Wit and Humour. In: Wolfgang Schmidt-Hidding (Hg.): Humor und Witz. Europäische Schlüsselwörter. Bd. I. Max Hueber: München 1963, S. 37–160.

Schneider; Rolf Michael: Plädoyer für eine Geschichte des Lachens. Nachwort. In: Jacques Le Goff: Das Lachen im Mittelalter. Klett-Cotta: Stuttgart 2004 (frz. 1999), S. 79–128.

Schopenhauer, Arthur: Die Welt als Wille und Vorstellung II, Kapitel 8 (Zur Theorie des Lächerlichen). In: Ders: Werke in zehn Bänden, Bd. 3. Diogenes: Zürich 1977, S. 109–122.

Schroeder, Susanne: ‚Lachen ist gesund?' – eine volkstümliche und medizinische Binsenwahrheit im Spiegel der Philosophie. Online-Publikation. Diss. Freie Universität. Berlin 2002.

Schröder-Zebralla, Josephine: Frank Wedekinds religiöser Sensualismus. ‚Die Vereinigung von Kirche und Freudenhaus.' Peter Lang: Frankfurt a. M. 1985.

Schrödl, Jenny: Vom Scheitern der Komik. In: Hilde Haider-Pregler u.a. (Hg.): Komik. Ästhetik. Theorien. Strategien. Maske und Kothurn 51, H. 4 (2006), S. 30–40.

Schuh, Franz: Henri Bergson. *Das Lachen*. In: Cornelia Niedemeier, Karl Wagner (Hg.): Literatur um 1900. Texte der Jahrhundertwende neu gelesen. Böhlen: Köln, Weimar, Wien 2001, S. 115–120.

Schuldes, Luis: Die Teufelsszenen im deutschen geistlichen Drama des Mittelalters. Alfred Kümmerle-Verlag: Göppingen 1974.

Schütt, Hans Werner: Auf der Suche nach dem Stein der Weisen. Die Geschichte der Alchemie. Beck: München 2000.

Schüttpelz, Erhard: Humor. In: HWRh, Bd. 4, 1998, S. 86–98.

Schütz, Karl-Otto: Witz und Humor. In: Wolfgang Schmidt-Hidding (Hg.): Humor und Witz. Europäische Schlüsselwörter Bd. I. Max Hueber: München 1963, S. 161–240.

Schweikle, Günther und Irmgard (Hg.): Metzler Literatur Lexikon. Begriffe und Definitionen. Stuttgart 1990.

Secci, Lia: Die dionysische Sprache des Tanzes im Werk Heines. In: Luciano Zagari, Paolo Chiarini (Hg.): Zu Heinrich Heine. Klett: Stuttgart 1981, S. 89–101.

Seel, Otto: Anmerkungen zu Aristophanes' *Wolken*. In: Aristophanes: Die Wolken. Reclam: Stuttgart 2006, S. 95–122.

Seilliére, Ernest: Apollo oder Dionysos. Kritische Studie über Friedrich Nietzsche und den imperialistischen Utilitarismus. Hermann Borsdorf Verlag: Berlin 1911.

Sendlinger, Angela: Lebenspathos und Décadence um 1900. Peter Lang: Frankfurt a. M. 1994.

Striedter, Jurij: Der Clown und die Hürde. In: Wolfgang Preisendanz, Rainer Warning (Hg.): Das Komische. Poetik und Hermeneutik. Bd. VII. Fink: München 1976, S. 389–397.

Skarga, Barbara: Czas i trwanie. Studia o Bergsonie. PWN: Warszawa 1982.

Schörle, Eckart: Die Verhöflichung des Lachens. Lachgesellschaft im 18. Jahrhundert. Aisthesis: Bielefeld 2007.

Spencer, Hanna: Heine and Nietzsche. In: Heine-Jahrbuch, 11. Jg. (1972). Hoffmann und Campe: Düsseldorf, S. 126–161.

Sprengel, Peter: Literatur und Kaiserreich. Studien zur Moderne. Erich Schmidt Verlag: Berlin 1993.

Sprengel, Peter (Hg.): Jean Paul im Urteil seiner Kritiker. Dokumente zur Wirkungsgeschichte Jean Pauls in Deutschland. Beck: München 1980.

Starobinski, Jean: Porträt des Künstlers als Gaukler. Drei Essays. Fischer: Frankfurt a. M. 1985.

Steinbach, Matthias: Moraltrompeter von Säckingen. Anmerkungen zum Verhältnis von Nietzsche und Schiller. Friedrich-Schiller-Universität Jena. http://www.uni-jena.de/Sonderausgabe_Schiller_Moraltrompeter-skin-print.html.

Stempel, Wolf-Dieter: Ironie als Sprechhandlung. In: Wolfgang Preisendanz, Rainer Warning (Hg.): Das Komische. Poetik und Hermeneutik. Bd. VII. Fink: München 1976, S. 205–235.

Stern Alfred: Philosophie des Lachens und Weinens. R. Oldenbourg: Wien, München 1980.

Sternberger, Dolf: Panorama des Jugendstils [1976]. In: Dolf Sternberger: Über Jugendstil. Gesammelte Essays. Insel: Frankfurt a. M. 1977, S. 94–118.

Stierle, Karlheinz: Das Lachen als Antwort. In: Wolfgang Preisendanz, Rainer Warning (Hg.): Das Komische. Poetik und Hermeneutik. Bd. VII. Fink: München 1976, S. 373–376.

Stierle, Karlheinz: Komik der Handlung, der Sprachhandlung, Komik der Komödie. In: Wolfgang Preisendanz, Rainer Warning (Hg.): Das Komische. Poetik und Hermeneutik. Bd. VII. Fink: München 1976, S. 237–268.

Stierle, Karlheinz: Komik der Lebenswelt und Komik der Komödie. In: Wolfgang Preisendanz, Rainer Warning (Hg.): Das Komische. Poetik und Hermeneutik. Bd. VII. Fink:
München 1976, S. 372–373.

Stierle, Karlheinz: Philosophie, Literatur und die ‚Komik der reinen Theorie'. In: Wolfgang
Preisendanz, Rainer Warning (Hg.): Das Komische. Poetik und Hermeneutik. Bd. VII.
Fink: München 1976, S. 429–432.

Stollmann, Rainer: Das Lachen und seine Anlässe. In: Hilde Haider-Pregler u.a. (Hg.): Komik. Ästhetik. Theorien. Strategien. Maske und Kothurn 51, H. 4 (2006), S. 13–20.

Süss, Wilhelm: Lachen, Komik und Witz in der Antike. Artemis: Zürich, Stuttgart 1969.

Sznajderman, Monika: Błazen. Maski i metafory. słowo / obraz / terytoria: Gdańsk 2000.

Thurner, Christina: Komische Melancholie. Slapstick-Zitate bei Meg Stuart und Joachim
Schlömer. In: Hilde Haider-Pregler u.a. (Hg.): Komik. Ästhetik. Theorien. Strategien.
Maske und Kothurn 51, H. 4 (2006), S. 331–338.

Torsy, Jakob; Kracht, Hans-Joachim: Der große Namenstagskalender. Herder: Freiburg 2002.

Torsy, Jakob (Hg.): Lexikon der deutschen Heiligen. J. P. Bachem: Köln 1959.

Tschörner, Sylvia: Die Körpersprache der commedia dell'arte. In: Eva Erdmann (Hg.): Der
komische Körper. Szenen – Figuren – Formen. Transcript: Bielefeld 2003, S. 205–212.

Tschizewskij, Dimitri: Satire oder Groteske. In: Wolfgang Preisendanz, Rainer Warning
(Hg.): Das Komische. Poetik und Hermeneutik. Bd. VII. Fink: München 1976,
S. 269–278.

Trotzkij, Leo: Simplizissimus (29.06.1908). In: Ders.: Literatur und Revolution (1923).
Gerhardt Verlag: Berlin 1968, S. 346–359.

Ueding, Gerd: Rhetorik des Lächerlichen. In: Lothar Fietz, Jörg O. Fichte, Hans-Werner
Ludwig (Hg.): Semiotik, Rhetorik und Soziologie des Lachens: vergleichende Studien
zum Funktionswandel des Lachens vom Mittelalter zur Gegenwart. Niemeyer: Tübingen
1996, S. 21–36.

Uhlig, Ingo: Wiederholung: In: Eva Erdmann (Hg.): Der komische Körper. Szenen – Figuren
– Formen. Transcript: Bielefeld 2003, S. 247–251.

Vaget, H. Rudolf: Der Dilettant. Eine Skizze der Wort- und Bedeutungsgeschichte. In: Fritz
Martini, Walter Müller-Seidel, Bernhard Zeller (Hg.): Jahrbuch der deutschen Schillerge-
sellschaft, 14. Jg. Kröner: Stuttgart 1970, S. 131–158.

Velten, Hans Rudolf: Grotesker und komischer Körper. Für ein performatives Körperkonzept.
In: Eva Erdmann (Hg.): Der komische Körper. Szenen – Figuren – Formen. Transcript:
Bielefeld 2003, S. 145–153.

Venturelli, Aldo: Der musiktreibende Sokrates. Friedrich Nietzsche. Musik und Philosophie
in der Entstehungsgeschichte der Geburt der Tragödie. In: Volker Gerhard, Renate
Reschke (Hg.): Friedrich Nietzsche: Zwischen Musik, Philosophie und Ressentiment.
Akademie Verlag: Berlin 2006, S. 25–37.

Venturelli, Aldo: Kunst, Wissenschaft und Geschichte bei Nietzsche. De Gruyter: Berlin,
New York 2003.

Vietta, Silvio: Ästhetik der Moderne. Literatur und Bild. Fink: München 2001.

Vinçon, Hartmut: Einakter und kleine Dramen. In: Hansers Sozialgeschichte der deutschen
Literatur vom 16. Jahrhundert bis zur Gegenwart. Bd. 7. Naturalismus – Fin de Siècle
1890–1918. Carl Hanser: München, Wien 2000, S. 367–380.

Vischer, Friedrich Theodor: Ästhetik oder Wissenschaft des Schönen (1846). Meyer & Jessen: München 1922–1923, Bd. 1, 1922.

Vischer, Friedrich Theodor: Über das Erhabene und Komische und andere Texte zur Ästhetik (1837). Suhrkamp: Frankfurt a. M. 1967.

Voeltzel, René: Das Lachen des Herrn. Über die Ironie in der Bibel. Herbert Reich: Hamburg 1961.

Warning, Rainer: Elemente einer Pragmasemiotik der Komödie. In: Wolfgang Preisendanz, Rainer Warning (Hg.): Das Komische. Poetik und Hermeneutik. Bd. VII. Fink: München 1976, S. 279–333.

Warning, Rainer: Ironiesignale und ironische Solidarisierung. In: Wolfgang Preisendanz, Rainer Warning (Hg.): Das Komische. Poetik und Hermeneutik. Bd. VII. Fink: München 1976, S. 416–423.

Warning, Rainer: Theorie der Komödie. Eine Skizze. In: Ralf Simon (Hg.): Theorie der Komödie – Poetik der Komödie. Aisthesis: Bielefeld 2001, S. 31–46.

Weber, Karl Julius: Demokritos. 45 muntere Stücklein aus den hinterlassenen Papieren des lachenden Philosophen. Eulenspiegel: Berlin 1984.

Weeber, Karl Wilhelm (Hg.): Humor in der Antike. Reclam: Stuttgart 2006.

Weinrich, Harald: Was heißt ‚Lachen ist gesund?‘ In: Wolfgang Preisendanz, Rainer Warning (Hg.): Das Komische. Poetik und Hermeneutik. Bd. VII. Fink: München 1976, S. 402–408.

Weithmann, Michael: Xanthippe und Sokrates. Frauen und Männer im alten Athen. Wissenschaftliche Buchgesellschaft: Darmstadt 2010.

Wellershof, Dieter: Beipflichtendes und befreiendes Lachen. In: Wolfgang Preisendanz, Rainer Warning (Hg.): Das Komische. Poetik und Hermeneutik. Bd. VII. Fink: München 1976, S. 425–426.

Welsch, Wolfgang: Die Aktualität des Ästhetischen. Fink: München 1993.

Wiese, Benno von: Das tanzende Universum. In: Ders.: Signaturen. Zu Heinrich Heine und seinem Werk. Erich Schmidt Verlag: Berlin 1976, S. 67–133.

Wiese, Benno von: Mephistophela und Faust. Zur Interpretation von Heines Tanzpoem *Der Doktor Faust*. In: Gerald Gillespie, Edgar Lohner (Hg.): Herkommen und Erneuerung. Essays für Oskar Seidlin. Niemeyer: Tübingen 1976, S. 225–240.

Winkler, M.; Müller Farguell, R. W.: Komik, das Komische. In: HWRh Bd. 4, 1998, S. 1166–1176.

Wittkower, Rudolf und Margot: Künstler – Außenseiter der Gesellschaft. Klett Cotta: Stuttgart 1989 [1965].

Wünsch, Frank: Die Parodie: Zu Definition und Typologie. Kovač: Hamburg 1999.

Zander, Angela: Shakespeares ‚lustige Personen‘ als Kontrastfiguren. Falstaff und der ‚Höllenpförtner‘. In: Peter Csobádi u.a. (Hg.): Die lustige Person auf der Bühne. Ursula Müller-Speiser: Salzburg 1994, S. 125–133.

Zatorski, Tadeusz: Od tłumacza. Przeciwieństw moc, jaskrawo w pary połączonych. Heinrich Heine czyli sztuka wątpienia. In: Heinrich Heine: Z dziejów religii i filozofii w Niemczech (dt. Zur Geschichte der Religion und Philosophie in Deutschland). Nomos: Kraków 1997, S. 161–233.

Ziegler, Konrat; Sontheimer, Walther (Hg.): Der kleine Pauly. Lexikon der Antike. In fünf Bänden. dtv: München 1979.

Zijderveld, Anton C.: A Sociological Theory of Humor and Laughter. In: Lothar Fietz, Jörg
    O. Fichte, Hans-Werner Ludwig (Hg.): Semiotik, Rhetorik und Soziologie des Lachens:
    vergleichende Studien zum Funktionswandel des Lachens vom Mittelalter zur Gegen-
    wart. Niemeyer: Tübingen 1996, S. 36–45.
Zijderveld, Anton C.: Humor und Gesellschaft. Eine Soziologie des Humors und des Lachens.
    Styria: Graz 1976.
Ziomek, Jerzy: Rzeczy komiczne. Poznańskie Studia Polonistyczne: Poznań 2000.
Žmegač, Viktor: Zum literarischen Begriff der Jahrhundertwende (um 1900). In: Viktor Žme-
    gač (Hg.) Deutsche Literatur der Jahrhundertwende. Athenäum: Königstein/Ts. 1981,
    S. IX-LI.

Zeitschriftenartikel

Bartl, Andrea: Der Mund möchte lachen, das Auge weinen. Das Tragikomische im Werk
    Frank Wedekinds und des jungen Bertolt Brecht. In: Brecht Yearbook 31 (2006), S. 219–
    238.
Bohnen, Klaus (Hg.): Frank Wedekind und Georg Brandes. Unveröffentlichte Briefe. In: Eu-
    phorion 72 (1978), S. 106–119.
Cooper, Gabriele: Tanzende Chiffren. Heines *Faust.* In: Maske und Kothurn 32, H. 1–2
    (1986), S. 41–52.
Finger, Anke; Kathöfer, Gabi: A Reputation Reassessed: Unraveling Wedekind's Early Writ-
    ings. In: Colloquia Germanica 36 (2003), S. 27–44.
Firda, Richard Arthur: Wedekind, Nietzsche and the Dionysian Experience. In: Modern Lan-
    guage Notes 87 (1972), S. 720–731.
Fromm, Hans: Komik und Humor in der Dichtung des deutschen Mittelalters. In: DVjs 36, H.
    3 (1962), S. 321–339.
Glasenapp, Jörn: Bergson – Bazin – Chaplin. Anmerkungen zur Körperkomik. In: Weimarer
    Beiträge 55, H. 3 (2009), S. 380–391.
Günther, Herbert: Paris als Erlebnis. Frank Wedekind und Paris. In: Antares 5, H. 1 (1953),
    S. 3–8.
Hibberd, John: ‚Die Wiedervereinigung von Kirche und Freudenhaus'. Wedekind's *Die Zen-
    sur* and his ideas on religion. In: Colloquia Germanica 19 (1986), S. 47–67.
Hibberd, John: Imaginary Numbers and Humor: On Wedekind's *Frühlings Erwachen.* In:
    Modern Language Review 74 (1979), S. 633–647.
Jones, Robert A.: Frank Wedekind: Circus Fan. In: MfdU 61 (1969), S. 139–156.
Kieser, Rolf: Werbestrategien im Werk Frank Wedekinds. In: Heinz Ludwig Arnold, Ruth
    Florack (Hg.): Frank Wedekind. Text & Kritik 131/132 (1996), S. 15–31.
Die Kunst. Monatsheft für freie und angewandte Kunst, Bd. 9, Freie Kunst – „Der Kunst für
    Alle", XIX. Jg. Verlagsanstalt F. Bruckmann A.–G: München 1904.
Lawton Smith, Elise: The Art of Evelyn De Morgan. In: Woman's Art Journal 18, No. 2 (Au-
    tumn 1997 – Winter 1998), S. 3–10.
Maclean, Hector: Wedekinds *Der Marquis von Keith.* An Interpretation Based on the Faust
    and Circus Motif. In: Germanic Review 43 (1968), S. 163–187.

Maclean, Hector: The King and the Fool in Wedekind's König Nicolo. In: Seminar 5 (1969), S. 21–35.

Mann, Otto: Die kulturgeschichtlichen Grundlagen des Jean Paulschen Humors. In: DVjs 8 (1930), S. 660–679.

Marschall, Susanne: Tänzer – Turner – Träumer: Charlie Chaplin und Buster Keaton. In: Thomas Koebner (Hg.): Film-Konzepte 2. Chaplin – Keaton: Verlierer und Gewinner der Moderne. Text & Kritik, H. 2 (2006), S. 37–57.

Martin, Ariane: Pierrot als Femme fatale? Zu den Fassungen und Deutungen von Frank Wedekinds Lulu-Dramenkomplex in kulturwissenschaftlicher Perspektive. In: Musil-Forum 27 (2001/2002), S. 119–136.

Müller, Frank: Aller Ernst ist zugleich nur Scherz. Ironieverlust in Literatur und Philosophie. In: Wespennest 119 (2000), Wien, S. 46–52.

Neumann, Editha S.: Musik in Frank Wedekinds Bühnenwerken. In: The German Quarterly 44, No. 1 (1972), S. 35–47.

Nieten, Otto: Frank Wedekind (eine Orientierung über sein Schaffen). Mitteilungen der Literarhistorischen Gesellschaft Bonn, 3. Jg., 1 (1908), S. 3–26.

Nilges, Yvonne: Die Meistersinger von Nürnberg oder Die Geburt der musikalischen Komödie aus dem Geist Shakespeares. In: Wagner und das Komische. Wagnerspectrum, H. 1 (2007), S. 7–34.

Paddock, Mary M.: So ist das Leben. Frank Wedekind's Scharfrichter Diary. In: Monatshefte für deutschsprachige Literatur und Kultur. University of Wisconsin Press 91 (1999), S. 342–358.

Riemenschneider, Hartmut: Bewegungs- und Körperkultur als Erziehungsutopie. Frank Wedekinds Beitrag ‚wider Willen' zum Frauenideal des Nationalsozialismus. In. Aussiger Beiträge 1 (2007), S. 149–160.

Ritter; Naomi, On the circus-motiv in modern german literature. German Life and Letters 27 (1973/1974), S. 273–285.

Schmid, Wilhelm: Mit sich selbst befreundet sein: Von der Lebenskunst im Umgang mit sich selbst. In: Aufklärung und Kritik. Sonderheft 14 (2008), S. 209–219.

Schütz, Karl-Otto: Zur Geschichte des Wortes ‚Humor'. In: Muttersprache 70 (1960), S. 193–202.

Schwarz, Richard: Leib und Seele in der Geistesgeschichte des Mittelalters. In: DVjs 16, H. 3 (1938), S. 293–323.

Seel, Martin: Drei Formen des Humors. In: DVjs 76, H. 2 (2002), S. 300–305.

Seel, Martin: Über einige Beziehungen der Vernunft zum Humor. In: Akzente 33, H. 5 (1986), S. 420–432.

Viersen, Eleonor Jain: Rezension von Tarmo Kunnas Nietzsches Lachen. In: Philosophischer Literaturanzeiger 38 (1985), S. 320–322.

Vinçon, Hartmut: „Prolog ist herrlich!" Zu Frank Wedekinds Konzept dramaturgischer Kommunikation. In: Euphorion 95 (2001), S. 69–82.

Internetseiten

http://www.mlwerke.de/tr/1938/380617a.htm

http://www.jstor.org/stable/404224

http://www.fbsuk.h-da.de/fileadmin/dokumente/berichte-
forschung/2004/Austermuehl_Franziska_
und_Faust.pdf
http://www.diss.fu-berlin.de/2002/95/index.html;   http://deposit.ddb.de/cgi-bin/dokserv?idn=
964802783
http://www.mediaculture-
online.de/fileadmin/bibliothek/cicero_de_oratore/cicero_de_oratore.html
http://www.gkpn.de/Schmid_Selbstfreundschaft.pdf
http://gutenberg.spiegel.de/buch/879/9
http://www.wedekind.h-da.de/buehne.htm
http://www.textlog.de/schlagworte-moraltrompeter-saeckingen.html?print
http://www.uni-jena.de/Sonderausgabe_Schiller_Moraltrompeter-skin-print.html
http://www.zeit.de/1963/43/mit-dem-simplizissimus-durch-die-jahre
http://www.ursulahomann.de/HatteGoetheHumor/Kapitel004.html
http://kath.de/kurs/symbole/rose.php
http://www.jstor.org/stable/1358544
http://www.beyars.com/kunstlexikon/lexikon_532.html
http://kath.de/kurs/symbole/taube.php
http://www.mezzo-mondo.com/arts/mm/preraphaelites/demorgan/evelyn_de_morgan.html

Siglen-Verzeichnis

DVjs: Deutsche Vierteljahrsschrift für Literaturwissenschaft und Geistesgeschichte
Faust: Heinrich Heine. Der Doktor Faust. Ein Tanzpoem nebst kuriosen Berichten über
         Teufel, Hexen und Dichtkunst
GB: Frank Wedekind: Gesammelte Briefe in zwei Bänden (GB). Georg Müller: Mün-
         chen 1924
HWPh: Joachim Ritter, Karlfried Gründer (Hg.): Historisches Wörterbuch der Philosophie.
         Schwabe & Co AG: Basel, Stuttgart 1971ff.
HWRh: Gert Ueding u.a. (Hg.): Historisches Wörterbuch der Rhetorik. Niemeyer: Tübingen
         1987ff.
KSA: Friedrich Nietzsche: Kritische Studienausgabe in fünfzehn Bänden. De Gruyter:
         Berlin, New York 1980
MfdU: Monatshefte für deutschen Unterricht, deutsche Sprache und Literatur
RLW: Harald Fricke (Hg.): Reallexikon der deutschen Literaturwissenschaft. De Gruyter:
         Berlin, New York 1997–2003
STA: Austermühl, Elke, Kieser, Rolf, Vinçon, Hartmut (Hg.): Frank Wedekind. Kritische
         Studienausgabe in 8 Bänden und 15 Teilbänden. Häusser Media Verlag: Darmstadt
         1994–2011

Siglen bzw. Kurztitel zu Wedekinds Texten

F: *Franziska*
G: *Das Gastmahl bei Sokrates*

K: *Der Kammersänger*
Marquis: *Der Marquis von Keith*
N: *König Nicolo oder So ist das Leben*
O: *Oaha. Die Satire der Satire*
Stein: *Der Stein der Weisen*
Witz: *Der Witz und seine Sippe*
Zg: *Zirkusgedanken*

LODZER ARBEITEN ZUR LITERATUR- UND KULTURWISSENSCHAFT

Herausgegeben von Joanna Jabłkowska, Kalina Kupczyńska und Artur Pełka

Band 1   Joanna Firaza: „Ernst ist das Leben, heiter die Kunst." Das Humor-Konzept im Dramen-werk Frank Wedekinds. 2013.

www.peterlang.de